Conrad Gesner, Conrad Forer

Beschreibung aller Fische

bremen
university
press

Conrad Gesner, Conrad Forer

Beschreibung aller Fische

ISBN/EAN: 9783955620004

Auflage: 1

Erscheinungsjahr: 2013

Erscheinungsort: Bremen, Deutschland

bremen
university
press

Kurtzer Innhalt der Ordnungen
so in diesem Buch begriffen werden.

Erstlich so wirt diß gantze Buch in zwey Bücher abgetheilt/vnd begreifft das erste alle die fisch so im Meer jre wohnung haben:vnd das ander alle die so in süssen Wassern funden werden. Wirdt demnach weiter ein jedes Buch in seine sonderbare Ordnungen abgetheilt/ als hernach folgt.

Das erste Buch helt in sich 16. Ordnungen/ welche
diese nachgesetzte Geschlecht der Meerfisch begreiffen.

Das ander Buch von Fischen so in süssen Wassern wohnen/
begreifft zwo Ordnungen/ welches erste Ordnung in fünff theil abgetheilt wirt/ wie folgt.

Die ander Ordnung dieses andern Buchs/
begreifft auch fünff Theil.

INDEX OMNIVM ANIMALIVM

Aquatilium, in Mari, & dulcibus aquis degentium, quæ hoc in libro continentur.

Adiectus numerus paginam, b. verò secundam paginæ faciem, designat.

INDEX.

Eegister aller Namen der Fischen/
so in diesem Buch begriffen werden.

Kleiner

Register.

Ende deß Registers.

Das Erste Buch von den Thieren so in den Wassern wonen.

Der erste Theil so begreifft allerley kleine Meerfischlein.

Erstlich von den Meerseelen.

Apua vera. Das erste geschlecht der Meerseelen oder Spirling.

Von seiner Gestalt.

Ie kleinen vnachtbaren fisch sind nit genßlich zu verwerffen: dann in solchen etliche erscheint die weißheit der Natur. Dise gegenwertige sind die kleinsten / haben

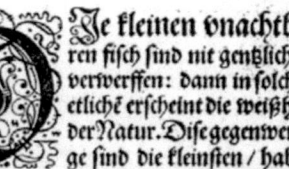 

jhren nam bey den Latinern vnnd Griechen / als vngeborne / weil solche von jhnen selber auß dem schaum deß wassers / auch wüst vnnd lät wachsen / darzu zu keiner volkommen grösse nimmer komen: dann mit jhrer grösse sie sich hart dem kleinen finger vergleichen: sind an der farb weiß / etliche rötlecht / mit schwartzen augen.

Von Art vnd Natur der thieren.

Dise schneider fisch wachsen vnnd entspringen auß dem schaum vnnd schleim deß meers / auch auß dem schaum grosser schlagregen / in weiß vnnd form als die würm auß faulenden dingen wachsend: sie essen kein speiß / sonder geleben allein deß wassers / schleckt eins das ander / rc. Wonen nach dem sie gewachsen / in außgehölten / außgefressnen felsen / damit sie den wällen widersteen / nit zerrissen werden: dann sie lieben schattächte warme ort / hassen die Sonnen / schwimmen zu zeiten in solcher menge vnnd dicke / daß dasselbig ort deß meers gantz weiß erscheint als ob es vberschneyt wäre.

Die Schiffleut sagen von den Fischen / daß wo sie erfaulen biß an den kopff / vnnd wider mit wasser bedeckt werden / so söllen sie widerumb zu volkommenheit wachsen. Man facht sie mit engen gestrickten kleinen garnen / sind zu wenig dingen nutzlich.

Von jhrem Fleisch.

Dise Fisch werden in der speiß in kleinem werth gehalten / dann sie sind voller dörnen / haben vil kleiner grät / rauch zu essen. Man pflegt sie zubachen in ancken oder öl / als ander kleine Fisch.

Artzney von dem Fischlein.

Aetius schreibt daß dise Fischlein in einer breuchliche speiß gehabt sey ein seer dienstlich essen zu den geschwären der nieren vnnd blatern.

Von dem anderen geschlecht der Meerseelen.

Apua Cobitis. Ein Meergrundel / Ein Meersmerlin / Ein Meergrundel.

Von der gestalt der Fischlein.

Jese Fisch sind gantz änlich den Meergoben an
der gestalt: dann sie auch von dem Rogen oder
Eyern der kleinen Meergoben erwachsen sollen/
sind mit jhrem Leib rundt/durchscheinendt/mit einem
breitlechten Rücken/an der Farb weiß/mit wenig schwartzen Flecken besprengt/sein
Schwantz getheilt/wirt viel gefangen in den Meerseen oder Pfützen.

Von jhrem Fleisch.

Diese Fischlein gleich allen andern Meerseelen/werden hart verdäuwt/sind vngesund vnd harter Verdäuwung.

Von dem dritten Geschlecht der Spirling.

Marsio.　　Ein Meerseelen Art/Ein Meergrundel.

Von seiner Gestalt.

Jeser ist auch auß der zal der kleinen Meerfischen/
sol auß der vrsach vnder die Apuas billich gezehlt
werden/denn sein gestalt jnen näher zustreicht.

Von dem vierdten Geschlecht.

Encrasicholus.　　Ein Meergall/Ein Meerlaugelen.

Von seiner Gestalt/Art vnd Natur.

Jese Fischlein be-
komen jre namen
auß der vrsach/dz
jre Köpff allzeit ein bitter-
keit erzeigen/als ob sie
Gaillen in dem Kopff haben. Auß welcher vrsach jhnen allezeit die Köpff vor der bereitung abgerissen/vnd hingeworffen werden. Sind kleine Fischlein/eines Fingers groß/
ohne Schüppen/mit einem gespitzten Maul/ohne Zän/allein mit rauchen Kiffbacken/
als ein Sägen. Innerhalb sind sie vol rotes Rogens/haben viel Schweyß/nach der
grösse jres Leibs/vnd viel Fleisch/wenig Grät/ja gantz ohne Grät/außgenommen der
Rückgrat/so dünn vnd weych ist.

Von Art vnd Natur der Fischlein.

Elianus schreibt/daß diese Fischlein so gantz weiß/so in mächtiger schar/dicke so
nahe zusammen behafftet schwimmen/daß sie auch ein Schifflein/so in solche käme/nit
zertheilete/ja daß man sie mit einem Ruder hart zertheilen vnd zerrütteln mag: Es
mögen auch die Fischer aus solchen scharen nicht anderst schöpffen/nemen/rc.als wenn
man von einem hauffen Korn mit der Hand nemme. Item/so sollen sie auch in solchem
fahen so starck in einander hafften/daß sie selten gantz außher gerissen werden/sondern
einer ohn den Kopff/der ander ohn den Schwantz/das vberig dahinden gelassen. Sollen von solchen hauffen zu zeiten viel Barcken oder Schifflein füllen.

Von Nutzbarkeit der Fischlein vnd jhrem Fleisch.

Diese Fischlein sind in grossem brauch in der speiß zur zeit der Fasten/fürnemlich in
Italien/dann man pflegt solche eynzusaltzen/vn auß dem Saltz/auff mancherley weiß
zuessen

zu essen/dann sie widerbringen vnnd stercken die begird zu essen/ verzehren den kalten dicken Schleym deß Magens/ dienen auch den Kranckheiten/ so auß solchen vrsachen kommen. Solcher Fisch werden vnzal in der Prouintz/in Franckreich gelegen/ gefangen/bey der Nacht mit angezündtem Feuwr in den Schifflinen. Man pflegt sie auch roh zu essen mit Oel vnd Peterle. Item/so macht man auch ein gute Galrey oder Saussen auß jnen/in dem daß man die Fischlin auß der gemeinen Galrey nimpt/in ein Blatten thut/darüber schüttet Essig/ Oel vnnd Peterlebletter/ demnach auff einer Glut so lang bewegen/biß die Fischlein in ein Safft schmeltzen vnd zergehen.

Von dem fünfften Geschlecht der Meerseelen.

Apua Phalerica.　　Ein Schmeltzling.
Von seiner Gestalt/Art vnd Nutzbarkeit.

Dieses ist auch ein sehr kleiner Fisch/vnden am Bauch rauch/nach der Häring Art/ist lind vnnd so feißt/ daß er einem vnder den Händen zerschmiltzt/ so er hart angegriffen wirt. Dergleichen so viel zumal in einem Schifflin geführt werden/ so geben sie Feißt von jhnen/so ober sich schwimt/ von den Fischern auffgesamlet wirdt/ vnnd zu den Liechtern gebraucht. Solche werden zur zeit deß Herbsts in grosser menge gefangen/ sind doch von etlichen Fischern auff einen Tag für 50. Kronen wehrt gefangen worden.

Von dem sechsten Geschlecht der Meerseelen.

Apua Mugilum.　　Ein kleiner Meer Alat.
Von Gestalt vnd Natur der Thieren.

Diese Fischlein wachsen von jnen selber im sand/lät/wußt/ vnd kat/in Gräben/ꝛc. Haben die gestalt der Meer Alat/ Mugiles bey den Latinern genannt.

Von dem siebenden Geschlecht der Meerseelen.

Hepsetus.　　Meer Bambele.
Von seiner Gestalt.

Auß allen kleinen Meerfischlinen/ bekommen diese gegenwertigen insonderheit solchen Namen/ so sonst vieler andern gemein. Ist ein kleines Fischlein/ eines Fingers groß/silberfarb/durchscheinend/außgenommen der mittel strich von den Ohren gegen dem Schwantz gestreckt: hat grosse Augen nach kleine deß Leibs/ vnnd sein vndermaul lenger vnd grösser dann das ober.

Von dem achten Geschlecht.

Atherina Rondeletij.　Ein kleine Häring Art.

Von seiner Gestalt.

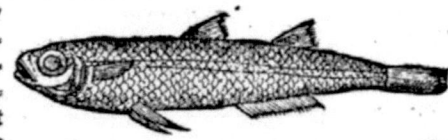

Jeses sind kleine Meerfisch/ ähnlich den ersten Geschlechten an der gestalt/wenig lenger dann ein Finger/gar nah spengig/eines kleinen Fingers dick/mit einem breitlechten Rücken/kleinem Maul/ohne Zän/grossen Augen. Sein Bauch ist silberfarb/der Rücken braunlecht/ bey dem Kopff gelb vnd rötlecht/seine Fäckten weiß/ ist am Leib gantz durchscheinendt/ wie ein Glaß/ allein außgenommen die mittelsten strich von dem Kopff gegen dem Schwantz gestreckt.

Von Natur der Fischlein.

Diese Fischlein wohnen im Meer/vnd beyligenden Seen/seycht Herbsts zeit/daß sie wachsen nicht von jhnen selber/sonder haben Milchling vnd Rögling. Wirdt viel in den Meerpfützen Frülings zeit gefangen/dann sie schwimmen scharecht/ gleich andern Meerseelen.

Von jhrem Fleisch.

Sie sollen ein zimlich gut trocken Fleisch haben/gesund/lieblich zuessen/ allein daß es vol kleiner Gräten stecket/von welcher wegen sie gemeiniglich gebachen werden.

Artzney von den Thieren.

Etliche loben diese Fischlein den Krancken darzustellen/ als die leichtlich verdäuwt werden/vnd keine Bläst gebären.

Von dem neundten Geschlecht.

Membras.　Ein kleine Häring Art.

Von Natur der Thieren vnd jhrer Nutzbarkeit.

Diese sollen von denen erwachsen/ so wir zuvor schmeltzling genennt haben/ diese pflegen allezeit an einem ert zubleiben/werden von etlichen alten gebraucht/ Wespen vnd ander dergleichen schädliche Thier zufahen.

Von jhrem Fleisch.

Diese Fisch sollen ein feucht/blästig/vngesundt Fleisch haben/ als dann auch gar nah alle andere vorgeschribene Geschlecht der Meerseelen.

Von dem Sardein.

Sardina.　Ein Sardein.

Von seiner Gestalt.

Diese

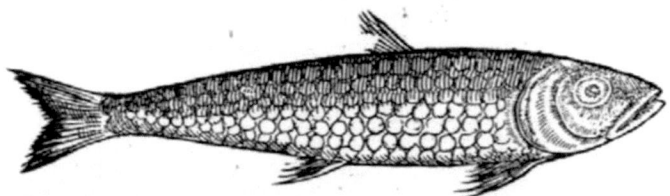

Jese Fisch mögen auch vnder die Herings Art gezehlt werden/daß an der gestalt/
Drähe deß Bauchs kommen sie vber eins/allein daß dieser kleiner ist. Bekommen
jhren Namen bey den Griechen von vile kleiner Gräten oder Dörnen als Haar:
Hat grosse dünne schüppen/ hat mancherley Farb : sein Kopff goldfarb/ der Bauch
weiß/ der Rücken blauwgrün/welchs grün mit dem Tod verblicht:hat gantz kein Gal-
len/auß vrsach er gantz gebraten vnd gebachen wirt:Frülings zeit wirt er sehr feißt.

Von Art vnd Natur der Thieren.

Diese Fisch sollen sich sehr belüstigen ab den Mangoltblettern/mit welchen sie von
den Fischern gefangen/vnd in die Fach gereitzet werden. Deß Jahrs sollen sie zwey mal
leychen/in keine Flüß sollen sie sich lassen/sonder deß Meers belüstigen/rc.

Von Nutzbarkeit der Fischlein/vnd jhrem Fleisch.

In grosser menge werden diese Fisch gefangen/vnd auff zwey Jar behalten/ eynge-
saltzen/auß dem Saltz mit mächtiger zahl verkaufft/vnd grossem lust gessen. Es wirdt
auch die Galrey oder Brühe gessen vñ gebraucht/den Appetit damit zu reitzen/ist gantz
dienstlich die viel süssen Schleim vnnd Wasser im Magen haben. Sie kommen auch
frisch vngesaltzen in die Speiß/ werden als zimliche gute gesunde Fisch gelobt/ist doch
ein vnachtbare gemeine Speiß/nicht in hohem werth gehalten. So sie auß der Galrey
gessen werden/so bewegen sie den Stulgang/gleich allen andern gesaltznen dingen.

Von dem Meerschiler.

Von seiner Gestalt.

Jeser hat seinē Na-
mē von seiner farb/
deñ nach dem du jn
gegen der Sonnen wel-
kest/ nach demselbigen erscheint sein Farb / gleich
dem Schiler Daffet. Ist
ein sehr schöner Fisch/
goldfarb/glentzet/ schilet/
als wenn einer glantzen-

den Farb/wenig Purpur gemischet würde. So er gestorben/so wirt er bleichfarb/ er sol
auch Voren von etlichen Niderländern genennt werden.

Von seiner Art vnd Natur.

Dieses sind Steinfisch/wohnen in den Löchern vnd bey den Felsen vnnd Steinen.
Sein Haut vnd Fleisch ist änlich dem Egle/sol ein gut gesund Fleisch haben.

Von dem Meergroppen.

Blennus. Ein Meergropp/Ein Zibelfisch.

Von seiner Gestalt/Art vnd Natur.

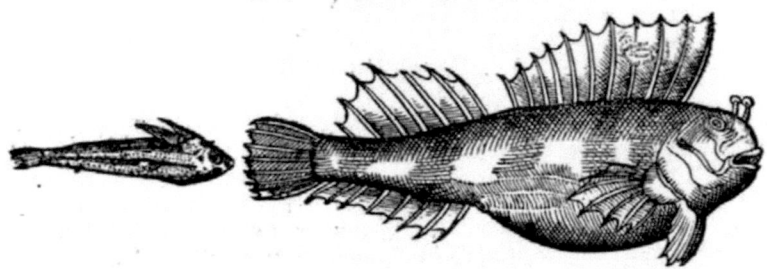

Nachtbare kleine Fischlein sind dieses/wiewol das ist/daß die Scribenten in der Beschreibung deß Fisches nit gäntzlich vbereinkommen/als dañ auß den zweyen beygesetzten Figuren erscheint: Schüppen haben sie/so leichtlich von antasten abreissen/vergleichen sich etlicher gestalt einem Groppen/vnnd der grösser an der Farb einem Böllen oder Zibel/so bekomen sie auch bey etlichen Nationen den Namen von dem Zibelen her/werden selten gefangen/sind sehr frässig/fressen allerley kleiner Meerthier/haben ein feucht schleimig vngeschmackt Fleisch/kommen zur Speiß der Armen.

Von dem Schneckling.

Scorpioides. Ein Schneckling.

Von seiner Gestalt Art vnd Natur.

Dieser ist gantz gleich dem Fisch/so oben der Meergropp oder Zibelfisch von Bellonio genennet vnd gehalten wirt/ist summa derselbig Fisch/oder gleiches Geschlechts. Er mag kömlicher Schnecklin geheissen werdē/daß er zwey linde hörnlin oben auff dem Kepff außstreckt/gleich den jrdischen Schnecken. Ist der Art/daß er an Gestaden wohnet/vnnd gelebt deß Schleims vnnd Wassers oder Meers/hat ein Fleisch wie die gekämpt Meerlerchen.

Von dem Meerschnepff.

Scolopax

Scolopax. Ein Seegfisch/Ein Meerschnepff
Ein Meerseegen.

Von seiner Gestalt.

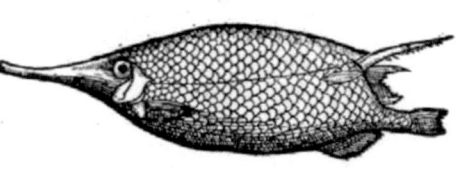

Ein wunder seltzamer Fisch
ist dieser/gantz frembd/einer
schöne gestalt / alle zeit klein/
wirdt von seinem schnabel Meer-
schnepff/oder von dem Spitz so er
hinden außher streckt in gestalt einer Sägen / Meerseegen oder
Seegfisch genennt. Hat einen
runden Leib/rötlecht an der Farb/
mit rauchen Schuppen vberzogen/ hinden streckt er einen Spitz auß/ auff einer seiten
vol Zänen als ein Sägen.

Von seinem Fleisch.

Sein Fleisch sol ein gut Gesafft vnd Geblüt gebären/one Arbeit verdäwet werden
vnd gesund seyn. Dieweil er aber frembd selten gefangen wirdt/pflegt man jn zu dörren
vnd zu behalten/als andere Abentheur.

Von der Seelerchen.

Alauda Marina.   Ein Seelerchen. Ein Meerlerchen.
Alauda non cristata. Ein vngekrönte Seelerchen.

Von der Gestalt der Thieren.

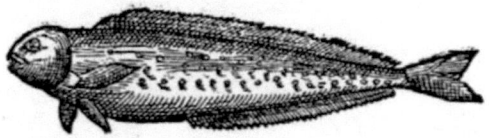

Der Thieren wer-
den dreyerley ge-
funden. Die erste
so hie gezeigt hat keinen
Kamen oder Krönle/ver-
gleicht sich mit seine Kopff
gar nahe einem Affen/
möcht auß der vrsach auch ein Meer Aff genennt werden. Hat einen glatten Leib/one
Schuppen/schleimig mit viel mackeln oder flecken besprengt.

Von Art vnd Natur der Thieren.

Diese Fisch wonen allein in den engesten Löchern der Felsen oder schrofen im Meer
gelegen/verbirgt vnnd enthelt sich in denselbigen/den auffsatz der Fischern zu entfliehen/
auß welcher vrsach er etlichen Nationen Steinborer oder Hauwer genennt wirdt. Hat
in seinem Maul resse Zän/mit welchen er die Fischer beist/gelebt deß Wassers/Mieses/
vnd anderer kleinen Fischlinen.

Von den gekämpten Meerlerchen.

Alauda Cristata, siue Galerita prima.   Die erste Art der gekrönten
oder gekämpten Seelerchen.

Von jrer Gestalt.

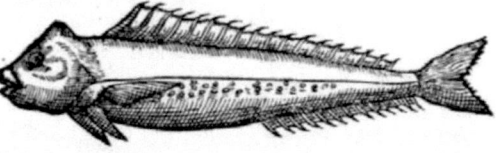

Gleich wie bey dem gevögel zweyerley Lerchen find / etlich mit Kammen/ oder Streußlinen/ andere one solche: Also werden auch diese Fisch / so sich etlicher gestalt solchen Vöglen vergleichen/mit vnterscheid benamset. Dieser hat die grösse eines Fingers oder ein wenig grösser/ dün/ glatt/ schlipfferig/ one Schuppen/ ein klein Maul mit Zänen/ kleine blauwe Augen.

So er lebendig ist / so tregt er ein auffrechten Strauß auff seinem Kopff/ lind vnnd blaw. Der gantz Fisch ist braun mit viel flecken besprengt/ welcher etlich rund/ andere lang sind. Glebt ein gute zeit ausserhalb dem Wasser/ hat ein lind Fleisch/ wirdt verachtet von der kleine wegen.

Von der dritten Seelerchen.

Alauda Cristata altera.   Ein andere gekämpte Meerlerchen.
Von seiner Gestalt/ Art vnd Natur.

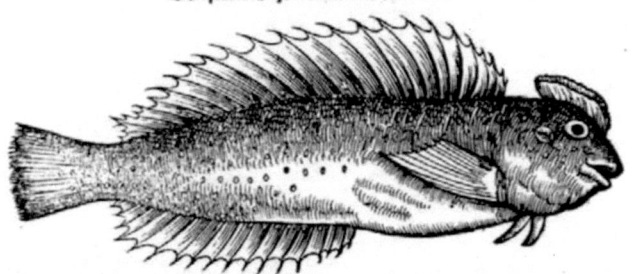

Dieser sol nit minder vnder die Meerlerchen gezehlt werden von seiner Gestalt wegen/ vnd von seines Kammes oder Strausses wegen. Wirt von den Venedigern Guttu osa genannt/ von dem baussenden Rachen/ von etlichen wirde er auch Meerhennen genannt. Dieser ist gar nah gantz schwartz/ allein daß er mit blauwen Puncten oder Flecken bezieret wirdt/ vnd oben auff dem Rücken nemlich die gantze Fleckten/ Item bey den Ohren vmnd zu öberst am Bauch gelblecht. Wonet allein in den Löchern der Steinen vnd Felsen deß Gestades/ Item bey vnd vmb die alten Häuser vnnd Gebäw so in das Wasser gesetzt. Wirt one arbeit gefangen/ vnd von den Fischern verworffen/ auß der vrsach daß er schleimig vnnd schlipfferig ist/ gantz veracht/ hat ein hart Fleisch/ in wenig achtung.

Von dem vierdten Geschlecht der Seelerchen.

Exocoetus cristatus.   Ein Schleimlerch/ Ein bunter Han/
Ein Steinrup/ Ein Spreckellerch.

Von seiner Gestalt vnd Natur.

Dieser Fisch sol billich vnder die Meerlerchen gezelt werden/ daß er mit seiner Gestalt jnen gantz gleich ist/ hat auch schier ein gestalt wie ein Meergropp/ ein glatte

schlipffe-

schlipfferige Haut/ von welcher jhn die Griechen nennen. Dieser möchte der recht vnd war Blennus der alten seyn/ so mit einer schleimigen glatten Haut beschrieben wirdt. Ist an der Farb rötlecht/ mit viel andern farben gemischt/ wirt nicht grösser/

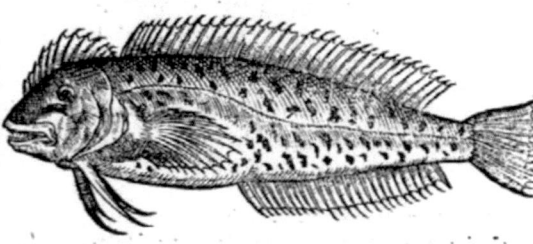

dann so viel den Daumen vnd Zeiger wol begreiffen mögen. Oben auff dem Kopff hat er ein Fecken gleich einem Kammen: hat scharpffe kleine Zän/ als Hundszän/ ein gesleckete Haut/ als der Meerdrack. Sol drey oder vier Tag one Wasser geleben mögen/ frist allerley Muschel vnd Schneckfisch/ auch die Kuttelfisch/ als die Meerneßlen.

Von dem fünfften Geschlecht/
der Meerlerchen.

Pholis.　　Ein Schleimlerch/ Ein Meerlerchen art/ Die ander Schleimlerch.

Von Gestalt/ Art/ vnd Natur deß Fisches.

Dieser ist der fünffte auß der zal der Meerlerchen/ hat seinen namen bey den Griechen von dem Schleim/ mit welchen er vberzogen ist. Sein Rücken ist braun/ der Bauch bleich/ sein haut glatt/ vnd schüp-

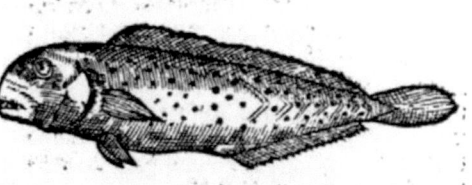

pen/ geslecket/ als der vorgenannten/ welcher er gantz änlich/ allein daß solcher kein Kammen hat/ auch anderst gefärbt. Alle zeit ist er gantz mit Schleim vberzogen/ welche jhn von der Natur an statt der Schüppen geben sind/ in welchem er als in einem Nest stecket vnd wonet oder nistet: hat ein sehr lind vnd schleimig Fleisch. Der Schleim kompt vnnd fleußt auß dem Fisch/ mit welchem er sich vberzeucht. Die Alten wo sie einen Menschen haben wöllen bedeuten/ so auß seinem eignen Schweiß vnnd Arbeit lebt/ haben sie der Fischen einen gemalet.

Von dem Häring.

Haréngus.　　　Ein Herig/ Häring/ Härinck.

Harengus passus & infumatus.　　　Ein Bücking.

Wo diese Fisch zu finden/ vnd jrer Gestalt.

Diese Fisch werden allein in dem hohen Teutschen Meer gefangen/ sonst in keinem andern/ werden auch allein von den Teutschen in alle andere Land gefertiget. Ist ein bekannter Fisch/ gantz vberlegen denen/ so von dem Bapst mit der Fasten belästiget werden. Das ist one fehl/ daß jre Augen sampt der nechsie Schüppen bey der Nacht wunderbarlich scheinen/ auch etlich Tag nach dem sie gefangen/ ob sie

gleich gestorben/ dermassen daß sie zu Nacht scharecht in grosser viele in dem Meer mit vbergekerten
Bäuchen schwimmend gesehen werden/als ob das
Meer gantz von glast erbrunnen. Solche Scharen
neñen die Engelländer a Seull:ist ein Schüpfisch/
hat allein ein einfaltigs/kleines/gestrackts Eyngeweyd oder Därmle/auß vrsach er alle zeit one wust
gefunden wird.

Von Art vnd Natur der Thieren.

Es sagen die Alten so von den Fischen geschriben haben/die Häring geleben allein deß lautern
reinen wassers/als ein reines Element/auß vrsach
darzu bewegt/daß in irem Leib kein Gedärm oder
Eyngeweyd: item kein Kat oder Wust als andere
excrementen gefunden werden/so doch solches geschicht nach Art vnd Eigenschafft ihrer Erschöpf-
fung/dann sie kein ander Eyngeweyd haben dann
allein eins/einfaltigs gestrackts durch den Leib ohne Krümm oder Gehenck/welches vrsach gibt daß
sie alle zeit leer gefunden werden.

Diese Fisch wonen in dem Teutschen Meer als
oben gehört/lieben die Gestad/gebeeren oder leychen deß jars ein mal in dem Herbst/vmb die zeit so
Tag vnnd Nacht sich vergleicht: kommen zu keiner
zeit in das süsse Wasser hinauff/dann solches hassen sie vnd sterben dauon. Wie bald diese Fisch deß
Wassers beraubet/oder an Lufft kommen/so sterben sie zu stund/also/daß er ausser dem Wasser lebendig nit mag gesehen werden.

Von Anmutung der Thieren.

Die Hornfisch oder Meernadel so sie vnder die
Scharen dieser Fischen kommen/so sollen sie grossen schaden thun/welches billicher võ dẽ Schwerd-
fisch sol vmd mag verstanden werden: dann sonst
auch andere Walfisch verschiessen sich zu zeiten in
die Gestad herauß/auß nachhalten vnd begird zu
solchen Fischen.

Von dem Häringfang.

Die scharen der Fischen bekennt man von dem
widerglantz jrer Augen so im Wasser scheinen/So
die gantz Häringschar nahe bey einander/so kan
man solche von viele nit fahen. Im Herbstmonat theilen sich die Scharen/als dann fäht
man sie mit den Garnen/zu zeiten in solcher menge daß sie nit mögen zu Land gezogen
werden/sonder dz man muß die Seyl abschneiden. Der Art sollen sie seyn/daß wañ sie
ein Liecht auff dem Wasser oder Meer ersehen/so schwimen sie häuffecht herzu/werden
mit solcher Kunst von Fischern zu dein Fang gereitzt. Zu anderer zeit/als Winterszeit
sollen sie verborgen seyn/nit weiter erscheinen dann auff sein gewisse zeit.

Man

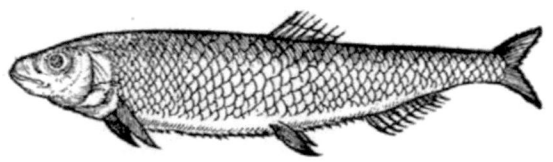

Man hat zu dem Häringfang gewisse/oder geschworne Fischer/so einer auß solchen gestorben/vnd sein verlaßne Wittfraw sich innerthalb dreyen Tagen nit einem anderen Mann sich vermählet hette/so hat sie jre gerechtigkeit zu dem Häringfang verloren.

Als zu zeiten einer auß solchen verlaßnen Wittfrawen ein zug von dem Fang vmb drey hundert Gülden gekaufft hatt/auß Hoffnung viel daran zugewinnen/dañ alle zeit ein vnzal der Fischen zu mal gefangen wirt/sollen denselben Jug allein drey Häring gefangen worden seyn/also der gut Mann seines verhofften gewims betrogen.

Vielmehr ist sich zuuerwunderen ab dem so man sagt von der new erfundenen heiligen Insel in bedachtem Teutschen Meer gelegen/ in 1530. Jar begegnet/daß sich auß dem Häringfang zwey tausend Menschen erhalten haben/ vmd als sie zu zeiten einem der Häring mit einer Ruten durch Geylheit geschlagen/sol die zal der Fischen also dauon gemindert vnd abgenommen haben/daß bey 24. jaren darnach nicht mehr dann hundert Personen sich haben mögen erhalten.

Von Nutzbarkeit der Thieren.

Die Häring Köpff ein zimliche zal an ein Faden gezogen/sol man legen vnder das Beth in das Stroh oder Laubsack/so vertreibt es die Wentelen.

Die gesaltzene Brühen der Häringen braucht man zu etlichem Aaß der Tauben/ andere mit jnen zu fahen.

Die Häringfeiste oder Härigschmaltz brauchen die Schuster das Leder damit anzubereiten.

Von dem Fleisch der Häring.

Die frischen Häring sind gesünder vnd löblicher dann die gesaltzenen oder geräuchten/die geräuchten werden insonderheit Bücking genennt. Die Niderländer essen solche roh sampt jhrer Brühe/ je gesaltzner je besser/je mehr sie von jnen begert werden/ab welchen wir obern Teutschen ein scheuhen haben. Ein solche Art haben sie/als alle andere gesaltzne oder geräuchte Speisen an jnen haben.

Etliche Stück der Artzney/so von jnen in Brauch kompt.

Die Häring Seelen/ bey 9. eyngegeben den Menschen oder Pferden/sol den verstelten Harn treiben. Sein gesaltzne Brühe/ so von etlichen Häring sültzen genent wirdt/ von den Latinern Muria/ ist zu manchem Bresten breuchlich/ nicht allein der Häring Schmaltz/ sonder aller roh eyngesaltzner Fischen Brühen/ auß vrsach wir hie die Tugenden aller in gemein setzen wöllen.

De Caro, Alece, Muria.

Allerley roh eyngesaltzner Fisch Brühen/ vorauß der rohen Oelapsten Brühen wirt durch Cristier eyngeschütt denen/so den roten Schaden/vnd Hüfftweh haben säubert weiter dicidußen/stinckenden Blär oder Schäden/wirt gebraucht zu dem Brand/ der wütenden Hundsbiß/wider die Geschwär deß Mauls vnd Ohren.

Der erſte theil von den

Die alten haben ſolche brühen vil im brauch gehabt/ zu der ſpeiß nit anderſt dann wir bey vns den eſſich/vnd als ich achte/mit groſſem nutz vnd geſundtheit/ hie nicht not weit zu erholen/dieweil es bey den Teutſchen gantz abgangen.

Von dem Meergroppen.

Gobius Marinus maximus flaueſcens.   Ein groſſer Meergropp.
Von ſeiner geſtalt vnd mancherley geſchlecht der thieren.

Je vralten Mei-
ſter ſo von dē waſ-
ſerthieren geſchri-
ben/ haben nicht einhellig
alle geſchlecht der Meer-
groppen erkant/auß vr-
ſach daß ſo mancherley

geſchlecht vnd geſtalten derſelbigen geſehen werden.   Item daß ſie mancherley vnderſcheid haben/hergenommen/von jhrem Ort vnd Leben/ von der Subſtantz/ von der
gröſſe/ von der farb.   Von jhrem ort vmnd leben/ daß etliche geſtad oder ſandgroppen
heiſſen/ etliche ſteingroppen/ſeegroppen/ſüß waſſergroppen/ꝛc.   Von der ſubſtantz/
daß etliche vil löblicher dann die anderen. Von der farb/daß etliche weiß/gelb/ſchwartz
oder bleych an der farb ſich erzeigen.   Zu letzt von der gröſſe / die gelblechten ſind die
gröſten/die weiſſen die kleinſten/die ſchwartzen mitler gröſſe.   Nun werden der Meergroppen dreyerley inſonderheit beſchriben/ Auß welchen der erſte ſo hie oben bey anfang geſetzt/ der gröſte auß jhnen iſt / an der farb gelblecht oder bleych mit ſchwartzen
flecken beſprengt/hat kleine zän / ein groſſes maul/ꝛc. andere geſtalt erzeigt die ſchöne
figur.

Von dem ſchwartzen Meergroppen.

Gobius niger.   Ein ſchwartzer Meergropp.
Von ſeiner geſtalt.

Jſer iſt kleiner dann der erſte/gantz eines
runden leibs/ als dann auch der erſte/
dem vorigen gantz an der geſtalt änlich/
wo er nit kleiner wäre/ wiewol das iſt/ daß diſe
figur gröſſer dann die obere erſcheint/ auß deſs
malers ſchuld.   Iſt an ſeiner farb ſchwartz zu meiſten vornen her/ hat vnden vornen am
bauch ein einige ſchwartze fäckten/gentzlich wie ein bart: iſt allezeit vollen wuſt vnnd kåt.

Von

Von dem weissen Meergroppen.

Gobius albus. Ein weisser Meergropp.
Von seiner Gestalt.

Dieser ist der kleinest auß den Meergroppen / bekompt seinen Vnterscheid von der Farb / daß er ein wenig weisser ist dann andere Meergroppen / seine andere Gestalt erzeigt sich auß der Figur.

Von den Groppen so in Meerpfützen wohnen.

Gobius stagni marini.

Vorgenannte Fisch wohnen auch in den Seen oder Pfützen gleich am Gestad deß Meers gelegen / sind den vorigen gantz gleich / auch nicht viel ärger dann die so im Meer wohnen: mögen zu etlichen stücken an statt der andern gebraucht werden.

Von Art vnd Natur der Meergoben oder Groppen.

Die Meergroppen sind Steinfisch / schwimmen mit scharen oder viele daher / werden zimlich feißt / vorauß so er den Flüssen oder süssen Wassern nachstreicht: sie leychen bey dem Gestad / hencken jhre Eyer an die Felsen. In etlichem Meer sollen sie Winterszeit also gefrieren / daß sie ohne bewegnuß als todt / auch kein Leben erzeigen / so lang biß solche von der Wärme deß Fewrs / so man sie kochet / auffgefrört vnd bewegt werden. Mit Zuggarnen pflegt man sie zufahen.

Von dem Fleisch der Thieren.

Das Fleisch der Thieren hat mächtigen Preiß / vorauß deren so bey den steinen / vnd frischem Meer wohnen: dann sie sind zart / matt / gantz lieblich vnnd angenem zu essen / führen wol / gebären ein gut Safft vnd Geblüt / sind zimlich vnd feißt. Die weisen sind löblicher dann die schwartzen: die bösten so in stinckenden Wassern / oder faulen Orten gefangen werden.

Artzney von denen Thieren.

Dieser Fisch gestossen / in Wasser gesotten / sol den Stulgang bewegen / vorauß so man Saltz mit mischt. Dargegen ohne Saltz gebraten gessen / sol er den roten Schaden Bauchfluß vnd dergleichen stellen.

Der ander theil/von allerley
Steinfischen.
Von dem Meuwbrachßmen.

Scarus. Ein Meermeuwer/Ein Meuwbrachßmen/
Ein Zanbrachßmen.

Von zweyerley Geschlecht der Thieren/vnd von dem ersten
Geschlecht/sampt seiner Gestalt.

Vß allen Steinfischßen ist dieser Meuwer der fürnem-
mest: hat seinen Namen bey allen Nationen von dem meutven/daß er die
Kräuter abwendet / vnnd dieselbigen widerumb meutvet oder däutvet/
gleich den Kühen/Rindern/oder andern dergleichen Vieh. Solcher sind
zweyerley Geschlecht vnd Gestalt. Der erste/so hievor gesetzt / der rechte/war der Alten
Meutvbrachßmen / ist ein Steinfisch / hat grosse dünne Schüppen / an der Farb
schwartzblauw/am Bauch weiß: hat in seinem Maul Zän gleich der Menschen Zä-
nen/ auch gleiche Kiffbacken/hat auß allen Fischen allein vnden vnnd oben breyte Zän/
grosse Augen/rc.hat an jedem Ort zwey Fischohren/die einen einfacht/die andern zwey-
facht: hat ein schwartze Gallen. Diese Fisch sind zu zeiten nicht in jedem Meer gefangen worden: dañ sie von den Römischen Regenten in etliche andere anheimische Meer
gepflantzet vnd geführt sind worden.

Von dem andern Geschlecht der
Meermeuwern.

Scarus varius. Ein getheilter Meuwer oder Meuwbrachßmen/
Ein Spregelmeuwer.
Von seiner Gestalt.

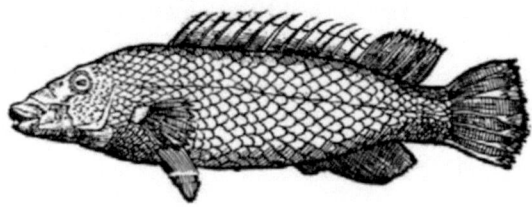

Dieser

Jeser hat sein Vnterscheid vnd Namen von der Farb/dann der vorgesetzt ist gar
nah einerley Farb/dieser aber mancherley Farb/dann mit seinen Augen/Bauch
hinden auß ist er Purpurfarb/der änder Leib ist zum theil grünbläuw/zum theil
schwartzblaw/seine Schüppen mit etwas dunckler Flecken besprengt/hat in dem obern
Kyffbacken breite Zän als das erste Geschlecht/in dem vndern Kyffbacken viel spitziger
Zänen. Mitten im Bauch hat er zween Purpurfarb Flecken. Ist ein vberauß schöner
Fisch.

Von der andern der gleichen Gestalt.

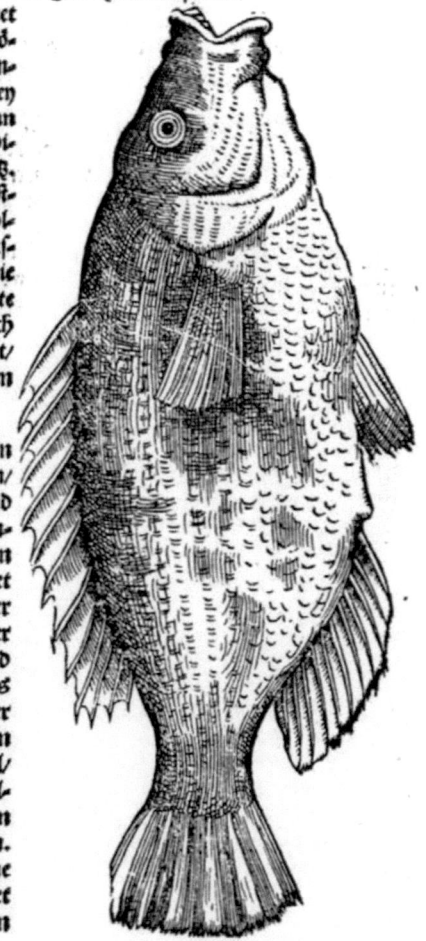

ZV dem jetztgenannten Fisch dienet
auch diese Figur/ist mit wunder schönen Farben von natur geziert/nem-
lich mit schwartz braun vnd rot/die zwey
säcktle bey den Fischohren sind gelb/die an
dern Fäckten braun/seine Grätle darzwischen rot / alsdann auch im Schwantz.
In den Augen ist vmb das schwartz erstlich ein gelb grüner Zirckel/der ander viol-
farb/demnach der folgend gelb/das äusserst vmb das Aug schwartz : durch die
breite der Seiten werden schwartzlechte
Flecken oder Masen gesehen. Dieser Fisch
wirdt von etlichen Papagallus genannt/
vnd von etlichen vnter die Meertrostlen
gezehlet.

Von Art vnd Natur der Thieren.

Diese Fisch wie gehört wohnen bey den
Steinen vnd Felsen/derselben Löchern/
Hölen/rc. fressen Kraut/Meerkraut vnd
Mieß/vnd als etliche wöllen/auch die andern kleinen Fischlein/zu mercken daß ein
sonderbare Art an den Fischen gespüret
wirdt/daß sie ruminieren/möuwen oder
däuwen gleich dem Vieh / Kühen oder
Rinder/demnach so schlaffe er auch/vnnd
allein in den Löcheren der Felsen/welches
vrsachet daß diese Fisch bey nacht nimmer
gefangen werden. Deß Jahrs leychen
diese vnd alle andere Steinfisch zweymal/
sollen gantz vnkeusch vnnd geyl seyn/sol-
ches ist jm ein Vrsach daß er viel gefangen
wirdt/als hernach gehört wirdt werden.
Es haben etliche geschrieben / daß eine
Stimm oder Gereusch von jnen gehöret
werde/als dann auch von etlichen andern
geschicht.

Von natürlicher Annmuhtung vnd Gemeinschaft so die Thier zusammen haben.

Diese Fisch sollen scharecht schwimmen/wiewol der letste allezeit allein sol gefunden
werden.

So einer der Fiſchen mit dem Angel gefangen wirdt/ſo ſollen die andern jhn zu entle-
digen/die Schnur abfreſſen vnd nagen.

Item/wo dieſer Fiſchen einer in ein Reuſſen oder Korb ſchleuffet/Vnd durch ſich ſelber nicht wider herauß ſchlieſſen kan/wo er den Kopff voran ſtreckt durch das Loch/ſo
beutet jhm der ſo vor auß/ den Schwantz/ welchen der inner erfaßt mit ſeinem Biſſz/
zeucht einer den andern alſo herauß. Begert er aber hinderſich herauß/damit er ſeine
Augen vnd Kopff nicht verletze/ſo erfaſſet der ſo auſſen ledig jn bey dem Schwantz/vnd
zeucht jhn alſo durch das Loch.

Wo dieſe Thier gefangen werden.

Mit den Reuſſen werden ſie der mehrertheil gefangen/dareyn thut man Aaß/wel-
ſche Bonen/vnd ein Kraut Linozoſtis genannt.Man pflegt ſie auch auff ein ander weiß
zu fahen.

Dann dieweil ſie vnkeuſch/die Rögling ſehr lieb haben/ſo nemmen ſie der Röglin-
gen einen/hefften jn an ein Schnur/ durch die oberſt Lefftzen/ ziehen jn durch das Meer
her/ welchen/ſo die Milchling oder Männlin erſehen/ſchwimmen ſie mit groſſem Eyffer vnd Liebe hernach/ ein jeder ſo nah er mag/ gleich als die jungen Geſellen gegen den
hüpſchen ſchönen Töchtern pflegen zu thun.

Als dañ hat ein anderer Fiſcher ein Reuſſen/welche er weit aüffſpert/ oder ein Zieh-
garn/zeucht den angehenckten Rögling gegen den Reuſſen ſampt den nachfolgenden/
alſo/daß die gantze Bulſchafft zuſammen in die Reuſſen oder dergleichen Inſtrument
gebracht werden.

Von ſeinem Fleiſch.

Dieſe ſind die geſündeſten auß den Steinfiſchen/ dann ſie haben ein matt Fleiſch/
nicht deſter minder feſt/gebären ein gut Safft vnnd Geblüt/werden leichtlich verdäu-
wet/haben kein Rotz oder Schleim.Sind bey den Alten hoch geachtet worden.

Artzney von den Thieren.

Die Leber von dem Fiſch in der Speiß genommen/ſol die Gelſucht vertreiben.

Auß ſeiner Gall wirdt ein löbliche Artzney bereytet für die Finſterkeit der Augen
oder Flecken.

Von der Meeramſel.

Merula.   Ein Meeramſel.   Ein Amſelfiſch.
Von ſeiner Geſtalt.

Dieſer Fiſch iſt
nicht vngleich den
Schleyē/ſchwartz
lecht an ſeiner Farb wie
die Amſel/ von dannen er
den Namen bekompt/ iſt
ein Steinfiſch / hat
ſcharpffe Zän/vnd iſt das
Weiblin oder Rögling
auß jnen etwas geflecket.

Zu mercken/daß etliche der Scribenten ein andern Fiſch an ſtatt der Meeramſel gezeigt
haben/nicht ohne Vrſach darzu bewegt/nach Art ſeiner Beſchreibung.

Von Art vnd Natur der Thieren,

Dieſe

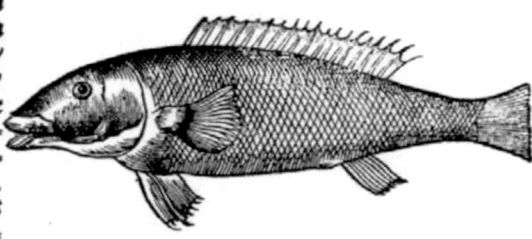

Diese Steinfisch/so in Löchern vnnd Steinen wohnen / fressen Mieß/ Meerkraut/kleine Fisch/ Krebs / kleine gantze Meer Igel/welche manchesmal auß jhren Bäuchen geschnitten werden. So denen Fischen etwas Speiß begegnet/ so versuchen sie dasselbig erstlich/demnach lassen sie es ligen/ligt es ohn bewegung als todt/ so fressen sie es.

Von natürlicher Anfechtung der Thieren.

Wiewol das ist/daß dieser Fisch ein sondere anmuhtung vnd begierd hat viel Weiblin zu haben/ so sol er doch in solchem ein grosser Eyfferer seyn: item ein sondere anmuhtung vnd Liebe gegen seine Jungen tragen/vor vnd ehe sie geboren: daũ so das Weiblin oder Röglin anhebt zu leychen/so verschliefft es sich in ein Hüle/ vor welches Loch oder Außgang der Milchling sitzt zu hüten ein gute Zeit/ohne Essen oder ander Speiß/allein daß er bey nacht sich weydet/als auß Vernunfft die Jungen zu beschirmen:er tregt auch jnen Speiß/Kraut/ꝛc.zu dem Ort herumb/solcher Eyffer ist jm ein vrsach/daß er zu zeiten gefangen wirt. Daũ die Fischer/wo sie die Fisch wissen/stecken sie ein Hogerkrebs an ein Angel/lassen jn zu der Wohnung genãter Fischen mit viel beiwegung vmb jhn her/ welches so genanter Fisch ersihet/ auß forcht die er hat/daß jm der Krebs niit in die Höle zu dem Weiblin vnd Jungen schlieffe/ streitet er wider den Hogerkrebs/ scheußt herzu/ gibt jm ein biß/vnd läßt jn ligen:vnd so lang das Mämlin oder Milchling nicht gefangen wirt/ so lang halten sich die Rögling bey den Eyern vnd Jungen: so bald aber er gefangen/ so werden sie also betrübet/ daß sie nicht still bleiben/ sonder vmbher schweiffen müssen/werden zur selben Zeit ohne arbeit gefangen.

Von jhrem Fleisch.

Das Fleisch der Fischen ist sehr löblich/ein lind Fleisch/leicht zu verdäuwen/gebiert gut Blut/hat kein arge Vberflüssigkeit in jm/wirt in etlichen Kranckheiten/als ein sondere dienstliche Speise vnd Nahrung gebraucht.

Es ist auch ein ander Geschlecht der Meeramßlen mit einem schwartzen Rucken/am Bauch dunckel Purpurfarb. Ist dem vorgeschriebnen an aller Art/Natur/Substantz vnd Fleisch gleich.

Von der Meertrostel.

Turdus.   Ein Krametfisch/ Ein Meertrostel/
Ein Meerpfauw.

Von mancherley Geschlecht der Fischen.Von dem ersten Geschlecht sampt seinen Farben.

Diese Fisch haben jhren Namen daher/ daß sie von mancherley Farben vnden am Bauch gestecket/ gleich den Krametvöglen oder Trosteln. Dann es erscheinet wunderbarlich die Herrligkeit deß ewigen Schöpffers/ vnd Geschickligkeit der Natur in diesen Fischen/ als dann von einem jeden wirdt gehört werden. Solche werden von etlichen allein in zwey Geschlecht getheilet/in die Grossen vnnd in die Kleinen. Die Grossen widerumb in zwey/ in die grünen vnnd in die roten/ daß also dreyerley Geschlecht der Fischen funden werden. Dargegen werden von etlichen mehr

b iij

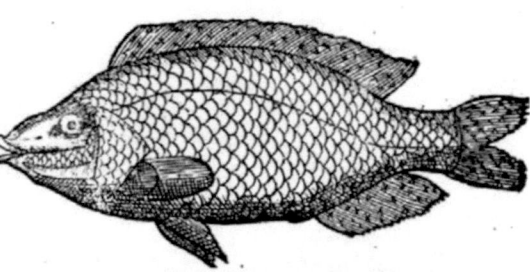

darin zwölfferley Ge-
schlechte beschrieben. Wie
dem seye / so wöllen wir
die Arten vnd Gestalten
der Ordnung nach auff
das kürtzest erzehlen/ vnd
an dem ersten anheben so
hie beystehet: welcher gar
nah der breytest ist vnter
den Krametfischen / hat
dicke geruntzlete Lefftzen/
einen gantzen breyten Schwantz /mit schwartzen vnd roten Flecken besprengt. An dem
andern Leib ist er getheilt: dann der Rucken ist braunlecht/ der Bauch bleychweiß/die
Fäcktle bey den Ohren Goldfarb: die aber so vnden vnnd oben auff dem Rucken sind
gelb mit schwartzen vnd blauwen Macklen gezieret/ hat weite grosse runde Augen/ die
theil gleich vnder dem Aug mit wunder schönen Farben gezieret. Ist inwendig gestalt
n ie andere Steinfisch.

Von dem andern Geschlecht.

Turdus secundus. Der ander Krametfisch/
Ein Meerpfauw.

Von seiner Gestalt vnd Schöne.

Dieser ist dem vor-
gesetzten gleich /
doch alle zeit grös-
ser/ist an seiner Farb sehr
schön/gemischt von grü-
ner vnnd blauwer Farb/
als der Pfauwen Halß/
nicht nur an seinem Leib/
sondern auch an allen Fi-
schfäckten.

Von dem dritten Geschlecht.

Turdus

Turdus tertius.   Der dritt Krametfisch.

Von seiner Gestalt vnd Farben.

Jeser ist auch an der Gestalt den ersten gleich / an der Farb vngleich / dann es ist
hart einer auß allen der mit so mancherley Farben bezieret seye als dieser. Der
mehrer theil ist er grün / aber mit Purpurfarben / blauwen vnnd etlichen andern
gemischten Farben besprengt. Die Flecken bey den Ohren rot / andere alle zum theil rot /
zum theil blauw vnd grün. Der Schwantz dunckelrot mit blauwen Flecken. Die Deckel der Ohren / mit krummen roten Linien vnd Puncten getheilet. Summa / so schön
ist er von Farben / daß er eines schönen Namens wol werth ist.

Von dem vierdten Ge-
schlecht.

Turdus quartus. Psittacus vulgò.
Der vierdte Krametfisch. Ein
Sittich. Ein Papagey.

Von seiner Gestalt vnd Farb.

Jeser ist auch von man-
cherley Farben gethei-
let / dann sein Rucken ist
schwartzlecht / sein Floßfeder
grün / seine Seiten vñ Bauch
gelb. Von den Fischohren gegen dem Schwantz hat er grüne Linien oder Strich gezogen:
die Feder vnden am Bauch
blauw.

Von einer andern der gleichen
Gestalt.

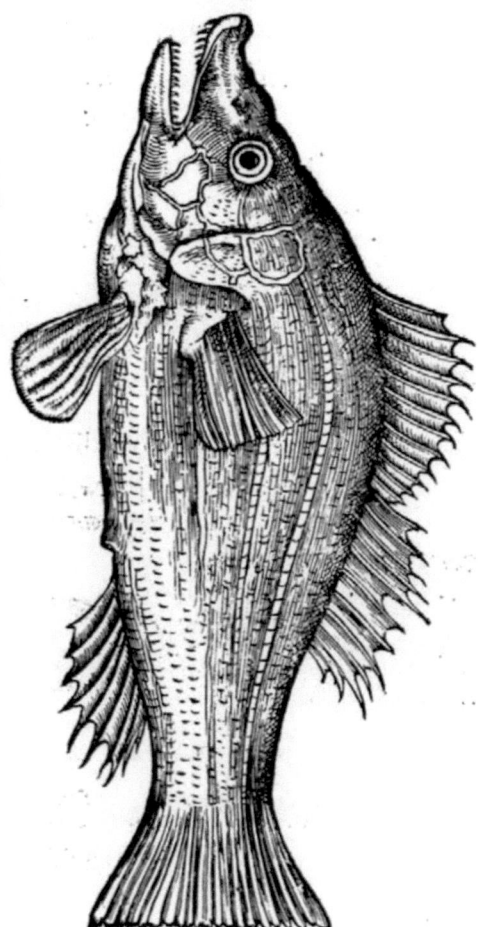

Der ander theil/von

Jesem Geschlecht dienet/vnd sol vnterworffen werden/diese gegenwertige schöne Gestalt/zu Venedig Porga genannt/welcher mit nachbeschribenen Farben beschönet ist. Der Rucken biß in die halb Seiten sind braun/ mit viel schwartzlechten Flecken besprenget/ Drey oder vier Strich strecken sich von den Ohren gegen dem Schwantz/an der Farb blaw. In den Augen/vmbgeben das schwartz innerhalb/zween goldfarb Circkel/zwischen welchen der so in mitten braun ist. Sein Schwantz der mehrertheil blaw/welche Farb auch bey anfang der Fecklinen bey den Ohren vnd an dem Kopff/vmb die Ohren her erscheinet: weiter der vorder halber theil der Floßfeder oben auff dem Rucken wirdt mit schönen Farben gemahlet/der hindertheil derselbigen Feder gelb/mit blawen Mosen besprengt. Der vnder theil der Seiten gegen dem Bauch ist gelb/mit rötlechten Mosen getheilet. Die Fecktle bey den Ohren braun/ die zwey vnden am Bauch vnd eine bey dem Außgang gelb.

Von dem fünfften Geschlecht.

Turdus quintus.   Der fünfft Krametfisch.

Von seiner Gestalt.

Iser sol gleich seyn dem gelben Meergroppen/ allein dz er ein weissen Strich oder Liny von dem Kopff biß auff den Schwantz gezogen hat. Diese Meertrosiel ist Goldtfarb / gantz schön.

Von dem sechsten Geschlecht.

Turdus sextus.   Der sechste Krametfisch.

Von seiner Gestalt.

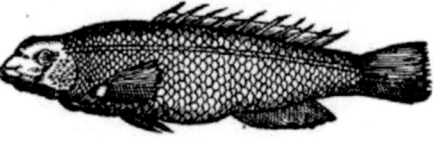

Ieser ist dem fünfften gantz ähnlich/allein dz der Strich von dem Kopff gegen dem Schwantz gezogen/blaw ist/nicht weiß / auch hat er ein lang spitzig Maul/wie ein Habich.

Von dem siebenden Geschlecht.

Turdus septimus.   Der siebend Krametfisch.
Cero in prouincia dictus.   Ein Wächßling.

Von seiner Gestalt.

Dieser

Diser wohnet auch in den Felsen / kompt mit seiner grösse zu einem Ellenbogen / mit mancherley schönen Farben gezieret: sein Rucken Goldfarb mit grünen Flecken besprengt: der Bauch weisslecht / mit krummen roten Strichlinen bezeichnet / gleich als die Wurtzeln vom Buchßbaum. Seine Lefftzen sind grün / die Deckele der Ohren mit Purpur besprengt: der Schwantz vnnd Federn der mehrertheil blauw.

Von dem achten Geschlecht.

Turdus octauus.   Der achte Krametfisch.

Von seiner Gestalt vnd Farb.

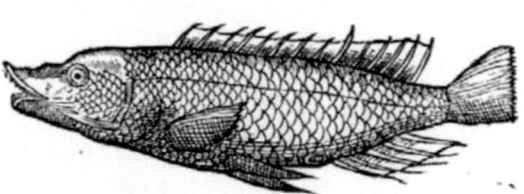

Diser ist dem siebendē Geschlecht mit aller Gestalt gleich / auch so vil die Farben betrifft / doch hat er viel Linien oder Strich durch den Bauch die zwerch / vnnd den langen Weg durch einander.

Von dem neundten Geschlecht.

Turdus nonus.   Der neundte Krametfisch.

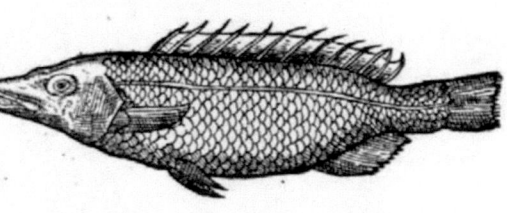

Diser ist dem vorgesetztē gantz ähnlich / allein daß er ein weisse Linien oder Strich hat von den Ohren biß auff dē Schwantz: auch viel andere goldfarbe Strichlin die zwerch ohne Ordnung. Ist sonst getheilet von grüner vnd gelblechter Farb / wirdt von etlichen Welschen ein Drummeten genannt von seiner Farben: dann solche pflegt man bey jnen getheilt bekleiden.

Von dem zehenden Geschlecht.

Turdus decimus.   Der zehend Krametfisch.

Der ander theil/von

Von seiner Gestalt vnd Farb.

Das zehend Geschlecht der
Fischen ist grün/das äusserst der
Ohren vnd feckten deß Bauchs
sind Purpurfarb/die Augen rot/
der Bauch von weissem auff gelb
gezickt/hat ein klein Maul vnd
kleine Lefftzen.

Von der andern Gestalt dieses
Geschlechts.

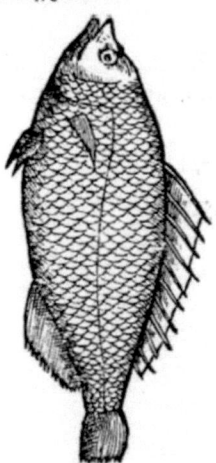

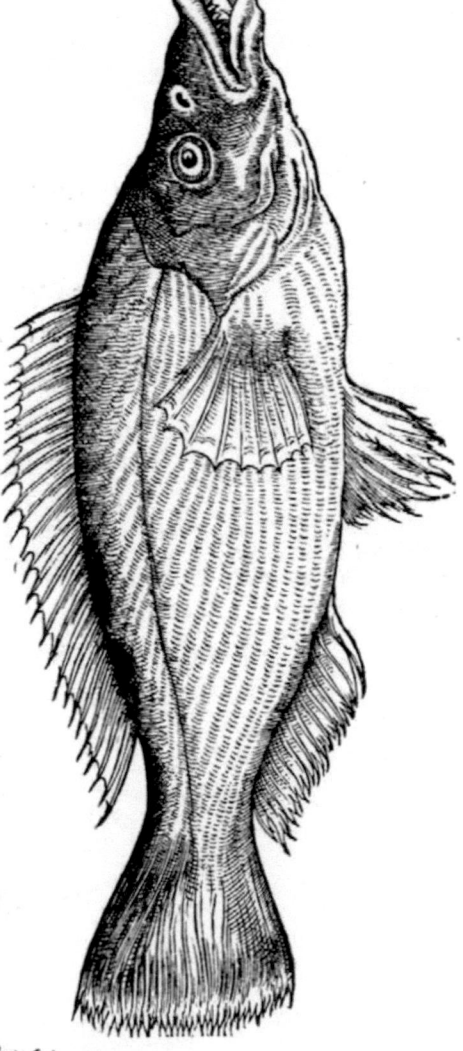

Von dem eilfften
Geschlecht.

Turdus vndecimus. Der eilfft
Kramerfisch.

Von seiner Gestalt.

Er grössest auß allen
Kramerfischen ist dieser/
kompt zu der grösse eines
Meerwolffs/eines Elenbogen
lang/mit länge vnd dicke. Ist an
der Farb gantz rötlecht/mit viel
schwartzen vnd bleychen Masen
besprenget. Der Bauch Bley-
farb/mit grossen Lefftzen: ist dem
siebenden Geschlecht gleich/auß-
genommen die Farb.

Diese

Jeser vorgesetzten Figur/deß eilfften Geschlechts sol auch beygesetzt werden diese gegenwertige schöne Gestalt. Ist gantz vnd gar rötlecht/ mehr auff dem Rucken/ dann vnden am Bauch ist er auff weiß mehr gezickt. Der Rucken hinden auß wirdt mit dreyen grossen schwartzen Flecken bezeichnet/ auß welchen die letste den Schwantz berührt. Das schwartz der Augen vmbgibt ein roter Circkel/ vmb denselbigen ein blauwer zu äusserst. Ist auch ein sehr schöner Fisch.

Von dem zwölfften Geschlecht.

Turdus duodecimus.   Der zwölffte Krametfisch.

Von seinen schönen Farben.

Jeser sol auch vnder die Krametfisch ge-zehlet werden/ dann er ist nicht minder getheilet dañ die andern. Sein Kopff ist blaw/ sein Rucken grün-lecht/ ein schmaler/ grüner Strich von dem Kopff gegen dem Schwantz gezogen/ in welches End bey dem Schwantz ein runder Fleck ist. Der ander Leib ist rötlecht/ die Flecken vngleich/ doch der mehrertheil Purpurfarb.

Von etlichen andern Geschlechten der Krametfischen.

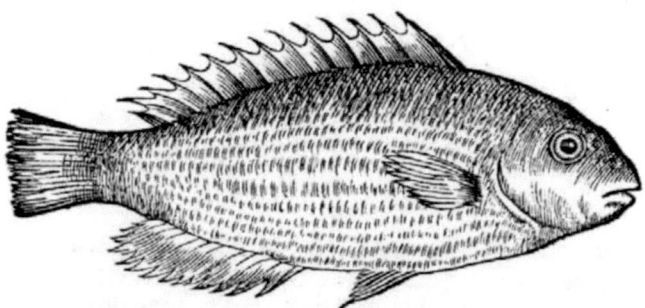

V den Krametfischen sollen auch diese zween gesetzt werden/ so zu Venedig sind ab-conterfet worden/ auß Vrsach daß sie mit gestalt den vorgesetzten ähnlich/ auch mit mancherley schönen Farben gezieret sind. An dem grössern hie zugegen/ ist der Schwantz vnd hinder Floßfeder deß Ruckens rötlecht/ mit Düpfflinen geflecket: der Vordertheil derselbigen Floßfeder weißbraun. Der Rucken mit grüner vnd blau-wer Farb gemischt: Der Bauch weißlecht/ der Anfang bey dem Schwantz schwartz-lecht: ist durch den gantzen Leib mit schwartzlechten oder braunlechten Flecken be-sprengt. Das schwartz in den Augen vmbgibt ein güldener oder gelber Ring. Dem-nach der ander braun. Der letzte vnd äusserste theil gelblecht. Der klein so von den Wel-schen Luisolo genennet wirdt/ ist der mehrertheil blauw/ fürnemlich im Schwantz/ auch

durch den Rucken sampt den Floßfedern/welcher farb auch der mitler Circkel ist vmb
das Aug zwischen zweyen weissen. Sonst ist der Leib bräunlecht/mit andern Farben
gemischt/getheilt mit Puncten mehr schwartz vnd braun. Dergleichen Fisch sollen von
den Flemming Posten genennt werden von der schnelle.

Von dem letsten Krametfisch:

Lepras.   Ein roter Krametfisch.
Attagenus.   Ein ander Geschlecht der Krametfisch.

Von seiner schönen Farben.

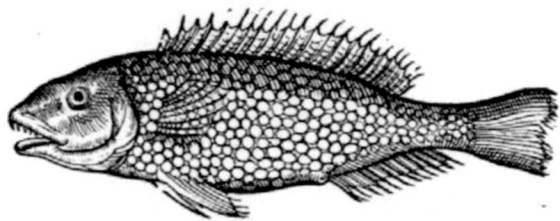

Jeses ist ein sehr schöner Fisch von Gestalt vnd Farben/so auch zu der Speiß in
grosser achtung gehalten werden. Ist mit viel schönen Farben begabet/doch hat
er den mehrertheil rot: die runden Flecken der mehrertheil blauw/fürnemlich die
so oben durch den Rucken. Dann die vndersten gegen dem Bauch sind weißlecht/wirdt
von Athenæo Attagenus genannt/von dem Vogel Attageno welcher gleicher weiß geferbet
vnd geflecket ist.

Von Art vnd Natur aller Krametfischen in gemein.

Jese Fisch wohnen allesamen allein in steinechten/schrofechten Gestaden/so viel
Kraut haben. Sie fressen auch nicht allein Kraut/sonder kleine Fischlin/kleine
Kuttelfischlin vnd Krebßlin. Sie schweiffen nicht weit herumb von den Orten/
da sie sich gestelt haben/vnnd ligen Winterszeit verhalten vnnd verschlossen in den Löchern je parecht/ein Milchling mit dem rögling/leychen deß Jahrs zweymal/nach art
er Steinfischen.

Von

Von dem Fleisch aller Krametfischen.

Das Fleisch der Krametfischen wirdt
sehr gelobt/als ein sondere liebliche/nützli-
che/gesundte Speiß vnnd Nahrung den
Krancken vnnd Gesundten/auß vrsach
daß sie ein lind/mürb oder matt Fleisch
haben/lieblich zu essen/eines löblichen ge-
saffts/ringer Däuwung/vnnd ein solch
Fleisch/das sich auff alle Weiß vnd Weg
bereiten läßt: sie vrsachen auch kein kalten
Schleim/sonder ein gut vñ schön Geblüt.

Von dem Meerschärer.

Anthæ prima species. Ein Rondkopff. Ein
Meerschärer/Ein Meerheitz.
Von seiner Gestalt.

DIe Fisch/so
von den al-
ten Griechē
Anthiæ genennet
worden/sind nicht
sonderlich zu vnse-
rer Zeit bekannt/
auß vrsach/daß sie
mit keinen gewissen
Zeichen sind be-
schrieben worden.
Es werdē auch vie-
rerley Geschlecht
solcher genannten
Fischen bey den Al-
ten erzehlet/welche
mehr auß Argwon
dann auß gewisser
Kundtschafft/nach
der ordnung hiebey werden gesetzt. Der erste so hie zugegen/ist an
seiner Farb rötlecht: die obern Floßfedern dunckelrot/item auch
die zwey Fecktle bey den Ohren/vnd die so vnden am Bauch gesehen werden auch satt-
rot/sampt dem Schwantz/sein Kopff rond vnd getheilt.

Von dem andern Geschlecht der
Fischen.

Anthiæ secunda species. Ein Bolck/Ein
Kabbellouw.

Von seiner Gestalt.

Jeses ist ein
sehr weisser
Fisch/ glatt/
ohne Schüppen/ ist
nicht ein Steinfisch/
sondern ein Meer-
fisch/ so die Lati-
ner Pelagios nennen/
hat ein lind/zart/gut

gesundt Fleisch. Im Jahr gezehlt 1545. ist bey Monpelier durch das Gestad desselbigen Meers/ so ein grosse Menge der Fischen gefangen worden/ daß man auff zween
Monat allein der Fischen gefangen hat/ also in solcher Zahl/ daß man den mehrertheil
vergraben hat müssen/ damit die Fischer deß häßlichen Gestancks der erfauleten Fischen entlediget würden.

Von dem dritten Geschlecht vorgenannter
Fischen.

Tertium Anthiæ genus.   Ein Meertrostel/ Ein braun-
schwartze Steinling.

Von seiner Gestalt.

Jeser ist an seiner
Farb gätz schwartz
braun/ist ein Stein-
fisch/ dem Meermeuwer
oder Brachßmen nicht
vnähnlich.

Von dem vierdten Geschlecht.

Anthiæ quarta species. Aulopos.   Ein Art auß
den Brachßmen.

Von seiner Gestalt.

Jser sol ein schwartz-
lechten Kreiß oder
Ring vmb die Au-
gen haben/von dañen er Aulopos bey den Griechen genennet wirdt. Solches sind
die vier Geschlecht/ welche
võ etliché für die Fisch/ so die
Griechen Anthias genennet
haben geachtet werden/ wiewol nichts gründtlichs von jhnen mag geschrieben werden/
auß mangel der Zeichen vnd eynbildung jhrer Form vnd Gestalt. Allein zu ist mercken/
daß esgrosse Fisch seyn sollen/ so doch vorgesetzte gantz nicht grosse Fisch sind.

Von

Von Art vnd Eigenschafft der Thieren.

Obgenannte Fisch/sollen seyn auß der Zahl der Steinfischen/in Löchern/Schrofen/Steinen vnd Felsen wohnen. Solcher Art sind sie/daß sie mögen heimisch gemacht werden/dann auff solche weiß pflegt man sie zu fahen. Dann man achtet der Orten/in welchen sie stehen/wirfft jhnen alle Tag Speiß vnd Nahrung etlich Fisch dar/welcher Speiß erstlich einer oder zween der Fischen fressen/nachmals so schwimmet die gantze Schar herzu/auß gewonheit/werden sie also heimsch/daß sie einem die Speiß auß den Händen nemmen/vnnd sich anrühren lassen: werden auch gewehnt auff alle Gauckelspiel. Endlich so beutet der Fischer mit einem so aller weitest von andern den Angel/zeucht jn mit grossen kräfften in grosser eyl herauß/daß die andern deß Schadens nicht gewar werden: dann wo dasselbig geschehen/so kommen sie nimmermehr an das gewohnte Ort/die Speiß zu empfahen.

Von jhrem Fleisch.

Diese Fisch/als alle andere Steinfisch haben ein keck/gesundt/lieblich vnnd löblich Fleisch/süßlecht/welches in dem Menschen vrsachet ein gut Geblüt.

Artzney von den Thieren.

Sein Gall mit Honig angeschmieret/sol die Kindsblattern/Hundsblattern/vnnd andere Vnzierd vertreiben/vnd macht ein schön Angesicht: vnnd jhre Feiste mit Wachß allerley Apostemen/Geschwulst/Trüsen/Kröpff/ec. vertreiben.

Die Stein von jhrem Kopff an Halß gehenckt/sollen hinnemmen den Schmertzen deß Häupts/vnd alle andere Bresten deß Halses.

Von dem Meerjünckerle.

Iulis.   Ein Meerjünckerle. Ein Fischjünckerle.

Von seiner Grösse vnd schönen Gestalt.

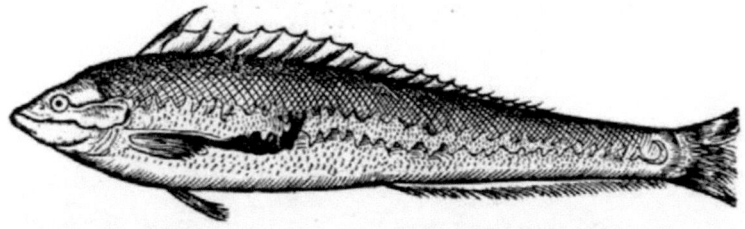

Auß allen Meerfischen ist dieser der aller schönest mit Gestalt vnnd Farben/auß welcher vrsach er den Namen bey allen Nationen bekommen hat/Juncker oder Jünckerlein. Solcher ist auch nicht einerley Geschlecht/dann sie sich ändern so viel die Farben betrifft/bleiben doch allweg bey gleicher Gestalt/an der Länge kommen sie nicht vber ein Spann/solcher Dicke so viel einer mit zweyen Fingern fassen mag. Sein Rucken ist mit mancherley Farben gezieret/daß er sich einem Regenbogen vergleicht zu beyden Seiten/wirdt mit kleinen Schüppen bedecket/auff welchen schlechte Strichle von allerley Farben gezogen/als blauw/grün/rot/braun/ec. Von dem Kopff gegen dem Schwantz hat er ein goldfarblechte Line oder Strich/gekrümpt/als ob sie Zän habe. Der vnder theil an solcher blauw/sein Bauch gelbweiß/ec. kleine Augen/der Ring vmb das schwartz rötlecht. Mit innerlicher Gestalt ist er allen andern Steinfi-

schen gleich / ist an etlichen Orten deß Meers ein gantz gemeiner Fisch / wirdt von der
Kleine wegen verachtet.

Von Art vnd Natur der Thieren.

Diese Fisch schwimmen alle zeit mit gantzen Scharen wie die Mucken / wohnen bey
inlessechten Felsen vnd Schrofen / sind sehr fräßig als Numenius schreibt.

Mit jhrem Biß sollen sie denen / so die Wasser brauchen / schwimmen oder baden im
Meer / mächtig vberlegen seyn / dann sie schiessen häuffecht herzu / beissen vnnd verletzen
in gleicher Gestalt vnnd Schmertzen wie die Imben oder Wespen / es beweget auch jhr
Biß ein Schmertzen ein zeitle lang wie der Biß der Wespen / welches vrsach etlichen
Scribenten geben hat / daß sie einen gifftigen Biß jnen zugeschrieben haben / in solcher
gestalt / daß alles / so von jnen gebissen / als andere Fisch / sollen fürter zu der Speiß vn-
tauglich seyn. Sie sollen auch sehr listig seyn / also / daß sie kein Angel verschlucken / sonder mit kunst die Speiß vornen seuberlich abnagen.

Von jhrem Fleisch.

Wiewol diese Fisch von Kleine wegen jhres Leibs verachtet vnnd vernichtet werden
wirdt jhnen: doch von den alten bewehrten Ärtzten / ein sehr löblich Fleisch zugeschrieben /
als die ein lind / matt / oder mürb Fleisch haben / ohne Schleim / Wust oder Vberflüssigkeit / ringer Verdäuwung / als dann gar nahe aller ander Steinfisch Fleisch geartet ist.

Artzney von den Thieren.

Auß den Fischlinen wirdt insonderheit ein Brühe gesotten / als Dioscorides lehret /
den Stulgang zu bewegen: dann auß allen andern Steinfischen sollen diese Jünckerlin
zu vorgeschriebnen Dingen die kräfftigsten seyn.

Kyrandes schreibet daß diese Fischle in der Speiß genossen / sollen die Fallendsucht
vertreiben.

Von dem Goldgelben Steinling.

Adonis seu Exocoetus.   Ein Goldgelber oder Rötlechter Steinling.

Von seiner Gestalt.

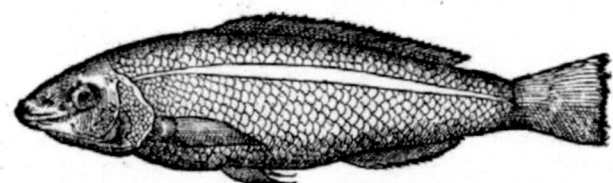

Jeses ist auch ein schöner auß den Steinfischen eines halben Schuchs lang /
rund / rötlecht oder goldfarb / mit etlichen theilen auff rot / etlichen auff grün gezickt. Von dem Kopff biß auff den Schwantz hat er ein breiten weissen Strich /
ein sonderbar Zeichen ist / bey welchem er mag erkennt werden. Kleine Fischohren hat er /
welches Plinio vrsach geben / daß er solchen ohne Ohren beschrieben hat.

Von Art vnd Natur der Thieren.

Seinen Namen hat er bey den Griechen / daß er sich auß dem Wasser auff den Boden vnd Grund herauß leßt / daselbst an der Sonnen schläfft vnd ruhet. Ist ein Steinfisch / mag lange zeit ausser dem Wasser geleben / auß Vrsach / daß er so kleine Fischohren
hat / nicht so baldt von dem Lufft mag ersteckt werden. Diese Fisch sollen etwas Stimm
oder Geräusch geben / wohnen bey den Felsen / Schrofen steinechten Orten / leßt sich bey
stillem Meer vnd schönem Himmel an das Gestad herauß / sich zu sönnen / vnd so er sich
gnug nach Willen gesönnet / so wältzet er dem Gestad nach in das Meer. Er sol auch
fleissig acht haben auff die Vögel / so zu solchen Zeiten die Fisch aufffressen: dann wo er
einen ersihet / so weltzet er vnd trölet mit viel springen vnd grosser schnelle in das Meer.
Solche Fisch fähet man in grosser Zahl in den Hölinen der Steinen / Felsen vnnd
Schrofen / so das Meer ablaufft / in welchen sie sich enthalten.

Von jhrem Fleisch.

Diese sollen auch ein gut löblich Fleisch haben / nach Art aller andern Steinfischen.

Ein ander Geschlecht der Steinling.

Alphestes Cynædus.   Ein Art der Steinfischen.

Von seiner Gestalt.

Dieser hat seinen
Namen bey den
Griechen / daß al-
le zeit einer dem andern
nachfolget / keiner allein /
oder sonst scharecht ge-
funden werden: gleich als
ein vppiger Mensch ohn
vnderlaß einer Dirnen
anhanget. Auff seinem
Rucken ist er Purpur o-
der Violfarb / sonst allenthalben Wachßgelb: kompt mit seiner Lenge zu einem Schuch.
Dergleichen oder gantz ähnlich sol auch der Fisch seyn / von den Venedigern Brusola
genennt / welcher dunckelrot ist / sein Schwantz gelb mit braunen Flecken / schwartze Flecken bey den gelben Fecken der Ohren / ein andere in der Fecken bey dem Arß / ein andere bey anfang deß Schwantzes: von dem Kopff gegen dem Schwantz erzeigt er ein rote
Linien mit schwartzen Puncten: das schwartz der Augen mit einem gelben Ring vmbgeben / vmb denselbigen ein anderer weisser.

Von Art vnd Natur der Thieren.

Ihr Wohnung ist bey den Steinen / Schrofen vnnd Felsen: sind also geartet / daß je
einer dem andern gleich auff dem Schwantz nachhaltet.

Von jhrem Fleisch.

Ein lind / zart / matt Fleisch haben sie / als andere Steinfisch / gantz ohne Schleim: ist
den Krancken ein dienstliche Speiß: dann er ist ring zu verdäwen / gebiert ein mittel-
mässig Blut. Sein Brüh von den gesottenen eyngenommen bewegt den Stulgang.

Von dem Meerginner.

Der ander theil/von

Channus vel Channa. Ein Ginfisch/ Ein Ginner/
Ein Ginmaul.

Von seiner Gestalt.

Dieser hat seinen Namen auß dem/ daß er allzeit mit offnem Maul ginnet: ist ein Steinfisch/gleich dem Wolfffisch. Sein vndere Lefftzen für die ober her-auß gestreckt/ ginnet alle zeit/ allermeist so er stirbt/ anderer Form halb/ sind sie nach art der Steinfischen gestaltet. Ist an der Farb getheilt/ sein Rucken schwartzrot/ die Strich so von dem Kopff gegen dem Schwantz gezogen sind Fewr oder gelbrot/ der Schwantz mit roten Flecken besprenget / als dann auch der Fecken von dem Arß auff den Schwantz: die Floßfeder auff dem Rucken heyter rot.

Von Natur der Thieren.

Alle zeit sollen in den Fischen allen Eyer oder Rogen gefunden werden/ also/ daß die alten Scribenten gesagt haben/ daß vnter dem Geschlecht der Fischen keine Milch-ling/sonder alle voller Rogens seyen/also von jhnen selber vnd in sich selber empfahend/ als von etlichen andern Thieren auch viel gemeldet wirdt/wiewol etliche alte Fischer Milch vnd Rogen in einem Fisch gesehen haben/deßhalb vermeinet/ sie seyen beyderley Geschlecht/als von den Hasen gesagt wirdt. Solches geschicht jnen auß rechter/ aner-borner Fruchtbarkeit/so die Natur in solchen vnd etlichen andern Thieren erzeigt.

Sind sehr frässige Fisch/ sonderlich Fleischfrässig/ also/ daß jnen offtermals jr Ma-gen auß grosser begierd nach dem Raub in den Rachen oder Maul herauß fellet / auß mercklicher Begierd vnd Frässigkeit so in den Fischen steckt. Solches geschicht auch etli-chen andern Fischen/ als der Ordnung nach wirdt gehöret werden: auch darbey der Dingen weitere Vrsach.

Von dem Fleisch der Fischen.

Dieser hat auch ein zart Fleisch/ doch härter dann das MeerEgle.

Von dem andern Geschlecht der Ginfischen.

Canadella. Ein kleiner Ginfisch.

Von seiner Gestalt.

Dieser kompt nim-mer zu solcher grösse als andere Steinfisch/ der Art der Brachßmen gleich/ von den Lateinern Hepatus genennet/ hat kein Vn-terscheid/außgenommen der Farb.

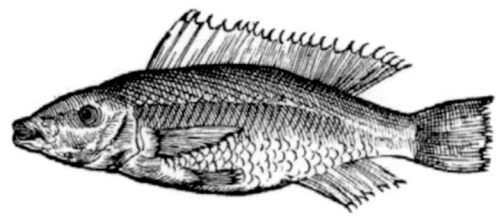

Von

Von dem Meerbersich.

Perca marina.　　Ein Meerbersich. Ein Meer Egle.

Von seiner Gestalt.

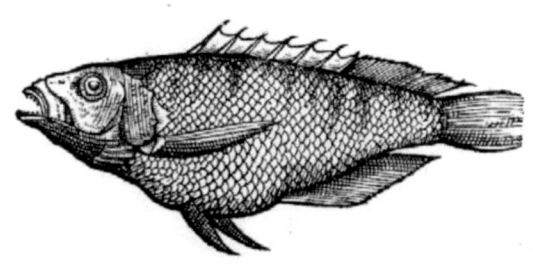

Der Bersich oder Egle sind zweyerley Geschlecht/nemlich Meer Egle vnd vnsere Bersich oder Egle/ so in süssen Wassern wohnen/ das Meer Egle vergleichet sich an der Gestalt dem süß Wasser Egle/ist ein Schüpfisch/schwartzrot an der Farb/hat viel Linien oder Strich von dem Rucken gegen dem Bauch gezogen/braunrot oder schwartzlecht oder Purpurfarb/kompt mit der Länge zu einem Schuch/ hat einen tieffen Bauch/gelbrot/ oder gelblecht auff Purpur gezogen. Sein Kopff ist auch getheilt/inwendig hat er einen grossen Magen mit viel Gehenck/ wirdt viel bey Marsilien gefangen.

Von Art vnd Natur der Thieren.

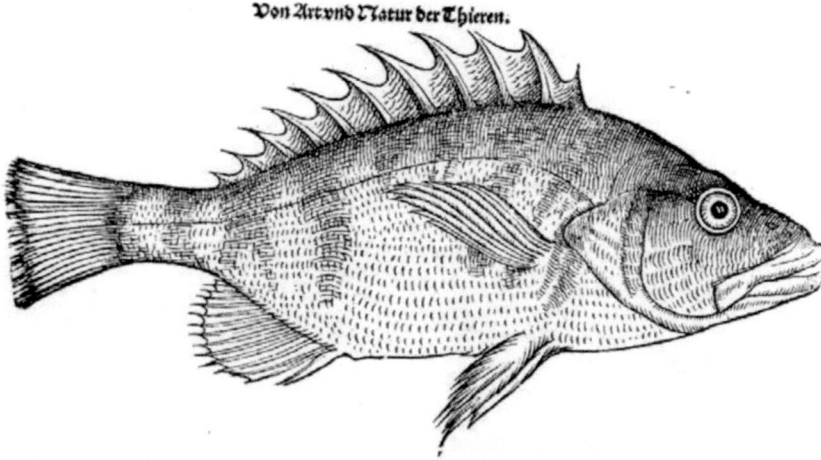

Das Meer Egle ist ein Steinfisch/wohnet bey den Mießechten Felsen/an welchen viel Meerkraut steht oder wechßt. Deß Winters zeit sollen sie sich nach art der Steinfischen in den Hölinen oder Löchern enthalten/nimmer gefangen werden/dann zu etlichen gewissen Tagen/vnd dieselbigen ohne fehlen. Das Meer Egle folget dem Brandbrachßmen nach/als wissend/daß der Brandbrachßmen ein listiger Fisch ist/selten mag gefangen werden.

Von jhrem Fleisch.

Die Meer Egle sollen ein löblich/gesund Fleisch haben/lind/zart/ringer Däuwung/viel gesünder denn das Fleisch der Bersichen oder Eglinen der süssen Wassern.

Arzney von den Meer Eglinen.

Dioſcorides lehret ein Tranck oder Brühe von den Meer Eglinen zuber eyten den
Stulgang zu bewegen. Die áſchen von dem gebrannten Kopff wirdt gelobet zu den
Breſten der Bärmutter/vnd die Nachburt zu treiben/gereucht. Item/ſolche áſchen hey-
let auch alle Fäulungen/Krebs vnd Geſtanck.

Von dem Trüſch Egle.
Phycis.   Ein Art der Meer Egle.
Von ſeiner Geſtalt.

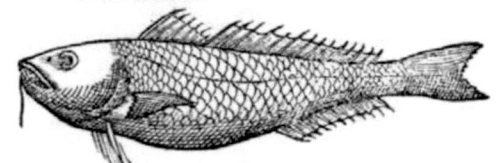

Zweyerley Geſtalt
werden hie bey geſe-
tzet/von den Grieche
Phycis genannt / iſt doch
entweder die war eigent-
liche natürlich Geſtalt.
Dann die erſte / ob ſie
gleich dem Meer Egle ähnlich/ſo iſt es doch nicht der recht Phycis. Die ander Figur/ge-
hört vnd dienet zu den Meeramßlen/ꝛc. Die erſte Figur/ſo wir inſonderheit Trüſchegle
genennt haben/iſt alſo geſtaltet/ſo viel die Farben betrifft. Nemlich rötlecht/getheilet
gleich dem Meer Egle. Sein Farb ſol er ändern/ nemlich im Glentz oder Frühling ge-
theilt/zu anderer Zeit weiß. Sein Kopff oben auff iſt rotſchwartz/das Vndertheil iſt
geferbt wie die Schleyen/ der Hindertheil ſchwartzlecht. Von dem vndern Kyffbacken
hat er ein Züttele / von welchem jm ſein Namen geben worden iſt. In ſeinem Kopff tregt
er Stein wie die Karpffen/dieſer ſol ſehr fruchtbar ſeyn/groſſe Sorg für ſeine Jungen
tragen/in dem Kraut vnd Mieß niſten/ꝛc.

Der ander ſo von Bellonio geſetzt/iſt auch getheilt/dienet zu der Zal der Meeramßlen.

Von Art vnd Natur der Thieren.

Wiewol dieſe zween
vorgemeldte Fiſch / die
rechten natürlichen Phy-
cides von den Griechen
genennet nicht ſind / ſo
wöllen wir doch das/ſo
die Natur der jetzt ge-
melten Thieren betrifft/
fürtzlich beſchreiben. Es
ſollen Steinfiſch ſeyn/
bey Mieß vnnd Kraut
wohnen/wiewol ſie von etlichen vnter die Fiſch gezehlet werden/ſo an den Geſtaden
wohnen/ vnd ob ſie gleich nicht Fleiſchfräſſig ſind/ſollen doch zu zeiten Hogerkrebßlein
in ſolchen geſunden werden.

Von natürlicher Liſtigkeit der Thieren.

Dieſe Fiſch/als die Alten ſchreiben/ſollen in dem Mieß vnd Meerkraut Neſter ma-
chen/darinn leychen/vnd jre Jungen darinn vor Vngewitter bewahren.

Von dem Fleiſch der Fiſchen.

Dieſe Fiſch ſollen den letſten Preiß haben vnder den Steinfiſchen. Sind doch löb-
lich/geſundt / ringer Verdäuwung/ vnd vrſachen ein gut Geblüt/nach Art der andern
Steinfiſchen.

Der

Der dritte theil der Meerthieren/ 17
so begreifft allerley Redfisch oder
Lyrenfisch.

Von dem Meerwey.

Lucerna, Miluus, seu Miluago. Ein Weyfisch/ Meerliecht/ Meerkertzen/ Ein Meerwey/
Ein Scheinfisch/ Ein fliegender Redfisch.

Von seiner Gestalt/ Art vnd Natur.

Jeser ist auch auß der Art der fliegenden Fischen/ wiewol
er nicht in die Höhe fleugt/ sondern allein zu oberst auff dem Wasser/
auch allein zu solcher Zeit/ so er auß Gefahr oder Forcht getrieben wirdt.
Bekömpt seinen Namen von dem Schein vnnd Glantz/ welchen er bey
der Nacht gibt. Denn dieser Fisch/ item auch ein anderer jhm gantz
gleich/ allein ein wenig schwärtzer/ vnd die
Fecken bey den Ohren blauw/ werden bey
nacht/ ob sie gleich todt/ gesehē scheinend wie
ein Liecht. Sein Gestalt mag auß der bey=
gesetzten Figur wol ersehen werden/ allein
zu mercken ist/ daß er an der Farb rötlecht
ist/ ohne Schüppen/ allein mit einer rau=
chen Haut vberzogen.

So diese Fisch ausser dem Wasser flie=
gen/ so sollen sie Vngewitter bedeuten.

Von seinem Fleisch.

Ein trocken/ hart/ weiß Fleisch haben
diese Fisch/ gleich andern allen/ so dieser Art:
sind gesundte Fisch/ die kein Schleim oder
Wust im Menschen gebären.

Ein andere Art deß obgesetzten Scheinfischs.

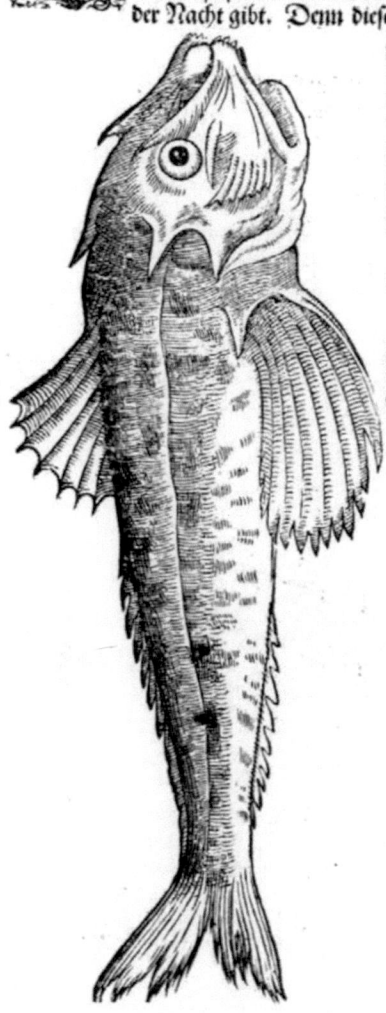

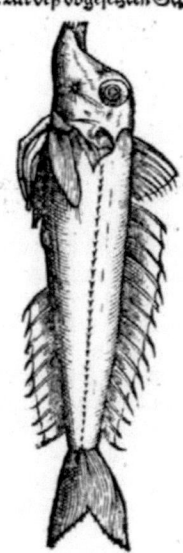

Von dem Redfisch.

Cuculus.　　Ein Redfisch.
Von seiner Gestalt.

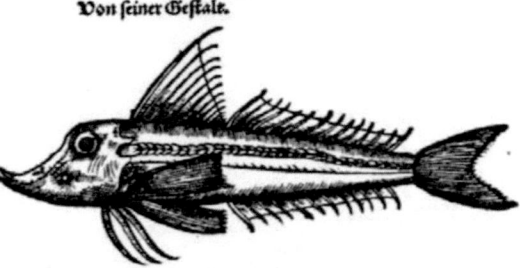

Dieser Fisch hat sei-
nen Namen bey
den Latinern vnd
Griechen von seiner
Stim/oder Gereusch/so
sich vergleicht der Stim̄
eines Vogels/Coccyx ge-
nannt/auff teutsch Gug-
ger. Ist ein raucher Fisch/
mit einem grossen Kopff/
am Bauch weiß/sonst am andern Leib gantz rot/sein Haut dünn ohne Schüppen/auß-
genommen zwo Linien oder Strich/von dem Kopff biß auff den Schwantz/so von
Schüppen mit Dörnen oder Spitzen ist geschaffen/wie auch auff dem Rücken. Die
zween Fäckten bey den Fischohren sind am end rötlecht: die andern zween Fäckten gleich
darbey weiß. Dieser Fisch ist an der Gestalt gantz ähnlich dem Meerweyen.

Von Art der Thieren.

Gestadfisch/das ist/der Art sind sie daß sie am Gestad vnd sandechten Orten/gele-
ben auch der Thierlin vnnd dergleichen Dingen/so im Sand wohnen. Ein Gereusch
oder Stimm sol man von jhnen hören/so sie gefangen werden/als vor gehöret/ähnlich
dem Vogel Gugger.

Von seinem Fleisch.

Das Fleisch der Fischen ist weiß/kech oder hart/fest/trocken/gantz ohne Schleim/ist
doch zärter dañ das Fleisch der Meerweyen. Solche Fisch werden gelobt in den Kranck-
heiten/so von kaltem dickem Schleim vnd Wust her kommen.

Von den Meerschwalben.

Hirundo.　Ein Meerschwalb/Ein Schwalbfisch/fliegender Rotfisch.
Von seiner Gestalt vnd Schöne.

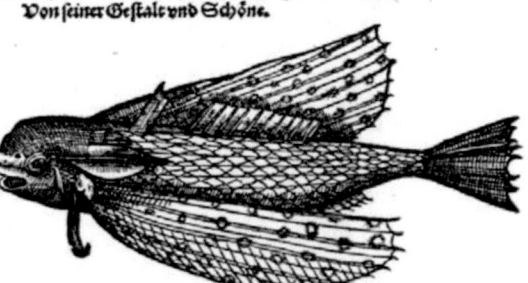

Auß den schönsten
Fischen/so vnter al-
len Wasserthieren
seyn mögen/ist dieser ge-
genwertiger fliegender
Schwalbenfisch: dann
die Natur/dz ist der ewig
Gott/hat auch etlichen
der Fisch solche Schöpf-
fung mitgetheilet daß sie
fliegen können ausserhalb
vnd auff dem Wasser: wirdt von seiner Gestalt/Fäckten vnd Fliegen/Meerschwalb o-
der Schwalbfisch von den Alten nach bedeutung der Sprach genennet. Ist der gewal-
tigest auß allen fliegenden Fischen vnnd der schönest. Sein Gestalt/so viel die Farben
vnd Flecken belanget/ändert sich etlicher weiß/auß der vrsach hie sein Gestalt nicht weiter sol beschrieben werden/dann sie steht vor augen/allein sein Schöne so er an jm tregt/
als er auß Italia dem hochgelehrten Herren Doctor Geßner zugeschickt ist worden.

Ein

Ein andere Art der Meerschwalben/oder
Schwalbfisch.

Jn seinen Augen erscheinen drey Cir-
ckel/ der mittel ist rot/ der ander vnd eusserst
blauw/ die innern theil deß Mauls erscheinen auch rot/ vnnd die kleinen Fäcktle gleich
vnter den Ohren: Seine Fisch Fäckten alle
sampt dem Schwantz/ mit schönen runden
Flecken gezieret. Der Flüglen grät blauw/
der theilen so zwischen solchen gelegen/ etliche grün/ etliche schwartz/ andere gelb gezo-
gen/ die Flecken oder Maculen so darin-
nen/ sind die grösseren gantz gleissend
schwartz/ die kleineren Flecken blauw/ zc.
Sein Kopff ist hart als beinecht/ gevierdt
vnd rauch/ welches Schalen in zween spitz
sich endet/ seine Augen groß vnd rund/ rötlecht als der NachtEulen. Sein gantzer
Leib wirdt mit rauchen beinechten Schüppen bedeckt/ der ordnung nach/ sein Leib als
ecket/ werden gesehen mit gantzen Scharen
fliegen in dem Spannischen Meer gegen
Mittag. Jtem bey den Jnslen Gerunda
vnd Garza/ zu zeiten in einer Schar mehr
dann tausend/ auß welchen etliche offtermals in die Schiff fallen. Sollen in dem
Fliegen nicht lang beharren/ allein ein
Steinswurff weit oder zween.

Von Art vnd Natur der Meerschwalben.

Die Meerschwalben geben ein gethön/
gleich einem gereusch durch jhre enge Löcher der Fischohren/ welche auch vrsachen
daß sie ein gute Zeit mögen ausserthalb
dem Wasser leben. Jtem/ so fliegen sie mit
jhren Fäckten auff dem Wasser/ nicht sonderlich hoch ob dem Wasser/ doch höcher
dann der Meerwyhe oder Habich/ werden zu fliegen bewegt/ so sie Gefahr oder Auffsatz
anderer grossen Fischen förchten.

Die Schwalbenfisch vnd Goldbrachßmen sollen ein angeborne Feindtschafft vnd
Haß gegen einander tragen.

Nutzbarkeit von den Thieren.

Diese Fisch werden selten gefangen/ wiewol sie zu zeiten von jnen selber in die Schiff
fliegen vnnd sich verschiessen/ so pflegen doch die Schiffleut/ wo sie solche genannte
Meerschwalben gefangen/ den Göttern in die Tempel auff zu hencken von der Seltza-
me wegen.

Die Schiffleut/ wo sie solche Scharen der Fischen auß dem Meer sich zu fliegen/ erheben sehen/ so wissen sie vnd erkennen darbey/ daß Vngewitter zugegen sey/

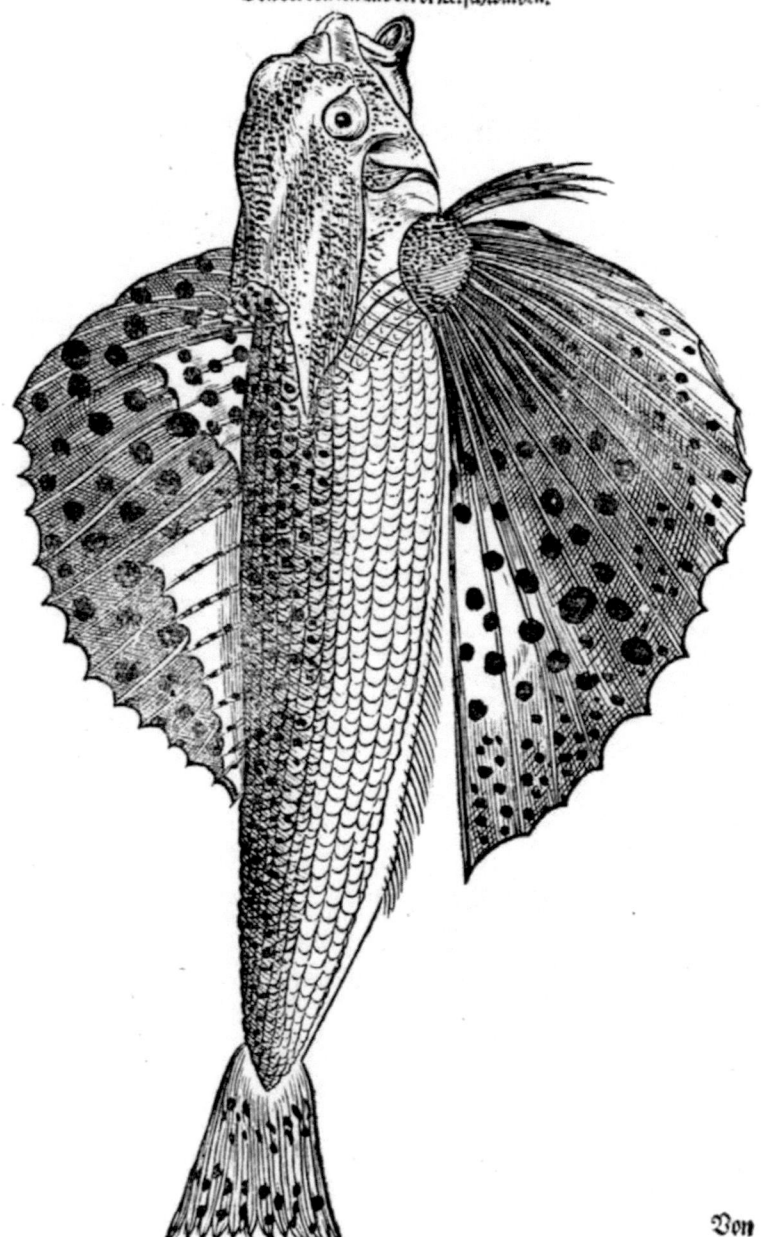

Von

Von dem Fleisch der Thieren.

Dise Fisch haben ein satt/hartes Fleisch/welches sehr wol speiset/aber schwerlich verdäuwet wirdt. So solches Fleisch ein zeitlang behalten wirdt/so wirt es besser vnd Löblicher/aus der vrsach die mehr lobs haben/so gen Rom getragen werden/dañ die so gleich am Meer oder beyligenden orten gessen werden.

Artzney Von den Thieren.

Die Gall der Meerschwalben sol ein bewärte artzney sein wider die verdunklung der Augen.

Von dem Rotbart.

Mullus barbatus.   Ein Rotbart/ Ein Meerbarbel.

Von mancherley gestalt vnd geschlecht der thieren/ vnd erstlich von dem ersten geschlecht.

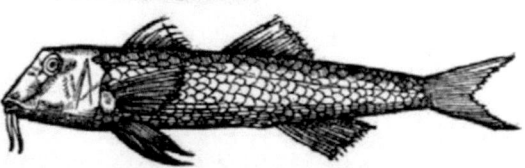

Ise Meerthier sind sehr schöne Fisch von gestalt vnnd farben/ dannenher sie jren namen gar nahe bey allen Nationen haben: dañ sie sind blutrot oder purpurfarb/mit güldenen strichē der lenge nach. Solche haben jren vnterscheid von der gestalt vnd dem ort:dann etliche sind gebartet/andere one bart/etliche wonen in weitem Meer/etliche in faulen stinckenden Wassern. Der gebartet Rotbart oder Meerbarbel kompt mit der lenge zu einem Schuch/wigt selten einer mehr dann zwey pfund/wiewol Plinius schreibt/daß im roten Meer einer gefangen sey worden/so sechtzig Pfund gewigen sol haben : ist gantz durchscheinend purpurfarb/mit grossen schuppen/welche so sie abgefallen/so erscheint die schöne farb viel heller : die güldinen strich aber verschwinden. Seine augen sind rot/vnd sein maul klein/ohne Zän. Die zwen fäckten bey den ohren sind goldfarb/die andern zwen gleich darunder weiß/der schwantz ist rotlecht/vnnd der bart an dem vndern Kiffbacken weiß/lind vnd zart.

Von dem andern geschlecht der Fischen.

Mullus imberbis.   Ein glatter Rotbart.

Von seiner Gestalt.

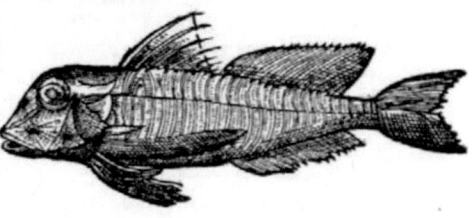

Ieser ist auch auß den Meerfischen die selten gefangen werden/ hat seinē Namen bey etlichē Nationē von der röte/ist nit vnänlich dem Meerschwalben/doch röter/hat einen grossen Kopff mit Sternlinen bezeichnet/hat ein klein Maul/ innerhalb rot wie Zinober ohne zän. Bey dē ohren hat er zwen rot fäcktē/ist mit einer rauchen harten haut bedeckt/ auff dem rucken vñ seiten rot/der Bauch weiß/gegen welchem von dem Rucken viel Linien oder strich gezogen

geſehen werden: ſein ſchwantz iſt gantz rot/ iſt auch innerlich dem gebarteten Rotbart
gleich geſtaltet: im Früling leychet er.

Von dem dritten geſchlecht.

Mullus aſper.   Ein raucher Rotbart.
Von ſeiner geſtalt.

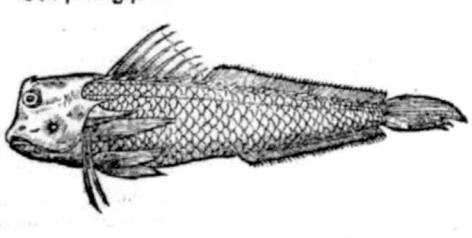

Dieſer iſt geſtaltet wie ein
höltziner nagel/ von wel
cher geſtalt im die Wel
ſchen den namen geben: dann
er iſt kurtz/ rund/ eines fingers
groß/ an der farb wie mingen
oder purpur farb. Iſt mit den
ſäckten vñ anderer geſtalt dem
vorigen gleich. Die ſäckten ſo
bey den ohren ſind getheilt: dañ
zu euſſerſt am end ſind ſie weiß/ innerthalb bey anfang ſchwartzgrün: wirt von räuhe
ſeiner ſchüppen ein raucher Rotbart genennt.

Von art vnd natur der Rotbarten.

Dieſe fiſch alle in gemein wonen in ſteinechten vnd kräutechten geſtad/ laſſen ſich
auch in die tieffe deß meers: dergleichen wohnen auch etliche in den meerpfützen oder
ſeen/ welche Lutarij, das iſt/ Lätrotbart mögen genent werden. Fräſſige thier ſollen die
ſe fiſch ſeyn/ allerley kleine muſchelfiſchen/ ſchnecken/ ꝛc. auch kraut vnnd ſand freſſen/
vnd als etlich wöllen auch den todten ſtinckenden Leiben nicht verſchonen/ welches ſich
der warheit nicht gleich bedunckt/ dieweil ſie ſo ein luſtig weiß geſund fleiſch haben/
auch ſonſt kleine fiſch ſind/ ꝛc.

Ihre innerliche theil faulen gantz in kurtzer zeit: derhalben dieweil ſie nicht lang
behalten/ oder weit von dem meer mögen geführt werden/ ſo pflegt man ſie in paſteten
oder kuchen wol mit gewürtz beſprengt zu beſchlieſſen/ vnnd in weite groſſe Stätt zu
ſchicken. Deß Jahrs ſollen dieſe fiſch drey mahl leychen oder gebären: vnd ſo einer auß
jnen ſtirbt/ ſo ſol er in allem ſterben ſein farb vielfaltig verendern/ von einer farb in die
ander/ vnd nach dem tod ſeine ſchöne farb verlieren. Der Meerhaß iſt ein gifftig thier/
ab welchem gar nah alle andere thier auch der menſch ſtirbt/ ſolchen vnnd ab ſolchem
friſſt dieſer fiſch ohne geſahr/ verdäuwt jn vnd wirt feiſt daruon.

Ein ſondern luſt haben ſie ab den mangoltblettern oder kraut/ mit welchem ſie
leichtlich ohne arbeit gefangen werden.

Von dem fleiſch der fiſchen.

Das fleiſch der thieren iſt in groſſer mächtiger werthe gehalten/ von menniglichen hoch geachtet/ alſo daß ſie zu zeiten mit gleichem guts reins ſilbers an dem gewicht ſind bezahlt worden: dann nicht allein von ſeines fleiſchs wegen ſind ſie hoch gehalten/ ſonder die augen damit zubelüſtigen/ in dem daß man ſolche lebendig in durchſcheinende gläſine geſchirr gethan hat/ wol verſchloſſen/ zuſehen ſein lieblichen todt/ wunderbarlich abſterben/ verwanderung der ſchönen farben ſeiner ſchüppen von einer in die ander/ ſo lang biß er gantz abgeſtorben. An jrem fleiſch ſind ſie nit gleich/ nach art der orten/ an welchen ſie gelebt haben. Die edelſten ſind die ſo in weitem meer/ bey ſteinen vnd ſchrofen gewohnt/ vnd bärt haben/ ſehr ſchön von röte vnd goldfarb. Die ergeſten die ſo in lät/ kraut/ mieß/ ꝛc. gefangen worden ſind. Nicht deſterminder in der gemein zureden/ ſo haben ſie ein weiß/ ſchön/ geſund löblich fleiſch/ allein daß es nicht one arbeit verdäuwt wirt/ gebiert ſonſt ein gut geblüt/ ohne wuſt vñ ſchleim: wirt

ſonder.

sonderlich in etlichen Kranckheiten als ein gebürliche speiß gelobt / als nemlich zu etlichen bauchgrimmen/magenfuchten/leberfuchten/wafferfuchten/vnd den Peftilentzifchen Breften.

Artzney von den Thieren.

Diefe Fifch frifch zerfchnitten / auffgelegt / Item auch in der speiß genoffen / widerfteht dem gifft etlicher Meerfifchen / vnd dem gifft deß Fluffes der Weiber / Menftrua genañt. Sein gall mit honig angefchmiert fcherpfft das geficht/ vnd fein fleifch gefotten mit honig gemifcht ift fehr nützlich den Breften deß fitzes.

Die äfchen von dem kopff der Fifchen ift krefftig wider alles gifft / mit honig vertreibt es die heiffen/gifftigen enfen oder fchwartzen Blatern vnd Breften deß fitzes.

Diefe Fifch in der speiß geffen/ Item in Wein ertränckt/ derfelbig getruncken/ hinderet die empfengnuß/ vnd vertreibt die geilheit in Mannen vnd Weibern/ vnd widerficht dem gifft.

Von dem Meerpfaffen.

Callionymus vel Vranofcopus.   Ein Himmelgucker.
Ein Meerpfaff / Ein Sternenfeher.
Von feiner geftalt.

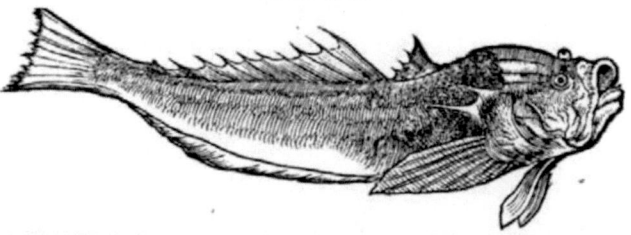

Iefer Fifch hat feinen namen von den augen/ welche allezeit gegen dem Himmel lugen/ auch oben auff dem Kopff gefetzt find. Ift fonft ein wüfter/ fcheutzlicher Fifch anzufehen/ wirt eines Schuchs lang. Sein rücken ift braun oder äfchenfarb/ fein fchwantz fo er lebt gleich einem Pfauwen fchwantz/ das euffersfte purpurfarb. Der bauch weiß/ welche Farben mit dem leben verfchwinden/ wirt fonft mit einer harten haut bedeckt/ welche jhm leichtlich abgezogen mag werden.

Von feiner art vnnd natur.

Im wuft / lätt vnd kaat wonen diefe Fifch / in welchem fie fich halten vnd den Fifchen nachftellen / dann einer vnerfätlichen fräffigkeit follen fie feyn/ welches fich wol bezeugt auß dem weiten maul/rachen vnd magen/ alfo / daß fie fich mit speiß fo jhnen dargeworffen/ ob fie gleich gefangen/ fo mächtig vberfüllen/ daß jhnen zum Rachen widervmb außlaufft. Ift auch fo ein löblicher Fifch / daß ob er gleich außgenommen/ vnd der jnneren theilen aller beraubt/ fo bewegt er fich doch.

Von dem fleifch der fifchen.

Wiewol diefer Fifch im wuft vnd kaat lebt/ vnd auß der vrfach etlich achten/ er habe ein vnlieblich fleifch/ eines jrdifchen geruchs/ fo follen fie doch eines vberauß lieblichen gefchmacks feyn/ angenem zu effen/ auch nicht ein vngefund fleifch haben. Dañ Hippocrates der berümbtest Artzt lobt fie in der speiß/ denen fo viel weiffen fchleim jnnen haben.

Artzney von den Thieren.

Die augen Tobie/von welchem im alten Testament gedacht wirdt/ sollen durch die gallen deß Fisches auffgethon worden seyn/ als etlich wöllen/ dann zu den Augen vnd Gehör ist es die fürnembste artzney.

Von der Meerlyren oder Meergablen.

Lyra.　　Ein Meerlyren/ Ein Redfisch.

Von mancherley geschlecht der Thieren/ vnd von der gestalt deß ersten geschlechts.

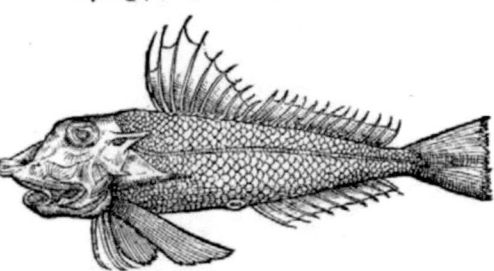

Dese Fisch bekommen jren namen eins theils von jhren zweyen außgestreckté Hörnern/ welche sich einer alté Lyren vergleicht/anders theils von jhrer stim. Solcher sind zweyerley geschlecht. Das erste so hie zugegé/ ist ein röder roter Fisch/ mit einem grossen beinechten kopff/welcher zu ende gegen dem rücke/ grosse starcke spitz hat: hat an seinem gantzen Leib mehr bein dann fleisch. Vornen hat er zwey Hörner/ auff welche gestalt die alten Lyren bereitet sind gewesen.

Von der andern Meerlyren.

Cornuta siue Lyra altera.　　Die ander Meerlyren.
Ein Meergablen.

Von seiner gestalt.

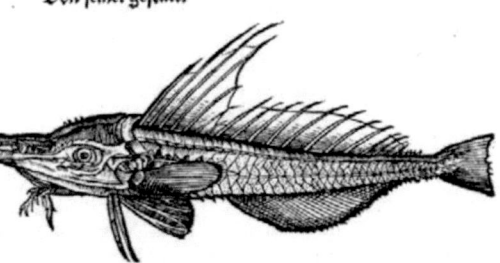

Deses ist auch ein vberauß schöner fisch/ an der Farb braunrot/an seiné Leib achtecket/ mit beinechté schüppé gantz bedeckt/sein kopff hart/ beinecht/ mit zweyé langé hörnern/ sein maul vnden ohne zän: von dem vndern kieffkacken hange herab fleischechte zotten/ kurtz vnd lind. Der säcken auff dem rücken hat lange rote spitz/sein leib gantz rot/welche Farb er verliert so er gestorben.

Von art vnd natur der thieren.

Die erste Meerlyren/als gehört/sol etwas stim vnd rauschen geben wie die Lyren: der ander aber gibt keine stim/ streckt aber seinen kopff auß dem Wasser herfür/ als ob er fliegen wölle/wirdt von seinen Hörnern/ bey den Lateinern Cornuta genennt.

Von jhrem Fleisch.

Beyde

Beyde Meerhyren follen ein vest/hart Fleisch haben/nicht vnlieblich zu essen/so sie
gekochet auß Essig gessen werden.

Ein andere Art deß Redfischs/
so auch Rondeletius
beschreibet.

Von dem schwartzlechten
Redfisch.

Corax seu Coruus.   Ein Meer Rapp.

Von seiner Gestalt/Art vnd Natur.

DJeses sind auch Meerfisch/ an der Gestalt gleich dem
Meerweyen. Die Fäckten bey den Ohren sind am in-
neren theil schwartzgrün / aussen weiß mit roten Flecken. Sein Rück schwartzblauw. Die Seiten rot/der Bauch
weiß wie Milch/ec.

Von seinem Fleisch.

Ein löblicher/reiner vnd besser Fleisch sol dieser haben dann
der Meerwey: ist auch weiß/hart/ohne allen Schleim vnnd
Wust.

Diese volgende Figur eines fliegenden
Fisches/vns gantz vnbekant/wirt in einer Map-
pen Europæ durch Olaum Magnum
gesetzt/vnd doch nicht weiter
beschrieben.

Der vierdte theil / so begreifft allerley breit oder Brachßfischen.

Melanderinus.   Das erste Geschlecht der Brandbrachßmen.

Von seiner Gestalt.

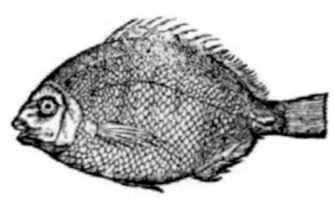

Ise Fisch bekommen jhren Namen von der schwärtze vñ wüste / solcher sind zweyerley geschlecht. Das erste so hiebey stehet / ist rönder denn der nachfolgendt gar nahe gantz schwartz / bey dem Kopff Purpurschwartz / als viönle / hat kleine scharpffe Zän / hat Stein in seinem Kopff / ꝛc.

Von dem andern Geschlecht.

Melanurus.   Das ander Geschlecht der Brandbrachßmen.

Von seiner Gestalt.

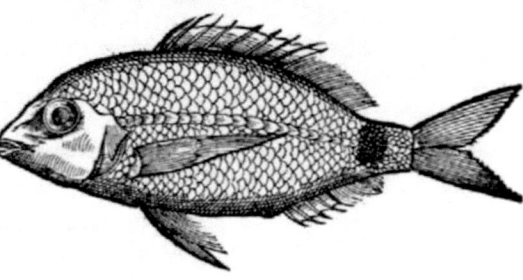

Iser ist gätz gleich den Geytzbrachßmen / hat Augen nach ansehen deß Leibs / gantz grosse / ein klein Maul / kleine Zän / ist an der Farb schwartzblaw / etlicher gestalt gesprencklet / hinden bey dem Schwantz hat er ein sehr schwartzen grossen flecké / ꝛc. Kompt mit seiner Grösse nit vberein Spang.

Von art vnd natur der thieren.

Dise Fisch wonen bey den Steinen vnnd Felsen an rauchem gestadt / fressen Meerkraut oder Mieß : vberauß forchtsame Fisch söllen diese seyn / welches die Fischer bezeugen : dann bey stillem wasser kommen sie nimmer oben in daß wasser oder an daß Gestad / auß forcht daß sie von den Fischern gefangen werden / sonder verschliessen sich in die tieffe vnder daß kraut. Dargegen so daß Meer vngestüm wütet / vnd andere Fisch den tieffinen nach faren / so lassen sie sich dann in die höhe vnd verbergen sich vnder den Schaum deß Meers als wissend / daß bey wütendem Meer die Fischer nicht Fischen : frißt grobe weisse speiß / welche von den andern Fischen gantz verachtet wirt. Zu zeiten fressen sie auch andere kleine Fischlein / wirdt nit one arbeit weder mit reussen noch mit garnen gefangen von jrer listigkeit wegen.

Von natürlicher anmütung der thieren.

So ein mässiger Fisch ist diser / daß er sich mit keiné Aaß in die fach reitzen läßt. Das Meeregle vnd Brandbrachßmen haben gemeinschafft zusamen / dann das Meeregle streicht dem andern nach / als einem fürer oder gleytsman.

Wie

Wie die Fisch zufahen.

Die Brandbrachßmen werden mit keinen reussen oder dergleichen instrumenten gefangen/sonder allein mit dem garn vmbgezogen. Item auch nit dem angel/dasselbig allein bey wütendem Meer/bey den Schrofen vnd Felsen.

Von jhrem Fleisch.

Das Fleisch der Fischen sol nicht sonderlich arg sein/als daß gut Geblüt gebäre/vnd dem magen dienstlich / wiewol er in etlichen Kranckheiten gäntzlich verbotten wirdt/ auch von etlichen sonst als arg gehalten.

Artzney von den Thieren.

Dieser Fisch in der Speiß genossen/ sol das gesicht scherpffen/ vñ sein Brühe das bauch grimmen oder Muter wehe vertreiben.

Von dem Marmel brachßmen.

Mormyrus, vel Mormylus. Ein Mar-
melbrachßmen. Ein Geschlecht der
Meerbrachßmen.

Von seiner Gestalt vnd Farben.

Dieser hat seinen Namen bekom-
men/ daß er sich einem Brachßmen vergleicht/ doch schmäler/vñ
daß er weiß ist als Silber oder weisser
Marmorstein : Sein Gestalt ist zuge-
gen/allein ist zumercken/daß solche Stri-
men oder Linien / so von dem Rücken
entzwerch gegen dem Bauch gezogen/
schwartzlecht / oder finster äschenfarb
sindt/sein gantzer Leib glantzendt weiß
fürnemlich der Kopff. So viel die innerlich gestalt betrifft/ hat er kleine Zän/
ein weisse kurtze Zungen / ein dreyecket
Hertz/ innerthalb ein schwartze Haut/rc.

Von Art vnd Natur deß Fisches.

Dise Fisch an Gestaden bey vnd in
dem Sand/ fressen Wüst/ Schleim vnd
allerley so sie im Sand kriegen/ als kleine Muschel fischle/Schnegle/ Krebßle/
auch allerley andere kleine Fische. Zur
zeit deß Somers leychen sie/ vnd ist ein
gemeiner Fisch/ wirdt doch nit ohne Arbeit von den Fischern gefangen/ dann er
braucht List / als dann auch der Wolffisch / nemlich daß er in das sandecht Gruben
macht/ sich darinn verbirgt/ so lang biß das Garn vber jhn her gezogen wirdt.

Von jhrem Fleisch.

Ein arg Fleisch/ vnlieblich zu essen sollen diese Fisch haben/ ist ein schlechter Fisch/ wirdt nicht in hoher achtung gehalten: dann er hat ein lind Fleisch/ eines häßlichen geruchs/ voller Schleim vnd Wust.

Von dem braunen Meerbrachßmen.

Cantharus. Ein brauner Meerbrachßmen.

Von seiner Gestalt.

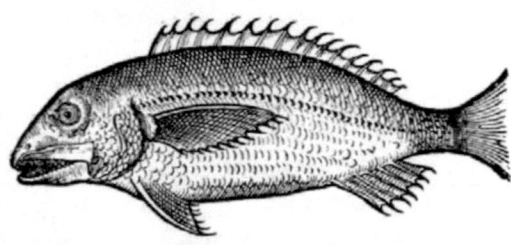

DJe Griechen haben diesem Fisch seinen Namen geben von den Kadkäffern/ welchen sie mit jrem Leben oder mit jhrer Farb gleich sind. Wir nennen jhn ein braunen Meerbrachßmen/ dz er vnsern gemeinen Brachßmen vergleicht an der Gestalt/ hat kleine Schüppen/ braun/ oder Kestenfarb/ von den Ohren gegen dem Schwantz strecken sich dunckel goldfarbe Linien/ hat kleine Zän/ auch Stein in seinem Hirne.

Von einer andern Art der Meerbrachßmen.

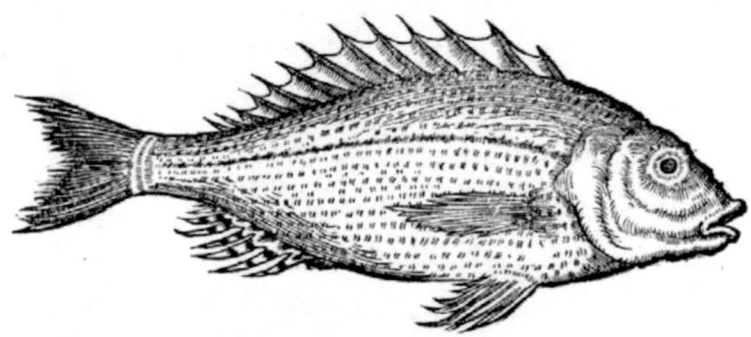

Von Art vnd Natur der Thieren.

Dieser Fisch/ als gehört/ wohnet an den Gestaden/ Porten vnd Schifflendinen/ belüstiget sich deß Wusts vnd Kadts so dahin fleußt: wiewol etliche der alten Scribenten solche vnder die Steinfisch zehlen/ sol selten allein gefangen werden/ sondern mit Scharen/ frißt Graß/ Fleisch/ Brodt/ Käß/ auch alles so auß den Schiffen geworffen wirdt.

Von natürlicher Anmuthung der Thieren.

Diese Fisch sollen eyffern vmb jhre Weiber/ sich artig paren/ keine frembde lieben/ auch gantz grausam ein jeder vmb die seine kämpffen: auch Reinigkeit stetiglich halten.

Wie sie zu fahen.

Mit Aaß/ Garn vn Körben werden sie gefangen/ Item auch mit dem Angel. Zu dem
Aaß

aaß braucht man ein Kuttelfisch/ oder der grossen Meerkraben Carabi genannt/ oder
Meerstöffel in die Körb oder Reussen gethan vnd angebunden.

Ein linder/ feuchter Fisch/ eines vnlieblichen geschmacks/ ist in kleiner achtung/
gebirt nicht ein gut gesäfft: wirt allein den armen zu theil. Gesotten beweigt er den stul-
gang/ sol mit Knoblauch/ Zibeln vñ mit gutem gewürtz gekocht vñ verbessert werden.

Von dem Goldbrachßmen.

Aúrata.   Ein Goldtbrachßmen.
Von seiner gestalt.

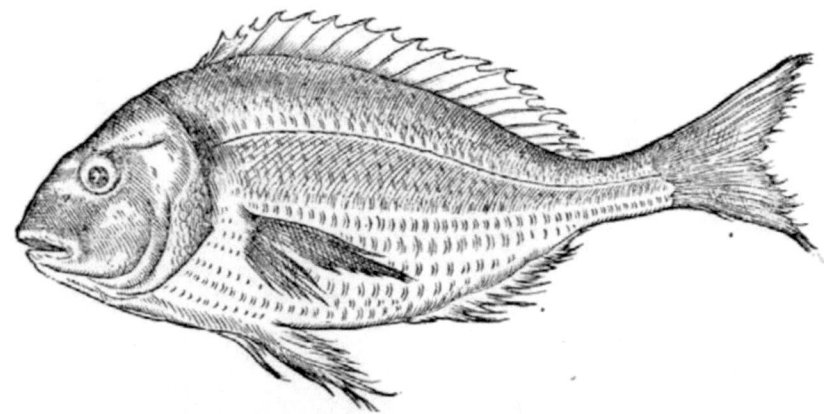

Dieser Fisch bekompt seinen namen bey allen Nationen von der Farb oder gülden Circkel so er bey dem aug hat/ ist an der gestalt deß Leibs nicht vnähnlich einem Brachßmen/ kompt mit seiner grösse auff ein elenbogen/ ist nicht einerley
Farb: dañ der rücken ist blauwschwartz/ bey seits silberfarb/ am bauch weiß als milch:
vmb seine augen ist er goldfarb/ als ob er goldfarbe augbrawen habe/ nemlich so er auff
sein rechtes alter koñen ist/ hat in seinem maul spitzige zän/ sampt etlichen stockzänen:
die vberige gestalt sicht vor augen.

Von art vnd natur der Fischen.

Der Goldbrachßmen ist ein Fisch so sich deß Meers gestad belustiget/ wohnet
auch in den tieffinen/ steinen vnd sandechten orten: wächst auch in den Meerpfützen
oder Seen/ in welchen sie zu zeiten leychen/ ist ein fleischfrässiger Fisch/ frist allerley
kleine Fisch/ Muschelfisch/ Schneckfisch/ vñ dergleichen. Jr leych ist Somers zeit fürnemlich an den orten/ an welchen grosse Flüß in das Meer lauffen. Ligen ein grosse zeit
verborgen/ fürnemlich bey der grösten hitz/ haben auch ein art zu schlaffen/ also/ daß sie
mit einem Feimer im schlaffen zu zeiten gefangen werden. Im Glentz sollen diese Fisch
gantz scharecht in die Meerpfütze oder See jr strich nemen/ daß sie daselbst den Sommer wohnen/ vnd am end desselbigen widerumb dem tieffen Meer zufahren: welches
den Fischern wol beiwußt/ welche bey dem eingang oder außgang zäun flechten von ge-
streud/ vnd in dieselbigen Reussen oder Garn setzen/ auff welche art sie ein sehr grosse
zal der Fischen fahen/ dienstlich den Fastagen. Solches pflegé sie allein deß dritté Jars
einmahl zuthun. Solche haben kein vnderscheid an der gestalt von denen so im Meer

wonen/allein daß sie feister sind/vnd nach dem låt oder kaat schmecken/so jnen begegnet von dem ort oder statt vnd jrer narung.

Von anmutung der thieren.

Elianus schreibt daß diser ein vberauß forchtsamer fisch seye/der kälte gantz vnleidig/von welcher er sehr verletzt wirdt/dann er hat ein stein im kopff gleich etlichen andern.

Von dem fleisch der thieren.

Die gröste nutzbarkeit so man von den Fischen hat/ist daß sie gebürlich sind zur speiß/nahrung vnd auffenthaltung deß menschlichen lebens/auß welcher vrsach auch diese Fisch von den Alten in die süssen wasser getragen/vnd die Weyer oder andere dergleichen Fischgruben damit besetzt sind worden: dann sie haben ein weiß/satt/gesund fleisch/lieblich zu essen/eines löblichen gesaffts/welches wol speißt/vnd ohne sondere arbeit verdäuwt wirt.

Artzney von den fischen.

Der Goldtbrachßmen in der speiß genossen/hilfft denen so vergifft/oder gifftig honig gefressen haben.

Von dem Sparbrachßmen.

Sparus marinus.　　　Ein Sparbrachß men.

Von mancherley geschlecht der Thieren.
Von der gestalt deß ersten Geschlechts.

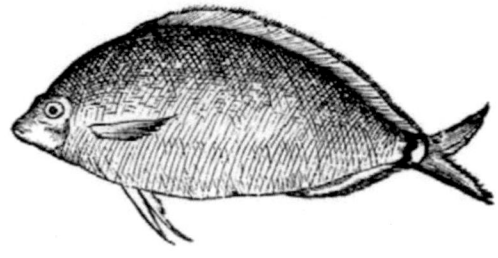

Wiewol nun einerley geschlecht der Fischen ist/so werdē doch etlich in den Meerpfütze oder Seen gefangen/als hernach wirt gehört werdē. Diser Fisch/welches hie zwo gestalten gesehen werden/ist gantz ähnlich den Goldtbrachßmen/doch kleiner/ränder vnd dünner/dann er vbertrifft mit seiner grösse selten ein spanne: die statt der augbrauwe ist grüngelb/hat auch ein kleiners spitzigers maul dañ der vorgenannt. Es sind auch seine Fischsäcktlen an der Farb gelblecht/fürnemlich die am bauch. Am schwantz hat er ein schwartzen flecken gleich dem Brandtbrachßmen. Am andern leib ist er schier goldtfarb.

Von

Von dem Sparbrachßmen ſo in Meerpfützen wonet.

Sparus ſtagni Marini.

ES iſt auch in den Meerpfütze oder Seen ein ſonderlich geſchlecht der Sparbrachßmen / welcher in genante waſſer wåchſt / an der geſtalt dem vorige gantz ånlich / allein kleiner allezeit.

Von art vnd natur der Meerbrachßmen.

Im eingang deß Frülings ſollen dieſe fiſch leychen / vnd Winters zeit ſolcher art ſeyn / daß ſie bey einander hauffecht verborgen ſich enthalten / alſo einander wermen. Im Früling aber zerlaſſen ſie ſich / vnd fahren der ſpeiß nach / welche jhnen iſt Meerflöh / Meerleuß / vnd andere dergleichen kleine Meerthier. Sie wohnen vnd leben an geſtaden / ſteinechten orten / krautechten Felſen vnd ſchrofen.

Von dem fleiſch der fiſchen.

Dieſe fiſch ſollen ein lind / zart / moürout / geſund fleiſch haben / ring vnd leicht zu verdåuwen / bewegt den harn. Die aber auß Meerpfützen gefangen werden viel årger / viel zu feucht vnd lind / eines vnlieblichen geſchmacks.

Von einem andern Sparbrachßmen.

Sacheto. Von Venedigern genannt.

Von ſeiner geſtalt.

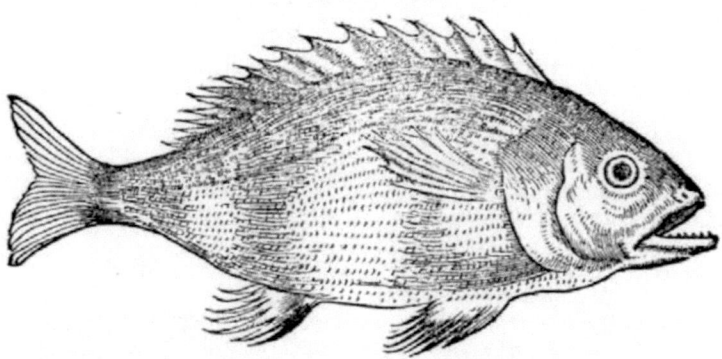

DIſer ſol auch vnder die geſchlecht der Sparbrachßmen gezehlt werden. Iſt von mancherley farben. Die fäckten bey den ohren vnd der ſchwantz ſind gelblecht / doch ſo werden am ſchwantz nichts deſter minder ein vnzahl roter ſtecklinen geſehen. Die zwo fäckten am bauch / blauwlecht / die ſo bey dem außgang oder ars / bey anfang blauwlecht / mitten gelb / am end rötlecht / ſol von den Venedigern Sacheto genennt werden.

Von dem Geyßbrachßmen.

Sargus.   Ein Geyßbrachßmen. Ein Sargbrachßmen.
Von seiner gestalt.

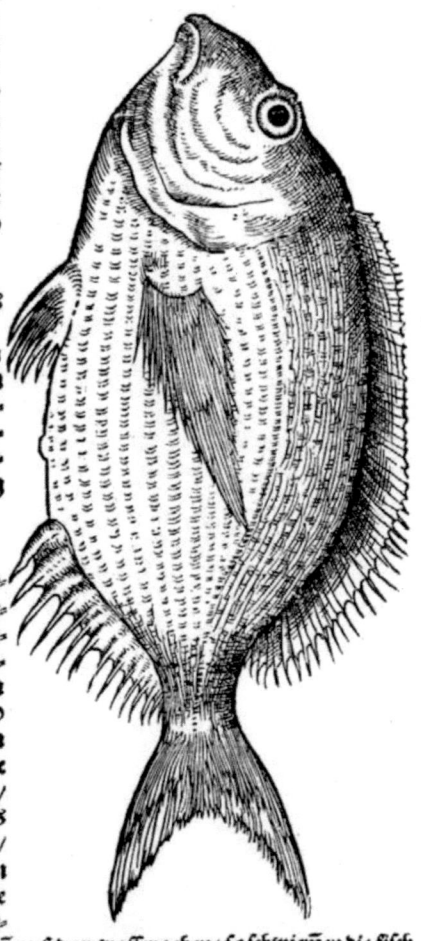

DJses ist ein fleischechter fisch/ et=
was dicker dann die andern brei=
ten der Brachßme art/hat kleine
schüppen/ an der farb weiß als silber/
allein daß er schwartze striemen oder
strich hat von dem rücken gegen dem
bauch/ hat breite zän als die Menschen
zän/ beim schwantz hat er ein schwartze
flecken. Die fäckten so bey den ohren daß
ende deß schwantzes sind rötlecht: vnnd
die so am bauch schwartzlecht.

Von art vnd natur der Fischen.

Dise Brachßmen wonen mehr theils
anrauchen/steinechten gestaden vnd or=
ten/ belüstigen sich sehr ab dem Sonnen
schein/ sie werden auch viel an lättechten
gestaden gefangen/ miessechten vn krau=
techten steinen/ sie sind der art fleisch zu=
essen anderer kleinen fischen vnd Meer=
gewächsen/ leychen Frülings zeit so tag
vnd nacht sich vergleicht.

Von natürlicher anmütung
der Thieren.

Dises sind gesellige fisch/ dann sie wer=
den allezeit scharecht vnd häuffecht ge=
funden/vnd hat ein Milchling viel Rög=
ling/ sie sollen auch vmb die weiber käm=
pffen/ vnd der so gesiget die weiber allein
haben. Ein sonderbare anmütung vnd
begird sollen sie haben zu den Geissen den
vierfüssigen jrdischen thieren/ also dz sie
jren geruch/ so sie bey nähe sich weidend/
vnder dem Wasser schmecken/ an das
gestad herauß springen oder schwimen/
Item dergleichen/ so sie von hitz wegen
in das wasser getrieben/ so schwimen sie
häuffecht herzu/ auß grosser begird/ be=
schlecken dieselbigen/ vnd so sie widerum auß dem wasser gehen/ so schwimen die fisch
hernach biß an daß äusserste gestad dermassen daß die Fischer solche Reglen gewißt/
in die außgezognen/ oder geschundnen geyßfel sich verbutzen/vn auß der geyßbraten vnd
dem fleisch ein Aaß bereiten/ also die fisch in grosser menge fahen. Von sölchem schreibt
Aelianus vnd Oppianus gantz viel/ nit not alles zu erzehlen.

Der art ist diser fisch/ das er sich gern auß frembder arbeit speiset/ dann er folgt nach dem
Rotbart Mullus genant/ an welchem ort derselb nach seiner art in grund gräbt/ vnnd
darvon schwimt/ an dasselbige Ort schwimt diser Brachßmen herzu/ vnnd frißt auff
sein

sein vberleibscheten. Sie werden sonst auch gefangen mit den händen / mit dem an-
gel/garn/ aaß / als gehört/ vnd dergleichen etlichen anderen künsten.

Von dem fleisch der fischen.

Ein gut gesund löblich fleisch sollen diese fisch haben/fürnemlich die so nit an wüsten stinckenden/ lättechten orten gefangen werden: dann die ort vnnd art der speiß endert auch jhr fleisch.

Artzney von den fischen.

Die zän von den fischen angetragen/nemmen hin allen schmertzen der zänen.
Sein fleisch sol ein gebürliche speiß seyn den wassersüchtigen.

Von dem kleinen roten Meerbrachßmen.

Erythrinus Rubellio.   Ein kleiner roter Meerbrachßmen.

Von seiner gestalt.

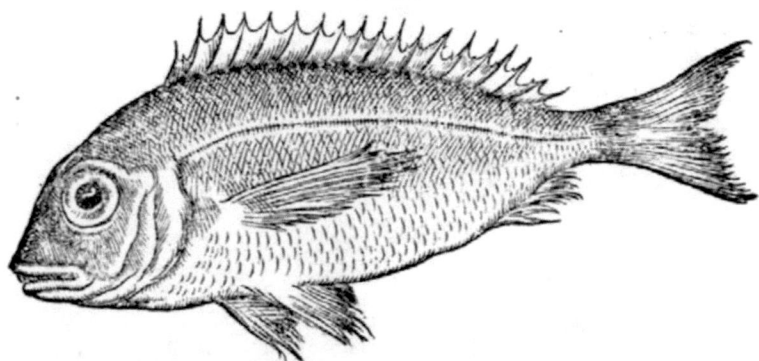

Iser fisch als auch der folgend / hat seinen namen bey den Griechen/ Latinern/
vñ andern Nationen von der röte her seiner farb: ist nit vngleich an der gestalt
dem Goldbrachßmen/schön rot an der farb mit viel blaiven düpfflinen durch-
sprengt/am bauch weißlecht/ hat grosse augen mit einem weissen silberfarben zirckel
vmbgeben/mitten etliche goldfarbe flecken/hat ein kleins maul / kleine ronde scharpffe
zän. Ist innerthalb an seinem fleisch gantz weiß. Es sollen in dem Niderländischen
meer etliche der gestalt fisch gefangē werden gantz rot aussen vñ innerthalb durch das
gantz fleisch: sollen ohne zweifel auch den jetztgenannten fischen mit jhrem geschlecht
vnderworffen werden.

Das ist insonderheit an disen fischen zu mercken/daß keine männle oder milchling vnder jnen gefangen werden/sonder alle rögling oder weiblin. Welches ein vrsach
zu glauben geben möchte / daß dise Fisch von jnen selber vnd durch sich selber geberen
oder leychen. Wiewol noch kein gründlicher vnd glaublicher bescheid von solchem geben ist worden/allein so viel die täglich erfarung erzeigt.

Es sollen auch gemelte Fisch nit allein im Meer/ sonder auch in etlichen Seen
gefangen werden.

Von art vnd natur der thieren.

Dises sind auß jrer eigenschafft meerfisch/wonen in den weiten tieffine deß weitē Meers/oder in den gantz tieffen gestaden. Winters zeit fürnemlich enthalten sie sich
in den tieffinen: Sommerszeit nahen sie auch dem gestad/ zu welcher zeit sie allein ge-

fangen werden. Mit seinen scharpffen zänen zerbricht er auch die schalfisch/ Krebs/ Igel/ vnd dergleichen/ welche er zu seiner speiß braucht. Auff den Aprillen wirt er voll rogen gesehen.

Von dem fleisch der fischen.

Ein gut gesund/löblich/lustig fleisch sollen diese Fisch haben/ auff allweg bereitet/doch zum besten gebraten oder gebachen/ vnd dieselbigen kalt/ꝛc.

Artzney von den Fischen.

In der speiß genossen diese Fisch/ sind denen dienstlich so den ritten oder feber haben/gestellen den bauchfluß/ bewegen zu vnkeuscheit. In Wein ertrenckt/ derselbig getruncken sol bringen ein verdruß Wein zutrincken.

Von dem grossen roten Meerbrachßmen.

Phagrus seu Pagrus.   Ein grosser roter Meerbrachßmen.

Von seiner gestalt.

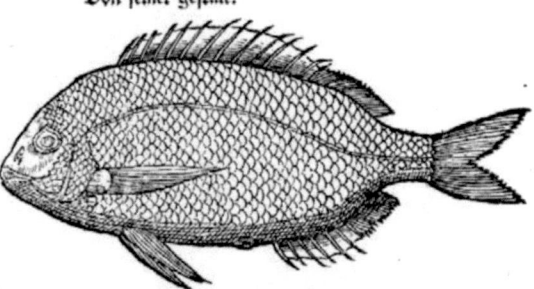

Dieser Brachß-men hat auch seinen namen von seiner farb/ mit der gestalt gantz gleich dem vorbeschribnē/ alleindaß er grösser ist/ sein röte auff blauw gezickt/ vorauß Winters zeit/ zu welcher der vorgesetzt gätz rot. Er hat auch ein kürtzern/ dickern/ stumpffern schnabel oder maul. Sein floßfäckten auff dem rücken ist gantz rot/ ist auch rönder/breiter vnd dünner: vornen bey der nasen oder kopff hat er auff jeder seiten zwey löchle/ vnd ein silber farben flecken. Darzu so ist sein rachen innerthalb gantz rot oder blutfarb: vonen im maul hat er scharpffe spitzige zän/ hinden bey dem rachē stumpffe stockzän. Stein haben sie in jren köpffen/ auß vrsach sie von der kälte sehr verletzt werden: sollen zu zeiten zu zimlicher grösse kommen/ also daß sie zu stücken gehauwen vnd eingesaltzen werden zuverkauffen.

Von der Fischen art vnd eigenschafft.

Es schreiben etliche daß diese Fisch allezeit allein wonen/ das ist nicht häuffecht oder scharecht/ in den löchern der Felsen/ steinen vnd schrofechten gestaden/ auch in der tieffe deß Meers: sind fleischfrässig/ begirig der kleinen muschelfischen/ schalfischen/ kuttelfischlinen/ Meeriglen vnd dergleichen. Winterszeit ligen sie in den tieffen löchern verborgen/ auß vrsach daß sie von der kälte sehr verletzt werden als oben gehört.

Von fürwitz der Fischen.

Ein sonderliche fürwitz sollen diese Fisch an jnen haben/ daß sie in dem fluß Nilo/ zu vor dem daß der fluß vberlaufft/ vnd nach art der Landtschafft zu gewisser zeit die vmbligenden güter wässert/ voran schwimmend sich erzeigen/ als vorbotten deß gegenwertigen vberlauffs: auß vrsach die Einwoner solche heilig Fisch nennen.

Von dem fleisch der thieren.

Diese Fisch sollen auch nit ein arg fleisch haben/ sonder gut/ gesund/ vest/ allein
daß

daß sie nicht one sondere arbeit verdäuwet werden. Es sind auch die so auß dem Meer gezogen/besser vnd gesünder dañ die so in süssen wassern/in welche sie auß dem Meer kommen/gefangen sind.

Etliche stück der artzney von den thieren.

Die gall von den Fischen wirt vnder etliche artzneyen gemischt/wider die stechenden haar der augbrauwen.

Von dem Zanbrachßmen.

Dentex. Ein Zanbrachßmen. Ein art der grossen roten Meerbrachßmen.

Von seiner gestalt.

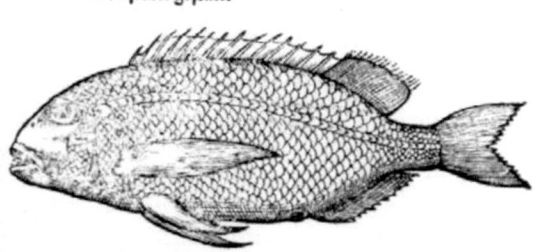

Item kompt sein nnamm bey den Griechen vnnd Latinern/daß er scharpfe zän/als hundtszän in seine maul hat/welche er zuvorderst allezeit entdeckt. Ist an seiner gestalt nit vngleich den vorgenannten Goldtbrachßmen. Ist an der farb rötlecht/als besprengt/hat breite schüppen/hat stein in seinem kopff/kompt an etlichen orten zu solcher grösse daß er 6. pfundt wigt/aber die gemeine schwäre ist 3. oder 4. pfund. Solcher Fischen sind zweyerley geschlecht/das erst so jetzt gemeldet/welche gestalt bey anfang gesetzt ist. Das ander Synagris von dē Griechen genant/welcher einen goldfarben kopff hat/viel linien oder strich durch die schüppen/von mancherley farben/ist bey heutigem tag nit sehr bekannt.

Von art vnd natur der Fischen.

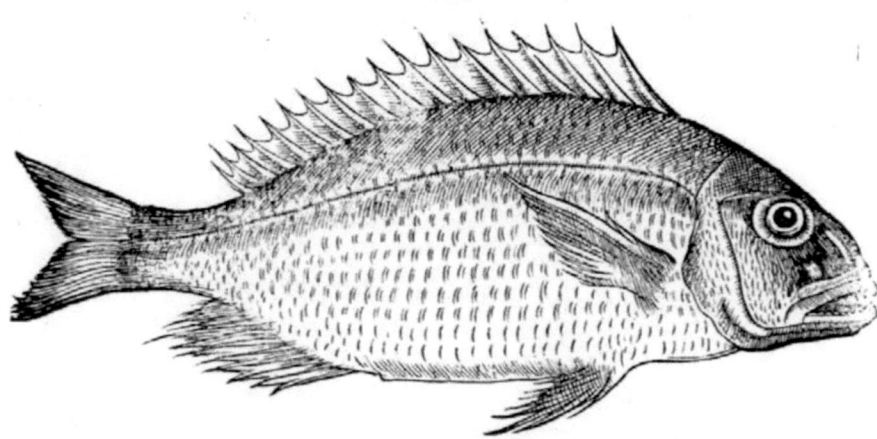

An sandechten/steinechten gestaden vñ orten wonen diese Fisch/sind Fleischfrässig/fressen allerley kleine Fisch/kuttelfisch/auch harte steinechte Fisch als muschelfisch vnd

Der vierdte theil/ von

dergleichen/ welchen auch auß mächtiger begird deß raubs der magen in den rachen vnd maul herauff steigen sol/als etlichen andern mehr geschicht.

Von natürlicher anmutung.

Gesellige/anmütige Fisch sind dieses/dañ keiner bleibt allein/sonder allezeit häuffen sie sich zusamen in solcher gestalt/ daß gleiches zu gleichem kompt: nemlich junge zu jungen/mitler älte zu seins gleichen alter/ die alten vnd erwachßnen auch zusamen/ dann sie belustigen sich der geselschafft/ mit welcher sie erwachsen sind.

Von dem fleisch der Fischen.

Ein gut gesund fleisch/weiß/keck/eines löblichen gesaffts sollen diese Fisch haben/ welches ob es gleich ein wenig hart ist zuverdäuwen/ so gebirt es doch hernach ein gesund schön geblüt/vnd macht einen satten stulgang.

Von einem andern geschlecht der Meerbrachßmen.

Acarnan.   Ein Fleckbrachßmen.
Von seiner gestalt.

Em grossen rotē vorbeschriebnen Meer brachßmē ist dieser so gleich/daß er mit jhm vnd vnder jhm verkaufft wirt ohne vnderscheid/ist sonst an der farb weiß/mit silberfarben schüppen / grossen augen/Goldfarb/weissen floßsäckté/auch welchen die ersten vnd nechsten bey den ohren mit einem schwartzroten flecken bezeichnet ist:das ende deß schwantzes ist rötlecht.

Von art vnd natur der Fischen.

Von diesem Meerfisch schreibt Aristoteles/ daß er Sommerszeit belästiget/vnd außgedöhnet werde/verzehre sich von der hitz vnd nemme ab/welches disem gegenwertigen Fisch auch begegnet.

Von seinem Fleisch.

Ein weiß/schön/süß/lieblich/ gesund fleisch hat dieser Fisch/leicht zuverdäuwen/ gebirt ein gut geblüt/ wirdt Sommers vnd Winters zeit gefangen.

Von dem Kestenenbrachßmen.

Chromis.   Ein Kestenbrachßmen. Ein Kestenenfisch.
Von seiner gestalt.

Ieser Brachßmen ist nit vngleich denen so Brandbrachßmen genent werden / hat doch kleiner augen/ vnd bey dem schwantz kein schwartze flecken/ist durch den gantzen leib schwartzlecht: Mit innerlicher gestalt vergleicht er sich dem Goldbrachßmen/ hat auch stein in seinem hirn / auß welcher vrsach er von der kälte sehr verletzt wirdt.

Von

Von art vnd natur deß Fisches.

Jese Fisch leychen deß Jars nicht mehr dann einmahl: wohnen in krautechtē sand/ wirdt ein stim̄/ gleich der Schweinen/ von jhm gehört/ derhalben jn etlich vnrein nennen. Mit solcher stim̄ verräht vnd erzeigt er sich/ also daß er ohne arbeit gefangē wirt. Sie sollen auch ein sehr scharpff gehör haben.

Von seinem Fleisch.

Vnachtbare kleine Fisch sindt diese Brachßmen/ verachtet/ sehr feucht/ auß vrsach die armen sie pflegen auff dem Rost zu braten.

Von dem Münchbrachßmen.

Orphus.   Ein art der rötlechten Meerbrachßm̄ ā.
Von seiner gestalt.

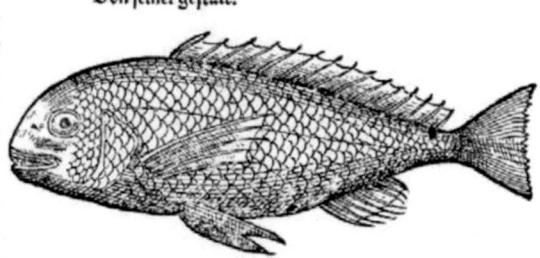

Em grossen rotē Meerbrachßmē ist dieser nit vngleich/ an der farb purpurrot: in jm find man zu keiner zeit milch/ auß vrsach ich jhn Münchbrachßmen genennt hab/ hat scharpffe zän/ vnd so er zerhauwen wirt/ so lebt er lang. Die Griechen bey vnserer zeit zeigen ein anderen Orphum/ welcher gleich nach dem wirt beschrieben werden.

Von art vnd natur der Fischen.

Winters zeit ligen diese Fisch verborgen/ wohnen bey den gestaden/ in durchlöcherten Felsen/ so voll Muschelfisch ligen. Diese Fisch wachsen insonderheit in grosser eyl zu guter grösse: dann sie geleben nicht weitter dañ zwey Jahr. Es werden auch diese Fisch heilig von etlichen genannt/ auß vrsach daß sie an etlichen orten der Meerländischen leuten die Priester so am gestad opfferen/ vnd jhre stim̄ erkennen/ an das gestad herauß schwimmen/ vnd von dem fleisch so jhnen dargeworffen/ fressen. Die Pfaffen freuwen sich auch an derselbigen als ein sonder glücklich zeit vnd zeichen/ vermeinen/ das Opffer seye den Göttern angenehm gewesen. So aber die Fisch die fürgeworffenen stückle fleisch mit den schwentzen an das gestad wider herauß stossen/ so trauren die Pfaffen/ vnd haben ein grossen schmertzen darab.

Von jhrem Fleisch.

Von etlichen sind diese Fisch in hoher achtung gehalten worden zu der speiß/ wiewol sie ein hart Fleisch haben sollen/ nicht ohne sondere arbeit zuverdäuwen/ hat auch nicht wenig schleim an etlichen orten seines leibs. Sie werden gelobt zu den Kranckheiten so von heisser/ scharpffer/ beissender/ gelsüchtiger feuchte entspringen.

Von einem andern Geschlecht der Fischen.

Orphus Græcorum Bellonij.　Ein Griechischer
Meerbrachßmen.
Von seiner gestalt.

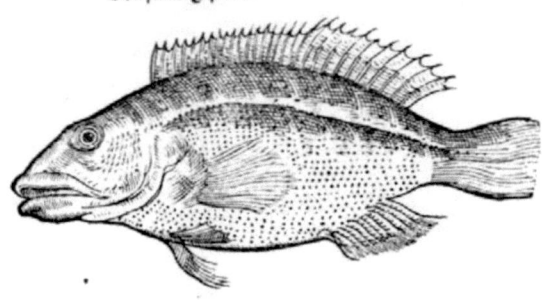

AN der farb ist
diser Fisch rot/
wiewol auch
andere farben ver-
mischet an im gese-
hen werdē/ist breit-
lecht oder flach wie
ein Brachßmē/hat
breite schüppē/hart
behafft: seine säcktē
mit mancherley far-
ben getheilt/hat

fleischechte lefftzen/vnd zän wie der Steinbrachßmen/am rücken ist er schwartzlecht/
der bauch weißlecht/der kopff gar nahe gantz rot: anfangs deß schwantzes sol er ein
schwartzen flecken haben wie der Brandbrachßmen:ist bey den Griechen in hoher ach-
tung/gelebt deß krauts/ec.

Von dem Leberbrachßmen.

Hepatus.　Ein Leberbrachßmen/Ein Meerlebern/Ein art einer Meerbrachßmen
mit einem schwartzen flecken am schwantz.
Von gestalt der Fischen.

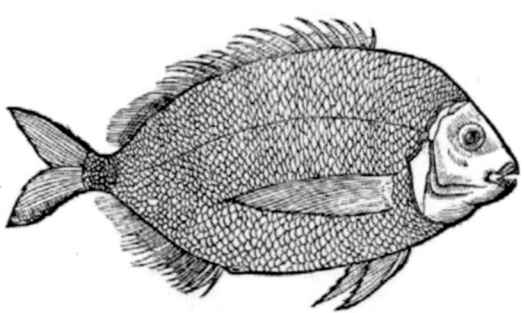

DJeSes ist auch ei-
ner auß den brei-
ten Meerbrachß
men von den Griechen
Hepatus genēnt/hat gros
se augen nach ansehung
deß Leibs als der Brād
brachßmen/ist Leber-
farb oder schwartzblaw:
hat inwendig kein Gal-
len/ronde scharpffe zän/
vñ in seinem Hirn zwen
stein.

Von art vñ natur deß
Fisches.

Dioeles zehlet solche vnder die Steinfisch/so sie doch eigentlich zu redē nit Steinfisch sind/wiewol allezeit einer allein gefangen wirt/selten oder zu keiner zeit viel zumal. Darzu kompt/daß sie fleischfrässig sind wider die art der Steinfischen/welches
das so in jhrem geweyd gefunden wirt/bezeuget. Man fähet solche Fisch gar selten.

Von jhrem Fleisch.

Galenus setzt diese Fisch als mittler art zwischē den Fischen so ein hart fleisch/vñ
denen so ein lind fleisch haben. Ist doch nicht zuuergleichen dem fleisch der Steinfischē.
Es sind etlich die ein andere gestalt vnnd art der Fischen an statt der Leberbrachßmen
setzen/welche jhren namen haben sollen von der Farb vnd grösse jhrer Lebern.

Von

Von dem Meerschatten.

Vmbra. Ein Meerschatten/ Meerwertzen/ oder Wertzer/
Ein Seerapp. Ein Magerfisch.

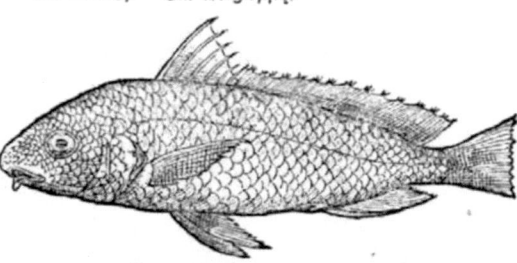

Diese Fisch haben jren namen von der schattechten/ dunckle farb/ oder daß er im Meer so geschwindt schwimet/ daß er nit anderst dann ein schatten anzusehen ist.

Dieser Fisch ist gar nah änlich dem kleinen Meerrapp/ doch viel grösser/ dann er kompt zu mercklicher grösse/ auch auff 4. Elen. Dennnach so hat er ein Wartzen am vndern kiffbacken/ mit welcher er von dem Meerrappen leichtlich zu erkennen ist/ bey jedem aug hat er löchle auch in dem vndern maul/ sol keine zän haben. Dergleichen sind diese Fisch anderer Farb dann die Meerrappen/ von wegen der Linien oder gekrümpten strichen entzwerch/ etlich goldtfarb. Das end: der ohrendeckeln ist schwartzlecht/ hat auch in seinem kopff stein/ ist innerlich gestaltet wie die Meerrappen. Diese Fisch kommen zu zeiten auff 60. pfund.

Von art vnd natur der thieren.

Wiewol diese Fisch nit vnder die Steinfisch sollen gezehlt werden/ daß sie etwas härter vnd nicht so löblich sind/ so wonen sie doch bey vnd vmb die stein/ in den tieffine/ werden viel gefangen bey dem außgang der flüssen/ ob sie gleich wol in keinen herauff steigen. Sind einer schnellen bewegnuß/ fressen viel/ sind fleischfrässig/ wirdt durch kälte vnd frost verletzt/ von der steinen wegen so er in seinem kopff tregt.

Von natürlicher thorheit deß fisches.

Sie schweben alle zeit allein herumb/ ist sehr forchtsam/ in der forcht so thörecht daß so er seinen kopff in ein spalt oder schrunden zwischen die stein/ oder vnder das kraut verbirgt/ so vermeint er/ er habe sich gantz verschlossen/ gleich wie die kind/ so sie jre augen verhalten/ vermeinen man sehe sie nit: werden auß der vrsach von dé fischern leichtlich mit den händen gefangen.

Von jrem fleisch.

Das fleisch der fischen wirdt in hocher achtung gehalten/ daß es ist sehr lieblich zu essen zu einer jeden zeit deß jars/ fürnemlich in den Hundstagen/ fäht man solche sehr feißt/ man pflegt sie allein reichen/ auch Fürsten vnd Herren darzustellen daß sie gebären ein gut löblich geblüt vnd safft/ werden leichtlich durch den leyb auß theilt/ ist eines lieblichen gusts oder geschmacks/ welches alles wol erkant gewesen ist T. Thamisio dem dellerschlecker dem Römer. Dann es zu Rom gewonheit ist/ daß so einer der fischen gefangen wirt/ pflegt man jre köpff der Oberkeit als ein zol zugeben. Als nun der Thamisius auff ein zeit vernommen hatt/ daß ein grosser kopff der fischen den Regenten zugetragen was/ vnd er bey solchen wol am Hoff von seiner schimpffreden vn holdseligkeit wegen/ ist er one verzug zu der Oberkeit/ vnder der gestalt etwas geschäffts/ gangen/ sich mit vil geschwätz lang bey jnen gesaumpt/ auß hoffnung deß Mals oder Essens zu erharren ist er doch endtlich sehr betrogen worden. Dann die Oberkeit hat-

Der vierdte theil / von

ten folchen kopff einem Cardinal geschenckt. Derselbig einem anderen Cardinal / weiter derselbig einem sehr reichen man einem Publicanen / welcher endtlich den Kopff einer Metzen oder Huren geschenckt hat. Als nun Thamisius sollichs vernommen / ist er von einem zum andern in grosser eyl gelauffen / als ein ginender Rapp hin vnnd wider / letztlich müd / in grossem schweyß / mit grossem kosten mit der Huren zu tisch gesessen / welche sich ab dem neuwen Gast sehr verwundert hatt.

Artzney von den fischen.

Die stein vö dem Kopff der Fischen werden in silber vnd gold eingefasset / getragen als ein sonder Secret wider das Bauchgrimmen vnd die Mutter / doch sollen sie nicht kaufft / sondern geschenckt worden seyn.

Von der andern gestalt deß vorgesetzten Fisches.

Diese Figur so zu Venedig ist conterfetet worden / ist viel schöner / gründtlicher vñ eigentlicher von gestalt vnd Farben / dann die vorgesetzt. Solcher Fisch wirt von etlichen Chromis , aber von dem mehrertheil Vmbra, genannt.

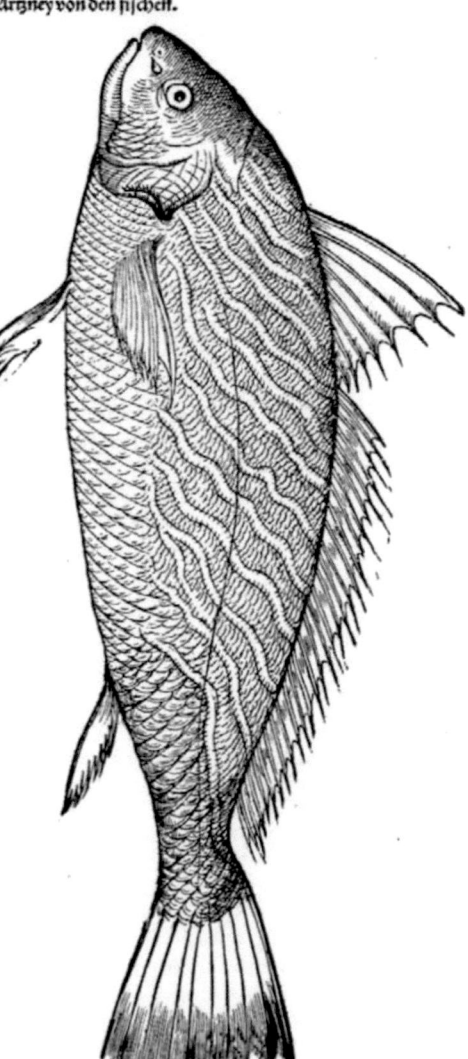

Von

Von dem Latbrachßmen.

Ein art der Meerbrachßmen änlich den Meerrappen.

Von der gestalt der Fischen.

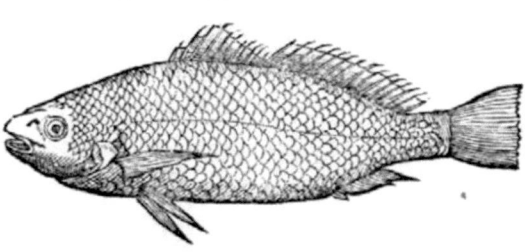

Dise art der Meerbrachßmen ist gantz ähnlich an der gestalt deß Meerrappen / von welchen naher geschrieben wirt / allein daß sie nit so breit sind / haben auch kein Wartzen an dem Maul als die vorgesetzten. Hat silberfarbe schüppen / zän vnd stein in dem kopff: kompt zu mächtiger grösse / ist gantz breuchig zu Rom / vmd in dem Adriatischen Meer / durch das gantz Italiam oder Welschland. In dem Fluß Nilo kommen solche Fisch auff zween centner: von etlichen werden diese Fisch weisse Meerrappen genamt.

Von dem fleisch der fischen.

Ein schön / hübsch weiß fleisch haben diese Fisch / gantz köstlich / lieblich vnd angenehm zu essen / kommen auff die Tisch der Königen / Fürsten vmd Herzen / sind eines löblichen gesaffts / gesund / gebären ein gut geblüt. Mag auff alle weiß vnd weg bereitet werden.

Von dem Meerrappen.

Ein Meer oder Seerapp.

Von mancherley gestalt vnd geschlecht der Thieren.

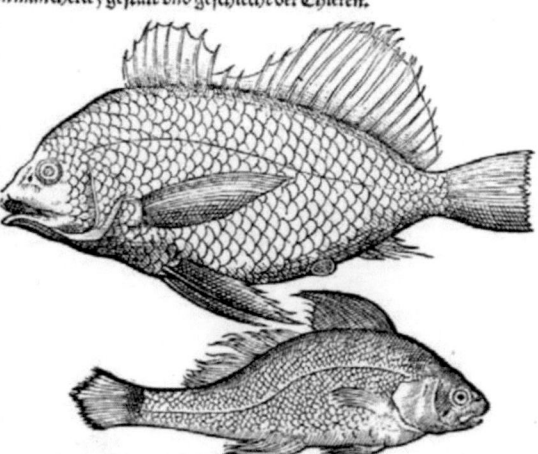

Etlich wöllen dz diese Fisch jhren namen haben von der vnstäte / oder beweglichkeit jrer augen welche sie one vnderlaß bewegen sollé: andere von jrer Farb / von den schwartzen grossen floßfäckten so sie haben. Solcher sind zweyerley geschlecht. Etliche wonen in süssen wassern / von welché an seinem ort wirt gehört werdé: andere im Meer / von welchen wir hie schreiben. Die so im Meer wonen / haben etwas vnderscheidt so viel die grösse vnd farb betrifft. Dann etlich sind zimlicher grösse / als einer Elen hoch / andere etwas kleiner. Einer ist weiß / der ander schwartzlecht. Nun ist die Beschreibung deß Meerrappen also.

Der Meerrapp kompt auch in die Meerpfützen / vnnd in den fluß Nilum / ist ein
schüpfisch / dem Gold oder Brandbrachßmen ánlich / etwan lenger dann ein Elen / mit
einem hogerechten rücken / an der farb schwartßlecht / bey dem kopff getheilt / nemlich so
er newlich auß dem Meer gezogen ist worden / so scheint sein kopff goldfarb / schier purpurschwartz als ob gold herfür gleisse. Hat grosse schwartze fäckten bey den ohren /
bauch / schwantz vnd rücken. Jn seinem hindern theil deß kopffs hat er zween stein welche zu der artzney dienstlich. Am leib sollen solche Fisch wachßfarb seyn schier getheilt
oder schwartßlecht.

Von art vnd natur der thieren.

Die Meerrappen wonen bey den krautechten steinen vnd Felsen / schwimmen allzeit scharecht / auß vrsach man der Fischen allezeit zumal ein grosse zal fáht: sie fressen
Meerkraut / leychẽ im jar zur zeit deß Herbstmonats / erwáchßt in kurtzer zeit zu máchtiger grösse.

Von dem fleisch der Fischen.

Auß jetz beschribnem Fisch sind die die löblichsten so in dem fluß Nilo vnd andern
süssen wassern gefangen werden : dann die so auß dem Meer gezogen / sind eines harten fleischs : auch sind vnder denselbigen die jungen oder kleinern löblicher dañ die so zu
máchtiger grösse komẽ sind / welches dañ auch in allen grossen Meerfischen geschicht.
Summa diese Fisch haben nit ein sonder löblich gesund fleisch. Sie werden auch eingesaltzen / vnd auff alle manier bereitet.

Artzney von den fischen.

Das fleisch der fischen ist krefftig wider den stich der Scorpionen auffgelegt.

Sein gall in die augen geschmiert / nimpt hin die tünckle / finstere der augen / die
flecken vnd anmáler / stelt die flüß der augen.

Die stein auß seinem kopff pflegt man in gold vnnd silber einzufassen / welche
krafft sollen haben wider den stich der seiten / das ohr damit berürt / auch bauchgrimmen vnd mutter / sollen hindern die stein der nieren / vnd so sie gewachsen / außtreiben /
gepulssert vnd eingegeben.

Von den andern zweyen gestalten obge-
nannter Fischen.

Coracinus

Coracinus maior.   Der ſchwartzer Meerrapp.

Dieſes iſt gantz ein ſchöne geſtalt deß Meerrappen/ iſt der mehrer theil ſchwartzlecht mit leib vnnd fäckten : doch durch die ſeiten hat er das braun mit wenig
grünem beſprengt.

Coracinus minor.   Der weiſſer Meerrapp.

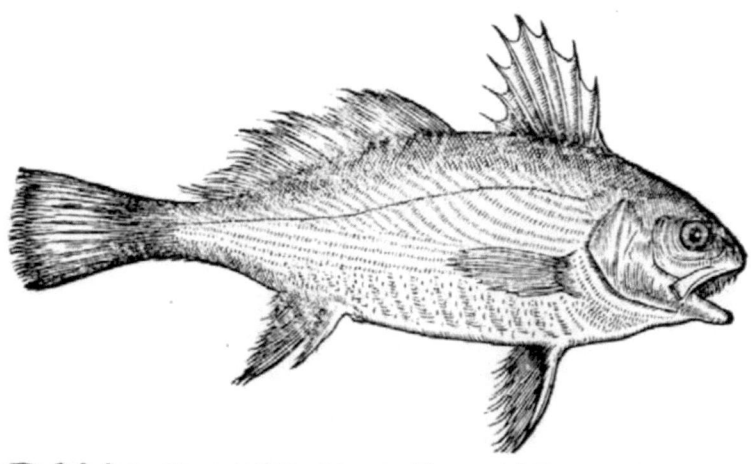

Dieſer hat von dem vorgeſetzten kein vnderſcheid/ dann daß er an der farb weiſſer
iſt/ vnd durch den rücken minder hogerecht.

Von dem Meerräpple.

Coruulus.   Ein rötlechter Meerfiſch.   Ein groß kopff.
Meerräpple.

Von ſeiner geſtalt.

Vſſerhalb der vor-
geſetzten Meerrap-
pen/ iſt ohne zweifel
diſes das dritte geſchlecht/ klei-
ner/ rötlecht/ welchen die Jta-
liener in jrer ſprach Meer räp-
le nennen.

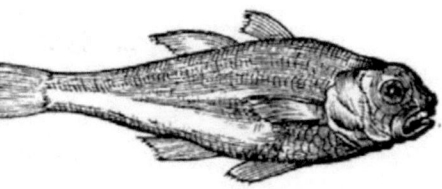

Volget hernach von etlichen andern breiten Fiſchen/
die nit ſchüpfiſch ſind/ welche mit den vorbeſchriebnen
Brachßmen kein gleichnuß haben.

Erſtlich/

Von dem Säuwfiſch.

Capriſcus.　　　Ein Säuwfiſch.

Von ſeiner geſtalt.

Jeſer iſt gantz ein wunderbarlicher Fiſch / alſo auch von harté ſchůppe / daß man holtz vnnd helffenbein darmit feilen mag / als mit einer feilen / auch gleicher geſtalt gekänelt / hat ſöſt auch ſtarck ſpitz auff dem rücken / vnnd vnden am bauch bey dem weydloch / darzu ſcharpffe zän. Sein geſtalt iſt ſehr breit / mechtig dünn oder flach / in der circumferentz ſchier rund. Mit ſolchen gewehren kempffen ſie auch wider die groſſen Fiſch / vnd wider die Fiſcher ſelbſt. Der art Fiſchen werden auch in den ſüſſen waſſern gefangen als in dem Nilo. Die alten haben jm zugeſchrieben / daß er ein ſtim habe wie ein Schwein / hat ein hart vngeſund Fleiſch / eines häßliche geſchmacks.

Von einem andern Säuwfiſch.

Aper.　　　Ein Meereber.

Von ſeiner geſtalt.

Jeſe geſtalt ſo hie vor augen / hat kleine ſchüppen / ein ſehr rauch vñ harte haut / ſein leib iſt gar nah rund / dünn oder flach / an der farb rötlecht / auff dem rücken vnnd vnden am bauch bey dem weydloch hat er ſcharpffe ſpitz / aber doch ein gut / geſund vnd löblich fleiſch.

Von einem andern Säuwfiſch.

Aper Bellonij.　　　Ein ſüß waſſereber.

Von ſeiner geſtalt.

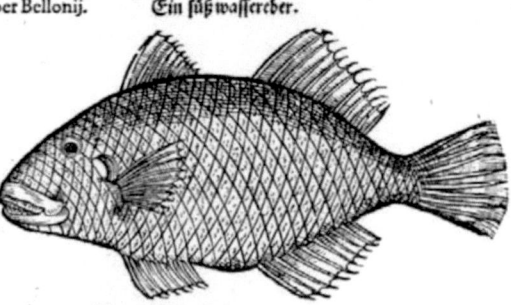

Jeſer ſol auch ein mechtige / rauche harte haut habē / ohne ſchüppen / hat in der Beſchreibung viel gemeins mit dem erſten geſchlecht / an der geſtalt groſſen vnderſcheid dieſer ſol der alten Säuwfiſch ſeyn / ſo in waſſern etwas ſtimm erſchallet als ein geräuſch oder gruntzen.

Von dem Meerteppich.

Stromateus.   Ein Teppicher.

Von seiner gestalt.

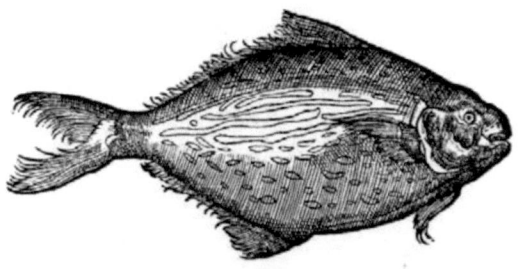

Dieser hat seinen namen von den Alten bekommen/ daß er durch den Leib schöne goldfarbe streimen hat/ mancherley farben/ nach gestalt der Teppichen der Alten/ auch daß er also gleich dünn oder flach ist/ ist zu Rom sehr wol bekannt.

Von einem andern Teppicher.

Fratola.

Von seiner gestalt.

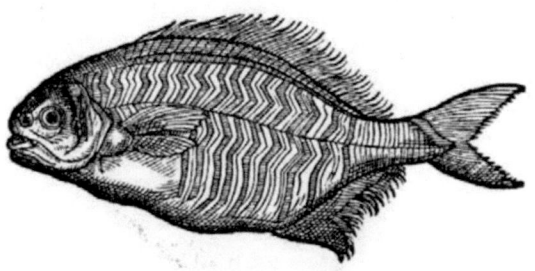

Dieser ist auch auß der art der Teppicher/ wiewol er seine streimen vnnd Farben viel anderst gestaltet hat.

Von einem andern.

Stromatei species altera.   Ein ander geschlecht der Meerteppich.

Von seiner gestalt vnd grösse.

Jeser ist gantz weiß als silber/gläntzet mit viel güldenen streimen oder strichen durch den leib: der rücken vnnd oberseiten an dem Fisch sind blauw/ der bauch weiß/die lefftzen oder maul purpurfarb. Oben bey den Ohrendeckeln hat er ein schwartzen flecken: ist gantz eines lieblichen gesunden fleischs/hat keine schüppen.

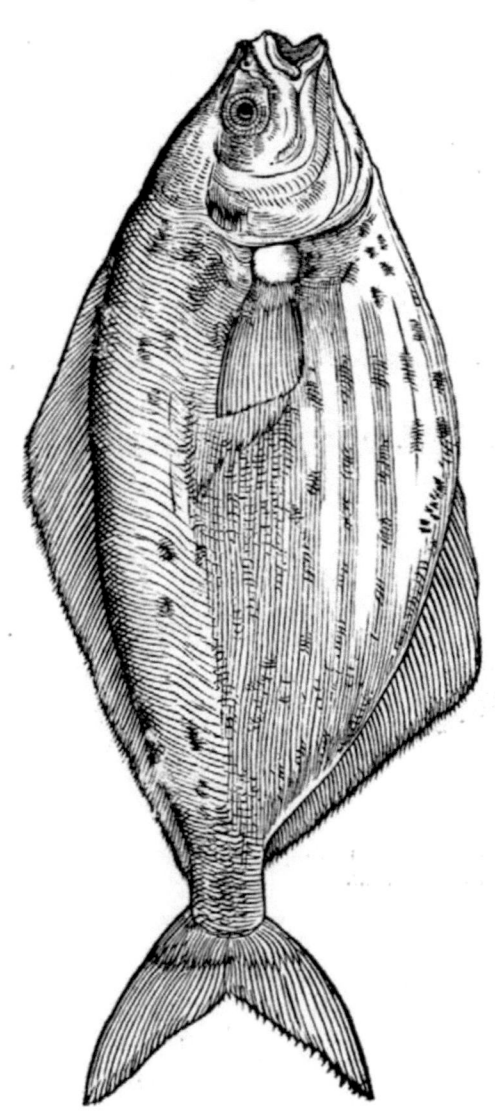

Von einer andern gestalt.

Alia Stromatei icon Venetiis facta.

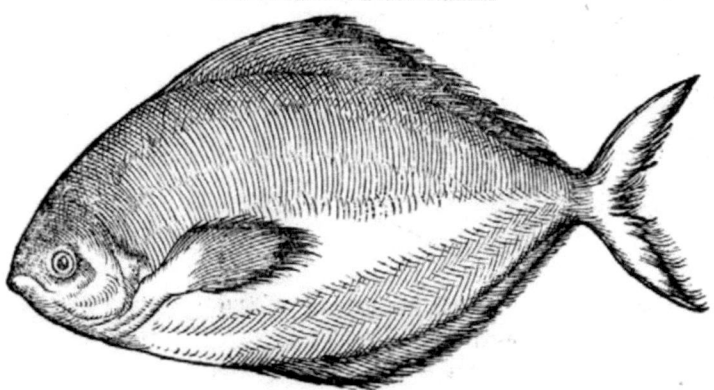

D Jeses ist auch ein gestalt deß vorbeschriebnen Fisches/wil mich doch mehr beduncken die gestalt deß Fisches seyn/so Seserinus genennt wirdt/so hernach gesetzt wirdt.

E Jn besonderer breiter Meerfisch/ohne schüppen/
mit zweyen strichen von den ohrwangen gegē dem
hindern theil/wirdt Seserinus genannt.

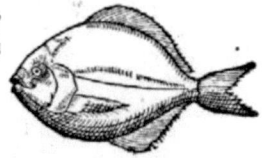

Von dem Meerschersack oder Wetzstein.

Nouacula. Ein seltzamer frembder Meerfisch.
Von seiner gestalt.

D Jses ist ein vber-
auß seltzamer
schöner Fisch/a-
bentheurig von gestalt
vnnd farben. Plinius
beschreibt jn mit einem
zeichen/nemlich das so
man mit dem Fisch be-
streiche/bekomme ein Ge-
ruch nach dem Eisen.
Jst sonst an der gestalt eine schersack/oder stein darauff man solche scherpffet fast gleich.
An der grösse ist er vngefehr einer spañ lang/drey zwerch finger breit/eines dick. Sein
grind groß/gantz stumpff/auch flach/von den augen so zu oberst gesetzt/hat er strich
herab durch den kopff/etlich blauw/etlich purpur/hat grosse schüppen rot von farb.
Wirdt viel in den Jnseln Sicilia vnd Malta gefangen. Wonet allezeit allein forcht-
sam/fleischfrässig nicht desto minder/hat ein zart/gesund/mürb fleisch/eines guten ge-

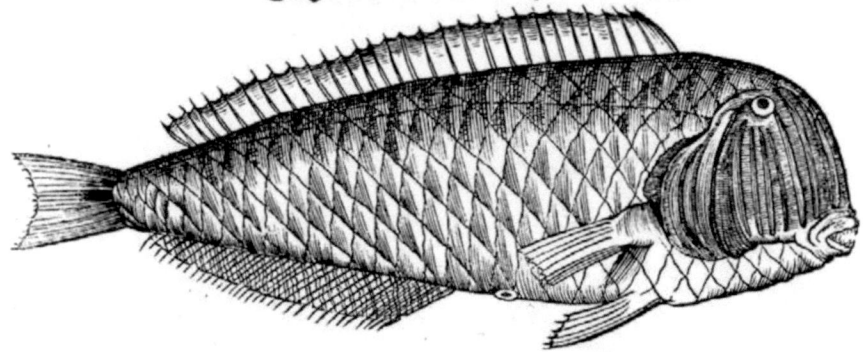

saffts vnd ringer däuwung. Die ander vnd grösser Figur deß Thiers ist viel gründtlicher gestaltet vnd abconterfetet.

Von dem Meerschmidt.

Faber. Ein Meerschmidt. S. Peters Fisch.
Von seiner gestalt.

Die Alten habē diesem Fisch seinē namen geben von der farb vnd gestalt. Es ist ein flach Fisch oder denselben gantz gleich/von mancherley farben/ dann der kopff vnd rücken sind dunckelfarb als russig/ seine fäckten schwartz/ die seite goldfarb. Mitte deß leibs hat er zu jeder seitten einen schwartzen runden flecken/ in der grösse wie ein pfennig/ hat so kleine schüppen daß er gar nahe one schüp-

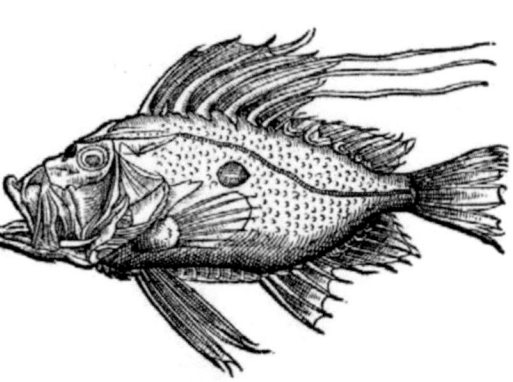

pen geachtet wirdt/ hat ein weit auffgespert maul/ von den Welschen wirdt er Schmid in jhrer sprach genennt/ etlich wöllen jn der Alten Säuwfisch seyn/ dieweil er weyß so man jhn fäht.

Von seiner art vnd natur/ vnd seinem fleisch.

Der Meerschmidt weydet sich bey den krautechten Felsen vnd Steinen/ ist ein grosser fraß/ fleischfrässig. So du jhm den kopff vnd schwantz abschrotest/ so ist er mit seinem fleisch gleich dem Plateißle.

Ein vnbekanter Meerfisch/ in der Tafel deß Mitnächtischen hohen Meers/ von dem Olao Magno beschrieben/ sol zwölff Schuch lang seyn.

Der

fischen einfaltig ohne underscheydt
zu reden.

Erstlich von dem Meerscheisser.

Mæna.　　Ein Scheisser.
Von seiner gestalt.

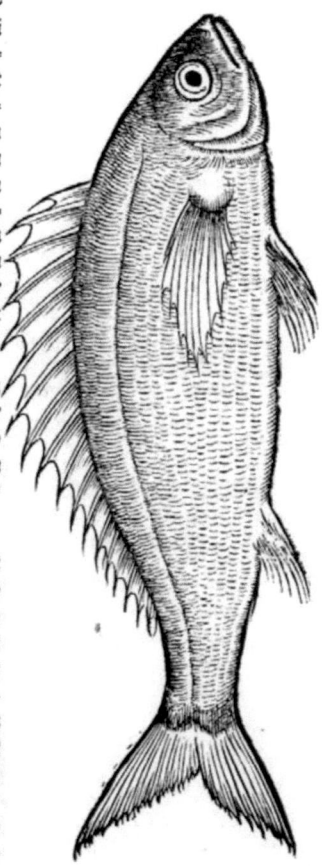

Ein kleiner schüppfisch ist dieses/kompt bey uns hart zu einer span mit seiner länge: an der farb Winterszeit weiß/Sommerszeit getheilt mit blawen flecklinen durch den gantzen leib besprengt/fürnemlich auff dem kopff und rücken: zu beyden seiten mitten deß leibs hat er ein grossen flecken: hat stein in seinem kopff: das Mäulein in diesem geschlecht/ist breiter und lenger/das Weiblein ründer. So der rögling anhebt vol rogen zu werden/ so verwandelt sich das Mäulein in ein theilte oder schwartze farb/wirdt zur selben zeit der speiß gar untüchtig/von etlichen ein Bock genent von dem heßlichen geruch.

Von art und natur deß Fisches.

Diese fisch weyden sich an krautechten orten/ und gestaden/als auch die nachfolgende/ist der aller fruchtbarest Fisch so gesein mag / schwimpt und wohnet scharecht mit hauffen/ frißt dem grossen Fisch/Schwerdtfisch genant/seinen bauch auff/ leycht anfangs deß Jenners.

Von seinem Fleisch.

Unachtbare schlechte Fischlein sindt diese Meerscheisser/also daß man sie ohne gewicht bey grossen hauffen umb ein klein gelt verkaufft/ist ein speiß der Armen: auß ursach Cicero geschrieben hat/Daß man zu denen sage/so die wollust als ein eytel ding halten/sie fressen lieber den Meerscheisser dann den Störfisch/ wo sie doch an frischen steinechten orten gefangen/sollen sie ein gesundt fleisch haben/ als dann etlich mehr der unachtbaren Fischen. So der rögling anhebt vol zu werdē/ so überkompt der Milchling einen so häßlichen geruch/daß sie zur selben zeit von etlichen Böck genēt werden. Man pflegt sie auch einzusaltzen.

Artzney von den fischen.

Die sultzen von dem Meerscheisser ist bey etlichen Nationen viel im brauch gewesen wider den roten schaden/hüfftwehe/ alte schäden damit zu seubern. Item die sultzen mit Stiergallen auff den Nabel geschmieret bringt den stulgang.

Die Brühe von den gesottnen Fischen getruncken/ū das fleisch gessen/purgiert/ macht den bauchfluß und scheissen/von welchen man jnen jren namen geben hat.

Item die köpff von den gesaltznen Fischen zu Pulfer oder äschen gebrennt / ist ein Artzney wider das geschwollen zäpffle / Halsßwehe vnnd durchfeule genannt / auch die vmb sich fressenden löcher deß rachens / vnd dem gespaltnen Sitz / vnnd mit honig emplastriert vertreibt die kröpff.

Von dem Meerbitzling.

Smaris.   Ein Meerbeisser / Ein Bitzling / Ein weisser Scheisserling.

Von seiner gestalt.

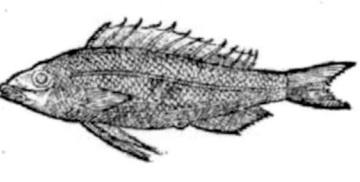

Dieser Fisch ist auch auß der art der Scheisserling / dem vorigen gantz gleich / allein daß er allezeit weiß beharet / nicht nach der zeit deß Jahrs sein farb endert / ist auch kleiner / eines Fingers groß / schmäler dann der vorgesetzt: hat bey jeder seit ein grossen schwartzen flecken / hat keine blauwe oder getheilte Pünctle als der vorig / sonder ist gantz weiß / allein daß er etliche dunckle goldfarbe strichle hat von dem kopff gegen dem schwantz.

Von seiner art vnnd Fleisch.

Genañte Fisch sind gäntzlich geartet vñ genaturt gleich den vorbeschriebnē / auß vrsach nicht weitter hie zu melden: dañ auch sein fleisch im gantz gleich ist / allein zu mercken ist / daß dieser einzusaltzen viel lieblicher ist / auch die allerbeste Brühen oder Galreyen Garum genennt / gibt. Man pflegt sie auch auß dem saltz an rauch zuhencken vnd zu dörren.

Artzney von den Fischen.

Gar nah allerley Artzney so den ersten Meerscheissern ist zugeschrieben worden / dienen auch zu gegenwertigen. Ihre köpff zu äschen gebrennt / mit Bärenschmaltz angeschmiert / ist dienstlich dem abreisenden Haar.

Von etlichen andern Geschlechten
deß Houtincks.

Boopis prima species.   Das erste Geschlecht deß Houtincks.

Von seiner gestalt.

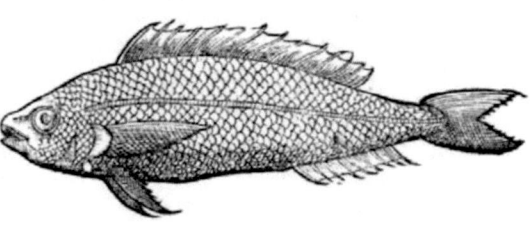

Dieser ist ein Meerfisch eins schuchs lang / zimlich dick vnd rond wie die Meeralet / nit flach / hat einen kleinen kurtzē kopff / mit vberauß grosse pleraugen. Dann die augen sind der grösse theil deß kopffs. Ist nicht von einerley farb: dann auff dem rücken von dem kopff gegen dem schwantz hat er strich oder linien / etlich goldfarb / etlich weiß silberfarb / am bauch ist er von silberfarben schüppen gantz weiß: der schwantz schier goldfarb.

Von dem andern Geschlecht.

Boopis secunda species.   Das ander Geschlecht deß Houtincks.

Von

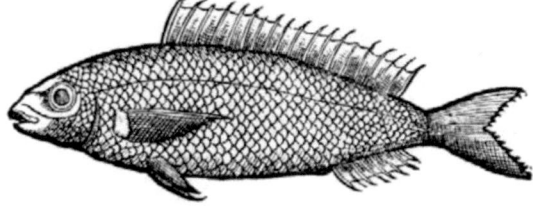

Von ſeiner geſtalt.

As ander geſchlecht iſt dem erſten an der geſtalt gantz ähnlich / hat doch ein ſpi-
tzigers maul / der rücken auß blauwen rot / oder rotblauw / der bauch weiß als
ſilber / der ſchwantz rötlecht / mit groſſen getheilten augen / iſt mit dem leib breiter vnd kürtzer dann der vorgeſetzt.

Von dem dritten Geſchlecht.

Rara Boopis ſpecies.   Ein ſeltzam Geſchlecht deß Houtincks.
Von ſeiner geſtalt.

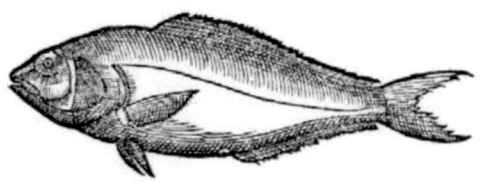

It der gröſſe kompt dieſer zu einer ſpañ / gantz ohne ſchüppen / mit ſehr groſſen
augen / hat einen breiten dicken ſchwantz / wirt gar ſelten gefangen / hat auß der
vrſach keinen namen bey den Fiſchern.

Von einer andern geſtalt obgenannter Fiſchen.

Bôcis imago Venetiis picta.

Ieſes iſt die allerſchönſte geſtalt / deß erſten geſchlechts der Fiſchen / ſo von jhren
groſſen augen den namen haben.

Von art vnd natur aller Houtincken.

Dieſe Fiſch geſellen ſich häuffecht zuſamen / wohnen an geſtaden / ſo viel Meerkraut haben / freſſen kraut / lätt vnd fleiſch.

Von jhrem Fleiſch.

Obgenañte Fiſch ſind von den Alten gantz vnachtbar gehalten worden / haben
doch nicht ein arg fleiſch / kommen bey vnſerer zeit viel in die ſpeiß / auch den krancken.

f   iiij

Artzney von den Fischen.

Diese Fisch in der speiß genossen / sind dienstlich den nieren / bewegen den stulgang / ihre Galle scherpfft das Gesicht: und die äschen von den gebranten gräten / heilt die alten schäden.

Von dem Goldtstreymer.

Salpa.   Ein Goldtstreymer.
Ein Streymfisch.

Von seiner gestalt.

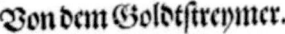

EJn gantz schöner Meerfisch ist dieser Goldtstreymer / ein schüppfisch änlich an der gestalt dē vorgenantē / eines Schuchs lang. Sein maul hat er wie ein Meeralet / hat silberfarbe schüppen / durch dieselbigen von dem kopff gegen dem schwantz viel schöner goldfarber streymen / welche in dieser gestalt nit son-

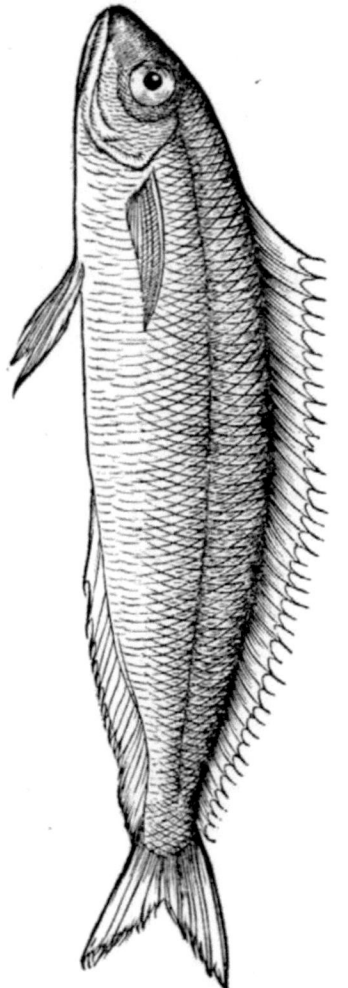

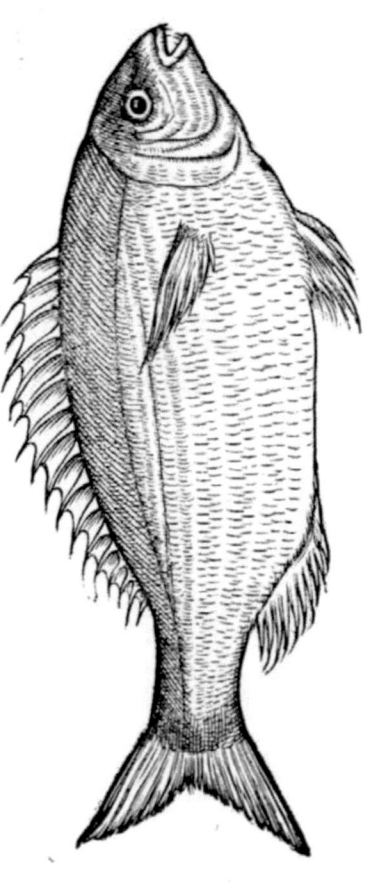

derlich be-

derlich bezeichnet/mögen von den Illuministen darein gesetzt werden: hat weiter goldfarbe augen/mit grünlechtē augbrawen oder Circklen/ein klein maul/spitzige zän/wie
ein Sägen.

Von art der Fischen.

Die speiß der Fischen ist allerley wust/gestanck/kaat vnd Meerkraut/welche so
sie gefressen/fahren sie wider dem tieffen Meer zu: belustiget sich auch der Kürpsen/mit
welcher sie gefangen werden. Leychen deß Jahrs nicht mehr dann ein mahl/nemlich
Herbsts zeit: sollen ein scharpff Gehör haben/nach art etlicher anderer Fischen: ist ein
wüster Fisch/vberauß schön von gestalt vnd farben. Ouidius zehlt sie vnder die so
wohnen in krautechtem gestad/so sie doch viel mehr in den tieffinen wohnen/von wegen jhres scharpffen Gehör.

Von dem Meeralet.

Cephalus, Mugil.   Ein Meeralet/Ein Harderer.
Von mancherley gestalt vnd Geschlecht der Thieren.

DIe Alet bekomē jhren namen bey den Griechen vnd Lateinern von der grösse
jhrer köpffen/welche sie nach der proportz haben: wiewol etlich der Alten allerley Albelen Cephalos genennt haben. Solcher werden viererley insonderheit
gesehen/welche nach der Ordnung mit sonderen schönen Figuren werden beschrieben
werden/allein wöllen wir hie etlichs die Fisch in gemein betreffend/auff das kürtzest
anziehen.

Von art vnd natur der thieren.

Der Fischen wohnen etlich im Meer/etlich in süssen Wassern vnnd Flüssen/rc.
Doch so sollen auch die auß dem Meer sich in die Flüß lassen/vnnd die andern in das
Meer: geleben allein deß schleims vnd wusts/fressen kein fleisch/auß vrsach sie heilig
vnd nüchter genennt werden. Sind einer solchen schnelle/daß sie schiessen wie ein pfeil
von der Sennen/auch auß dem Wasser vber die Garn fahren allezeit scharecht/thunt
gantz kein schaden andern Fischen/als oben gehört. So ein thörecht Thier ist dieser
Fisch/daß so er den kopff in das kaat verbirgt/er vermeint sein gantzer leib seye wol verhalten. Man fäht sie mit Meerwürmen an die Angel gesteckt.

Von jhrem Fleisch in gemein.
Diese Fisch haben ein süß/lind/zart/löblich fleisch/lieblich zu essen/rc.

Von jedem Geschlecht insonderheit.
Von dem ersten Geschlecht.
Cephalus.   Ein Kopffalet/Ein Meeralet.
Von seiner gestalt.

DIeser hat ein kur-
tze grossen kopff/
von welchem er
für andern seinen namē
bekompt/ist weißlecht/
mit grossen schüppen/
wirt zu zeiten grösser vñ
lenger dañ ein Elen: hat
keine zän/grosse augen
mit dünnē schleim vber-
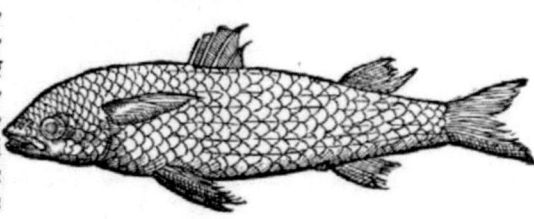
zogen/hat schwartze linien von dem kopff gegen dem schwantz gezogen: hat ein breiten
schwartzen rücken/weissen bauch/rc. Die vbrig gestalt ist zugegen.

Der fünffte theil/ von

Von art vnd natur dieses Geschlechts.

Diese Capitones oder Meeralet sind der art daß sie sich der gesaltznen vñ süssen Wassern belustige/auß vrsach sie in dem Meer vñ Flüssen/so darein fliessen/gefangen werden/fürnemlich mit grosser zal in den Pfütze oder Seen bey dem gestad deß Meers gelegen/dañ auß dem Meer lassen sie sich in die nechsten See der süssen Wassern/dem schleim vnd der speiß nach: wintern sich auch vnd gebären an solchen orten: dann jhr leych ist im Wintermonat. Schlagregen vnnd kälte bringen zu zeiten genannten Fischen den Meeraleten grossen schaden: dann sie werden blind daruon vnd sterben/als die täglich erfarnuß bezeugt. Dann an etlichen orten/als der Winter sehr rauch/herb/ vnd grosse kälte gewesen/sind viel solcher Fischen tod gefangen worde/etlich mit gantz weissen augen/blind.

Von natürlicher anmutung der Thieren.

Gantz vnschädlich sind diese Fisch andern Thieren/ haben auch kein haß oder feindschafft zu andern Meerfischen/dieweil sie keinerley andere Fisch noch fleisch/we-der jung noch alt fressen/sondern allein wie viel mahl gehört/deß schleims vnnd wusts geleben. Es werden auch jre jungen oder eyer von keinem andern Thier beleydiget oder gefressen/ehe dann sie erwachsen/vnd zu zimlicher grösse kommen sind.

Ein geyler vppiger Fisch/wunderbarer anmutung vnd liebe ist der Meeralet/al-so daß sie auß solcher vrsach mit ringer arbeit zu fahen sind. Dann so ein Fischer ein rögling fäht in dem leych/oder ein milchling zu allerzeit/vñ denselbigen an einer schnur durch das Wasser her zeucht/so folgen die andern jm nach/auß begierd der Weiblein nach dem Mäulein/oder auß brunst der Mäulein nach dem rögling/vorauß so man die schönen feißten außerkieset/also/daß sie ohne arbeit sampt dem gebundnen gefan-gen werden/sollen auch ab keinen streichen/geschrey/oder dergleichen von dannen wei-chen/ob man sie gleich zu todt schlegt.

Wie diese Thier zufahen.

Ein art diese Fisch zufahen haben wir gehört/ werden sonst auch mit aaß/ vnnd Garnen gefangen/insonderheit auff ein besondere art/bey Nacht vnd Monschein bey stillem Wasser/zu welcher zeit sie sich herfür in das gestad herauß lassen solle/jre köpff für das Wasser herauß strecken/vnd also sich belustigen.

Von dem fleisch der fischen.

Das fleisch der Fischen hat vnderscheid nach art der orten/in welchen sie gefan-gen worden/als dann aller andern Fischen fleisch: dann die so in weitem grossen Meer lautern vnd frischen Wassern gefangen werden/sind viel löblicher dann die so in Pfü-tzen/Seen/vnd süssen Wassern wohnen/vorauß auß denen orten genommen in wel-che allerley wust/kaat vnd gestanck fleust. In gemein aber so habe sie ein schleimig/lind fleisch/vngesund/so viel wust im Menschen gebirt vnnd den Magen schädiget: doch werden die so im Meer/gesaltznen Wassern/auch etlichen rauchen/schrofechten orten der Meerpfützen oder Seen/gefangen/auff kein art gescholten. Man pflegt sie auch einzusaltzen auff die Fasten/ nicht nur das fleisch/ sonder auch jhren rogen sampt sei-nem Belgle beräucht vor gesaltzen/2c. Das gesaltzen fleisch/so neuwlich gesaltzen wor-den/ist nicht arg/ dann sein schleim wirt von dem Saltz verzehrt/ das veraltet aber ist sehr schädlich/als in allen andern sultzen gewon ist: der gesaltzen rogen aber ist sehr an-genem zu essen/wirt von den Weinschleuchen sonderlich begert: dann sie machen lustig zu essen/bewegen den durst vnd machen den Wein gantz wol geschmackt.

Artzney von den fischen.

Die Brühe der gesottne Meeralet bewegt den stulgang/sein Kopff zu äschen ge-brant/mit honig angeschmiert heilet die Feigwartzen vnd Bresten deß sitzes. Jre ein-gesaltzne rogen wie gehört/heilt allerley gebrechen/macht lust zu essen vñ zu trincken/2c.

Von

Von dem andern geschlecht der Meeralet.

Cestreus. Mugil. Ein Meerharderen. Ein ander
geschlecht der Meeralet.

Von seiner gestalt.

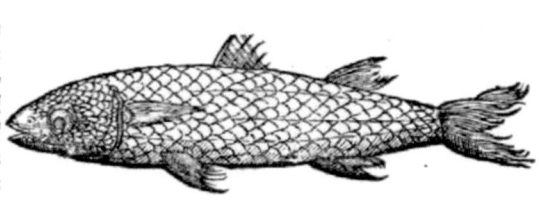

Dieser möchte ge-
nennt werdē ein
pfeilharder/ oder
pfeilalet/ daß er sich etlicher gestalt einem pfeil
vergleicht/ oder so starck
springt/ oder sich schwin-
get wie ein pfeil. Ist dem
vorgesetzten ähnlich al-
ler gestalt/ allein daß er
ein kleinern spitzigern kopff hat/ vnnd seine schüppen so breit/ dick vnnd rund als ob es
Müntz oder Gelt were/ ist weiß/ hat einen dicken fleischechten Magen wie die Vögel/
als auch der erste/ daß er deß schleims gelebt/ kein fleisch in sich frißt.

Von art vnd natur der thieren.

Viel ist in den vorgesetzten Historien gemelt/ als diese Fisch in gemein betreffen/
nit not zu jedem geschlecht zu repetieren/ wonet bey dem gestad/ leßt sich in die grossen
Flüß herauff/ sollen ein scherpffer gehör haben dann etliche andere Fisch/ schläfft auch/
ist in der gefahr: so grosser schnelle/ daß er auch die kleine Schiff entzwerch vberscheußt/
leychen deß Jars einmahl/ Winterszeit bey dem orte/ so grosse Flüß ire außgäng habe.

Es schreibt Aristoteles daß diese Fisch so sie vol rogen/ so vngestüm werden/ von
schmertzen also gereitzt/ daß sie zu keiner zeit ruhen/ sonder ohne vnderlaß sich hin vnnd
her bewegen/ auch auff die Erden herauß vnd vber die Garn her schiessen. Er frißt allein schleim vnd wasser/ auß dem das Sprichwort kommen ist/ Der Meeralet fastet/
daß sein Magen allezeit lär gefunden wirdt.

Von angeborner Witz vnd annmutung der Thieren.

Solcher geschwindigkeit sind diese Thier/ daß ob sie gleich der speiß vnnd aaß be-
gierlich sind/ nicht vom fleisch wie vor gehört/ so weiß er doch vnd erkent den Angel in
dem aaß seyn/ braucht also ein list/ er schlegt mit seinem schwantz das aaß ab dem An-
gel/ frißt also dasselbig/ damit er nicht sampt dem aaß behange. Er vberscheußt auch
zu zeiten das Garn/ so er vermerckt vberzogen seyn. Ist sonst ein forchtsame art der Fi-
schen/ gantz thörecht/ vnd meynt so der kopff verborgen ligt/ der gantz leyb seye auch
verborgen/ solcher gröster Feind ist der Meerwolff in Fisch an der gestalt ihnen gantz
ähnlich/ welcher solche zu seiner speiß braucht/ Item offt ihnen ihre schwantz abfrißt/
welche nicht desto weniger geleben sollen. Die gifft Rochen/ Kuttelfisch/ sollen auch
dem Meeralet nachhalten zu ihrer speiß vnd narung.

Wie sie gefangen werden.

Man pflegt sie mit Angeln/ doch schwerlich/ mit Garnen vñ aaß zu fahen/ werden auch schlaffend zu zeiten sonst erschlagen. Werden in summa gefangen als andere Meeralet/ auch mit hülff der Delphinen als in seiner History gehört worden ist.
Item so sind diese Fisch bey den Alten in die Fischeten vnd Weyer beschlossen worden/
als bey vns die Karpffen vnd Rottelen.

Von jhrem Fleisch.

Der fünffte theil/von

Ein gleicher vnderscheid sol gehalten werden in der achtung deß fleischs der Fischen/ als in dem vorgesetzten beschrieben ist. Auß frischem wasser vnd tieffem Meer sind sie sehr löblich/ aber auß faulem Wasser vnd stinckenden orten/arg vnd schädlich.

Artzney von den Thieren.

Der kopff deß Fisches zu äschen gebrant in einem irdenen geschir/mit honig angeschmiert/heilt die fehl so im sitz begegnen.

Von einer andern gestalt/
obgenants Fisches.

Jeses ist ein sehr schöne/ eigentliche gestalt deß Meeralets Cestreus genannt/ zu Venedig abconterfetet worden.

Von dem dritten geschlecht/
der Meeralet.

Mixon. Ein Schleimharderen.
Muco.   Ein Schleimalet.
Von seiner gestalt.

Jeser hat seinen namen von dem schleim vnd roß mit welchem er vberzogen ist/sol auch allein solches schleims geleben. Ist dem vorigen mit eusserlicher vnnd innerlicher gestalt gantz ähnlich/ allein daß er wüster vnd schleimiger ist/einen kürtzern kopff hat/ vnd ein schleimiger fleisch.

Von dem vierdten geschlecht der Meeralet.

Chelon, Labeo. Ein Lessgalet/ Ein Streimharderer.
Der vierdte Meeralet.
Von seiner gestalt/ art vnd natur.

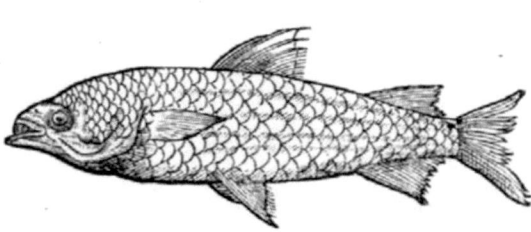

Dieser ist auch an
der gestalt dē vo=
rigen änlich/ be=
kompt bey dē Griechen
vnd Latinern seinen na=
men von den dicke̅/ weit
außgestreckten lefftzen:
von seinem kopff gegen
dem schwantz hat er
schwartze linien gleicher
weite von einander gesetzt/ vnd sind seine augen so weit außher baussend/ mit keinem
schleimige̅ Häutle bedeckt als andere/ ist auch mit innerlicher gestalt den andern gleich/
allein daß sein Gall mehr gelb ist. Diese Fisch geleben allein deß schleims vnd wusis/ wo=
nen in lättechten orten/ bey den Meerpfützen/ haben auß allen geschlechten der Meer=
alet das ergest fleisch.

Von dem Meeralet der Meerpfützen.

Die Meeralet/ oder einfaltig/ die Alet werden im Meer/ in Meerpfützen/ vnnd
in süssen Wassern oder Flüssen gefangen. Die so in dem Meer/ Seen gesan=
gen/ haben kein vnderscheid an der gestalt/ mit denen so im Meer gefangen wer=
den/ allein/ daß sie nicht so lieblich zu essen/ nicht so ein gesund vnd löblich fleisch haben/
wiewol das ist/ daß sie feister werden in den Meerpfützen dann im Meer selbst/ vrsach
ist/ daß sie in den Meerpfützen mehr schleim zu jhrer nahrung finden. Es werden auch
solche Meeralet in keinem ort in solcher menge gefangen als in den Meerpfützen/ vnd
sind die gemeinesten Fisch solcher Seen/ so jhnen ein schirm vnnd sicherheit sind wider
jhre tödtliche feind die Meerwölff.

Von dem schwartzen Meeralet.

Mugil niger. Ein schwartzer Meeralet/ Ein
Dornalet.
Von seiner gestalt.

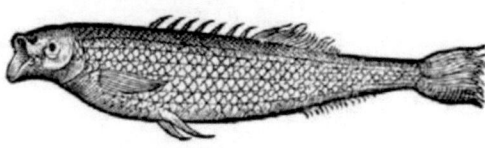

Dieser ist dē Meer
aleten gantz än=
lich/ allein daß
er gantz schwartz ist/ hat
auch schwartze linie der
lenge nach gezogen/ hat
ein weit maul/ obē auff
dem rücken/ siben oder acht dörn oder spitz gantz ledig: wirt selten gefangen/ sol vnder
die Meeralet billich gezehlt werden.

Von dem fliegenden Meeralet.

Mugil alatus. Ein fliegender Meeralet.

Von seiner gestalt/vnd wo er zu finden.

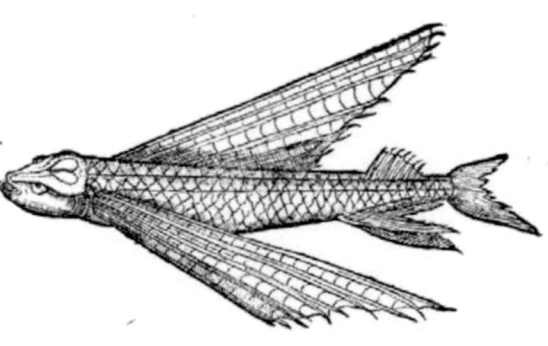

Jeses ist ein
Meerfisch/wo-
net an dem ge-
stad/kompt auch in
die Meerpfützen/mit
seiner grösse auff ein
elenbogen: hat keine
zän/grosse ronde au-
gen/sein kopff vn rü-
cken breutlecht/gleich
andern Meeraleten:
wirt mit grossen schü-
pen bedecket: ist mit
eusserlicher vnnd in-
nerlicher gestalt den
andern Meeralete gantz ähnlich/wirt gemeinlich gesehen vnd gefangen bey dem außfluß deß roten Flusses in das Meer: wiewol das ist/daß dieser zu Rom vnnd etlichen
andern für den Meerschwalben gehalten wirt/doch ohne wissenheit.

Von art vnd natur der Thieren.

Diese Fisch sind der art/daß sie sich auß dem Wasser erheben vnd fliegen/sollen
derhalben vnder die zahl anderer fliegenden Fischen gesetzt werden.

Von jhrem Fleisch.

Diese sind mit art vnd natur jhres Fleischs/vnd safft den Meeraleten gleich/ist
doch nicht so löblich als die ersten geschlecht der Meeralet.

Von dem Meerwolff.

Lupus.   Ein Wolfffisch/Ein Meerwolff.
Von mancherley gestalt vnd Geschlecht der Thieren.

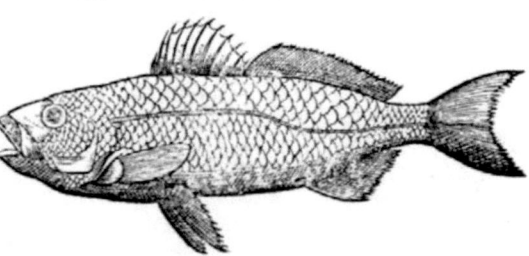

ES sind etlich der
Scribenten/die
den Hecht der Al-
ten Wolfffisch Lupus
genennt geachtet habe/
nicht ohne Jrsal/als
auß seiner Beschrei-
bung wirt gehört wer-
den. Die gegenwerti-
gen aber sind der Alten
gerechter Wolfffisch: Dann der Alten Wolfffisch sol allein in dem Meer vnd gesaltznen Wassern wohnen/vnnd so er in den süssen Wassern nechst bey dem Meer gefangen wirt/so ist er auß dem Meer in dieselbige auffher geschossen. Der Hecht aber wirt
in Seen/Flüssen gefangen/im Meer gantz nicht. Die gestalt der Thieren ist zugegen/
allein zu mercken ist/daß ob er gleich der aller frässigest Fisch seyn sol/so sol er doch keine
zän haben/allein rauche kiffbacken. Jn seinem kopff haben sie stein/auß vrsach sie von
der mercklichen kälte leichtlich ersterben sollen.

Deren

Deren Fischen werden zweyerley geschlecht gefunden / dann das erste so grösser / wirdt ohne flecken oder maculen gesehen: das ander so kleiner / hat schwartze flecken durch die schüppen. An der farb ist er weiß / oben auff dem rücken blawlecht / der so nah bey den süssen Wassern gefangen / gantz weiß. An etlichen orten werden solche Fisch in guter grösse gefangen / welche ort von kürtze wegen nicht zunennen sind.

Von art vnd natur der thieren.

Diese Fisch sollen allein in dem Meer vnnd gesaltznen Wassern jhren vrsprung nehmen / wiewol das ist / daß sie auch den süssen Wassern nachstreichen / in jhrem auß= lauff / bey welchen sie sehr feißt werden / dann sie werden auch in der Tyber gefangen. Ein sonderlich frässig Thier ist dieser Fisch / daß also jm sein maul allezeit offen steht vñ ginet / ist fleischfrässig / aller so er bekomen mag gleich dem hecht / verschont auch den Schlangen nicht / welche offtermals in solchen gefunden werden / helt sonderlich den Meerkraben streng nach / ab welchen er sich belustigen sol. gebirt eyer / leicht deß Jars zwey mal / wirdt verletzt von der mercklichen kälte / dann er sie in seinem kopff tregt / zu dem daß er hoch in dem Wasser schwimmet.

Von natürlicher annmutung der Thieren.

Auß der zahl der aller listigsten Thieren sollen diese Fisch seyn. Dann so sie mit dem Angel gefangen / sollen sie mit grosser stärcke hin vnd her schiessen / so lang sie die wunden ergrössert / geweitert vnd den Angel außgezeret hat. Item so ist auch die gemei= ne sag der Fischer / daß so sie mit ein Garn vmbzogen / sollen sie erstlich mit grosser stär= cke in das Garn schiessen / dasselbig zerreissen / vnnd so es nit geseyn mag / sollen sie mit grosser eyl vñ kräfften / in den boden vnd sand ein loch graben / oder klufft einscheren vñ machen sich darein verschliessen / so lang das Garn vber sie her gezogen werde.

An etlichen orten sollen diese Fisch so heimlich werden / daß sie auch brot von de= nen empfahen so jhnen darstrecken.

Der Wolff Fisch vnd Meeralet haben Feindtschafft zusamen / dann der Wolff= fisch sol zu mancher zeit dem Meeralet seinen schwantz abfressen / wiewol das ist / daß sie sich zu gewisser zeit zusamen vereinigen sollen: nemlich so ein grosser raub zugegen.

Den langen Meerkraben Squillæ genant halten sie auch nach auß grosser fresse= rey: doch mit grossem schaden vnd scharpffer verletzung. Dann vorgenannte Krebsle haben vornen bey dem kopff ein scharpffes Horn als ein Sägen / welches es in seinen rachen heckt / jhme denselbigen in solcher gestalt verletzt / daß er endtlich sterben vnd ver= derben muß. Also ist manchem fresserey ein vrsach eines frützeitigen todts.

Von nutzbarkeit der Thieren / vnd wie sie gefangen werden.

Die gröste nutzbarkeit ist jhres fleisch so zu der speiß löblich. Auff mancherley art werden sie gefangen mit den Garnen in grosser menge / Item mit dem aaß als mit feißten langen Meerkrebslein / oder Hogerkrebslein. In der Fasten im eingang deß Glentzes habe wir sie offt gessen. Dann zu derselben zeit werde sie zu meisten gefangen.

Von dem fleisch der fischen.

Ein vberauß löblich / gesund / gut / lieblich / lustig fleisch haben diese Fisch / also daß die Alten durch diese Fisch die allerlöblichsten Fisch haben wöllen zuversehn geben. Dann sein fleisch ist weiß / zart / fest oder keck / leichtlich zuverdäuwen / vrsachet ein gut löblich geblüt. Summa hat gar nah den grösten preiß auß allen Fischen.

Etliche stück der Artzney / so von diesen Fischen in brauch komen.

So krefftig sollen diese Fisch seyn wider die kröpff / daß sie auffgelegt / ein jeden kropff an jedem ort vertreiben gewaltiglich sollen.

Seine stein auß dem hirne angehenckt sollen den schmertzen deß haupts vertreiben.

Sein gall mit honig angeschmiert / sol das Gesicht scherpffen / vnd Fell oder flecken vertreiben / auch alle andere Bresten der augen gewaltiglich heylen.

Seine eyer frisch gessen oder gedertt / sol lustig machen zu essen.

Von einem andern Geschlecht deß Meerwolffs.

Lupus minor & varius.   Ein gefleckter Meerwolff.

Von seiner gestalt.

Jser Meerwolff ist gethellt / sein rück weißblaw. der Bauch weiß / mit schwartzen flecken besprengt / werden gemeinlich an den orten gefangē deß Meers vñ Meerpfütz / so die fliessenden Wasser empfahen.

Vor einer andern Figur obgenannter Fischen.

Lupi effigies Venetiis depicta.

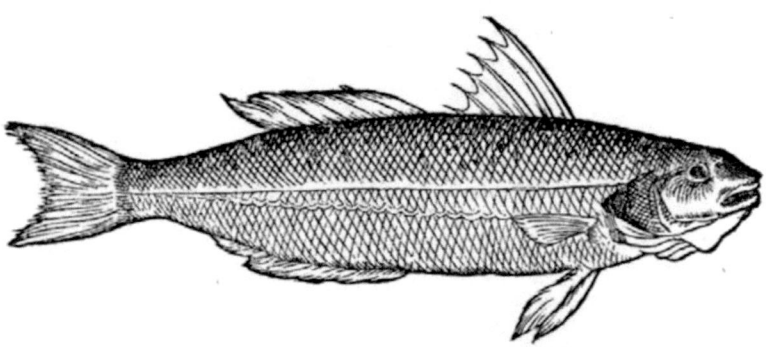

Jn sehr natürliche / eigentliche gestalt ist dieses der Fischen / so man Meerwolff nennet / so die ersten gröblecht / vnähnlich sind. Er mag auch ein Meerfraß oder Meerräuber genennt werden.

Von dem fleisch der Fischen.

Ob gleich wol diese Fisch für die allerschönsten Meerfisch gehalten werden / so werden sie doch gäntzlich veracht vnd gescholten so viel ihr Fleisch betrifft / welches vngesund / hart / stinckend / eines heßlichen vnangenehmen geschmacks ist. Werden doch etlicher gestalt Herbsts zeit gelobt / vnd die so auß tieffem Meer gezogen werden. Diese Fisch werden mit Kürpsen gefangen / ab welchen sie sich sonderlich belustigen.

Von dem Meerhecht.

Sphyrena prima species. Das erste Geschlecht der Meerhechten/
Ein Meerpfaal oder Schwyrenfisch.

Von mancherley geschlecht der Thieren/vnd der gestalt deß ersten.

Wiewol das ist/daß allein einerley geschlecht vnd gestalt der Fischen von etlichen
bekannt ist/ so werden doch von andern zwey geschlecht erzehlt. Das erste so
hiebey steht/ist dem Hecht gantz ähnlich/auß vrsach sie von etlichen Meerhecht
genennt werden: sein vndermaul streckt sich weiter auß dann das ober / hat scharpffe
zän als auch der Hecht/ein weit maul: seine lefftzen außwendig als ob sie außgestochen
weren: das ende derselbigen schwartz/hat grosse augen/vor denselbigen löcher zuhören
oder schmecken/ von dem kopff gegen dem schwantz hat er ein linien von schüppen gezogen. Der ander leib bedunckt sich ohne schüppen seyn. Am bauch sind sie weiß/ auff
dem rücken schwartzlecht oder äschenfarb/der strich von welchem obgesagt ist bey anfang gelblecht/ als auch der inner rachen: seine Fisch Ohren gantz weit.

Von art vnd natürlicher anmutung der Fischen.

Diese Fisch gesellen sich häuffecht/weyden sich bey dem Sand vnd Felsen/ist sehr
frässig/ als dann auch vnsere Hecht der süssen Wassern.

Von jhrem Fleisch.

Ein weiß süß lieblich/keck vnd trocken fleisch haben sie/doch mürb/also/daß jhm
nicht wenig preiß geben wirt:dañ jren rogen in der speiß genossen macht lustig zu essen.

Von dem andern Geschlecht.

Sphyrena parua seu secunda species. Ein kleiner Meerhecht.
Das ander Geschlecht deß Meerhechts.
Von seiner gestalt.

Dieser ist mit ge-
stalt dem vorge-
setzten gäntzlich
gleich/ist lang/spitzig/
rhan / ohne schüppen/
sein Haut silberfarb/sein Fleisch vñgrät durchscheinend: ist allezeit kleiner/dañ die er-
ste/vbertrifft selten ein spann:hat auch ein linder Fleisch/änlich dem Fleisch der Steinfischen.

Von einem andern geschlecht der ob-
genannten Fischen.

Ammocœtus, Exocœtus marinus, Ammodytes.
Ein Sandaal.

Von seiner gestalt/art vnd natur.

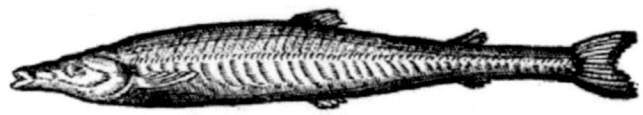

Jesen Fisch haben wir den obgesetzten Meerhechten zusetzen wöllen/ von seiner gestalt wegen so lang/ rhan/ spitzig maul/ ohne schüppen/ ꝛc. mit welchen allen er den obgenanten ähnlich ist: ist solcher art/ daß er sich tieff in den Sand begräbt: dann gar selten wirt er gesehen ausserhalb dem Sand/ in welchem er verborgen ligt/ zur zeit so das Meer ablaufft so lang es wider anlauffe. Die Einwohner aber der orten/ welchen solches bewust/ graben sie außher mit krummen eysinen Instrumenten so zän haben wie ein Sichlen. So einer den Fischern so sie außher graben/ ohn geschrd ihnen auff den Sand wider empfelt/ sollen sie sich so mit grosser geschwinde in den Sand verschliessen vñ vergrabē/ daß sie mit keiner arbeit weiter außher grabeu mögē werdē: ist selten dicker dann ein Daumen/ vñ lenger dann ein spañ/ hat auß der vrsach vnder die kleinen Meerfisch bey anfang mögen gezehlt werden: wir aber haben jn vō ähnligkeit seiner gestalt auff die Meerhecht gesetzt.

Von allerley Stockfischen.

Asellus, & primum de Merlucio.　　　Ein Meeresel.

Das erste Geschlecht der Stockfischen.
Von seiner gestalt.

ER Stockfischen ist mancherley geschlecht/ gestalt/ nach mancherley namen bey den Niderländern so jhnen gebē/ werden auch von den orten an welchen

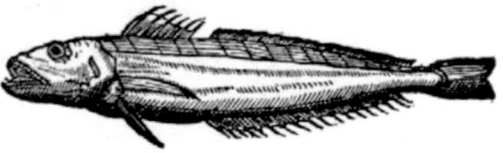

sie gefangen werden/ von welchen dann nit weiter zu schreiben ist/ sonder so wöllen wir ein jedes geschlecht vnd gestalt der Ordnung nach für augen stellen.

Dieser erste Stockfisch ist eines Elenbogen lang/ zu zeiten grösser/ gantz ohne schüppen/ sein rücken eselfarb/ von welchem er den namen/ oder äschenfarb/ sein Bauch weiß oder silberfarb/ mit einem langen kumpffen grind/ grossen augen vnd weitē maul: das vnder maul lenger vnd breiter dann das ober/ seine kiffbacken auch rachen voller zänen/ gegen dem rachen gekrümbt.

Die Stockfisch so gedert vnd gesaltzen in vnsere Land durch Kauffleut gebracht ᵏ e den sind bekañt/ welche man vor der bereitung wol pflegt zu schlagen mit schweren Hämern oder andern Schlägeln/ von welchem sie auch jhren namen Esel haben mögen: dann ein Esel arbeitet oder sol nichts/ er seye dann wol geschlagen.
Von art der Fischen.

Aristoteles schreibt daß dieser Fisch Sommers zeit verhalten lige ein lange zeit/ welches beiwiesen mag werden/ daß man sie lange zeit nach dem Soñer fäht: so ist doch zu mercken/ daß sie an etlichen orten durch das gantz Jahr gefangen werdē/ gantz frässig sind diese Fisch/ fressen allerley Meerfischen/ nicht anderst dañ vnsere Hecht.

Von

Von jhrem Fleiſch.

Das Fleiſch der Waſſerthieren endert ſich nach natur der orten vnnd jhrer nah-
rung/ welches auch den Stockfiſchen geſchicht: dann ſo man dem Meiſter Galeno vñ
der Erfahrenheit glauben wil/ ſo haben ſie ein gut/geſund/weiß/lind/löblich Fleiſch/
welches auch den Krancken dargeſtelt mag werden/ nemlich ſo ſie auff tieffem Meer/
luſtigen orten gefangen werden. So iſt auch die Leber der Fiſchen friſch gefangen
ein ſonderbarer köſtlicher Geſchleck.

Von dem andern Geſchlecht.

Aſellorum ſecunda ſpecies. Merlangus. Ein ander Geſchlecht
der Stockfiſchen.

Von ſeiner geſtalt.

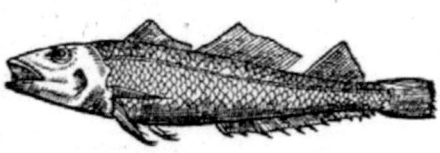

Diſer hat gantz kleine ſchüppen an der geſtalt dem vorgeſetzten Stockfiſch gleich/
hat einen groſſen kopff/ mit welchem er billich eine Eſel vergleicht
wirdt. Iſt weiß/ſilberfarb/mitten
durch den leib von dem kopff gegen
dem ſchwantz hat er ein gelblechten ſtrich oder linien/ hat groſſe/ runde augen/ mitten
ſilberfarb.

Von ſeiner natur vnd eigenſchafft.

Hieuor iſt gehört/ daß alle Geſchlecht der Stockfiſchen fräſſige Thier ſind/fleiſch-
fräſſig. Dieſer ſpeißt ſich mit allerley kleinen Meerfiſchlein/ als Groppen vnd der-
gleichen/ welcher ſtuck in ſeinem Magen gefunden werden.

Von jhrem Fleiſch.

Ein lind/mürb/matt/gut/geſund fleiſch haben dieſe Fiſch nach art aller Stock-
fiſchen/iſt beſſer gebraten dann geſotten.

Von dem dritten geſchlecht der Stockfiſchen.

Aſellorum tertia ſpecies. Eglefinus. Das dritte Geſchlecht
deß Meereſels oder Stockfiſchs.

Von ſeiner geſtalt.

Diſer hat ein groſ-
ſen grindt oder
kopff/ ohren/ au-
gen/ maul wie ein Eſel.
Von dem vndern kiffba-
cken hat er ein Züttele o-
der bart hangen/ hat et-
liche ſchwartze flecken
durch den leib/ als ein
junger Müller Eſel/
kompt mit der gröſſe zu einem Elenbogeu.

Von seinem Fleisch.

Dieser hat auch ein lind/matt Fleisch/gesund vnd löblich in der speiß. Solche werden insonderheit bey den Schotten vnd Engelländern gefangen/ eingesaltzen/ gedörrt/vnd in andere Land geführt.

Von dem vierdten geschlecht.

Asellorum quarta species Gobergus. Das vierdte Geschlecht der Stockfischen.

Von seiner gestalt.

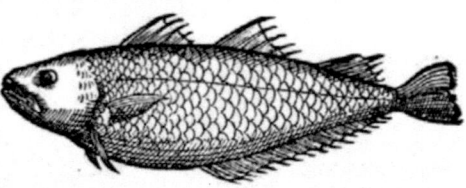

Dieser wirdt auß dem neuw erfundnen Land in vnsern theil deß Erdreichs gebracht/Goberga genannt / kompt mit der grösse vber zwo Elenbogen. Ist äschenfarb / mit schüppen bedeckt/ hat in seinem maul keine zän / ist mit anderer eusserlicher vnnd innerlicher gestalt den Stockfischen gantz ähnlich.

Von seinem fleisch.

Das Fleisch der Fischen ist härter dann der andern Stockfische / nicht so schleimig. Solche gewässert vnnd wol geschlagen/ kompt in die speiß er Armen vnnd Bauren.

Von dem fünfften Geschlecht.

Molua maior, vel asinus varius. Ein gefleckter Stockfisch.

Von seiner gestalt.

Dem vorgesetzten ist dieser gantz ähnlich / hat einen äschenfarben/ oder Eselsfarben rücken mit viel schwartzen flecken/ sein bauch weiß / hat grosse augen/mit anderer gestalt den Stockfischen gleich / Ist gemein bey den Schotten vnd Engelländern/ wirdt auß Island zu jhnen gebracht.

Von seinem Fleisch.

Dieser hat ein Fleisch gleich dem so nachher folgt/ ist doch minder schleimig oder kleberig.

Von dem sechsten Geschlecht.

Moluus seu Morhua altera minor. Ein Mormel Stockfisch.

Wie

Wie er gestaltet.

Dieser ist mehr mit gestalt deß leibs / dañ mit dem fleisch den Stockfischen gleich / etwas mehr dann ein Elenbogen lang / eins schuchs breit / hat grosse augen /

eines finstern gesichts / von dannen ein Sprichwort geflossen / Er hat Mortmel augê / in die so ein kurtz dunckel Gesicht haben / der rücken mit äschenfarben oder rötlechten flecken.

Von seinem Fleisch.

Dieser Fisch / so er frisch ist / hat ein vberauß gut gesund lustig Fleisch. Dann so sie gesaltzen vnd gedert / so werden sie gantz klebrecht als Leim / welchen man von den Blasen vnd etlichen andern theilen deß Fisches sieden mag.

Von einem andern Geschlecht der Stockfischen.

Colfisch Anglorum. Colfisch.
Von seiner gestalt.

Die auß Britania nêñen diesen Stockfisch Colfisch entwedes von dem Leim: dañ er ist sehr klebrecht / oder von der farb / vnd kolen / wirdt auß dem theil Britanien zu vns getragen /

so gegen Holland sich streckt. Wirt mit breiten schüppen bedeckt / auff dem rücken ist er schwartzlecht / am bauch ein wenig weisser: von dem kopff auff den schwantz hat er einen schwartzen strich gezogen / vnd harte floßsäckten.

Von seinem Fleisch.

So er groß vnd alt worden / so hat er nicht ein vngesund Fleisch zimlicher güte: aber jung ist er zu der speiß vntüchtig / ist ein schlechter gemeiner Fisch der Armen vnd Bauren.

Von dem Rheinfisch.
Von seiner gestalt vnd natur.

Diese gestalt ist nach dem gesaltzne / außgederten Fisch conterfetet wordê: wirt in der Donauw gefange / ist so frässig / daß er auch die jungen Thier so man in den Fluß wirfft frißt: bekompt seinen namen von dem Rhein / nit daß er dariñ gefangen werde / sonder daß man solche auff dê Wasser dem Rhein an andere ort führe.

Von der Meertrüschen.

Mustela vulgaris. Ein Meertrüschen.

Wie dieser Fisch gestaltet.

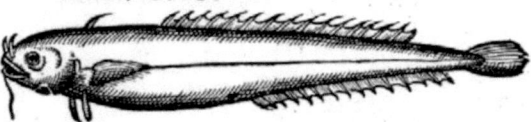

Die Meertrü-
schen haben nit
einerley gestalt:
dann etliche haben fle-
cken/etliche werden oh-
ne flecken gesehen. Diß erste geschlecht hat einen langen rauen leib/braunfarb/gäntz-
lich ohne schüppen/hat ein groß maul/kleine zän/am vndern kiffbacken hat er ein weisses Züttele hangē/am obern zwey schwartze Züttele/auch auff dem Genick ein anders.
Diesen haben wir die gemeine Meertrüschen genennt/dann der so von den Alten be-
schrieben/ist viel ein anderer Fisch.

Von seiner art.

Hogerkrebßle/vnd allerley kleine Fischlein fressen diese Meertrüschen/welche in
jhrem Geweyd gefunden werden.

Von jhrem Fleisch.

Das Fleisch der Fischen mag auch von den krancken an Statt der Steinfischen
genossen werden: dann es ist lind/zart/gut/gesund vnd angenehm zu essen.

Von dem andern Geschlecht.

Mustela vulgaris altera, Galea piscis.   Das ander Geschlecht der
Meertrüschen.

Von seiner gestalt.

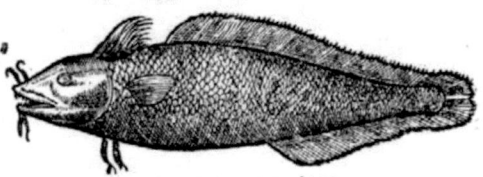

Von den Griechē
wirdt dieser Esel-
fisch genēt/ist
auß dem geschlecht der
Meertrüschē/auch der
Stockfischen: von dem
obern kiffbacken hat er
zwey Züttele auffgestreckt/von dem vndern eines als ein bärtle. Ist ein schüpfisch mit
innerlicher gestalt dem obern gleich/frißt allerley kleine Meerfischlein.

Von seinem Fleisch.

Er hat ein lind/zart/mürb fleisch/weiß/löblich/gesund/nit minder dañ die stein/
oder Stockfisch.

Von dem dritten Geschlecht.

Mustela marina tertia.   Das dritte Geschlecht der
Meertrüschen.

Von seiner gestalt.

Ein sonder zeichen vnd gestalt hat dieser Fisch an jhm/bey welchem er leichtlich zu
erkennen ist/nemlich zwischen dem kopff vnnd anfang der obern floßfecken deß
rückens/ein Känel oder höle/eines zwerch Daumens lang/vnd mitten in demselbigen ein weisse linien: von der obern lefftzen hat er zwey schwartze Züttele außgestreckt als haar/von dem vndern eins weiß von farb/welches anleitung gibt/daß er
möcht der Alten Musculus/oder Meußfisch geachtet werden/von der Bärten wegen
seines

feines mauls. Daß von den Venedigern wirt er mauß genennt.
Solchs iſt der Fiſch von welchem
Plinius geſchrieben hat daß er
der Führer vnd Anleiter ſeye der
groſſen Wallfiſchen / Balenen
auff Latein genennt.

Von dem 4. Geſchlecht.

Muſtela marina quarta. Ophidion Plinij
Gryllus. Das vierdte Geſchlecht
der Meertrüſchen.

Von ſeiner geſtalt.

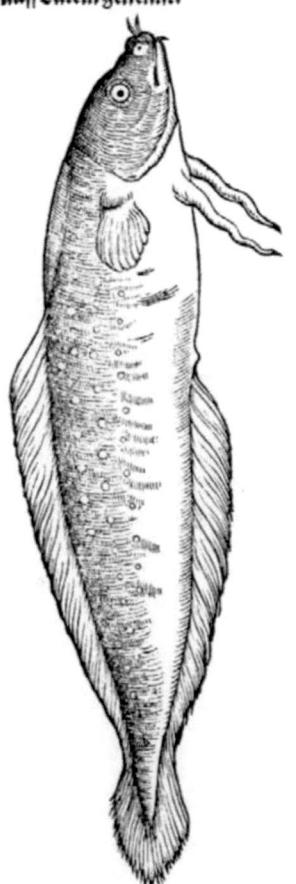

Dieſer ſolt billich
der Fiſch geachtet
werden / ſo Calla-
rias genennt wirdt / daß
der ſo nachher geſetzt / iſt
gantz ſchlipfferig ohne
ſchüppe wie ein Al. Die
fäckten ſo ſich vmb den
ſchwantz ſtrecken / ſind
ſchwartzlecht / ſelten lenger dann ein ſpann. Es
werden auch bey dẽ Jn-
ſeln Antipoli vnd Leri-
no der geſtalt Fiſchen gefangen / gelblecht / ohne
bart vnd züttelen / wel-
cher one zweifel der Fiſch
ſeyn wurde von Plinio
Ophidion genent.

Von dem fleiſch deß Fiſches.

Das fleiſch deß Fi-
ſches iſt ſeer köſtlich / wirt
in groſſer Wirde gehal-
ten / weiß / gut / geſund /
matt / allein von den reichen vnd Hoffleckern be-
gert.

Weiter von einem Stock-
fisch oder Meertrüschen.

Asellus Callarias.　Ein andere art der
Meertrüschen.

Von seiner gestalt.

Dieser sol zum theil einem Wytling /
zum theil einer Meertrüschen sich
vergleichen / wirt zu Rom Feigen
Fisch genañt / daß er blut vnd lär als ein v-
berreiffe Feigen / hat gantz keine schüppen /
einer seltzamen gestalt.

Von seinem fleisch.

Sein fleisch ist vnlieblich zuessen / in
kleiner Wirde geachtet / hat ein lind / zeh
fleisch / ring zuverdäuwen / gebiert aber viel
wust vnd schleims.

Von dem Meerdracken.

Araneus, Draco marinus.　Ein Meerdracken /
Peter menche / Peter menches / Fiuer /
Torpor.
Von mancherley gestalt vnd geschlecht
der Thieren.

Diese Fisch sind auß der zal der Meer
thieren / so den Menschen mit schäd-
lichem gifft verwunden / auß welcher vrsach / auch von jhrer gestalt vñ farb
ohne zweifel jhren namen haben. Nun sind
der Fischen so Meerdracken genennt werden mancherley : Etliche werden grosse
Meerdracken genant / etliche klein / als die
dracunculi. Auch ist der grossen Meerdracken dreyerley geschlecht / als dann von einem jeden insonderheit wirdt gehört vnnd
gesehen werden.

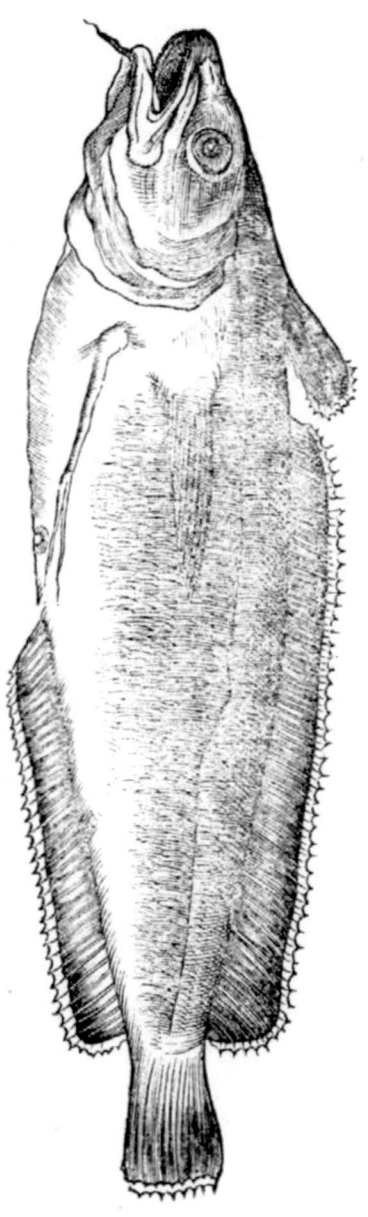

Von

Von dem grossen Meertracken.
Araneus siue Draco maior. Grosser Meertrack.
Von seiner gestalt.

Von seiner gestalt ist nicht viel zuerzehlen /
dann sie mag auß der Figur ersehen werden.
Ist ein gantz schöner Fisch / hat vornen drey
grosser stracker spitz / zween bey seits / ein oben
am end deß Kopffs / an seiner Farb getheilt / mit
guldinen strichen durchzogen / rc. mit kleinen
schwartzen flecken / etlichen rot.

Von dem kleinen
Meertracken.
Araneus minor, Draco minor.
Kleiner Meertrack.

Dieser ist dem vorige an der gestalt gleich / allein daß er kleiner / weniger flecken hat / vnnd
grössere / gelblecht / keine am Fisch-
säcken deß rücken / so im grossen viel
gesehen werden.

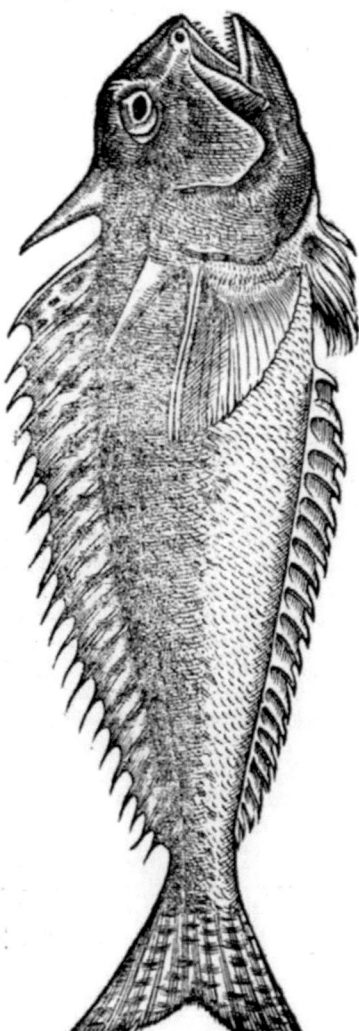

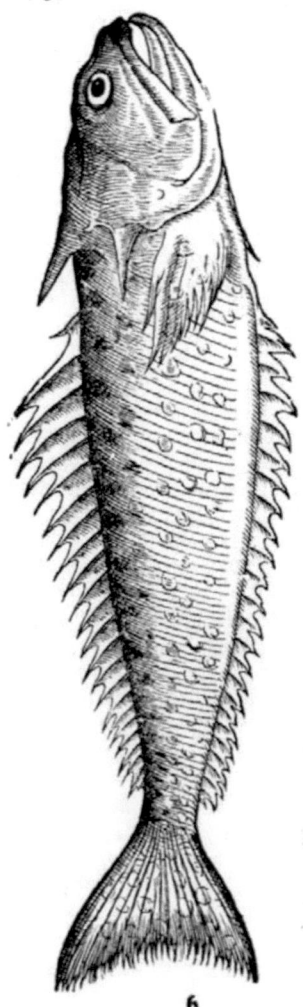

h

Von dem dritten Geschlecht
der Meerdracken.

Draco siue Araneus Rondeletij.　Der dritte Meerdrack.
Von seiner gestalt.

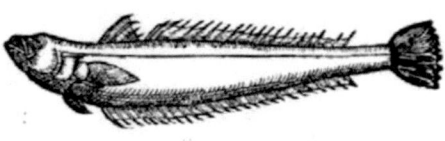

Dieser sol mit seiner grösse auch auff ein spañ kommen / ist auff dem rücken braun / am bauch weiß / bey seits mit schönen guldinen strichen durchzoge / ist nicht vngleich dem Meeregle. Hat kleine dicke zän / grüne augen / gleich einem Smaragd / hat ein harte haut / kleine rauche schüppen.

Von dem kleinen Meerdracken.

Dracunculus Aranei species.　Ein kleiner Meerdrack.
Von seiner gestalt.

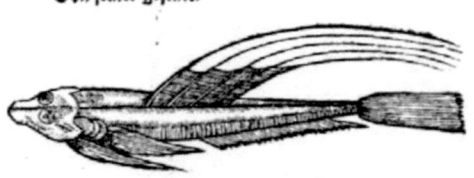

Dieser ist ein vberauß schöner Fisch anzusehen / ni ch t vngleich einem Groppen / hat keine Fischohré bey seits / sonder an statt derselbigen obé auff dem kopff zwen Löchle / welche bey lebendigem Thier allein erscheinen. Bey end deß kopffs hat er spitz gegen dem schwantz geneigt / hat gantz lange Fischfäckten nach der grösse seines leibs getheilt / an orten goldfarb / an anderen weiß wie silber. Die so bey den Fischohren sich erstrecken / sind bey anfang weiß als silber / bey end goldfarb. Item die so bey nechst sind auch viel zu lang / wider die art anderer Fischen / auch zu nah bey dem kopff gesetzt. Auff dem rücken hat er zween fäckten. Die erste klein / mit guldinen vnnd silberen strichen gezieret: die ander mitten auff dem rücken gantz groß vnd lang / auch getheilt mit silbern strichen durchzogen: dieser fäckten so er nidergelegt / wirdt in der höle oder Känel deß rückens verborgen / gleich als in einer Scheiden: die so vnden gegé dem schwantz ist goldfarb / außgenommen die eusserste ende so schwartz sind. Item so ist auch sein leib von farben schön / dann von der mitte gegen dem bauch sind weiß linien oder strich gezogen / als wann sie von silber weren. Seine kiffbacken / Item die fordern theil sind mit silberfarben puncten gezieret / hat einen weiten / breiten / weissen bauch / mit einer dünnen haut vberzogen: ist gantz ein seltzamer Fisch / wirt selten gefange / allein zur zeit der Hundtstagen / sol nit so schädlich seyn mit seinem stich als die andern Tracken.

Von art vnd natur aller Meertracken.

Diese Fisch wonen an den gestaden / sandechten vnd steinechten orten / fressen allein kleine Fisch / vorauß kleine Kuttelfisch / vergleiché sich mit jrem gifft dem Scorpion. Die sag ist / so man diesen Fisch mit der rechten Hand ergreiffe / so folge er nicht / sperre sich. So er aber mit der lincken erfasset werde / so werde er ohne arbeit hernach gezogen.

Von jhrem Fleisch.

Diese Fisch sollen ein hart Fleisch haben als Aristoteles vnd Galenus bezeugen.
Artzney

Artzney wider den stich vnd gifft solcher Thieren.

Ohne verzug sol man den Fisch so man jn gehabē mag auffschneiden vñ vberlegen.
Item kleinen Costen geknütscht auffgelegt vnd Wermutwein getruncken.
Item schwebel mit essig auffgeschmiert/vnd mit Bley oder Bleyweiß gerieben.
Item den stich mit Menschen harn warm wäschen vnd knoblauch.
Item sein Leber auffgebunden.

Artzney von den Thieren zu nutz den Menschen.

Seine spitz sollen gantz krefftig seyn wider das zanweh / die bilderen oder Zanfleisch
damit gerieben vnd geseubert.

Von einem andern grausamen Meerdracken oder
Meerwunder so von etlichen beschrieben auff folgende gestalt.

DEr Meerdrack ist ein grausam Meerwunder/mit der lenge gleich den jrdischen
Dracken/doch ohne Flügel/ hat einen langen gekrümpten schwantz/ einen kleinen kopff nach ansehen deß Leibs/mit einem weiten/grausamē schlund/ein harte haut vnd schüppen. An statt der Flügeln/ hat er breite Fischfäckté/welche er braucht
in dem schwimmen/ in einer kleinen zeit vberscheust er grosse weite deß Meers/ auß
stercke seiner Kräfften. Sein Biß ist tödtlich/den Menschē/Fische vñ allen Thierē/ꝛc.

Von dem Federkopff.

Hippurus, Lampugo.　Ein Federkopff.

Von seiner gestalt/ vnd wo er gefangen werde.

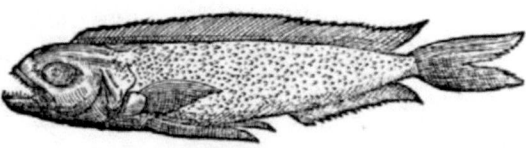

EIn sonder Zeichen hat dieser Fisch an jhm/ für all ander Fisch zumercken/ nemlich daß j hm sein Floßfeder oder Fischfäckten so breit vnd groß/ gleich
oben von dem schnabel anhebt vnd sich biß auff den schwantz streckt/ deßgleichen auch
eine von dem geführloch biß auff den schwantz. Die fäckten bey den ohren sind kurtz vñ
breit/schier goldgelb/ die vnden am bauch/lang vnd schwartz/ bekompt seinen namen/
daß er gestaltet ist wie ein Roßschwantz/ hat am andern leib gantz kleine schüpple/wirt
insonderheit in Hispanien gefangen.

Von art vnd eigentschafft der Fischen.

Die art der Fischen ist/ daß sie nach dem leych auß den rogen noch klein/ in gantz
kurtzer zeit erwachsen/ welches den Spanischē Fischern bewust/ beschliessen sie noch
jung vnd klein in Reussen/ oder dergleichen Instrument/ in welchen jhr zunehmen vnd
wachsen von tag zu tag mag gemerckt werden. Sie leychen im Glentz oder Früling/
ligen Winters zeit verborgen wie die Schlangen.Wirdt durch das Jahr allein zu gewissen tagen/vnd ohne fehlen gefangen/ als dann die erfahrnuß bey den Spaniern
bezeugt. Sie sind fleischfrässig/ freuwen sich der Schiffbrüchen/ welchen sie hauffecht herzu schwimmen.

Von seinem Fleisch.

Ein feißt/süß vnd kecklecht Fleisch haben diese Fisch/löblich/gut vnd gesundt zu
essen.

Der fünffte theil/ von

Artzney von den Fischen.

Die gall deß Fisches mit honig angeschmiert/ nimpt hin alle dunckle/ schwertze/ vnd finstere der augen.

Von dem Meerscorp.

Scorpius maior. Ein grosser Meerscorp/ Ein grosser Meerscorpion/ oder Scorpfisch/ oder ein roter Meerscorp.

Wie dieser Fisch gestaltet.

Zweyerley geschlecht der Scorpfischen werden in dem Meer gefangen/ welche vnderscheid haben an gestalt/ grösse/ farb/ vnd orten an welchen sie wohnen. Dann dieser hieben anfang gesetzt/ ist der groß/ rot von farben/ in den tieffinen deß weiten Meers gefangen. Der nachfolgend der klein/ äschenfarb oder schwartzlecht in den Moßechten gestaden wohnend: bekommen beyde geschlecht jren namen nicht von der gestalt/ sonder daß sie starcke spitz vnd dörn haben/ mit welchen sie gifftige Wunden einhecken: haben sonst grosse köpff/ grosse/ lange/ breite/ starcke Fischfäcken/ mit starcken spitzen: haben kleine schüpple wie ein Schlangenhaut/ sind viel mehr ohne schüppen. In dem Rotenmeer sollen sie mit der grösse auff zwo oder drey Elen lang kommen. Diese Fisch werden ohne gefahr nicht gefangen/ dann jrer stich oder verletzung ist gifftig.

Von dem andern Geschlecht.

Scorpis, Scorpæna seu Scorpius minor.   Der kleiner Meerscorp/
oder der schwartz Scorpfisch.

Wie dieser gestaltet,

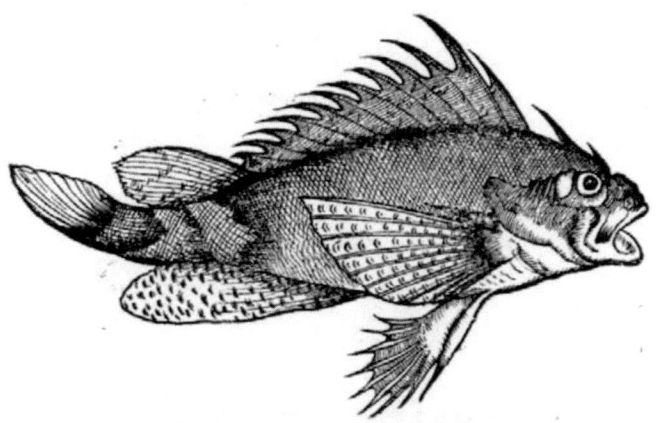

Dieser ist kleiner an der grösse/ schwartzlecht an der farb/ mit anderer gestalt dem vorgesetzten gantz gleich. Diese Fisch tragen auch stein in jhren köpffen.

Wie die Scorpfisch genaturt seind.

Auß den Meerscorpen wohnen etlich in tieffem weitem Meer/ als vor gehört/ etlich in lättechten gestaden/ leychen in den tieffinen deß Jahrs zwey mahl/ im Glentz oder Früling vnd Herbstzeit/ wohnet allezeit einig/ frißt Krebs vnd Meerkraut. Der groß insonderheit ist Fleischfrässig/ hat so ein weit maul/ daß er eine andern Fisch sein kopff darein schleust/ ob er wol gleicher grösse gewesen/ sind gar eines harten lebens: dann so er gleich außgenommen/ vnd seines hertzens beraubt ist/ so bewegt er sich doch darnach.

Von dem Fleisch der Meerscorpen.

Das Fleisch deß grössern Meerscorpen ist viel löblicher vñ besser dañ deß kleine.

Der fünffte theil/von Meerfischen.

In der gemein haben sie ein weiß/vest/hart fleisch/nit vngesund/speist vnd füret wol so es verddnwet wirt: von dem fleisch der Fischen pflegt man ein brühe zubereiten/den stulgang zu bewegen.

Artzneyen wider das schädliche gisst der Thieren.

Hievor ist gehört/daß der stich der Thiere sehr gisstig ist/welches Artzney ist Wermut auß wein getruncken. Item essig vnd schwefel aufgeschmiert/weiter drey lorbonk geknütschet in wein getruncke/item bleyweiß darauff geriebe dazu salbine getruncken: vber das ist auch jres fleisch ein Artzney darauffgelegt: item junger knaben Harn damit begossen.

Artzneyen von den Meerscorpen zur gesundtheit der Menschen.

Die gall der Fische hat den preiß in der Artzney für all andern Fischgallen: dañ sie ist gewaltig wider die dünckle/finstere/felle vnd flecken der Augen: vertreibt die wertzen/erfült die kallköpff oder abgeflossen haar: in baumwolle gefassen gebraucht/bringt de weibern jr zeit: jr fleisch genossen/oder zu äschen gebrent/dieselbig in wein eyngenommen/oder jre stein gepülfert vnd getruncken/ist ein erfahren stück dem grien vñ andern Bresten der blatern vnnd nieren. Die Fisch lebendig in wein ertrenckt/der wein getruncken sol ein artzney seyn denen so schmertzen haben in der Lebern/auch den grien/Bresten der nieren vnnd blatern.

Von dem Meerheydor.

Lacertus peregrinus vel rubri maris.   Ein Meerheydor.

Von seiner gestalt/vnnd wo er zu finden.

Dieser Fisch ist mit seinem kopff/maul/mit der schönen grünen farb/vnd anderer gestalt dem irdischen Heydor gleich/ist ein frembder Fisch von den Griechen Saurus genannt/wirt im roten Meer gefangen/nit an jedem ort/belüstiget sich lättechter vnd kaatechter orten.

Der

Der sechste theil / von den langen

Meerfischen / welche sich mit jrer gestalt den Schlangen vergleichen : Erstlich /

Von dem Muraal.

Muræna.   Ein Muraal / Ein art der Meerschlangen.

Von jhrer gestalt vnd grösse.

Vß den geschlechten der Meerfischen ist auch eines so sich
dem Aal oder Schlangen vergleicht / von welchem nach der Ordnung
wirt geschrieben werden. Der Muraal / Murena genannt / ist ähnlich
mit seiner gestalt vnd haut einem Aal / doch breiter / kompt mit der lenge
zu zweyen Elen. Hat ein groß maul / lange scharpffe zän durch den gantzen rachen /
weisse augen / ist an der farb braun / von einer haut ohne schüppen / mit weißlechten flecken besprengt / hat gantz keine Fischsäckten zu schwimmen / sonder schwimt vnnd bewegt sich in gleicher gestalt in dem Wasser vnd Meer / als sich die jrdischen Schlangen ohne Füß auff der Erden bewegen. Auß den Muraalen sollen etlich schwartzlecht
seyn / mit gelben flecken besprengt. Etlich sind weiß / mit schwartzen flecken besprengt.
Strabo schreibt / daß an etlichen orten diese Muraal zu der grösse kommen der Walfischen / auff die 80. pfundt.

Von dem Muraal männle.

Myrus, Murænæ mas.   Das männle von dem Muraal.

Von seiner gestalt.

Etlich der Scribe-
ten wöllen / daß
der Muraal so bey
anfang beschriebe / kein
mäule oder milchling

habe in seinem geschlecht / sondern das seye das mäule deß Muraals so von den Griechen Myrus genennt wirt / welche gestalt hie bey gesetzt. Zu wider sind andere / welche
achten / daß diß jetztgenannter vnnd vorbeschriebner Muraal / etlichs in seinem geschlecht männle vnd weible / das ist milchling vnd rögling haben. Wie dem seye / wöllen wir das vrtheil mitten gestelt haben / denen zu ergründen so die ort deß Meers einwohnen. So ist doch zu mercken daß nicht wenig vnderscheid vnder den zweyen thieren gesehen wirt. Dann der Muraal ist geflecket / dieser ohne flecken von einerley farb /
ist auch viel stärcker dann der Muraal / auch hat dieser Myrus zän jnnerthalb dem maul
vnd ausserthalb / ist mehr gleich einer Schlangen dann einem Muraal / mit einem

spitzigen schnabel/ langen ranen leib/ an der farb schwartzlecht/ zu beyden seiten von
dem halß hat er etliche güldine düpfle oder püncte/ welche mehr in den lebenden/ dann
in den todten gesehen werden.

Von art vnd natur der Muraal.

Der Muraal sol mittler art seyn vnder den stad Fischen vnd denen so in tieffem
Meer wohnen/ dann sie halten in die löcher der steinen vñ Felsen/ so voller kleiner Muschelfischen sind/ dann sie sind fleischfressig/ haben ein sondern lust ab dem grossen Kuttelfisch zu jhrer nahrung/ freuwen sich der süssen vnd gesaltznen Wassern/ wiewol sie
in keine Flüß herauff kommen sollen/ mögen lange zeit ausser dem Wasser geleben nach
art der älen/ dann sie haben kleine vnd wenig Fischohren.

Die Murál mehren sich vnd leychen nach art der Schlangen/ darzu wirt von
jhnen geschriben ein wunderbare vermischung mit den jrdischen Schlangen oder
Natern. Dann die Natern sollen erstlich jren gifft von ihnen kotzen/ auff einen ebnen
Platz/ demnach an dem gestad deß Meers mit pfeisen jhr gegenwertigkeit anzeige/ den
Muraal also herauß reitzen/ sich zusamen vermischen/ nachdem sie jhre begierd voll-
bracht haben/ sol der Mural dem Meer zufahren/ die Natern jhrem gifft zu/ welches
sie widerumb fressen sol. Wo nun ohne geferd solches verendert oder verstossen/ die
Natern jhr gifft nicht wider kriegen mag/ sol sie sich hin vnnd her von einem ort an das
ander weltzen vnd schiessen/ biß sie gantz gestorben. Solches ist nicht allein von den
Heyden/ sondern auch von etlichen berümbten Theologen vnd Außlegern der heiligen
Schrifft als ein warhafftige art/ auß der sag deß gemeinen mans geschriben worden/
wiewol solcher vermischung kleiner glaub geben sol werden/ dann ohne zweifel sie auch
mänle oder rögling in jhrem geschlecht haben.

Sie leychen zu aller zeit durch das gantz Jahr/ haben kein gewiß zeit/ nach art
der mehrer theil Fischen/ leychen in grosser menge kleine röglin oder eyer/ welche in kurtzer zeit in gute grösse erwachsen/ als dañ von dem Federkopff/ Hyppuro auch geschrieben wirdt. Durch den Winter halten sie sich verborgen in den Löchern/ werden selten
zur selben zeit gefangen.

Zu mercken ist daß diese Fisch jhr leben in dem schwantz haben sollen/ welchen so
man jhn schlegt/ so sterben sie leichtlich zur stund/ so man jhnen aber den kopff schlegt/
sterben sie hart/ nicht ohne arbeit.

Von natürlicher anmutung der Fischen.

So diese Fisch essig versuchen/ werden sie mächtig grim vnd wütend/ dann sie
kempffen/ streiten/ verletzen vnd beschirmen sich mit jhren zänen/ welche sie haben zwen-
fachter Ordnung. Dem Meeraal ist er gehaß/ frißt jm seinen schwantz ab. Ein tödlichen haß haben zusamen/ der Muraal/ groß Kuttelfisch/ vnnd Meerstöffel Locusta
genannt/ von welchen auch auff das kürtzest in genañten Historien ist geschriben worden. Dann ob gleichwol der groß Kuttelfisch sich verwandern kan in die farb der steinen an welchen er klebt/ hilfft es jhn doch nichts/ dann der Muraal ist deß wol bewust/
vnd so er jn in der höhe herumb schweiffen ersiht/ so scheußt er auff jhn/ ergreifft jhn mit
seinem Biß/ zwingt vnd treibt jhn zu kempffen/ so lang biß er jn müd/ seine Arm abge-
bissen/ gefressen/ vnd den andern leib in stücke zerzerrt hat.

Dargegen reitzt der Meerstöffel/ so da ist auß der art der Meerkrebsen/ den Muraal zu kampff/ mit sondern Listen/ in dem daß er in die löcher der Felsen/ in welchen der
Muraal wohnet/ seine hörner streckt/ von welchem der Muraal ergrimmet/ jhme deß
kampffs besicht/ vnd wiewol der Muraal mit grosser vngestümme jhn anfelt mit seinem Biß/ mag er doch jhn nicht schädigen/ auß vrsach daß er mit einer harten schalen
voller scharpffer spitzen bedeckt ist. Der Krebs aber erfasset den Muraal in seine sche-
ren/ läst nit nach so lang der Muraal sich vmb jn her vm die spitz windet/ also sich selbst
verwundt

verwundt vnd stirbt. Zu wider der groß Kuttelfisch / so gantz lind vnd zart / bekrieget den vorgenannten Krebs / welcher wol mit harten schalen vnd spitzen bewahret ist / daß der Pollkuttel so er ein solche in einem Felsen ersihet / schwimpt er sartlich herzu / setzt sich jm auff den rücken / vmbfaßt jn mit seinen Armen / verschleußt jm mit seinen Armen das maul also / daß er sich nit erkülen mag / sonder zur stund ersticken muß / wie grausam er sich hin vnd wider von ort zu ort an die schrofen weltze. Der Pollkuttel so er jhn getödt / saugt nit anderst jm sein fleisch auß der schalen dan als ein junges kind die milch auß den Brüsten

Von Crasso dem Römer wirt geschrieben / daß er in einem Weyer habe ein sehr schönen grossen Muraal gehabt / welchen er sehr geliebt / jhn mit güldinen Kleinoten gezieret / welcher Muraal die stim deß Crassi erkent / jm nach an das gestad zuschwimmen / speiß auß seiner hand zunehmen gepflegt habe: welcher Fisch als er gestorben / sol der Crassus vmb jhn getrauret / jhn bestattet vnd beweinet haben.

Die alten Römer haben solche Fisch in die Weyer / oder andere ort Fisch zu pflantzen gethan / auß vrsach / daß sie sehr lieblich / auß keiner vrsach als andere Fisch geschädiget werden / auch sich in kurtzem mächtig mehren vnd erwachsen.

Ihr haut sol sehr hart seyn / auß vrsach man sie pflegt zu schlagen oder mit einem stecken knütschen vor dem man sie bereitet. Ihr Fleisch ist lind / feißt / matt / als die äl die so auß frischem Meer / steinechten orten gefangen werden / insonderheit gepriesen / sonst sol jhr Fleisch etwas args vnd gifftigs in jhnen haben. Sind vor zeiten von den Römern als ein köstliche speiß begert worden.

Von dem Meeraal.

Conger. Ein Meeraal.
Von seiner gestalt / vnd grösse.

Diese Meeräl sind sehr lange Fisch / vier oder fünff Ele lang / an etlichen orten so groß / daß sie hart von einem man mögen getragen werden: etlich auch die einen Wagen belästigen / haben ein schlipfferige glatte haut anzusehen wie die äl. An dem kopff hat er etliche püncte / der bauch ist weiß / milchfarb / der rücken schwartzlecht / an etlichen auch weiß: die ende der fäckten so vmb jhn her sind schwartzlecht: jhre eyer oder rogen sind mit feiste vberzogen / also daß sie hart erscheinen. Etliche haben allein feiste vnd keinen rogen.

Die Meeräl so weiß sind wohnen in tieffem Meer / die so schwartzlecht auff dem rücken vmb die gestad: beyde geschlecht bey den Außflüssen der süssen Wassern in das Meer: es sollen sich auch die kleinen in die süssen Wasser herauß lassen: sie sind fleischfressig / fressen sich selber je der grösser den kleinern. Durch den Winter ligen sie in den Löchern verhalten nach art deß Muraals / welcher jhm seinen schwantz abfressen sol ohne verletzung seines lebens.

Als gehört / so haben diese zwey geschlecht der älen Feindschafft zusamen: daß sie

freſſen einander die ſchwäntz ab / ſo beiſt auch dieſer dem Pollkuttel ſeine Arm ab / von
welcher Feindtſchafft deſz Meeraals oder Muraals / deſz Pollkuttels / deſz Meerſtöſ-
ſels / iſt hievor in der Hiſtory deſz Muraals geſchrieben worden.

Von dem fleiſch der Fiſchen.

Galenus ſchreibt / dieſe Meeräl haben ein hart Fleiſch / harter däuwung / gebäre ein dick auſſſetzig geblüt / vorauſz geſaltzen. So ſind doch andere die wenig an dieſem
Fiſch ſchelten : dañ das iſt ohne fehl / daſz ſie ſehr luſtig vnd lieblich zu eſſen ſind / als ich
ſelbſt erfahren hab an dem geſtad deſz Meers bey Maganolla / inſonderheit ſo ſie zu
ſtücken gehauwen / vnd am Spiſz gebraten werden. Dann ſein Fleiſch iſt matt / feiſzt /
gantz weiſz vnd ſüſz zu eſſen.

Von der Meerſchlangen.

Serpens Marinus.   Ein Meerſchlange.
Wie ſie geſtaltet.

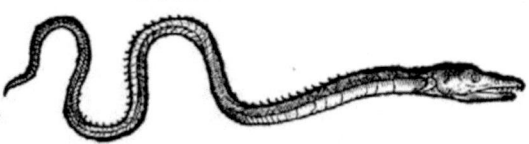

Die Meerſchlan-
gen ſind mit al-
ler geſtalt gleich
den jr:diſchen Schlan-
gen / allein mit de kopff
ſind ſie änlich dem vor-
geſetzten Meeraal / kommen mit der lenge auff drey oder vier Elen. Mit der Farb ſind
ſie gelbgrün / oder braunlecht. Der bauch vnd maul äſchenfarb : die augen gelblecht:
iſt mit jnnerlicher geſtalt gleich dem Muraal. Solinus ſchreibt von etlichen Meerſchlangen bey ſondern Inſeln auff zwantzig Elen lang.

Von dem andern Geſchlecht
deſz Meeraals.

Serpens marinus rubeſcens.   Ein rote Meerſchlangen.
Von ſeiner geſtalt.

Dieſe iſt auch der
jr:diſchē Schlä-
gen gleich / röt-
lecht an der Farb / mit
vberzwerch gezognen li-
nien von dem rücken gegen dem bauch / hat ſcharpffe zän / ſe'ne ohren bedeckt als die
ſchüppfiſch. In dem Indianiſchen Meer findt man Meerſchlangen groſz mit breiten ſchwäntzen.

Von den gelben Meerſchlangen.

In dem Balthi-
ſchen Meer / als
der groſz Olaus
ſchreibt / ſind man gelb
Meerſchlangen dreiſſig oder viertzig Schuch lang / welche niemandts ſchädigen / ſie
werden dann zuvor zu Zorn gereitzt.

Ein

Ein andere geſtalt einer Meerſchlan-
gen/ ſo der erſt geſetzten Meerſchlangen
gantz änlich/ vnd auch gleiche Beſchreibung hat: welche vns auß Italia
von einem guten Freund
zugeſchickt.

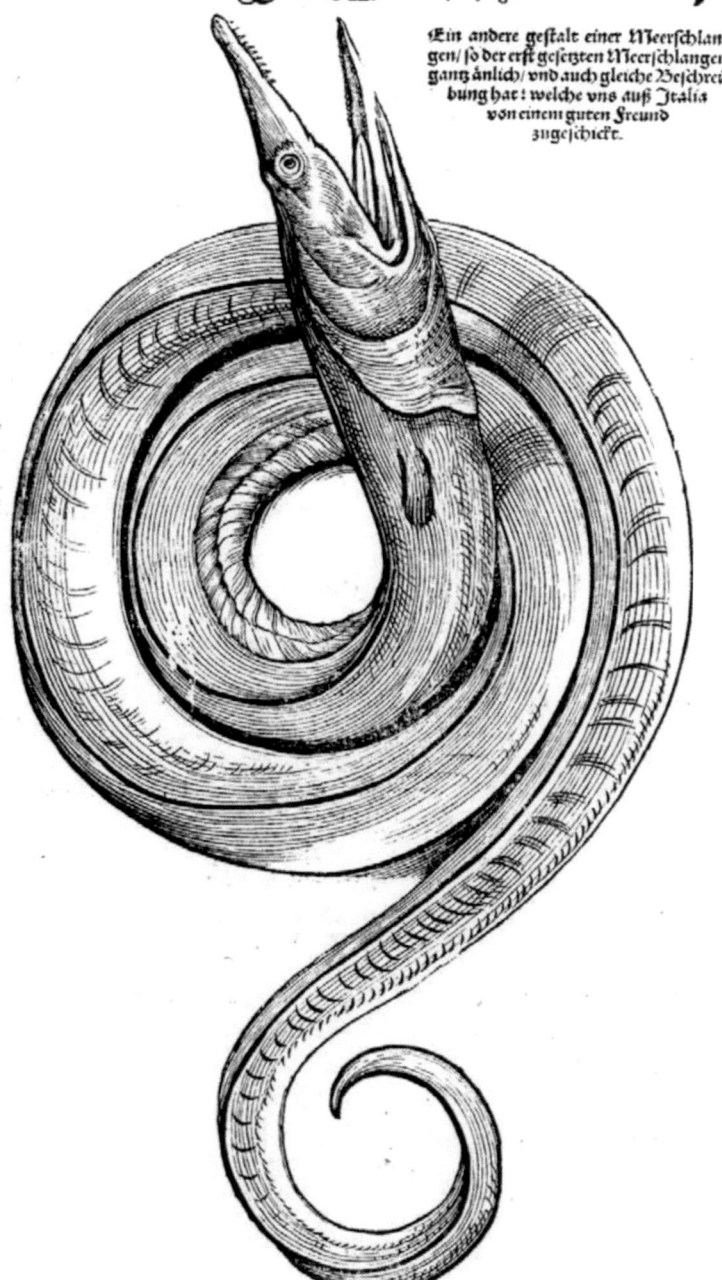

Der ſechſte theil/von

Von der Wallſchlangen.

Ey Norwegen in ſtillem Meer/ erſcheinen Meerſchlangen 300. Schuch lang/ ſehr verhaßt den Schiffleuten/ alſo daß ſie zu zeiten ein Menſchen auß dem Schiff hinnemmen/vnd das Schiff zu grund richten: erhebe ſolche krümb ober das Meer/daß auch zu zeiten ein Schiff darunder hinfahren mag. Solche geſtalt hat der groß Olaus in ſeinen Taflen geſetzt.

Von dem Hornfiſch.

Acus Marina. Ein Hornfiſch/ Ein Meernadel/ Ein Schnackotfiſch.

Von mancherley Geſchlecht vnd geſtalt der Thieren.

Je Hornfiſch bekommen jhren namen von jhrem langen maul oder ſchnabel/ gleich einer nadel oder horn/ auß der vrſach ſie von den Lateinern Acus genennt werden/ von den Teutſchen Hornfiſch. Solche ſind mancherley geſchlecht/ als ſie ordentlich nach einander werden für augen geſtelt werden.

Von dem erſten Geſchlecht.

Acus prima ſpecies. Das erſte Geſchlecht deß Hornfiſchs oder Meernadlen.

Dieſe Figur iſt zu Mompe-
lier vom Doctor Ron-
deletio in ſein Fiſch-
buch geſtelt.

Von ſeiner geſtalt.

Jeſes iſt ein langer glatter Fiſch/ ohne ſchüppe/ wiewol jnen von etlichen kleine ſchüppen zu geben werden/hat einen langen ſchnabel/welcher nach vn nach lin-deret/ ſein kopff dreyecket/ grün/ groſſe runde gelbe augen/vor welchen dreyecke-te Löcher zu hören oder ſchmecken geſehen werden. Hat zwey kleine fäckten bey den ohren/andere zwey kurtze vnden am bauch. Sein gantzer leib iſt gar nah viereckct/

von

Diese Conterfactur deß
ersten Hornfischs ist zu
Venedig gemacht.

von wegen beyder linien bey seyts der lenge nach gestreckt auß schüppé zusamen gesetzt. Auff dem rücken ist er blauw/ am
bauch weiß/ der grad auff dem rücké grün:
alle innerliche theil/als Magen/Läber/rc.
langlecht/das hertz ecket.

Von seiner art vnd natur.

Sommerszeit werden sie voll eyer gesehen/ auß der vrsach sie
zur selben zeit leychen/doch spat/vnd ohne zerspaltung deß bauchs.

Von seinem Fleisch.

Dieser hat ein trocken/hart vnd fest Fleisch/auß welcher vrsach
es nit one arbeit verdäuwt wirt/ gebirt doch ein gut safft vnd geblüt.

Von dem kleinern Hornfisch.

Zv dem ersten Geschlecht der
Hornfischen sollen auch diese
hie fürgestelte zwo Figuren gerechnet werden: auß welchen die
grösser zu Monpelier vom Doctor
Rondeletio conterfetet ist/ vnnd
Saurus oder Sauris geneñt/ sol
kürtzer vnd dicker seyn dañ der vor-
gemelt: vnd hinden vom weydloch
biß an den schwantz/von gestalt vñ
floßfäderlein einem Mackarell
gleich/deßhalb wir jn auch mögen
ein Mackeralsen nennen. Dann
der schnabel ist zum theil wie ein nadel oder alsen.

Der ander aber/der minder/ist
von dem Bellonio in seinem Fischbuch gesetzt vnder dem namen Acus
minor,das ist/der minder Hornfisch
conterfetet nach einem lebendigé in
dem Oceano/das ist/dem hohen o-
der grossen Meer an Franckreich stossende/ ge-
fangen/vielleicht nicht ebé der/den Rondeletius
fürstelt/doch demselbigen gleich vnd verwandt.

Von dem andern geschlecht
der Hornfischen.

De Acus secunda specie siue de Acu Aristotelis. Das ander
Geschlecht der Hornfischen.

Von jhrer gestalt vnd grösse.

Diese Conterfacturen stelt
Doctor Ronde-
letius.

Diese zwo andern Anbil-
dungen sind in Italia
conterfetet / vns
zugeschickt.

Dieses ist auch ein langer raner Fisch / einer Elen lang / eines
Fingers dick / mit augen / ohren / schnabel / so sich einer Trum-
meten vergleicht / dem Meerpferdt gantz gleich: vorneu biß auff
den arß ist er sechsecket / hindenauß vierschrötig: der Arß gar nah mitten deß Leibs / von welchem ein langer spalt sich streckt / in welchem die
Eyer gelegt werden / als dañ solches manches mahl durch auffschneiden augenscheinlich gesehen ist worden. Hat weiter bey beyden ohren
ein kleins Fischfäcktle / vnd eins auff dem rücken. Hat keine schüppen /
sonder ein glatte haut / gleich den Schlangen / doch dick vñ hart / schön
als außgegraben. Hat kein maul / sondern allein vornen durch die
schnorten ein kleines Löchlein / allein geschickt das Wasser durch solches an sich zu ziehen vnd saugen.

Bellonius nennet diesen Fisch Typhlen marinam / das ist / ein
Meerblindenschleich: darumb daß er sich den Schlangen / die wir
Blindenschleicher nennen / vergleichet / vnd beschreibt jhn also: Dieser Fisch wohnet gemeiniglich bey den Gestaden / wirdt doch mit keinem Angel betrogen: dañ so ein kleines maul sol er haben / daß es hart
ein Nadel in sich faste. So der schnabel ist beschlossen / so ist er hol als
ein Federkeil / hat sonst ein harte haut / ohne schüppen. So sie zu rechter grösse kommen / sind sie eines Fingers dick / einer Elen lang / seine
ohren bedeckt / augen so klein daß sie sich kaum eink kleinen Hirßkörn-
le vergleichen. Das mäulein hat ein vnderscheid von dem weiblein:
dann das ein ist vornen biß auff die mitte gar nah vierecket / hindenauß fünffecket. Das ander aber ist vornen gar nah sechsecket / hinde-
auß vierecket / haben mitten im bauch ein spalt / welcher sich auffsperrt
oder zerlaßt / gleich den vorigen zweyen. Solche Beschreibung stimpt
mit den vorigen so Acus Aristotelis genennt sind worden vberein.

Von art vnnd natur aller Hornfischen.

Diese Fisch gebären Winterszeit / als Aristoteles schreibt / wonen in Felsen vnd sandechten orten / werden gar nah in jedem Meer
gefangen / welcher Fischen schnabel getragen vnnd beröuckt / sol die
Teuffel vnd bösen Geister vertreiben. Dieser Fisch sol den Häringen mächtig auffsetzig seyn / jhnen streng nachhalten / ist auß der vrsach den Fischern gantz verhaßt vnd schädlich.

Von jhrem Fleisch.

Dieser Fischen Fleisch / als ich es offt erfahren hab / ist ein hart /
fest Fleisch / hat nicht viel Gesaffts / gantz lustig / lieblich / vnd anmu-
tig zu essen / auff was art gleich derselbig bereitet werde. An etlichen
orten werden sie auch eingesaltzen / vnd roh auß dem Saltz gessen / als
etliche andere kleine Meerfisch.

Artzneyen

Arzneyen von ſolchen Fiſchen.

Dieſer Fiſch zu äſchen gebrañt/ſolche getruncken vertreibt die harnwinde/Item
in die faulen ſchäden geſprengt/reiniget vnd ſeubert wol.

Von dem Indianiſchen Jagfiſch.

Guaicanus vel Reuerſus, piſcis Indicus. Ein Jagfiſch.

Von ſeiner geſtalt/art/natur vnd eigenſchaffte.

Nicht anderſt dañ wie man bey
vns die Haſen auff weitem
Feld fähet mit jaghunde/Itẽ
die vögel mit dẽ Habich oder Stoß-
vogel/alſo fahen auch etliche Völcker
in frembden Inßlen die Fiſch deß
weiten Meers / durch andere Fiſch
ſo zu ſolcher arbeit genaturt vnd ge-
wönet worden ſind. Solcher werdẽ
zweyerley geſtalt beſchrieben.

Der erſte ſol ſich vergleichen einem groſſen Aal/allein daß er ein gröſſeren kopff hat.
Auff ſeinem genick ſol er haben ein fel oder haut/gleich einer groſſen/weiten/langen ta-
ſchen oder wie ein ſack. Solchen pflegen ſie angebunden zuführen im waſſer her/ am
Schiff alſo daß er den Lufft nit erreichet/ dañ gentzlich mag dieſer Fiſch den Lufft oder
daß licht nicht erleiden. Wo ſie nun einen raub erſehen/ er ſey von groſſen Schiltkrotten oder andern Fiſchen/ſo löſen ſie das ſeyl auff/ der Fiſch/ ſo bald er vermerckt daß
ſolch ſeyl nachgelaſſen/ſo ſcheuſt er nach dem raub wie ein Pfeil/ wirfft auff jn ſein fel
oder taſchen/ alſo daß er jn damit ergreifft ſo ſtarck/ daß ſolcher raub mit keiner arbeit
mag von jm entlediget werden / ſo lang er lebet: er werde dann nach vnd nach mit dem
ſeyl herauff an den Lufft oder tag gezogen/ welchen ſo bald er erſihet/ ſo leſt er den raub
den Jägeren oder Fiſchern/ welche jn ſo vil widerumb ledigen/ daß er ſich möge in das
waſſer an ſeinen alten ſitz oder ort halten. Den raub oder fang theilen ſie vnnd laſſen
ein theil dem Fiſch herab an einem ſeyl zu ſeiner ſpeiß vnnd narung. Mit ſolchem jagfiſch ſollen ſie in kurtzer zeit viel fahen.

Von einem andern Indianiſchen jagfiſch/
auch Reuerſus genannt.

Diſer ſol auch ein ſehr wunderbarliche art vñ geſchickligkeit an jm habẽ zu jagen/
alſo daß er heimiſch gemacht/ alſo gelert/ daß er die ſprach der Fiſcher verſtehen
ſol/ welche auch ſolche zu fiſchen brauchen. Wirt von etlichen beſchrieben daß
er ſeye einer ſpannen lang / mit gerūtzleten ſchüppen bedeckt / habe ſcharpffe dorn
nemblich auff dem rücken/ vnnd von dem Nabel gegen dem ſchwantz / mit welchen er
auch groſſe Fiſch ſticht/ vnnd zeuget als mit einem angel. Solche machen ſie heimiſch/
damit ſie jnen zu ſolchem brauch dienſtlich ſeyen/ꝛc. ſol ſonſt zu der ſpeiß ein gut/löblich
Fleiſch haben.

Der sibendt theil/ von allerley Flach-
fischen/oder Blattfischen die Grät haben.

Von mancherley gestalt vnd geschlecht der Meerbutten/
vnd erstlich von dem Dornbutt.

Rhombus aculeatus.   Ein Dornbutt.

Von seiner gestalt.

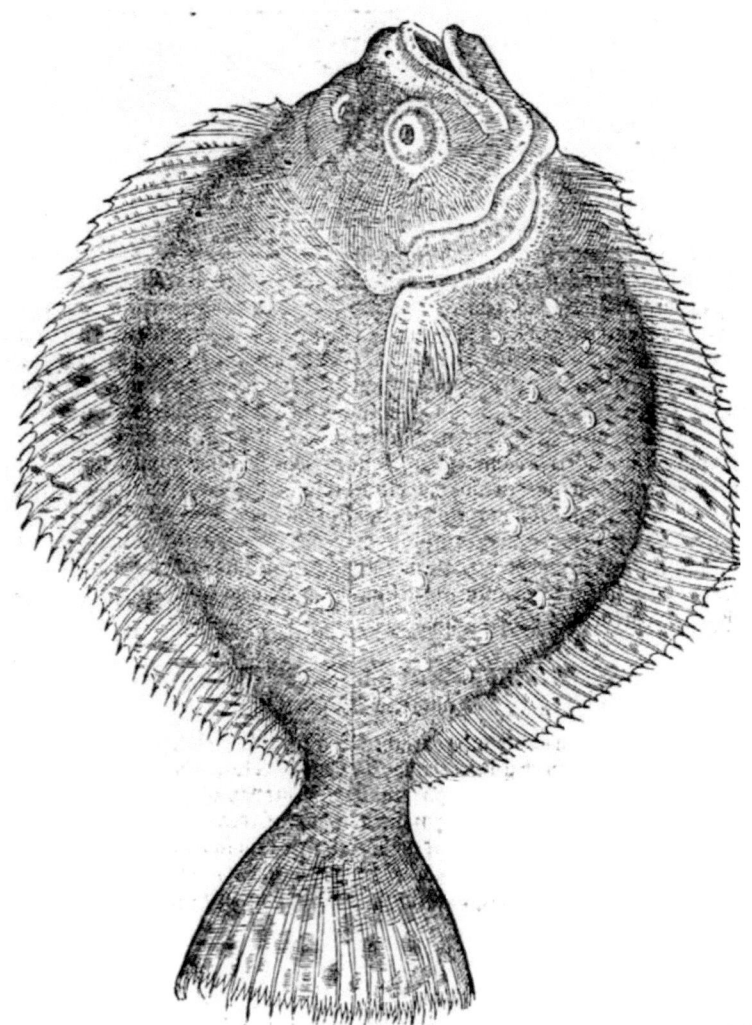

Dd

DEr Dornbutt/ so der erst/ vnd gar nahe der löblichest ist
auß dem geschlecht der Flachfischen/ bekompt seinen namen auß der ge-
stalt/ dann an der schwartzen oder rechten seiten hat er viel kleiner krum-
mer dörnen/ vorauß gegen dem kopff vnd dem schwantz/ an der rechten
brauwē/ mehr aschen farb/ vnden gantz weiß/ hat sonst ein dicke haut/ ein weit ginnend
maul/ one zäne/ an statt derselbigen rauche kiffbacken. Innerlich hat er vier Fischoren/
an jedem ort zwey/ ein zusammen getruckt Hertz/ ein langen grossen magen/ oben
zweyfach zu sammen gelegt an den rucken gehefftet/ sein läber rotlecht/ so den magen
als mit einer hand begreifft. Seine miltze schwartzrot/ zwischen dem Eingeweide ge-
legen/ seine Eyer rot/ zweyfächtig zusammen gelegt als der Magen/ dann die kürtze
deß bauchs in diesem Fisch vrsacht daß gar nahe alles eyngeweid manigfalig zusammen gelegt ist/ haben auch ein vnterscheid deß geschlechts die mänlin vnd weiblin/ daß
in etlichen wirt samen/ in etlichen aber werden Eyer gesehen.

Von dem andern Geschlecht obge-
nanter Fischen.

Rhombus Læuis.　　Ein Glatbutt.

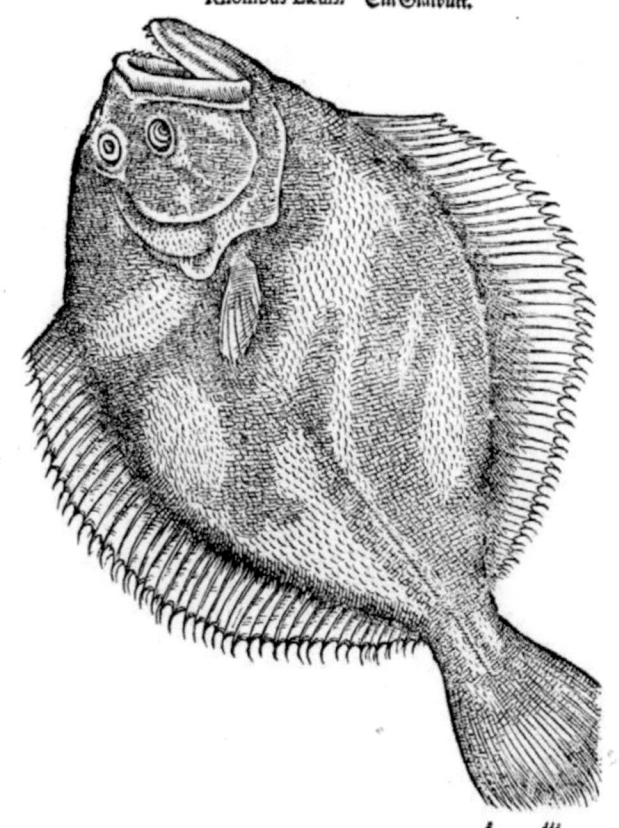

i iij

Der sibend theil/ von

Von seiner gestalt.

DJeser wirt genennt Glatbutt/auß vrsach daß er ohne rauche spitz oder dörn erschaffe ist/gantz gleich dem Blatteyßle/als auch der vorderig/allein habe sie solchen vnderscheit: dann ire köpff sind gantz widerwertig gesetzt. Dann so du den Meerbutten also auff eine seiten setzest/daß seine Augen gen Himel sehen/vnd der vnder kiffbacken vndersich/ so zeigt sich das schwertzer ort gegen der rechten Hand. Am Blatteißle aber hengt sich das schwertzer ort gegen der lincken hand.

Der Glatbutt ist dem Starbutt oder Dornbutt gantz gleich mit eusserlicher vñ innerlicher gestalt/ohn harter spitz/ welche er gantz keine: hat/ weder an der rechtē noch an der letzen seiten/ist auch etwas breiter vnd dünner dann der Dornbutt.

Von art vnd natur der Thieren.

Obgenannte Fisch geleben deß fleisches anderer Fischen/vorauß der Krebsen: ist mächtig fressig/verschluckt der Fischen ein grosse zal/auß welcher vrsach er in dem außlauff der fliessenden wasser vñ Meerpfützen der mehrteil gesehen wirt/daß er sich mit den Fischen fülle/ so sich in solche wasser herauff lassen: wohnen sonst auch an andern feisten sandechten gestadē/ist faul im schwimmen/treibt viel krümen/braucht sich mehr seiner breite dann der Fischfäckten.

Von seiner Grösse.

Die Fisch werdē vngleicher grösse gefangen: dann in dem Narbonensischen oder Mittägigen Meer werden sie etwas kleiner gefangen/dann in dem Adriatischen oder grossen hohen Meer/ in welchem sie fünff elen lang/vier elen breit/vnd ein schuch dick gesehen werdē. Von solcher mercklichen grösse hat auch Ouidius der Poet geschriben.

Von natürlicher anmůtung vnd listigkeit der Thieren.

Dieweil/wie hievor gehört/diese Fisch frässig sind/hilfft jm darzu sein listigkeit im jagen: dann er sol sich in das kaat oder mieß verbergen/nichts bewegen dañ seine eussersten Fischfeckten/als ob sich hauffen würme bey einander bewegten. Zu welchen die andern kleinen Fisch als von einem Aaß gereitzt/herzu schwümē/vnd ohne verzug von solchen thieren verschluckt werden. Solche kunst wirt auch von dem Blatteißle geschriben.

Wo/wie/vnnd wenn er zufahen/vnd seiner nutzbarkeit.

Der Tarbutt wirt zu jeder zeit an allen orten leichtlich gefangen mit dem angel/ vnd etlichen andern maniren/als hernach mag erlesen werden in der Histori deß Blatteisen: wirt jm allein nachgestelt von seines löblichen fleisches wegen/ zu narung vnnd auffenthalt der menschen.

Von der natur deß fleisches solcher Fischen.

Das fleisch dieser Fischen wirt von allen natürlichē Meistern größlich geprisen/ als daß so gar gesund vnnd nützlich sey/lieblich zu essen/eines angenemen geschmacks/ sey ring zu verdäuwen/speise oder führe wol/gebe auch einem krancken leib vil krafft/ habe kein arg gesafft. Summa/ wirt vergleicht einem edlen Phasanen: doch sol der Glatbutt etwas besser vnd löblicher sein/dann der Dornbutt: mag auff alle weise gekocht vnnd zubereitet werden: behelt sein lob vnd preiß er sey gesotten/ gebraten/ oder gebacken: wirt als auß der zal! der köstlichsten Fischen/ Fürsten vnd Herrn dargestelt.

Artzney von solchen Fischen.

Das fleisch obgenannter Fischen zerstossen/ auß hungwasser getruncken /ist nutz denen so den Ritten haben.

Von

Rhomboides.   Winckelbutt.

Von seiner gestalt/grösse vnd natur.

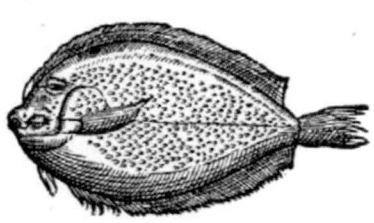

Das dritt geschlecht solcher Fische ist das/ so gar viel zu Rom verkaufft wirt / vnder dem namen der zweyen ersten geschlechten/ hat doch nicht wenig vnterscheid/ mag vöselier gestalt wegen Winckelbutt genennet werden / ist auß dem geschlecht der Flachfischen/ den zweyen ersten gantz änlich/ doch allzeit kleiner/ kompt nicht vber ein spann/ hat kleine schuppen/ die augen weit von einander gesetzt. Innerlich ist er gestaltet wie der Tarbutt oder Glatbutt/ ist von keinen Alten beschrieben worden.

Von seinem Fleisch.

Sein fleisch ist gleich den obern/ löblich/ mitler art/ nicht zu hart noch zu lind zuverdauwen.

Von dem Blatteißle.

Passer.   Ein Blatteißle.

Von dem ersten geschlecht der Blatteisen/ vnnd seiner gestalt.

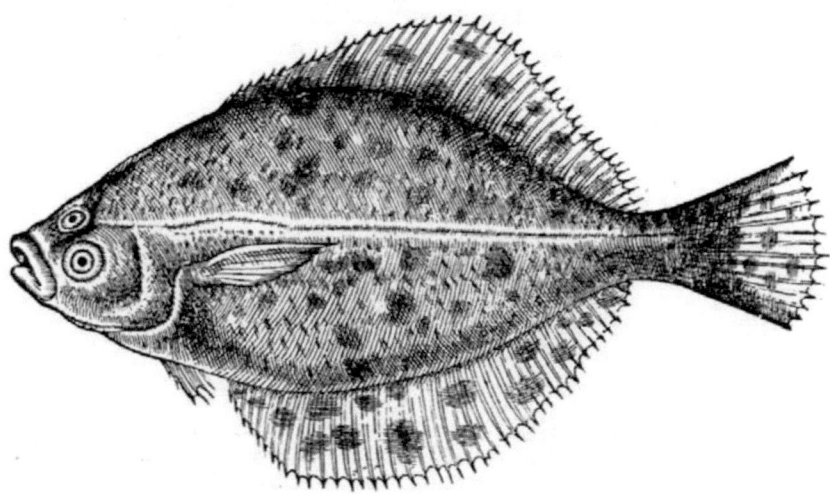

Die Blatteißle werden von den Latinern Passeres, das ist Meerspatzen genennt/ auß der vrsach/ daß sie oben schwartzgraw/ vnden weiß erscheinen/ auchzu ort herumb breite fäckten haben gleich den Spatzen. Werden auch von etlichen

i iiij

Völckern gleich den vorderigen Meerbutten / das ist Meerspatzen genamset. Solcher werden mancherley Geschlecht hie nach einander beschrieben / vnnd fürgestellt werden.

Das erste Geschlecht ist daß sich hie erzeigt / gleich den vorbeschriebne Dornbutten / oder Glatbutten / ein wenig schmäler / breiter doch dann die folgenden Meersolen. Hat ein kleins Maul gleich als die genannten Meersolen / kleine zän / welches ein vnderscheid ist gegen den vorderigen so zän erzeigen / hat sonst noch mehr vnderscheid / hie vor in dem Dornbutt erzehlet / welchem er mit der innerlichen gestalt gantz ähnlich.

Von dem andern geschlecht der Blatteyßfischen.

De Quadratulo. Von dem vierschröten Blatteyßfisch.
Von seiner gestalt.

Als ander geschlecht der Blatteyßfische ist gegenwertiger / bekompt den name von seiner gestalt so gar nah geviert ist : andere seiner gestalt mag hie wol ersehe werden / allein daß er viel roter oder gelblechter flecken an seine leib erzeigt.

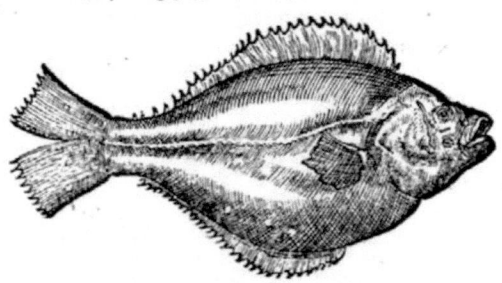

Von dem dritten Geschlecht der Blatteyßfischen.

Limanda, tertia Passeris species. Ein rauch / oder schlüpp
Blatteyßle.

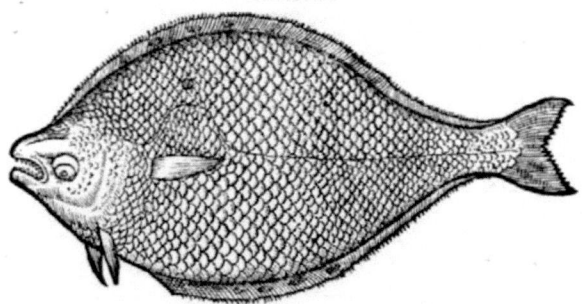

Als dritte geschlecht wirt von den zweyen ersten / von wegen seiner schüppen: Schüpplateyß geneüt / an seinem Leib / vnnd Fischsäckten werden gelb fläcken gesehen / die Linien so mitten den Leib theilt ist krumb.

Von dem letzsten Geschlecht der Blatteyßfischen.

Flesus & Fleteletus. Helbutt.

Dieser

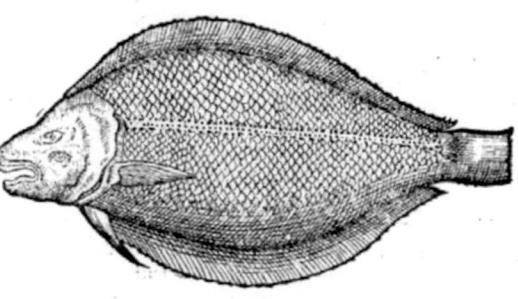

Iser Blatteißfisch
kompt in etliche flis-
send wasser auß dē
Meer herauff / ist dē vorgehenden änlich / hat kleine schüppen / ist schwartz /
hat in seinem leib vn fischfäckten so jn vmgeben rote
flācken / köpt zu zimlicher
grösse. Solches geschlecht
sol auch in zwey getheilt
werden: dann eins ist kleiner / wirdt Flez Frantzö-
sisch genēnt: das ander grösser / wirt von den Engelländern Heelbut genennt.

Von art vnd natur der Blatteißfischen / vnd wo sie zufinden.

Die Blatteißle werden in dem Meer gefangen / auch in den Meerpfützen oder Seen / doch sollen die letsten zwey geschlecht allein in dem Oceano in dem hohen Teut-schen oder Englischen Meer gefangen werden: wohnt in lättechtem gestad vn ort. O-uidius schreibt / in den orten so vil kräut haben: schwümen mit der breite deß leibs als halb blind: werdē von dem Ostwind feist gemacht. Aristoteles schreibt / daß sie nimer ohne eyer gefunden werden / vnd gebären des jars nur ain mal. Plinius schreibt / daß sie sich Winters zeit in der tieffe deß Meers verschliessen vnd vergraben / werden doch in den Meerpfützen so sich bey Mompelier an dem Meer herumb strecken in grosser menge Winters zeit gefangen. An etlichen orten kommen sie auch in die Flüß herauff: dann in dem Fluß Ligen genant / werden sie zu zeiten gefangen / nicht so schwartz / vnd linder dann die so in dem Meer gefangen werden / welches geschehen sol von art vnnd natur jrer narung oder speiß.

Die Blatteißle haben zu jrem geschlecht weyblin vnd mänlin: daū in etlichē wirt milch oder samen / in etlichen aber eyer gefunden: winters zeit sollen sie jre beuch voller eyer haben / auß welcher vrsach sie dann begirlich gekaufft werden / dann die eyer sollen besser sein dann jhr Fleisch / wiewol dasselbig auch gar löblich vnnd gut ist. Auff dē Fräling gebirt er / schwümmen in die beyligenden See oder pfützen / darinn zu gebä-ren: dann sie sonst auch lättechte ort liebet / vnd in den hohen Teutschen Meer in solcher menge gefangen / daß es nicht zu glauben ist: den sie verschliessen sich in die lät-techten gestad / vnnd so das Meer wider abfleust / werden sie ohne arbeit gefangen.

Von seiner listigkeit vnd anmütung.

Die Blatteißle schwümen alle zeit mit grosser schar im Meer daher: vn so sie die Fischer / so jnen nachstellen / gemerckt / so schwingen sie sich in die tieffe herab / hangen an dem grund / verschliessen sich / vnnd betrüben das wasser / damit sie nicht gesehen werden: dann er sonst auch am Rucken grünfarb ist.

Was listen er auch brauche andern Fischen nach zu jagen vñ sich zu speisen / ist hievor in der Historia deß Tarbut oder Glatthut beschriben worden.

Von nutzbarkeit genanter Fischen / vnd wie sie zu fahen.

Die gröste nutzbärkeit solcher Fischen ist / daß er zu speiß vnd narung der mensche gantz dienstlich / wirt auff allerley gattung gefangen / mit dem garn / angel / reusen vnd dergleichen / mit minderer arbeit bey nacht dann bey tag.

Oppianus schreibt ein andere gattung solche Flachfisch zu fahen / also: Etliche ort
deß Meers spricht er / enden sich in pfützen / in solche führen die Fischer / so sie von vngewitter vnd wällen still viel menschen / welche mit jren füssen tieffe tritt in den boden herein tretten. So nun dann solche fußtritt blieben / mit sand nicht zusamen gefallen / oder
sonst mit vngewitter betrübt worden sindt / so werden ein kurtze zeit nachher viel der
Flachfischen in solchen fußtritten funden / entschlääfft / vnd solcher ein grosse menge gefangen.

Von dem Fleisch solcher Fischen.

Die Blatteißle haben alle ein löblich / gesund fleisch: doch sind die so in den Meerpfützen oder Seen etwas linder vnd feuchter / auch etwas erger dann die so in weitem
Meer gefangen werden / noch linder / vngeschmacker sind die so in die Flüß herauff geschossen / eine zeitlang sich darinn enthalten haben. Wo sie aber beruckt oder sonst gedert / werden sie arg / als allerley Fleisch. Das ander geschlecht ist gantz lind vn feucht.
Das dritte etwas minder / vergleicht sich mit seinem Fleisch gar nahe den Solen: werden zu Antorff mit grossem wucher verkaufft. Der vierdte hat ein harter Fleisch dann
der dritt / werden doch alle / so sie frisch sind / größlich gepriesen: als die so nicht hart seind
zu verdduwen / wol speisen / stercken / gantz lieblich vnnd angenem zu essen: es werden auch die so zur zeit der fasten bey vns gessen / nicht sonderlich gescholten.

Artzney von solchen Fischen.

Diese Fisch so sie eine zeit gelegen / anheben zu stincken: so sie dann gessen werden /
sollen sie einen mächtigen bauchfluß / oder purgatz bewegen.

Von der Meersolen oder Meerzungen.

Solea siue Buglossus.　　Ein Meersolen / Ein
Meerzungen.

Von mancherley geschlecht solcher Fischen /
vnd wie das erste gestaltet.

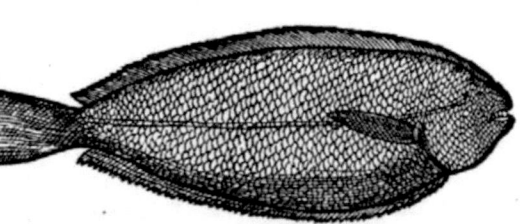

AVff die vorgehende
Fisch sollen billich
die Solen gesetzt
werde / als die auch auß
der zal der Flachfischen /
den vorigen änlich / gleicher speiß / auch gleich-
förmige ort einwohnen.
Die Solen sind lenger
vnd schmäler dann die
Blatteißle / eines schugs grösse / oder ein wenig grösser: oben schwartzlecht / an welcher
die augen stehn / vnd vnden gantz weiß: ist mit kleinen schuppen bedeckt: seine Fischfet-
ten sind auch gleicherweis vnden weiß / oben schwartzlecht. Innerlich ist er gestaltet
wie das Blatteißle.

Von dem andern geschlecht der Solen.

Solea oculata.　　Augsolen / Fleckensolen.

Von

Von seiner gestalt.

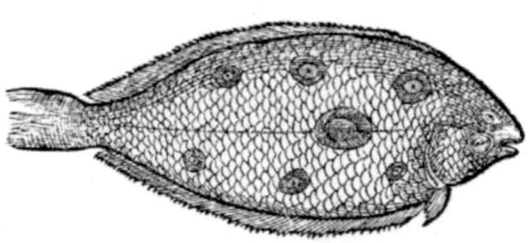

Jeses geschlecht
der Solen ist der
vorderigen gantz
gleich/auch mit innerli-
cher gestalt / allein daß
sie an der rechten oder
schwartzen seiten grosse
flächen hat / welche sich
einem aug mit jhrer ge-
stalt vergleichen / auß
welcher vrsach sie aug-
solen oder flächensolen mag genennt werden. Seine schüppen sind so starck behafftet/
daß wo man sie nicht vor wol brühet/so mögen sie nicht geschüppet werden.

Von dem dritten geschlecht der Solen/
oder Meerzungen.

Cynoglossus. Hundtszungen.
Von seiner gestalt.

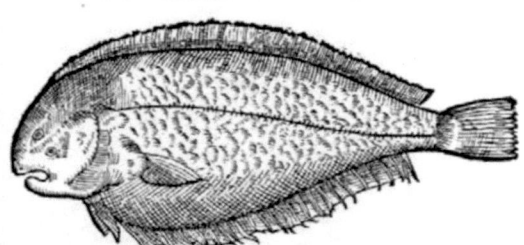

Jeser Flachfisch
so hie gesetzt sol
auch billich vn-
der die Solen gezehlt
werden/ von der gestalt
wegen / so sich mit den
Meerzungé vergleicht/
ist doch dicker vnnd kür-
tzer / mit gantz kleinen
schüppé / so bey end her-
umb gesetzt sind/ist braun an der farb. Wirdt bekeüt vor dem ersten geschlecht der So-
len/an der farb/stellung der seyt / auff welche weiß auch der Dornbutt von dem Pla-
teyßle vnderscheiden wirt. Item mit dem geschmack seines Fleischs/ als hernach wirt
gehört werden. Wirt viel in dem Oceano/im hohen teutschek Meer gefangen.

Von dem vierdten geschlecht der Meersolen/
oder Zungen.

Arnoglossus, seu Solea leuis. Ein Glattsolen.
Von seiner gestalt.

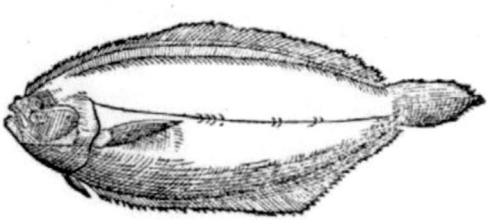

Jeser fisch sol auch
vnder die gschlecht
der Meersolen ge-
rechnet werden / von we-
gen seiner gleichförmigen
gestalt / wirt Glattsolen
genennt von glätte we-
gen / vnnd daß er sich bedunckt one schüppen seyn/

hat doch viel gantz kleine schüpple/welche zu stund abfallen/auß welcher vrsach sie den mehrer theil glat gesehen werden.

Von dem fünfften Geschlecht der Meersolen.

Solea parua, siue lingula.　　Kleine Solen/oder Meerzüngle.

Von seiner gestalt.

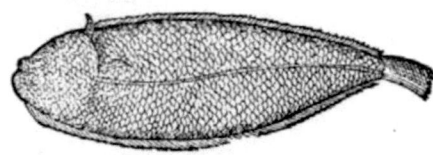

SOlche Solen wirt zu vnderscheidt der andern Meerzüngle genennt/darvmb daß es die kleinste ist auß allen Solen oder Meerzunge. Es sol niemand achten/ daß solcher der ersten zucht oder junge seye/dann er hat ein augenscheinlichen vnderscheid. Dann ob er gleich sich dem ersten oder anderen allen vergleicht/bleibt er doch allezeit klein/kompt nimmer vber ein gedümpte hand : Demnach die linien so den leib theilt/vnd den rückgrad befesinet/ist von schüppen zusamen gesetzt/viel höher dann der ander leib/außgenommen bey dem vndern kiffbacken.

Von dem sechsten Geschlecht der Meersolen.

Hippoglossus, siue Buglossus maximus.　　Ein Wallsolen.

Von seiner gestalt/vnnd wo er zu finden.

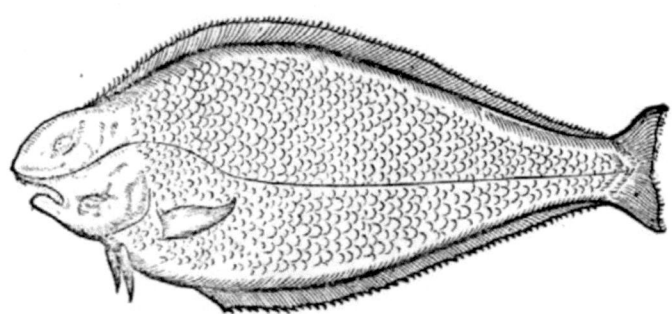

DIese art der Meersolen/nennen wir Wallsolen/von seiner mercklichen grösse wegen/mit welcher er die andern Solen all vbertrifft/ist sonst den vorderigen Solen gleich gestaltet/allein hat er sein maul voller zänen/deren die andern manglen. In Summa ist ein Wallsolen/dann als die Wallfisch die grösten Meerfisch sind/also ist auch dieses der gröste vnder den Solen. Dann er wirt zu zeiten vier Elen lang gesehen/wirdt in dem hohen Meer gefangen/bey Bolongen in Franckreich gelegen. Wirdt zu stücken geschroten/eingesaltzen/zu Antorff vnnd an andern orten verkaufft.

Von

Von dem siebenden Geschlecht der Meersolen.

Gegenwertige Figur hat Doctor Conrad Geßner von Venedig
vberkommen/ vergleicht sich keiner deren so
hievor gesetzt.

Von natur vnd eigenschafft vorgedachter Fischen.

Die Meersolen oder Zungen sind Fisch die sich an gestadt
enthalten: doch schreibt Ouidius sie lieben mießechtig sand.
Sie hassen den frost/ vnd entsitzen die kälte von jrer dünne wegen/ vnd
daß sie stein in dem kopff tragen: auß welcher vrsach sie sich winters
zeit in den tieffen grund herab verschlieffen. Solches ist auch võ dem
Blateyßle hievor beschrieben worden.

Von jhrer art vnd natürlicher anmutung.

Es schreibt etliche daß die Solen allerley boßhafftige/ schädliche
Fisch fliehen/ wohnen allein an denen orten/ an welche die schädlichen
Wallfisch nit kommen/ welches bezeugt daß auch sie selber nicht ein
schädlich Thier seye/ sonder wo sie geschehe/ seye alle sicherheit/ von dannen
er den namen Heilig bekomen.

Von jhrer nutzbarkeit.

Die größte nutzbarkeit ist jr fleisch.
Columella schreibt wie man zu solcher merung/ als auch der Blateiß
fischen/ solle Fischgruben bereiten.

Von dem Fleisch der Fischen.

Das Fleisch gegenwertiger Fischen oder Meersolen behelt den
preiß auß allen Fischen / also/ daß sie auch die krancken zuerlaben gebraucht werden. Summa/ ist schön an der farb/ ring zuverdäuwen/ vr-
sachet ein gut geblüt/ sterckt/ gebiert kein vberflüssigkeit vnd schleim/ ist lieblich zu essen.

Artzney von solchen Fischen.

Ein lebendige Meersolen oder Tarbut auff das Miltze gelegt ein zeitlang/ demnach
lebendig in das Meer gelassen/ nimpt hin jre Bresten. Kiranides schreibt/ die Meersol
sollen auff das Miltze gebunden werden/ vnd nach dreyen tagen an rauch gehenckt.

Von etlichen andern Geschlechten der Meersolen.

Cytharus. Ein Meerharpffen/Ein Meergeygen/Ein art
der Meerzungen oder Blatteyßlen.
Wie sie gestalt.

Jeses sind breite/
dünne fisch/gleich
andern Meerzü-
gen mit grossen Schüp-
pen/habē ein ledige zun-
gen/wider die art ande-
rer Fischen. Zu mercken
ist daß ein anderer Cy-
tharus von den altē be-
schrieben wirt/von schö-
nen farben/ähnlich dem Blatteyßle mit strichen oder linien von dem Kopff gegen dem
schwantz/als seyten der Harpffen oder genaen.

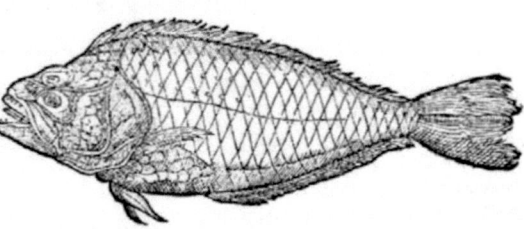

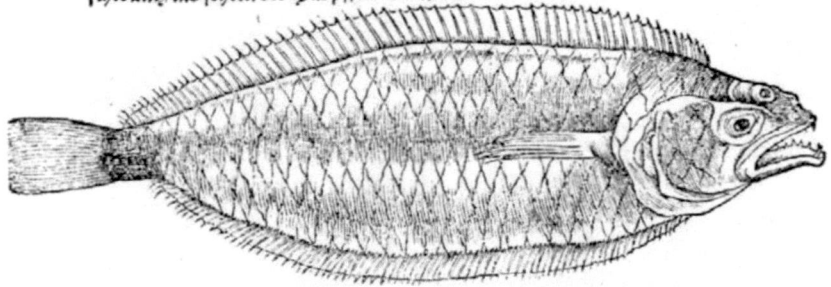

Von einem andern geschlecht.

Cytharus flauus siue asper.   Ein rauche Meerzungen/
Ein Ochsenzungen.

Von seiner gestalt.

Jeser ist rot oder
gelblecht hat rau-
che schüppen wie
ein rauche Ochsen zun-
gen/ist dünn vnnd breit
wie die andern Meer-
solen.

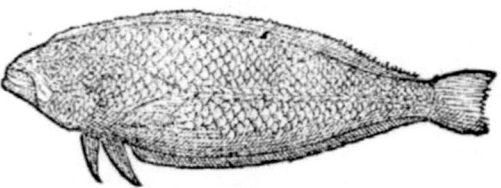

Von natur der Thieren.

Die Fisch wohnen vmb die Gestad/an sandechten orten/fressen Meerkraut.
Von jhrem Fleisch.

Xenocrates schreibt/daß diese Fisch ein vngesund Fleisch haben/dem Magen
schädlich/gebären ein böß geblüt.

Von

Von der Meerbinden.

Tænia. Ein Meerbinden/ Ein Flämling/ Ein Meerhauben.

Von mancherley Geschlecht der Thieren/ sampt jhrer gestalt.

Er Meerbinden ist mehr dann einerley gestalt vñ Geschlecht/als hernach wirdt gehört werden. Dieser erste ist gleich einer Binden lang/dünn vnd schmal/weyß von farb/vnd beweglich nach Art der langen Fischen/ist so sehr dünn/daß der gantz Rückgradt sich vnbedeckt seyn bedünckt gantz gesehen mag werden.

Von dem andern geschlecht der fischen.

Tæniæ altera species. Das ander Geschlecht der Meerbinden.

Wie er gestalt.

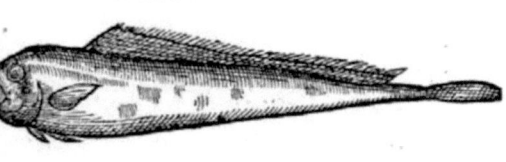

Iser ist auch gantz lang vnnd dünn/ auff 2. oder 3. Ellebogen lang/ mit der Gestalt dem vorgesetzten änlich/vber die Fischfäckten bey dẽ ohren/ hat er auch vnder dẽ vndern Kiffbacken zwey rote fäcktle/die Haar auff dem Rücken vñ Schwantz sind roht/darzu hat er oben fünff flecken/rund vnd purpur far b/gleicher weite von einander/hat keine Schüppen/ist Silberfarb/wiewol auch etlich blauwlecht gefunden werden.

Von dem dritten Geschlecht.

Tænia Bellonij. Ein sonder Art obgenannter Fischen.
Ein Leimfisch.

Von seiner gestalt.

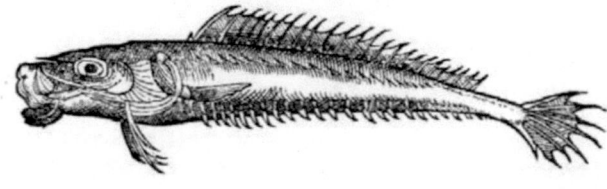

Jeses ist gantz ein scheutzlicher/ vnzierlicher Fisch wie ein Murmelthier. Einer Ellen lang vnd Spanenn breit/weyß/sind wie ein Kuttelfisch. Die fäckten auff dem Rücken ist rötlicht/hat grosse Augen/einen scheußlichen Kopff vnd Maul. Dieser Fisch gekocht oder gebraten/wirdt zu einem Leim/zäh/auß vrsach er gantz von der speiß verworffen/ist so dünn/daß er durchscheint als ein glaß/rc.

Der achte theil / von

Von dem Fleisch der Meerbünden.

Beide erste geschlecht der Fischen gebären ein dick / zähe / schleimig / böß geblüt
auß vrsach sie nicht viel in die speiß kommen.

Von einem andern Meerfisch.

Piscis passerini generis colore rubicundo.　Ein roter Meerspatz.

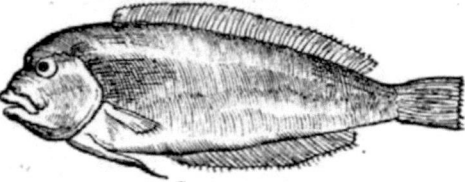

Dieser möchte auch vn-
der die Meerspatzē ge-
zelt werdē / so beyde au-
gen an einer seiten stünden / ist
an der farb rötlecht.

Der achte theil / von den
Macrellen / vnd seines gleichen.

Von dem Macrellen / Thunnen vnd ihres gleichen
Fischen in einer gemein.

ES werden von den Lateinern Lacerti genannt / der Ma-
crell fürnemlich vnd seins gleichen : etlich andere Fisch ihnen ähnlich vnd
gleich / wiewol viel grösser / als die Geschlecht der Thunnen oder Thuñii-
nen. Diese alle haben Floßfederle hinden am Leib biß gegem schwantz
vnden vnd oben der mehrertheil viel vnd vnderscheiden / sind auch lenglecht nach ihrer
grösse / vnd vergleichen sich mit ihrer gestalt dem vorderen theil deß Arms deß Menschen / welcher auff Latein Lacertus genañt ist gegen der Ellenbogen dicker / vnd dünnert
sich nach vñ nach biß gegen der hand / wie auch diese Fisch von dem vordern leib biß gegem schwantz / da sie gar dünn scheinen / je lenger je mehr nach vnd nach in die lenge sich
dünneren / das ist / die grösse / dicke vnd breite verlieren. Der Alsefisch / Acus auff Latein /
hat auch viel solche kleine Floßfederle hinden zu / doch haben wir denselben in die sechst
Ordnung gestelt / von wegen seiner lenge vnd gestalt / mit welcher er sich den Schlangen vergleicht. Noch ist ein anderer Fisch / welchen Saluianus in seinem Lateinischen
Fischbuch zu Rom im Truck außgangen / Saurum, das ist / Lacertum neñt / darvmb daß
er den vierfüssigen Lacertis, das ist / den Heidoxen mit seiner gestalt / sonderlich deß
kopffs vnd mauls ähnlich ist: von welchen wir in der 5. Ordnung gemeldet haben.

Von dem Bastart Macrell.

Trachurus, aut Lacertus priuatim.　Ein Bastart Macrell /
oder raucher Macrell.

Von seiner gestalt.

Dieser

Dieser Fisch wirt mit sampt dē Macrellen im Sommer hauffecht ge-
fangen/ sonderlich in Franckreich
vnd Hispanien in dem Meer vor Africa
vber gelegen. Er vergleicht sich mit der
farb den kleinen Macrellen/ vom leib nit
so dick vnnd rund/ sonder ein wenig zuge-
truckt. Hat keine schüppen. Mittē durch
sein haut gehet ein strich oder linien von
dem kopff biß zum schwantz/ die so rauch
ist wie ein Segen/ nicht gestreckt/ sonder
nach der mitten deß leibs gebogen vnnd
schalb/ bey dem schwätz (der bey nah vierecket scheinet) raucher vnd höher dañ anders wo. Sein schnortz ist nit so spitz als
deß Macrellen. Die augen groß vnnd
grünlecht. Er schwimpt mit vier Floßfedern: derselbē hat er zwo/ die grössern bey
den ohren/ vnd zwo kleiner am bauch. Ou
die sind zwo ander auff dem rücken: auß
welchen die vorder dornecht ist/ die hinder aber weicher vnd linder. Die letzt ist
vom Weydloch biß an schwantz an einandern mit zweyen Dörnen gleich nach
dem Weydloch. Das Weydloch ist mitten am Leib: der schwantz vergleicht sich
dem schwantz deß gemeinen Alsefischs.

Von der nahrung auß diesen Fischen.

Sie haben ein trocken Fleisch/ vnnd
härter dann die Macrellen: darumb sie
nicht leicht zu däuwen sind. Die Italiä-
ner/ Griechen vnd Frantzosen essen sie nit
anderst dann eingesaltzen. Sie sind den
Macrellen gleich/ nit allein von farb vnd
gestalt/ sonder auch am geschmack.

Es sollen am hohen Teutschen Meer
etliche Fisch Grossen genañt diesen Macrellen gleich werden/ welche den Angel/
so sie angebissen/ wider auß dē Schlund
thun können.

Diese Figur ist zu Venedig conterfetet. Rondeletius hat die zwo Floßfedern auff dem Rücken zu nechst an einander gestelt: vnd die Linien die mittē durch den Leib vom kopff
zum schwantz gehet/ rauch wie ein
Segen/ scheinlicher
erzeiget.

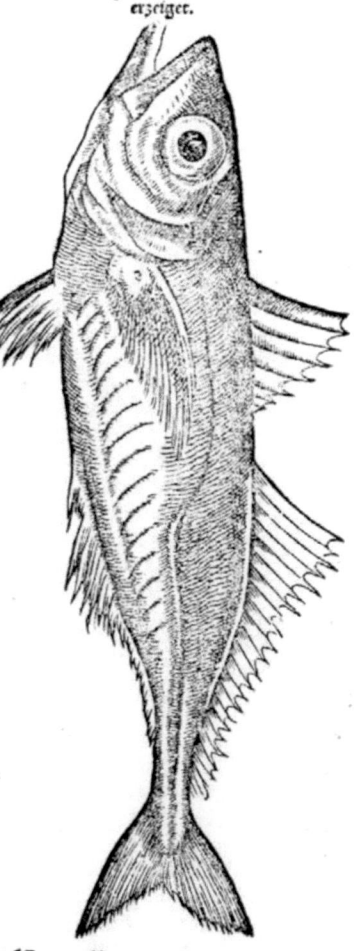

Von den Macrellen.

Scomber vel Scōbrus, veterib. Græcis & Latinis: Lacertus quibusdam generis nomine. Piscis Iberus Horatio. Recentioribus Macrellus.
Ein Macrell/ Macrill/ Mackerel/ oder Maccarell Teutsch vñ Englisch. Doch
nemmt man im Niderland auch ein andern Fisch in süssen Wassern/ ein Macrel/
sonst mit einem zuuiel gemeinen namen Bratfisch genañt/ dem Alet verwandt.

Von dem namen vnd gestalt deß Macrellen/ vnd seinem ort.

Diese Contrafactur zu Venedig gemacht/ zeigt die Floßfederle gegen dem schwantz nie gnugsam an: dann es solten jhrer mehr seyn / auch oben vnd vnden gleich wie am Thon oder Thunijn/ vnd seins gleichen.

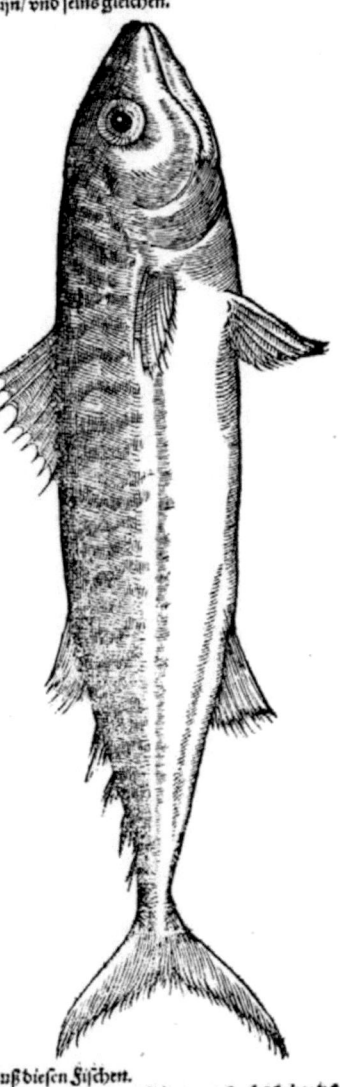

Er Macrell mag also genant seyn erstlich von den Teutschen (dann er nach hie dieser vnd jenseit deß Teutschen Meers diesen namen behelt/ auß vrsach daß er etwas mager ist: dann sonderlich im Oceano/ das ist dē grossen oder hohen Meer wirt er gefangē/ härter vn tröckner am Fleisch weder in dem mindern Meer zwischen Europa vnd Africa: deßhalben auch für schlechter zu der speiß gehalten. Sonst fähet man sie in allen Meeren vberflüssig/ vnd im hohen Meer etwan so groß/ daß sie als dick sind als ein Halbtunijn. Dieser Fisch weidet im Meer häuffecht/ vn kompt auff die lenge eins Elenbogens. Hat keine schüppen. Ist rund von leib/ dick vnd fleischecht / spitz oder dünnert sich gegen kopff vnd schwantz: dann er hat ein außgespitzten kopff/ vn den schwantz noch spitzer/ der selb endet sich in zwee theil weit von einander geschenden. Sein maul ist wie am Tunijn/ weit auffgespaltē. Der vnder Kisel gehet vn schleust sich ein in dē obern. Die augē sind groß/ goldfarb. Der rück scheint im Wasser schwebelfarb: ausser dem Wasser an dem todten/ blauw. Er ist zierlich getheilt mit schwartzen vberzwerchē strichen. Der bauch vn seiten sind silberfarb. Sein Floßfedern sind so viel vnd also gesetzt/ wie die Figur augenscheinlich beweiset.

Von seiner art vnd natur.

Sie fahen an sich zu parē on geseh: mitten im Hornung: vnnd leychen im anfang Brachmonats/ in dem Meer/ Pontus genant/ das ob Constantinopel zwischen dem Europa ligt/ als Aristoteles vermeint: dann er schreibt er habe jhre Jungen nie gesehen. Sie fahren dem süssen Wasser nach in das jetzt gemelt Meer/ die aller ersten/ vn haben jhre Führer von den Thunijnen vnd jhres gleichen/ daß sie mögen grosse kälte vnd hitz nicht leiden/ minder dann die Thunijnen/ als die am leib schwecher vnd dünner sind.

Von der nahrung auß diesen Fischen.

Sie sind feist im Früling/ vnd gut einzusaltzen: ring zuverdöuwen/ habē keine böm. Zu Venedig sind sie gar gut vnd fett: Zu Rom aber tröckner vnd härter/ vnd vberal im grossen Meer/ am leib grösser vnd härter/ wie obstehet: dann in dem mindern zwischen Africa vnd Europa. Bey den altē Griechen vnd Lateinern ward von diesem Fisch ein gar köstliche vnd schläckerhaffte brühe/ Garum genannt/ bereitet. Von

Von einer andern gröſſern art der Macrellen.

Colias à Rondeletio dictus, nam Bellonij Colias Scomber minor eſt, gratæ tantum à maiore differens. Gaza ex Ariſtotele Monedulam vertit, quaſiεγψῳ non εγψμελεgerit: ut & Plinius, qui alicubi Græculum reddidiſſe videtur. Eundem, Lacertum Saxetanum (alias Sexitanum)Martialis eſſe conijciunt eruditi.

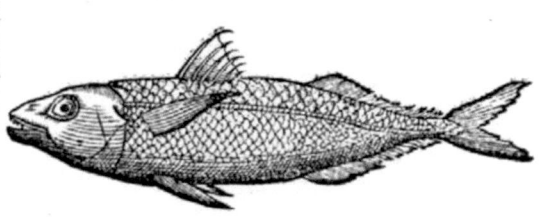

Von der geſtalt vnd natur dieſer Fiſchẽ.

Dieſer Fiſch iſt dem Macrellen ſo ähnlich vnd gleich/ daß ſu die Frantzöſiſchen Fiſcher vmb Mompelier/ auch ein Macrell (in jhrer ſprach Veirat oder Maquereau) zu Maſſilien Auriol nennen. Doch iſt er gröſſer vnd dicker/ vnd hat kleine dünne ſchüpple/ auch oberzwerch kurtze ſtreimle mit ſchwartzen tüpfflinen von dem rücken abhin. Ein theil ſeines Kopffs iſt alſo durchſcheinig/ daß mã die neruẽ der augẽ ſampt dem hirn gleich wie durch ein glaß dadurch ſihet. Sein blut im Frũling iſt gar ſchön rot wie purpur. Er wirt vmb Mompelier ſelten gefangen/ in Hiſpanien vnd anderſʒwo öffter. Sie werden gefangen wenn ſie in das Meer Pontum wandlen am einfahren/ am außfahren aber nicht.

Von der narung auß dieſem Fiſch.

Er iſt gar gut in dem Meer Propontis genannt/ ehe daß er leychet. Er gibt nicht ſo gute geſunde narung als der Macarell/ iſt nicht ſo feiſt/ ſonder tröckner vnd räſſer/ gehet ehe niderſich zum ſtulgang.

Von den Thunnen.

Pelamis vera ſeu Thunnus Ariſtotelis.   Ein Thunn Fiſch/
Das erſte Geſchlecht der Meerthunnen.

Von mancherley Geſchlecht/ gröſſe vnd geſtalt der Thunnen.

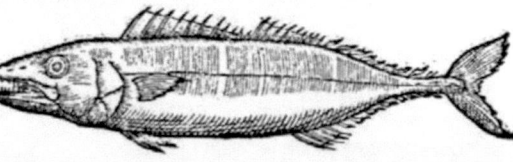

Wiewol das iſt/ die hienach etliche geſchlecht der Meerthunnen beſchriebẽ/ vnd mit jhrer geſtalt für augẽ geſtelt werdẽ/ ſo haltẽ doch die gelehrten endlich dauon/ daß ſie keinẽ andern vnderſcheid habẽ/ dann ſo viel das alter betrifft. Das Vrtheil wöllen wir frey vnd ledig einem jeglichẽ laſſen. Dieſe erſte geſtalt ſol der Meerthunn ſeyn ſo von Ariſtotele beſchrieben iſt wörden/ welcher jm den namẽ geben hat von ſeiner art/ weil er in dem lätt mehrertheil wohnet/ iſt gantz ãnlich dem letʒtẽ geſchlecht Pelamis Sarda genannt/ außgenomẽ/ daß derſelbig vnder den ſäckẽ bey den ohrẽ ſchüppẽ hat/ dieſer gantz glatt/ one ſchüppẽ ſein rücken bleyfarb/ an etlichen orten weiß/ der bauch weiß von dem rücken/ gegẽ dem bauch hat er gezogẽe ſtrichle nit weit von einander/ durch dẽ leib hat er als bleyfarbe flecken/ einẽ ſchwantz als ein wachſender Mon.

Von art/ natur vnd eigenſchafft der Fiſchen.

Dieſe Fiſch wohnen im lätt/ an orten deß Meers ſo groſſe Flüß empfäht/ oder bey den Seen/ von wegen deß ſüſſen Waſſers/ geſellen ſich häuffecht zuſamen/ wandẽ ren auß: einem Meer in das ander. Ist ein fleischfrässiger Fisch / belustiget sich der süssen wassern / ab welchen er sehr feist wirdt / sie leichen deß Winters zeyt / durch welchen sie sich in den Tieffenen des Meers enthalten / welches vrsach gibet / daß kein kleiner dieser Fischen gefangen wirdt. Das männlin hat vnterscheit von dem weyblin / daß nemblich das mänlin seine fäckten vnden bey dem schwantz oder geführloch gantz hat / das Weiblein aber solche fäckten getheilt. Sie lassen sich auch in die Flüß oder süssen Wasser hinauff.

Von jhrem Fleisch.

Solche Fisch fäht man im Früling vnd Sommers zeit / jr Fleisch ist etwas löblicher daum der andern Thunen / so gebären sie doch ein dick geblüt / wiewol sie lustig vnnd lieblich zu essen sind.

Von dem andern Geschlecht
der Meerthunnen.

Thinnus, Thunni imago Venetiis missa. Ein Meerthunnen.

Wie er gestaltet.

Jeses ist ein rechte / warhaffte / löbliche gestalt der Thunfischen / in gestalt wie ich solche gesehen hab. Solche kommen zu mächtiger grösse / ich hab eine gesehen / welcher hart von einem grossen Maulthier mocht getragen werden. So schreibt auch Aristoteles von einem der gar nah zu der grösse kommen ist eines Wallfisches.

Von natur vnd eigenschafft der Thieren.

Die Thunfisch sind der art / daß sie gern an der wärme wonen / schwimmen der wärme nach an die sandechten gestad herauß / vnd zu oberst in den Wassern / fressen Fleisch vnnd Eichlen welche in den Tieffinen deß Meers wachsen sollen / Item purpur Schnecken / vn allerley kleine Fisch / verschonen auch jrem eignen leych nit / Winterszeit liegen sie in Tieffinen verbergen / werden allein Sommerszeit gefangen / schlaffen starck / also daß sie manches mal im schlaff gefangen vnd zu land gezogen werden / sy eichen auß einem Meer in

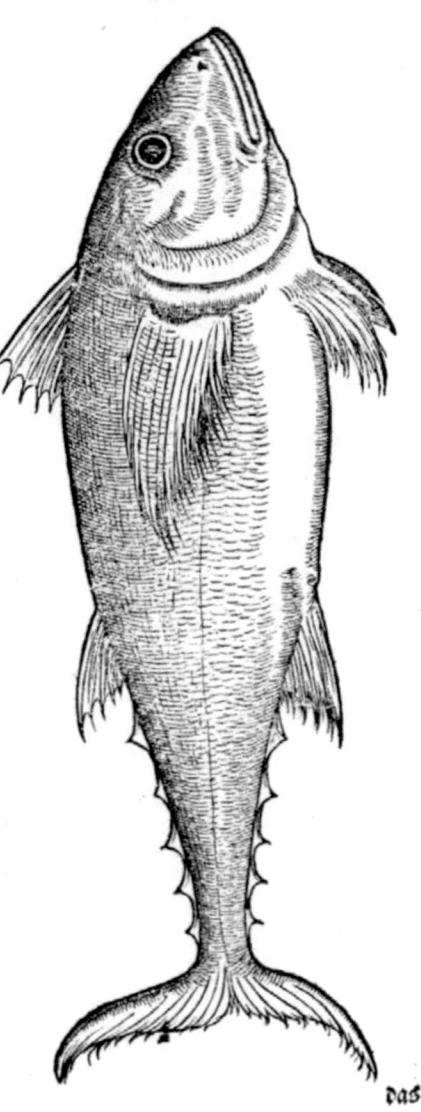

das

das ander: haben an dem rechten aug ein ſchärpffer geſicht dann an dem lincken: keñ=
nen die zeit deß Jahrs vnd Geſtirns ſo wol als kein Sternenſeher. In dem leyb ge=
bärẽ ſie Eyer in einẽ Bälglein beſchloſſen/erwachſen in kurtzer zeit zu mächtiger gröſſe.

Dieſe Fiſch werden von einem Käfer ſehr geplaget/Aſylus genant/welcher ſich vn=
der jhre fäckten bey den ohren ſetzt/ſie alſo peiniget/daß ſie zu zeiten in die Schiff vnd
an die geſtad herauß werffen: ſolches geſchicht auch dem Delphin vñ Schwerdtfiſch.

Von natürlicher Anmutung der Thieren.

Die groſſen Meerthunnen ſchwimmen allzeit einig/die kleinen mit hauffen oder
ſcharen: ſo grauſam iſt er/vnd ſo vnbarmhertzig/daß er ſeinen eignen Rogen vñ Jun=
gen ſo darauß erwachſen ſind/nicht verſchonet. Der Schwerdtfiſch iſt jhm ſehr ver=
haßt/treibt jn an andere ort zu ſtreichen: ſo werden ſie auch von etlichen groſſen Wall=
fiſchen/als Balenen gefreſſen. Zu zeiten haben ſie groſſen luſt ab den Schiffen oder
Galeen deß Meers/welche ſie weit beleyten/vnd gantz nicht weichen.

Wie dieſe Fiſch zufahen.

Dieſe Fiſch ſind groß/müſſen mit ſtärcke gefangẽ werden:man pflegt ſie auff alle
art zu fahen/ mit dem Aaß/ mit ſtarcken eiſinen hacken/ mit dem ſtechen/mit garnen:
man braucht gar nah ein art als man bey vns die Lächs im Rhein pflegt zu fahẽ. Sie
ſollen ſehr forchtſam ſeyn/bey dem geſtad her ſchwimẽ/welches ſo es von den Fiſchern
geſehen wordẽ/faſſen ſie ſolche ein mit einem Seil/welches bewegung ſie alſo förchtẽ
daß ſie nicht weiter in die Tieffinen kehren/ ſondern alſo am geſtad gefangen werden.
Auß der Leber deß Fiſch bereiten etliche ein Aaß die Meeralet zu fahen.

Von jhrem Fleiſch.

Wiewol das iſt/daß das Fleiſch der Fiſchen den beſten/edleſten Fiſchen nicht zu=
vergleichen iſt: ſo iſt es doch nicht zuverachten/ſondern es wirdt von etlichen mächtig
geprieſen. Im beſten ſollen ſie ſeyn ſo ſie in Tieffinen verhalten ligen/oder erſt herauß
kommen: auch je älter/gröſſer: je feiſter vnd löblicher er zu der ſpeiß ſeyn ſol. Auß dem
gantzen Fiſch ſind die theil zum beſten/nemlich der kopff vnd die theil vnden am bauch/
ſo iſt doch jhr Fleiſch in gemein harter däuwung/feſt/vergleicht ſich ſchier dem Rind=
fleiſch anzuſehen: gebiert ein dick geblüt/iſt doch der natur nicht vnähnlich zu eſſen.
Man pflegt auch dieſe Fiſch zu ſtücken zu hauwen/vnd einzuſaltzen in kleine Fäßle/al=
ſo in andere Land vnd ort zuſchicken/welche viel vngeſünder ſind dann die friſchen.

Etliche ſtück der Artzney ſo von den Thieren in brauch kommen.

Das Blut/Leber vnd Gallen der Meerthunnen macht das Haar außfallen/
läſt auch keine weiter wachſen/auffgeſchmiert. Sein Schmaltz heilt die Breſten deß
rachens/vnnd vertreibt die räude der Pferdten. Es hat auch jhr geſaltzen Fleiſch viel
krafft in der Artzney/ von welchem wir geſchrieben haben in den orten von geſaltznen
Fiſchen in gemein.

Von dem Wallthunn.

Orcynus.   Ein Wallthunn.

Wie er geſtalt.

Hievor iſt viel von Thunnen geſchrieben worden/ welches alles von gegenwärti=
gen auch dem ſo hernach folget ſol vnd mag verſtanden werden: dann nach dem
Vrtheil Soſtrati vnnd Archeſtrati/ welche inſonderheit von den Waſſerthie=
ren oder Fiſchen geſchrieben haben/ ſo iſt Orcynus/oder der Wallthuñ nichts anders

dann ein alter Thuñ / so
zu mächtiger grösse kom
men ist. Dañ nach dem
Alter verwandlen sie et-
licher weiß jr gestalt vñ
farb. Dieser ist der grö-
ste auß den Meerthun-
nen / hat grosse schüppé /
mit einer dünnen haut
oder fell bedeckt / vñ vber
zogen / also / daß er anzu-
sehen ist / als ob er glatt ohne schüppen seye: so man jhn aber kochet oder siedet / so erzeigen sich die schüppen. Der Rücken ist schwartzlecht.

Von natur vnd listigkeit der Fischen.

Dieser Fisch wirt zu zeiten so feist / daß er von feiste aufspalt: wirt Frülings vnd
Herbstszeit mehrer theil gefangen: leychen in den Tieffenen deß Meers / nach art anderer Meerthunnen. So dieser Fisch mit einem hacken gehafftet wirt / so streifft er
sich in der Tieffe an den Grund / ob er den hacken auß jm reissen möge / welches so nicht
beschehen / so sol er die Wunden weitern / also / daß er den hackẽ auß jm schwingt. Doch
wirt er zu zeiten mit solchen hacken an die gestad herauß gezogen.

Von jhrem Fleisch.

In gemein ist von dem Fleisch der Thunnfischen geschrieben worden. Dieser sol
ein hart Fleisch haben / feist / eines rässen geschmacks: gebiert ein dick Melancholisch
geblüt. Man pflegt sie zu Scheiblein zerschneiden / vnd einzusaltzen: auß welchen die
feisten löblicher gehalten werden.

Von einem andern geschlecht der
Thunnen.

Pelamys Sarda, seu Sarda simpliciter.   **Ein Sardthunn.**

Von seiner gestale.

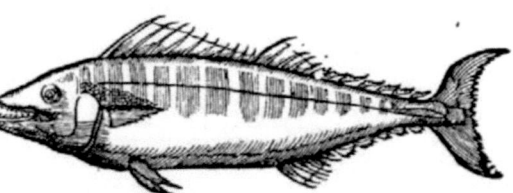

Iser ist gantz än-
lich den Thuñfi-
sché / hat ein glat-
te haut ohne schüppen /
außgenommen an dem
theil so bey den ohren / ob
den vorderen fäckẽ ligt:
dann daselbst hat er al-
lein schüppen: hat stärckere grössere zän dañ die Thunnen / gegẽ dem rachen gekrümpt.

Von seinem Fleisch.

Dieser Fisch sol nicht so ein löblich fleisch habẽ als das erste geschlecht der Meerthunnen.

Von dem Streymthunn.
Amia.   **Ein Streimthunnsin.**

Wie

Wie er gestalt.

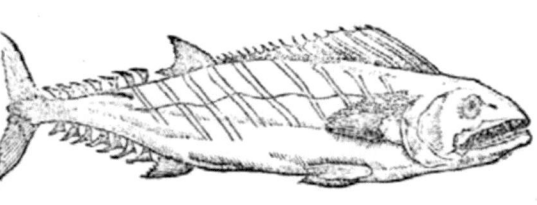

Dieser ist auch den Meerehunnen gantz änlich mit aller Gestaltt / sein Rücken blaw glentzent / der Bauch silberfarb / von dem Rücken gegen dem Bauch / hat er entzwerch gezogne Strich / schwartz von Farb / gleicher weite von einander / kleine goldfarbe Augen / ein gantz glatte Haut one Schüpp / außgenommen bey den Fischohren / nach art deß vorgeschriebnen. Zu mercken ist daß dieser sein Gallen durch das gantz Eingeweyd der lenge nach angestreckt hat / auß ursach er so grimm und wütend ist / wie hernach wirt gehört werden.

Von Art und Natur der Fischen.

Diese Fisch belüstigen sich der süssen Wasseren / werden vielgefangen an engen orten / als in der Prouintz / bey viel kleinen Inseln. Ist auch ein fleischfrässiger Fisch / er wächst in kurtzer zeit / also daß sein zunemmen von tag zu tag mag gemerckt werden. Es sind gesellige Fisch / wohnen allezeit scharecht / dann sie lieben einander / sind auch einandern behülffen in der Gefahr / Streit oder Kampff.

Was natürlicher Anmutung diese Fisch zusammen haben.

Diese Fisch als vorgehört / haben starcke / scharpffe Zän / mit welchen sie sich beschirmen / und andere grosse Walfisch verletzen. Nun ist ir Art also / daß sie sich zusammen häuffen als ein Schlachtordnung. Dann wo sie einen grossen Walfisch ersehen / so häuffen sie sich / und die so die grösten und stärckesten under jnen / umbstellen die gantz Ordnung / und so einer auß jnen von dem Walfisch geschävigt wirdt / so erretten sie jn und vertreiben den Walfisch mit grosser ungestümme.

Ein mächtigen Haß / Kampff und Streit pflegen genante Fisch wider die Delphin zuhaben. Dann mit jhren Zänen bekriegen sie auch den König aller Fischen / in dem daß sie jn häuffict mit gantzer ungestümme angreiffen / allenthalben jre Zän einsticken / anhangen / nicht nachlassen / sie reissen dann das Fleisch damit herauß / welches insonderheit weitleuffig Oppianus beschreibet / wirdt auch zu unsern zeiten solcher Krieg manchsmal von den Fischern deß Meers gesehen / also daß auch von Blut das Meer entfärbt wirt. Man pflegt diese Fisch mit starcken / krummen Anglen zufahen / un mit dem Aaß.

Von dem Fleisch der Fischen.

Ein gut / gesund / lind / matt / lieblich Fleisch sollen diese Fisch haben / gantz angenem zuessen.

Artzney von den Fischen.

Die Zän der Fischen angehenckt / machen die jungen Kinder one schmertzen zanen. Derselbigen Fleisch genossen / ist gut denen so den roten schaden haben.

Von dem Leitfisch.

Pompilus.   Ein Leitfisch.

Wie sie gestaltet.

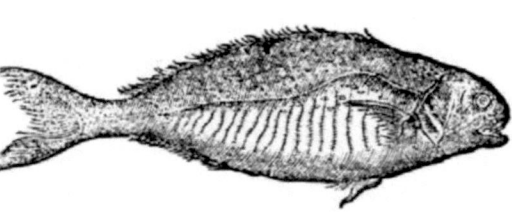

Ises ist ein Meer
fisch ohne schüp-
pen/nit unänlich
an der gestalt deß Thun-
ne/von dem kopff gegen
dem schwantz/hat er ein
grosse krumbgezogne li-
nien/von derselbige ge-
gé dem bauch herab viel
entzwerch gezogne/der
rücken oberhalb ist getheilt und geflecket. Auff dem kopff umb die augen ist er gelblecht
wie Goldt.

Von art und natürlicher anmutung der Thieren.

Ein sonderbare art haben diese Fisch/in dem daß sie allein in den tieffinen woh-
nen/zu keiner zeit an das Gestad kommen/als ob sie das Erdreich hassen. So haben
sie auch ein sonderbare anmutung zu den Schiffen so auff dem Meer schweben/Nem-
lich daß sie bey sich und umb sie her schwimmen ohne underlaß/so lang/biß sie den boden und Gestad erschmecken: welches den Schiffleuten wol bewust/so sie sehen daß
sich diese Fisch hinden saumen/das Schiff nit weiter beleiten wöllen/können sie wol
erkennen/daß sie dem Gestad und satten grund nahen/ob sie gleichwol kein Gestad
ersehen mögen. Dann je haben diese Fisch ein hertzliche begird und liebe zu den Schif-
fen/und ein abscheuhen ab dem grund. Sie erkennen auch auß solcher beleitung der
Fischen gut Wetter/stille deß Meers und glückhaffte reiß. Dieser Fisch wirdt selten
gefangen auß ursach/so oben gehört ist.

Von dem Schwerdtfisch.

Xiphias.	Ein Schwerdtfisch.
Gladius.	Ein Meerschwerdt.

Von seiner gestalt und grösse.

Ises ist ein uber-
auß sehr schöner/
lustiger/gewalti-
ger/edler Fisch/bekompt
seinen namen von seiner
gestalt. Daß sein oberer
kiffbacken wachst in ein
lege gleich als ein scharp-
fes schwerdt. Der Fisch
köpt zu mächtiger gröf-
se auch uber die zehen Elenbogen an seiner lenge/dann zu zeiten etlich gefangé sind wor-
den/welche an der lenge 20. Schuch gehabt haben/an der breite drey/der schnabel oder
schwerdt gar nah 7. Schuch. Solches schwerdt oder schnabel ist gantz einer harten
Substantz wie ein hartes Bein/welch es auch ab den steinen sein scherpffe nit verliert/
kompt zu zeiten zu einer grösse eines Wallfischs/daß sein schwerdt einem grossen Ruder fast zuvergleichen ist. Sein haut ist glatt ohne schüppen/durch den Rücken
schwartz/gleissend als der Samet/unden der bauch gantz weiß/als silberfarb/un-
der der haut hat er viel feiste/als ein Schwein/und hinden einen breiten schwantz/an
der

der gestalt gleichförmig einem halbgewachß-
nen Mon. Der vnder kiffbacke ist gantz kurtz
gegen dem obern zu rechnen / gar nah dreyecket. An der inerlichen gestalt sol er keine wirbel am eyngeweid hab / sonder gestracks von
oben biß vnden auß / welche gestalt an wenig
thieren gemercket wirdt. Hat auch kein zeen /
daß solche matery wirdt alle in die grösse diß
schwerdts oder horns gezogen.

Dieser Fisch wirdt sonst auch von andern
Nationen in jrer sprach Kriegßmann / vnd
Hauptman oder Meerkeyser genennet / auß
gleicher vrsach von seines grossen schwerdts
vnd gewalts wegen / auch grossen schadens
vnnd stärcke.

Von art vnd natur der Thieren.

Diese Fisch wohnen allein in den grossen /
weiten tieffinen / werden vil gefangen in dem
Teutschen vnd Englischen Meer / Item in den
letzten orten Italie / vnd andern orten mehr / Item
auch in der Donauw / auß vrsach daß sie sich
der gesaltzenen vnd süssen wassern belustigen.

Zur zeit deß hungers helt er den Fischen
so streng nach / daß es sich zuverwundern ist /
daß er auch den grossen Wallfischen nit verschonen sol.

Von natürlicher Anmutung der Thieren.

Zur zeit der Hundstagen vnd grossen hitz
sol dieser Fisch von einem kleinen thierlin / Asilus genant / welches an seinem ort beschriben
wirt werden / so sich zwischen seine oren oder fä-
säckten festiglich kleidt / so grausälich gepeiniget werden / daß sie von schmertzen zu zeiten
sterben / auch auff dz land oder schiff sich schwingen oder werffen müssen. Solches begegnet
auch den Delphinen / als an seinem ort gehört.

Die Wallfisch sollen sich vor den Meer-
schwertern förchten als vor tödlichen feinde / wiewol auch gegenwertiger ab dem Walfisch / Balena genannt / ein mächtig abscheuhe haben sol / also daß er vor forcht seinen
schnabel oder schwerdt in den grund hinein stecken sol / also satt stehen ohn bewegnuß.
Die Balena aber vermeinend solches ein vnbeweglich bloch sein / schwimpt vber jn her
ohne verletzung. Zur selben zeit werden sie von dem Houtinck gefressen vnnd getödt /
welche jhnen jhre dünne haut auffbeissen vnd fressen.

So gelehrig vnd verstendig sollen diese Fisch sein / daß sie auch die sprachen von einander vnderscheiden können. Denn in dem Locrensischen gestad / als zu zeiten etliche
Italiäner bey solcher thieren Fischung gewesen / haben sie gesehen wie daß solche Fisch
ein anmutung zu der Griechischen sprach / ab solcher gantz kein abscheuwen gehabt:
ins widerspil aber ab der Italiänische (so sonst von art ein scheußliche gepletzte sprach)
ein abscheuhen gehabt / vnnd von dannen geflohen.

Ein andere gestalt deß Schwerdtfi-
sches / so vns von einem gutem freund
zugeschickt worden.

l

In dem Indianischen Meer sollen diese Schwerdtfisch zu solcher grösse komen/ daß sie der Lusitaner Schiff/die Wände so anderthalb spannen dick/mit jhren spitzen oder schnabel durchstechen oder schiessen. Item so sol es auch von glaubwirdigen gelehrten berümbten Männern gesagt seyn worden/daß zu zeiten ein Mensch so neben dem Schiffher im Meer geschwummen/von solchem Fisch mit seinem Schwerdt mitten entzwey/gantz vnd gar in zwey stück geschnitten vnd geschlagen solle seyn. Summa/ das ist ohne fehl/daß ein scharpffes/hartes/starckes schwerdt/sampt mächtigen krässten an solchem Thier gemerckt wirdt.

Wo diese Thier gefangen werden.

Die Fischer haben ein grosse forcht ab solchen Fischen so sie jnē in jre Garn komen/ dañ der mehrertheil zerreissen sie jnen dieselbigen mit grossem gewalt vnd stärcke jhres schwerdts. Wiewol sie zu zeiten/vorauß jung mit den Garnen herauß gezogē werden.

In dem Narbonensischen Meer pflegen sie Schifflē zumachē an gestalt den Fischen gantz gleich mit schnabel/schwantz/rc. welche sie zu der Fischung oder Gejägt solcher Fischen brauchen. Solch spiel haben wir offt mit grossem lust gesehen. Dañ die Fisch werden betrogen von der gestalt der Barcken oder Schiffleins/vermeynen es seyen auch Fisch jhres gleichen/fliehen gantz nicht/werden also vmbgeben vñ zu todt geschlagen/wiewol es sich offt viel begibt/daß sie mit jren Hornen den Fischern die Wänd der Schifflein durchstechen oder schiessen/welche zu stund solche spitz oder zincken mit einer Art abschlagen/vnd das Loch mit einem geförmten Nagel/welchen sie bereitet haben/ verschlagen: sie werdē auch offt in solchem Kampff verwundt vnd geschädiget von den Fischen. Man pflegt sie auch zu fahen mithacken oder pfeilen so widerhacken haben an Seil behasstet/welche man an einem langen Spieß in jhren Rücken oder seiten sticht: dann als von allen grossen Wallfischen gehört/so sie im Meer schwimmen/erzeigen sie den halben theil jhres Leibs ausserhalb dem Wasser.

Von dem Fleisch der Thieren vnd seiner art.

Diese Fisch sollen ein arg/schädlich/vnlieblich Fleisch haben/harter verdäwung/ eines häßlichen Geruchs/gantz feist wie ein Schwein. Auß der Saltzbrühe in die Speiß genommen ist er am besten: gebiert ein vberflüssig rauw Geblüt/sol in der Bereitung mit rässen Gewächsen gebessert werden/als Zwibeln/Knoblauch/ Senff/rc. Summa/sein Fleisch vergleicht sich gar nahe dem Fleisch der Delphinen.

Von dem grossen Meerstichling.

Glaucus. Ein Meerstichling.

Von mancherley Geschlecht der Thieren.

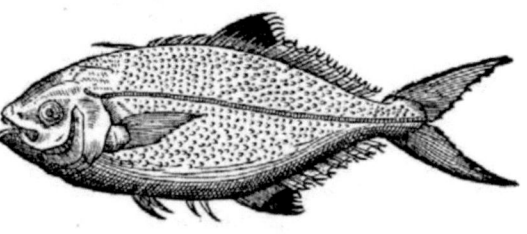

Diese Art der Fischen bekompt vō den Griechen vñ Lateinern jhren namen von der Farb/welche blaw ist/bey vns Teutschen aber/so nit bey dem Meer wohnen/sollen sie Meerstichling genennt werden/auß vrsach/daß sie vornen spitz oder dörn haben/welche scharpff sind/vnd stechend/nit nach Art der Fäckten/sonder frey ledig/auch deren etlich gegen dem Kopff gekehrt. Nun sind der Geschlechten nit einerley/sonder 3.oder 4. auß vrsach sie nach einander ordenlich sollen für Augen gestellt vnd beschrieben werden.

Von

Von dem ersten Geschlecht deß Meerstichlings.

Glaucus maiòr seu prima species.　Ein grosser Meerstichling.

Von seiner gestalt.

Jeses sind lange/flache Fisch oder dünne/ kommen auff drey Elen lang/ hat ein
glantzende haut/mit gantz kleinen schüppen bedeckt/welche sich hart erzeigen/al-
lein bey außgederrter haut. Sein Rücke ist gantz blauw/ der bauch gantz weiß:
gleich anfang deß kopffs hat er scharpffe spitz/ welcher der erste sich für sich strecket/ die
andern gegen dem schwantz/kurtz/scharpff mit kleinem Häutle zusamen behafftet/vn-
den am Bauch hat er zwen andere/welche er verbirgt als in einer Scheiden/ an beiden
seiten vnden vnd oben werden schwartze flecken gesehen: hat keine zän allein rauhe
Kiffbacken. Bey den Fischören hat er kleine goldtfarbe säckle/ kurtz aber breit. Sein
Leber ist ohne Gallen/daß das Gallenbälgle klebt jm an dem eingeweyd.

Von dem andern Geschlecht deß Meerstichlings.

Glauci secunda species,　Das ander Geschlecht der Meer-
stichling/ kleiner Meerstichling.

Von seiner gestalt.

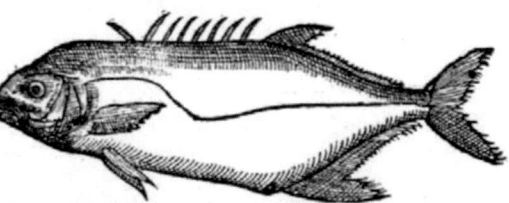

Jeser köpt nit zu
solcher grösse als
der erste/ wiewol
er jm an der gestalt gätz
gleich ist. Hat der spitzen
oder Dörnen auff dem
Rücken acht/ auß wel-
chen der erste sich als ein
horn gegen dem Kopff strecket/ auß vrsach sie von etlichen Nationen Meergemsen/ o-
der Meeregle sind genennt worden. Dieser hat keine flecken an seinen Fischsäcten/
auch ist er nicht so gar breit als der erste/ ist jm sonst mit eusserlicher vnd jnnerlicher gestalt gantz gleich.

Von dem dritten Geschlecht der Meerstichling.

Glauci tertia species.　Der dritte Meerstichling.

Von seiner gestalt.

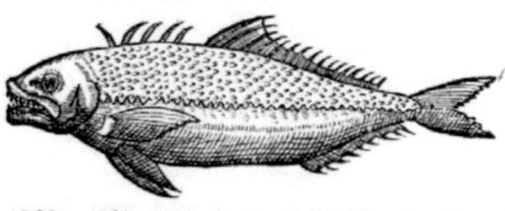

Jeser vberkompt
mit dem andern
in der form seiner
gestalt halbe/ allein daß
dieser scharpffe zän hat/
vnnd sein Linien durch
den Leib gekrümbt als
ein Schlangen. Sein
Rücken biß auff die Linien ist schwartz blauw/ das vnder theil vnd bauch gantz weiß:
ist anderer theilen halb den vorgesetztenganz gleich.

Von einem andern Geschlecht.

Glaucus Bellonij.   Meerblauwling.

Von seiner gestalt.

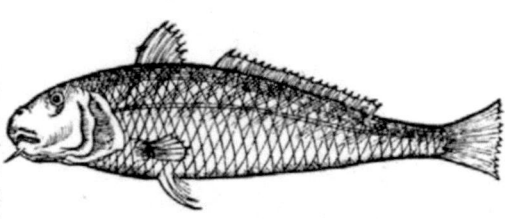

DIeser wirdt von Bellonio beschriben vñ Glaucus genennet / ist an seiner Farb gar nah goldblaw. Sein vndermaul oder lefftzē hat 5. kleine Löchle / das ober 3. hat grosse augen / vnder welchen beyden wincklen an jeder seiten ein kleines löchlin ist / hat kleine zän / eine runde zungen / zu ende daß rachens rauhe beinle / auß der vrsach wirt sein kopff sehr begert / daß zwey bein in jm gefunden werden / zu der artzney dienstlich.

Sein innerliche gestalt ist wunderbarlich / vber anderer Fisch art vñ eigenschafft / daß er soll auch eine blatten / nieren vnd Vreteres, das ist äderle so von den nieren in die blasen reichen den harn tragende / haben / welches allen thieren so eyer gebärē gantz widerig sein sol.

Dieser Fisch wirt von etlichen mit einem andern namen genent / doch nit für augen gestelt / auß welcher vrsach er hie platz haben sol.

Von art vnd natur der Meerstichlingen.

Diese Fisch wohnen in den tieffinen deß Meers / weyden sich bey dem sand vnd Felsen / ist ein fleischfrässiger Fisch / dann mit etlichen Fischen vnd aaß werden sie gefangen. Dieses ist zu verwundern ab den Fischen / daß sie Somerszeit / so grosse hitz eingefallen / gantz nicht erscheinen / sondern verborgen ligen in der tieffe. Solches geschicht etlichen andern gleicher weise / die die krafft deß gestirns der Hundtstagen befinden. In der forcht sol er seine jungen widerumb in sich fassen / als etliche schreiben.

Wie sie gefangen werden.

Als oben gehört so sindt sie fleischfrässig / fürnemlich das letzte geschlecht / auß der vrsach sie mit dem aaß gefangen werden / so auß hanen hoden / vnd etliche Meerschnäglinen zusamen gestossen bereitet wirdt.

Von jhrem Fleisch.

Die gröste nutzung von den thieren ist zu der speiß / dann sie seindt sonderlich arg / gantz nicht zu schelten / wiwol sie ein fleisch haben harter däuwung / nicht desto minder so es wol gekocht vnd verdäuwet wirdt / so gebirt es vil löbliches geblüts / speist wol. Ist eine bequemliche speiß denen so rässe / geelsüchtige / beissende feuchtigkeit haben / auch denen so das bauchgrimmen haben / auch denen so hitzige Mägen haben / 2c. Summa so solche Fisch wol erwachsen / zu guter grösse kommen / so sol es vberauß ein liebliche speiß sein.

Etliche stück der artzney so von solchen fischen in brauch kommen.

Die brühen von solchen gesottnen fischen / mehret die milch. Item sein fleisch auß seiner brühe gessen. Sein Leber nimpt hin die swartzen.

Sein gall macht den Kindern schwartze augen / so ist auch sein feist nütz vnnd dienstlich zu vil dingen / fürnemlich zu den bresten deß sitzes vnd der Mutter der weiber.

Von

Von dem Klippfisch.

Anarrhichas, Scansor. Ein Klippfisch.

Von seiner gestalt/art/natur/vnd eigenschafft.

Dieses ist ein grosser Fisch deß Teutschẽ Meers abconterfetet worden von eine außgedörrten. Die Einwohner derselbigen Landen nennen jhn Klippfisch / entweders daß er auff die Felsen steiget / welches von jm gesagt wirdt / oder daß er sich zwischen den Felsen enthelt. Auß der obern Nasen hat er zwey kleine Rörle / in seinem gantzen Rachen viel scharpffer / starcker zän / auch auff der Zungen / ist starck / schnell / geschwind / vnd sehr frässig / auß vrsach er den Schiffbrüchen nachfolget / ist ein wunderbarlicher Fisch / denen weiter zubeschreiben / so an den Gestaden vnd orten deß Teutschen Meers wohnen.

Der neundte theil / von Meerthieren /
so begreifft die breiten Krospelfisch.

Von dem Stachelroch oder Angelfisch.

Pastinaca marina. Stachelroch/ Dornroch/ Angelroch/ Gifftroch/ Angelfisch/ Meerangel.

Von mancherley Geschlecht der Thieren / sampt jhrer gestalt.

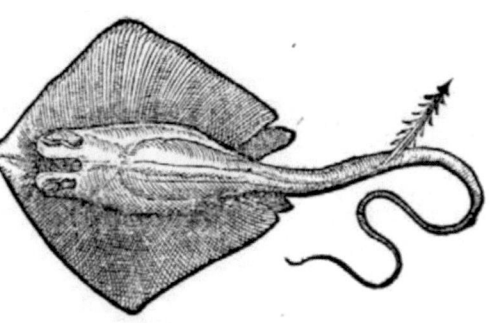

VNder die Flachfisch wirt auch der gifft Roch/ oder Angelfisch gezehlt / das allergifftigst Thier auß allen Meerfischen. Auß solchen sind etlich rauch / dornecht / andere glatt / welche letzste in zweyerley geschlecht getheilt werden / wiewol sie einander gantz gleich / außgenommen der spitz vñ gestalt deß kopffs. Die Alten haben nur ein Geschlecht solcher Fischen erkennt.

Der Gifftroch ist ein Flachfisch / hat ein glatte haut / one schüppe / mitté am schwätz / so sich vergleicht dem schwantz der Ratten / hat er ein scharpffen angel oder pfeil / eines fingers oder halben schuchs lang/zu welches grund zwey ander kleine zu zeiten herauß wachsen. Der Pfeil hat der lenge nach widerhäckle/welche vrsachen daß sie nit one grosse arbeit so sie eingeheckt herauß gezogen mögen werden. Daß so er ein fisch gestochen/so behelt er jn/zeucht jhn nachher/gleich als ob er mit einem Angel behafftet were. Mit solchem pfeil vnd angel/sticht vnd vergifftet er alles so jn verletzt/mit einem schädlichen gifft. Solchs ist den Fischern beiwuft/schneiden jnen zustund den schwantz ab/alsdann kompt er auch in die speiß: hat ein kleines Maul/innerhalb eien weiten Rachen oder schlund one Zän/an solcher statt rauhe beinechtige Kiffbacken: hat keine Fischfäckten/sondern schwimpt mit der breite seines Leibs als ob er flöge. Die grösser gestalt deß Gifftroches oder Angelfischs/wirt in der Histori deß Meeradlers erzehlet vnd gezeigt werden.

Von Art vnd Natur der Thieren.

Die Gifftrochen wonen gemeiniglich in lättechtigem/mießechtigem/oder katechtigem gestadt/sol geleben deß Fleischs etlicher anderer Fischen/welchen er nachhelt/nit mit stercke/sonder mit list/als Plinius schreibt: denn er helt sich im lätt/vnd die Fisch so vnter jn schwimen/hefftet er mit seiné angel: dann man findet zu zeiten die Meeralet in jren Bäuchen/welcher doch der schnellest geachtet wirt auß allen Meerfischen. Sie mehren sich auff form vnd gestalt anderer Flachfischen/oder wie die Rochen.

Von art vnd natürlicher anmutung der Thieren.

Der Gifftroch beschirmpt sich allezeit/vnd kempfft mit seinem Pfeil: verwundet auch zu zeiten die Fischer/oder andere so sie vnbehütsam/freffentlich angreiffen: ist sonderlich listig in dem gejägt: denn er verschleufft sich vnder das kaat/frist kein Fisch/er habe jn dem vor lebendig oder zu tod gestochen/als Oppianus schreibt.

Das Meerschwert sol dem Gifftrochen mechtig auffsetzig seyn vnnd nachhalten. Dann Oppianus sol auch von dem kampff der zweyen Thieren schreiben.

Sie sollen auch eine anmutung haben zu tantzen vnd zu pfeiffen/mit gesicht vnnd dem gehör/als hernach gehört wirt werden.

Von Nutzbarkeit der Thieren/vnd wie sie gefangen werden.

Diese Thier kommen auch in die speiß/werden gefangen mit Garnen vnd etlichen andern listen. Dann so die Fischer einen Gifftrochen oder mehr/oder sonst gantz schar solcher Fischen ersehen/so hebt einer an zu tantzen vnd schimpfflich zu springen vnd zu pfeiffen. Von solchem empfahen solche Fisch grossen wollust: dann sie habé ein anmut/als hievor gehört/zu tantzen vnd pfeiffen: lassen sich zu oberst auff das Wasser/nahen sich dem Tantz vnd Gesang zu: alsdann vmbgeben sie solche mit Garnen oder einer erfasset vñ ergreifft jn mit einem Feymer/hebt jn zuhand herauß. An etlichen orten hauwen sie jhnen zu stund die Schwäntz ab: an andern orten führet man sie gleich gantz auff die Märckt.

Von seinem Fleisch.

Bey etliché alté vnd grossen ansehens Männern wirt das Fleisch solcher thieré nit wenig gelobt/jedoch erzeigt die tägliche erfahrung gantz dz widerspiel. Denn jr fleisch/ob es gleich wol lind/ist es doch allezeit zähe/lampechtig/eines vnangenemen widerigé geschmacks: vngesund vnd hart zu verdäuwen/auch eines argen gesaffts. Wirt doch in etlichen franckheité zubrauchen gelobt: item in grosser thewre vnd mangel anderer fischen von menniglichě/vorauß den armen gessen. Dz häupt vñ schwantz sollen jnen vor abgeschnitten werden/vnd dem rücken nach außgezogen werden alles dz so gelb ist.

Von dem schädlichen gifftigen Biß der Thieren.

So schädlich vnnd gifftig ist der stich deß pfeils solcher Thieren/daß ein Mensch so also geschädiget/von dem Gifft vnd Schmertzen den tod erleiden muß/wo jhm nit mit

artzney

erßney zu stund geholffen wirt. Item so ein frischer grüner baum mit disem pfeil am stammen verwundt wirt/ so sol er zu stund verdorren.

Leonides Byzantius schreibt/ daß vor zeiten einer/ dem die gestalt/ art/vnnd eigenschafft diser fischen der Gifftrochen vnbekannt/ einen heimlich auß einem Fischergarn verstolen/ vermeinende ein Plateißle seyn/ denselbigen in der Schoß darvon getragen: als er nun auff dem weg den Fisch getruckt/ hat er jm mit seinem Pfeil den Bauch verwundt/ daß jm die kutteln oder eyngeweyd herauß gefallen/ er sampt dem Fisch allein tod gefunden worden/ mit welcher that der Diebstal an der statt ergriffen vnnd gestrafft ist worden.

Mit was zeichen der stich erkennt werde.

So der gifft Roch jemands gestochen/ spricht Dioscorides/ so folgen grosse schmertzen/ zablen/ hinfallen gleich der fallenden sucht/ müdigkeit/ schwachheit/ beraubung deß Schlaffs/ demnach werden sie stumm/ vnd die augen oder das gesicht verdunckelt/ das ort so gestochen/ sampt denen so bey herumb gelegen/ werden schwartz/ verleurt alle empfindtligkeit/ so der Schad getruckt wirdt/ so fleußt schwartzer/ dicker/ stinckender Eyter darauß.

Artzney so zu solchem stich oder gifft dienen.

Wider den stich vnd gifft deß stichs solcher Thieren/ werden alle Artzneyen gelobt/ so zu dem biß der Nater dienstlich sind.

Der gifft Roch selber/ auffgelegt/ heilt sein eignen schaden so er gestochen hat.

Essig warm auffgelegt/ Item kleyen mit warmē essig auffgelegt/ heilt den schaden.

Item lebendiger schwebel mit altem harn angemacht.

Item Andorn/ Salbeyen/ Lorberbletter/ Angelica vnd dergleichen.

Item saurer hebel mit lindem hartz auffgelegt.

Item schmerwurtz getruncken vnd auffgelegt.

Item kleiner Kosten/ oder Lorbeer oder Salbeyen in wein gesotten getruncken.

Item der gifft Roch zu äschen gebrannt/ mit warmem Essig auffgelegt/ oder sein Leber auff den schaden gelegt.

Item Tryax/ Mythridat/ etc.

Etliche stück der Artzney/ so von solchem Thier in Brauch kommen.

So man einen Zan mit dem Pfeil der fischen sticht oder sonst antastet/ oder gedert/ gepúluert vnd Nießwurtz gepúluert/ vnd wachß an den Zan gekleibt/ nimpt dē schmertzen/ macht die Zän herauß fallen one allen schmertzen.

Sein Leber in Oel gesotten/ nimpt hin böse räude vnd grindigkeit.

Item das puluer von dem pfeil mag auch mit Terpentin auffgefasset werden/ vnnd der Zan damit bekleibet/ macht sie herauß fallen one schmertzen.

Von der Meerkrott.

Rana piscatrix, siue Marina.   Ein Meerkrott/ Ein Meerteuffel/ Ein Fischerkrott.

Wie diese Thier gestalt.

Diese Contrafactur ist von Rondeletio gesetzt worden.

Ein sonder scheuß-
lich/häßlich Thier
sollen diese Meer-
krotten seyn/an etlichen
orté auff drey Elen mit
jhrer lenge kommen/mit
so einem weiten maul/
daß sie auch einen ge-
meinen Jaghundt ver-
schlingen mögen. Ist
sonst von zähem Fleisch
als Krospelé/flach von
gestalt/an der farb braů
oder Rußfarb/mit eim
grossen dicken kopff/al-

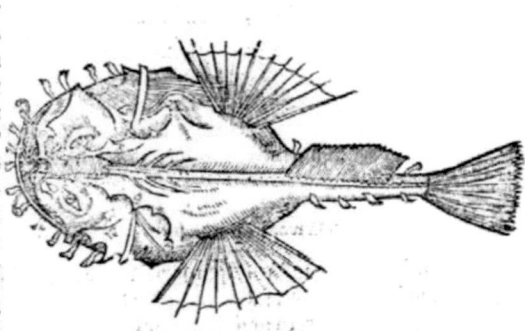

so daß gar nah nichts an dem Fisch ist/dann der kopff/wie ein gropff. Der under Kißbacken streckt sich für den obern herauß/auß ursach jhm sein Maul allzeit offen steht.
Auff dem kopff und umb die augen hat er viel spitz oder Dörn/sein Kißbacken beyde der
rachen/zungen voller zänen. Vornen auff dem Kopff hat er zwey streußle/auch etliche
hinden auff dem Rücken/aber kleiner/welche sehr ubel stincken sollen. So diese Fisch
außgezogen/und weit zerspannet werden/und ein Liecht darein gethan wirt/so gibt es
ein wunder scheußliche Laternen/als dann auch sonst der Fisch scheußlich anzusehen
ist/auß ursach in etliche Nationen Meerteuffel nennen.

Von Art und Natur der Fischen.

Diese Fisch sollen an krautechten Gestaden wohnen/sehr fräßig seyn/dem menschen nachstellen/auff die schwimmenden acht haben/sie bey den Gemächten erfassen/
und zu grund ziehen/endtlich fressen. Er füllet sich auch so voll anderer Fischen/daß die
Einwohner der Meer Gestaden/wo sie einen grossen sahen/hauwen sie jhn auff/daß
sie die frischen Fisch jhm auß seinem Bauch nehmen.

Jhr art ist/daß sie Rogen oder Eyer legen wider die art der Fischen/so von den Lateinern Cartilaginei genennt werden.

Von natürlicher anmutung der Thieren.

Viel der Fischen sind die sich mit sonderm list/und betrug so jnen von natur geben
weyden und speisen. In solchem sol diese Meerkrott andere ubertreffen/dann als gehört:
so haben sie vornen an jhrem Maul Züttele oder Hörnle/welche sie bewegen/in dem
lätt oder kaat verschlossen/als ob es Würmle weren/welchen so die kleinen Fisch nachhalten als Würmlein/werden sie von jhnen gefressen.

Von dem Fleisch der Fischen.

Das Fleisch der Thieren sol nicht in die speiß kommen/daß es ist blutt/unlieblich/
eines häßlichen geruchs. So sol doch der Bauch von jhm das beste seyn.

Artzney von den Thieren.

Die Haar der Augbrauwen so einem uberlegen sind/sol man außreissen/und
den Platz mit der Gallen deß Fisches schmieren.

Von

Von der andern gestalt der Fischen.

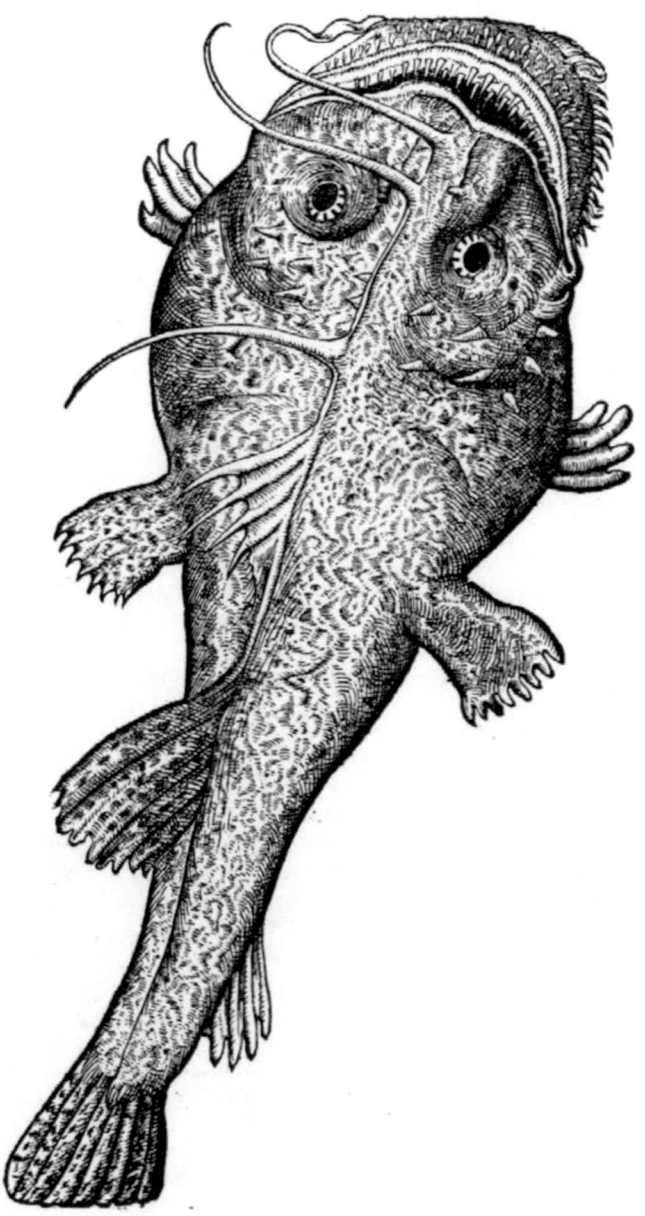

Jese ander groß gestalt der Meerkrotten ist zu Venedig abconterfetet worden/
bedunckt sich gründtlich abcöterfetet seyn/ dieweil sie bezeigt die spitz oder Dörn
auff dem kopff vnd vmb die augen die zwey streußle vornen vnd eins auff dem
Rücken gantz gründtlich.

Von der dritten gestalt.

Ad Sceleton quam à Misenis Georg. Fabricius misit.

Ist ein gestalt zu einem außgederrten Cörper der Fischen/ mit kunst zu solcher gestalt gebogen vnd getrieben.

Von dem MeerEngel.

Squatina seu Angelus marinus.　　Ein Meerengel/ Ein
En gelfisch/ Ein Spatefisch.

Von seiner gestalt vnd grösse.

Diese Figur ist von Rondeletio gesetzt worden.

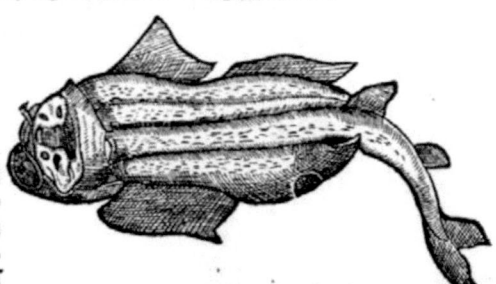

Jser Fisch beköpt
den namē von sei
ner gestalt: dann
er mit seinen breitē vor-
deren fäckē sich etlicher
maß einem Engel ver-
gleicht: ist auß der zahl
der Flachfische oder Kro
spelfischen: kompt zu
merclicher grösse/ der-
massen dz er sich der grös
se eines menschē vergleicht/ zu zeiten auff 160. pfund köpt. Ist lang vn schmal/ mit einer
harten rauchen haut bedeckt. Oben ist er braun äschenfarb/ vndē weiß vn glat. Sein
maul hat er voller kleiner scharpffer zänen/ ein spitzige Zungen/ welche zu end ein fleischechtigen düssel hat: das end deß obren Kiffbacken wirt gantz bloß gesehen/ mit keiner
haut bedeckt: hat seine Fischohrē bey seyts/ mit vndē gleich den Rochē. Mittē durch den
Rücken hat er kleine Dörnle/ mit der jnnerlichē gestalt sind sie dē andern Krospelfischen
gleich: dañ sie haben einen grossen magen/ grosse breite gedärm/ die Leber in zween spitz
getheilt/ an welcher das Bälgle der Gallen/ voll grüner Gallē: das miltze schwartzrot/
das

Ein ander gestalt deß Meerengels/ so mir von Venedig zukommen/
welcher von einem außdorreten abconterfetet
seyn/ sich ansehen leßt.

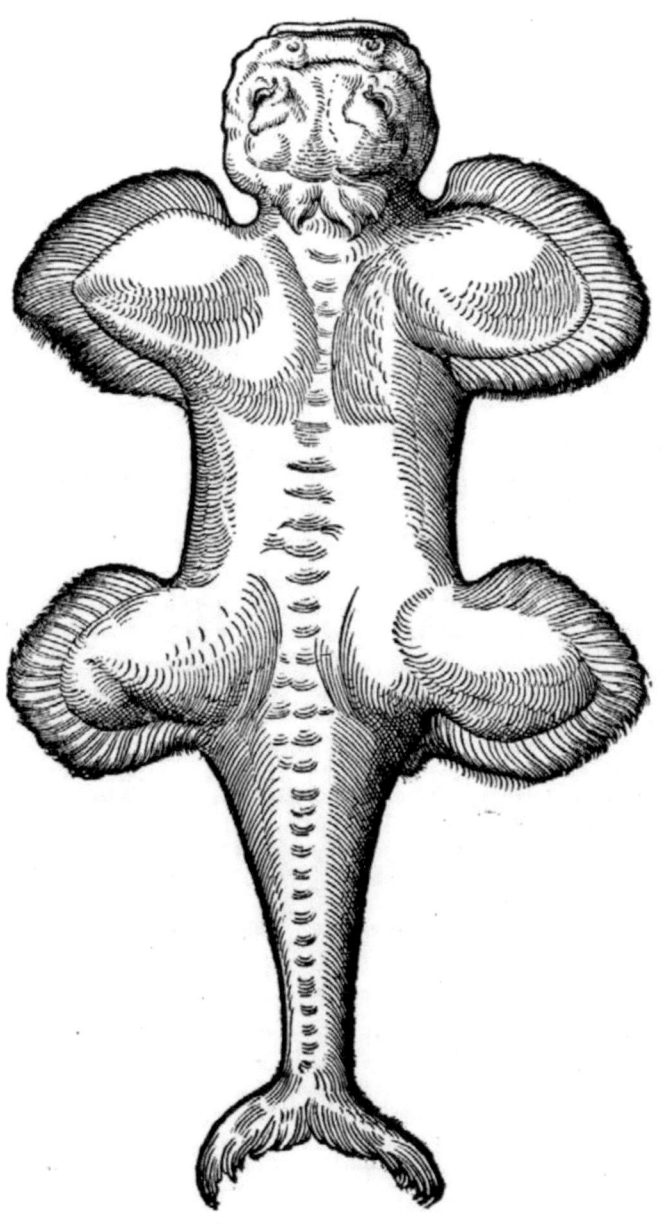

das hertz eckecht vnd zusamen getruckt. Die Mäule werden von den Weiblinen vn=
derscheiden/ mit etlichen krospelechtigen züttelin bey dem arß/ welche die weible nicht
haben/ haben sonst einen dicken schwantz.

Von seiner art/ natur/ vnd eigenschaffte.

Die Meerengel mehren sich mit zusamen gethanen bäuchen/ nicht nach der art
anderer Flachfische/ leycht deß jars zweymal/ Frůling vnd Herbstszeit/ zu jeder geburt
7.oder 8.junge/ als Aristoteles schreibt/ vermischt sich auch mit dem Rochen/ auß wel=
cher vermischung ein sonderer Fisch entspringet/ als hernach wirdt gehört werden.

Der Meerengel ist sonst fleischfrässig/ wohnet allein in dem tieffen Meer.

Von natürlicher anmutung der Fischen.

Diese Fisch sollen auch gleich andern in der forcht oder gefahr/ jre jungen in sich
schlucken/ vnd nach etlicher zeit wider herauß werffen/ als Aristoteles schreibt/ so doch
etliche wöllen/ daß die jungen durch jhre säckten oder flügel beschirmpt werden.

Dieser Fisch stellet auch seiner speiß nach mit listen/ als von etlichen andern ist ge=
hört worden/ dan er verschliefft sich vnter das kaat/ streckt nichts herfür dan die streuß=
le seiner obern Nasen/ welche er beivegt/ zu solchen schiessen die kleine Fisch herzu/ ver=
meinen es seyen würmle/ als dann werden sie von jhnen verschluckt.

Aristoteles schreibt daß der Meerengel allein auß den Fischen seine farb in viel
gestalt verendere/ gleich der Meerspinnen.

Von nutzbarkeit deß Thiers.

Dieses thier bringt nicht allein nutz dem menschen mit seinem fleisch/ so von etli=
chen gessen wirt/ sondern auch mit seiner haut/ welche gebraucht wirt zu feilen/ rasplen/
polieren: Item zu Handtheben der schwerdter/ vnd allerley Waffen.

Von seinem Fleisch.

Ein hart/ vngesund fleisch haben diese Fisch/ harter däuwung/ eines argen ge=
safsts vnd vngeschmackt/ wirt doch von Hippocrate zu etlichen kranckheiten gelobt.

Artzney so von solchen thieren in brauch kommen.

Sein haut zu aschen gebrant mit wasser auffgelegt/ heilt vnd zertreibt die blätter=
lein so an der Scham sich erheben.

Auß der Leber dieser Fischen wirt öl bereitet/ welches gelobt wirt zu der härte der
Leber mit Celtischem Nardo/ Styrace oder wermut.

Jre eyer gedört/ werden für eine bewerte artzney von den Fischern gebraucht/ zu
allerley bauchflüssen.

Die aschen auß der gebrannten haut/ salb davon bereitet/ wirt gelobt/ zu bissen/
grindigkeit vnd räude/ Item zu dem abfliessenden haar vnd kalköpff/ auch trieffende
Geschwer des haupts.

Diese Fisch noch frisch auff die brust gelegt lasse sie nicht wachsen oder groß wer=
den/ ist ein beivehrte kunst.

Von dem Engel Roch.

Rhinobatus, seu Squatoraia.   Ein Engel Roch.
Von seiner gestalt.

Dieser Fisch entspringt auß der vermischung des Rochen/ vnd Meerengels/ ist
auch auß der zahl der flachen Krospelfischen/ wirt zu Genua vnd Venedig zu
zeiten gesehen. Sol ein rauche haut haben/ ein weiß fleisch/ welches auch inn
die speiß kompt/ ist mitler gestalt zwischen den vorgenanten zweyen Fischen.

Von

Von dem Meeradler.

Aquila marina.   Ein Meeradler.

Das erste Geschlecht deß Meeradlers/
vnd seiner gestalt.

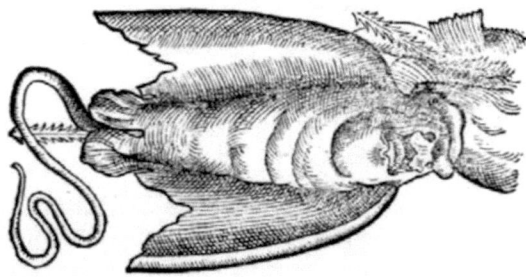

DAs erste Geschlecht der Meeradlern/ so vnder die Flachfisch gezehlt werden/
vergleicht sich gar nah einem Habich/ oder Adler mit seinem maul/ kopff/ augen vnd fäckten. Ist gantz ähnlich dem Giftrochen hievor beschriebe/ vorauß
das ander geschlecht deß Adlerfisches/ so hernach wirdt gezeigt werden/ von wegen der
breite/langen schwantzes vnd dem gifftigen pfeil/ welcher er zween an seinem schwantz
tragen sol. Ist oben am Rücken blauwiecht/ vnden am bauch weiß: hat einen gantz
mercklichen langen schwantz/ zu end gantz klein. Ist ein seltzamer Fisch/ nicht jederman
bekannt/ vor zeiten zwey tausend schritt ob der Insel Clodia gefangen/ deß zwey vnnd
viertzigsten Jahrs/ welches lenge von dem kopff biß zu anfang deß schwantzes war
mehr dann vier schuch bey seits entzwerch/ als jm die fäckten außgestreckt/ acht schuch/
eines schuchs dick / mit einem seltzamen scheußlichen kopff: der schwantz drey Elen
lang/ welcher bey anfang ein kleins Fischfäcktlein sol gehabt haben. Etlich wöllen/ der
Adlerfisch habe nicht allein nur ein pfeil oder angel/ sonder zween: solcher schwäntzen
werden zween hiebey gesetzt.

Der erste ist dem hochgelehrten Herrn Doctor Conrad Geßner auß Italia zu-
geschicket worden von Cornelio Sittardo.

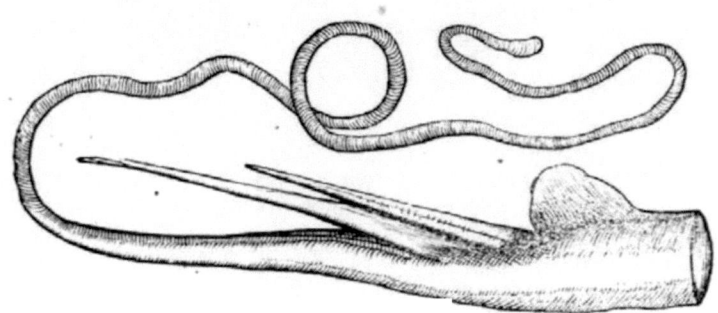

Die ander Figur bezeugt/ daß auch zu zeiten dornechtig/ rauch Adlerfisch im Meer gefangen werden/ wie dann augenscheinlich bey dieser gestalt/ so zu Cremona in Italia/ bey dem Fluß Pado/ zu S. Peters Tempel gezeigt/ zusehen ist: der schwantz sol acht spañ lang gewesen seyn/ bey anfang drey zwerch Finger breit: der grösser pfeil zwo spannen lang oder mehr.

Von dem Fleisch deß Adlerfischs.

Galenus im 3. Buch/ so er geschriebē von den speisen vñ narungē/ spricht daß die Adlerfisch haben ein hart Fleisch/ harter däuwung/ eines häßlichen Geruchs/ welcher gebessert wirt mit Knoblauch/ Zwibeln/ sampt etlichem andern Gewürtz.

Etliche stück der Artzney/ so von solchen Fischen gebraucht werden.

Der stein so gefunden wirt in dem kopff deß Adlerfischs/ nimpt hin den viertägligen Ritten/ wirt gelobt wider die Trunckenheit. Sein feiste oder schmaltz zu den Wartzen vnd Trüsen. Sein gall in die augen gestrichen/ scherpfft das Gesicht.

Das Fleisch für sich selbst in der speiß genossen heilet die fallend sucht.

Von dem andern Geschlecht deß Meeradlers.

Aquila piscis alter.   Der ander Adlerfisch.

Von seiner gestalt.

Als ander Geschlecht der Adlerfischen/ so von etlichē vnder die Gifftrochen gezehlt wirt/ ist gantz gleich dem Gifftrochen mit eusserlicher vnnd innerlicher gestalt/ allein daß er einen breitern fürgestrecktē kopff zeigt/ rond/ gantz gleich dem kopff der grossen Thaschē/ oder schwartzen Krotten/ hat zween säcktē gleich einer Flädermauß/ mit welchem namen er bey etlichen Völckern genennt wirdt.

Von seiner art/ natur/ vnd eigenschafft.

Dieser Fisch lebt in miessechtigem vñ lättechtigem grund/ jagt mit gleicher kunst vñ listigkeit den Fischē nach/ als von dem Gifftroch geschribē ist. Schwimpt langsam/
mit

Ein andere gestalt deß Adlerfischs so von Cornelio
Gittardo mir zugeschickt.

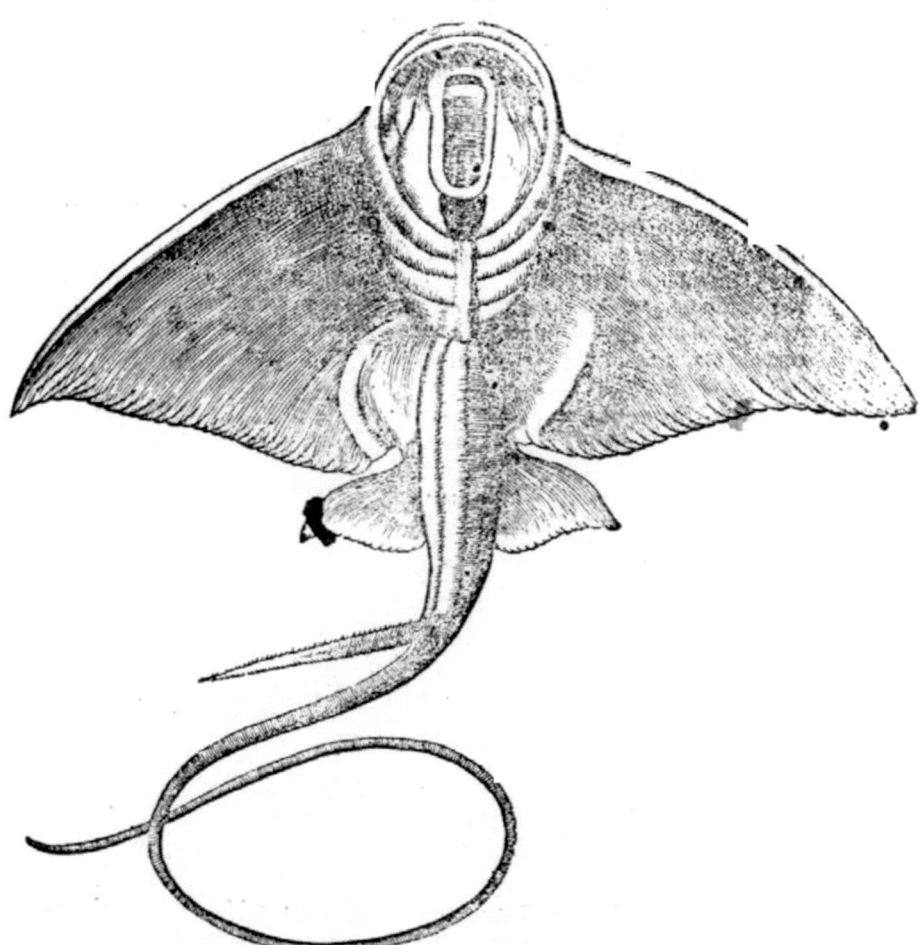

mit grossem Pomp vnd Pracht/von welchem er bey den Welschen den namẽ bekompt/
dann so er schwimt/ so sticht er die Fisch so vmb jn her schwummen/dermaassen daß jhm
alle andere Fisch weichen müssen.

Von seinem Fleisch.

Es wölle etlich/ es erzeigt es auch die täglich erfahrung/daß dieser Fisch solle haben ein lind/zäh Fleisch/schaummechtig/vnangenem/böß/vngesund/hart zu verdäuwen.

Von dem Rochen.

Raia. Ein Roch.

Von den Rochen in gemein/ jhrer gestalt vnd vnderscheid.

Gleich als das Erdreich voller mancherley dörnen ist/ also ist auch das Meer voller mächerley Roché/ welche den namé bekomé von den dörné vnd rauhe wegen/ so sie an jrem Leib haben/ dañ ob gleich etlich glatt vnder jhnen gesehé werdé/ haben sie doch alle dörn/ oder rauhe spitz an den schwäntzen/ einer mehr dann der ander. Der Griechisch nam bedeut auch nichts anders/ dann ein Hagendorn. Bekommen auß der vrsach ein vnderscheid von dörnen/ oder spitzen/ räuhe/ glätte/ Macklen/ Nasen/ flecken vnd gestalt deß Leibs/ rc. Item etliche haben zän/ etliche an statt derselbigen rauhe Mäuler. Item jnnerlich ist etlicher Leber röter dann der andern/ etlicher mehr gelblecht/ haben alle die Gall in der Leber/ welcher vnderscheid hernach ordentlich auff einander werden beschrieben/ auch die gestalt vnd Figur für augen gestelt werden.

Von dem ersten Geschlecht der Rochen.

Raia leuis. Glatt Roch.

Von seiner gestalt.

Das erste geschlecht der Glattroché/ ist ein flach Fisch/ gätz dünn/ vnd auff das allerweitest außgespreit/ ist glatt an der haut/ allein daß er zwen spitz auff dem kopff bey jedem aug einen hat/ Item etliche vnden bey dem maul/ gegen dem maul gekrümbt/ die speiß zubehalté/ auch etliche oben durch den Rückgrad vnd schwantz/ die doch viel

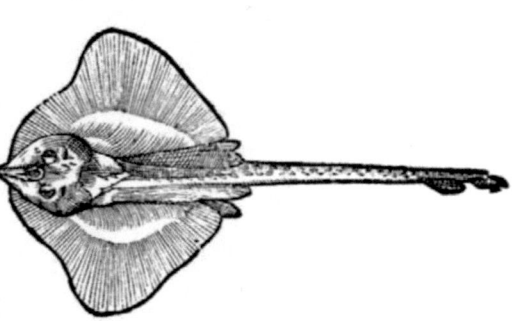

kleiner vnd minder an der zahl/ dann an andern geschlechten gesehen werden. Sein maul hat er an der vnder seiten weit gegen dem schwantz/ welches ein vrsach ist/ daß er allein auff dieselbig seiten gewendt/ essen kan/ ist sonst weit/ hat keine zän/ sonder rauhe Kiffbacken/ Löcher neben den Augen/ in welche man ein kleinen Finger stossen mag/ zwey andere vorn an der Nasen zu schmecken/ seine Flügel zu beyden seiten außgestreckt sind gantz dünn/ am obern ort schwartzlecht/ außgenommen ein kleins ort/ so weiß ist/ vnden ist er gantz weiß.

Von dem andern Geschlecht.

Raia vndulata. Ein Schamlot Roch.

Dieser

Dieser Fisch ist auß dem geschlecht der Glatrochen mit der gestalt deß leibs nicht vngleich einer Ey / glat / außgenommen die Linien so mitten durch den rücken / welche wenig kleine häckle oder spitz hat / etliche bey den augen durch dē schwātz her sind sie in dreyfacher Ordnung grösser vñ stärcker sampt zweyen kleinen Fischfäckten zu end deß schwantzes. Ist am obern

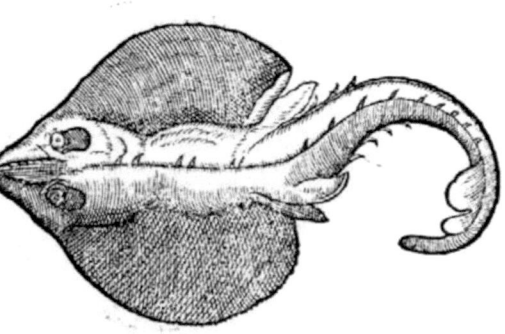

ort äschenfarb / mit viel krummen Linien gleich dem Schamlot / von dannen er den namen bekompt.

Von dem dritten Geschlecht.

Raia Oxyrhynchos minor.   Kleiner Spitzroch.

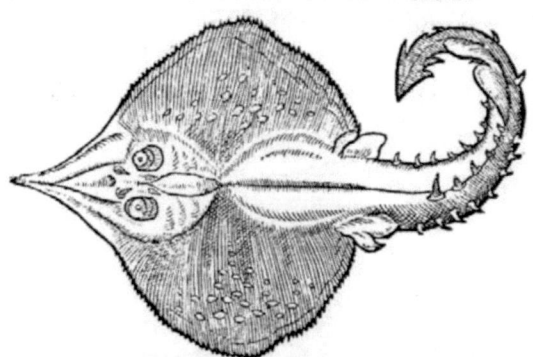

Dieser ist auch einer vnder die Glatrochen zu zehlen / von wegen seines spitzigen schnabels / von dem er den namen bekommen : wirt gantz groß / auff der obern seiten mit vielen flecken geziert / welche sich einer Linse vergleichen / von welchen er auch Linseroch genennt möcht werden.   Bey den Augen hat er vier dörn : durch den schwantz drey Ordnungen / in der grösse / krüme vnd gestalt vngleich : die letzten so am schwantz / krümen sich gegē dem kopff : an den vndern seiten sind auch etlich gar scharpff / gegen dem maul gekrümpt : mitten der kiffbacken hat er zän gegen dem rachen gekrümpt / ist mit anderer gestalt den ersten gleich.

Von dem vierdten geschlecht.

Raia Oxyrhynchus maior, quam aliqui Bouem antiquorum esse putant.
Grosser Spitzroch / Wallroch / Meerochß.

Dieser Fisch ist auch einer auß den Glatrochen / dem obern fast vngleich / außgenommen der spitzig schnabel oder maul / von welchem er auch den namen bekompt grosser Spitzroch / oder Wallroch : dann er zu mercklicher grösse kompt / daß er

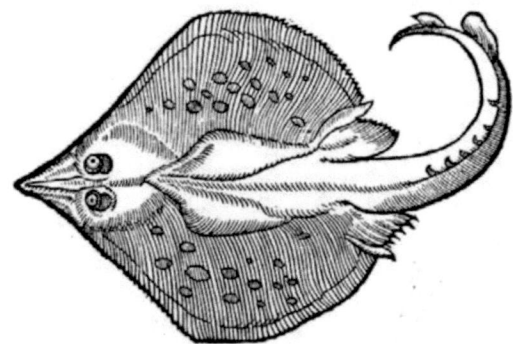

gar nah möcht ein Wallfisch geachtet werden/ hat an seinem leib gantz keine Dörn/
außgenommen am schwantz/ an welchem er allein wenig in einer Ordnung hat. Etlich achten solchen Fisch für den Meerochß der Alten von seiner grösse wegē/Item daß
er in seinem Maul kleine schwache/als bewegliche zän hat: mit welchen Zeichen Opia-
nus den Meerochß beschreibt. Darzu kompt der nam/ dann etliche jhn ein Kuh nennen. Mit anderer gestalt ist er den ersten gleich.

Von dem fünfften Geschlecht.

Raia oculata & læuis.   Spiegelroch/ glatter Spiegelroch/
Augenroch.

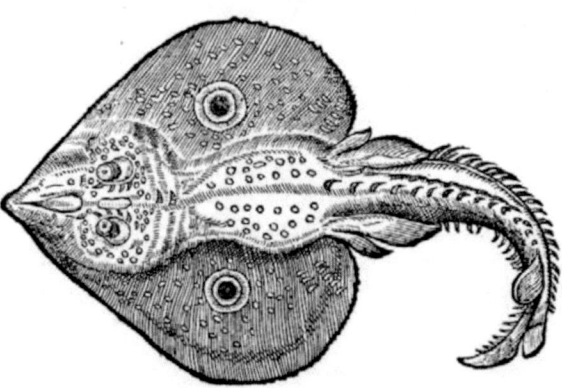

NDer die glatten Roch sol auch dieser gegenwertiger Fisch gezehlt werden/ von
seiner gestalt wegen vnd flecken Spiegelroch/ oder Augroch genañt. Ist den vorderigen an der gestalt gleich: hat einen durchscheinenden schnabel oder spitz: ist
sonst oberhalb braun mit vielen dunckeln flecken besprengt: auff jeder seitē hat er einen
grossen flecken/welche sich einem aug oder Spiegel vergleichen: hat an seinem Leib viel
mehr Dörn dann die ersten/oder zwo vordern: der schnabel am vndern theil ist rauch:
am schwantz hat er der Dörnen fünff Ordnungen/ist ein gantz schöner Fisch.

Ein

Breiten Krospelfischen. 70

Ein andere gestalt deß Spiegel Rochs/ so mir von Cornelio
Sittardo zugeschickt.

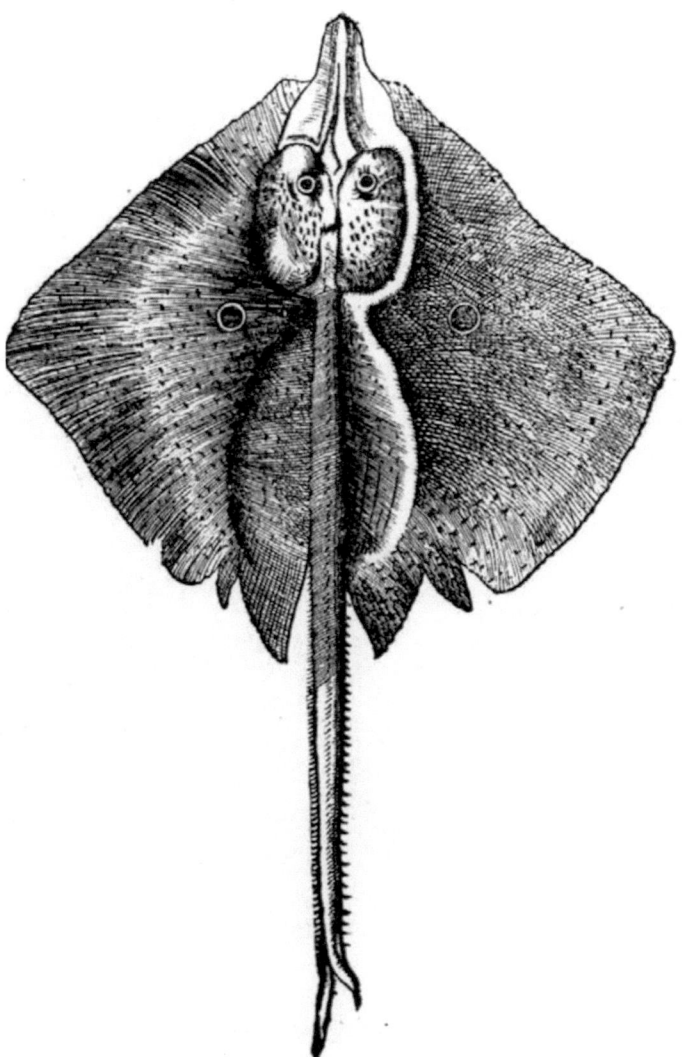

Von dem sechsten Geschlecht.

Raia asterias. Stern Roch/ Glatter Stern Roch.

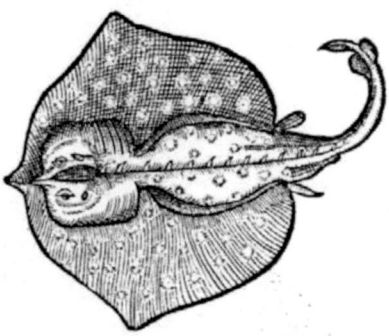

Dieser ist auch auß der zahl der
Glat Rochen/ wirdt selten ge-
fangen/ auß welcher vrsach er
menniglichen vnbekañt ist. Hat vnderscheid von dé andern daß er allein dörn
mitten durch den rücken der lenge nach
hat/sonst gantz keine. Oberhalb ist er
mit schönen Sternlein geziert / von
welchen er den namen bekompt. Sein
schwantz klein/vnd kürtzer dann in den
andern Rochen: sein kopff vergleicht
sich mehr dem ersten geschlecht deß gifft
Rochs hievor beschrieben/dañ den gegenwertigen Rochen. Wohnet allein
im tieffen weiten Meer/auß welcher vrsach er selten gefangen wirdt. Solches sind die
glatt Rochen nach einander erzehlet. Von der art/natur der Thieren vnd jrem Fleisch
wirdt hernach zu endt der Fischen geredt werden.

Von den Rochen so nicht glatt/ sonder rauch vnd dornecht sind.

Von dem ersten geschlecht.

Raia oculata & aspera. Ein raucher spiegel Roch.

Dieser ist dé glat-
ten spiegel Roch
gätz änlich/allein
daß er vil raucher dörné
zu beyden seité auf den
Flügeln hat/ vnd durch
dé gantzé leib/ viel mehr
vnd stärcker dörn dann
der glat spiegel Roch.
Es ist auch nit zu achté/
daß solche fisch allein vn
derscheid haben von dem
geschlecht/sonder es wer
den in jeder gestalt mäñ-
lin vñ weiblin gesehen.

Das ander geschlecht.

Raia asterias aspera. Raucher Stern Roch.

Nder die rauch Rochen wirt auch dieser gezehlt / so den namen bekompt von den
Sternen/ welche sich durch den gantzen leib erzeigen/ist gantz voller Dörnen allenthalben. Solcher Fisch möcht in zwey geschlecht getheilt werden/ das erste
so ster-

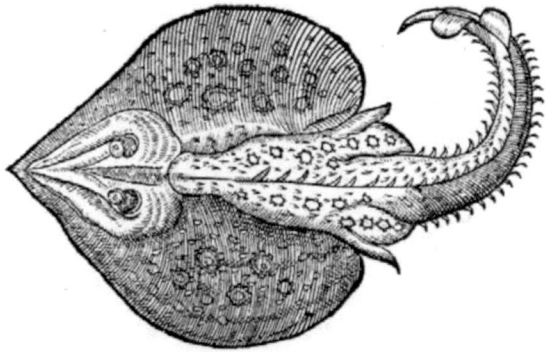

so Sternen hat/ mitten weiß/ welche vmbgibt ein kleiner Circkel mit schwartzen Puncten: der leib gantz voller Dörnen. Das ander hat solche Sternen gantz weiß/ mit viel minder Dörnen. An statt der zänen haben solche rauche Kiffbacken.

Von dem dritten Geschlecht.

Raia Clauata. Nagelroch.

DJeser Fisch wirdt auch vnder die Rauchrochen gezehlt/ bekompt den namé von den krumen dörnen oder ángeln/ so sich einé krummen nagel vergleichen : entspringen auß ronde bein: ein gelblechte Leber hat er/ an welcher hanget die Gall/ so dünn vnd wässerecht ist. Solche Leber wirt vnder die edlesten vñ lieblichsté

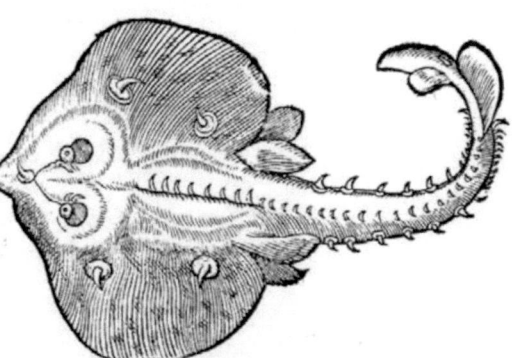

speiß gerechnet/ ist feist/ wirdt ohne arbeit in öl resoluiert/ dienstlich zu der Artzney/ als hernach wirdt gehört werden.

Von dem vierdten Geschlecht.

Raia clauata altera. Das ander Geschlecht deß Nagelrochs.

DJeser Roch hat ein spitzigern schnabel dann der vorig/ ohne angel/ hat keine zän/ an statt derselbigen rauche Kiffbacken. Auff jeder seiten hat er acht langer scharpffer Dörn/ welche in allen andern nicht gesehen werden. Ist sonst an der Farb áschenfarb.

Der neundte theil/von den

Von dem fünfften Geschlecht.
Raia spinosa.   Ein Dornroch.

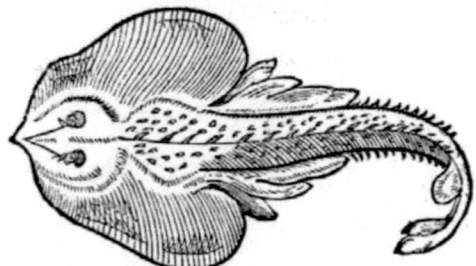

Jeser ist dem Glatroch gantz ähnlich / außgenommen daß er lange dörn auff der haut hat.

Von dem sechsten Geschlecht.
Raia aspera.   Rauchroch.

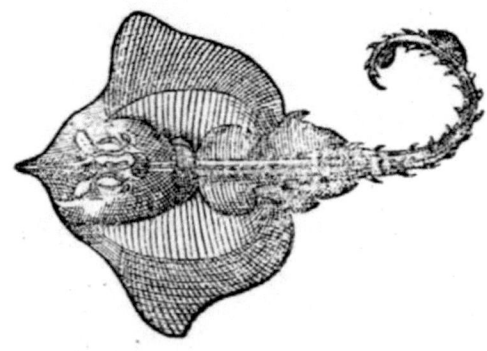

Diesen

Jesen nennen wir rauch Roch zu vnderscheid der andern/dieweil er seine säcken voller kleiner dörnen hat/mitten auff dem leib keine.

Von dem siebenden Geschlecht.

Raia Fullonica. Karten Roch.

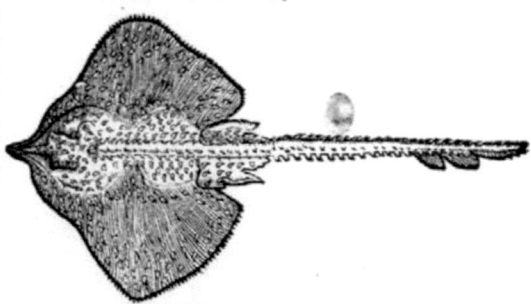

Jser beköpt auch den namen von seinen dörnen/so sich dem Instrument/ Karten genannt/ vergleicht/ ist allenthalben durch den gantzen Leib voll.

Von dem achten Geschlecht.

Raia asperrima. Gantz raucher Roch/Hechy Roch.

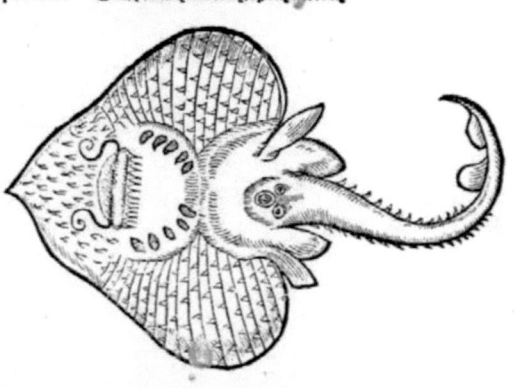

Jser Roch ist obē vñ vnden so voller dörnē vñ starcker spitzen/daß er ohne verletzung nit mag gehandlet werden / allein ergreifft man jn bey den zweyen Fischsäcktē bey dem schwātz. Ein solche gestalt deßvndem theils haben auch alle andere Roch / hat auch keine zän als der mehrertheil/ sonder an statt derselbigen rauche/harte/beinechtige kiffbacken.

Von dem Geschlecht der Rochen so Olaus
Magnus in seinen Tafeln mahlt.

Solchen Rochē malet Olaus/welcher ein vndergesencktē menschē/von dē Meer hunden zu grund gezogen/auß natürlichem anmut ein zeitlang beschirmt.

Der neundte theil / von den

Von den 3. Figuren der Rochen so von D. Conradt Gäßner geseßt worden.

Die erste.

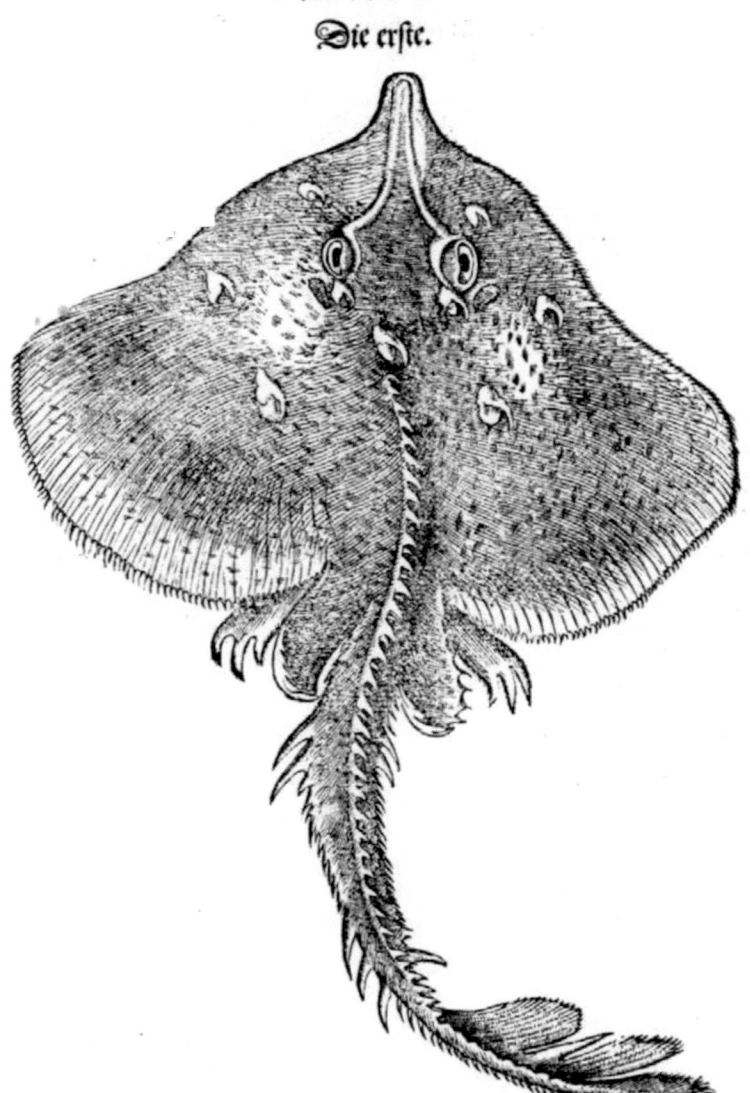

Es von Venedig ihm zugeschickt / vergleicht sich dem ersten Nagel Rech / ist mit braunen flecken besprengt / ist sonst finster gelb.

Die

Die ander Figur.

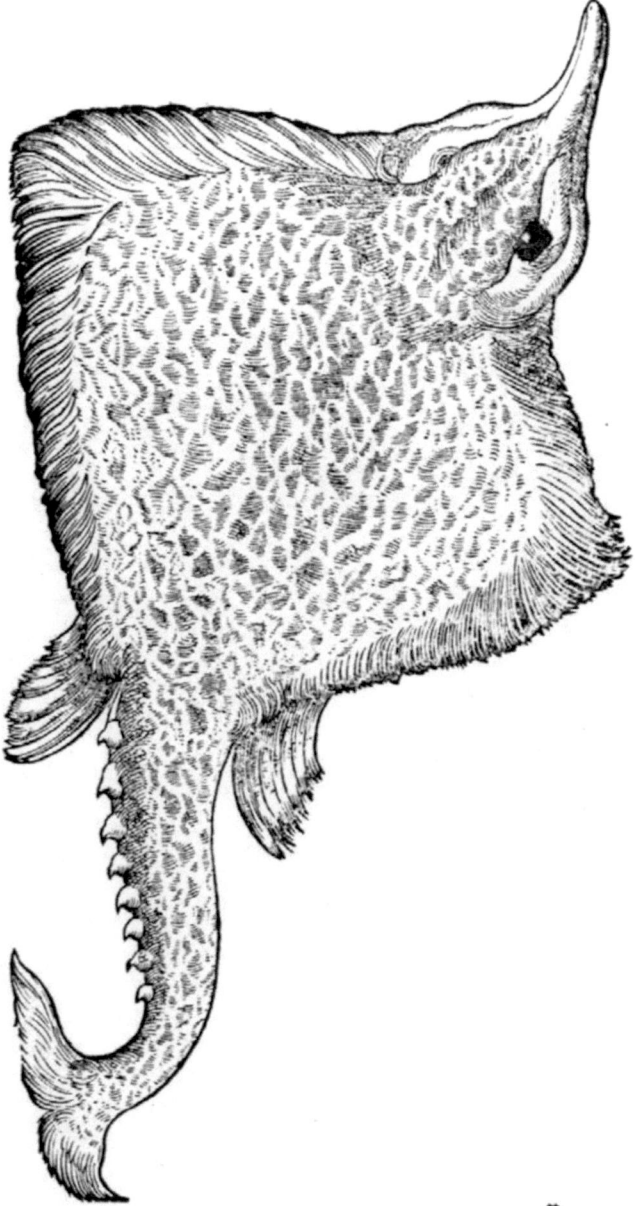

n

Jeser ist auch zu Venedig abconterfetet worden: der leib ist schier aschenfarb/ mit braunen flecken: aussen vmb den leib herumb/rotlecht. Mich bedunckt zu den Spitzrochen dienen/wiewol er sich keinem andern gantz vnd gar vergleicht.

Die dritte.

Die Apotecker vñ ande-
re landstreicher gestal-
ten die leib der Rochen
in mancherley gestalt nach jr
gefallé mit abschneidé/krüm-
men/zersperré/in Schlangé/
Basilisckē vnd Tracken gestalt. Solcher gestalt eine ist
hiher gsetzt/damit hernach sol
cher trug vnd bschiß gemerckt
werde. Ich hab ein landstreicher bey vns gesehen/der ein
solche form für ein Basilisck
gezeigt/so doch allein auß dē
Rochen gestalt ist worden.
Von Art/Natur vñ Eigenschafft
der Thieren.

Dise fisch wonen gemein-
lich an lättechtigen/mießech-
tigen orten/nicht weit von ge-
stadten/schwimmen mit der
breite jres Leibs/ist langsam
vnd faul in dem schwimmen/
sind fleischfrässig/geleben der
andern kleinē fischen:mehren
sich gleich andern fischen:ver-
gleicht sich mit der fruchtbarkeit den Hünern:dann ob sie
gleich nit mehrt/dañ ein oder
zwey schalechtige eyer zu vnderst in dēLegdarm oder mutter haben/welcher eins hie ab
conterfetet gesetzt ist/haben
sie doch ein vnzal kleiner Eyer
oben in dem Legdarm/welch e
mit der zeit auch vollkömlich
gestalt werden/je eins nach
dem andern/gleich als in den
Hennen geschicht.

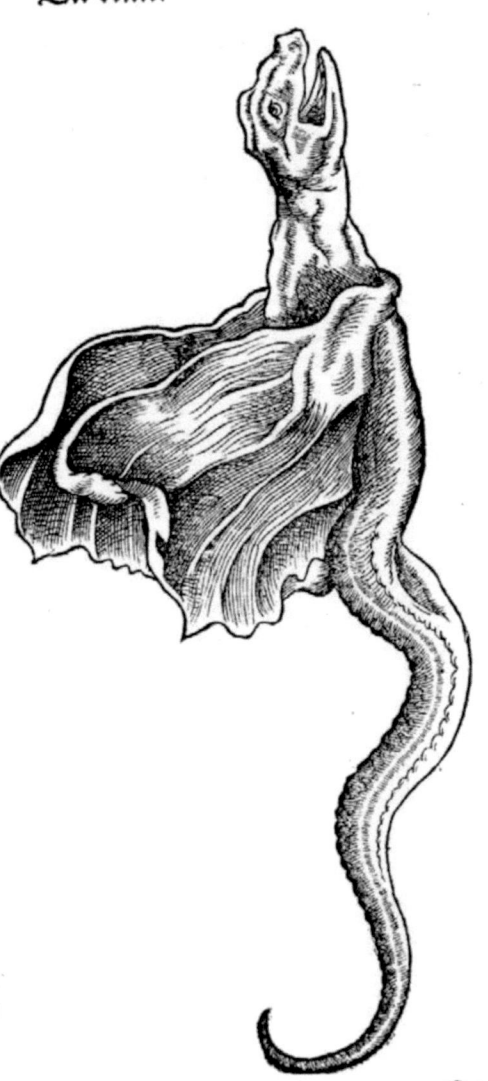

Von

Von der gestalt der Eyer.

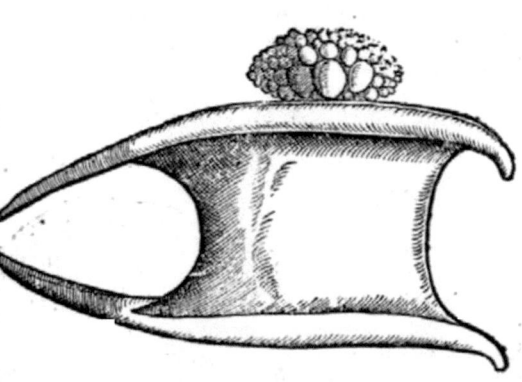

Je eyer so obé auff der figur deß grossen eys gesehē/werden erstlich one schalē empfangen vñ gestalt/oben in dem Legdarm/welcher etliche mit der grösse den hennē eyern vergleichē/etliche kleiner/etliche kaum einer erbs groß/gleich als ein eyrstock in dē hennen/sollen zu zeiten mehr dañ 100.gezelt werdē. Auß solchen/so gar nahe vollkommen werden in den boden der Mutter herab getruckt/mit einer schalen vmbgeben/in welcher weiß das Dotter/vnd das gelbe gesehen wirt/als in den Hünereyern.

Die schalen aber vnder dem Eyerstock so one schalen gezeigt/ist gleich einem Küssen/zu end hat er riemlē/gleich einem nestel. So viel von der fruchtbarkeit dieser Thieren.

Auß den Rochen wirt allein von dem glatten Sternroch geschrieben/daß er in tieffem Meer vñ lautern wassern wonet/welches auch ein besser löblicher fleisch vrsachet.

Alle Rochē/Flachfisch/Item alle andere fisch so krospelen an statt deß gebeins oder gräten hat/ligt Winterszeit im grund verborgen/schreibt Aristoteles.

So rauhe/dörnechte/scheutzliche Fisch sindt die Rochen/daß sie von keinem anderen Fisch mögen gessen werden/dem von dem Sgat fisch vñ fraßhunden.

Von dem fleisch der Thieren.

Die Rochen haben allesamen ein rauch/hart/vndäuwig vngesundt fleisch/eines argen gesaffts/hat ein vnlieblichen geruch/so es von dem kaat/vñ Meer bekompt/auß welcher vrsach sie etwas bessers werden/wo sie an andere ort weit von dem Meer gelegen geführt werden/vnnd behalten/dann sie verlieren also ein guten theil deß vnangenemen geruchs/werden gesotten auß essig gessen/oder erst darnach gebacken. Ist ein schlechter fisch/wirdt von niemand gessen/dann allein so man anderer Fischen mangel hat/ist so hart/trocken vnd zähe/als wenn einer ein gesotten tuch frässe. Doch als vorgehört/wirt das Fleisch deß glatten Sternrochen/für anderer fleisch gepriesen. Item das Fleisch deß grossen Spitzrochen ist auch nit böß. Die Leber ist das beste von solchē fischen/wirt sonderlich gelobt.

Etliche stück der artzney so von solchen fischen in brauch kommen.

Die Gall von den Meerrochen frisch/ist gar dienstlich den bresten der ohren/Item auch mit altem Wein.

Die Leber sampt der Gallen wirt gebraucht zu dem beissen vnd räude.

Von dem Zitterfisch.

Torpedo. Ein Zitterfisch/oder Schläffer fisch. Von mancherley Geschlecht/form vnd gestalt der Fischen.

Je Zitterfisch so vnder die Flachfisch vn̄ Krospelfisch gezehlt werden / ob sie schon all gleichförmig gestalt / so haben sie doch etwas vnterscheid / an augen / flecken / mackeln vnnd etlicher anderer gestalt / als hernach ordentlich auß den Figuren mag ersehen werden.

Von dem ersten Geschlecht.

Torpedo oculata prima.   Der erste augecht Zitterfisch.

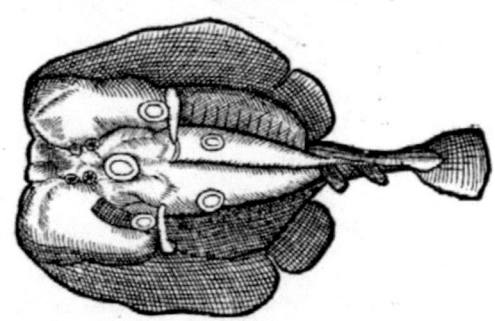

Iser erste auß dē Zitterfischen bekompt seine namē vō den fleckē auff seinē rücken / so sich einem aug vergleichen / Zitterfisch aber / oder schläffer / oder krampfffisch auß der vrsach / daß so er angerürt / bringet er dz zittern der glieder vnd den krampff derselbige / machet sie einen vberwillen entschlaffen / auß welcher krafft er bey den Latinern vn̄ Griechē den namen bekompt. Die augen solches fischs vmbgeben circkel / mit weissem vnd schwartzē vnterscheidet / vergleichen sich gantz einem aug. Oberhalb sind sie rötlecht als röttelstein / etliche gelblecht / vnden weiß. Ist vornen breit vn̄ dünn / hinden endet er in ein dicken / fleischechtigen schwantz / welcher zu end sich einem steurruder vergleicht. Hat kleine augen nach der gestalt seines leibs / ein klein maul an der vnder seiten / gleich einem halbgewachsenen Mon / mit kleinen zänen / dabey zwey löcher an statt der nasen / hat ein gestalt gleich als ob er kein Kopff hette / hat doch ein hirn / hat eine weisse leber gantz zart / eine grosse gall / ein glatte schlipfferige haut / kompt nit zu mercklicher grösse / selten zu 6. pfunden. Sömliche innerliche gestalt sol auch von den nachkommenden verstanden werden.

Das ander geschlecht.

Torpedo oculata altera.   Der ander augechtig Zitterfisch.

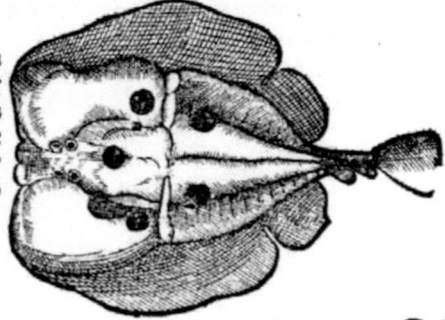

Iser hat von dem erstē kein vnderscheid / dann daß er die Augen oder Maculen rund vnd gantz schwartz hat / one vmbgebende Ringle oder Circkle / ist auch der vorigen an der farb gleich.

Das

Das dritte Geschlecht.
Torpedo maculosa. Gefleckter Zitterfisch.

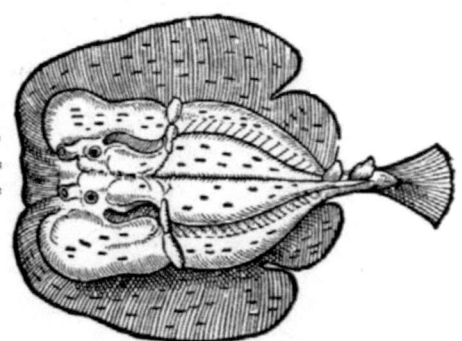

DJeser hat allein kleine flecken auff mancherley ge-
stalt/ on ordnūg bespren-
get.

Torpedo maculosa supina. Das letze ort deß ge-
fleckten Zitterfischs.

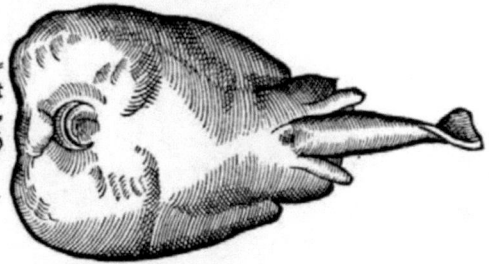

VOn diesem fisch ist hieher auch die letze gestalt
gesetzt / damit die ge-
stalt deß mauls gesehen möch
te werden.

Das vierdte Geschlecht.
Torpedo non maculosa. Der Zitterfisch ohne
maculen oder flecken.

Die erste Figur.

DJe erste vnd kleiner gestalt der vngefleckten
Zitterfischen.

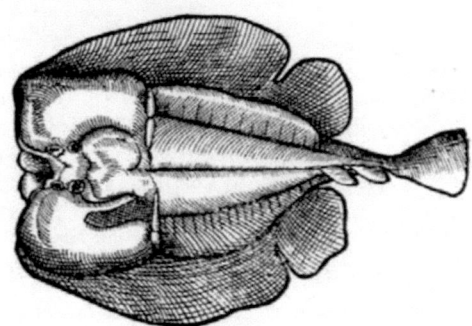

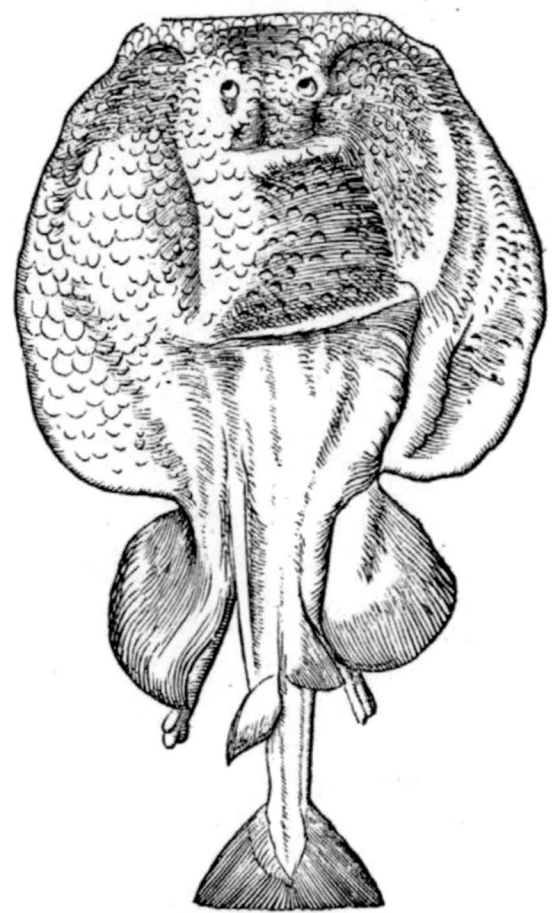

Die ander vnnd grösser Figur hie zugegen ist dem Hochgelehrten herrn Doctor Conrad Geßner von dem gelehrten mann Cornelio Sittardo zugeschickt worden / ist vil besser vnnd baß abconterfetet dann die andern alle: wirt one alle flecken oder maculen gesehen / an der farb dem ersten gantz gleich.

Von der letzten Figur oder gestalt der Zitterfischen.

Egenwertige grosse gestalt oder figur hat Doctor Conrad Geßner von einem Maler von Venedig bekomen / keinen andern hievorgesetzten sich vergleichende / vermeint er sey nit wol abconterfetet worden.

Von Art vnd Natur der Thieren.

Dise Fisch wonen allein in lättechtigen / katechtigen orten vnd pfützen deß Meers / schwimpt mit seiner breite langsam vnd träg / vnd mit den hindern zweyen fischsäckten: verbirgt sich in den grund deß Meers zur zeit deß Winters.

Der

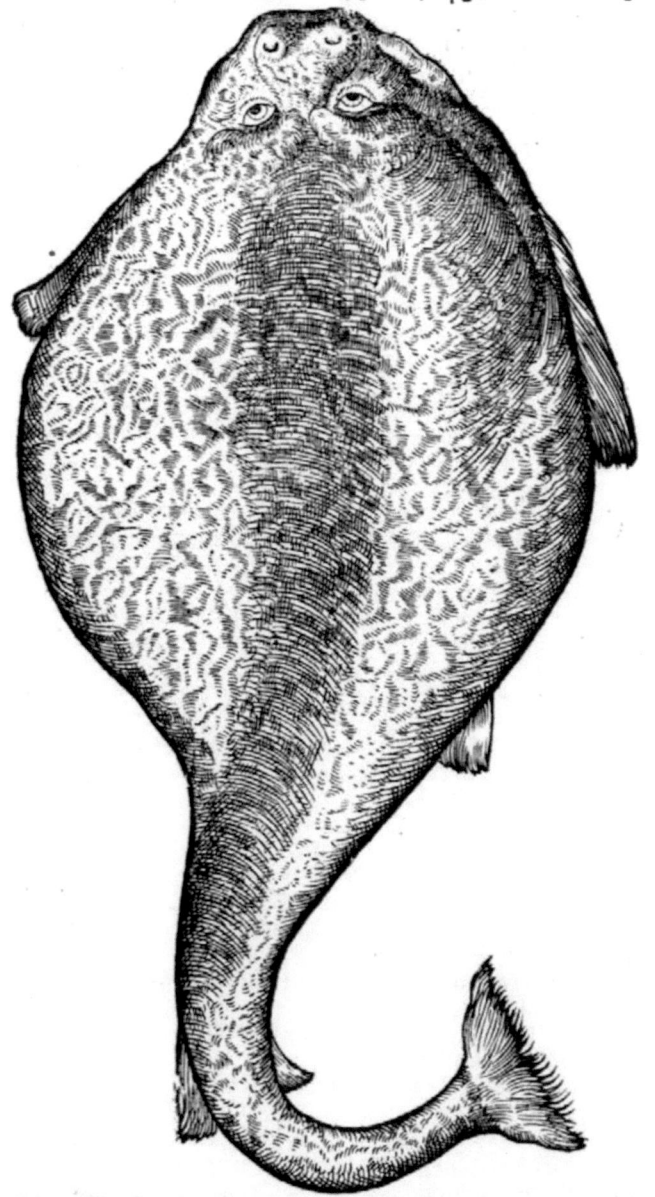

Der Zitterfisch gebirt linde Eyer in jm selber / schleifft dieselbigen auß noch in seinem Leib / gebirt lebendige Frucht / dann solt er die Eyer g ebären / möchten sie also lind

nit beschirmpt im wasser werden/ solche Junge fasset er alle in sich durch das Maul/ so
forcht oder gefahr vorhanden ist. Es schreibt Aristoteles von einem grossen Zitterfisch
der 80. Juge in sich gehabt/ sol gesehen seyn. Es wohnen auch etliche solcher Fischen in
den Flüssen/ als im Fluß Nilo/ welche von denen so im Meer wohnen kein vnderscheid
haben.

Von natürlicher anmutung vnd listigkeit der Thieren.

Wiewol die Zitterfisch von Natur im schwimmen langsam vnnd träg sind / so hat
doch dieselbig natur jne ein solche kunst vñ krafft verlihen/ daß sie auch die aller schnel-
lesten fisch zu jhrer speiß vnnd nahrung kriegen mögen/ nemlich was sie berürt/ daß
solchs zu stund entschläfft/ müd/ lam vnd todt wirt. Auß der vrsach ligt sie auff dem
grund zerthon als todt/ bewegt sich nicht/ Welche Fisch dañ jnen nahend vnd berüren/
auch sonst in den wällen/ wassern vnd andern orten von jnen berührt/ oder sonst vmb
sie herumb schwimmen/ die werden allsamen entschläfft/ müd/ vnbeweglich vnnd
todt.

Sömliche krafft erzeigt sie nit allein gegen den Fischen vnnd Thieren so in wassern
wonen/ sondern auch gegen dem Menschen/ gegen den Fischern/ welchen sie zu zeiten
in die Garn kommen/ dann die krafft sol auch durch die seil vnd garn an jren Leib kom-
men/ dermassen daß sie die angelruten vnnd garn wider jhren willen müssen fallen lassen / solches ist den Fischern wol bewust/ werden von keinem angetastet/ dann so sie
mit der hand berührt werden/ vorauß so sie verletzt oder truckt/ so entschläfft das glied/
bekompt von grosser mechtiger kälte so von solchem fisch fleußt/ ein vnentpfindligkeit/
vnd entschlaffen.

Item das wasser so vmb sie her berühret wirdt/ so sol auch gleicher weiß solcher gifft
so von jren gantzen leib fleußt/ solch glied/ verletzen vnd entschläffen.

Item so sie mit einem langen stecken/ruten oder spieß von weitnuß berührt werden/
so sol auch solch gifft dem holtz nach/ vnnd durch das holtz an die hand deß Menschen
kommen/ so krefftig ist es. Sömliche krafft vñ gifft haben sie allein so sie lebendig sind/
dann so sie todt/ werden sie one gefahr von menniglichen berührt vnd gessen.

Als zu zeiten in abfliessung deß Meers einer diser fischen blieben/ sich mit springen
gern hette wider in das wasser geworffen/ von einem jungen Gesellen vnbehutsam mit
füssen getretten ward/ jhn an den sprüngen zu hindern: hat er angehaben an dem
fußtritt zu stund gantz erzittern/ dann er vrsachet nit allein/ so er angetastet wirdt/ ein
entschlaffen der gliedern/ sondern auch ein mechtig zittern.

Von dem Fleisch der Fischen.

Wiewol etlich der Alten das fleisch dieser Fischen gelobt/ sol es doch endlich gescholten werden/ als ein harte/ zähe speiß/ hart zu verdäuwen/ eines argen gesaffts/ eines
vnlieblichen geschmacks vnnd gestancks/ wirt von niemand gessen/ dann von den Armen in der theuwre anderer Fischen. Hippocrates lobt die speiß von solchen Fischen/ in
den Lebersüchtigen vnd außserbenden.

Artzneyen von solchen Fischen.

Die lebendigen Zitterfisch werden auffgelegt/ denen so alte Häuptwehe haben/ vnd
dem außgefallenen sitz. Item den Bresten deß Miltzes/ vrsachet auch ein ringe geburt in die stuben getragen.

Sein fleisch in essig gefüllt/ an die harechtige ort gesprêgt/ macht die har außfallen.

Item an die schmertzen der gleychen gebunden / heilt zu stund. Item solcher fisch
gleich lebendig in öl gesotten/ vnnd das öl mit wenig wachß gemischt/ ist die aller köstlichste artzney zu dem Podagra. Sein gall an die hodé gestrichen/ vertreibt die geilheit.

Item die gall mit essig angestrichen/ an die verwirten augbrauwé macht sie außfallen.

Der

Der zehende theil/ von den Meer-
thieren/ so begreifft die lange Krospelfisch.

Von andern kleinen Hundfischen/ so von den Grie-
chen Galei genennt werden. Erstlich
von dem Dornhundt.

Von seiner gestalt.

Tlich der Hundfisch sind hievor erzelet wor-
den/ dieweil aber der klei-
nen Hundfischen von den
Griechen Galei, von den Latinern Musteli genannt/noch mehr sind/wöllen wir dieselbigen der ordnung nach beschreiben/vnnd an dem anheben/so von seiner Spitzen wegen
Dornhund genennt wirt/welcher doch ein vnderscheid hat von dem so nachher Stachel-
hund genennt wirt werden.

Diser ist äschenfarb/hat zwo starcke vñ scharpffe spitzen auff dem rücken/an welche
die fecken behafftet sind/hat grosse augen/einē weiten rachen. Diser kan nit seine jungen in den schlauch fassen gleich andern/von wegen der scherpffe der dörnen oder spitze/
welche vor der geburt lind vnd zart sind/ nach dem leych aber erharten vnnd erstarcken
dieselbigen. Hat weiter inwendig ein gelbe zweyfache Leber/ein fünffecket Hertz/Eyer
gleich dem gelben eines Eys/ doch grösser/2c.

Von dem glatten Hundfisch.

Galeus lævis.   Ein glatter Hundfisch.

Von seiner gestalt.

Iser wirt zu vn-
derscheid ein glat-
ter kleiner Hund-
fisch genennt/nit daß er
gantz glat: dann solche
Hůdfisch sind all rauch
sonder dz er glätter: dann
die anderen besunden
wirdt. Ist dem vorgehe-
dē an der gestalt änlich/
doch one dörn oder spitz/hat auch keine zän als der vorgesetzt/sonder an statt derselbigen
rauche Kiffbacken. Ist an seiner gestalt äschfarb. Dieweil nun diese Thier/ als hernach gehört wirt werden/lebendige frucht oder jungen gebären/ist er hie also abconterfetet worden/daß das Junge noch an dem nabel seiner Mutter gesehen wirt.

Diese ander figur ist auch die gestalt deß glatten Hundfisches.

Von dem Sternhund.

Galeus stellatus seu asterias. Sternhundt/ Sternhundfisch.

Von seiner gestalt.

Dieser bekompt sein vnderscheid von den weissen Flecken so sich den Sternen vergleichen: ist nicht so rauch als der Glathund/ sonst mit anderer gestalt jm gantz ähnlich: der flecken oder maculen sind etlich gleich den sterné/ etlich allein rund. Diese sollen zweymal in einem Monat leychen: hat auß allen Hundfischen das beste fleisch.

Von der andern gestalt deß Sternhunds.

Galei stellaris icon Venetijs efficta.

Dieser fisch ist an der farb bleichrot/ hat auff seinem rucken viel schwartzlechter Flecken/etlich braun.

Von art vnd Natur der Fischen.

Mit gestalt/sitten/speiß/vnd nahrung sind diese fisch all gleich/auch mit natur vnd jrer eigenschafft den nachgeschriebenen kleinen Meerhunden. Dann sie gebären ein lebendige frucht/ob sie wol erstlich eyer oder rogen angesetzt haben/ zu mercken ist daß diese Fisch auß den tieffenen an die gestad her auß schwimmen so sie leychen oder gebären wollen/ von natürlicher anmutung wegen zu der wärme.

Von natürlicher anmutung der Thieren.

Plutarchus schreibt viel von natürlicher anfechtung der Thieren/dann in der forcht verschlucken sie jre Jungen/vnnd kotzen sie naher widerumb herauß/welches vrsach geben hat etlichen so geschrieben haben/diese Fisch leychen deß jars manchesmal ohne vnterlaß. Beschauw weiter von den kleinen Hundfischen.

Von

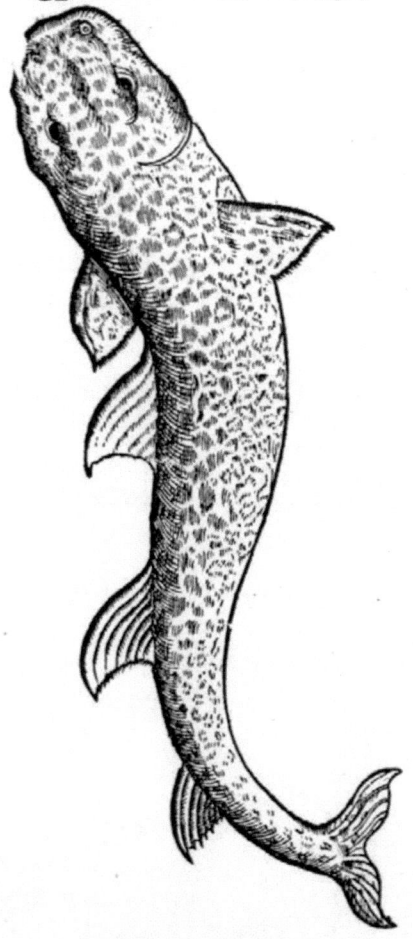

Von jhrem Fleisch.

Ein hart Fleisch habe diese fisch / schwer zu verdäuwen / gebäre ein böß / dick geblüt /
haben einen heßlichen Geschmack / werden allein von den Armen / vnd so man anderer
Fischen mangel hat / gessen. Ir Fleisch wirt auch in etlichen Kranckheiten / die Leber
betreffend / von Hippocrate dem Artzt / gelobt. Die Aegyptier wo sie haben einen menschen wöllen bedeuten der viel gefressen / zur stund kotzet / vnd widerumb frisset / haben
sie der Fisch einen gemahlet.

Von dem Blauwhundt.

Galeus Glaucus.   Ein blauwer Hundfisch/ Ein blauwhund.

Von seiner gestalt vnd grösse.

Jeser ist eigetlich
auß degeschlecht
der Hunden/als
bey anfang von de grossen Meerhunden geschrieben ist worde/köpt
mit seinem Leib auff 4.
oder 5. Elen/ sein Rücken ist lauter blaw/von
dannen er den namen
hat/vnden am bauch weiß/hat bey jedem Kiffbacken zwo Ordnung starcker zänen/ein
dicke/breite/rauche Zungen/ein vberauß weiten langen Magen/ vnd an dem Mäsie
vnden ein Fleischechten Zapffen eines Fingers groß. Dieser ist auch auß der art deren
so ihre Jungen in der forcht in das Maul fassen/ vnnd naher wider herauß kotzen/ ist
Fleischfrässig/ein rechter Fraß/ hat ein rauch/hart stinckend Fleisch.

Von dem Spitzhundt.

Galeus Centrina.   Ein Sauwhundt/ Ein Spitzhund/
Ein Stachelhundt/ Ein Giffthundt.

Von seiner gestalt.

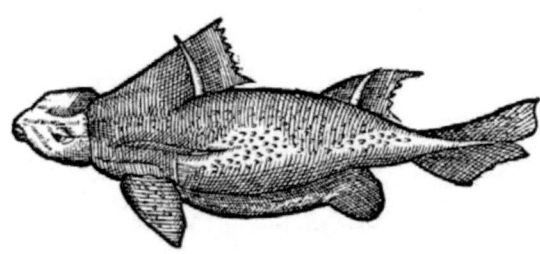

Jeser ist kurtz vnd dick gegen den vorgeschriebnen Hunden zu rechnen/hat seinen
namen von den langen/ scharpffen/ vergifftigen spitzen/ deren er etlich auff dem
Rücken tregt/ welche aussen mit einem schwartzen Häutle vberzoge sind/ sonst
innerhalb weiß/hat ein vberauß rauche Haut/mit kurtzen/ dicken vnnd kleinen Spitzen vberzogen/ vorauß mit starcken auff seinem kleinen vnd flachen Kopff/ hat weite/
grosse/grünlechte Augen/durchscheinend als ein Glaß. Item ein groß Maul/ am
obern Kiffbacken ein dreyfachte Ordnung der zänen/In dem vndern einfach/ welche breit vnd scharpff sind/sein Leber vnd Gallen weiß vnd ein nidergetruckt hertz auch
weißlecht. Ist ein häßlich/wüst/vngestalt Thier/so in dem wust/kaat oder lätt wohnet.
Diese

Diſe andere geſtalt deß Spitz
oder Dornhunds iſt zu Venedig gantz gründlich conterfetet worden.

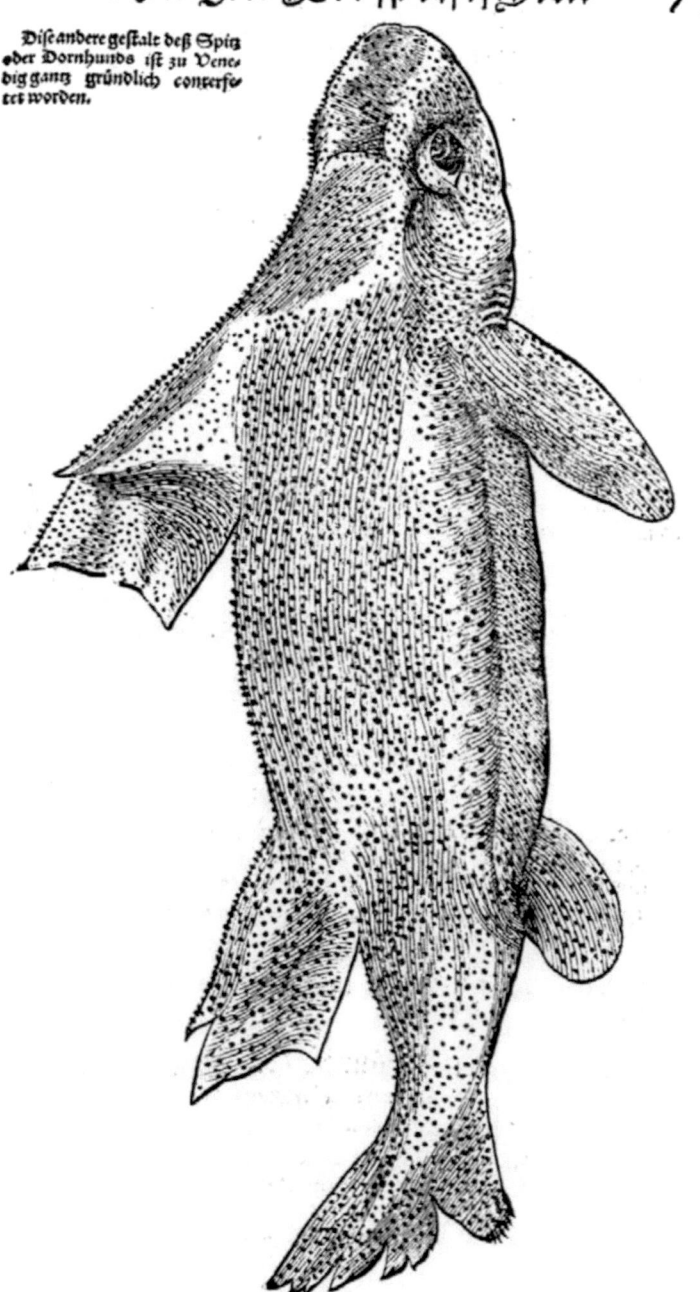

Von dem kleinen Fraßhund.

Maltha Lamiola.　Ein kleiner Fraßhund.

Von seiner gestalt/art/natur vnd eigenschafft.

Iser fisch wirt von
etliché gzehlt vnter
die grossen / grau-
samen Meerthier / ist auß
der art vñ natur der Fraß
hunden oder Hundfisch/
hat ein lind blutt fleisch/
welches den Stulgang bewegt : bedarff keiner weiterer beschreibung.

Von dem Meerfuchß.

Vulpes Galeus.　Ein Fuchßhund.

Wie er gestaltet / vnd von seiner Natur.

Iser ist mit aller
Gestalt andern
Hundfisché än-
lich / allein dz er hinden
an dé schwantz die ober
fäckté schlag hat auff-
gestreckt / empfähet/
leucht vñ gebirt gleicher
gestalt wie der Dorn-
hund/ ist auch mit iñer-
licher gestalt deselbigé änlich/hat einé heßliché geruch/gleich als auch die jrdische füchß
heßlich stincké/wonen allein an gesaltzné wassern/lättechté örté/weit von den gestaden.

Von natürlicher listigkeit der Fischen.

Gleicher gestalt als der jrdische Fuchß das listigste Thier geachtet wirt / also sollen
auch diese fisch sondere listigkeit an jnen haben.　Dann ab dem aaß der angel hat er ein
abscheuwen/vnd so er jn gefressen/so scheußt er der schnur nach/vnd beißt dieselbig ab/
also daß zu zeiten drey oder vier ängel in seinem bauch gefunden werden.

Von jhrem Fleisch.

Diese haben auch ein hart/rotzig fleisch/schwer zu verdäuwen/eines heßlichen ge-
ruchs/nach art anderer Hundfischen.

Von den kleinen Meerh unden oder Fraßhunden.

Canicula.　Ein kleiner Meerhund.

Von mancherley Geschlecht der Thieren.

Llerley Meerhund bekommen jren namen von jrer art/ so sich vergleichet mit freß-
igkeit/geschwinde/rauhe/schnelle/rc. den jrdischen Hunden.　Hievor ist gehört
von den zweyen grossen/hie wöllen wir die kleinen nach einander/jedes geschlecht/
deren gantz viel sind/ordentlich erzehlen vnd beschreiben.

De

Von dem ersten Geschlecht der kleinen Meerhunden.

De Galeo cane vel canicula Plinij.

Von jhrer gestalt.

Die gstalt deß fischs
ist vor augē/allein
zumercken/dz diser
von etlichen Plinij canicula
gehalten wirdt/ auß vr-
sach/dz jm seine auge mit
einem dünnen heutle als
ein wolckē verfinstert werden. Jtem daß er ein sonder grosse begierd tregt nach den blos-
sen/entdeckten/vnnd weissen theilen der Menschen/als den Fischern begegnet vmb die
füß vnd schenckel/welche possen insonderheit einem von Plinio zugeschriben werden.
Wie dem seye/so ist diser fisch auß dem geschlecht der kleinen Meerhunden.

Von dem andern Geschlecht der kleinen Meerhunden.

Canicula secunda species siue Aristotelis.

Von seiner gestalt.

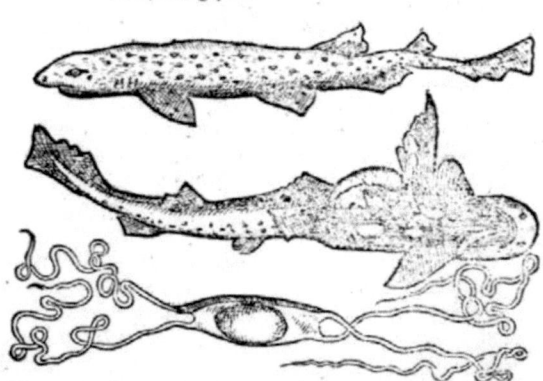

Damit dieses
geschlecht vō
menigklichen
bekāt würd/ist sein
ey/ jtem sein auffge-
schnittner leib/samt
dē weissen düttlinē
auch zwyfachē mut-
ter/ durch abconter-
set/vor augen gestelt
worden. Von solchs
gestalt schreibt inso-
derheit Aristoteles/
fürnemlich dz ey be-
treffend. Jst sonst an
seiner farb rötlech t/mit schwartzen flecken besprengt/mit einer gantz rauchen Haut/so
du jn streichest vom schwantz gegen dem kopff/als ein Feile. Sein ey ist einer schalechten
art/hart/durchscheinend als Horn/ auch an der farb/ in welchem ein Feuchte gesehen
wirt/gleich einem Ey/ist an der gantzen gestalt gleich einem Häuptküssen/ein welches
end lange riemle in sich gekrümpt hangen/als seyten oder nestel/one alle höle. Diser
fisch hat ein vnlieblich fleisch/hart/eines heszlichen geruchs.

Dieser Fisch wirt auch
von Rondeletio für ein
kleinen Meerhund
gesetzt.

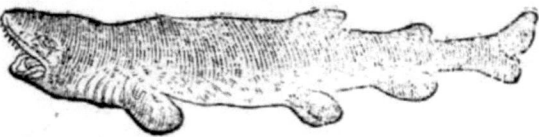

Von dem dritten Geschlecht der kleinen Meerhunden.

Canicula saxatilis.   Stein Meerhund/ Das dritte Geschlecht der
Fraßhunden.

Von seiner gestalt.

Iser fisch ist dē vor-
gehende mit inner-
cher vnnd eusserli-
cher gstalt/ gesäckte/ weiß
vnd form zu gebärē gantz
änlich/ aber am leibe/ grös-
se/ rduhe vñ härt der haut
hat er ein vnderscheid/ dañ der vorder lebt im wust/lätt vñ gstad/dieser in felsen vñ tieffē
Meer/ auß welcher vrsach er selten gefangen wirt/Der vorig ist gemeiniglich ein Elen
lang/ dieser kömpt biß auff zwo/ hat auch so ein harte/rauche haut/ daß man bein vnd
holtz damit feilen vnd raspen mag/ als mit dem Squatfisch. Solche haut wirt auch
gebraucht zu den häfften der Schwerter. Darzu hat er auch die flecken viel breiter
vnd grösser dann der vorige. Sein fleisch ist ein wenig löblicher/ doch nicht minder eines häßlichen geschmacks. Dieser sol zu vnderscheid Steinhund genent werden.

Von art vnd natur aller Meerhunden in gemein.

Zumercken ist/ daß diese fisch ein sonderbare art haben zu gebären/ Dann erstlich
so empfahen sie Eyer/demnach so bekommen dieselbigē ein Gestalt vnd Leben/ dannen
hin so werden sie an ein ander ort bewegt/im leib nemlich in die Mutter/ daselbst werden sie erhalten als ein Kind in Mutterleib/ durch den Nabel/ zu end werden sie frey
ledig vnd lebendig geboren. Solche weiß bedunckt sich mittē seyn den zweyen/ nemlich
deren so Eyer oder Rogen empfahen vnnd leychen/ vnnd denen so empfahen gleich
ein lebendige Frucht ohne Eyer. Der ersten art sind alle gemeine schüppfisch/ vnd süß
wasserfisch.Der andern art sind die/ so eigentlich Wallfisch heissen. Der dritten vnnd
mittlern art sind diese Meerhund/ Hundfisch oder Fraßhund/ sampt etlichen andern
Krospelfischen.

Im Meer sol ein kraut oder mieß seyn/ so zu nacht scheint/ wechst in tieffen Felsen
oder schrofen/ gibt von jm ein glantz vnd schädlich gifft/ welches gifft insonderheit an-
gehends der Hundstagen wirt gemehret vnd gescherpfft.   Zu solchem so diese kleine
Hundfisch als zu einem raub schiessen/ werden sie gentzlich vergifft/zu dem daß sie deß
gifts ein theil fressen/sterben davon/vnnd schweben auff dem Wasser.   Auß solcher
Maul vnd andern theilen samlen die Fischer/ solcher sachen bewußt/ das Gifft/ vnnd
behaltens.

Von natürlicher anmutung der Thieren.

Dise Thier wie bald sie die lebendige Jungen/ als vor gehört/ geboren haben/so
schwimmen sie bey seit der alten/ wo sie jnen förchten oder gefahr mercken/ so schlieffen
sie wider hinein in der alten leib/wo sie herauß kommen waren/ vnnd so die gefahr hin-
dan/ so schlieffen sie wider herauß/als von neuwem geboren.

Ein sondern haß tregt er gegen dem Menschen/sol auch den außgezogenen oder
blossen so vnder dem wasser schwimmen mechtig nachhalten/ von sömlichem kampff
schreibt Plinius sehr lustig/ wie die Fischer einen blossen/ mit einem seil vmb die lende
gebunden herauß zu dem kampff mit einem scharpffen spitz lassen/welcher so er mit
der lincken hand ein zeichen deß kampffs geben/ so ziehen sie jn nach vnnd nach zu dem
Schiff/ ꝛc. welche er zu zeiten von Fischen zu grund gezogen/vnnd zu spat von den
Fischern

fischern zu dem fisch gezogen schreibt. Jedoch ist das one fehl/daß er den blossen theilen
der Menschen stets nachhelt.

Ein Zeichen der sicherheit haben die Fischer/so sie der Flachfischen einen ersehen/
dann solche zu keinen zeiten vmb solche oder andere räubige Fisch gesehen werden.

Von Nutzbarkeit der Thieren/vnd wie sie gefangen.

Diese Fisch tragen wenig nutzbarkeit/dañ jr fleisch ist nicht lieblich/so wirt jr Haut
gebraucht zu den handhäben oder häfften der schwerter. Mit dem Angel pflegt man
sie zu fahen/auch so einer behafftet/herauß gezogen wirdt/fallen die andern so begirlich nachher fahren/daß sie auch zu zeiten in die schiff hinein springe/auch nit von dannen fahren/er seye dann gantz herauß gezogen. Werden also mit garnen vmbzogen/
vnd häuffecht herauß gezogen.

Von dem fleisch der Thieren.

Diese Thier haben alle ein hartdäuwig fleisch/eines vnlieblichen geschmacks: ge-
reren ein arg wüst geblüt. Auß denen werden etlich so sie zuvor außge nomen vnd von
jrem wust entlediget/an der Sonnen gedert/vnd also zur speiß behalten.

Etliche stück der Artzney/so von solchen Thieren in Brauch kommen.

Sein Feißt oder Hirn in Oel gesotten/oder mit essig vnd wasser die Zän damit ge-
spült/nimpt hin jren schmertzen.

Sein Gall vertreibt die geschwär vnd fehle oder flecken der augen. Dise gall sol ein
scharpff Gifft seyn/innerhalb neun tagen tödten/ob gleich schon nur einer linsen groß
in den leib käme. Sol doch mit butter vnd entzian geheilt vnd gedempfft werden.

Von dem grossen Meerhund.

Canis. Ein Meerhund/Seehund/Ein Hundfisch.

Von mancherley geschlecht vnd namen der Thieren.

Er Meerhunden werden mancherley gestalt vnd geschlecht ersehen/von welchē
jedem insonderheit wirt geschrieben werden. Sie haben auch vnderscheid an
der grösse/dann etlich vergleichen sich den Wallfischen/andere sind viel kleiner/
sie haben auch viel andere vnderscheid/als gehört wirt werden an etlichen orten.

Von dem grossen Meerhundt oder
Wallhund.

Canis Charcharia. Der erste grosse Meerhund nach einem
außgederten fisch.

Von seiner gestals vnd grösse.

Jeses ist gantz ein scheußlicher grosser Fisch/gantz schnell vnd sehr räubig/wel-
ches auß seinem rachen vñ grossen fischfäckten mag ersehen werden. In seinem
maul hat er ein dreysache ordnung/starcker spitziger/vmbgekrümpter Zänen.
Zwischen den zweyen vndern vnnd hindern säckten/sol er ein loch haben so sich vergleicht der scham der Weiber/wirt von den Balthischen Völckern so das gestad deß
Meers einwonen Hundfisch genent. Ein wunder ding ist das/daß dieser fischen zu zeiten etliche gefangen sind worden/welche vier tausend pfund sollen gewogen haben/in
denen man gantze Menschen gefunden soll haben. Vnd zu Marsilien auff eine zeit in einem ein gantzer gewapneter Mann. Etliche haben keinen vnderscheid zwischen diesem
Fisch vnnd dem andern grossen Meerhund so folget/so doch ein grosser vnderscheide

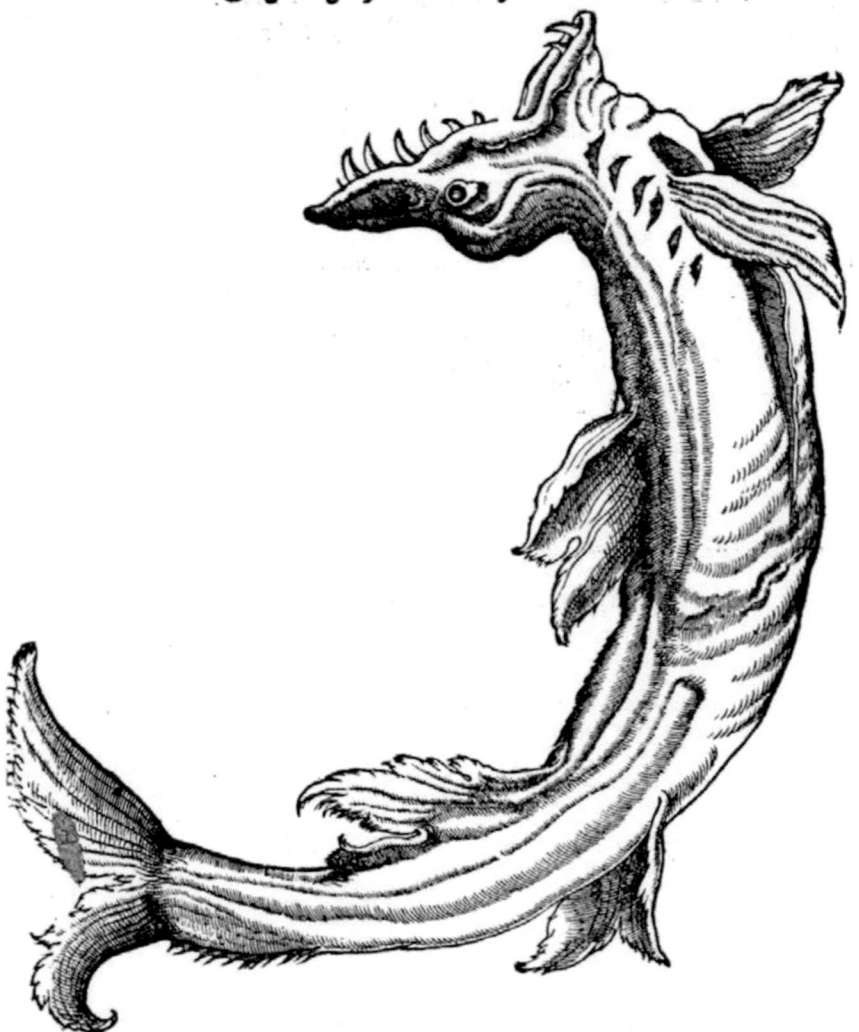

auß den gestalten gesehen mag werden. Es haben auch etliche der alten vnnd neuwen vollkommenen vnterscheid vnder solchen zweyen Thieren erkannt.

Von Art vnd Natur deß Thiers.

Dieser grosse scheußliche Meerhund wohnet in den kleffinen mittẽ deß Meers/nit in dem lätt vnd ort der gestaden gleich den nachfolgenden Meerhunden. Ist zu seiner grösse gantz schneller bewegnuß/räubig vnd arglistig/wider die natur vnd art anderer grossen Wallfischen / wiewol das ist daß sie eigentlich zu reden nit Wallfisch sind: sie haben keine Lungen vnd athemen nit/gebären auch nit eine lebendige frucht one Eyer/ als die so Wallfisch genennt werden. Von

Von natürlicher anmutung der Thieren.

Dieſe Fiſch geleben der andern kleinen Fiſchen / halten doch ſonderlich nach den Amys vnd den Thümmen / von welchen ſie gantz feißt werden. Sind für all ander Fiſch geil / frefelig / hochprächtig / ſtoltz vnd vnverſchampt / alſo daß ſie auch zu zeiten den fiſchern die Fiſch auß den reuſſen vnd garnen freſſen.

Von Nutzbarkeit der Thieren vnd jrem Fleiſch.

Die Haut dieſer Fiſchen getragen / verjagt alle jrdiſche Hunde.

Sein Fleiſch iſt feſt / harter däuwung / gebirt viel wuſt / vnd ein melancholiſch Blut.

Artzney von ſolchen Thieren.

Seine Zän zu aſchen gebrannt / vnd mit honig angeſtrichen / ſeubert den wuſt deß fleiſchs / macht weiſſe zän / vnnd gantz angehenckt / macht die Kinder ohne ſchmertzen zanen.

Von dem andern groſſen Meerhund.

Lamia Rondeletij.　　Ein ander groſſer Meer oder Wallhund.

Von ſeiner geſtalt / euſſerlich vnd innerlich / auch ſeiner gröſſe.

Dſes iſt auch ein ſehr groſſer fiſch alſo dz er zu zeiten von zweyen pferden hart auff einem wagen gezogen mag werdē / die mittelmeſſigen komen auff 1000. pfund / hat einen gantz breiten kopff vñ rücken / welchs Plinium vervrſachet hat / daß er jn vnter die Flachfiſch gezehlet hat / wirt bedeckt mit einer rauchen Haut gleich einer Feilen / vnter welcher etwas feiſte iſt / hat ein gar weiten ſchlauch / ſcharpffe / harte / dreyeckechte Zän zu beyden ſeiten als ein ſage / welcher ſechs ordnungen ſind / die euſſerſte ordnung krümpt ſich auſſer dem maul / die ander iſt auffrecht / die 3. 4. 5. 6. gegen dē ſchlauch hinein gekrümpt / hat ein vberauß weiten ſchlauch / maul / halß vnd magen / hat groſſe runde augen / ꝛc.

So weit ſol ſein ſchlauch ſeyn / daß auch ein gantz feiſter Mann hinein ſchlieſſen mag. Item ſo jnen jr maul auffgeſperret / der vbrig leib bedeckt / ſo ſchlieſſen die Hund ohne arbeit hinein / freſſen die vbrige Fiſch in ſeinem Magen gelegen. Solcher Fiſch wirdt von etlichen geachtet der geweſen ſeyn / ſo Jonam den Propheten verſchluckt / vnnd am dritten tag widerumb an das geſtad herauß geworffen hat / wiewol das iſt / daß die heilige Schrifft einen Wallfiſch nennet / ſo doch dieſer eigentlich zu reden kein Wallfiſch iſt / nichts deſto minder haben auch etliche mehr auß den alten Scribenten alle groſſe Meerfiſch / Wallfiſch genennt. Dieſe Fiſch ſollen viel gefangen werden zu Napels vnd Gennouiv / den Italieniſchen orten.

Von art vnd natur der Thieren.

Ein freſſig / Fleiſchfreſſig / Menſchenfreſſig thier iſt dieſer Fiſch / welchs die tägliche erfahrung bezeugt / wohnet in den tieffinen / wirt an etlichen orten ſelten gefangen.

Von seinem Fleisch.

Dieser fisch hat ein weiß fleisch/nit sehr hart/auch nit eines so gar scheußlichen ge=
ruchs oder geschmacks/auß der ursach wirdt es mehr gepriesen/dañ aller ander Meer=
hunden fleisch/es ist auch nit darum ein abscheuhen von solchem fisch zu haben/daß er
Menschen frißt/dann auch etliche andere kleinere fisch/so zu der speiß in hoher Würde
gehalten werden/halten nach dem Menschenfleisch.

Etliche nennen ein art eines Steins/welchen Plinius
von seiner gestalt wegen Glossopetram genennt hat/vnnd
zeigen denselbigen an statt der Zänen dieser Meerhunde/
welcher steinen bildenuß vnd gestalt wir hiebey gesetzt ha=
ben auß Andrea Theuet.

Von dem Meerschlegel.

Zygæna. Ein Merschlegel/ Ein Meerwag/
Ein Schlegelhund.
Wie er gestalt.

Dieser fisch ist mit seinem Kopff gestalt wie ein Wag oder schlegel/von welcher er
den namen bey allen Nationen bekompt/ hat vnden ein weit maul/ mit starck/
vielen scharpffen Zänen. Ein breite Zungen als die Menschen/ der Rücken
schwartz/der Bauch weiß/ist gantz grausam vnd scheußlich anzuschauwen/hat nit so
ein rauche haut als andere Hundfisch.

Von seiner Art/Natur vnd Eigenschafft.

Seer grosse/scheußliche/grausame Thier sollen diese Fisch seyn/ kommen zu keiner
zeit an dz gestad/auß vrsach allein die kleinen gefangen werden/so sich verschiessen/fres=
sen allerley fisch/verschlucken vnd zerreissen auch die schwimende Menschē.So sie von
jemand gesehen werden/hat man es für vnglückhafftig.

Von jhrem Fleisch.

Jr Fleisch ist geartet/ als ander Hundfischen fleisch/nemlich hart/vnlieblich/ eines
häßlichen/wildlechten Geruchs/wiewol das ist/ daß jres fleisch zu Rom gemeiniglich
gessen wirt.

Von

Von der andern Gestalt.

Caput Zygænæ depictum.

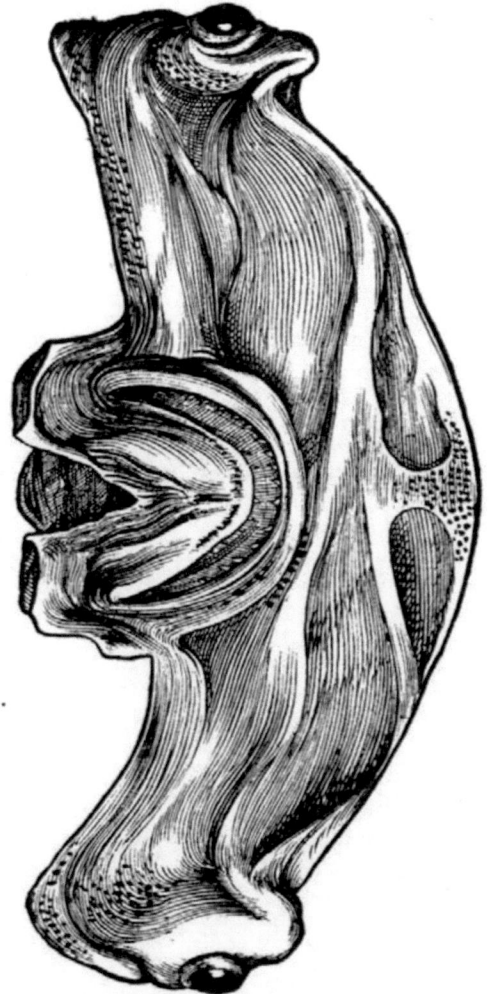

Jeses ist ein außgederter Kopff oder Scheddel von genanntem Hundfisch in Jtalien abconterfetet worden.

Von dem Meeraffen.

Simia marina. Ein Meeraff.

Lianus beschreibt ein geschlecht der Fischen deß roten Meers gantz gründlich/
welches er Meeraff nennet / zu welcher beschreibung gegenwertige gestalt nah
herzu streicht: seine Fäckten streckt er auß als ein fliegender Fisch: auff dem Rücken hinder den säckten hat er eine Spitz hinder sich gestreckt. Ist an seinem Leib gantz
grün/ doch am rücken mehr auff braun gezickt/ vnd die seiten auff bleich : bedůnckt sich
nach einem außgederten fisch abconterfetet worden seyn : ist kommen auß der Landschafft Dania.

Der eilffte theil / von dē Meerthieren/
so begreifft die Kugelfisch oder Rundfisch.

De orbiculatis piscibus.

Von den runden Krospelfischen.

Orbis.   Ein Lumpfisch/ Ein Kugelfisch/ Ein Schnottolff/
Ein Meerfläsch.
Wie dieser Fisch gestaltet.

 iese Fisch sollen
Kugelfisch genennet
werden / von wegen
jrer gestalt/ so sich ei-
ner kegelkugel vergleicht. Diser erste Lumpfisch wirt vmb vnd bey
dem außfluß Nili gefange/ ist gätz
rund wie ein fläsche/ gätz on schüp-
pen/ mit einer rauchen hartē haut
bedeckt wie ein Igel : hat ein klein

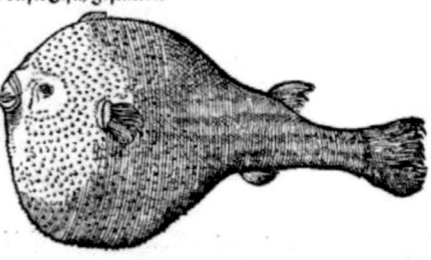

maul mit vier breiten Zänen : kompt nit in die speiß/ dann es ist nichts an jm dann der
kopff oder bauch. Man pflegt jm die haut abzuziehen/ mit Baumwollen außzufüllen/
also in andere land zu verkäuffen fertigen. Man henckt sie auch in die Tempel/ Apote-
cken vnd andere ort zu einer zierd.

Von

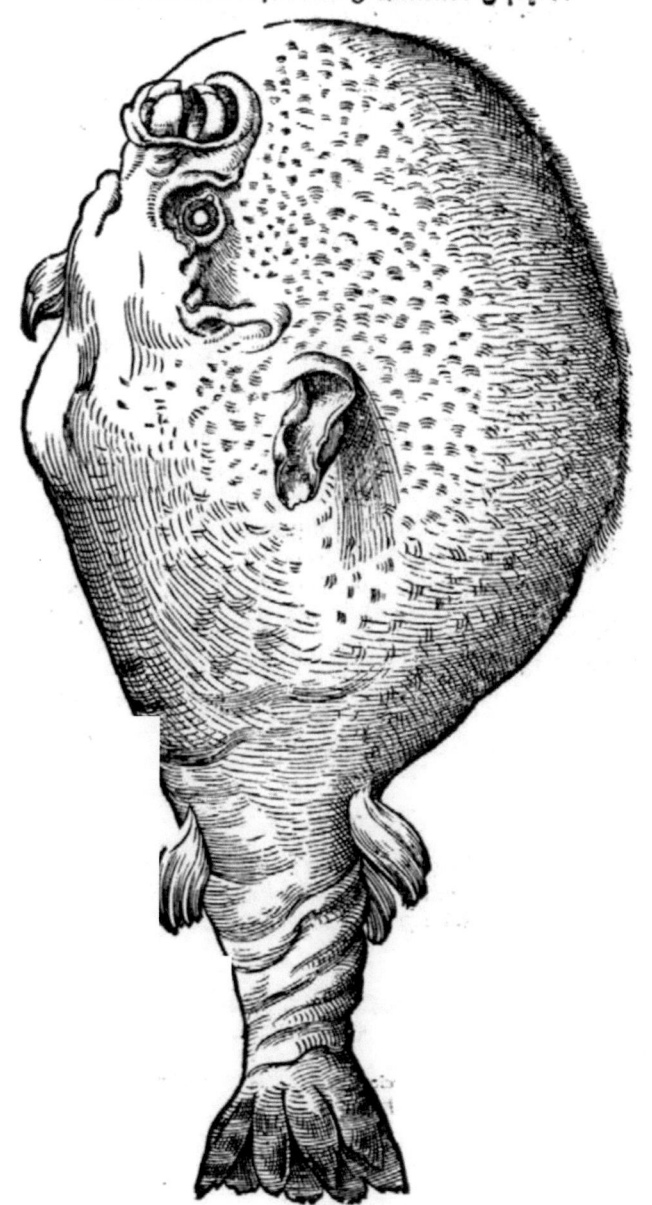

Jese grosse gestalt vorbeschriebenen fisches ist zu Franckfurt von einem außgederten abconterfetet worden / welches schwantz one den runden leib / einer zimlichen spannen lang gewesen.

Von dem andern Geschlecht der fischen.

Orbis Scutatus.　　　Ein Schnuderfisch / Ein Schnottolff.

Wie sie gestaltet.

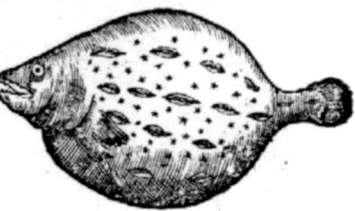

Jeses ist auch ein runder Fisch / hat
doch sein Maul mehr außgestreckt /
vñ durch seine leib beinle oder krospelen / länglecht als eyer / darzwischẽ viel spitze
oder dörn / wirt gar selte gefangẽ / kõmt nit
in die speiß. Etliche nennen jn Seehan / dz
er auffgehenckt / sich kehrt nach dem wind /
mit seinem Maul den zeigt / von weliche:n
ort er konime.

Von der Stachelkugel.

Orbis Echinatus siue Muricatus.　Ein andere art deß Schnottolffen
oder Schnuderers / Ein Stachelungen / Ein Igelfläsch.

Wie er gestalt.

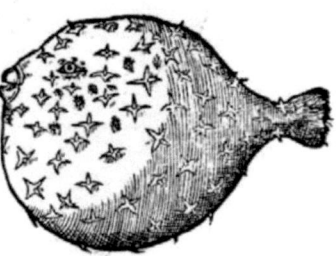

Er aller ründest auß den Fischẽ ist dieser / wirt in dem Mitnächtigen Meer
gefangen / hat vnderscheid von denan-
dern / daß er dörn hat von vilen spitzen / als die
wurff oder fußeisen / solcher dörnen oder spitzen hat er so viel / daß er hart mag auffge-
haben werden / man begreifft jn dann bey dem
schwantz / sol viel bey Engelland gefangen
werden.

Von jrem Fleisch.

Auß allen runden fischen sol diser allein in der speiß gepriesen werden / so man jm sein
haut außzeucht / dann er sol sehr feißt seyn / viel blut haben / so er rötlecht ist / als ein erst-
geboren Kind / so behelt er den preiß / dann die weissen sind nit so löblich.

Von etlichen andern Geschlechten der
Schnottolffen.

Orbis Oceani speciesalia.　　Ein andere art des Schnott-
fisches oder Seehasen.

Wie er gestaltet.

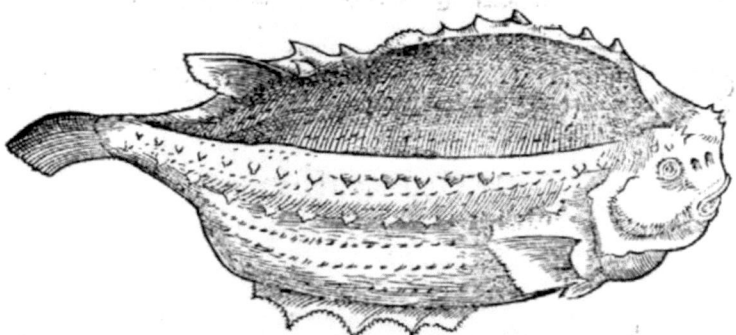

JN dem hohen Teutschen Meer wirdt dieser Schnuderfisch gefangen/ in solcher
gestalt/ als hic erzeige wirt: dann er von einem lebendigen grundtlich sol abconterfetet worden seyn. Oben auff dem Rücken ist er an der Farb gewesen als die
jrrdischen Fröschen bey seits/ vnd vnden auß blawrolechtem vnd grünem gemischt. Zu
Antorff sollen sie äschenfarb gefangen werden.

Von dem Englischen Lumpfisch.

Orbis Britannici siue Oceani species.　Ein Lumpfisch.

Wie dieser Fisch gestaltet.

Dser sol der rech-
te Lüpfisch seyn/
so bey den En-
gelländern gefangen
wirt: doch wöllen etlich
die zween fäckten bey dé
schwantz seyé vberflüs-
sig. Der Rücken sol
rotlächt seyn/ vnnd der
Bauch weiß/ sol keine
Bein oder grät haben/ sonder allein Krospelen: hat einé Kopff vñ maul als ein Frosch/
kleine augen/ ein rauhe haut. Sol ein gut Fleisch haben/ lieblich zu essen.

Von dem Hogerlump.

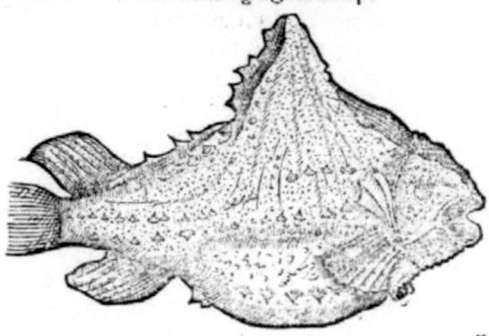

p

Der eilffte theil/von

Orbis Gibbosus. Ein Hogerlump/Ein art deß Schnottolffs
mit einem hohen Rücken.

Von seiner gestalt/vnd wo er gefangen.

Jeses ist ein sehr scheußlicher Hogerlump/wirdt in dem Baltischen Meer ge-
fangen/mit einer dicken zehen haut vberzogen/mit vil spitzen/samt einem greu-
lichen Hoger.

Von dem langen Lumpfisch.

Orbis oblongus. Ein rauer Lumpfisch.

Wie dieser gestaltet.

Jser ist dē ande-
ren Lumpfischē
oder Schnuder
fischen etlicher gestalt
gleich mit haut/schnu-
der oder schleim/spitz oder dörnen/allein daß er nit so rund ist. Ist wol müglich dz durch
kunst deß außderrens der fischen etlich zu solcher gestalt gebracht seynd worden. Sol
nicht ohne arbeit gefangen werden: denn so er den angel verschluckt/oder sonst mit dem
garn vmbzogen/sol er sein schnuder herauß kotzen/sich damit besudlen vnd schlipfferig
machen/sich zusamen ziehen in ein kugel/vnd sich also herauß schwingen.

Von dem Meermond.

Orthragoriscus siue Luna piscis. Ein Monfisch.

Von der scheußlichen gestalt vnd grösse der Fischen.

Rosse/lange/dicke fisch sind dieses/gantz vnge-
stalt/vbel proportioniert/wie ein zimlich Faß/
sind mit einer rauhen dicken haut bdeckt/silber-
farb/oder wie das gebrannt Erdreich/haben ein klein
maul/breite zän/kleine runde augen: sein schwantz ist
als ein wachsender Mon/hat ein weiß fleisch als kut-
teln/vnd vil feiste oder speck als ein Schwein.

Von art vnd natur der Thieren.

In dem wasser auch so er gefangen wirt/sol er girn-
sen oder wenssen wie ein schwein/bey nacht mit etliche
theilen also scheinen vnd glentzen/daß man achtet/es
scheine ein flam oder liecht/oder sonst glentzende matery auß im/also dz zu zeiten die Menschen von solchem
schein oder glitz ein schrecke vñ forcht angestossen hat.

Von jrem Fleisch.

Ihr fleisch so es gesotten wirt / so ist es nit anders als leim so man auß dem leder
siedet/oder als dz fleisch der gesaltzen küttelfischen/eines gantz heßlichen geruchs/auß
vrsach er von niemand gessen wirt.

Von Nutzbarkeit vnd Artzney von den Thieren.

Viel weisse feiste oder schmaltz haben diese fisch / dienstlich zu den liechtern/doch
so gehet ein heßlicher fischlechter geruch davon. Solche feiste ist auch gut vnd dienstlich

lich zu den ſchmertzen dergleichen/ vnnd ſtarrechten glidern/mit mäl auff die Eyſſen oder Apoſtemen gepflaſtert/macht weich vnd zeitig / auch weicht ſolches fleiſch allerley harte geſchwer der lebern/miltzes oder anderer innerlichen theilen.

Von dem andern Geſchlecht obgenannter Fiſchen.

Orthragoriſci ſpecies altera.   Ein anderer Monfiſch.

Wie dieſer geſtaltet.

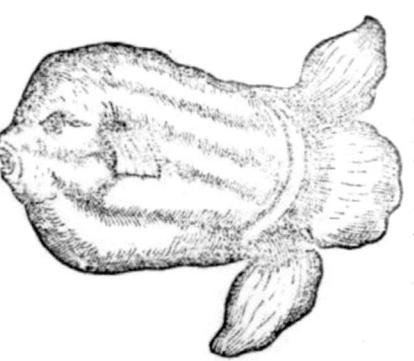

Jeſer iſt zu Venedig gründtlich abconterfetet wordē/ gefangen im iar 1552.nit weit von Venedig/welcher im erſten anſchauwen die Welt bedunckt ein vngeſtalt kugelfleiſch ſeyn/gantz rund/ mit einer haut bedeckt one ſchuppen vnd har/ ſein maul ſo klein/daß ſich zu verwundern war/in einem merck lichen thier/hat ſonſt weite bauſſende augen/als ſtieraugen/an ſtatt der zänen hat er harte Rieffbacken/ der ſchwantz vier ſchuch lang/mit dreyē ſäckten/alſo/daß die breite von der vndern ſäckten biß zu ende der oberen neun ſchuch bracht. Die lenge deß Fiſches acht ſchuch/die dicke oder höhe gar nach ſechs ſchuch/vnd in welchen theil man jn weltzet/ ſo behielt er ſein geſtalt vnd höhe. Als er auffgeſchnitten/hat man ſein Hertz/leber vnd miltze grōſſer gefunden/dañ ſo ſie von einem Rind kommen weren. Sein farb war braunrot / als nemlich in ſonderheit die vier ſtrich an der ſeiten/ darzwiſchen war er weißlecht/vorauß die ſäckten deß ſchwantzes/doch alſo / daß an keinem ort die braunrot farb nit erſchienen ſeye. Solche Fiſch ſollen zu mechtiger grōſſe kommen/zwey mal grōſſer dann ein Ochß/alſo/daß ſie auch die Schiff mit jren ſäckten zu grund kehren.

Von jhrem Fleiſch.

Sein fleiſch ſol weiß geweſen ſeyn/ nicht vngleich an der feiſte dem Schweinfleiſch mit Speck vmbzogen fünff oder ſechs zwerch finger dick.

Der zwölffte theil/von den Meerthierẽ/

So begreifft allerley grosse Wallfisch/ Meerwunder vnd Schiltkrotten.

Von den Wallfischen/ grossen Meerfischen oder Meerwundern. Erstlich in gemein/ demnach von jedem insonderheit.

Cetus.   Ein Wallfisch.

WAllfisch werden fürnemlich die geneũt/so groß sindt/vollkommene lebendige Thier gebären/auß ihrem Samen/gleich den vierfüssigen Thieren/nit von Eyern. Als da ist der Delphin/Braunfisch/Meerhund oder Meerkalb vnd dergleichen/wiewol auch etliche andere grosse Meerfisch solchen namen gekriegen. Doch wirdt hie eigentlich von den Wallfischen geredt werden/welche von ihrer grösse wegen vnd gleichnuß so sie mit den vierfüssigen Thieren haben/Meerthier genennt sind. Dann sie werden gleicher weiß empfangen vnd geboren/haben Lungen/Nieren/Blatern/Hoden/Zümpele/Item die Weible Mautzen/Hoden/Brüst oder Dutten/Milch vnnd dergleichen/haben auch den jrdischen Thieren ein gleichförmig Fleisch.

Was vnderscheid die Wallfisch haben/ vnd von ihrer mercklichen grösse.

Die Wallfisch sind an der innerlichen vnd eusserlichen gestalt oder erschaffung/vnd an der grösse vngleich/Dann etliche haben grosse/lange/starcke zän/etliche kleine/aber derselbigen viel/etliche gleich den Wolffszänẽ/andere gantz keine/sondern an solcher statt lange Bürst/etliche haben Rören dardurch sie blasen/etliche allein Löcher auff der Nasen/bey den augen. Sie geleben auch vngleich/dann etlich als die Balenen/oder Braunfisch deß schaums vnd gesaltzen Wassers/etlich der Fischen/von welchen allen hienach insonderheit wirdt gehört werden.

Von gestalt der Wallfischen.

Die grossen Wallfisch haben keine schüppen/ sonder allein ein dicke glatte haut/haben keine oren (Branchias) sonder von wegen der Lungen/Rören oder Löcher/durch welche sie das Wasser so sie mit der speiß verschluckt/widervmb herauß kotzen oder speyen/ziehen auch durch solche den Lufft/dann es vnmüglich/daß die Fisch so ohren haben/athmen oder blasen/dieweil sie kein Lungen haben. Denen aber so lungen haben/sind von natur Rören oder sonst Löcher erschaffen/durch welche sie das gesoffen Wasser herauß kotzen/vnd zu dem Wasser/herauß gestreckt/den Lufft an sich ziehen. Lungen sind inen erschaffen auß der vrsach/daß solche mercklich Thier zu der bewegnuß mehr hitz bedörffen/als Aristoteles schreibt.

Zu solchen Rören so einer Elen lang seyn sollen/kotzen sie zu zeiten so viel Wassers/daß sie gantze grosse Schiff mit Wasser ertrencken. Seine Fischfedern so von vielen Sprossen zusamen gesetzt/sollẽ gantz schön seyn/gleich dem Gehörn/schwartz/als die Büffels Horn/brechen nit von dem biegen/glätzen an der Sonnen gleich dem Gold/sollen in dem Alter weiß werden. Das maul oder letzsten seind so weit daß man Schiffle davon bereitet/Ehe dann sie die kleinen Fisch verschlucken/müssen sie sich vmbwenden/den rücken zu grund kehren/dann sie den Schlund vnder dem Schnabel haben/Solches hat die natur gethan zu bewarung der andern Fischen. Alle Wallfisch haben Gallen/außgenommen der Delphin/welcher auch seine Hoden innerhalb dem Leib hat.

Von

Von mercklicher grösse der Wallfischen.

Merckliche grosse Wallfisch werden in dem weiten Meer gesehen/auch zu zeiten auff das land geschleifft/oder sonst vom ungewitter außgeworffen/als hernach durch etliche lustige geschicht sol gehört werden.

Von den grossen Wallfischen / welche den Heerzeug deß grossen Alexanders erschreckt haben mit scheußlichem auffblasen deß wassers/wirt hernach geschriben werden in der histori deß Wallfischs so den namen davon bekompt.

Die Macedonier als sie auß Mesambria gen Thoram schifften/als Nearchus bezeuget/sollē sie wallfisch gesehen habē / so an dz gestad herauß geworffen fünfftzig elē lang/mit einer schuppechtigen haut einer elen dick.

Juba der Geschichtschreiber in den büchern die er zu dem Keyser Caio/deß Augusti son auß Arabien/geschriben hat/bezeugt/daß in Arabia in einen fluß Wallfisch sollen kommen seyn auff sechs hundert schuch lang vnd drey hundert vnd sechtzig breit: auch die feiste solcher thieren zu mercklichem brauch kommen seyn.

Item Turannus schreibt/dz an die Gaditanischē gestad Wallfisch herauß getribē seyn sollen/welcher weite zwischen zweyen federn deß Schwantzes 16.elen gehabt/das maul 130.zän. Die grösten einer elen lang/die kleinesten eines halben schuchs.

Bey Cadara/so ein halbe Insel ist deß roten Meers/als Plinius schreibt/trettē thier auß dem Meer auff das erdrich gleich anderm Vieh/weiden sich/vnd graben die wurtzeln auß dem boden/gehen oder kriechen dann wider in dz Meer/etliche gleichförmig dē Pferden/Eseln vnd Stierköpffen/welche auch die saat abweiden sollen.

Einem solchen scheußlichen Wallfisch ist auch die aller schönste Andromeda fürgebunden/vñ von dem Perseo entlediget/welcher das grosse thier getödt hat. Marcus Scaurus der Römer sol zu erst solche Gebein vnder anderm wunder zu Rom gezeigt haben 40.schuch lang/der Ruckgrad anderthalben schuch.

Wo aber einer were/der solcher mercklichen grösse der Wallfisch nit gläubē/sonder für ein gedicht haben wölte / der gebe doch glauben der Biblischen histori/als der Prophet Jonas von den schiffleuten herauß geworffen / zu hand von einem grossen Wallfisch verschluckt/in welchem er drey tag gelebt/demnach widerumb auff das lād herauß geworffen ward.

In dem Indianischen Meer werden die Wallfisch fünffmal grösser dann gleich die aller grösten Helfanté/auß welchen ein ripp auff zwantzig elē lang sich erstreckt/ ein Lefftzē fünfftzehē elen/der federn eine bey dē kopff siben elen lang/als Elianus bezeuget.

Es schreibt auch genannter Elianus/daß in dem Meer/so die Landschafft Taprobana vmbgibt/ein vnzal der grossen Wallfischen gesehen werden/auß welchē etlich haben angesicht der Löuwen/Pantherthiern/vnd der Widder/auch der Affen/etliche angesicht der Weiber/welchen an statt deß hars dörn herab hangen:item viel grausamer scheußlicher thieren/welche sich zu zeiten auff den grund herauß lassen/vñ ersteigen die bäum bey nacht/schütten die frucht herab/fressen dieselbige/kehren dañ widerumb in das Meer. Albertus schreibt von einem scheußlichen Meerwunder/so in dem Britannischen Meer sol erschienen seyn/gleich einem Kriegßmann.

Der groß Albertus in dem Buch von den geschichten der thieren schreibt also:

Der Wallfischen sind mancherley gattung: dann etlich sind rauch / dieselbigen sind die grösten. Etlich haben ein glatte haut/sind kleiner / solcher werden zweyerley in vnserm Meer gesehen/spricht Albertus/das ein hat lange scheußliche zän/welche der mehrertheil einer elen sich vergleichen/zu zeiten zwo oder drey lang/gar selten vier/vorauß die zween so Hundszän genennt werden/kommen zu solcher lenge/gleich den hörnern/bereitet zu dem kampff.

Der zwölffte theil / von

Das ander Geschlecht hat keine zän gerüst zu saugē/ ist kleiner dañ das vordrig/ hat viel ein lieblicher Fleisch/haben beyde keine ohren/athmen zu den Löchern oder Rören herauß gleich den Delphinen/haben beyde ein dicke schwartze Haut ob den ohren/ Augen so groß/daß ein ort darin das Aug gestanden 15.Menschen fassen mag/ zu zeiten 20. haben lange streimen/oder Hörner ob den Augen/ mit welchen sie die Augē beschliessen zur zeit deß Vngewitters/gemeiniglich 8.schuch lang/ gleich einer Hauwsägesen/an der zal 250.vñ jedes aug an die Haut gelegt/ koñen zu mercklicher grösse/ dz sie ripp haben wie die grossen Träm der Häuser. Solcher sol vier jucharts Feldts einnehmē durch die breite seines Bauchs: Der gröste so Albertus gesehen/hat 300. Karren beladstiget/ die Gebein sampt dem Fleisch zu stücken geschroten. Solcher schwere werden auch selten gefangen: aber deren so 200.oder 150.Karren beladstigen/werden gemeiniglich gefangen (spricht er) seine naturliche Glieder hat er innerhalb dem Leib/ so er nollen wil/ streckt er den Zumpel herauß: die Maußen der Weiblein gleich einer Frauwen Maußen/machen kürtze arbeit/ gleich allen Thieren/welchen die Hoden in dē Leib verborgē ligen.Das Männlein hat vberflüssigē Samē/ auß der vrsach ein theil so herauß fleußt von den Fischern auffgesamlet/wirt eines edlen Geruchs/fast köstlich zu manchen Kranckheiten/wirt Ambra genēnt/dergleichen blust deß Meers. Solche Fisch habē viel schmaltzes oder seißte/vorauß in dē Kopff bey dē Hirn. Zu meiner zeit/ spricht Albertus/sind solcher viel gefangē. Einer in Frießlād bey dem ort so Staiuria genēnt wirt/ welches kopff als er bey dem aug mit einer spitz durchstochen/ eilff Krüg voll schmaltzes geben hat/welcher Krügen einer kaum von einē menschen mocht getragen werden.Solches spricht Albertus/ hab ich selber gesehen. Ein anderer sol auch in Holland gefangen seyn/vnd sein Kopff viertzig Krüg voll schmaltzes geben haben.

Etliche Teutsche namen der Wallfischen/welche Hubertus Laguetus/ als er von Hamburg in Eyßland geschiffet/ wargenommen/ vnd etlichen Freunden mitgetheilet hat.

Andwall/ist 23.klaffter lang/wirt von niemand gessen.

Blotewall/das ist/blutiger Wall/ist nicht zuessen.

Fischskeck/ist 30.schritt lang/verfolget die scharen der Häringen.

Gerwall/ist nit zu essen/wirt also genēnt võ seines langē spitzigen schnabels wegen.

Hauerkeytte/ist 30.schritt lang/ hat Marck vnd Vnschlät gleich einem Ochsen: mag Rinderwall genennt werden.

Karckwall ist auch 30.schritt lang/hat 70.zän/ welche die Schmid begeren zu jrem brauch:mag Zanwall genēnt werden: wiewol auch der Rusor solchen namē bekompt.

Nachtwall/ist 20. Elen lang/hat zän 3. Elen lang.

Nonwersrack/ist 50.Elen lang/verschluckt vñ kehrt vm die Leut/Schiff vnd Viehy als auch der Rußwall.

Nordwall lebt von Tauw vnd Regen/12.schritt lang vnd breit.

Rauenschwall/das ist/ Rappenwall von der schwartzē farb/köpt nicht in die speiß.

Rorewall/solcher sol einer milten natur seyn/gantz groß vnd dick/30. schritt lang.

Rußwall/ist 50.schritt lang/verschluckt gātze schiff sampt dē leutē/kehrt sie zu grūd.

Schellenwinck/80.schritt lang/kehrt auch die grösten Schiff hervmb.

Schiltwall von seinem Schilt genānt/wirt nicht gessen.

Schlichtback/von härte wegen seiner Haut/30.schritt lang/förchtet die menschen.

Wangwall/ist 12.schritt lang/hat zän gleich einem Hund.

Wintinger/wohnen nah bey den Inseln vnd Schlossen der Inseln 20. schritt lang/ sind lieblich zu essen.

Wittewall/das ist/Wießwall ist nicht zu essen.

Das Meerthier genānt Herill/ist im 22.Jar deß Ostermontags außgeworffen an
das

das Gestad in Seeland/ist funden zwischen Wickham vñ S. Werppin/72. Schuch lang/14. Schuch hoch: der Platz zwischen den augen vnd dem rachen/7. schuch: von solchem Fisch als er zu stücke gehauwé/hat man 140. Häringsfäßlein gefüllt/der grind gleich einem Eber/ein schüppecht Haut/als ob sie von kleinen Muscheln were.

Zu Gripswald in Pomern/ist auch zu zeiten ein grosser Wallfisch gefangen worden/daselbst in dem obersten Tempel abgemahlet/mit schöné Sprüchen dabey/sol 22. schuch lang gewesen seyn/gantz vberauß groß.

Plinius schreibt von etlichê Wallfischen/welche 960. schuch lang/vñ etlichen andern so 240. schuch an der lenge gehabt sollen haben: Nearchus schreibt von 23. schritten.

Zu Mompelier in S. Peters Tempel/wirdt ein Ripp von einê Wallfisch gezeigt/welches ich selbst gesehen hab 28. Schuch lang.

Es sollen auch etliche Wallfisch 4.mahl so groß seyn als gleich der grôste Helfand/daß auch zu zeiten die Schiffleut vermeinen/sie haben bey nacht den Boden/Grundt oder Erden funden/vnd ihre Encker auff sie werffen/sich zu ruhen begeben: welche dañ auß ersehen oder spüren deß Feuwers/sich zu grund schwencken/Leut/Schiff vnd alle Waar zumal herunder ziehen/Von solcher mächtigen grösse wirt hernach mehr gehört werden in dem Gejägt der Wallfischen.

Von natur der Wallfischen.

Alle die Wallfisch so Rören oder sonst Löcher haben/athmen/dann sie sind nicht ohn ein Lungen als vor gehört.

Die Wallfisch kommen an keine dünne/enge ort oder gestad/sonder wohnen allein in den Tieffenen deß weiten Meers/sind schwer/langsamer fauler art vnd bewegnuß/allezeit frässig/von grösse wegen jhres Bauchs vñ Magens vnersättlich/auß welcher vrsach auch sie sich selber fressen/der stärcker vnd grösser den mindern vnd kleinern.

Die Wallfisch nollen gleich andern Thieren/ja nicht vngleich den menschen/dann sie haben jhre natürliche Glieder den andern jrrdischen Thieren gantz gleich/saumen sich nicht lang in solchen Geschäfften/gebären ein vollkomne lebendige Frucht/haben Dutten oder Vter/Milch/säugen zu zeiten zwey Junge/welche den alten nachfolgen/welches von vielen Fischern deß Teutschen/Englischen/Flandrischen vnd Illirischen Meers gesehen vnd wargenommen ist.

Von natürlicher anmutung der Wallfischen.

Es schreibt Aelianus daß alle Wallfisch einen Führer/Leiter/oder Furirer müssen haben/welcher jn vorschwüme/den raub so vorhandê/gefahr von den Fischern anzeige/welches den Fischern bewust/mit gantzem fleiß dem Führer nachhalten/welcher so gefangen/der Wallfisch/als seines Gleitmans beraubet/gar nah blind/von wegen der grösse vñ feiste/one sondere arbeit/bey den Felsen vmbschweiffend gefangen werde.

In der gefahr oder forcht/Item gegenwertigkeit grosses Vngewitters/sollen die Wallfisch ihre Jungen in das Maul oder Rachen hinab schlucken/vnnd nach etlicher zeit widervmb herauß kotzen.

Die grossen Wallfisch werden erschreckt mit wildem/grausamen Getümel/Trummeten/Trummen/schreyen/klopffen/bochen/vnd schlagen. Item von dem Getümmel der grossen stücken der Karthaunen/vnd dergleichen. Fahren mit grossem gewalt/vngestümme in dem Meer daher/bewegen grosse Welle/werffen scheußlich Wasser auff/vber die Schiff herein/vnd trucken dieselbigen zu grund.

Mit was Kunst oder Listigkeit die grossen Wallfisch gefangen/werden.

Die Fischer damit sie die grossen Wallfisch fahen vnd gedämmen mögen/lassen jnk groß starck Angel oder Hacken bereiten/an eysen Ketten gehafftet/an welche Ketten läge starcke Seiler geknüpfft sind/an die Hacken stecké sie ein Stier Hamé oder Leber/

zu eufferst an die seil hefften sie viel auffgeblasener Gaißheut als blatern/ legen es ordentlich in den schiffen/ damit es one verwirrung nachhengen möge. So sie den zeug
also bereitet/ haben sie acht auff den Fisch/ ob er mercklich groß oder klein sey. Dann so
er allein das gnick über das wasser herauff streckt/ achten sie jhn gantz groß seyn/ so er
den rücken herauff streckt/ ist er nit so gar groß/ als dann halten sie sich gantz still/ damit das thier nit von dem gethön oder geschrey die flucht nemme/ grimmig vnd wütend
werde/ werffen jhm den angel mit dem aß für/ welches dann der Wallfisch mit grosser
begirligkeit vnd nachhalten verschluckt/ jm selber den angel in den rachen hefftet/ von
welchem verwunden er zu stund ergrimmet/ begert den angel vnd ketten mit den zänen
zerreissen/ fehrt der tieffe zu/ zeucht die seil hinab/ biß an die auffgeblasenen heüt oder
blatern/ welche allzeit begeren oben auff dem wasser zu schweben. Solche verachtet er
auß zorn/ zeucht es als herunder so lang biß er auff den grund oder boden kümpt/ alß a
begeret er müd/ zu ruhen mit grossem seuffzen/ vnd mechtigem blodern/ welches jm die
auffgeblasenen heüt/ so allezeit über sich tringen/ nit gestatten/ solche verfolgt er als
Feind/ zeucht sie wider hinab. In solchem kampff bewegt er so mechtige wind vnd wällen deß Wassers/ daß einer vermeinte der Bißwind hette zu vnderst sein wonung/ hie-
zwischen führt der Schiffleuten einer das seil so an die blatern gebunden an dz gestad/
hefftet es an einen felsen.

Zu letzt so das thier müd vnd krafftloß worden/ fleußt der auffgeblasenen heütte
eine herfür/ ein gewisse bottschafft deß sigs/ demnach die andern auch/ mit welchen auch
der Wallfisch mit gewalt herfür gezogen wirdt. Alsdenn häuffen sich die Schiffleut
mit jren barcken zusamen/ vnd so sie einander zugeschryen/ gleich als ob ein schlacht zu-
thun/ greiffen sie die thier mit grosser vngestümme an/ mit spiessen/ pfeilen/ ruderen/
achsen/ krummen messern/ allerley geschoß vnnd instrumenten/ verwunden/ hauwen/
schlahen den Wallfisch/ wie mechtig er widerstrebe/ die wällen vnd wasser bewege/ also
daß auch das Meer von blut rot wirt/ vnd so sie gesiget/ schleiffen sie jn zu land/ vnnd
theilen vnter jnen sein fleisch mit grosser freud vnd frolocken auß.

Auff ein andere gattung werden sie gefangen also. Die schiffleut samlen sich zu
hauff an einen ort/ da sie vermeinen Wallfisch zu finden/ haben grosse lange scharpffe
Hacken oder Rechen/ gleich einem angel/ an langen stangen/ an welcher ende ein loch/
durch welche gantz lange/ starcke/ grosse seiler gezogen. So sie dann mit fleissigem auff-
mercken ein solch thier ersehen daher fahren/ schlagen sie die Hacken allzumal in sein
haut/ vnd fliehen hindan. Als dann der Fisch verwund auß schmertzen/ begert sich am
grund zu gniffen/ dann das gesaltzen wasser beißt sie in jre wunden in solchem gniffen/
treibt er die spitzen der hacken je lenger je mehr herein auch durch das fleisch/ also daß
auch das blut herauff schwimpt/ welches ein anzeigung ist deß raubs/ fehrt also vnnd
schwimpt dem gestad nach herauff/ wirt von der menge der Schiffleuten bekrieget/ erschlagen vnd zu land geschleifft. Solche hacken werden auch sonst auff sie geworffen/
oder mit starckem geschoß in sie geschossen. So die Wallfisch mit solchen instrumenten der weite nach schwimen/ so haben sie die arbeit verloren vnd grossen kosts empfangen.

An dem gestad deß Meers so an vnd abfleußt/ auß grosser begird so sie zu dem
hering haben/ verschwimmen sie zu zeiten auff das gestad/ als kürtzlich in Frießland ge-
schehen/ wie Albertus schreibt/ alda ist einer der sich nach den Fischen verschossen/ von
den Einwonern behafftet/ getödt/ den grind abgehauwen/ welcher in seinem fall also
graussamlich gebrasselt sol haben/ als ob ein geheuß zu hauffen fiele.

Was nutzbarkeit solch thier bringe.

In etlichen landen/ stetten vnd Jnslen/ geleben die einwohner solches Fleischs/ so
hab ich auch zu Mompelier von manchem Delphinen/ welche man samt andern grossen fischen/ an dem Marck bey der wag als ander fleisch außwigt/ gessen.

Auß

Auß den Häuten werden in etlichen Landen Kleider bereit/gantz starck Riemen geschnitten/welcher man zu Cöln am Marckt ein grosse menge feihl hat.

Der grossen Wallfischen Nerffadern werden in etlichen Landen gebraucht zu Seiten vnd Sennen oder schnür an die Bogen.

Auß jhren starcken zänen werden schöne Heffte bereitet an die Messer oder Schwerdter/dann sie sind weiß/vnd glintzen wie das Helffenbein/sind stärcker. Item Strål gleich den Helffenbeininen.

Etlich brauchen jre Lefftzen oder Kinbacken zu den ortë der Pforten an Häusern/ vnd die Ripp zu Träm oder Tachstül: auß dem breiten Gebein Thüren.

Die Völcker so man Fischfresser nennet/deren das Fleisch der grossen Wallfischen/stossen es zu Puluer vnd backen Brot darauß.

So die Wallfisch in dem Meer geylen/verkünden sie Vngewitter.

Von dem Fleisch der grossen Wallfischen.

Die Wallfisch allzumahl haben ein hart Fleisch/hart zuverdäuwen/voll oberflüssigkeit/schleim vnd wust/machet roh vngekochet Blut/ist den alten Leuten gar ein schädliche Speiß: vrsachen ein dick/schleimerig/wüst Geblüt. Auß der vrsach werden sie der mehrertheil eingesaltzen/hernach auß dem Saltz gessen: dann das Saltz machet es etwas besser/angenehmer vnd löblicher dann so man sie roh isset: doch vrsachet es gleich/als alle eingesaltzne Speiß/ein schwer Melancholisch Blut.

Etliche stück der Artzney so von solchen Fischen in Brauch kompt.

Die Rud deß Viehs sol man mit Schmaltz von den Wallfischen schmieren.

Ambra so auß dem Magen der Wallfischen genomen/oder als etlich wollen an dem Gestad deß Meers auffgelesen/etlich sein Samen/wie vor gehört/ist mächtig im brauch der Artzney zu dem Schlag/oder Tropff/lämme/wärmt vn tröcknet/zertheilt/ stärckt das Hirn/Hertz/vnd alle Sinn deß Menschen/dienet alten Leuten vnd kalten Kranckheiten.

Hernach folgen etliche Figuren der
grossen scheußlichen Wallfischen/gezogen auß der Beschreibung deß Mittnächtischen Meers deß Olai Magni/wie er die conterfetet/hat trucken lassen/wie wol vnd recht/mag er selbst verantworten.

IN dem Mittnächtigen Meer/spricht er/ist ein grosse menge der scheußlichen Wallfischen oder Meerthieren/von wegen seiner mercklichen Tieffe.

Von dem Schweinwall.

Er erste wirt genennt Schweinwal/Olaus malet jn/gibt jm keinen namen/sol
mechtig groß seyn mit starcken langen/scharpffen zänen.

Von dem Bartwall.

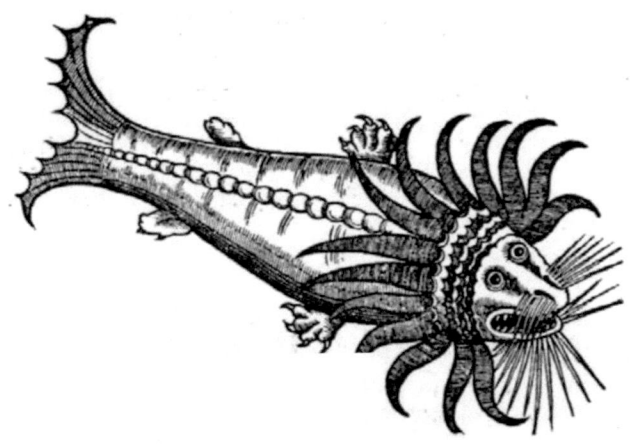

Als ander so sich hie erzeigt/mag Bartwall genennt werde/sol gantz groß seyn/
mit hörnern vnd feutwrigem gesicht / gantz scheußlich : die circumferentz seines
Augs sechtzehen oder zwentzig schuch/einen langen bart : von solchem bedünckt
sich der grosse Albertus hievon geschrieben haben.

Von dem gehareten Wall.

Der

Er dritt/von welchem Olaus allein den kopff malt/ har oder bendelwall.

Von dem Grabwall.

As viert/so hie zu gegen/schreibt Olaus/sey gleich einem Schwein/so gesehen sey in dem Meer bey der Insel Thyle/ so gegen Mittnacht ligt/deß jars 1537. Mag ein Grabwall von der gleichnuß wegen/ so es mit dem Grabthier oder Vielfraß hat/ oder ein Eberwall/ oder ein Schweinwall/ wiewol zu nechst von eim andern Schweinwall gered ist/ vielleicht ist auch eben dieser der in Seeland vnnd anderswo ein Herill genennt wirt.

Von dem Schopff vnd Hornwall.

As 5. vnd 6. sollen bil-licher Meerwunder dann Wallfisch genennt werden/ welche zwo figuren/ in dem grund oder yß Meer ein wenig vnder der Insel Grundtland/ gantz weit ge-gen Mittnacht gelegen/von Olao gemalt werden/hernach nit beschrieben/ mag das ein Schopff oder Schaupwall/ das ander Hornwall genennt werden.

Von dem sprütz oder Blaßwall.

En kopff vnd gnick gegenwertigs thiers malt Olaus/ vermeint der Sprützwal seyn/von welchem hernach insonderheit wirt geschrie-ben werden.

Von dem Rhinocer Wall.

S Olch scheußlich Thier mahlt Olaus/welches er sagt gleich seyn einem Rheno-
cer/frißt Krebs so 12. Schuch lang sind.

Von der Meerkuh.

I N den Tafeln Olai / streckt sich der Kopff der Meer-
kuh also auß dem Meer herauß/ Plinius zelt eins so
er von der Hörner wegen cornutam nennet / under den
Thieren deß Meers/ setzt doch kein beschreibung darzu.

Von dem Zyffwall/ oder Suffwall.

D Er Suffwall Ziphius/ ist ein scheußlicher Wallfisch oder Meerwunder/ wirt
von Olao also fürgestelt/verschluckt das schwartz Meerkalb/ bey seit mahlt er
gleich einander grausam Thier/welches dem Suffwall nachstelt/ gibt ihm keinen namen. Der Meerwider ist auch ein mächtiger Wallfisch von welchem geschrieben wirt/ daß er das Meerkalb verschlucke. Dieses Thier sol das aller scheußlichest
seyn so gesehen mag werden.

Von

Von dem Rußor oder Rostinger.

ROsmarus ist ein Meer-thier oder Wallfisch / so groß als ein Helfant / spricht Olaus / welcher gegenwertige figur auch setzt / ersteigt die Berg vnd weydet dz graß ab. henckt sich mit seinen zänen / auß begird zu schlaffen / an die Felsen / schlafft so starck daß jn die fischer mit stricken vnd seilen gebunden fahen. Das gemäl so zu Straßburg in dem Radthauß gezeiget

wirt / ist dem genañtē Fisch gleicher / wiewol die sag ist / der kopff sey allein / nach dem fisch schädel abconterfetet: der ander leib nach gefallē oder sag der leuten. Der kopff ist dem Bapst Leo gen Rom geschickt auß Scandinauia. Die zän strecke sich auß dem obern kinbacken / oder kiffbein herab gleich einem horn / als in Helfanten / mit solchen henckt er sich an die Felsen. Die sprüch so zu Straßburg im Radthauß bey solchem thier gelesen werden / lauten also.

Die gestalt eines Rußors so zu Straßburg im Radthauß gezeigt wirt/
auff Tuch gemalet/ sampt diesen Reymen.

Rußor in Nortwegen neñt man mich/
Cetus Dentatus bin doch ich.
Mein weib Balena ist genant/
Im Orientischen Meer bekant.
Mach vngewitter groß im Meer/
Schreckt Alexandrum vnd sein heer.
Dem kalten Meer dem streich ich nach/
Zu streit vnd fechten ist mir gag.
Man findt vil tausend meiner genossen/
Die so lang zän haben auß der massen/
Die sind zwo/ drey/ vier elen lang/
Vnd so dick als ein zilig stang.
Da ist ein fechten vnd ein reissen/
Mit den Walfischen wir vns beyssen.
Vnd all fisch die wir kommend an/
Die mögend vor vns nit bestan.
Doch hand mich etlich so getriben/
Daß ich im Meer nit bin geblieben.
Sonder müßt weychen an den staden/
Da nam ich mein tödtlichen schaden.
Zwantzig acht schuch man mich außmaß/
Wiewol ein klein Rußor ich was.
Solt ich mein zept auß sollen leben/
Ich hett nichts vmb all Wallfisch geben.
Von Nidrosia der Bischoff hat/
Mich stechen lassen an dem gstad.
Bapst Leo meinen kopff geschickt/
Gen Rom da mich manch mensch anblickt.
Zu Straßburg hat man den auch gesehen/
Tausend/ fünff hundert ists beschehen.
Vnd neuntzehen jar vmb Weinacht zeit/
Mein starck gebiß hat mich geholffen nit.

Solch thier ist auch hievor von
Alberto beschriben worden / vñ vnter die Wallfisch gezehlt / wirt von
etlichen andern Meerhelfant genennt.

Wo diß Thier zu finden.

Es ist die sag / daß diser Wallfisch sich mit seinen zänē an die felsen hencke: welde von den Teutschē
deß hohē Meers Rostinger gnennt /
in dem end deß Moscowiter lands /
oder in dem Scytischē Vngerland /
nit weit võ dem vrsprung Tanais /
wirt er Morß genennt / zu Teutsch
Rustor / von dem rauschen oder gereusch / ist nit der Ruß wall hie oben
genennt.

Es schreibt Mathias von Mi-
chou / daß in den glenden Juhra vñ
Lorela / so land sind in Scythia gelegen / weit gegen Mitnacht / seyen
etlich berg oder bühel / welche sich
strecken durch das gantze gestad / so
am Meer ligt / auff solche steigen
auß dē Meer fisch / Morß genañt /
welche sich an die Berg hencken /
mit hülff jrer zänen die berg ersteigen / von dannen sie sich wider hinab stürtzen / vnnd zu todt fallen.
Solcher fischen zän / welche groß /
weiß / schön vnnd schwer / werden
von dē Einwonern gesucht / behalten / vnnd den Moscowitern verkaufft.

Von dem Britannischen
Wallfisch.

Die gestalt dieses Wallfischs
ist im Truck außgangē / erstlich zu Lunden / demnach in
Italien / auß solchen haben wir ge-
genwertige figur genommen mit einer sömlichen beschreibung.

Auß schrifft auß den brieffen / so Polidoro Vergilio zugeschrieben
auß der Statt Tinemuth in Engelland gelegen.

Vnser Meer hat in den sand herauß geworffen im Augstmonat deß 1532. jars ein
todt thier einer mercklichen vnd vngläublichen grösse / welches jetzt der mehrertheil zerzert vnd hindan geführt / bleibt doch noch bey hundert fuder.

Es ist

Es iſt die ſag / dz die ſo zu erſt diß thier geſehen fleiſſig beſchriben haben / ſein lenge ſey
geweſt 30. elen / das iſt / 90. ſchuch / von dem
bauch / welcher tieff im Sand ligt / biß an den
rückgrad / bey 8. oder 9. elen / als ich ſolch thier
geſehen / ſpricht er / hats mechtig vbel geſtun-
cken / ſie meinen ſein Rücken ſey 3. elen tieff
im ſand begraben geweſt / dann das Meer ſo
an vnd abſleuſt / begieſſe jn mit wällen. Der
ſchlund oder rachen ſibendhalb elen / die lenge
deß Kiffbackens achthalb elen / Gillius ſagt
22. ſpann / ſol an den ſeiten 30. rippen haben /
der mehrertheil 21. ſchuch lang / dicke herumb
anderthalb ſchuch / habe 3. magen als groſſe
hülinen / vnd 300. ſchleuch / vnder welchen 5.
gantz groß / hat zwo Fiſchfedern / jede 15.
ſchuch lang / es möchten 10. Ochſen die eine
kaum von jm reiſſen / am rachen hangen als
hürnine blech an einem ort gehäret mehr dañ
1000. eine gröſſer dann die ander. Die lenge
deß kopffs von anfang biß zu dem rachen 7.
elen / von der zungen iſt man nit gewiß / etlich
ſchreiben võ 7. elen / Gillius von 20. ſchuch
breit / ſol einen zerß gehabt haben mercklicher
größ / als jn einer auß de manne auffſchnied /
were er gar nahe in den bauch hinein gefallen / vnd allda erſoffen oder erſtickt / wo er ſich
nit an einem ripp enthälten hette / von einem
aug zum andern 6. Gillius 5. elen. Augen
vnd lefftzen einer ſolchen gröſſe vngleich / als
Ochſen augen. Der ſchwantz zwen zincken /
geſeget / 7. elen breit / ſol keine zän gehabt habe / allein als ein ſage oder gehürnte ſchüppe.

In ſeinem kopff waren zwey groſſe löcher /
durch welche man achtet das thier ein groſſe
menge waſſers geworffen haben. Der hochgelehrte herr Doctor Cunrad Geſner vermeint es möchte der Wallfiſch ſeyn / ſo von
den Latinern Priſtis genennt wirt / von welche
auch hernach inſonderheit wirt geſchrieben
werden.

Von etlichen andern Wallfiſchen deß Teutſchen Meers.

VAlentinus Grauius ſeliger gedechtnuß / ein berümpter herrlicher Mann / deß
Radts zu Friberg / welchem der berümpt Mañ Doctor Cunrad Geſner / das
buch von den vierfüſſigen thieren / ſo eyer gebären / zugeſchrieben hat / ein mechtiger liebhaber der freien künſten / hat genanntem Doctor Geſner 3. figuren zugeſchickt /
der groſſen Wallfiſchen oder Meerthieren / welche er achtet mit fleiſſig abgemalet ſeyn
nach dürren Fiſchen / ſo viel den Kopff betrifft: die orwangen aber vnd der hundertteil

düncken jn nit natürlich gemalt. Diese drey sind einander an der gestalt gleich gewesen/ hat auß der vrsach nit mer dañ eine herzu gestelt. Welcher fisch 36. schuch in der lenge/ sampt einer zwerch hand/ vnd 9. schuch in der dicke sol gehabt haben. Auß den andern zweyen sol einer an der lenge 34. vnd ein halben/ 7. in der höhe/ der dritte 27. in der lenge/ 8. in der höhe gehabt haben. Es ist allein der Kopff den Wallfischen ähnlich an solchen dreyen figuren/ abconterfetet worden.

Von dem Fleckenwall im Englischen Meer gefangen.

IM jar 1555. ist in dem Englischen Meer gegewertiger Walfisch von dē fischern an dz gestad herauß gzogē/ gröblich abgemalt/ durch dz gantz Engelland gezeigt worden/ sol an der leng gehabt haben mehr: dann 60. schuch/ ein feißt fleisch/ weiß/ an dem geschmack nit vngleich dem fleisch der Hirtzen. Bedůnckt sich der alten Pantherwall (Pardalis) mit anschauwen seiner flecken gewesen seyn.

In dem jar 1531. hat das Meer in Holland einen scheußlichen Fisch außgeworffen 60. schuch lang/ 30. schuch hoch oder dick/ die weite seines auffgesperten Racheus 12. schuch/ als in etlichen Teutschen Chronicken gelesen wirt.

Von dem Delphin.

Delphinus.   Ein Meerganß/ Meerschwein/ Ein Delphin.

Wo diese Thier gefangen werden.

Die Delphyn werden
gar nahe in jede Meer
gesehen vnd gefangé/
doch in vngleicher zal. Daß
in dem Meer so Pötus Euxi-
nus genent/ werdé sie haupt-
sächtig gefangen: dergleichen
in dem mittnächtigen Meer:
dañ als ich zu Monpelier ge-
wesen/ hab ich der Delphiné
drey gesehen/ eine an dem gestad deß Meers/ erst herauß
gezogen/ was ein weiblin: 2.
andere in der statt auff dé fischmarck gantz groß/ waren 2.
mänlin/ hatten wäsenliche
zumpel/die hoden innerthalb
dem leib: von denselbigen haben wir Teutschen allzumal
von wunders wegen gessen.
Im Adriatischen Meer wer-
den sie gar selten gefangen.

Der Delphin streicht auch
zu zeiten den süssen Wassern
nach in die fluß/ als Nilum/
vñ andere/ speyset vnd settigt
sich mit den fisché/bleibt sonst
kein lange zeit darinn.

Von seiner eusserlichen gestalt.

Der Delphin ist nit vnän-
lich dé kleinen Meerschwein/
so auff latein Phocœna genent
wirt/auch den grossen Thun-
né/ Habé ein kumpffe nasen/
auß der vrsach der namen Simon von jné geliebt wirt/hat
ein glatte haut on schüppé vñ
haar/aber hart/ kleine scharpffe zän/welche sich in einandern schlissen/ein fleischächte
zungé/zu orté herumb zeysert/
läg/ beweglich wie ein seuw-
zungé/ grosse augen/doch also
bedeckt/daß nichts kann das
schwartz herauß scheinet: der
schwantz nit aufrecht nach dé
rücken deß fisches/ sonder ent

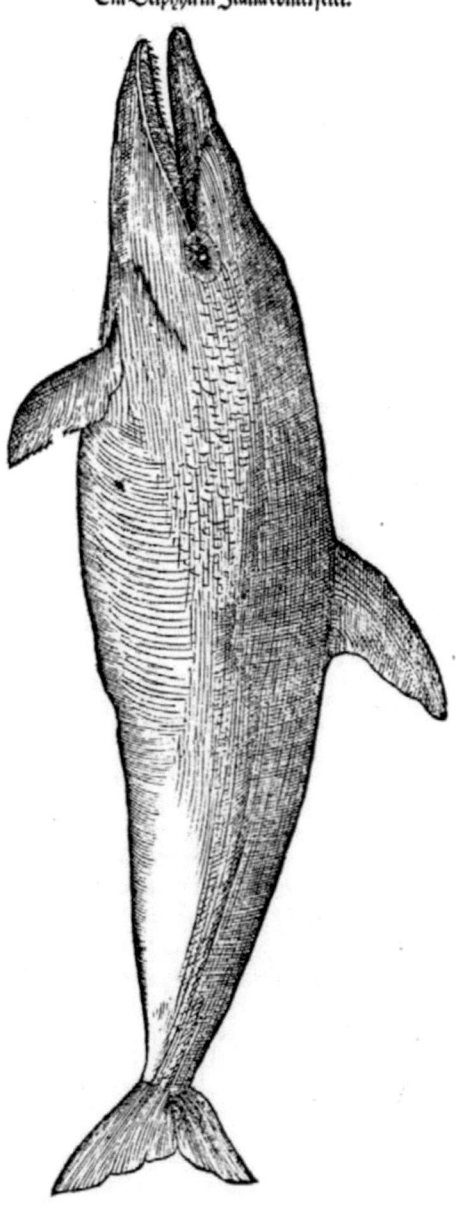

zwerch/ ein theil auff die linck/ das ander theil auff die recht seiten sich streckend/ gleich

Der Schedel eines Delphins.

einem halb gewachsenen Mon: hat
einen schwartzē rücken/ weissen bauch/
ein dicke starcke haut / doch sind von
wegen der feiste oder schmaltzes so
darunder ligt.

Itē der Delphin hat ein weit maul/
engen rachen oder schlauch/ keine oren:
hat doch ein scharpff ghör/ durch kleine
löchlin/ gleich hinder dem aug/ so klein/
daß sie hart mögen gesehen werden/ erzeigen sich in seiner scheidel vil grösser.
Item sie haben kein naßlöcher oder in-
strument zu schmecken/ gleich allen andern Fischen/ so sie doch ein mechtigen
scharpffen Geruch haben: bewegen jre
zungen wider die art der thieren so in
wasseren wonen.

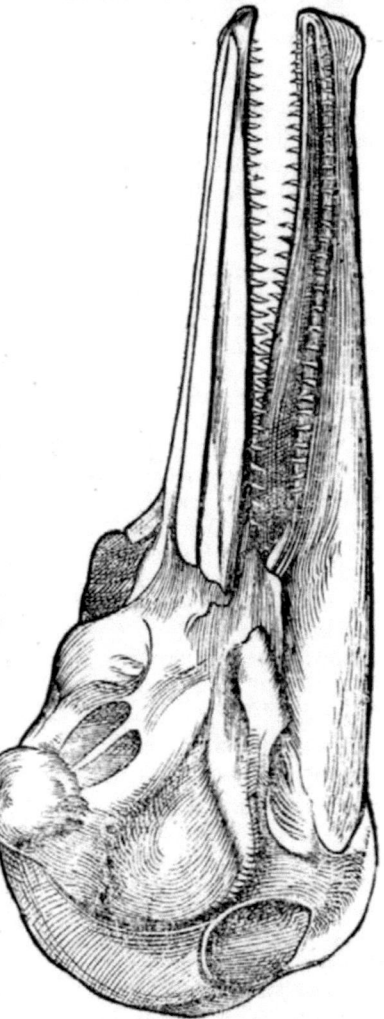

Von der innerlichen gestalt der Delphinen.

Der Delphin ist mit seinē innerliche
glideren dem Schweyn gantz gleich/ mit
dem fleisch/ netze/ magē/ eyngweid oder
gedärm/ dz miltze in jungen groß/ in altē klein vñ schwartz/ die leber blutfarb/
wirt kein gall gesehen: als dañ Plinius
auch geschrieben hat. Itē grosse nieren/
zwischen der leber vnd den hoden/ von
kleinen stucklinen zsamē gesetzt wie ein
trauben/ die blater wie der Seuw/ lange hodē/ gebirt ein lebendige frucht wie
der mensch/ dañ dz weiblin hat alle natürliche glieder dē vierfüssigē thiern nit
vngleich: dz mäulin/ wie vor ghört/ sein
mäñlich glid/ die hodē innerhalb dē leib.
Itē das weiblin dutten vnnd milch die
jungen zu säugen vnd auffzubringen.

Von natur vnd eigenschafft der Delphinen.

So ein scharpff gsicht hat der Del-
phin/ dz er auch die fisch so vnter dē felsen oder schrofen/ item in den tieffen löchern verborgen sich enthalten/ ersihet:
sind fleischfressig/ andern fischen auffsetzig/ sollen ihnen allein den Kopff abfressen/ in
dem gejagt so schnell vnd geschwind seyn/ daß sie im nachhalten/ zu zeiten sich auff das
land herauß verschiessen/ vnd auß dem wasser in die höhe ober die segelbäum herauff/
sol schneller schiessen dann die pfeyl von der sennen. Dann so er den fischen in die tieffe
herab nachjagt/ vnd den athem nit weiter verhalten mag/ so scheußt er mit so grossem
gewalt vñ schnelle auß dem wasser herfür an den lufft an sich zu ziehen/ dz er sich auch ober
die schiff vnd segel hervber schwingt/ dergleichen in seinem schwimmen so schnell vnnd
geschwind/

geschwind/daß er die aller schnelleste schiff/ ja die Vögel im lufft mit schnelle übertrifft/ welches die Alten verursachet hat/ so sie ein übertreffenliche schnelle oder geschwinde haben wöllen bedeuten/ so haben sie einen Delphin gemalt.

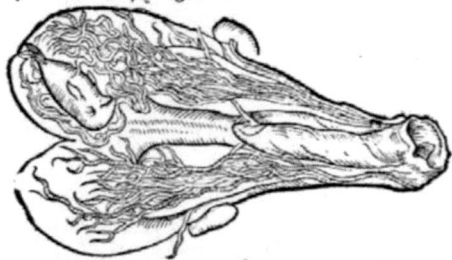

Die Bärmutter deß Delphins sampt der Geburt darinn.

Die Delphin führen ein stimm gleich dem seufftzen der Menschen/ durch die rören durch welche sie den Athem ziehen/ unnd so sie schlaffen/ strecken sie dieselbige zu dem Wasser herauß/ werden zu zeiten erhört schnarchlen. Aelianus schreibt von seinem schlaff also/ Nemlich so er schlaffen wölle/ so strecke er den Rücken unnd Kopff über das wasser herauff/ entschlaffe also/ falle darnach im schlaff in die tieffe herab biß auff den boden/ an welchem/ so er sich stößt/ so erwache er/ demnach schwimme er wider herauff/ in grosser schnelle auß begirt zu athemen/ entschlaffe unnd falle widerumb/ wie zuvor/ an boden/ und treibe das so lang biß er auß geschlaffen/ sey auß der ursach nimmer one bewegnuß.

Ein gar alter Pfennig von kupffer conterfetet an beyden seiten/ auff der einen sind zween krumm gebogne Delphin/ nit dz sie von natur also seyen/ sonder anzuzeigen die gestalt und bossen/ in dem sie anfahen sich selbs in die weite zu schiessen wie ein pfeil von einem bogen geschossen wirt.

Hievor ist gehört wie die Delphin/ als dann andere Wallfisch all/ haben jre schaam gleich den menschen/ gebrauchen sich auß der ursach jrer mehrung mit spielen und geilen mit zusamen gethanen beuchen und umbfahen/ gleich den Menschen/ welches von Rondeletio sol gesehen worden seyn/ sind uns mit der geburt und liebe/ auch empfahen deß natürlichen Samens gantz änlich/ tragen oder sind schwanger 10. monat/ gebären Sommers zeit der mehrertheil zwey/ zu zeiten nur eins/ seuget jedes an seiner gewissen dutten/ tregt sie zu zeiten so sie schwach/ unnd so sie noch jung/ werden sie von den alten beleitet/ die jungen erwachsen in kurtzer zeit/ dann in 10. jaren kommen sie zu rechter grösse: sind langes lebens/ dann sie werden one gallen gefunden/ etliche welchen die schwentz zu zeichen beschnitten sind/ biß auff 30. jar kommen/ mögen one Wasser biß auff den 3. tag leben so sie nit vor in den garnen unter dem Wasser ersteckt werden/ sind der zeit jhres sterbens vorbewußt/ schwimmen dem gestad zu/ werffen sich auff das sand herauß zu sterben/ damit der fürst deß Meers nit unbestattet/ sonder von dem wasser/ oder von den Menschen mit sand begraben werde/ werffen sich sonst auch von etlichen ursachen mehr auß dem Wasser in das gestad herauß/ als von grosser kränckheit und schmertzen wie vor gehört/ oder von strengem nachhalten unnd jagen der Fischen/ verschiessen sie sich selber zu zeiten in den sand herauß/ oder so sie von den Thier-

kinen / so die Latini Asilos nennen (mögen Meerbramen genennt werden) gepeiniget /
oder von grossem getümmel vnd geschrey der Fischer so das garn ziehen.

Die Delphin sollen die erkeñen vnd schmecken / so von einem Delphin gessen haben /
dieselbigen im wasser so sie bekommen verletzen / rechen / beissen vnd fressen.

Jm anfang der Hundstagen sollen sich die Delphin / als Aristoteles schreibt / verschliessen vnd im Meer verborgen ligen / welches sich zu verwundern ist / weil sie müssen geathmet haben / ist auch der Warheit nicht gleichförmig / es seye dann sach daß sie
sich in den hölen der grossen schrofen enthalten / in welchen sie den lufft haben mögen.

Von natürlicher anmut deß Delphins.

Die Delphin haben ein sonderbare geselschafft vnd liebe zusamen / nit allein sie gegen einander / sonder gegen jren jungen / eltern / abgestorbenen / auch gegen etlichen andern Wallfischen / vnnd dem Menschen. Dann dz sie eine sonderliche liebe gegen jren
jungen tragen / erscheint auß dem / daß sich das Männle vnd Weible paren gleich einer
Ehe / allzeit ein par bey einander / zu zeiten gantze hauffen gesehen werden / sie solche erziehen / ernehren / säugen / mit grosser freud tragen / in jren schnabel fassen / beleiten / führen vnd weisen zu jagen / vnd so sie in der ordnung herein fahren zu kempffen / so stellen
sie die Jungen zu end / sonst zu schwimmen / stellen sie die jungen vornen an / demnach
die Weible zu end die alten Männer / welche auff sie lügen / acht vnd sorg haben / summa verlassen sie nimmer / ob sie gleich gefangen / mit dem hacken durchschlagen / gegen
dem gestad herauß geschleifft / so folgen sie doch so streng hernach die jungen zu erretten /
daß man die auch mit der hand schlahen vnd schedigen mag / vnnd also die alte Mutter
mit dem jungen gefangen wirt. Jre Eltern so krafftloß worden / ernehren vund speisen
sie / sind jnen behülfflich in jrem schwimmen / mit lupffen vnd schalten.

Jtem als der König von Caria ein Delphin gefangen / an dz gestad gezogen / vñ
angebunden hat / samlet sich ein grosser hauff anderer Delphinen bey dem gestad / heulen / seufftzen vnd trauuren / so lang biß der König den gefangnen erlediget / gleich sollen sie zu mal sampt dem gefangenen hindan gefahren seyn.

Jtem als bey der Statt Aenos in Thracia gelegen ein Delphin wund geschlagen /
von den Fischern gefangen ward / sollen die andere seine gesellen / so solches vermerckt /
mit so grosser vngestümme vnd gewalt herzu geschossen seyn / daß die Fischer jr leben zu
fristen den Delphinen ledig zu lassen sind gezwungen worden / welche die anderen erlediget mit grossem leid / hilff / lupffen vnd schalten in das Meer / als ob sie menschlich verstand hetten / beleitet haben. Gleicher gestalt sind sie offt gesehen worden / die abgestor-
bene tragen / zwen auff jrer seiten an das gestad oder sand herauß / mit grossem pomp
der nach folgenden / klagenden / weinenden Delphinen / jn auch zu beschirmen vor den
grossen Meerthiern / damit er von der vngestümme deß Meers mit sand vberschwemt
oder von den Menschen begraben werde.

Den grösten anmut tragen sie gegen den Menschen / dann sie nahen sich den schiffen auff dem Meer so bey Narbonen gelegen / spilen / geilen / springen / pfeissen dabey /
wollen sonderlich Simon genennt werden. Dann Bellonius schreibt / daß er mit ruffen Simon einen Delphin auff dem Meer so bey Narbona gelegen dem schiff nach gezehlet habe / daß er garnahe mit der hand anzurühren were gewesen.

Den gantzen tag verschliessen die Delphin mit jagen / rauben / zähmen / treiben vnnd
fressen / solchs ist den Fischern deß Meers bekannt / auß welcher vrsach so sie jhr jagen
ersehen / vmbziehen sie den Platz mit Garn / fahen ein merckliche last allerley Fischen /
Dann die Delphin treiben sie auß dem grund herauff an das gestad / an einen hauffen zusammen / alsdann fressen sie die nechsten so sie bekommen / auch so sie in ein
hauffechte Schar der Sarden / Hering oder dergleichen kommen / so fressen sie
jhnen allein die Köpff ab / also daß viel der todten Fischen zu zeiten auff dem Meer
schweben

schweben gesehen werden. Item der mehrertheil von forcht auß dem Meer in die höhe springen/gleich als ob es Fisch regnete.

Oppianus beschreibt den anmut der Delphinen gegen den Fischern/hilfft zu fischen vnd jagen: item gleiche theilung deß raubs oder fangs gantz lüstig.

Gegen den jungen schönen knaben/item gegen der Music/seitenspiel vnd gesang sollen sie ein sonderliche lieb vnd anmut tragen. Welches auß etlichen lüstigen Historien wirt bekannt werden.

Die erste ist Arionis deß berümpten Harpffenschlegers/welchē als er lange zeit zu Corinthen bey dem Keyser Periandro gewesen/ist ein begird ankommen in Italien vnd Sicilien zu schiffen/an welche orten/als er ein merckliche sum gelts bekrieget/auch schöne gezierd vnd kleinod/ist er willens gewesen heim zu kehrē. Als er nu niemand getrauwet/dañ den Corinthern seinen Landsleuten/ist er in jres schiff gestiegē. Auff dem Meer haben sie vndterstanden jn zu mordē/von seines gelts oder schatzes wegen/welcher als er jren willen gemerckt/jhnen den schatz dargelegt/allein vmb das leben gebetten: solches jm die fischer nit gestattet/sonder die wahl geben sich selbs zu tödten mit der hand/so er wölle begraben seyn/oder zustund in das Meer zu springen.Als er nun den gewalt verstanden/hat er sie gebeten/sie solten jm allein eins gestatten/daß er angelegt mit seiner zierd vnd kleinod/noch ein löblich gesang vor seinem tod auff seiner Harpffen schlagen möge/alsdenn wölle er an sich selber hand anlegen. Solches sie jm gestattet auß begird den aller berümpsten Harpffenschleger zu hören. Als er nun wol außgerüst / bey seits deß schiffs ein zeitlang gespilt/ist eine grosse menge der Delphinen versamlet worden/ist er zustund herauß in dz Meer auff einen Delphin gesprungen/welcher in gütiglich auff seinen rücken entpfangen/vnd in Tenarum geführet worden: sie aber gen Corinthen schiffend. Als er nun von dem Delphin gestigen/ an das land kommen/ist er mit derselbigen kleidung gen Corinthen zugefahren/vnd daselbs dē Periandro alle histori erzehlt. Welcher weil er nit glaubt/hat er den Harpffenschleger verhüten lassen/ die Schiffleut beschickt/nach Arion gefragt/welche gesagt/er lebe/fahre frisch vnd gesund in Italien herumb / haben jn zu Tarent gelassen. Zu stund tritt Arion mit bekanntlicher bekleydung herein / ab welchem die schiffleut sehr erstarret vnd erschrocken/ haben nichts weiter gehabt sich der that zu entschüldigen.

Item als zu zeiten ein Lerch vber Meer die kelte deß luffts geflohen/hat sie mit jhrem gesang den Delphin also belüstiget/daß er sie auff seinen rücken genommen/durch das Meer geführt haben sol.

Die Delphin bedüncken sich danckbarer dann die Menschen. Auff ein zeit hat ein Mañ mit namen Ceran/geboren von Farin/ den fischern lebendige gefangne Delphinen abkaufft/sie wider lebendig in das Meer gelassen. Als er hernach in einē vberladenen schiff auff dem Meer gefahren/das schiff zu grund gangen/haben jn die Delphin auß danckbarkeit auff sich genommē/bey leben behalten/zu land geführt/welches ort den namen bekommen Cæranium promontorium/ auß der vrsach / daß sie den Cæranium alda angelend/vnd außgeführet haben.

Item Hesiodus/als er von den Mördern erschlagen/ist von den Delphinen gen Rhium vnd Molycriam getragen.

In dem Africanischen gestad bey der statt Hipponen/hat sich ein Delphin/als er von den Einwonern gespeiset / zu tasten vnd zu reiten geben : auch sol der Statthalter oder Vogt deß lands jn selbs angegriffen/mit wolrichender Salb begossen haben/von welchem geschmack er entschlieffe/ein zeitlang als tod vom Meer geschwempt/hernach etwas frembder sich erzeigt sol haben.

In der statt Jasso/als ein Delphin einen schöne knaben an dē gestad spielen ein zeit lang geschauwet/als er von dem gestad hinweg gieng/ist er mit solcher begird vnd stercke nachgefahren/daß er sich in den sand herauß verschossen/zu stund gestorben ist.

Item ein andern Knaben in der stat Jasso/ welcher durch die Meer herumb auff

den Delphinen reit / als er von grossen wällen ertrenckt / ist der Delphin mit jhm auß
grosser schnelle auff das land herauß geschossen / allda gestorben / als ein vrsach er seines tods. Elianus schreibt die histori gantz weitleufftig vnd lüstig.

Zu zeiten sol in der statt / Fleroselenen genannt / ein Delphin von einem alten Weib
von jugend auff gespeiset seyn / sampt einem jungen knaben / welchem sie einen gleichen
namen gegeben hat. Als nun der Delphin grosse trew vnd liebe gegen dem Kind von
gemeiner speiß / namen vnd aufferziehung wegen vberkommen / hat er sich allezeit am
selbigen ort lassen sehen vnd finden als bey seinem hauß: vnd so jm der Knab von oben
herab rüfft / ob er gleich mit andern Delphinen spilt / kempfft / jagt oder sonst von ferne
war / so schoß er doch in grosser schnelle vnd geschwinde herzu gleich wie ein pfeil / erzeigt
sich dem Knaben gantz freundtlich mit springen vnd spielen / mit vmb jn her schwimen
als ob er jn zum kampff reitzte / vnnd jm begerte zu spielen. Zu zeiten als ob er jhn
rehrte / oder in dem spielen sich vberwunden vergleichte: zu zeiten als ob er willens
were vnter jhn zu schwimmen vnnd jhn zu tragen mit grossem verwunderen vnd abentheur der zuschauer. Er widergalt vn verdient auch solche speise der wittwen vilfaltig.

Dann als er wol erwachsen / starck worden / täglich war zu jagen / der speiß der alten Frauwen nit mehr bedürfft / da jagt er der alten frauwen auch / trug alle tag mit seinem schnabel ein gut theil Fischen auß dem Meer herauß an das gestad / von welchen
die frauw ein theil verkaufft / sich vnd den Knaben damit speißt vnd ernehrt. Als nun
zu letzt der Knab gestorben / sol der Delphin nit mehr erschienen seyn.

Summa die freundligkeit vnd anmutung gegen den Menschen sol auch Gott wol
gefallen: dann auß allen thiern / so den Menschen lieben / als Hund / Roßv / Helfant /
item auß den Vögeln die schwalwen / thuns allein von jres genutzes wegen / sonst
fliehen sie vns als weren wir wilde Thier / allein der Delphin liebt den Menschen /
auß der vrsach / daß er ein Mensch ist.

Als Telemachus noch ein kleiner Knab war / vnd ohn geferd durch gähe schlipfferige ort in das Meer gefallen war / haben jhn die Delphin widerumb auß der tieffe herauff gelupfft vnd auß getragen.

Als einer mit namen Nemeus ermördt ins Meer geworffen / herumb schwebt / hat
jn ein Delphin bey dem har vnd halß ergriffen / an das gestad so weit herauß geführt /
daß er bey jm hat müssen sterben.

Nun wöllen wir von dem verstand vnd weißheit der Delphinen etwas schreiben.
Dann so er in das garn kommen / so helt er sich gantz still / hebt an zu dempffen / frißt die
so mit jm gefangen / ersettiget sich als ob man jn zu gast geladen hab. Zu letzt so er sich
vermerckt dem gestad nahen / so zerzerrt er das garn mit seinen zänen vnd schnabel / erlediget sich also auß der gefengnuß.

Wenn sie nun einem gefangnen Delphin sein nasen mit eine seil von bintzen durchzogen ledig lassen / damit so er hernach gefangen / gewisse anzeigung gebe / daß er vor-
mals gefangen vnnd entlediget sey worden / alsdann sol der Delphin / als bewußt
deß zeichens / alten gefengnuß vnd entledigung / nicht mehr mit fressen solchen schaden
thun.

Gillius schreibt / daß die gefangene Delphin solch heulen / seufftzen vnnd klagen erheben / daß er auff ein zeit in einem schiff vber nacht gelegen / so der Delphinen vil trug /
von solchen seufftzen groß mitleiden vnd schmertzen empfangen habe / den nechsten so
für die andern auß solches weinen vnd seufftzen getrieben / heimlich herauß geworffen
habe / demnach mit den andern auß erbärmbt geweinet / die gantze nacht in grossem
trauwren gelegen.

Bey dem Delphin sol gemeiniglich seyn der Fisch Meerlauß genennt / sein Dellerschlecker / gelobt deß fleischs / so dem Delphin in seinem gejegt vberig ist / wirdt mechtig
feist darvon.
Grossen

Grossen kampff treiben die Welser (Amiæ) vnnd Delphin/von welchem in der Histori der Welser wirt gesagt werden.

Item dem Leitfisch oder Schiffgesell (Pompilo) ist er gehaßt nit one gefahr/dann so er jn gefressen/so kompt jn das grimmen an vnnd schmertzen/werden entzünd der massen/daß sie nit gestehen/sondern in das gestad herauß geschossen/von den wällen getrieben/durch die Meerkräen oder Vögel gefressen vnd vmbbracht werden.

Der Delphin bringt vmb den Crocodyl mit listen/dann er schwimpt in den Fluß Nilum/in welchem der Crocodyl regiert/vnd so er jn ersehen/so scheußt er jm mit grossem gewalt vnd stercke vnder seinen bauch/an welchem er linder vnd zärter dann an andern teilen seines leibs/schrentzt jm denselbigen mit gewalt vnd stercke auff/ertödt vnd beraubt jn seines lebens.

Von würdigkeit der Delphinen/vnd wie hoch sie geachtet.

Der Delphin wirt billich genennt vnd geachtet der König vnd Regent deß Meers vnnd Wassers/von wegen seiner annmutung/geschwindigkeit/stercke/listigkeit vnnd schnelle/auß welcher vrsach die König von Franckreich/Delphinat/auch etliche andere Fürsten vñ Regentë die Delphin zu einem wappen führen/vñ sein gestalt auff mancherley gülden silberin müntz geschlagen/erzeigen/in dem gemähl fauen vnnd pantzern führen. Es bekompt auch zu aller zeit der erstgeborne son deß königs von Franckreich den Namen Delphin/führt auch solchen zu einem wappen. Auff mancherley müntz der Keyser werden sie geschlagen/als Aug. ist/Tyberij/Ruffi/Domitiani/Vitellij/Item der Griechen/der mehrertheil Königen/welche sie in jrem schimpffwerck treiben/so sie spielen/springen oder geilen/welcher Müntz eine oben gesetzt ist/welche bey der seiten gestalt erzeigt.

Item in deß Keysers Titi Vespasiani müntz wirt gesehen ein Aucker mit einem vmbgeschlagenen Delphin/welches geschwindigkeit vnd saumung/thun vndlassen/nach gestalt der sach bedeuten wil/dann sonst bedeutet er auch der mehrertheil/das Meer/herrschung der Wasser/annmutung gegen den jungen Kinden/einbrünstigkeit/art der liebe vnd der gleichen.

Was nutzbarkeit man von solchem Thier habe.

Nutzbarkeit deß Delphin ist erstlich sein fleisch/so an etlichen ort ein die speiß kompt.

Die Alten haben es für ein laster/sünd oder todschlag geachtet/so einer einen Delphin gefangen oder getödt hette/so werden sie doch von etlichen gefangen/als ich selber in dem Mitmächtigen Meer gesehen/vnd jr fleisch gessen hab. Man fengt sie mit starcken garnen vnnd mit dreyspitzigen hacken/welche man auff sie wirfft/das seil henget/schrt jm nach/biß er gefangen vnd verwundt/müd herauß geschleifft mag werden.

Es sollen auch mehrertheil/als Aristoteles schreibt/die alten mit den jungen gefangen werden/auß liebe so sie gegen solchen tragen.

So man sie in den garnen fengt/so werden sie leichtlich ersteckt/dann sie müssen den lufft haben/wie oben gehört.

Die feiste oder schmaltz der Delphinen wirt zu manchem brauch behalten/vnd auß seinem fleisch ein gattung leims bereitet.

So die Delphin in dem Meer spielen vnnd geilen/so bedeuten sie künfftigen regen.

Von seinem Fleisch.

In Italien werden die Delphin von niemand gessen noch gefangen. In Britannien vnnd Narbonensichen Franckreich oder Langen Dock/werden sie allein von den Armen zur speiß vñ nahrung gekaufft. An andern orten deß Franckreichs am hohen Meer gelegen/sollen sie für ein sonderbarliche/köstliche Speiß geachtet werden/

ff iij

gantz lieblich gekocht vnd zubereitet. Sein fleisch als aller Wallfischen / ist harter däuwung / args gesaffts vnd vollen sch leims vnnd vberflüssigkeit / vngesund zu essen / stinckend vnd dem magen widerig / auß welcher vrsach sein fleisch eingesaltzen wirdt / damit es etwas desto besser vnd löblicher zu geniessen werde.

Die beste theil auß den Delphinen sind die Leber vnd zungen. Die leber ist zart vnd mürb / doch eines bösen gesaffts.

Die zung mürber vnd feister / höher zu schätzen dann die leber.

Etliche stück der artzney so von solchen thieren kommen.

Die äschen von den gebranten Delphinen heilt die böse Grindigkeit vnd Außsatz / auß Wasser auffgestrichen.

Die Leber gebraten / nimpt hin das kaltwehe oder den Ritten / genossen ehe es den Krancken anhebt zu schütten.

Sein feiste oder schmaltz zerlassen / mit Wein getruncken / heilt die Wassersucht / wirt gebraucht wider den Gestanck deß Leibs / Item sampt einem Dochten gebrañt als ein Liecht / vertreibt die Mutter der Weibern.

Item die zän von dem Delphin den Kindern angehenckt / jhre Bildern damit besirichen / Item zu äschen gebrañt / mit Honig angestrichen / leichtert das zanen vnnd erschrecken der jungen Kindern.

Sein Magen gedertt / gepüluert vnd getruncken heilt die Bresten deß Miltzes.

Von dem andern Geschlecht deß Meerschweins.

Phocæna siue Thursio.   Ein Meerschwein.

Wie dieser Fisch gestaltet / vnd wo er zu finden.

Dieser Wallfisch wirt auch von den Welschen genañt Meerschwein / von seiner feiste vnd dicke wegen / vñ gestalt. Dañer ist dem Delphin mit der gestalt gantz ähnlich / allein daß er kleiner / kürtzer: doch dicker ist / vñ kein solchen fürgestreckten schnabel hat / auch nicht so lieblich vnd geil an der Gesicht / gantz feist / dick vnd schwer. Dieser Wallfisch wirt in Ponto gefangen vnd gesehen / dergleichen in dem Welschen oder hohen Meer / werden viel gen Pariß gebracht / am aller meisten im Glentzen / Winter / auch zu zeiten Herbst vnd Sommerszeit.

Von seiner art vnd natur.

Dieser Wallfisch oder Meerschwein also genañt von seines specks wegen / ist mit seiner art / natur / eigenschafft / innerlicher gestalt / dem Delphin gantz änlich / allein sol er arglistiger vnd böser seyn. Cardanus schreibt / er habe zu Diepe in Neustern gelegen / viel der Fischen gesehen / einen zu S. Valerin / welcher mehr dann 1000. pfund sol gewogen haben / so feißt / daß er gar nach rund schein / der Kopff vnd Augen gleich einem Schwein / da mitten auff dem Kopff ein loch eines fingers groß / auß welchem er viel wassers sol gesprützt haben / hat stumpffe zän gleich den stockzänen der Menschen / er seicht / athmet vnd seufftzet mit auffgespertem maul / weinet / daß die Trenen herab flossen / sol lang gelebt haben / ob gleich das blut jm auß der wunden herauß floß / als der wein auß einem Faß / hat starcke gantze schwartze fischsäcten.

Von

Von dem Braunfisch oder Balenen.

Balena. Ein Braunfisch / wiewol etliche auch die zweyerley Meerschwein Braunfisch
nennen: zu vnderscheide derselben/möchte dieser ein Bartwall oder Hogerwall genennt werden. Ein Balenen.

Von der eusserlichen vnd innerlichen gestalt dieses Thiers.

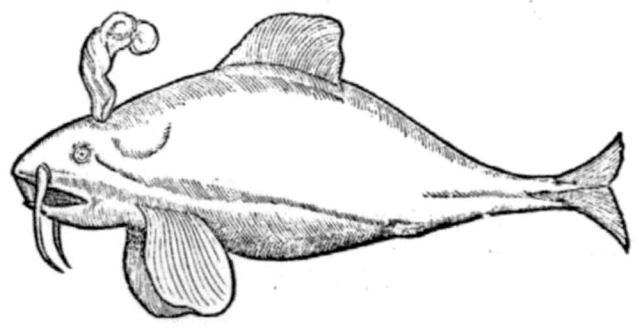

Dese gegenwertige Figur ist gantz fleissig von einem lebendigen Braunfisch / o-
der Balenen abconterfetet worden. Solcher Fischen einer ist gefangen worden
deß 1545. Jahrs zu Gripswald vber 24. Schuch lang/ist ein grosse menge der
Fischen in seinem Magen gefunden worden/ vnder andern ein Salmen einer Elen
lang noch lebedig. Solches Fisches Figur ist dem herrliche Man Sebastiano Mun-
stero von dem Cantzler der Fürste auß Pomern zugeschickt worden. Werde bey Fries-
land vnd dem Balthischen Meer gemeiniglich gefangen. Sollen ein mächtig feiß
Fleisch haben/eines vnlieblichen Geschmacks. Etlich schreiben/er habe einen Zumel
so dick als eines grossen feisten Manns Schenckel: haben sonst/ als hievor von den
Wallfischen gehört/ ihre natürliche Glieder dem Menschen gantz gleich/ empfahen
vnd gebären lebendige Frucht ohn Eyer/habe milch/an der Farb schwartzgrün/ Ona-
ten/als hievor gehört/ Item auff ihrer Stirnen Löcher/ durch welche sie den Lufft ziehen zu den Lungen vnd das Wasser herauß sprützen/haben ein harte Haut/ dick/ gar
nah vnempfindtlich/schwartz/allein der vnder Kiffbacken/ein theil deß Bauchs/ vnd
ob den Augen gantz weiß.

Von der mercklichen grösse der Balenen.

Hievor ist viel gehört worden von der mächtigen grösse etlicher Wallfischen/ auß
solchen wirt die Balenen gar nah der grösse geachtet. Dan etliche sollen neunhundert
vnd sechtzig schuch lang gesehen seyn/als Solinus schreibt. Etlich bey dem Norwegi-
schen gestad hundert Elen lang: gebären vn versamlen sich mit grosser menge/dz auch
die Schiff von solchen in grosse gefahr komen/ob sie sich gleich in der Tieffe enthalten.

Es schreibt auch Olaus/daß/so die Balenen von vngestüme deß Meers in das
gestad herauß geworffen/man ihr Fleisch mit viel Wägen müsse darvon führen. Im
Britannischen Meer sollen sie auch zu mercklicher grösse komen.

Von etlichen andern Figuren oder Balenen.

Olaus Magnus in der Beschreibung der Mitnächtigen Lande/ mahlet mancherley Meerthier/oder Meerwunder/auß welchen er etliche Balenen nennet: solche
Figuren etliche hieher gesetzt werden.

r

Die erste.

Raumfisch oder Balenen/sampt dem Hogerwall/Vtterwall/Schluchwall/o-
der Meerschwein.

Die ander.

Ein auffrechte Balene oder Braüfisch/welcher ein groß mächtig Schiff vndertruckt.

Die dritte.

Ein

Ein grosser Wallfisch/so die Einwohner der Insel Fare genannt Fischfresser/mit dem Zunamen auß vngestüme deß Meers in das Sand hinauß geworffen/mit einem grossen eysenen Hacken an das Land herauß gezogen/mit Achsen vn̄ Beilen zu stücke schroten/vnd vnder sich selber theilen.

Die vierdte.

Der Tüffelwall mit Sand besprenzt/auff weich die Schiffleut/verme int kleine Inslen seyn/kochen/das Schiff daran geheft haben/also manches mahl in grosse Gefahr kommen.

Die fünffte.

Etlich grosse Balenen oder Braunfisch/welche nach der grösse gleich sollen seyn dem Gebirg/kehren die Schiff so sie bekommen zu grund/sie werden dann mit mächtigem Geschrey/Getümmel/Trumeten/vnd Gethön von den lären Fassen in das Meer geworffen/abgeschreckt vnd hinweg getrieben/welches auch in dem Balthischen Meer geschehen sol/als hievor gehört.

Von natur vnd eigenschafft der Braunfischen oder Balenen.

Der Sitz vn̄ wonung der Balenen ist die Tieffe deß Meers. Im Gaditanischen Meer werden sie nicht vor Weinachten gesehen/solle sich darzwischen in einem stillen/

tieffen ort halten/daselbst mit grosser Freud gebären/fressen einen schwam Ambra genennt/welcher zu zeiten in jhren Magen gefunden wirt/als etlich schreiben. Item allerley ander Fisch/frißt vnnd käuwts nicht/sonder verschluckt alle ding gantz/wiewol er sonst eine engen Schlauch hat. So er schläfft/streckt er sein Kopff/Loch oder Röhren vber das Wasser herauß/schnarchlet auch/zu zeiten so er auff das Gestad herauß gehn/vñ daselbst schlaffen/welches von dem Helffantwall sonderlich geschriben ist/er sol sich zu zeiten gar nah auff die tröckne herauß lassen/sich bey der Sonnen zuwärme/erwachst sonst in kurtzen Jahren/gebirt als ein mensch/wie obgehört der mehrer theil zwey Junge/säugt sie/samble sich in der Geburtzucht auff/hat ein scheußlich murmle.

Der Wallfisch sol sich zu zeiten mit dem Braunfisch oder Balenen vermischen/als dann krafftloß werden/vnd in den Tieffinen deß Meers zu solcher grösse kommen/daß er mit keiner Kunst oder Macht tag gefangen werden.
Von natürlicher anmut dieser Braunfischen.
Ein grosse Liebe tragen die Braunfisch oder Balenen gegen jhre Jungen/dañ so sie schwach/krafftloß oder sonst gefahr/Vngewitter vorhandé/so tragen sie dieselbigen oder schlucken sie in jhren Rachen/kotzen sie hernach wider herauß. Item so sie zu weit herauß geschwummen/von wegen mangel deß wassers nicht mögen wider in die tieffe kommen/so fassen sie in sich ein grosse menge deß Wassers/ketzen dasselbig zu jhn herauß/stößen sie mit dem Wall Wasser wider herein.

Die Wallfisch/Item die Braunfisch oder Balené/reisen nicht ohne eine Gleitmañ/dann von der mercklichen grösse vnd feißte wegen/gesehen/gehören vnd empfinden sie wenig/solches ist ein schmaler/rauer/weisser/läger Fisch/welcher ein sonderbarliche anmutung zu den Wallfischen haben sol/von Plinio Musculus genent. Solcher Gleitman zeigt jhnen an Tieffe der orten/den Weg oder Straß/gegenwertige gefahr/Vngewitter/Raub vnd dergleichen. So sie solches Gleitmans beraubet/schwebé sie irrig herumb vnd werden gefangen.

In dem Indianischen Meer so die Balenen oder Braunfisch zu viel gefressen/schreyen vnd brunnen sie so starck/daß sie auff zwo Welsch Meilen erhört werden.

Sie sollen ein anmutung vnd lust ab dem Geruch habé deß Bechs oder Hartzes/daß so ein Schiff newlich verhärtzt ist/mercken sie den Geruch/belustige sich an solche Schiff zugriffen/auß welcher vrsach das Schiff in gefahr köpt. Die Schiffleut aber solches wol wissende/werffen jnen newlich gehärtzte Faß für/damit sie denselbigen nachhalten/vnd das Schiff lassen/mit solchen Geschirzen spielen sie vnd schimpffen gantz wunderbarlich/werffen darzwischen Wasser in die höhe.

Sie haben auch lust ab sanfftem Lufft/vorauß ab dem Mittnächtigen/so Sudwind genañt/dann zu solcher zeit erheben sie jetzt den Kopff vnnd Gnick herauß/demnach den Kopff vnd den Rücken nach vnd nach herunder/also daß er gantz gesehé mag werden.
Wie solch Thier gefangen werde/ vnd von seiner nutzbarkeit.
In die Balenen werden grosse/scharpffe vnd lange Hacken geworffen/welche biß auff das Eingeweyd oder Kuttlen hinein dringen/die Hacken sind gebunden an starcke Seiler/welche zu end grösse Körb haben/welche embor schwimmen/vnnd den verwundten Fisch zeigen/von solchem fahen ist viel hievor gehört worden in der Histori der Wallfischen.

So der Wallfisch oder Balenen in dem Meer spilt/bedeut er Vngewitter.

Damit die Schiff von dé Balené nit vmbgekert/brauché die Schiffleut ein solche Kunst. Bibergeil zertreiben sie in Wasser/schütten es in das Meer/von solchem wirt die Schar der Balené vertriben/als von einem Gifft/vñ in die Tieffin gejagt. Dañ die Schiff leiden gefahr/so sie auff jhre Rücken kommen/oder in die Wirbel so sie bewe-

gen

gend/oder von dem auffblasen deß Wassers. Von dem brauch der Gebeynen der Ba=
lenen zu den Gebäwen/sampt anderer Nutzbarkeit/ist hievor in der Histori der Wall=
fischen beschrieben worden.

Von dem Fleisch der Balenen vnd seiner Eigenschafft.

Das Fleisch diser Fischen hat ein vnlieblichen stinckenden geschmack/sind vngesund/
hart zu verdäwen: so sie eingesaltzen/vrsachen sie ein melancholisch geblüt. Cardanus
schreibt/daß jre Kutteln gantz angenem vnd gut sollen seyn zu essen/einen Geruch ha=
ben wie Violen.

Von Artzney.

So einen der tödtliche Schlaaff ankompt/so brauchen die Zauberer/spricht Pli=
nius/das Mäglin der Balenen oder Meerkalb zu schmecken.

Von einer andern Gestalt der Balenen.

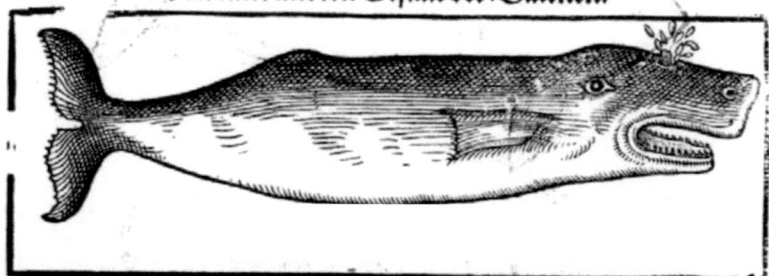

IM Jar gezehlt nach Christi vnsers lieben Herrn geburt 1555.ist in einem ort deß
Adriatischen Meers ein solcher mercklicher Wallfisch lebend funden worden/ er
von wegen deß Wassers/so daselbst nit tieff/wiewol es doch auff vier schritt tieff
gewesen/sich nit hat mögen bewegen vnd schwimmen. Ist mit Büchsen/Spiessen vnd
Hacken getödt worden/vn mit viel Schiffen an das Land herauß gezogen. Sein haut
was one schüppen bleychfarb. Sein lenge war 14.schritt/sein dicke mitten zwerch hin=
durch 8.schritt/der vnder Kynbacken 14.schuch lang mit vier vnd viertzig starcker Zä=
ne/so groß wie ein Kegel/welche vier vnd viertzig Zän einen Centner gewogen haben.
Der ober Kynbacken lär/ohne Zäne also beschaffen/daß er die vndern Zän mocht in
sich fassen. Der schwantz 13.schuch breyt zimlicher dicke/mit runde schuppen/als schilt=
Seine Augen kleiner dann Roßaugen/dunckel anzusehen. Der Kopff 3.schritt lang/
sein Rachen eines schritts weit/vnd sein Zungen auch eines schritts lang/welcher län=
ge auch die Zeckten waren/nieben bey seits nit weit vom Aug. Sein männlich Glied
oder Zerß vier schuch lang: seine Gemächt oder Hoden so groß als ein Kugel von 30.
Pfunden. Oben auff dem Kopff hat er ein Loch gar nahe einer spannen lang/gekrüm=
met wie ein wachsender Mon/durch welches er wasser herauß sprützt/also/daß er das
nechste Schiff darbey zu grund versenckt. Die Einwohner derselbigen Orten nennen
jn Balener: sagen auch daß er nit vber dreyjärig gewesen/auch von jhnen vor ettlicher
zeit viel grösser gefangen. Allein sein Kopff sol hundert Centner schmaltz geben haben/
auß welchen ein Centner vmb fünffthalben Reinischen gülden sey verkaufft worden.
Solch schmaltz brauche man zu den Liechtern/vnnd etlichem andern brauch. Als ein
Hund vngefehr mit solcher feißte sich gefüllet hat/sol jm das schmaltz zur stunde durch
alle Haut herauß geschwitzt haben/vnd der Hundt gestorben. Ist an der Farb als al=
ter lauterer Maluasier. Auß einem kleine Ripp sol drey pfund schmaltz geflossen seyn.

Musculus Mvcinχρ ©.   Gemeine Balenen oder Wallfisch/ Mußwall.

Von gestalt/ vnd mercklicher grösse deß Thiers/ vnd wo es gefangen.

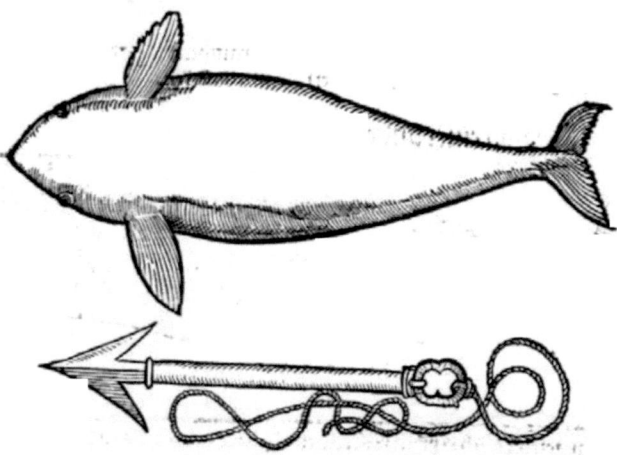

ES haben die Alten mit dem Namen der Balenen nur ein Thier bedeutet/ welches in dem vorgehenden Capitel ist fürgestellt worden. Die Fischer aber deß Meers brauchens zu dem Hoger oder Vtterwall/ Blaßwall/ gegenwertigem vnd etlichen andern grossen Wallfischen/ die sich der Balenen nit wenig vergleichen. Dieser Wallfisch oder Mußwall ein scheußlich groß Thier/ wirt in dem Aquitanischē Meer vnd India gefangen/ nennen jn Balenen. Der mehrer theil 36. Elen lang/ acht hoch/ sein Rachen 22. Schuch weit/ keine Zän/ sondern an statt derselbigen in jedem kiffhörnine Blech/ schwartz/ welche bey ende außwachsen/ als Säwbörst/ zu hinderst im Rachen kürtzer/ mitten länger: mit den hindern Blechen vnd Bürsten wirt seine Zungen hinden im Rachen behalten/ welche so sie herfür gezogen/ oder sonst außgeschnitten wirt/ so zerläßt sie sich/ zerfleußt/ wirt so breyt vnd groß/ daß sie hernach nit wider mag hinein gebracht werden: dann sie ist gantz groß/ weich vnd lind/ wirt eingesaltzen/ von manchem in grossem wollust geachtet: dann sie ist gantz mürb/ oder matt vnd zart/ werden gemeinglich von einer Zungen 24. kleiner Fäßlein/ als man sie in Franckreich pfleget einzusaltzen/ gefüllet. Die Augen stehen vier Elen weit von einander/ sind außwendig klein/ innerhalb weiter dann ein Menschenkopff/ auß welcher vrsach die betrogen sind/ so sie mit den Stieraugen vergleichen: bey seits hat er zwo grosse Federn/ mit welchen er schwimmet/ vnd in der forcht verbirgt er damit seine Zungen/ auff dem Rucken hat er keine: sein schwantz gleicht dem schwantz der Delphinen/ allein grösser/ welchen/ so er beweget/ so wirfft er das Wasser also zu hauff/ daß auch die Schiff zu grund gehen/ vnd so er die Schiff damit berührt/ so kehret er sie vmb.

Hat ein kurtzen schnabel/ hat kein Loch oder Rören gleich den Balenen/ sondern an statt derselbigen/ schrunden oder Löcher/ auß der vrsach daß er nit ein lang Maul oder Schnabel

Schnabel hat gleich andern Wallfifchen/ wirdt mit einer harten/ schwartzen/ glatten Haut bedeckt ohne Haar. In dem magen deß Thiers werden allein gefunden/ schleim/ schaum/ waffer vnd ftinckend Meerkraut/ keine ftuck oder zeichen der Fifchen/ welches bedeuten wil/ daß er nicht ein fleifchfraffig Thier ift. Zu zeiten foll auch Ambra in folcher Wallfifchen magen gefunden werden. Mit der innerlichen geftalt ift er anderen Wallfifchen oder der Balenen gantz gleich/ wirdt auß der vrfach hie die befchreibung vnderlaffen.

Von nutzbarkeit folcher Thieren/ vnd wie fie gefangen werden.

Das fleifch gegenwertiges Thiers ift wenig nütz/ allein fein Zungen/ wirdt in der Speiß mächtig geprifen.

Ein groffe menge der Feißte oder Schmaltz/ wirdt auß dem Bauch vnd vnder der haut dann zufamten gefchmeltzt/ gefecht nit/ wirt zu Liechtern vnd Ampeln gebraucht.

Mit den Gebeynen vnd Rippen/ vmbzaunen fie jre Wifen vnd Güter.

In dem Aquitanifchen Geftad werden fie viel gefangen bey den ftetten Biaris/ Capreton vnd S. Jan de Luß/ in jrer fpraach genennet.

Auß einem Thurn fpehen fie die Thier auß/ fo nun etliche vorhanden/ fo gibt er ein zeichen mit der Trumen/ alsdann kommen die Fifcher all zufamen/ als ob man ein ftatt fturmen wölle/ mit Pfeilen vnd notwendigen Inftrumenten wol gerüft/ in jedem fchiff 10. ftarcke Mann zu rudern/ andere dergleichen mit viel ftarcken Pfeilen/ vnd Inftrumenten/ als hiebey eines abgemahlet/ folche wirfft jeder nach feim beften vermögen in das merckliche Thier/ fo den dritten theil auffer dem waffer erzeigt/ fo fie tieff in fie geworffen/ fo hengen fie das Seyl naher fo lang/ biß das Thier von fchmertzen vn wunden fich felber zu todt geblutet hat/ nach demfelbigen fchleyffen fie es fampt den Seylen durch das Waffer an das Geftad herauß/ theilen den Raub nach zahl der Pfeilen/ fo von jedem fchiff in das Thier geworffen/ fo gezeichnet find. Die Männlin werden mit groffer Arbeyt gefangen/ die Weiblin aber viel ringer/ vorauß fo fie den Jungen nachfolgen fie zu fchirmen vnd zu erretten.

Von dem Sprützwall.

Physalus feu Physeter.　Sprüßwall.
Von feiner form/ geftalt vnd gröffe.

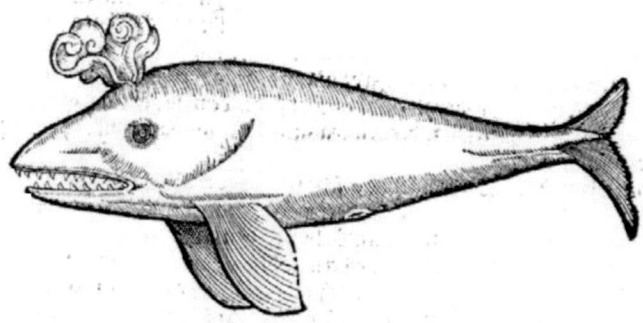

ER nahe alle Wallfifch haben Rören vnd Löcher/ durch welche fie den Lufft ziehen vnd Waffer herauß fprützen. Dieweil nun diefer etwas befonderer Geftalt/ viel groffer Rören vnd Löcher hat/ durch welche er waffer herauß fprützt/

Der zwölffte theil / von

dann die andern / wirdt er zu rechtem vnderscheid Sprützwall genennet / von den Latinern Physeter, vom Wasser auffblasen oder sprützen / es soll auch die rechte eigentliche Figur oder gestalt vnd wahre abconterfeytung hie fürgebildet seyn.

Jre Art / Natur vnd anmutung / Item grösse / wirdt hie allein auß etlich ein lustigen Historien wol mögen erkennet werden.

Die Sprützwall komen zu mercklicher grösse so hart zu glauben ist / haben ein weit Maul / scharpffe Zän / ein grosse schwartze Zungen / hat kein Fischfedern / auff dem Rucken als der Vterwall (orca) hat mächtig viel schmaltz oder feiste / gleich den Balenen.

Als Nearchus mit seiner Gesellschafft vber Cyiza gegen Auffgang schiffet / soll er sampt seinen Gesellen oder Heerzeug / ein grosse meng deß wassers gesehen haben auffgeblasen in die höhe / als ob es mit gewalt außgesprützt were. Als nun von den Schiffleuthen vnd Patronen verstanden ward / daß solches grosse Wallfisch oder Meerthier thäten / das Volck mächtig von forcht erschrocken / die Schiffleut die Ruder von forcht auß den Händen fallen liessen / sind sie wider von Nearcho getröst worden / dann so viel er seiner Gesellschafft mocht beschreyen / hieß er die Schiff zusamen zu hauff samlen / neben einander als ein Angriff zu thun / starck daher fahren / ein groß scheußlich Geschrey / getümmel klopffen vnd trumeten bewegen. Als nun das geschehen / vnd sie den Thieren naheten / erschracken die mercklichen Thier ob dem scheußlichen Geschrey / liessen sich in die Tieffe / vnd fuhren die Schiff mit grosser schnell herüber / gleich hinder den Schiffen sollen sie widerumb herfür komen seyn / ein grosse menge deß Wassers in die höhe geblasen haben / doch ohne gefahr. Als sie nun auß grosser Gefahr / vnversehener sach behalten vnd entrunnen / haben die andern Nearchum gröslich gelobt vnd gepriesen vmb sein Verstandt / weißheit vnd frefenheit. Auß welchen Thieren spricht Nearchus / werden viel an das Gestad herauß geschleifft / vom Meer vnd Vngewitter herauß geworffen / welche so sie erfaulet / brauche man die Gebeyn zu Thüren / Porten / Pfosten / Träm vnd dergleichen.

Der Sprützwall soll sich zu zeiten mit seinem Kopff vnd Gnick vber das Wasser herauß strecken / vnd ein grosse Güsse wassers so er in sich gefaßt / herauß werffen.

Rondeletius schreibt daß in das Narbonensisch gestad deß mittägigen Meers zu zeiten grosse Meerthier seynd herauß geworffen / von welchen ein vnderer Kynbacken sich in S. Peters Tempel gleich bey der Porten erzeige. Jch hab es für ein Ripp angesehen / vnd es offt getastet / was doch Rondeletius schreibe / solches hat auch hievor in der Histori der Wallfischen / Doctor Gäßner gedacht / vnd es ein Ripp genennt. Auß de Ruckgrad / oder wirten sind sitz zu Frötinia an de gestad deß Meers gemacht worde.

Ein anderer ist gesehen worden von dem Kopff so in dem Wasser lag / biß zu end deß Schwantzes 30. Schritt lang / der Leib was gekänelt / als ob er runtzlecht oder zusamen gefallen were.

Einen sol sein Vatter an dem gestad gesehen haben / 100. Schritt lang.

Ein andern schreibt Rondeletius habe er in Italien gesehen gefangen / welchen der Hertzog von Florentz gedörrt / für seinen Palast soll von wunders wegen gelegt haben / doch hab er jn von deß gestanck wegen widerumb müssen hinweg thun.

Auß dem Hirn solcher Thieren sol ein feiste herauß fliessen / dünner dann öl / welche kräfftig vnd durchtringend seyn soll. So dasselbig herauß geflossen / wirdt vnder der Hirnschalen ein andere Materi gefunden / gleich kleinen Schüppen / welche von dem Feiwer schmiltzt / vnd von der Kälte widerumb kallet als Vnschlit.

Etliche gelehrte Männer in Engelland nennen den Sprützwall / a Whyrlepole / andere / Whirlepoole / etliche Horlepole / auß der vrsach / daß er das Wasser beweget / vnd mächtige Wirbel vrsachet / etliche nennen jn a Whorpoul.

Olaus

Olaus in den Taflen der Mittnächtigen Landen malet ein
Figur deß Sprützwalls/so oben am 90. Blat fürgestelt ist/ist
wol müglich daß solche grösse Meerthier Wallfisch/solche Rören haben/vorauß der Sprützwall. Dañ Jacobus Zieglerus
in der Beschreibung Scandia/Ité der groß Albertus/schrei-
bé von etliché so solche Rören habé solle. Es vermeint der Scri-
bent diseß Buchs/daß der Sprützwall/Physeter vñ Pristes/
nicht zweyerley Fisch seyen/sonder daß mit solchem namen nur
ein Fisch bedeutet werde/nélich der Sprützwall oder das Pri-
stes/dem Sprützwall gantz gleich vñ ähnlich/erzehlt vrsachen
welche in darzu beweget/nit not hie zu erzehlen. Ité der Pristes
welchen Rondelet gemahlet/sey nit leblich abconterfetet/son-
der nach seiné gefallé erdichtet: dañ den schnabel oder bein voller zähnen so er in mahlet/habe er gleichwol zu Franckfurt bey
einem Kauffman gesehé/im daßelbig laßen abmahlen/als die
Figur hiebey anzeigt. Der Kauffmañ nennet es on vrsach ein
Meerheyndochs. Das bein was drey zwerch Finger breit/gleich
einer Zungen/an einé ort weiß/am andern äschenfarb/ein wenig lenger dann zwo Spañ: auff beyden seiten der zähnen drei-
sig/in einer Ordnung gleich einer Sägen/sollen gleich den steinen hart seyn/äschenfarb/werden sonderlich verkaufft/vnd gebraucht wider das Gifft der Schlangen. Etlich wöllen es sey
võ einem grossen Fisch von Plinio Meersägen genennt.

Von dem Wallfisch so Pristes ge-
nannt wirdt.

Egenwertige Figur dieses Wallfischs von dem Rondeletio gesetzt/ist nicht warhafft/sonder nach dem schnabel
oder Gebein/wie vor steht nach gefallen erdichtet: dann
wie im vorgehenden Capitel gehört/ist der weitberümbt Mañ
D. Cõrad Geßner der meinüg/der Sprützwall/Physeter vñ
Pristes/bedeute ein Wallfisch/nélich den so hievor beschrieben.

Bellonius ist auff der meinung/Pristes seye der Wallfisch
so von Welschen Calderonus genent werde/soll gantz gleich
seyn den Balenen/allein rúnder vnd lenger: bleibt noch also die
Sach dem Vrtheil der Gelehrten fleissiger nach zugründen.

Von dem Vterwall.

Orca. Vterfiſch / Vterwall / Schlauchwall / Wallſchwein.
groß Meerſchwein.

Von ſeiner geſtalt vnd mercklichen gröſſe.

Er Vterwall / o-
der Hogerwall /
bekompt den na-
men von ſeiner geſtalt /
ſo gleich iſt einem Vter /
Faß / oder groſſen run-
den Krug / auch von ſei-
nem hockerechtigẽ Rü-
cken / iſt nicht vnähnlich
nach der geſtalt dẽ Del-
phin / allein viel gröſſer
vnd dicker. Daſſ Orca
iſt ein gattung eins ge-
ſchirts oben vnd vnden
eng / mitten weit / groß
vnd rund / alſo iſt auch das Meerthier Orca genaũt / hat breite ſtarcke zän / zu euſſerſt
ſpitzig vñ ſcharpff / hat ein gantz glatte Haut / am Rücken blaulecht / am Bauch weiß /
einen ſchwantz gleich dem halben Mon / wie die Delphinen / gantz breit mehr dann ein
halbe Elen / kleine Augen / nach geſtalt der gröſſe / ein krumme Naſen vber ſich gekehrt /
die vndern Leſſtzen ſo groß / dick vnd ſchwer / daß ſie ſich von der obern ſcheidet ſo er auff
den Bauch gelegt / hat an ſolcher viertzig ſtarcker zänen / die vordern ſtumpff vnd rau
die hindern ſtarck vnd ſcharpff : hat ſonſt gleich in ſeinem Bauch ein Zumpel wie der
Delphin / ſo er herauß gezogen / iſt er mehr daſſ zween Schuch lang / zu end gantz auß-
geſpitzt : gleicher geſtalt mit dem Weiblein / wie von Delphinen geſchrieben iſt worden /
zu beiden ſeiten ein zwerch Finger dar en / Löchſe / in welchen ſich die Wärtzle der Dutten verbergen. Sein Miltze hat er gleich einem runden Kuchen oder Deller wider die
natur der andern Thieren.

Von ſeiner gröſſe.

Der Vter oder Hogerwall iſt ein mächtig groß Thier. Bellonius ſchreibt / er habe zween geſehen / der kleiner habe achthundert pfundt gewogen / der gröſſer mehr daſſ
1000. Der gröſſer mehr daſſ 18. Schuch lang / mehr daſſ 10. Schuch dick / der kleiner 12.
Schuch lang / 6. Schuch dick / beyd dem Delphin nicht vnähnlich.

Von ſeiner art vnd natur.

Der Vterwall iſt ein mächtig Thier / wirfft von jhm in die höhe durch die Röre
oder Löcher / ein groſſe menge Waſſers / alſo / daß man von weitem meint es ſeye ein
Rauch oder Dunſt von einer abgeſchoſſenen Karthaunen:

Von natürlicher anmutung dieſes Fiſches.

So der Vterwall der Balenen oder Braunfiſch aufſſätzig iſt / jhn begert zu verletzen / ſo ſtelt er ſich zwiſchen zween Felſen / dardurch die Balenen ſich ſchwingen wil /
vñ greifft ſie alſo mit vortheil an: von ſolchem ſtreit / erzelt Oppianus viel im 5. Buch.

Die Balene verfolget er mit ſeinen zäne / welche ſo er erbiſſen / zwingt er ſie zu lüyen
wie ein Stier. Auß welcher vrſach die / ſo von Fiſches wegen in die neuw erfundnen
Inßlen

Jnslen schiffen/den Einwohnern gebieten/oder sonst bitten daß sie kein Vtterwall versetzen/dann sie helffen jhnen in dem Gejägt der Balenen/Meerkälbern vnnd andern grossen Wallfischen/ dann mit jhrem scheußlichen Gebiß fallen sie die andern in der Tieffe an/zwingen sie vnd treiben sie an das Landt herauß/an welchem sie mit Pfeilen vnd Instrumenten erschossen vnd getödt werden. Solchen Kampff vnd Streitt auch Feindtschafft beschreibt Plinius gantz lustig.

So der Vtterwall in das Garn kompt/oder sonst zu Landt geschleifft wirdt/so ist er nit schädlicher oder stärcker dañ auch der aller kleinst Fisch/ dañ er hat kleine Fischfedern gegen seinem Cörpel zurech nen/ist allein ein vngestalt/ groß stück Fleisch mit scheußlichen zänen. Er ersäufft auch so er lang vnder dem Wasser verhalten wirdt/als auch alle andere Wallfisch/so Lungen haben vnd athmen/als Bellonius schreibt.

Von dem Meerkalb/ das im Meer zwischen Europa
vnd Asia gefunden wirdt.

Phoca seu vitulus Maris mediterranei.   Von dem Meerkalb/
so in dem Mitnächtigen Meer gefangen wirdt.

Von der gestalt deß Thiers/vnd wo es zufinden.

Dieser Wallfisch oder Meerthier vergleicht sich gäntzlich einem Kalb. Daß als hievor die Delphin oder Meerschwein/sich den Säuwen vergliechen haben/vnd das Meerpferdt dem Roß/also ist dieser Wallfisch dem Kalb gantz änlich/dermassen daß nichts auff Erdreich gefundẽ/so nit das Meer viel fruchtbarer erzeige.

Das Meerkalb ist ein vierfüssig Thier/ein Wallfisch/wirdt mit einer Haut bedeckt/voll starcker Haaren/auff dem Rücken sind sie schwartz vnd äschenfarb/ an etlichen kleine flecken/ am Bauch sind sie weißlecht/ hat einen zimlichen weiten Rachen/harte/spitzige/scharpffe weisse zän/so sich den Wolffszänen vergleichen/sampt den vndern Kiffbacken/dann der ober ist etwas dicker/vnnd die Nasen gleich einem Kalb/mit langen Haaren/ als einem Bart geziert/hat ein breite/gespaltene Zungen/leuchtende glantzende Augen/welche sich ohne vnderlaß in tausend Farben verändern/ hat keine ohren/an statt derselbigen wunder kleine Löchle/ welche nicht ohne sondern fleiß vnnd ernst ersehen mögen werden/fallen in den todten also zu/ daß sie nicht mehr erscheinen/ist sonst innerlich gestaltet als andere ohren der Wallfischen. Sein halß bedünckt sich lang nach der grösse deß andern Leibs/ welche er außstreckt vnd zu jhm zeucht/nach gefallen/hat ein breite Brust/kürtze Dapen vnd Füß/Summa/ist als ein verletzt/vnvollkommen vngestaltet/halbgeschaffen vierfüssig Thier/zu end hat es ein kürtzẽ schwantz als ein Hirsch/seine hindern Füß sind gleich den Fischfäckten/ohne Finger vnd Klauwen/ob gleichwol Aristoteles anders davon schreibt.

Der zwölffte theil / von

Innerlich hat es Lungen/Hertz/Magen/Leber/Miltz/Eingeweyd/gleich als die vierfüssigen Thier/sein Gall an dem Hertzen/seine Nieren gleich den Nieren der vierfüssigen Thieren/Delphin oder Otter. Die Saugadern so in die Nieren kommen/bedüncken sich durch die gantze Substantz der Nieren strecken. Ihre natürliche Glieder oder Scham haben sie gleich den andern Wallfischen oder vierfüssigen Thieren.

Die Meerkälber werden gar nah in jedem Meer gefangen/ doch sollen die/so im Mitnächtigen Meer gefangen werden/etwas anderst gestaltet seyn/dann die/so auß dem hohen oder Teutschen Meer sich erzeigen.

Von natur und eigenschafft der Meerkälber.

Das Meerkalb wirt gezehlt under die Wallfisch/dieweil er zu mercklicher grösse kompt/hat Lungen/Löcher/durch welche er den Lufft an sich zeucht/auch seine natürliche Glieder andern Wallfische gleich/mag sonst weder ohne Wasser/noch ohne Erdreich seyn/dieweil es aber ein lange zeit ohne Wasser geleben mag/sein speiß unnd narung auß dem Meer hat/mehr zeits sich in dem Wasser enthelt dann auff dem Erdtreich/wirdt es billich under die Wasserthier gerechnet.

Das Meerkalb schläfft/und gebirt auff dem Land und gestad/schläfft stärcker dann kein ander Thier mit schnarchen und mugen/von wegen deß wusts und schleims der Lungen/kreucht den mehrentheil gegen dem abend auff das gestad und Felsen herauß zu schlaffen/zu zeiten auch bey hellem tag/ Dann in dem es kreucht oder geht/ so braucht es seine Fischfedern/vorauß die hindern an statt der Füssen/kan sich außstrecken und zusammen ziehen nach gefallen. So es getödt wirdt/so sol es ein stimm führen gleich einem Stier/sol sonst auch ein andere angeborne stimm haben.

Das Meerkalb ist das aller frässigest Thier/frißt im Wasser unnd auff Erden Fisch/Fleisch/Kraut und alles so es bekriegen mag/verschont auch nit den Menschen/auß welcher ursach es auch den Fischern nachstellen sol/sol sich sonst nit weit an das gestad herauß lassen/sonder ohne verzug widerkehren/ist gantz beissig/jaget den Fischen scharechtig nacher/nach art der Menschen.

In der zeit ihrer brunst hangen sie an einander gleich den Hunden/treiben es ein gute zeit/gebären und erziehen erstlich jhre Jungen an dem trocknen gestad/ein lebendige Frucht/zu aller zeit zwey säugt sie/fürts nicht vor 12. Tag zu dem Meer/gewehnt es nach und nach in das Wasser. In dem Scythischen Meer/sollen sie jhre Jungen auff dem Eyß säugen/nach art anderer vierfüssigen Thieren.

Von natürlichem anmut deß Meerkalbs.

Grosse liebe sol genannt Thier/so es Jung ist gegen jhre Eltern tragen unnd erzeigen/mit helffen/tragen und schalten/auch die Jungen sampt den Alten den mehrern theil gefangen werden. Es sol Damis/von welche Philostratus schreibt/in der Insel Agit ein Meerkalb gesehen haben/so von Fischern gefangen/welches eins der Jungen todt/so es in dem Kefy oder Gefencknuß geboren/dermassen mit solchem trauren sol beweinet haben/daß es drey Tag ohne essen verharret/ob es gleich für das aller frässigest Thier geachtet wirdt/sollen sonst zu zeiten auch mit einander schimpff treiben und spielen. Dargegen schreibt Aristoteles daß die so eins orts Einwohner sind mit andern so dahin kommen/oder sonst darein begeren/kempffen/streiten/Mann mit Mann/Weib mit Weib/Jungs mit Jungem/und dergleichen/so lang biß ein theil getödt oder sonst vertrieben wirdt. Dann solches sol jhnen angeboren seyn/daß sie nicht baldt das ort ändern/sonder beharren in jhrem Vatterland.

Gegen dem Menschen tragen sie ein solchen anmut/daß sie leichtlich mögen heimsch gemacht/und zu lieblicher/schimpfflicher zucht gebracht werden/daß sie mit stimm/und Gesicht auch knirschen/die menschen grüssen/so man sie mit jrem getriebenen namen nennet/sollen sie schimpfflich antwort geben.

Grosser

Groffer verbunft soll in solchem Thier stecken: dann sein Mäglin/so in die Artzney kompt/beweret wider die Fallendsucht/kötzet es herauß von jm/wol bewußt/daß jhm auß der vrsach nachgestellt wirdt.

Sein Haut soll sonderbare krafft haben wider die straal/ Donner/ Blitz vnd Hagel/dann auß der vrsach sollen die Schiffleut deß Meers/das öberst deß Segelbaums damit bedecken. Palladius der Bawersmann schreibt/so sein Haut vmb ein Acker oder Weingarten getragen/oder mitten an ein stecken gehenckt werde/daß dieselbe Güter vor dem Hagel/ Item andern Plagen wol versichert bleiben.

Die Haar der genandten Haut/ sollen ein wunderbarlichen anmut haben gegen dem Meer/nemlich/in welche ort oder ende/solche Haut oder Gürtel von solcher haut getragen/sollen die Haar zur zeit deß Vngewitters/ Vngestümme vnd bewegnuß deß Meers/oder sonst so es anfleußt/sich auffrichten vnd streuffen: So es aber still vnnd milt worden/soll sich auch solch Haar glatt niderlegen/welches bey kurtzer zeit durch etliche glaubwürdige Männer in der Insel/Hispä jola genandt/soll erfahren seyn.

Ab etlichen jrdischen Thieren/ hat das Meerkalb ein abschewen/ nemlich ob dem Bären/ von welchem es bekrieget/welches Lycotas der Bawer zu Rom in eine schawspiel soll gesehen haben. Dergleichen soll es den Meerwider förchte/den grossen Wallfisch Ziphius genannt/von welchem es verschluckt wirdt.

Als Hippolitus auff einem Wagen am Gestad deß Meers fuhre/vnd seine Pferd ein Meerkalb ersehen/ sind sie vnmütig worden/den Wagen mit dem Lauff zerrissen/ vnd den Hippolitum getödtet.

Wie die Meerkälber gefangen werden.

Die Meerkälber werden nit ohn Arbeyt von den Fischern gefangen vnd bekrieget: dann so sie an dem gestad begriffen/ sollen sie mercklich Sand mit den hindern Füssen herauß werffen/daß niemand darbey sicher/sondern menniglich geletzt vnd geschendet wirt: auch so sie mit den Garne begriffen/so zerzeren sie auch die aller stärckste Garn: mögen dergleichen hart zu todt geschlagen werden/ von der mercklichen feißte wegen/ vnd härte der Haut/ so von Pfeil oder Geschoß wenig verletzt wirdt. Auß der vrsach die Fischer/so sie ein Meerkalb in dem Garn vermercken/so schleiffen sie es ohn verzug/ mit grosser schnelle vnd vngestümme zu Landt/schlagen das Thier mit Rudern vnnd Kolben zu den Schläffen/an welchen orten es ohne arbeyt zu todt geschlagen wirt.

Als die Seeländer sagen/tretten solche Thier zu zeiten auß dem Meer/folgen nach der stimme der jungen Kinder/werden also zu zeiten gefangen.

In dem Bottnischen gefrornen oder Eyßmeer/sollen die Alten jre Jungen auff den grossen Eyßschöllen säugen/ also von den Einwohnern oder Fischern/ mit Spiessen artlich gestochen werden.

Zu Rom sollen sie in kurtzer Zeit zu einem Schawspiel gezeigt seyn.

Von nutzbarkeit der Thieren.

Dem Meerkalb wirdt der mehrertheil nachgehalten von seiner Haut wegen vnnd Mäglin der jungen/sonst ist der schad/so man von solchen Thieren hat/grösser dañ der nutz. Etliche Völcker/Massagete genandt/werden von jren Häuten bekleydet.

Item in Scythia/ so gegen Mittnacht gelegen/ brauchen sie solche zu dem Katzengeschirr/täschen: Item sein feißte zu schmieren/vnd Leder bereyten.

Item die Völcker/Lapponies genandt/werden winterszeit mit gantzen Häuten der Meerkälber oder Bären artlich bekleydet/das von dem Leib sich nichts erzeiget/dann die Augen.

Es werden auch in Italien/Hispanien/Franckreich/auch andern orten mehr/Gürtel von solchen Riemen gemacht/ welcher ich viel gesehen hab/ gantz schwartz/ so vor schwärtze gleissen.

Der zwölffte theil/ von

Von seinem Fleisch.

Das Meerkalb ist auß dem Geschlecht der Wallfischen / hat auß der ursach ein fleisch harter däuung/ voll schleims und uberflüssigkeit. Den Speck von solchem thier nennen die Sachsen Salspeck.

Etliche stück der Artzney / so von solchem Thier in brauch kommen.

Der Speck der Meerkälber heylet den bösen Grind oder Räude angeschmiert / es sey an Meischen oder Viche/ heylet auch und vertreibet alle Geschwulst/ Düssel und dergleichen/ wirt auch gebraucht zu dem Glatzkopff: Item zu der verruckung deß langwirigen Schlaffs/ und Beermutter der Weiber. Summa/ wirt viel gebraucht zu den kranckheiten der Beermutter der Weiber.

Zu dem Podagra wirt gelobt die äschen und feißte von dem Meerkalb.

Sein fleisch gessen/ und sein gedörrt Blut auß Wein getruncken: Item sein Leber/ Lungen/ Miltz/ und das Mäglin der jungen sampt seinem Blut/ wirdt gelobt zu der fallenden Sucht/ tobsucht/ schwindel/ schlag und andere kranckheiten deß Hirns.

Von seinem Mäglin einer Erbß groß getruncken/ soll den viertägigen Ritten hinnemmen/ auch zu der Bräune/ sampt etlichen andern stücken gelobt werden.

Der geruch von den gebrandten Beynen treibet die Geburt.

Sein Gallen wirt gebraucht zu allen schmertzen und trieffen der Augen.

Sein Häut umbgegürt/ ist gut den Nieren und Hüfften: Schuch darvon bereyt/ vertreibt das Podagra.

Gantz starck schläfft solch Thier/ wie vor gehört: Auß der ursach wirdt sein rechtes Fischsäckten under den Kopff gelegt/ den Schlaaff zu bringen.

Von dem Meerkalb/ so in dem hohen Meer gesehen wirdt.

Phoca seu Vitulus maris Oceani.

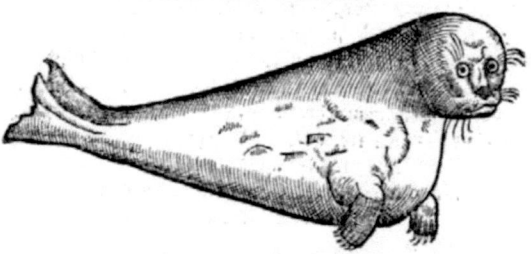

Iß gegenwertig Meerkalb/ wiewol es dem vorigen gar nahe gleich ist/ so ist es doch etwas dicker/ und baß zusamē gestossen/ als in der Figur mag gesehen werden. Daß es aber ein Meerkalb sey/ zeiget an die gespalten Zungen/ Murggen/ spitzigen scharpffen Zän/ die hindern Füß/ so sich den Fischsäckten vergleichen/ kurtzer schwantz/ und haarechte rauhe Haut/ Item die vördern Füß/ welcher Finger baß zertheilet sind/ und die Augen mehr rund. Es bezeugen es auch die innerliche und eusserliche gestalt/ natur und eigenschafft: Auß der ursach haben wirs ein Meerkalb genennt/ deß hohen Meers/ zu dem underscheid deß ersten/ so in dem Meer Mediterraneum genennt/ sich erzeiget.

Ein andere Figur deß Meerkalbs/ auß dem vorgenandten Meer.

Diese

Iese Figur oder Gestalt ist vor Zeiten
dem hochgelehrten Herrn D. Conrad
Gäßner von einem seiner guten gün-
nern zugestellt worden.

Von dem Wallnassel.

Scolopendra Cetacea. Ein Wallnassel.

Von seiner gestalt/natur und eigenschafft.

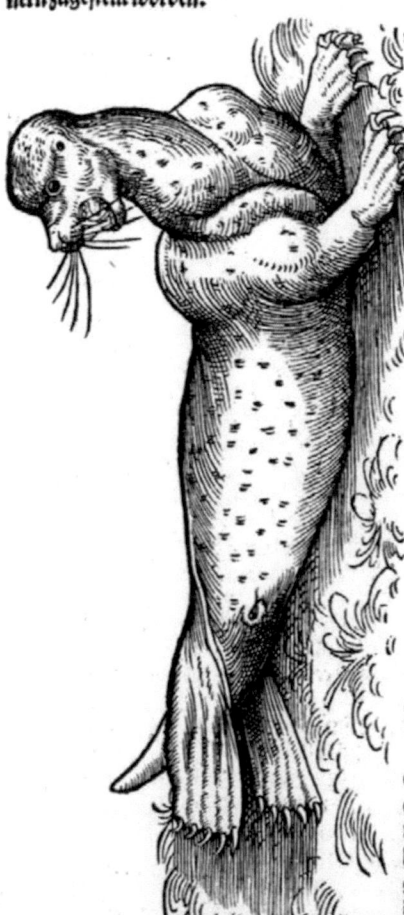

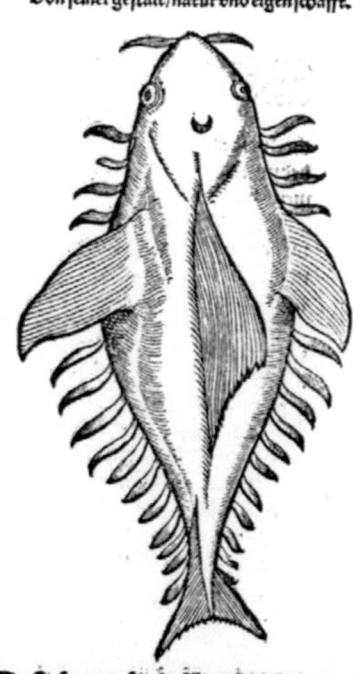

Ieser merckliche Wallfisch bekompt den
Namen von der irrdischen Nassel/welche
ein grosse menge der Füssen hat: also hat
auch dieser Wallfisch viel der kleinen Fäckten/
an statt der Füsse/mit welchen er schwimmet vnd
rudert/gleich den Ruderen einer grossen Ga-
leen/welche in dem schwimmen ein räuschen vnd
gethön haben sollen. Solch Thier soll in India gesehen seyn/wirdt von Aeliano also beschrieben.

Als ich lange Zeit/spricht er/der Meernassel art/gestalt vnd natur erforschet/hab
ich funden/daß auch ein mercklicher Wallfisch solchen Namen bekompt/welcher von
Vngewitter zu Landt geworffen/grausamlich ist gewesen anzuschawen. Die aber so
die Meer durchfahren/sagen/daß sie den Kopff auß dē Wasser/vnd die stärcken Haar
auß der Nasen vnglaublich in die höhe strecken/sein schwantz ist breyt gleich den Meer-
stöfflen. Item der ander Leib werde auch zu zeiten in dem Meer herauß gestreckt gese-
hen/einem grossen Meerschiff zu vergleichen.

Der zwölffte theil/ von

Von den Meermenschen. Erstlich in gemein/
demnach von jedem insonderheit.

Homo marinus. Ein Meermensch. Ein Menschfisch:
Von gestalt solcher Meerwunder.

Bey den Alten liset man viel von den Meerwundern/Meermenschen vnd dergleichen gestalten geschrieben/ so haben sich auch in kurtz verloffenen Jaren solcher Gestalten vnd Thieren etliche an vielen orten so am Meer gelegen/ erzeigt/ welches vrsach gibt/ daß der alten Historien vnd Schrifften/ nit gentzlich erdichte Fabel beduncken zu seyn. Dann auch vnder den grossen Wallfischen/ streichen etliche der menschlichen gestalt nahe herzu.

Es ist die sage/ daß in der Landtschafft Noruegia/ vor wenig Jaren von der gantzen menge der Einwohnern/ ein Meerfisch gesehen sey/ mit starcken schüppen gewapnet/ mit eines Menschen Angesicht/ welcher/ als er lang an dem gestad sich erspatziert/ endlich mit grossem Gewalt sich in das Meer geworffen habe.

In der Landschafft Dalmatia am Meer gelegen/ bey der Statt Spalat genandt/ soll ein Meermensch gesehen seyn worden/ welcher die Anschawer sehr erschreckt/ in dem daß er sich auff die Erden herauß gelassen/ auß begierd ein Weib zu fahen/ so bey Nacht an dem Gestad wandlet/ welche als sie deß Wunders sichtig worden/ vnnd geflohen/ hat er sich zu stundt wider ins Meer geworffen: Solcher soll gentzlich ähnlich gewesen seyn einer gestalt der Menschen.

So sollen auch bey dem rothen Meer solcher Meermenschen offt vnd viel gefangen werden/ auß welchen Häuten man so starcke Schuch bereyte/ dz ein par 15. Jar erharte. Dergleichen so das Meer sich in vngestümme erhebt/ ist das die endtliche sag der Fischer/ daß jämmerliche Seufftzen auß der tieffe deß Meers herauß von menniglichen erhört werden.

In dem fluß Tachmi/ so der eusserst fluß ist deß Moscowitterlandts/ sollen Fische gesehen werden in menschlicher Gestalt/ mit Maul/ Zänen/ Nasen/ Augen/ Händen/ Füssen/ vnd andern theilen/ on alle stimme oder reden/ welche gleich andern Fischen ein angenem fleisch sollen haben zu essen.

Zu der Zeit Gregorij vnnd Mauritij sollen in dem grossen fluß Nilo/ so Africam durchfleust/ Thier gesehen seyn mit menschlicher Gestalt/ welche als sie durch den Namen Gottes beschworen/ haben sie sich morgens biß auff die neundte stund zu sehen geben. Der Mann war mit einer breyten Brust/ rotem Haar mit grawem vermischt/ dz Weib hat schöne Brüst/ langes Haar/ waren gantz entblößt. Solche Geschicht wirt auch in etlichen andern Chronickbüchern gelesen.

Es soll auch in die Statt Edam ein solch Meerweib auß grosser vngestümme deß Meers gefangen gebracht seyn worden/ soll stum/ gantz geyl gewesen seyn/ ein zeitlang bey andern Weibern gewohnet/ vnd weibliche werck gethan haben.

Von einem jeden Meermenschen/ oder Meer-
wunder insonderheit.

Monachus marinus. Ein Meermünch/ Ein Münchfisch.

Von seiner gestalt/ an welchem orth/ vnd zu welcher
zeit er gefangen.

Dieser

Dieser Meermünch sol sich an dreyen Orten erzeigt vñ an dreyen orthen gefangē seyn wordē: Erstlich in Nortwegia/bey Dietz/bey der statt Deelepoch.

Demnach soll er auch in dē Balthischen Meer gefangen seyn wordeit/bey der statt Elboea/so 4. Meil von Coppenhaga ligt/der Hauptstatt deß Dänischen Reichs. Die gantze lenge deß Fisches 4. Elen lang/soll dem König zugeschickt/gedörrt/vnd zu einem wunder behalten seyn worden. Sol von den Fischern im Garn mit den Heringen gefangen worden seyn.

Dergleichen sol auch einer bey Portugall in dē Gallischen Meer gefangen seyn worden.

Albertus schreibt/daß auch diese Art der Fischen im Britannischen Meer seye gefangen worden.

Von dem Meerbischoff.

Episcopus marinus.   Ein Meerbischoff.

Von seiner gestalt/ vnd an welchen orten er gefangen.

Auff das Jhar als man zehlt 1531. soll ein solcher Fisch mit solcher gestalt gentzlich aller Zierden eines Bischoffs ähnlich/an dem gestad deß Meers bey Poland nechst gefangen seyn worden/vnnd dem Polendischen König fürgetragen. Welches durch etwas Zeichen/menniglich bedunckē wöllen/bedeuten vnd begeren/daß es ein grosse begierd habe wider in das Meer. Zu welchem als es ist geführt worden/soll es sich zu stund darein geworffen/vnd in die Tieffe verschlossen haben.

Von einem andern Meerwunder/
auß einer Tafel oder Zettel in Teutschlandt getruckt.

Jeses gegenwertige Meerwunder ist zu Rom gesehen worden/ in dem grössern Gestad / den dritten Tag Wintermonats/ deß 1523. Jars. in der grösse als ein fünffjäriges Kindt/ in solcher gestalt gentzlich/ wie es sich hie erzeigt.

Von dem Meerfräwlin.

Nereides. Meerfräwlin.
Etliche Geschicht von den Thieren.

Aß in der tieffe deß grossen Meers wunderbare gestalten gesehen werden/ erzeigt die täglich erfahrnuß: under andern werden auch die zu zeiten gesehen/ so man Meerfräwlin nennet/ welche sich obenauß einer Frawen vergleichen sollen/ vnden auß einem Fisch/ allenthalben rauhe vnd gehaaret. Solcher sind viel dem Keyser Tyberio erschienen/ welche so sie sterben wöllen/ nach menschlicher art/ so sollen grausame seufftzen/ achtzen vnd heulen von jnen gehört werden.

Es schreibt Theodorus Gaza / daß ein solch Meerfräwlin gesehen sey worden in Peloponeso/ von vngestümme deß Meers an das Gestad herauß geworffen/ noch lebend vnd athmend / mit dem Angesicht gantz gleich einem menschen / gantz schön/ sein Leib rauhe von schüppen biß auff die Scham/ der vbrig theil soll sich geendet haben in ein Schwantz/ gleich einem Krebsschwantz. Als nun ein mächtiger zulauff geschehen sey/ von menniglichen solch Wunder zu sehen/ vnd sie gantz mit viele deß Volcks vmbgeben/ habe sie gantz betrübt vnd trawrig/ grosse Seufftzen gelassen/ gantz vor Leydderschlagen/ als man auß dem Angesicht wol erkennen mocht/ sol letzlich auch mächtig geweinet vnd geheulet haben. Als nun auß erbärmde der viele der Leuth zu weichen gebetten/ vnd gegen dem Meer platz zu machen/ sol solch Meerfräwlin/ durch hülffe der Armen vnd deß Schwantzes/ nach jrem vermögen/ dem Meer zugekrochen seyn/ sich darein geworffen/ mit grosser Vngestümme/ in die weite vnd tieffe angehebt haben zu schwimmen: hernach nimmermehr seyn gesehen worden.

Solche Meerfräwlin sind auch von etlichen andern glaubwürdigen Leuthen gesehen worden.

Von dem Meerteuffel.

Triton marinus, Dæmon marinus, Satyrus marinus, Ichthyocentaurus,
Pan marinus. Ein Meerteuffel/ Ein Wassermännlin/ ꝛc.
Von jrer gestalt/ art/ natur vnd eigenschaffe.

Aß vorgehenden Geschichen vnnd mancherley Gestalten der Walfisch/ ist wol zu mercken/ daß die wunderbarliche beschreibung etlicher Meerthier/ so sich obenauß den Menschen vergleichen/ vnden auß einem Fisch/ nicht gentzlich ein erdichte Fabel ist. Auß solchen scheußlichen Gestalten/ ist auch gegenwertiger Meerteuffel/ welcher zu Antorff sol abconterfeyt seyn worden/ auß Noruegia zu den Niderländern gebracht/ welcher sich gar nahe dem vergleicht/ so zu Rom in dem 23. Jar gefangen/ allein/ daß dasselbig keine Hörner hat.

Wider

Under dem Bapst Eugenio/ist bey der Statt Sibinicum/in dē Illyrischen Meer/ ein solcher Meerteuffel gefangen worden/ an der Gestalt gentzlich beschrieben/ als die gegenwertige Figur anzeigt/welcher einen Knaben dem Meer zuzohe.

Als zu zeiten der Vatter Aemiliani deß Römers in Italien geschiffet hat/ bey den Inseln so Echinades genennet werden/als kein Wind gieng/sind zu der Insel/Paxas genandt/koīen. Als nun jederman fleissig wachet/ist ein starcke stimme von der Insel Paxis erhört worden/welche einē rufft/Thammus: welchs ruffen jederman erschreckt/ vnnd in grosse verwunderung geworffen hat/auß vrsach daß ihr Patron oder oberster Schiffmañ mit solchē Namen genennt/war einer auß Aegypten. Als jhm nun zwey= mal ist geruffet worden/hat er kein Antwort wöllen gebē/ zum dritten hat er geantwor= tet/da sol solche stiṁ noch viel schärpffer geschryen vnd geredt haben/Taṁe/wann du zu der grossen Pfützen/See/ oder engen Tieffe koṁest/ so verkünde mit lauter stiṁ/der groß Gott deß Meers Pan genandt/sey gestorben. Als sie nun solches gehört/sind sie noch viel mehr erschrocken/vnd gleich erstlich/ als sie an solch vorgenandt Ort komen sind/hab der Tammus nidersich in das tieffe Meer mit grosser stimme geschryen/ Der groß Pan ist todt/gleich zur stundt als solches verkündt sey worden/ habe mennigklich ein jämmerlich seufftzen gehört/wunderbarlich/ als von viel vnzehlbaren Leuten/vnd dieweil viel Leuth in solchem Schiff waren/als sie gen Rom komen/haben sie die gan= tze Statt mit solchem erhörten Wunder erfüllt/ auß welcher vrsach der Schiffmann oder Patron Tamius/von dem Keyser Tyberio sey berufft worden. Solcher geschicht sol der Keyser Tyberius so grossen glauben geben haben/ als er die sach gründlich von dem Tammo selbst erfahren/daß er die Weisen vnd Gelehrten beschickt/ von jhnen zu erfahren/wer doch der groß Pan were. Also ist es nit gentzlich ein erlogen Gedicht/dz so die Alten von solchen Meerwundern/so seufftzen/heulen vnd stimme geben/vnd sich auch sonst mit den Menschen vergleichen können/geschrieben haben.

Ein frembde Gestalt eines Meerthiers.

Diß Thier ist in Meiner Insel Ja= ua genannt/im 1551. Jar/dē 14. Apri= len funden worden/vñ gantz gründlich abconterfeyt. Ist zwischen dem kopff vnd schwantz 10. Elen lang/vnd dritthalb Elen hoch. Hat sein wohnung im wasser vnd auff Erden. An der Farb ist es mehrertheils rotlecht/vnd an etlichen orten blaw. Sein schwantz so sich zu eusserst wie ein Roßschwantz zerthut/ist liechtblaw/mit roten düpfflin besprengt. Hat Nägel wie ein Löw oder Panterthier.

ß iij

Der zwölffte theil/von

Von einer andern gestalt eines scheußlichen Meerthiers.

Jeses thier ist zu Meylandt in einē hauffen stein funden worden/vñ von dē hochgelehrten Herrn Hieronymo Cardano/ an Herrn D. Gäßner geschickt/ mit keiner weitern beschreibung. Die

gestalt aber deß schwantzes gibt zu/ daß es ein Wasserthier sey/wiewol es sich mit dem Kopff/ vñ den Fingern so es an dē Füssen erzeigt/ etlicher massen den Affen vergleicht.

Von dem Meerlöwen.

Monstrum Leoninum.   Ein Meerwunder gleich
einem Löwen.

Von seiner Gestalt.

Entzlich soll ein Fisch solcher Gestalt gefangen worden seyn/ vor dem todt Bapst Pauli deß dritten/in einer statt Centuncellis genandt/ Dergleichen auch eins im Jahr 1284. welches soll geheulet haben als ein Mensch/ vñ als ein wunder dē Bapst Martino dem vierdten zugeführet worden.

Von einem erdichten Meerpferdt.

Equus

Equus fabulosus Neptuni.

Die Poeten haben ein Meerroſſ erdichtet / auff welches die heydniſchen Maler Neptunum den Gott deß Waſſers oder Meers gemahlet haben / nach jhrer Fantaſey vnd Erdichtung.

Von den Schiltkrotten in gemein.

Teſtudo. Ein Schiltkrott.

Von mancherley Geſchlecht vnd Geſtalt der Thieren.

Die Natur hat die Schiltkrotten alſo erſchaffen / dz ſie mit einer harten ſteinechten Schalen vberzogen vnd bewahret ſind / alſo daß ſie auch von einem geladenen Wagen nit in ſtücken mögen gebrochen werden. Solcher Schiltkrotten ſind mancherley Geſchlecht: dann etliche wohnen vnd leben in Waſſern / etliche allein auff truckenem Landt oder Erden. Die Waſſerſchiltkrotten / wohnen etliche im Meer vnd geſaltzenen Waſſern / etliche aber in ſüſſen Seen vnd ſüſſen Waſſern. Deren ſo im Meer wohnen ſind dreyerley Geſchlecht / deren aber in ſüſſen Waſſern zweyerley / von welchen allen in rechter ordnung hernach wirt geſchrieben werden / ſampt jren beygeſetzten Figuren oder Geſtalten.

Von der Meerſchiltkrotten.

Teſtudo marina. Das erſte Geſchlecht der Meerſchiltkrotten.

Von der Geſtalt der Thieren vnd jrer gröſſe.

Die Meerſchiltkrot / iſt an der gſtalt gleich der jrdiſchen Schiltkrotten / mit deſ kopff / ſchilt oder ſchalé / doch gröſſer: ſeinen Kopff kan er nit in die Schalen hinein ziehé / ſonder allein ſeinen Halß. Den Kopff muß er vorauß laſſen / ſo doch die jrdiſchen Schiltkrotten mit

Kopff vnd Füſſen gantz in die Schalen hinein ſchlieffen mögen. An ſtatt der Zäne ſollen ſie allein rauhe Kynbacken haben. Dieweil nun diß Thier alſo geartet iſt / daß es im Waſſer vnd auff Erden geleben muß / hat jm die Natur beyderley Geſchir geben zu ſchwimmen / vnd zu kriechen oder zu gehen. Dañ vornen hat ſie zween Fäckten als flügel / am ende derſelbigen kleine Klawen: hinden hat er auch zwo mehr / Füſſe gleich den Fäckten / mit gröſſern Klawen bewahret. Innerlich haben ſie groſſe Lungen / Hertz / Lebern / Miltz / auch das Männlin ſein Gemächt / Hödlin / ꝛc. Das Weiblin ſein Scham vnd Mutter / oben an ſeinem Schnabel hat er zwey Löchlin / durch welche er das eingeſoffen Waſſer widerumb herauß ſprützet / nach art der groſſen Wallfiſch: auch haben dieſe Thier Nieren vnd Blatern / nach art der vierfüſſigen jrdiſchen Thieren.

Der zwölffte theil/ von

Von art vnd natur der Schiltkrotten.

Wiewol diese Thier ein vnvollkomene Zungen haben/ so wirdt doch ein kleine nidere vnvollkomene stimme von jnen gehört/ darzu erseufftzen sie etlicher gestalt/ welches von denen erhört wirt so lange zeit von vnd ausser dem Wasser hinderhalten werden. Sie mehren sich nach art der jrdischen Thieren/ nemlich das Männlin auff das Weiblin steigt: geberen nicht ein lebendige Frücht/ sonder Eyer/ nit im Meer oder Wasser/ sondern auff dem trucknen Gestad oder Erdtrich/ in welchen sie jre Eyer zu Zeiten bey hundert an der Zahl vergraben/ bey Nacht auß dem Meer kriechen vnd sie außbrüten: solches thun auch die jrdischen Schiltkrotten.

Starcke härte Kynbacken haben sie/ mit welchen sie allerley Muschelfisch zerbeissen/ auch die Stein vnd fressens: geleben sonst allerley Speiß/ auch deß Krauts auff der Erden oder Gestad. So man diese Thier auff den Rucken legt/ mögen sie sich nicht ohn grosse Arbeyt vmbwerffen.

Von nutzbarkeit der Thieren.

Die Alten haben auß dem Gebeyn/ Schalen oder deckel der Schiltkrotten/ schöne Trinckgeschirr bereytet/ doch sollen die schöner seyn/ so in dem Meer gefangen werden.

Von jrem Fleisch.

Ein süß lieblich Fleisch sollen sie haben / insonderheit die hindern theil/ auch feyßt/ ohn allen Geruch deß Meerwassers: jres fleisch wenig gessen/ machet vnd bringet das grimmen im Bauch/ viel aber darvon gessen/ sol den Stulgang bewegen.

Artzney von den Thieren.

Sein fleisch ist ein widerige Artzney dem Gifft der Meerheydechsen / Salamander genandt. Sein Blut angeschmiert/ erfüllet das abgefallen Haar/ vertreibet die Schüppen/ vnnd dergleichen Wust: mit Weibermilch wirdt er eingetreyfft für den schmertzen der Ohren. Item so wirt es gepriesen für die Fallensucht/ welches sich sehr zu verwundern ist/ dieweil es auch kalt anzugreiffen ist.

Jr Gall ist ein sondere Artzney zu duncklen Augen/ Anmälern vnd flecken/ mit Honig eingeschmiert/ in die Nasen gestrichen/ erhebt die so die Fallendsucht haben.

Das Blut der Schiltkrotten/ ist bey den alten ärtzten viel in der Artzney gebrauchet worden.

Ein andere Meerschiltkrott.

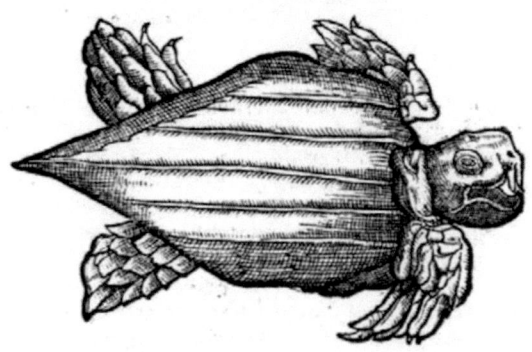

Testudo

Teſtudo altera marina, Cotiacea ſiue Mercurij. Ein zugeſpitzte Meer-
ſchiltkrott/ Ein Meerlarten.
Von Geſtalt vnd gröſſe der Thieren.

Dieſe Schiltkrott hat nit ſo ein harte ſteinechte Schalen / ſondern einer harten
Rindshaut gleich. Innerlich iſt ſie gentzlich geſtaltet / als die vorgeſchriebene
Schiltkrott/was vnderſcheid ſie aber hab / ſo viel die euſſerliche geſtalt betrifft/
mag auß der Figur vnd geſtalt erſehen werden/ ſo beygeſetzt / allein iſt zu mercken/ daß
ſie vnder der ſchalen viel feiſte hat/auß vrſach man ſolche pflegt auffzuhencken an die
Sonnen/auß welchen zu zeiten täglich ein pfund Schmaltz auffgeſamlet wirt.

Die Schiltkrotten kommen zu mächtiger gröſſe/vorauß die vorbeſchriebenen/daß
als Plinius ſchreibt / ſollen ſie in dem Indiſchen Meer ſo groß gefangen werden / daß
ein Schalen von den Krotten/ihre Hütten oder Häuſer bedecken mag/ auch daß man
ſolche an ſtatt der Schiff brauche.

Bey Mompelier iſt im Jar 1520. ein ſolche Meerſchiltkrott gefangen worden/wel-
che drey Menſchen auff ihr getragen / vnnd nichts deſto minder hat wandlen mögen.
Iſt an viel Orth von den Gaucklern / als ein Abentheuwer / Gelt damit auffzuheben/
geführt worden.

Dieſes gegenwertigen Geſchlechts werden zu zeiten gefangen / die mit lenge auff
5.auch 8.Elen kommen. Ire Schalen braucht man zu Zierden/als der Zäumen vnnd
Sätteln/ꝛc.
Von jrem Fleiſch.

Ihr fleiſch iſt ähnlich dem Rindfleiſch / gleicher Art der vorgeſchriebenen Meerſchiltkrott.
Artzney von den Krotten.

Ir Fleiſch vnd Gallen wirt in gleichen Kräfften zu der Artzney geachtet/als von der
erſten Meerkrotten bezeichnet iſt.

Von den Schiltkrotten ſo in ſüſſen Waſſern wohnen.

Teſtudo Lutaria. Ein ſüß waſſer oder Fluß ſchiltkrott.
Wie ſie geſtaltet.

Dieſe Schiltkrotten ſollen ein
ſchwartze ſchalen haben/von
etlichen kleinen Täfeln züſa-
men geflickt / verſchleufft ſich in die
ſchalen gleich den irdiſchen ſchiltkrot-
ten. Iſt mit innerlicher geſtalt gentzlich den vorbeſchriebnen gleich.

Dieſe beygeſetzte Geſtalt iſt ſehr
grob vnd vnartig. Als vnſer etliche
der teutſche vor zeite zu Mompelier
an den vrſprung vnd Brunnen deß
fluſſes Ledi genandt/geſpaciert/ha-
ben wir in demſelben vrſprung oder

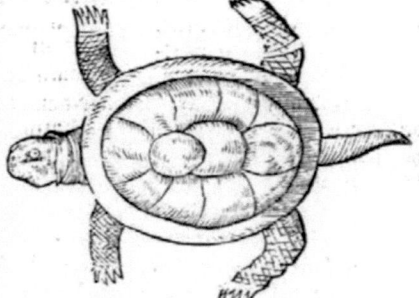

Brunnen/ſo ſich gegen dem nechſt beyligenden Gebirg ſtreckt/ſolche Schiltkrotten in
dem Brunnen ſchwimend geſehen/welche vns den irdiſchen Schiltkrotten ſehr ähnlich bedunckten/an der Farb grünlecht/ſo viel wir in dem Waſſer erſehen mochten/

Der dreytzehende theil/von

Von Art vnd Natur der Schiltkrotten.

Diese Krötten fressen allerley Wasserthier vnd Gewürm/Schnecken/kraut: werden auch in die Gärten gepflantzt/doch müssen sie Wasser haben/dann ohne Wasser mögen sie nit geleben/leben lange zeit ohn alle Speiß/auch ein gute zeit/ob jnen gleich wol der Kopff abgeschroten wirt/auß vrsach daß sie ein kalt/dick vnd zähe safft haben.

Von jrem Fleisch.

So man sie in der Speiß brauchen wil/soll man sie vor lang behalten/daß sie desto zärter vnd dienlicher werden. Man pfleget sie in siedend Wasser zu werffen/daß sich das Fleisch vnd Schalen von einander scheide/demnach jr fleisch vnd Eyer zu bachen. Jr Blut ist kalt anzugreiffen/ob sie gleich newlich getödt/welches etliche zu trinck geben/den außzehrenden Febern Hectica genannt/den Ettickēn. So wirdt auch jhres fleisch in der Speise genossen/solchen die gebräuchlichst Artzney vñ Närung gehalten.

Ein andere gestalt der Meerschiltkrotten/so den jrdischen gantz ähnlich/findest du im Buch der vierfüssigen Thieren/zu Venedig conterfetet.

Der 13. theil von den Meerthieren/
So begreifft die Kuttelfisch.

Von den Kuttelfischen. Erstlich von dem grossen Meerkuttel oder Polkuttel in gemein.

Polypus. Ein Vilfuß/Ein Meerkuttel/Ein grosser Kuttelfisch/Ein Polkuttel.

Von Gestalt vnd mancherley Geschlecht der Thieren.

Er Name dieser Thier bedeutet bey den Griechen einen Fisch so einen kleinen Leib hat/lange außgestreckte Füß oder Arm/auff welchen er wandlen oder gehen kan. Solcher sind mancherley geschlecht. Das erste/groß Polkuttel genannt/solcher seyn zweyerley/der ein wohnet allein in dem tieffen Meer/Der ander an den Gestaden/welchen Plinius jrdisch genennet hat/so grösser ist dann der so in den tieffen deß Meers wohnet. Diese zween haben kein vnderscheid an der Gestalt/auß welcher vrsach nun ein Gestalt hie gesetzt wirdt/ist ein scheußlicher Fisch/wüst/ohne Beyn/ohne Blut/wie ein Kuttelblāt/hat Kopff/Augen/Maul vnd Zän/mitten der Füssen. Daründer ein Röhren oder hole Pfeiffen/durch welche sie das Wasser an sich ziehen/vnd durch dasselbig jre Schwärtze oder Dinten herauß kotzen/welcher sie ein guten theil in jrem Leib haben.Acht Füß/mit zwyfältiger Ordnung der Acetabulen oder Grüblin/in welchen er seine gröste stärcke hat/sonst gantz schwach. Innerlich sind sie andern Kuttel oder Plackfischen ähnlich/dann sie haben etwas gleich dem Hirn/Item etwas Feuchtigkeit oder Dinten/nit schwartz wie in dem breyten Plackfisch/sondern rötlecht. Jhre Eyer haben wenig vnderscheid/bedunken sich nur eins seyn/solches vrsachet die Gestalt jres Leibs/so gar nahe rund ist.

Von

Von Art vnd Natur der Thieren.

Dieſe thier wonen an ſchrofechten orten vñ holen löchern/häfften ſich vñ kleben an
den Felſen mit jrē Füſſen/auß welcher vrſach ſie von Atheneo Steinfiſch genēt wer-
den/nit wie andere Steinfiſch.Bereytet jm an ſolche orten näſter von Muſcheln/wel-
cher fleiſch er ſonderlich mit begierd zur ſpeiß begert/bey welchē zeichen ſie von Fiſchern
begriffen werdē:dann wo ſolche muſcheln gehäufft/achten ſie ſolche Fiſch zu bekriegen.

Die Fiſch ziehen das waſſer an ſich/nit wie andere Fiſch zu erlabung vnd erkülung
der natürlichen hitz/ſonder mit ſampt der ſpeiß/welches waſſer ſie zu ſtundt durch die
rören oder fiſtel herauß ſprützen/als von dem Wallfiſche iſt gehört worden. Schwimmen mit jrem leib vnd füſſen hinderſich/doch wändlen ſie der mehrertheil/auch in das
trucken land vnd rauhen boden herauß:dañ das glatt vñ lind ſandecht erdtrich haſſen
ſie:ſie erſteigen auch die häuſer/als hernach in etlichen Hiſtorien wirt gehört werden:
ſolche erſteigt er mit ſeinen füſſen oder armen/als wañ er ſich ſchleiffte/welche jm nit allein zu wandlen von natur geben ſind/ſonder auch die ſpeiß zu dem maul durch jr hülff
zu bringen. Dann ein ſonderlich fräſſig Thier iſt dieſer Kuttelfiſch/greifft an alles ſo er
bekompt/alſo/dz er auch ſeines geſchlechts thieren vnd Kuttelfiſchen nicht verſchonet/
auch jm ſelber ſeine Arm zu zeiten abfreſſen ſoll:ſonderlich als vor gehört/begert er die
Muſchelfiſch/welche er mit ſeinen Armen erfaßt vnd zertruckt:verfolgt vnd ſtellt auch
nach andern Fiſchen mit ſolchem Liſt.Er häfftet ſich an die Felſen/verwandelt ſein farb
in die farb der ſelbigen Felſen/alſo/daß ſie für ſtein geachtet werden/dann ſo die Fiſch
herzu ſchwimen/ſo erfaſſen ſie dieſelbigen mit jren Armen/als mit einem Garn/vnnd
freſſen ſie.Von verwandlung jrer farb wirt hernach weiter gehört werden.

Sie ſchmecken auch/dann ſie nahen ſich zu den ölbäumen/ſo bey nechſt am Meer
gelegen/rauben auch allerley andere Frücht/alſo/daß ſie zu zeiten auff den Bäumen
begriffen werden/vnd zu ſtraffe deß Diebſtals den Menſchen zur ſpeiß kommen.

Dieſe Fiſch verſchonen auch nit den Menſchen:dann zu zeiten komen ſie zu ſolcher
gröſſe vnd ſtärck/dz ſie die Fiſcher auß den Schiffen ins Meer herauß reiſſen/ſich mit
jrem fleiſch erſettigen.Ein ſondere begierd ſollen ſie zu einge ſaltznen Fiſchen haben/võ
welchen ein wunderbärliche Hiſtory bey Eliano geleſen wirt/auff ſolche meynung: In
einer Statt Puteolis genandt in Italia/ſoles geſchehen ſeyn/daß auff ein zeit einer
ſolcher Kuttelfiſch auff ſolche gröſſe vnd läſt komen ſey/daß er das Meer vnd die ſpeiß
ſo darinn/verachtet/auff das Landt herauß krochen/vnd jrdiſche Speiß geraubt ha-
be.Als er nun bey Nächt durch ein Loch oder Gewelb/ſo den Wuſt vnd Kaat auß der
Statt in das Meer durch ein waſſer truge/herein . die ſtatt/bey nechſt ein Hauß er-
ſtigen/in welchē die Kauffleut viel Toñen/Fäßlin/dergleichen völler eingeſaltzener Fi-
ſche/verkaufften vnd behielten/ſoll er das Faß oder Tonnen mit ſeinen Armen ergrif-
fen/zertruckt/vnd ein mächtigen theil gefreſſen vñ geraubt haben.Als nun Morgens
die Kauffleut hinein komen/dē ſchaden beſichtigt/ſind ſie erſtaunet/vorauß ſo die Por-
ten/auch das Tach gantz vnverletzt vnd zerbrochen/auch alle Wände ohn Löcher oder
ſchaden/haben ſie den Dieb mit keinem Argwohn ergreiffen mögen.Auß welcher vr-
ſach/ſie der mannlichſten einen wol gewäpnet/auff die künfftige Nacht zu wachen ge-
ordnet.An welcher Nacht ſolcher Kuttelfiſch zu dē Raub widerkert/die Fäß zertruckt/
vnd zerbrochen.Der Hüter aber/wiewol das Hauß vom Monſchein wol durchleuch-
tet/alſo/daß er alle ding/auch den Feindt wol erſehen mochte/ſoll er doch ob der ſcheußlichen Geſtalt/gröſſe vnd ſtärcke deß Thiers/auch von Abentheüer wegen/alſo er-
ſchrocken ſeyn/dz er das Thier nit hab dörffen angreiffen/ſonder den Käuffleüte morgens die ſach vnd Wunder erzehlt/welchem doch gantz wenig glauben geben ir orden.
Nichts deſto minder/von wegen deß mercklichen ſchadens ſo ſie empfangen/der gefaßt

vergessen/haben sie sich vereiniget/all zu mal auff die folgende Nacht in dem Hauß zu warten/vnd mit dem Feind zu kämpffen/auch viel anderer Leuth von wunders wegen/ deß künfftigen Kampffs sich mit jn eingeflickt haben. Welches nun alles beschehen. Auff den Abend oder Nacht/als der gewöhnlich Dieb widerumb vber die Faß komen/ haben jr etlich das Loch mit Fassen verstopfft vñ verworffen/etliche mit grosser macht den Feindt angefallen/mit scharpffen Wehren vnd Messern jm seine Beyn oder Arm abgehawen/nit anderst/dann als wann sie grosse Blöcher zerschlügen/endtlich mit grosser Arbeyt getödt vnd vmbbracht/vnd also auff trucknem Landt gefischet.

Ein andere Histori wirt von Trebio Nigro beschrieben/der vorigen gleich:auch von einem/so die gesaltzenen Fisch geraubet hat bey Cartegia/solcher soll durch ein Baum herein gestigen seyn/vnd von den Hunde begriffen/welche jhn von seiner scheußlichen grösse/vnd mächtigen Geruchs wegen nicht angreiffen dorfften/soll endtlich von den Menschen mit grossen Rudern erschlagen vnd ertödtet seyn. Item dem Luculo sein Kopff gezeigt worden/welcher an der grösse einem Faß sich soll vergleichen haben/auch solche Arm oder Füß/daß sie hart mit den Armen haben mögen vmbgriffen werden/ 30.Sch ich lang mit grossen Gruben/auch Zän nach der grösse deß Leibs. Das vbrig fleisch so zum wunder behalten/soll 700.pfundt gewogen haben.

Diser Fisch frißt jm selber Winterszeit vor faul vnd frässigkeit seine Füß ab/wel- che jm hernach wider wachsen sollen/als den Eydechsen vnd Nattern jre abgestumpte Schwäntz/ligen auch deß Jahrs zween Monat verborgen/als Aristoteles schreibt. Der leych oder mehrung der Fisch/ist gleich allen andern Kuttelfischen:dann winters- zeit leychen sie/im Glentzen so geberen sie Eyr/an einander hangend als ein Traube/in solcher viele/daß es zu verwundern ist/brütet solche auß/kompt nit auff die Weyd/sie seyen dann vor außgebrütet.

Auß der vereinigung so sie thun mit zusamen geklebten vñ gezognen Armen/auch mit jren Fisteln/wirt das Männlin so blöd vnd außgedenet/daß er als todt ligt/ohne bewegnuß/also/daß er von jedem Meerthier verzehrt vnd gefressen mag werden:auch das Weiblin nach der Geburt oder leych soll ein kurtze Zeit darnach sterben/vnd ein anzeigung seyn/daß nach dem Leych so im Glentzen geschicht/biß zum Herbst/kein grosser Polkuttel gefangen werde: auß welchem etliche/sampt etlich andern vrsachen schliessen/daß keiner vber die zwey Jar komme.

Von natürlicher anmuthung der Thieren.

Wiewol dieser Kuttelfisch zum theil gantz thörecht ist/als der zu zeiten von jm selbs/ zu der Fischer Handt vnd Garn komme/auch jres jagens nit fliehe. Nichts desto minder in bekriegung seiner speiß/auch andere gefahr zu vermeiden ist er listig:dañ als vor ge- hört/so stellt er den kleinen Muscheln nach/trägt sie alle in sein Nest/vnd so er jr fleisch außgefressen/so wirfft er die läre Muscheln für das Nest herauß/zu welchen/so andere Fisch schwimmen/auch von jm gefressen werden. Sein farb verendert er von Natur/ in ein jede farb so nechst bey jm/vorab den Felsen/an welchen sie kleben. Item an ande- ren Orthen in andere farb.

Mit dem Adler hat er ein schönen kampff:dañ so er in jm flug mit seinen Klawen er- greifft/so vmbschlegt dieser Kuttelfisch den Adler mit seinen Füssen allenthalben/also daß er nit weiter fliegen kan/sonder mit jm ins Meer gezogen vnd geworffen wirdt.

Der Meerstöffel hat so ein mächtig abschewen ob solchen Kuttelfischen/daß er für forcht/so er jn ersehen/oder zu mal in einem Garn gefangen/vor forcht sterben soll.

Die Meerält vnd Murenen/sind dem Polkuttel verhaßt/dann sie vberwinden jn/ vnd er mag sie nit ergreiffen/auß der vrsach/daß sie glatt vnd schlüpfferig sind.

Der Zanbrachsme oder Meerzan/Dentes genant/kämpfft auch mit solchen fischen/
vnd

vnd dieweil er jn auß ſeinem Loch oder Neſt nit ziehen kan / ſo braucht er Liſt / ſchwebet bey dem Neſt herumb ohne bewegnuß / als ob er todt ſey. Der Kuttelfiſch aber ſtreckt einen ſeiner Arm herauß / jn ſittlich herein zu ziehen. Der Brachßmen aber erfaßt zu ſtundt ſeinen Fuß in ſein Maul / vnd reißt jn herauß.

Mit Aaß werden ſie gefangen / welchem ſie ſtarck ankleben / daß ſie hart / nicht ohne Arbeyt / darvon mögen geledigt werden.

Alles das ſo da ſtinckt / als Flöhkraut vnd Rauten / ſollen ſie haſſen / auch jren Platz von ſolchem meiden.

Item kalt vnd ſüß Waſſer / als von Flüſſen vnd Brunnen / haſſen ſie mächtig / als vor gehört.

Von nutzbarkeit der Thieren.

Dieſe Thier können in die ſpeiß vnd nahrung der Menſchen / werden gefangen mit äſten von ölbäumen / ſampt etlichen andern Aaſſen / auch daß man ſie von Felſen bringen möge / werden ſie mit ſüſſem Waſſer begoſſen.

Item auß ſolchen Fiſchen werden auch Aaß gemacht / etliche andere Fiſch zu fahen / als Mureñen / ſampt der mehrertheil der Meerfiſch.

So vngewitter vorhanden iſt / ſo ſollen ſolche Kuttelfiſch auff den truckhen Boden herauß lauffen / an den kleinen ſteinen kleben / welches Wind bedeuten ſoll.

Von dem Fleiſch der Thieren.

An etlichen orten ſollen dieſe Fiſch nit arg ſeyn / doch gemeinglich ein veſt / hart fleiſch haben / harter däwung / vnlieblich / vngeſund / welches zu geylheit bewegen ſoll / auch vrſachen ein empfängnuß / gantz dienſtlich ſeyn den Weibern / vorauß der Biſemkuttel / wie er hernach wirt beſchrieben werden / ſollen lieblicher ſeyn geſotten dañ gebraten.

Etliche ſtück der Artzney von ſolchen Kuttelfiſchen.

Die äſch der gebrandten Fiſch / wirt gebraucht mit Kupfferwaſſer zu einer kranckheit der Naſen / Polypus genandt.

Die gebrandten Fiſch ſollen dienen dem griñen deß Bauchs. Item ſonſt auch dem Grien / ſampt vielen andern Kranckheiten vnd gebrechen der Mutter der weiber / welche auß Hippocrate mögen geleſen werden.

Die biß der Kuttelfiſch / als aller andern / ſollen ein wenig vergifft ſeyn.

Rohe geſſen / vrſachen ſie den Todt / dann Diogenes / Philoxenes vnd Cytherius / ſollen von ſolcher rohen Speiß geſtorben ſeyn.

Von jedem Polkuttel inſonderheit / erſtlich von dem erſten groſſen Geſchlecht.

Polypus. Ein Polkuttel.

Von ſeiner Geſtalt.

ETliche machen ſolcher Kuttelfiſch vier geſchlecht / Das erſte die groſſen / neimlich den erſten groſſen jrdiſchen genandt / auß der vrſach / daß er allein an den Geſtaden deß Meers wohnet / nicht daß er ohne Waſſer lebe. Der ander auff Latein / Pelagius genandt / ſo allein in Tieffen wohnet. Solche beyde ſind einer geſtalt / als hie das obertheil / das iſt / der Rucken geſehen wirt.

Das dritte / Biſemkuttel genandt / der vierdte auff Latein Eledona, wiewol etliche denen zweyen letzten keinen vnderſcheid geben. Die Natur vnd Eigenſchafft iſt jhnen ſampt andern gemein.

t ij

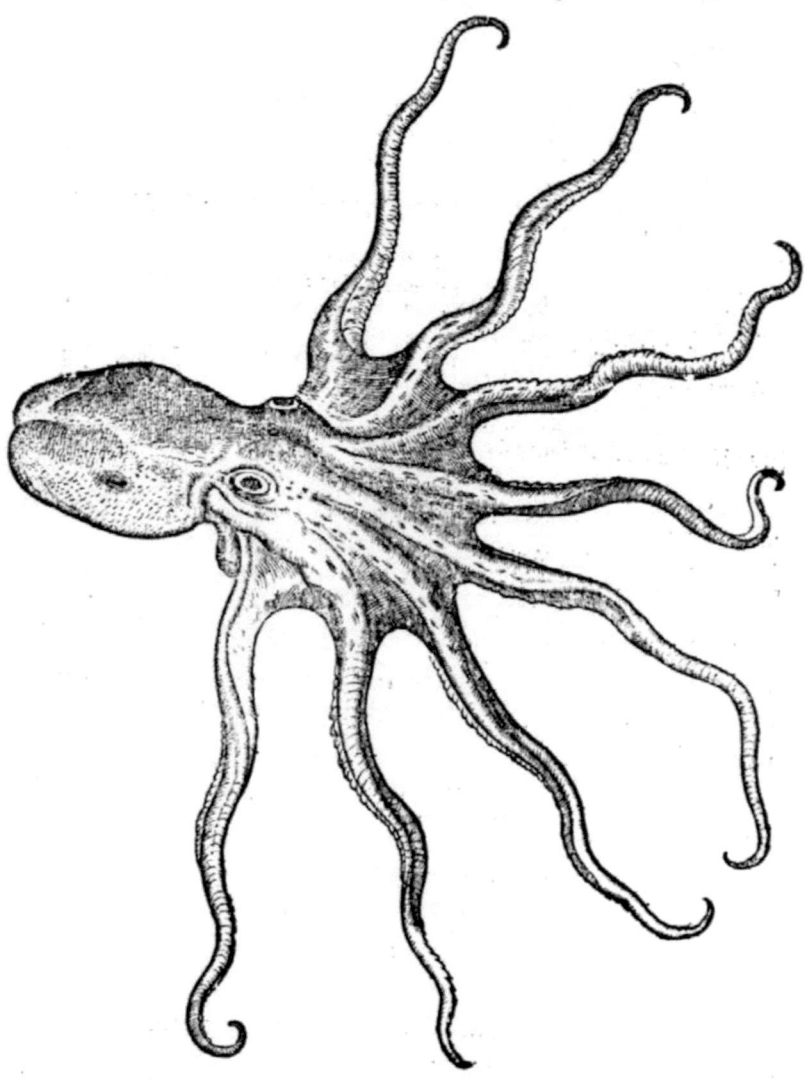

Von

Von dem Biſemkuttel.

Tertia Polyporum ſpeꝛies, Ocæna, Moſcharolum, Bolitæna:
Ein Biſemkuttel.
Von ſeiner Geſtalt.

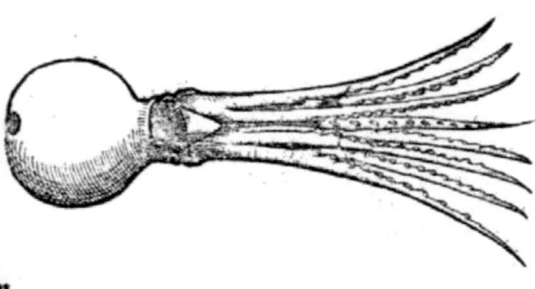

Dieſer hat ein rundern leib/längere füß/mit einfältiger ordnūg (acetabulorū) der Grüblin/ ſchmecket ſtarck nach Biſem lebendig vñ tod/ auch gedörꝛt auß welcher vrſach eꝛ vō etlichē zu dē kleydern gelegt wirt/ reißt mächtig zu vppigkeit/ als vor gehörꝛt/ in der ſpeiß genoſſen.

Von dem kleinen Blackkuttel.

Sepiola. Ein kleiner Blackfiſch.
Wie er geſtaltet.

Dieſer klein Blackkuttel iſt von den Altē nit beſchꝛiebē worden: iſt an der geſtalt zum allergleichſten den groſſen Blackkutteln/ ſo hernach fölget/ iſt nit gröſſer dann ein Daumen: iſt an der farb getheilt/ gantz gut zu der Speiß/ ob er gleichwol von kleine wegen verachtet wirt.

Von den Blackfiſchen.

Sepia. Ein groſſer breyter Blackfiſch/ Ein Blackkuttel.
Von ſeiner Geſtalt.

Dieſer iſt auch auß dem geſchlecht der Kuttelfiſch oder Meerkutteln/ wirdt in groſſer menge in Franckreichiſchen Geſtaden vnnd welſchen Meer gefangen/ kompt zu zeiten mit ſeiner gröſſe auff zwo Elen/ mit einer weiſſen/ dünnen/ glatten/ doch ſtarcken haut bedeckt: gantz fleiſchecht wie ein Kuttelpläſz/ allein innerhalb/ oder am Rucken hat er ein lind mürb vngeſtalt Beyn/ Σηπιον von den Griechen genennt: hat vor ſeinem Beyn acht außgeſtreckte Füß oder Arm/ mit zwyfacher ordnung der Grüblin alle ding damit zu begreiffen/ zu halten/ zu ſchwimmen/ auch ſein Speiß zu dem Maul zu bewegen. Vber das hat er zwee lange Arm als ein ſchnabel/ am anfang rund vnd glatt/ zu ende mit Grüblin wie gehörꝛt/ welcher brauch iſt/ greiffen/ zu ſahen/ halten/ auch ſo vngeſtům im Meer/ ſich damit an die Felſen zu kleben/ vnd ſatt zu halten. Sein Maul hat er mitten zwiſchen den Füſſen oder Arinen/ gleich einem Schnabel der räubigen Vögel: welche Plinius Zän genennet hat/ haben auch ein Hirn/ Item ein ſchwartze farb in jrem Leib/ in einer Blatern/ von etlichen Dinten genannt/ welchᵉ ſie in der geſahr vnd forcht durch ein Loch oder Fiſtel herauß kotzend/ ſich damit zu be-

schirmen/ vnd das waſſer zu betrüben. Solcher farb haben ſie vil/ welche etliche geachtet haben/ jnen gebl
ſeyn/ an ſtatt deß Bluts/ ſo es doch
nichts anders iſt dañ ein Excrement
oder vberflüſſigkeit/ wie die Gallen/
zu ſchutz vnd ſchirm der Thiere. Die
Männlin werden von den Weiblin
erkennt/ daß ſie gefleckt vnd ſchwärtzer ſind/ auch rüher vnd beſtendiger
in der Gefahr: Item die weiblin haben etwas gleich zweyen Dutten/
auſſen herumb bey ſeits haben die
Fiſch etwas/ als wañ es von kleinen
Vogelfedern gemacht were/ welcher
brauch gleich ſoll ſeyn den Fiſch oren
anderer Thier/ ſie beduncken mich
ſeyn an ſtatt der Fiſchſäcken.

Von Art vnd Natur der
Thieren.

Dieſe Kuttelfiſch wohnen an den
Geſtaden vnd Löchern derſelbigen:
freſſen allerley kleine Fiſch ſo ſie bekomen mögen. Mehren ſich vnd ver-
einigen oder leychen mit der Naſen
oder Fiſteln/ durch welche ſie auch die
ſchwärtze herauß kotz/ auch mit zuſamen klebung jhrer Füſſe/ vnd mit
ſchwimen/ ꝛc. Ihre Eyer geberen ſie
auch/ oder leychen durch die Naſen
herauß/ welche/ wie bald ſie geboren/
ſo beſprengt ſie dz Männlin mit lebli-
ché ſchleim/ von welchem ſie an einander hangen als ein Traube/ ſonſt
möchte kein thier darauß werdé. Die

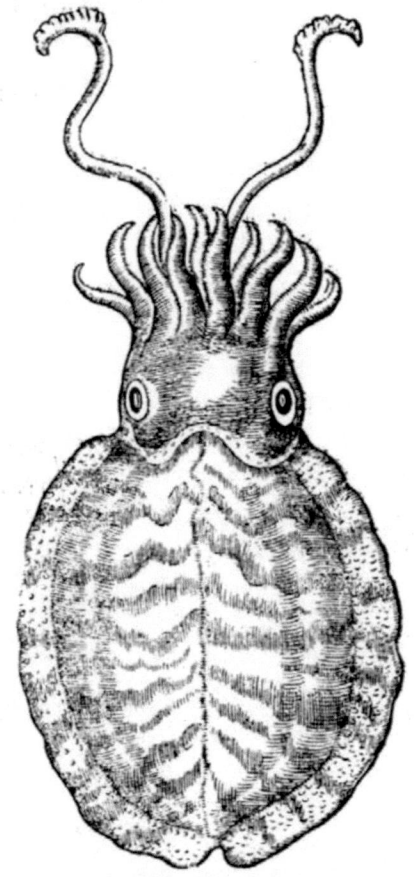

Weiblin brüten auch ſolche auß/ vñ beſprengen ſie bey anfang mit ſchwärtze. Solchē
Eyer geſtalt haben wir ſonderlich hiebey geſetzt/ als ſie das Meer außgeworffen hat.

Figur oder gſtalt der Eyer.

Solche leycher ſie gern
am Geſtad zwiſchen den
Rören/ oder anderm ge-
ſäud vñ geſtein. Solchs
thun ſie alle Monat mit
groſſem ſchmertzé/ am 15.
tag leychē ſie/ iſt ein vberauß fruchtbar thier/ ſol-
len mit jré Leben nit wei-
ter/ dañ auff 2. jar komen.

Von

Von natürlicher anmutung der Thieren.

Diese Fisch sollen auch jhre farb verenderen in die gestalt der nechsten orth/ vnd als Aristoteles schreibt/ So das Weiblin mit einem Ruder geschlagen ist/ so ist jhm das Männlin behülfflich/ so aber das Männlin geschlagen ist/ so nimpt das Weiblin die flucht. Item so solche Fisch das nachstellen der Fischer vermercken/ so kotzen sie vil der Dinten herauß/ schwaderen sich darinn/ verbergen sich/ verblenden also die Augen der Menschen. Also hat die natur kein Thier ohne hülff vnd schirm erschaffen.

Von nutzbarkeit solcher Thier/ vnd wie sie gefangen werden.

Die gröste nutzbarkeit so man von den Thieren hat ist/ daß sie zu speiß/ auffenthaltung vnd narung der Menschen komen/ auß welcher vrsach jnen/ als allen andern Fischen nachgestellt wirt/ werden auß der vrsach mit Aaß gefangen/ Weinhefen vnd öl gemischt/ mit Garn/ Reusen/ vnd mit Gstäud bedeckt.

Item man bindt ein Weiblin an ein Seyl/ schleyfft es durchs Meer her/ so folgt jm das Männlin nach/ auß Lieb vnd geylheit/ vmbfaßt es mit seinen Armen/ werden also beyde zu mal herauß geschlefft. Zu solchem brauchen etliche Spiegel in Holtz gefaßt/ welche sie in den grund lassen/ so dann die Kuttelfisch sich selber ersehen/ so begreiffen sie den Spiegel/ werden also zu dem Gstad gezogen/ vnd mit Garnen vmbgeben.

Diese Fisch werden auch gebraucht zu mancherley Aassen/ andere Fisch zu fahen.

Item jre Fischbeyn werden von den Goldtschmiden begert/ in welche ohne Arbeyt allerley Formen vnd Gestalt gegraben/ vnd die geflossene Metall darinn gegossen mögen werden.

So die schwärtz dieser Fisch in ein Ampel gethan wirt/ vnd angezündt/ so scheinen die Menschen als Moren.

Von jrem Fleisch.

Das fleisch der Thier/ als von allen andern Kuttelfischen ist gehört worden/ ist vest/ harter dawung/ vngesund/ machet pläst/ ein rauh Geblüt/ sind besser gesotten dann gebraten/ sollen vor wol geschlagen werden wie die Stockfisch.

Jre Dinten bewegt den Stulgang. Item jhre Eyer in der Speiß genossen/ dienen den Nieren/ bewegen den Harn/ säubern die Nieren vnd Blasen.

Etliche stück der Artzney/ so von solchen Thieren in brauch kommen.
Von den Eyern.

Jre Eyer in Wasser zertrieben/ mit Honig gemischt/ vertreiben die Mackeln vnd flecken deß Leibs.

Item so werden sie auch gelobt den Weibern jhren fluß zu bewegen/ sampt etlichen andern Artzneyen vermischt.

Von seinem Fischbeyn.

Sein Tugent oder Krafft ist zu trücknen vnd säubern/ gepüluert oder zu äschen gebrandt/ zeucht herauß alle Spitz/ säubert/ reinigt vnd heylt alle Masen/ Flecken/ Rüsseln/ Grindigkeit vnd beyssen/ verzehrt das vbrig Fleisch/ trücknet vnd heylet die feuchten Schäden/ dünnert das Haar/ mit Schmeer gemischt/ auffgeschmiert/ vertreibt die Kröpff/ gebrandt vnd gewäschen/ wirt gebraucht zu den Augen mit Honig gemischt/ oder mit Frawenmilch. Item rühig zu den Zänen/ vnnd geschwolnen Bildern gepüluert/ in ein reines Tuch gebunden/ die Zän damit gerieben. Ist auch gut getruncken den Keychenden.

Von dem grossen schmalen Blackfisch.

Loligo magna, Lolium, Teuthon. Ein grosser schmaler Blackfisch/ Ein
Meerschreibzeug/ Meerlülich/ grosser Hornkuttel/ Messer-
kuttel/ Federkuttel.

Von jrer Gestalt/ vnd mancherley grösse.

Dieser Kuttelfisch ist
de vorbeschriebne
breyten Blackfisch
gantz gleich/ in aller seiner
gstalt/ allein daß er etwas
länger/ schmäler oder ründer ist/ zu end spitzig. Sein
Beyn oder Schwert so er
hat ist dün/ schmal/ durch-
scheinend/ sein recht Horn
ist dicker dann das lincke/
sprützt auch schwartze farb
herauß/ von welcher er genennet wirdt Blackfisch.
Sollen an etlichen orthen
mit der lenge kommen auff
5. Elen. Das weiblin wirt
von dem Männlin erkent/
so dz weiblin auffgeschnit-
ten/ so werden zween Zin-
gé/ Därm oder Gemächt

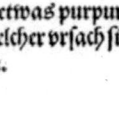

gesehen/ tüglich zu der Frücht/ welche die Mänlin mangeln. Sie habé auch etwas purpurfar-
bes Saffts in jhnen/ auß welcher vrsach sie gekocht rötlecht gesehen werden.

Von der andern Gestalt.

Loliginis maioris forma Venetijs efficta.

Dieses ist ein gantz schöne/ gründliche ge-
stalt/ deß grossen schmalen Blackfisches/
zu Venedig abconterfetet.

Von dem kleinen schmalen Blackfisch.

Loligo minor. Kleiner schmaler Blackfisch/ Messer oder Federkuttel.

Von seiner Gestalt.

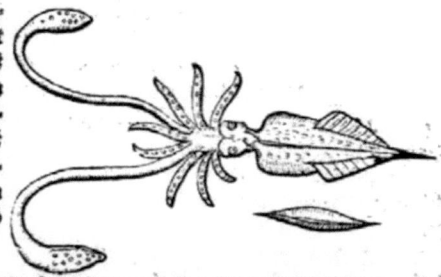

Iese sind auff alle außwendige vnd inwendige gstalt den obern gleich / allein daß sie breytere Zäckten haben / hinden spitziger / auch sein Beyn oder messer spitziger ist. Seine vndern Füß kleiner dañ die obern / vñ das rechte Horn dann das lincke: werden von den Welschen in jrer spraach Schreibzeug genennt.

Von Art vnd Natur der Thieren.

Diese Blackfisch wohnen insonderheit allein auß allen Kuttelfischen wider jre Art in den Tieffen vnd Grund deß Meers: wiewol Ouidius der Poet anderst geschriben hat. Bewegt mit den zweyen langen Hörnern sein speiß zu dem Maul / hefftet sich auch damit an die Schrofen oder Felsen zur zeit deß vngewitters / als mit ein Nacher oder Hacken. Seine kurtze Zöttel oder Hörner braucht er zu jagen vnd fassen. Ist wunderbarlich schnell in seinem schwimmen / also daß sie auch zu zeiten ausser dem Wasser in den Lüffte schiessen vnd fliegen gesehen werden / gantz hauffecht / in solcher Gestalt / daß sie allerley Schiff zu grund richten sollen. Sie schwimmen auch im Wasser gemeinglich hauffecht zusamen kuppelt vnd gehenckt. Welchs ein vrsach ist / daß allezeit solcher viel zu mal gefangen / vnd auß der Tieffe gezogen werden. Sie mehren sich auff weiß vnd form der Kuttelfisch / mit zusamen gethanen Armen vnd Nasen: geberen oder leychen in den Tieffen / viel Eyer zusamen gehenckt / auß welchen jeden ein solcher Blackfisch erwächßt: etliche schreiben / sie haben ein zwyfach / oder zwey Eyer. Leben ein kurtze Zeit / kommen selten vber zwey Jar.

Von natürlicher Anmutung vnd Vernunsst der Thieren.

Der Meerhase wohnet vnder solchen Blackfischen / als ob er von jnē jung vnd vngestalt geboren were als ein Mißgeburt. In der gefahr kotzen sie jre schwärtz herauß / schwadern sich darinn / trüben also / verschiessen sich / vnd betriegen den Fischer.

Von nutzbarkeit der Thieren.

Diese Kuttelfisch kommen auch in die Speiß vnnd Nahrung der Menschen / wiewol solche für die vnachtbarsten Fisch gehalten worden / so erscheint auß dem Sprichwort der Athenienser / so sie einen gantz armen haben wöllen bedeuten / so sprechen sie / er bedarff deß schmalen Blackfisches / nach bedeutung jhrer Spraach. Man pflegt sie zu fahen mit dem Angel / an welche kleine Fischlin / Meerjünckerlin genennt / gestecket werden.

So diese Fisch fliegen oder sonst auffspringen von den Schiffleuthen gesehen werden / so erkennen sie vnd wissen ein groß Vngewitter vnd vngestümme Wind vorhanden seyn. Dann dieser Fisch als kuttel / sind / mit glatter Haut bedeckt / ohn Schuppen / Schalen oder Muschel / hasset die Kälte / vnd empfindet auch die Kälte / Wind vnd vngestümme / in der tieffe der Wasser / vnd fleucht dieselbige.

Von jrem Fleisch.

Wiewol diese Kuttelfisch gantz lind / ein blutt Fleisch haben / so ist es doch gantz

rauhe vnd hart zu verdäwen/gebirt ein dick/rauh/schleimig/heßlich Geblüt/eines versaltzenen geschmacks. Sind allein gebürlich in Kranckheiten/ so von gehlinger/ rässer/
beyssender feuchtigkeit entspringen. Solche zu bereyten sind mancherley art/ welche
der Küchenmeisterey vnderworffen/ den welschen vnd andern frembden Nationen/ so
solche haben mögen/ befohlen sollen seyn.

Von dem Schiffkuttel.

Nautilus.   Ein Schiffkuttel.

Von gestalt dieses Kuttelfisches/ vnd mancherley Geschlecht.

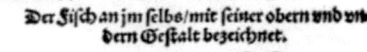

Der Fisch an jm selbs/ mit seiner obern vnd vndern Gestalt bezeichnet.

Ein art der Kuttel-
fisch ist / so in har-
te schale oder mu-
scheln wohnet/ welcher
zweyerley gschlecht seyn
solle. Dañ das erste ge-
schlecht hat sein schiff o-
der schale gleich den Ja-
cobsmuscheln etlicher
gestalt / verläßt zu zeiten dieselbige/
vñ schwebt gantz ledig im Meer. Dz
ander geschlecht soll ein schale hab/
gleich ein Schnecken / auß welcher
er nimer kompt / sonder an dieselbig
behafft ist: jr gestalt ist gantz ähnlich
dẽ Polkuttel / ist auch ein geschlecht
derselbige. Sein schiff oder muschel
ist ausserhalb braunrot/ innerhalb
gantz silberfarb / glantzet / gentzlich
gestaltet wie ein rundes Schiff.

Von seiner art vnd geschicklichkeit.

Von diesem Schiff-
kuttel wirt viel von den
Alten geschrieben: daß
an solchem hat er ein
Loch/ durch welches er
gantz herauß schliessen
kan : ist auch also gear-
tet / daß er bey stillem
Meer / ohne Gefahr/
mit seiner Muschel oder
Schalen von der tieffe

Die Schalen deß Fisches.

Der Fisch sampt seiner Schalen oder Schiff/
wie er schiffet.

in die höhe/ zu oberst auff das wasser hinauff fehrt/also sein schiff vmkert/ dz es jn lär vff
dẽ wasser trägt/ seine Arm streckt er in die wasser hinab/ vñ rudert/ so zu handt ein sanff-
ter Lufft ist/ so hat er zwischen seinen Armẽ ein dünne haut/ welche er zerspant vñ außstreckt als ein Segel. So er von den Menschen gefahr merckt/ vngestümen wind/ oder
andere grosse Meerthier/ so kehrt er das schiff vnder vber/ also/ dz es voll wasser/ schwer/
sampt jm zu grund fellt. Nun sind der gestalten drey gesetzt. Erstlich der Fisch an jm selber zu

her zu beyden seiten/ oben vnd vnden bezeigt/ Zum andern sein Muschel insonderheit/ Zum dritten der Fisch/ sampt seinem Schiff wie er schiffet.

Von jrem Fleisch.

Es ist wol zu achten/ daß dieser Fisch kein ander fleisch hab/ dann nach Art vnd Eigenschafft deß Polkuttels.

Von den Meer oder Seenesseln.

Vrtica Marina. Ein Meernessel/ Ein Seenessel.

Von mancherley Geschlecht vnd Gestalt der Thieren.

Diese Thier/ in welchen der höchste Schöpffer sich wunderbarlich erzeigt/ sollen auch vnder die Kuttelfisch gezehlt werden/ dieweil sie als Kuttel ohne Geheyn/ auch gleich den Kuttelfischen in der Speiß bereytet werden. Auch sollen sie vnder die Thier gerechnet werden/ doch als vnvollkommene/ dieweil sie leben haben/ gewisse Gestalt/ sich auffsperren/ zu schliessen/ rc. mögen empfindligkeit vnd geschmack/ so nothwendig ist/ zu beschirmung deß Lebens haben. Bekommen jhren Namen: von jhrer Krafft/ so gleich den Nesseln dem Kraut/ brennt vnd jucken bewegt/ nit mit dem Maul/ sonder mit angreiffen deß gantzen Leibs.

Der Meernesseln sind mancherley Gestalt/ Geschlecht vnd Art. Dann etliche bleiben allezeit an den Felsen oder andern Orthen/ etliche schweiffen herumb/ etliche in mittler Art. Diese Thier haben kein Wust/ Kaat oder Excrement/ in welchem sie den vnleblichen Gewächsen/ als Kreuter oder Gestäud sich vergleichen. Nun folget von jeder Gestalt insonderheit.

Von der kleinen Meernessel.

Vrtica parua Marina. Kleine Meer oder Seenessel.
Von seiner Gestalt vnd grösse.

Die Nessel ist nit grösser dann ein Nuß/ sein gantzer Leib nichts dann fleisch/ hat viel kleiner Züttelin oder zotten/ welche sie außstreckt vñ zusammen zeucht/ alsdann sich einem Arß vergleichet. Ist von mancherley farben/ etliche grün/ etliche blaw/ andere schwartzlecht mit etlichen blawen farben/ gelben oder roten Puncten.

Diese kompt in die Speiß/ klebt an den Steinen oder Felsen deß Meers so hart/ daß sie mit grösser Arbeyt dannen gerissen/ auch zu stücken zerzerrt wirdt.

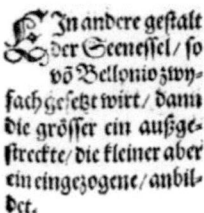

Ein andere gestalt der Seenessel/ so võ Bellonio zwyfach gesetzt wirt/ dann die grösser ein außgestreckte/ die kleiner aber ein eingezogene/ anbildet.

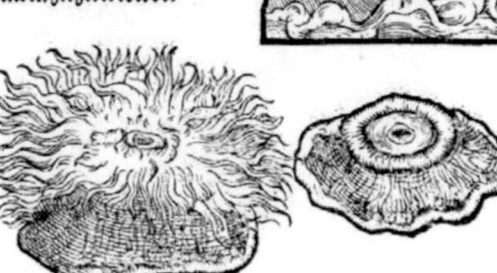

Von der äschenfarben Meer oder Seenessel.

Vrtica Cinerea.   Eschenfarbe Seenessel.

Von jrer Gestalt.

Jse ist äschenfarb/von dannen sie den Namen bekomt/gantz zart vnd dünn/ dann sie hat ein grossen Wadel/oder viel Zotten/wenig fleisch oder leib/hat allezeit sein Wadel außgestreckt/zeucht sie nimer zusame/doch breit sie gleich andern Meenesseln/wirt gefunden in den Spälten der stein oder schroffen/mag ohn verletzung nit davon gerissen werden/von seiner zärte vnd linde wegen.

Von der roten Seenessel.

Vrtica rubra seu purpurea.   Rote Meer oder Seenessel.

Von seiner Gestalt.

Jese wirt von der Farb bey den Welschen Rosen genant/von etliche Roß oder Eselsarß/ auß der Gestalt so sie sich zusamen zeucht/Ist dem ersten geschlecht gleich/allein dz er roth ist/vielmehr vnd längere Zotten/oder Wadel hat/klebt zu zeiten an den Felsen deß Meers/ zu zeiten schwebt sie im Wasser herumb. Daß sie sollen zu zeiten mit dem Fischergarn herauß gezogen werden/kommen auch in die Speiß/habend doch ein härter Fleisch dann die ersten.

Von dem Schnecknessel.

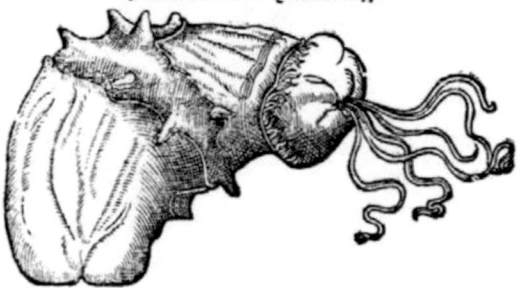

Vrticæ

Vrticæ quarta ſpecies quæ Purpuris vel Buccinis adnaſcitur.
Ein Schneckneſſel.
Von ſeiner Geſtale.

Iſe Meerneſſel wächſt an etlichen Schneck/ vorauß Purpurſchnecken. Sein euſſer theil iſt hart/ dicker dann die andern/ hat ringsweiß herumb gantz kurtze Zöttlin/ von mitten andere lange weit außgeſtreckt/ als ein Faden/ ſo ſchön purpurfarb/ daß der köſtlich Purpur jnen hart zu vergleichen.

Von dieſer Neſſel iſt müglich daß die Hiſtori komen ſey von Hercule/ welches Hund als er ſolche gebiſſen/ ſoll ſein Lefftzen ſo mit ſchöner Purpurfarb gefärbt worden ſeyn/ das Herculis Bule erſahe/ verſchwur ſie nimer Herculi zu willen werden/ er habe jhr dann ein Kleyd geſchenckt/ mit ſolcher farb gefärbt. Wiewol ſolches etliche auff den Purpurſchnecken gründlich ziehen/ der doch von ſeiner rauhe/ ſpitzen vnd härte wegen/ von keinem Hund zerbiſſen werden mag. Dieſe hat ein härter fleiſch/ wirt zu der Speiſe verworffen.

Von dem Hut vnd Filtzneſſel.

Vrtica ſemper ſoluta.   Meerſcham/ Hutneſſel/ Meerhut.
Von ſeiner Geſtale.

Ieſe hat obē ein runden Deckel/ hol/ mittē durchlöchert/ purpurfarb/ als mit einer ſchnur vmbgeben/ als die breytē Filtzhut: vnden hat er Zottē oder Füß als der groß Kuttelfiſch / Polypus genañt/ mit 8. füſſen/ zu end viereckēt/ vñ ſpitzig: hat jñerhalb gantz kein vnderſchiedliche gſtalt/ iſt ſo gantz durchſchein

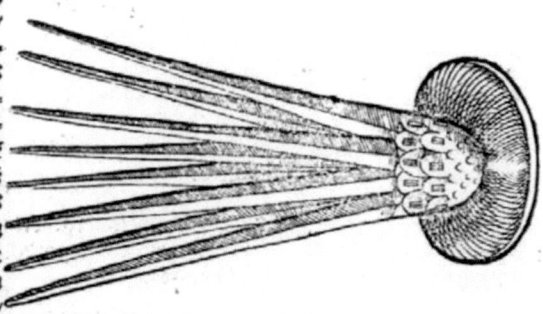

vñ glantzend/ dz er auch die Augen verletzt. Somerszeit zerſchmeltzen ſie/ auch ſo man ſie ſonſt lang handlet/ ſo zerſchmeltzen ſie in den Händen als ein Eyßſchollen: wirdt ſo groß/ daß er ſich einem breyten Filtzhut vergleicht. Betwegen das brennen vnd beyſſen in den Henden vnd Augen/ auch in der Scham/ mit welchē ſie zu vnkeuſchheit reitzen.

Von der andern Meerſcham oder Hutneſſel.

Alia Vrtica ſoluta.   Ein andere Hutneſſel.
Von ſeiner Geſtale.

Ieſe Meerneſſel oder Kuttelneſſel/ iſt der vorigen vberal ähnlich vnd gleich / allein daß dieſe nur vier Zotten weit außgeſtreckt hat als äſt oder Bletter: oben etliche Linien außgetheilt/ gleich einem Stern. Etliche zehlen ſolche fälſchlich vnder die Meerlungen/ ſo weit ein ander Geſchöpff geachtet wirdt.
Von Art/ Natur vnd Eigenſchafft aller Meerneſſeln.

Wie oben gehört/ ſo kleben dieſe Thier an den Felſen vnd Schroffen: etliche aber

schweiffen im Wasser
herumb / etliche haben
jren wadel allzeit auß-
gestreckt : vnd wie bald
man sie angreifft / oder
von den Felsen reißt / so
verwandlen sie jr farb:
vnnd als Aristoteles
schreibt/so fassen sie weder wasser noch lufft in
sich/ob sie gleich on solche nit lebē mögen. Al-
lerley Fischlin fressen
sie/fahen solche mit jren
Armē oder Zotten: wie-
wol etliche von den Felsen leben sollen. Item bey der Nacht sollen sie auch den Jacobsmuscheln vnd Meerjgeln nachhalten.

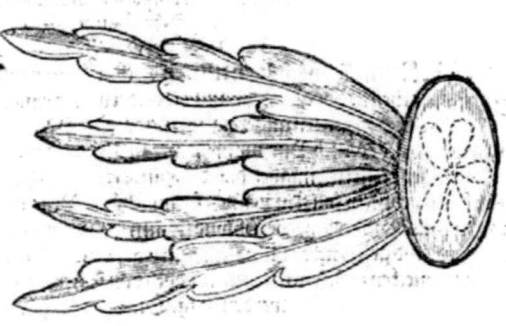

    Winterszeit haben sie ein zim-
lich satt hart fleisch : Sommerszeit
bey der Hitz werden sie lind vn zer-
fliessend: dann sie sind gantz feucht
vnd blutt / daß sie auch von antasten zerfallen. Zur zeit der grossen
hitz verschliessen sie sich in die Felsen hin ein/werden allein winterszeit gefangen.

Zwey andere Geschlecht der Meernesseln/ so in
Italia conterfetet/welcher eins dem ersten
so oben gesetzt/gantz gleich ist.

Von jhrem Fleisch.

    Diese Thier kommen nit alle in die Speiß / als vor gehört / geben ein feuchte Nah-
rung/geberen wenig Blut/dieselbig gantz feucht/bewegen den Stulgang/ vnnd treiben den Harn : werden gesotten vnd gebraten.

Etliche stück der Artzney/ von solchen Thieren in
brauch kommen.

    Diese Thier sollen ein solche Krafft haben/daß sie in öl gesotten/oder mit Essig von
Meerzwibeln angestrichen/die Haar verhindern/daß sie nit wachsen mögen.
    In Wein getruncken soll dienlich seyn den grienigen : dann sie auch für sich selbs/
als oben gehört/den Harn treiben sollen.

Von dem Meerhasen.

Lepus marinus.   Ein gifftiger Meerhase/
Ein Gifftkuttel.

Von dem ersten Geschlecht der Thieren.

Leporis marini primum genus.   Das erste Geschlecht deß
gifftigen Meerhasen.
Von seiner Gestalt.

Auß

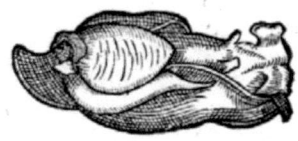

Uß den gifftigen Thierē deß Meers/ sind jetzbemelte/ scheußliche vnge= stalte Fisch/welche auch durch dz ge= sicht vnd geruch vergifften sollen/von wi= derwertiger beschreibung/ bißher weni= gen bekandt gewesen. Bekompt sein Na= mē von der farb/ so bey leben schwartzrot/ gleich den jrdischen Hasen. Vnder solchen sind Mänlin vnd weiblin/vn sind die schäd= lichsten auß allen andern Geschlechten. So er todt /ist er braunweiß/ oder weißlecht.

Mit jrem Fleisch/ innerlicher Gestalt vnd Schwärtze/ den schmalen Kuttelfischen Loligines genandt/mit vngleich/ hat ein heßlichen vnd bösen Geruch.

Von dem andern Geschlecht deß Meerhasen.

Secunda Leporis Marini species.   Der ander Meerhase.
Von seiner Gestalt.

Das ander geschlecht/ist mit Sub= stantz/ Schwärtze oder Dinten/ jnnerlicher gestalt dē obern ähnlich/ hat allein vnderscheid mit eusserlicher ge= stalt vn grösse. Dann vornen hat er zween breyte Zottē/darunder zwey kleine Hörn= lin/hinden Fäckten gleich dē grossen brey= ten Kuttelfisch/hat auff dem Rucken kein Maul wie der erste. Ist auch grösser.

Von dem dritten Geschlecht.

Tertia Leporis Marini species.   Das dritte Geschlecht der Meerhasen.
Von seiner Gestalt.

Das dritte Ge= schlecht der Thier ist mit Kräfften vn tugenden/auch gan= tzer seiner substantz den vordern gleich/auß wel= cher vrsach es vnder sol= che Thier billich gezehlt wirt. Diese Figur zeigt das letzt vnd recht orth/ dz ist/das ober vn vnder

ort beyder seiten. Das so mitten gesehen wirt/ist das Maul/das obertheil so sich einem Ey vergleicht/der Bauch/ das so vnder dē Maul ist/ zu vnderst/ist ein dünn fleischecht Fell/ der ränder nach außgestreckt/mit einer schwartzen plege oder Fleckten vmbgeben.

Innerhalb wirt gesehen etwas hirnes/schwartz/ mitten etwas gleich einē schwam/ in welchem er sein Schwärtz haben soll. Sein gantzer Leib ist glantzet vnd durchschei= net klar/ also daß er sich einem Crystallen oder erhartem weissen Schleim vergleichen möchte. Wirdt gar selten gefangen/allein in der grösten Hitz/ dann zur selben zeit wer= den alle ding beiwegt/auch die so in dem Grund der tieffe ligen.

u ij

Vber die vorbeschriebnen geschlecht der Meerhasen/ ist ein anders von Aeliano beschrieben worden/welcher sich vberall mit dē jrrdischen Hasen an der gestalt vergleichen
soll/außgenomē die Haar so am jrrdischen sind/am Meerhasen rauh/hart vnd dorn-
echt/daß sie auch im angriff verletzend/soll allein zu öberst auff dem wasser schwimmen/
mit grosser schnelle nit mehr in die tieffe kommen : Läßt sich hart lebendig fahen/dann
er fleugt die Garn vnd Aaß. So er kranck wirdt/so mag er nit mehr schwimmen/wirt
also herauß geworffen. Wo ein Mensch solchen angreifft/so stirbt er zu handt/ob er jn
gleich mit einem Stecken angerührt hette.

Von Natur vnd Eigenschafft der Thieren.

Diese Thier fressen Wust/Kaat vnd Schleim/auß vrsach sie an solchen Orten gefunden werden/wiewol etliche allein in dem Meer wohnen/bey den andern Kuttelfi-
schen/mit welchen sie zu zeiten gefangen werden.

Von natürlicher Anmütung der Thieren.

Der Meerhase ist dem Menschen ein Gifft/dargegen sind bey den Indianern die
Menschen jm auch ein Gifft/also daß er auch mit einem Finger angerührt stirbt/als
Plinius bezeugt. Item die Rotbart oder Meerbarben/fressen solche Thier ohne scha-
den/als auch von dem Meermöuser oder Meerbrachsmen geschrieben wirt/auß welcher vrsach sie ohne schaden hart mögen gessen werden.

Von nutzbarkeit vnd schaden deß Thiers.

Auß seiner gantzen substantz vnd wesen ist dieser Kuttelfisch vergifft. Daß der Keyser Domitianus hat seinem Bruder Tito mit solcher Speiß vnd Gifft vergeben/als
die Geschichtschreiber bezeugen. Auß welcher vrsach etliche Zeichen beschrieben wer-
den/solch genommen Gifft zu erkennen. Item den schaden zu wenden vnd heylen.

Etliche anzeigung bey welchen man solche vergebung erkennen mag.

Der geschmack solches Kuttelfisches ist gleich den stinckenden faulen Fischen/ Bewegt kranckheit deß Magens vnd der Blatern/also daß man mit grossem schmertzen
purpur oder violfarben Harn seycht/kotzen viel schaumecht/gelbecht oder blutig Matery. Jnen traumt von getöß der Wellen/jre Augen werden verletzt/schwerer Athem/
keichen/enge/Husten/Blutspeyen folgt endtlich hernach/vnd der mehrertheil sterben
jämmerlich ab/wo jhnen nit mit gerechter Artzney geholffen wirdt.

Artzneyen so wider solch Gifft dienstlich.

Allerley Milch getruncken/vnwillen/Wasserkrab in der Speiß gessen/Item die
Muschelfisch/vnd Kernlin von Granatöpffeln/weiter das puluer der wurtzel Saw-
brot genandt/(Cyclamen) in Wein genossen/Endtlich ein starck Purgatz von Nießwurtz oder Scamonien bereytet.

Etliche stück der Artzney/ so von solchen Thieren dem Menschen zu gutem in brauch kommen.

Diß Thier zerknitscht/auffgeschmiert/macht die Haar außfallen/solchs thut auch
das öl in welchem er gesotten. Item sein Blut macht daß solche außgefallene Haar nit
wider wachsen.

Auff die Kröpff gelegt/oder mit öl in welchem er gekocht solche bestrichen/soll solche vertreiben.

Item frisch lebendig auffgelegt/soll den Podagrischen dienstlich seyn.

Dieser Kuttelfisch zu äschen gebrandt/die äschen mit Blut von Holtzböcken auffge-
fangen/in ein hörnin Büchßlin behalten/zerstöret die wurtzen der außraufften Haar
in Augbrawen.

Der

Der 14. theil von den Meerthieren/
so begreifft allerley Krebß/vnd jres gleichen rund oder lang.

Von allerley Krebsen/ auch andern Thieren so sich den Krebsen
vergleichen/vnd Schalen die lind vnd zu biegen (nit hart vnd brü-
chig von härte wie an den Schnecken) an statt
der Haut haben.

Von dem Krab.

Erstlich von allem dem/so von den Kraben in gemein
geschrieben wirdt.

Cancer. Ein Krab.

Von mancherley vnderscheid der Thieren vnd jhrer Gestalt.

DEr Kraben sind etliche von natur vnd erschaffung groß/ etliche klein/etliche mittler grösse. Item etliche sind braun/etliche rot/andere gelb: Item weißlecht/gelblecht/rc. Etliche haben lange Beyn/etliche gar kurtze/etliche mittler lenge. Eylicher Augen stehen so nahe bey einander/ daß sie einander gar nahe berüren/ etlicher Augen sind gantz weit von einander gesetzt. In viel stücken kommen sie vberein/ sie haben alle harte Schalen/ an statt der Haut/innerhalb lind Fleisch: sie haben alle zehen Beyn/sampt den Scheren/ wenig kleine vnd dünne Hörner. Der Schwantz ist allen an den Leib vnden gelegt/ auß welcher vrsach sie sich rund beduncken/vn von Aristotele ohne schwäntz beschriebe werden.

Die Kraben haben kein Kopff noch Halß/harte Augen/sehen allein entzwerch/haben Füß vn Arm/Scheren an statt der Hände/der rechte ist der mehrertheil grösser vn stärcker dann der lincke/ hat in seinem Leib kein vnderschiedliche schöpffung. In dem Maul haben sie zween lange Zän/welche von zweyen Fäcklinen bedeckt vnd beschlossen werden: so er Wasser an sich zeucht/ so zerläßt er solche/ demnach beschleußt er sie/ damit er das Wasser/von welchem er lebt/durch ein ander Loch/ so jhm oberhalb von Natur geben/herauß kotzen möge.

Das Männlin wirdt bekandt vor dem Weiblin mit grösse/dicke/vnd dem Deckel vor dem Maul: dann solcher ist an dem Weiblin weiter/ haarechter vnnd dünckler. Item der erste Fuß deß Weiblins ist zwyfach/deß Männlins einfach: dergleichen haben auch die Männlin zween Dorn oder spitzen zwischen dem Bauch vnd Schwantz/ welcher die Weiblin mangeln. So der Krebß alt ist worden/werden zween weisse stein mit rothem gemischt/in seinem Kopff gefunden.

Von Natur der Thieren.

Galenus schreibt/ daß die Kraben deß Wassers geleben/ es sey süß oder gesaltzen/ fressen allerley/ auch sich selbs vnder einander : vorauß aber die erlegenen Kuttelfisch/ was sie ergreiffen/ schalten es mit jhren Scheren zu dem Maul : so er mit Milch getränckt/so soll er lange zeit ohne Wasser leben.

Die Kraben vnd Krebß wandlen mit jren Beynen oder Füssen allezeit entzwerch/ auch in der forcht hindersich/ nit mit minderer schnelle/ als Aristoteles schreibt/ ob sie gleich Wasserthier sind.

Der vierdtzehende theil/ von

Aristoteles schreibt/ daß sich die Kraben meeren mit zusamen gethanen Schwäntzen/ so doch Plinius schreibt/ daß solches mit dem Maul geschehe.

Die Kraben vnd Krebß lassen alle Jar jhre Schalen fallen/ gleich wie die Natern vnd Schlangen jhre Haut/ bekommen neüwe zur zeit deß Glentzen/ welches auch dieselbigen thun sollen/ so mit gantz harter Schalen bedeckt sind: sollen zur selbigen zeit 5. Monat verborgen ligen.

Winterszeit sollen sie sonnechte Ort lieben: Sommerszeit aber an den schattechten gantz hauffecht gesehen werden: Herbstzeit vnd im Glentzen werden sie sonderlich feißt vnd voll/ endtlich so der Mon voll ist. Sollen sonst lange zeit leben.

Es ist die sag/ daß so die Sonn im Krebß gehet/ vnd der Krebß einer gestorben auff dem truckenen Boden faulet/ so sollen lauter Scorpiones darauß erwachsen.

Von Art vnd natürlicher anmuthung der Kraben.

Die Kraben vnd Krebß schertzen vnd kempffen gegen einander/ gleich wie die Wider oder Böcke/ in dem daß sie mit den Hörnern gegen einander lauffen.

Der Meerbär (ist auch ein Krebß) frißt zu zeiten die Kraben.

Der Rauch von dem gebrandten Krab ist verhaßt den Bynen/ vertreibt vnd verjagt dieselbigen.

Es schreiben etliche/ daß so man das Kraut Engelsüß zu einem Kraben lege/ so lasse er seine Scheren fallen.

So verhaßt sind jnen die Krautwürm/ so die Bäum verderben/ oder Regenwürm/ daß wo man sie allein mit den Hörnern an die Bäum henckt/ an welchen sie nisten oder kriechen/ sollen sie zu stund herab fallen/ vnd an andere Orth kriechen.

Von nutzbarkeit der Thieren.

Die gröste nutzbarkeit so man von solchen Thieren hat/ ist das fleisch zur Speiß vñ narung der Menschen. So sind auch etliche nutzbarkeiten vor erzehlt/ zu vertreibung der Würm. Etliche heissen drey lebendige Krebß vnder dem Baum verbrennen/ so die megere/ Düssel oder Knüttel hat.

So Vngewitter oder Regen vorhanden ist/ sollen die Kraben auß dem wasser auff das Erdtrich herauß kriechen.

Von der Complexion vnd Natur deß fleisches der Thieren.

Die Krebß oder Kraben sollen ein hart fleisch haben/ hart zu verdäwen/ doch wol speisen oder führen/ ein kalt vnd feucht Geblüt vrsachen.

Gemeine stück der Artzney/ so von allerley Kraben mögen verstanden werden.

Etliche Artzneyen/ so den Wasser= vnd Meerkraben in gemein dienen/ werden hernach in der History der Wasserkraben gezehlt werden.

Die Kraben werden gebraucht wider den stich der Scorpionen vnnd Schlangen/ dann solche werden auch von dem Hirtzen für solche Gifft gebraucht: Item die Eber so sie Bilsamkraut gefressen/ suchen sie Kraben vnd fressen dieselbigen.

Zu gifftigen Eissen/ Krebß vnd dergleichen schäden an den Weibern/ soll das Krabweiblin mit saltzblust gestossen/ nach Vollmon auß Wasser auffgelegt werden.

Die Kraben gedörrt oder sonst frisch genossen/ stellen allerley flüß/ vnd behalten die Empfengnuß.

Sie sollen auch gut seyn den Weibern jn den Febern so Häuptwehe haben/ vnd zittern der Augen/ getruncken in rauhem Wein.

Welcher nit wol harnen mag/ der soll drey Kraben in Essig sieden/ in einem Mörsel alles zu mal gestossen/ außgetruckt/ die Brühe getruncken.

Für das Grien sagt Marcellus/ die krebßschale fleissig gestossen/ mit süssem wein gemischt/ durch ein tuch gesihe vñ zu trincke geben/ soll wol helffe. Aetius heißt sie lebendig

zu äschen

zu äſchen brennen/von derſelbigen einen Löffel voll in einer Latwerge geben/ꝛc. Solche äſchen brauchen auch etliche für das Zanwehe/vnd mit öl für den Außſatz/vnd gifftige biſſz oder ſtich.

Von dem Kraben/ ſo in ein Stein verhartet.

Lapis inſtar Cancri.

VOn einem Stein/ ſo ſich gantz einē Kraben vergleicht/ ſchreiben die alten Doctores viel/ ſoll kalter vnd feuchter Natur ſeyn im andern Grad/ trücknen/ ſäubern/ ſchärpffen das Geſicht/ vnd gebrandt/ wirdt gelobt zur Räude/ ſäubert vn reiniget die Zän vnd Mackeln. Es ſoll auch der weitberhümpt Herr D. Conrad Geſner ein Meerkraben/ in ein Stein verkehrt/ vnd verhartet/ bey jhm behälten vn zeigen.

Von dem Meerkraben.

Cancer Marinus. Ein Meerkrab.

Von ſeiner Form vnd Geſtalt.

DEr Meerkrab hat einen runden Leib/ gar nahe Circkel rund/ vornen breyter dañ hinden/ gantz ähnlich dem Kraben ſo in ſüſſem Waſſer oder Flüſſen gefangen wirt/ als hernach wirdt gehört werden. Die gröſten kommen auff 3. oder 4. zwerch Finger breyt/ haben auff jeder ſeiten vier Beyn/ vornen zween Arm/ gleich andern Krebſſcheren. Haben ein glatte Schalen/ die Männlin röter dann die Weiblin. Haben auch ein rote Leber/ eines gantz ſüſſen angenemen Geſchmacks. Den Schwantz ſtrecken ſie nit auß/ ſondern haben jn allezeit vnden an den Leib gelegt vnd gekrümpt.

Von ſeiner Art/ Natur vnd Eigenſchafft.

Die Meerkraben leben vnd wohnen bey den Felſen vnd Steinen/ laſſen alle Jahr jre alte Krebſſchalen fallen/ vnd wachſen jhnen newe an die ſtatt/ zu derſelben zeit ſollen ſie auch in den katechten/ lettechten Orthen wohnen/ mag ein gute zeit auſſerhalb dem Waſſer geleben. In der mehrung ſitzen die Männlin auff die Weiblin/ treiben in ſolchen ſachen ein langen Kampff/ vor vnnd ehe ſie ſich vereinigen/ gleich den Widern oder Böcken.

Jre Beyn werden gegen dem Bauch bewegt durch weiß Mußfleiſch/ alsdañ auch an vnſern Krebſen geſchicht/ doch bedunckē ſie ſich nit fürſich oder hinderſich/ ſonder bey ſeits vnd entzwerg bewegen.

Ein wunderbarliche geſchwindigkeit oder liſt ſoll der Krebß brauchē/ gegen allerley Muſcheln/ ſie außzufreiſſen. Dañ ſo die Muſcheln jr zwo Fallen/ oder Muſcheln auß begierd deß Waſſers vnd Letts/ auffſperrt vnd bewegt/ ſo erfaſſet der Krab ein Steinlin in ſeine Scheren/ wirfft denſelben durch den Schlauch oder Spalt der auffgeſperrten Muſcheln/ von welchem Stein ſolche Thier verhindert werden/ daß ſie jhre Muſcheln nit mehr mögen zuſchlieſſen/ werden alſo von den Kraben außgefreſſen.

Aelianus ſchreibt/ daß ſie zu zeiten an etlichen orten von vngeſtüm wegen der Wellen/ welchen ſie nit widerſtehen mögen/ auff das Land ſich herauß laſſen/ zu fuß wandlen/ ſo lang biß ſie ſolche Ort vnd Gefahr fürkommen: als dann kriechen ſie wider in das Meer. Wo sie also wandlend von den Einwohnern derselbigen Orten erfunden/ werde ihnen verschonet/ damit nicht dieweil sie Menschen seyen/ grausamer dann das Meer befunden werden.

Von seiner nutzbarkeit vnd Fleisch.

Ein Krebß oder Krab/ so von ihm selber gestorben ist/ soll gantz verworffen werden. Von Art oder Complexion deß Fleisches aller Wasserthieren so Schalen haben/ wirt in dem folgenden Capitel gesagt werden. Man pflegt jn zu sieden/ sein Schalen abzuziehen/ vnd in öl oder Ancken zu rösten oder bachen/ wirt sonst auch auff einer Glut gebraten/ ist zum besten so er Eyer trägt.

Sonderbare stück der Artzney von den Meerkraben.

Die Meerkrabē haben gleiche Tugent den süssen Wasserkrabē/ doch nit so kräfftig.

Die Meerkraben sollen wider alle Gifft geprisen werden/ auch viel gebraucht vnd fürgestellt denen/ so absterben auß kranckheit der Lungen.

Von dem Meerkrab 2. quintlin getruncken von den jungen oder Kindern/ heylet die Harnwinde. Den Kindern auß der Mutter oder Säugammilch.

Oel/ Wachß vnd äschen von dem Meerkraben oder süß Wasserkraben auffgelegt/ heylet den zerschrundnen sitz.

Von dem Kraben so in den Meerpfützen wohnet.

Cancer stagni Marini.

Die Kraben so in den Pfützē oder see deß Meers wohnen/ sind den Meerkraben gar nahe gantz gleich. Ist mittler Art zwischen den Wasser- vnd Meerkraben/ dieweil solche Pfützen von süssem vnd gesaltznem Wasser gemischt sind/ mögen auß der vrsach in mangel der süssen Wasserkraben/ an solcher statt gebraucht werden/ wirt mächtig gepriesen in den absärbenden/ vnd bresten der Lungen.

Von dem Heracleotischen Krab.

Cancer Heracleoticus.

Diese Kraben sollen den Namen bekomen von der berühmpten statt Heraclea/ gelegen am Eurinischen Meer. Wiewol Rondeletius so auch von den Wasserthieren gar fleissig geschrieben/ gegenwertige Figur/ solchen Kraben zueignet: Bellonius aber denen/ so von den Frantzosen Meerhanen/ nach bedeutung jhrer spraach genennt werden/ von wegen der gstalt seiner Scheren/ so oberhalb sich einem Hanenkā̃ vergleichen/ als auß der gegenwärtigen Figur ersehen mag werdē.

Der

Der Heracleotisch Krab nach meynung Bellonij.

Jeser Krab wirdt hernach von D. Rondeletio für den Meerbär geachtet/ als in seinem Ort gelesen wirdt werden.

Soll gantz ein dicke starcke Schalen haben/ sollen langsam/ faul vnnd träg seyn: wirdt gar viel gefangen an dem Gestad der Insel Sicilien: wirt in Italien/ als zu Rom zu zeiten verkaufft. Etliche nennen jhn ein Seehanen von der gestalt der Scheren: die andern ein Granatöpffel/ von wegen der gestalt vnd farb.

Von jrem Fleisch.

Der ober Krebß oder erste/ gesotten vnd die Brüh getruncken/ bewegt den Bauchfluß: sollen sonst zimlich führen/ besser vnd löblicher seyn gebraten dann gesotten.

Ein anderer Heracleotischer Krab/ oder Meerbär/ oder Meerhan/ in Italia abconterfetet worden.

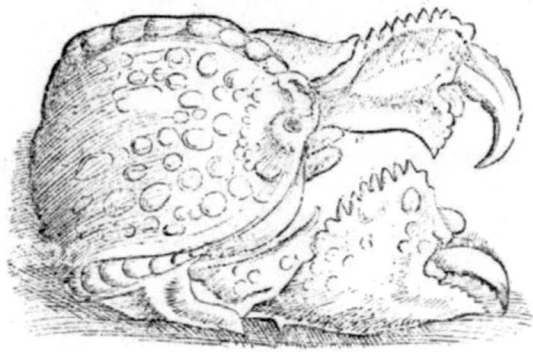

Der vierdtzehende theil/ von

Von der grossen Meerspinnen.

Maia. Ein Meerspinn/ Spiegelkrab/ Hechelkrab/
Mutterkrab.

Von seiner Gestalt.

Je so von der Natur der Wasserthier geschrieben haben/ sind in der Gestalt gegenwertiger Kraben nit einhellig. Dann D. Rondeletius vermeynt Maiam zu seyn der Krab/ welchs Figur hie bey anfang gesetzt ist/ auß sonderbarn schlechte vrsachen/ allein von der grösse genommen. Doctor Conrad Geßner aber/ sampt vielen andern gelehrten Männern/ vermeynt Maiam cancrum zu seyn den Kraben/ so hie nach gesetzt/ im von Venedig für das Weiblin deß Geschlechts geschickt: ist gantz fleissig vnd wol abconterfet. Solchen setzt hernach D. Rondeletius/ für die kleiner Meerspinn/ das ist/ pro Paguro, das Männlin von solchem Geschlecht. Solche Kraben sind gantz gleich einer Spinnen/ als dann die Gestalt wol bezeuget: Auß der vrsach sie Meerspinnen genandt werden/ ob gleich einer auß den Kuttelfischen solchen Namen bekompt.

Grosse Meerspinn Weiblin.

Die Figur ist zu Venedig abconterfeyt.

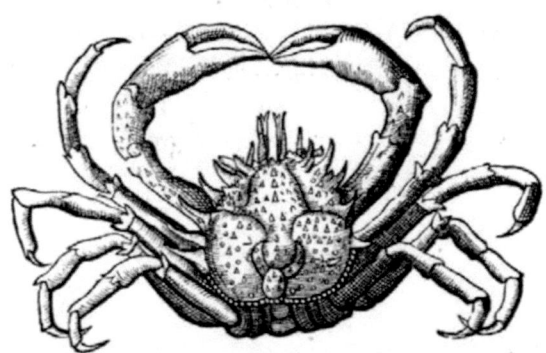

Jese Figur als oben gehört/ ist von Venedig kommen dem hochgelehrten Herrn D. Conrad Gesner zugeschickt/ durch einen seiner besten Freund. Ich hab auch solcher in Narbonensi Gallia gar offt gesehen/ vngefehrlich einer spannen breyt/ sonst gar nahe rund/ gentzlich in solcher Gestalt/ als hie gesehen wirdt.

Von

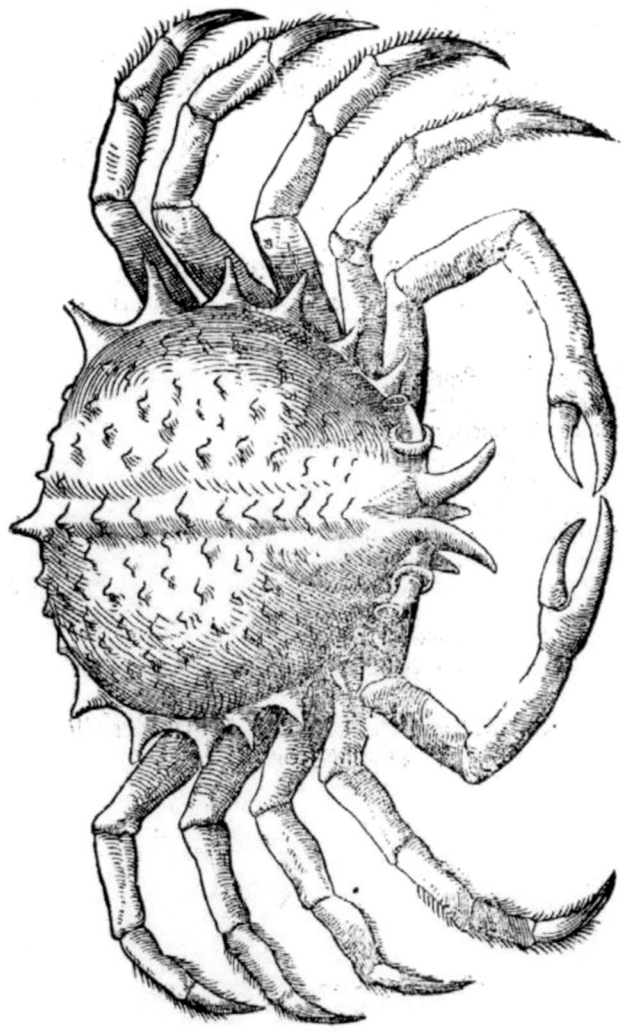

Von einem andern Geschlecht der Spinnkraben,
Folia vel Folca.

Iser Krab ist den vorgesetztē gar nahe gleich/ allein daß er lengere Beyn/ vnd auff der schalen ein rauhe Wollen vnd Bolster hat/ wirdt gar selten gefangen.

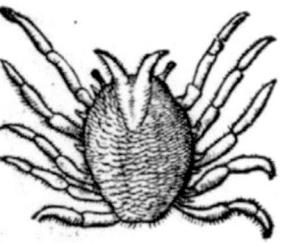

Von der kleinen Meerspinnen.

Pagurus Rondeletij.   Ein kleine Meerspinn/ Ein Meertäschen/ Ein Taschkrab.
Von seiner Gestalt.

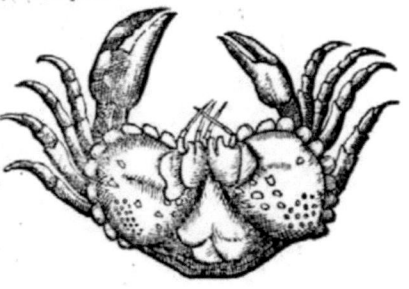

Vieler gelehrten Leuthe grosse Meerspiñ/ das ist/ Maia, wirdt vō Rondeletio die kleine/ das ist Pagurus geachtet/ vñ das Mäñlin von solchē geschlecht abconterfetet/ als hie beygesetzt/ so doch obē das weiblin für Augen gestellet/ vnd Maia geachtet ist worden. Die ander figur eines schönē Kraben/ hie in diesem Capitel gesetzt/ wirt von D. Gäsner/ sampt aller anderer viel gelehrter Leut/ für die kleiner Meerspinn/ das ist/ Pagurus gehalten.

Ein andere Gestalt deß obgemelten Kraben/
zu Venedig conterfetet.

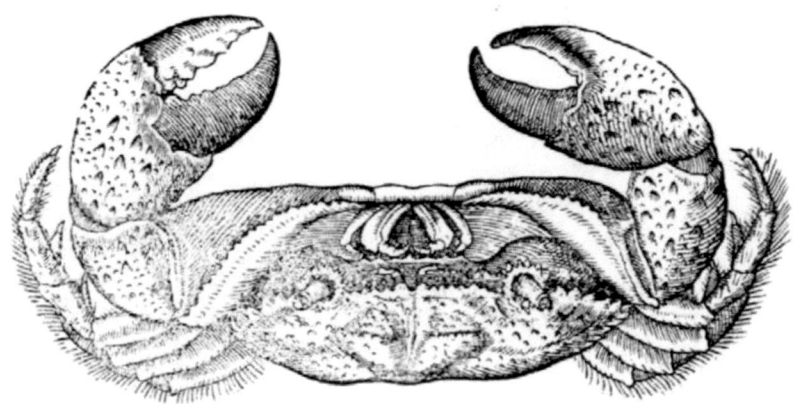

Dieser

Jeser Krab wirt von menniglich für den wahren Pagurum gehalten : hat ein starcke glatte Schalen / welche bey lebendigem Thier gar ein liebliche farb hat / schwartz Rosenrot: so er gekocht wirt / so verwandelt er sein farb gleich alle Kraben. Haben Schwäntz vnden an den Bauch gestreckt / auß welcher vrsach sie ohne Schwäntz von etlichen geachtet sind worden. Sind an jhrer gestalt viel breyter dann lang / daß sie auch zu zeiten eines Schuchs breyt gesehen werden / etliche kommen zu zehen Pfunden : hat ein vberauß süsse wolgeschmackte Leber rotlecht / 2c.

Von Art / Natur / vnd Eigenschaffe der Thieren.

Dieser Krab bekomt bey den Griechen seinen Namen von seiner Natur / dieweil er nit mehr in den tieffen deß Meers / sondern allezeit zu oberst im Meer in schroffechten Löchern vnd Felsen wohnet / welche orth in ablauffen deß Meers trucken vnd entdeckt bleiben / mögen auß der vrsach an der trückne vñ in Wassern wohnen. So er an trucknen orthen von dem Meer verlassen ist / so ligt er vor forcht ohne bewegnuß / gleich als todt. Seine Scheren sind kürtzer dann der grossen Meerspinnen / was sie begreiffen / halten sie gantz starck / seine Augen streckt er zu zeiten herauß / als ob es Hörner weren / zu zeiten als in der forcht / zeucht er sie herein. Sie lassen ire Schale alle Jar fallen / von welchem Oppianus viel schreibt / dann dieselbige hebt ersilich an zu spalten / welches so er vermerckt / so scheußt er hin vnd wider mit grosser vngestüme / frißt sich voll speiß / damit so er voll vnd groß / die Schalen zerbreche / vnd ledig vom Fleisch werde / von welcher so sie erlediget / ligen sie im Sand als todt. So dann die Schalen wider anhebe zu wachsen / so tragen sie grosse forcht / fressen ersilich Sand. Demnach so die Schalen erhartet / so fassen sie wider ein Muth / vnd kommen zu der gewöhnlichen Speiß.

Oppianus hat sie als vnverschampt gescholten. Nit nur im Meer / sonder auch so sie gefangen auff den truckten Boden herauß gezogen sind / streitten vnd widerfechten sie denen so sie beleydigen / der massen daß sie vor sterben ehe sie nachlassen : was jhnen in die Scheren gehebt wirdt / fassen vnd heben sie so starck / daß du sie darbey biß auff den tod schleiffest / als offtermals an den gestaden deß Meers gesehen wirt von jungen Buben so jr Spiel mit solchen treiben.

Von seiner klugheit vnd weißheit ist hievor gehört / in dem daß er / so er seiner Schalen beraubt / so lang verborgen ligt / als vor bewußt seiner schwäche / biß jhm dieselbig wol erwachsen vnd erhartet ist : auß welcher vrsach auch an das Bild Diane / bey den Heyden / ein solcher Krab gehenckt ist worden.

Mit was Künsten diese Kraben gefangen werden.

Diese Kraben reitzen die Fischer herfür mit süssem Gesang / dieweil sie sonst ein anmuthing zu der Music haben sollen. Dann sie verbergen sich / heben an zu pfeiffen in t süsser stimme / von welcher stimme diese Thier herfür gereist / tretten der stimme zu auch auß dem Meer. Die Fischer aber weychen hinder sich / die Kraben folgen hernach / werden also auff trucknem Landt begriffen.

Plutarchus schreibt / sie werden mit Fackeln auß den Löchern vnd Wasser herfür gebrächt / auch wider jren eignen willen.

Von jrem Fleisch.

Dieser Täschenkrab so er gesotten / wirt er halb roth / halb schwartz / sollen lieblich zu essen seyn / sollen harter däwung seyn / dem Magen viel zu schaffen geben / jhre Brühe darinn sie gesotten / den Stulgang bewegen.

Von dem Kraben mit breyten Füssen.

K

Der vierdtzehende theil/ von

Cancer Latipes, qui & cursor Aristotelis videtur, ab Equite alius.

Mag ein kleiner Meerkrab/ Läuffer oder Breytfuß genennet werden.

Jeses sind gantz kleine Kraben/nit grösser dañ ein Baumnuß/ bekompt sein Namen von der breyte wegen seiner letzten Füsse/ welche er brauchet zu schwimmen als Ruder. Ist sonst veracht vnd verworffen: hat ein glatte schalen/ oben weißlecht/ vornen schwartzlecht: von solchen hat Aristoteles auch geschriben. Er soll auch schnell lauffen.

Von einem andern Geschlecht
solcher Kraben.

Jn ander Geschlecht solcher Kraben wirt viel von den Römischen Bawren vnd Fischern gefangen vnder den Muschelfischen/ sind grösser dann die vorgenandten: vnden sind sie weißlecht/oben gar nahe äschenfarb/ mit viel weissen Puncten oder Flecken oben besprengt/ die letzten Füß breyt/ den vorigen ähnlich/ welcher grösse mag mit einem Daumen bedeckt werden. Die Fischer fressen sie gleich rohe/ sollen also viel besser seyn dann gekocht/ wo sie nit den Durchlauff bewegten.

Von dem Schamlotkrab.

Cancer flauus siue vndulatus.   Ein Schamlotkrab/ Gelbkrab.
Von seiner Gestalt/ vnd wo er zu finden.

Jser krab/ so ziemlich groß/ist auß dē vnachtbaren/ bekomt sein Namē von der farb vñ krummen Liniē/ so sich dē wasser oder Schamlot vergleichē. Wirt gefangen bey den Jnseln Antipoliñ vnd Lerinß. Der schwätz ist der lenge nach außgestreckt abgemalet worden/ welcher sich sonst vnden an bauch legt/ gleich andern krabē:hat haarechte beyn vñ scheren/auch vornē bey seits spitz oder dörn.

Von dem Marmelkrab.

Cancer varius siue marmoratus.   Marmelkrab.
Von jhrer Gestalt/ Art vnd Natur/ vnd wo sie zu finden.

Jser krab hat ein glatte schalen/gleissend mit mancherley farben vnd flecken/grün/blauw/ weiß/schwartz/ äschēfarb/ welche verschwinden so der Krab todt. So er todt an der Sonnen gedörrt wirt/ so wirt er gantz geel. Wohnet in dē Felsen deß Agathēsischē gestads: so sie jemand ersehen/ so fliehen sie in die Löcher/ hefften sich mit den Füssen dz sie schwerlich mögē abgerissen werden:so sie ohne gefahr oder forcht/ so sönnen sie sich auff dē schroffen/ ꝛc.

Von

Von dem kurtzen Scherenkrab.

Cancer Brachychelos.   Ein kurtz Scher.

Jeſer Krab iſt ſchwartzroth/
klein / hat etwas vnderſcheid
von andern Kraben/ dañ hin-
den iſt er breyt/ vornen ſpitz/ hat zwo
kurtz kleine Scheren/ von welchen er
den Namen bekompt.

Von dem langen Scherenkrab.

Cancer Macrochelos.   Ein Krab mit langen Scheren.

Jeſer kriegt auch ſeinen Namen võ
ſeinen Scheren ſo gantz lang/ vnd düñ
oder klein/ iſt gantz widerig dem vorgenandten.

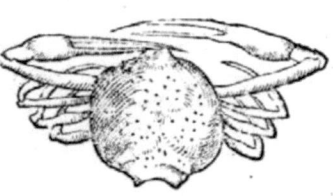

Von dem Haarkraben.

Cancer Hirſutus.   Haarkrab.

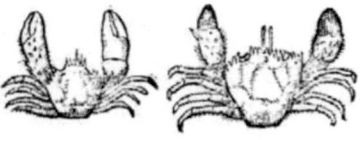

Er Haarkraben werden zweyerley geſchlecht erſehen. Die erſten
haben dornechte Scheren/ zu end
ſchwartz/ ſind gantz haarecht.

Das ander iſt auch haarecht/ iſt aber
kleiner dann die vorgenandten/ vnnd die
euſſerſte ende der Scheren nit ſchwartz.
Solche Kraben werden mit andern Fiſchen auß dem Meer gezogen / vnnd hingeworffen.

Von einem andern Geſchlecht der Haarkraben.

En Haarkraben wirt auch
zugezehlt dieſe beyſtehende
Figur oder Geſtalt/ ſo von
dē Römern Meerwolff/ oder ſchläf-
fer wirt genennt in jrer ſpraach ei-
genſchafft/ auß der vrſach/ daß ſein
Schalen gepůlvert vnd genoſſen/
den Schlaaff bringe.

F ij

Von dem Hertzkrab.

Cancer Cordis figura.   Hertzkrab.

Jese haben jren Namen von der Gestalt/ so sich eines Menschen hertz vergleicht/ ist ein kleiner Kräb/ wohnet allein in den tieffen deß Meers/ wirt selten gefangen / zu Zeiten in dem Magen deß Stockfisches gefunden.

Von dem Meerspinnlin.

Aranea crustata Rondeletij. Cancer eques Bellonij, vel cognatus
Meerspinnlin/ Meertäschlin/ Spinnkräblin.

Wiewol man auch andere Kraben oder Täschenkrebß/ sie seyen klein oder groß Meerspinnen neüet/ von wegen der Gestalt/ so gehort doch dieser Name aller best diesem kleinen Kraben zu/ welcher nit nur von der gestalt/ sonder auch von wegen daß er nit viel grösser ist dann die grösten Erdspinnen/ billicher also genennt wirdt: darumb jhn auch D. Rondeletius/ der jhn zu Mompelier abconterfetet/ in sein Fischbuch gestellt hat/ auff Latein Araneam crustatam neüet/ das ist/ ein Spinkrab. Er ist am vordern theil deß Leibs/ gleich den Meerkrebslin/ die in den leeren Schnecken wohnen. Sein Kopff streckt sich weiter herfür dann an andern Kraben/ vnd spitzt sich vornen. Die Augen gehen vorauß/ vnd zwischen denselben zwey Hörnlin. Er hat die Scheren gar lang/ vnnd auch die acht Füß zu seiner grösse fast lang/ mit welchen fürauß er sich den Spinnen vergleichet. Der Leib ist gar dünn/ vnd durchscheinend/ wirt von den Fischern von wegen seiner kleine verworffen. Diß Meerspinnlin bedunckt mich seyn die kleine art der Kraben/ welche Bellonius nennet Cancros equites, das ist/ Reutterkraben (von welchen bald hernach) oder doch jnen gar ähnlich an gestalt vnd grösse. Man sagt/ daß auch im teutschen Meer vmb Frießlandt/ etliche Kraben gefunden werden/ den Spinnen so gleich/ daß allein an der grösse der vnderscheid sey.

Von den Kraben so in frembden Häusern wohnen.

Pinnothes aut Pinnophylax.   Wechterkrab/ Steck-
muschelkrab/ Muschelkrab.

Er Kraben etliche wohne in mancherley frembden Häusern / als Steckmuscheln/ Perlinmuscheln Schnecken vnd dergleichen/ dieser wirdt allein in den Muscheln wohnend gesehe/ bey dem lebendigen Thier/ so die nachfolgenden allein in den Häusern der gestorbenen wohnen. Solche verschliessen sich herein/ damit sie vor schädigung desto sicherer mögen seyn. Etliche Historyschreiber sagen wunder fabelwerck von solchen Kraben/ als der von Natur den Steckmuscheln zugeben sey/ sie deß Raubs zu warnen/ vnd die Muschel zu verhüten/ von dannen er den Namen bekompt.

Von

Von dem Schneckenkrable.

Cancellus qui in Turbinatis & in Neritis habitat. Bilgerkrab/
Schneckenkrable/ Brůderkrab.

Schneckenkrable in   Schneckenkrable   Sein Ihr Hauß oder
ſeinem Hauß.   entblöße.   Schalen.

Ein andere ſchöne Figur deß Schneckenkraben in
ſeiner Wohnung oder Hauß.

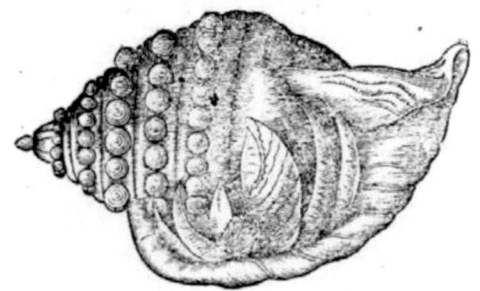

Squillarus ſiue Cancellus in Nerite concha.   Squillarus alius nudor Aſtaco fluuiatili ſimilis.
Meerkrebßle in ſeinem Hauß.   Meerkrebßle gantzledig.

Von der geſtalt der Thieren.

Dieſes ſind wunderbarliche Thier/ bekom̄en den namen von jrer wohnung oder
Hauß: dañ ſie wohnen in den lären Häuſern etlicher Meerthieren/ welche ſich
den Schneckëhäuſlein etlicher geſtalt vergleichen. Die erſten ſind vorně gantz
gleich den Kraben/ mit natürlicher Schalen bedecket/ gelbrot/ hinde ſind ſie bloß/ ſind
gleich den Locuſtis/ jhre Hörner gelb. Die andern hievor geſetzt/ vergleichen ſich vnſe-
ren Waſſerkrebſen/ welche von vnderſcheid wegen nit Kraben/ ſonder Krebs hienach
genennt werden.

Von art/ natur vnd eigenſchafft der Thieren.

 k iij

Die Brüder oder Schneckenkrable wachsen erstlich für sich selber / gantz bloß: demnach schlieffen sie in die lären Häuser vorgenañter Schnecken / tragen dieselbigen mit jhnen herumb / erwachsen in denselbigen. So sie dann groß worden / daß jhnen jhr Behausung zu eng seyn wil / wechßlen sie die Herberg / schlieffen herauß / wandlen in grössere / auß der ursach sie von natur an dem hindern theil / so inen zart / der verletzung underworffen / nit an die Häuser behafft sind / sonder also / daß sie herauß und in andere hinein schlieffen mögen. Wohnen sonst am gestad an rauchen steinechten orten / geleben der speiß anderer Kraben oder Schalfischen / Fleischs / lätts / kaats / uñ dergleichen. Wohnen auch zu zeiten in den Meerschwämmen. Summa / sie suchen allezeit ein schirm und decke jrem hindern theil so gantz zart und der verletzung underworffen.

In der forcht ziehen sie mit so grosser schnelle in jhre Häuser / daß es auch erschallet / schlieffen gantz hinein / daß nichts gesehen wirt dañ jhre Hörner. Sie haben ein anmutung / und freuwen sich grosser Häuser oder Wohnungen / kempffen uñ streiten under sich selbst umb solche / in welchem kampff der Siger den Hoff behelt.

Von jhrem Fleisch.

Diese Thier möselen haben ein Geruch von dem lätt und Meerwasser / werden durch grosse arbeit verdäuwt / gebären ein versaltzen arges Blut und Gesäfft: werden von den Fischern verworffen.

Von dem Reuterkrab.

Vielleicht das allerkleinest Meertäschle oder Meerspinnle / welches Rondeletius Araneam cristatam nennet / oben von uns gesetzt.

Cancer eques. Reutterkrab.

Von seiner gestalt / natur und eigenschaffe / und wo er zu finden.

Diese Reuterkrab hat jren namē von jrer schnelle bekomēn / hat zweyerley natur: dann er wohnet in Wassern und auff dem Feld: dañ zur zeit der grösten hitz deß Somers / reisen sie umb Mittag hauffechtig auß dem Meer / verziehen den übrigen Tag an der Sonnen / sich zuerkülen / oder den Gewalt der Fischen zu fliehen: auff den abend kehren sie widerumb zu dem Meer mit so grosser schnelle / unnd starckem Lauff / daß sie von niemand mögen erlauffen werdē: daß auch die Heydochsen / so jhnen nachhalten / sie nit mögen mit schnelle erreichen / mit so schnellem lauff schiessen sie in das Meer / als ob sie flögen.

Sind an jhrer grösse als ein kleine Kestenē / an der Farb weißlecht mit roten puncten / gantz rond / gegen der Sonnen gehalten / sind sie durchleuchtende / außgenommen der theil so die Eingeweyd fasset: haben kleine Augen / ein gar scharpffes Gesicht / sind langlecht / durchscheinende als glaß / jhre Bein haarecht / sonst an der gestalt der Scheren den Kraben gantz gleich. Kommen nit in die speiß / als Aristoteles wol geschrieben hat / von wegen daß sie lär und gantz klein sind.

Von dem Bärenkrab.

Ursus. Ein Meerbeer / Ein Beerenkrab.

Die so von den Wasserthieren geschrieben haben / sind in der Histori deß Meerbären nit einhellig: dañ die gegenwertige gestalt von etlichen der Bärenkrab geachtet / von etlichen aber der Heracleotisch krab: und anstatt deß Bären ein nachfolgender Krebs / als an seinem ort gemeldet wirt werden.

Von

Von seinem Fleisch.

Er sol ein lind Fleisch haben/voll wusts/eines häßlichen Geruchs. Dieser Krab wirt zu zeiten in ein stein verwandlet/als sie dann von menniglichem gezeigt werden.

Von dem Löuwkrab.

Leo. Ein Löuwkrab/Ein Meerlöw.

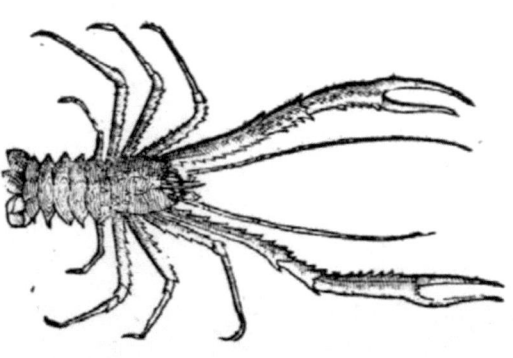

IN diesem gegenwertigen Meerthier sind die Scribenten auch zweyspältig. Doch sol hiebey gesetzte Figur von menniglichem der war vnd recht Meerlöw geachtet werden / vergleicht sich mehr den Krebsen/ ist doch lenger an Füssen/an der Farb gelb/so er auß dem Meer gezogen/mit artigen Wasserlinie gleich de Schälot/auch haarecht vnd rauch von Dörnen/oder spitzen/ die eusserste theil oder end der Füssen enden sich in sporen/spitze oder klauwen. Was weiter die gestalt erfordert/mag auß der Figur gemerckt werden.

Von dem Haberkrebßle.

Auena quibusdam vulgo. Haberkrebßle/Futerkrebßle.

DIese art von Krebsen/ ist klein vnnd wirt selten gefangen zu Mompelier: ist vornen auß den Krebsen gleich an ausgestrecktem Kopff/ an dem schwantz aber zum theil wie die Kraben/ dann er kurtz ist/vnd gegen dem Bauch geboge. Die Füß sind alle geschäret/so die Götersactur recht ist/als ich achte. Alle theil seines Leibs sind fast klein. Er sol an etlichen orten in Franckreich vmb Mompelier Auena genennt werden/ das ist/ Haber/ darumb auch wir jhn Haberkrebßle verteutschen/ vielleicht darumb/ daß man sie also gantz von der Handt etwan viel zusammen ist sampt den schalen/vou wegen jrer kleine/ wie die Roß den Habern/darumb auch die kleinsten Squille/ das ist/zwerg Krebßlein oder kleinste Gernier/ zu Mompelier vnd von den Gasconiern Liuade/das ist/Haber/genennt werden.

Von dem Humer oder grossen Meerkrebs.

Astacus. Ein Humer/Ein grosser Meerkrebs.

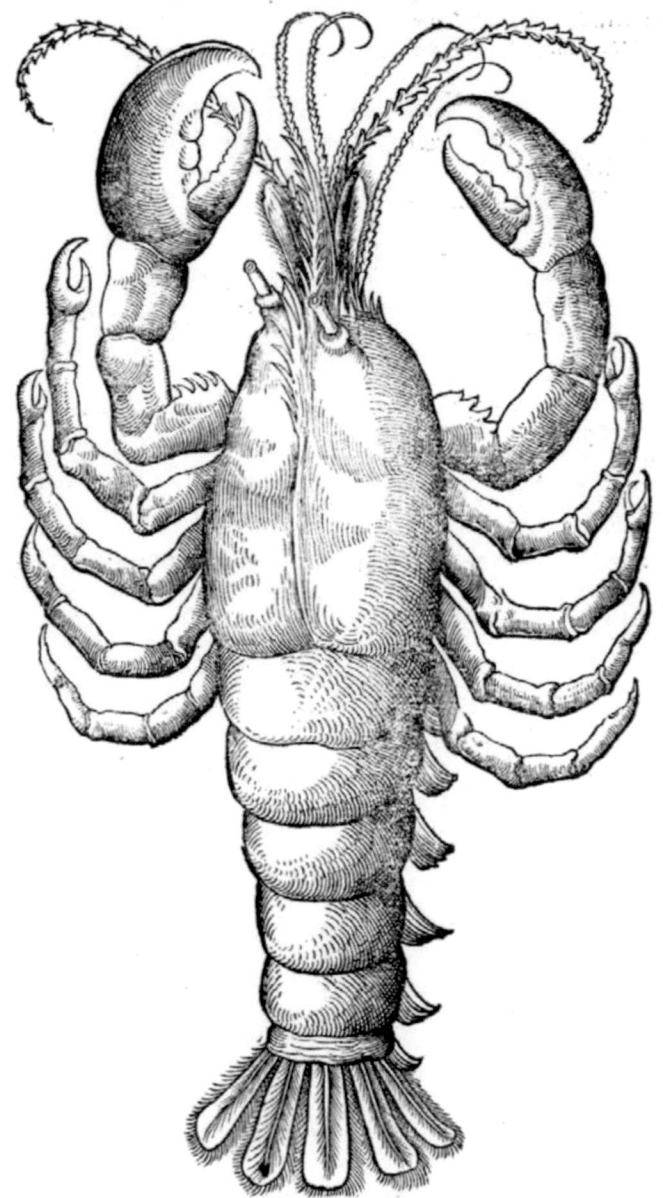

Diese

Jese gestalt deß grossen Meerkrebß oder Humers / ist zu Venedig abconterfetet worden. Ist an der gestalt gleich dem gemeinen Wasserkrebß / allein grösser / vnd an der farb so er lebendig / dunckel violbraun / mit viel flecken weiß / roth / blaw: so er gesotten oder gebraten / wirt er gantz rot / gleich allen andern Schalfischen. Seine Scheren sind gleich als ob sie Zän hetten / gantz glatt / die eusserste spitz krumb / gleich einem Vogelschnabel. Die vberige Gestalt mag auß der Figur ersehen werden.

Dieser Krebß / welcher ich viel gesehen / auch offt vnd viel mit lust gessen hab / soll zu zeiten zu mercklicher grösse kommen. Dann Olaus Magnus / in der beschreibung der Mittnächtischen Landen vnd Meers / sagt von besondern grossen / zwischen den Jnseln Orchades vnd Hebrides / welche auch einen schwimmenden Menschen mit den Scheren ergreiffen / vnd jn zu grund hinnab reissen / als auß der beystehenden nachfolgenden Figur lustig mag ersehen werden.

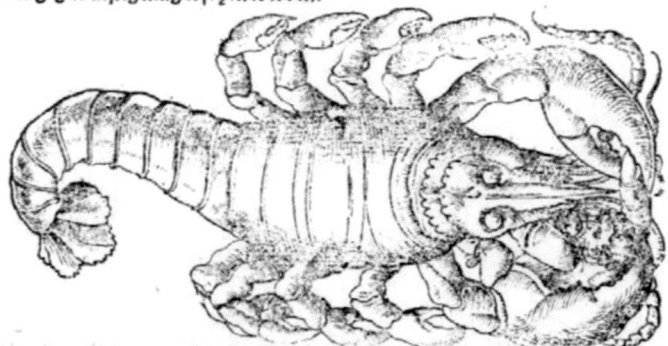

Gleich am selbigen orth malet er auch ein solchen grossen Meerkrebß oder Humer / so 12. Schuch lang / welcher gefressen wirt von einem Meerwunder / gleich einem Rhenocer / als an seinem orth mag gesehen werden / im zwölfften theil / am 90. Blat.

Diese obgenandte Meerkrebß nennet Plinius Meerhelffant von wegen jrer grösse vnd stärcke / werden sonst auch von etlichen Meerlöwen geachtet / sind mit solchem Namen von menniglichen zu Mompelier genennt worden: sind wunderbarlich schön vnd lustig anzuschawen.

Die grösse dieser Krebß mag auch auß den scheren / so hiebey gesetzt / ermessen werden / welche der hochgelehrte Herr D. Gesner in seinem Hauß behelt / menniglichen zeiget / in solcher grösse / wie sie hie abconterfetet: möcht von einem Maler zu ein Narrenkopff artig gebracht werden: dann der kleiner theil der Scheren vergleicht sich einer Habichnasen / vnd zu end an der dicke beyde wartzen die Augen / vber welche Augbrawen sollen gemahlet werden: Die vier oder fünff spitzen vber die Stirnen herauff / sollen blaw angestrichen werden / damit sie sich einem Krantz der Narrenkappen vergleichen / hinden vnd bey den Schläffen soll schwartz herfür gestreckt Haar gemalet werden: das Angesicht zum theil weiß / mit rosechtigem Glantz. Die Zung soll seyn der gros Zan oder Düssel deß grössern theils der Scheren / roth zu ferben. So man dann auch ein busch krauser Hanenfedern zu oberst in das fürgestreckt Loch steckte / so würde es vberauß ein abentheurig scheußlich Angesicht geben.

Von Art / Natur / vnd Eigenschaffe der Thieren.

Diese Thier wohnen nit in lettechten orten / auch nit in rauhe vnd schroffechte / sonder in glatten / sandechten oder erdechten orten: lassen jhre Schalen fallen / gleich allen Schalfischen / mögen ohne Meerwasser nit weit lebendig gebracht werden / auß wel-

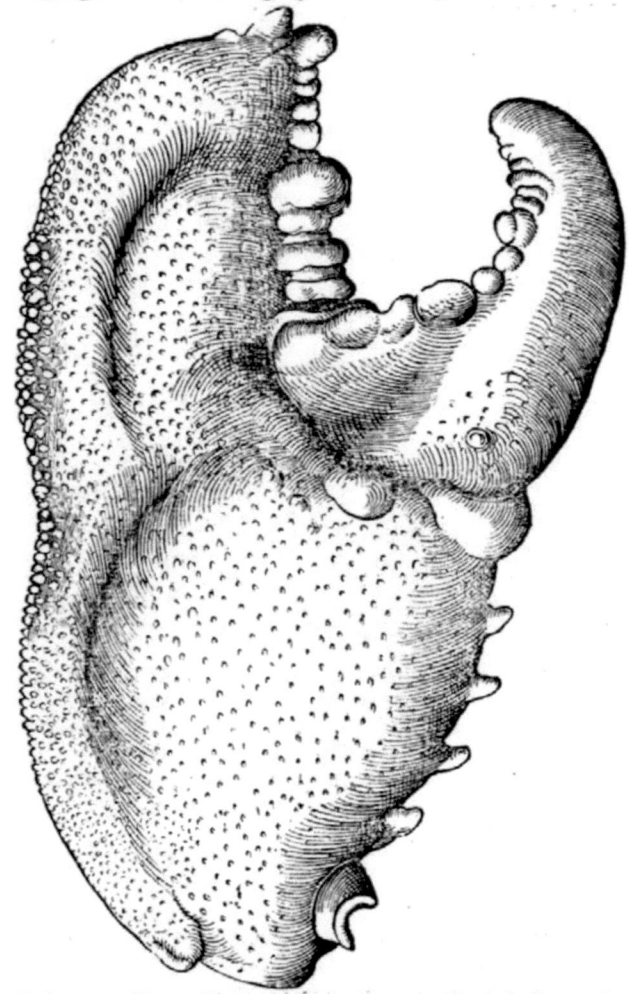

Diese Thier was sie ergreiffen das behalten sie gantz festiglich : dann als auff ein
zeit zu Massilien in ein Schiff viel Schalfisch/ vnd solcher grossen Meerkrebß behalten an dem Gestad vber Nacht stehen blieben/ vnd ein Fuchß in das Schiff getretten/
etliche der Fisch zu fressen/ist er vngefehr zwischen ein Scher der groß genanten Meerkrebß getretten/ welcher jn begriffen/ vnd festiglich behalten/ biß auff Morgen er von
den Fischern gefangen ist worden. Zur belohnung haben die Fischer dem Jäger sein Leben gefristet/ vnd wider lebendig in das Meer geworffen.

Diese Thier so sie kempffen/ so schiessen sie mit den Hörnern zusamen als die Böck/
schlagen auch mit ihren Schwäntzen gantz starck. Den Kuttelfisch Polypus genandt/
so man sonst auch Meerspinn nennet/ entsetzet dieser Meerkrebß heßlich/ als etliche
Autores schreiben. So man

So man dieser Krebß einen gefangen/ etwan weit von dem Gestad trägt/ vñd jhn dann läst kriechen vnd wandlen/ so wirt er ohne verzug den nechsten Weg an das orth deß Meers kehren/ an welchem er herauß ist gezogen worden. Diese Thier werden gefangen mit Geschmack vnd Aaß.

Von jrem Fleisch.

Das Fleisch der Thier soll hart vnnd rauhe seyn zu verdäuwen/ kalt/ schleimig/ Blut geberen/ sind dienlich denen/ so von Hitz wegen die Speiß im Magen verderbt wirdt/ oder resse beyssende feuchtigkeit in jhnen haben. Die Meerkrebß sind eines heßlichern Geschmacks/ dann vnsere gemeine Wasserkrebß/ werden sonst gebraten vnd gesotten.

Von dem kleinen Meerkrebß.

Astacus Marinus paruus.   Kleiner Humer/ kleiner Meerkrebß.

Von seiner Gestalt.

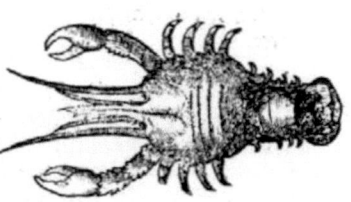

Dieser Krebß ist dem vorgesetztē gantz gleich/ allein daß er nimmer grösser wirt/ dañ dise Figur für Augē stelt/ ist mit dem Kopff/ Leib der beyden seiten/ rund vnd geseget/ seine Augen streckt er herauß/ vnd zeucht sie herein nach gefallen/ so er lebendig/ so ist er rotlecht/ mit blawē strichen vber zwerch.

Von seinem Fleisch.

Dieser Krab wirt selten gefangen/ hat ein gut süß Fleisch/ besser dhann die anderen Krebß.

Von dem Meerstöffel.

Locusta, Carabus.   Ein Meerstöffel/ Ein Humers arti Ein gattung der grossen Meerkrebß.

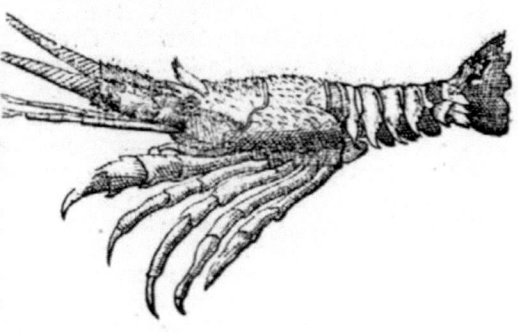

Dieser Krebß ist gātz gleich dē vorgesetzten grossen Meerkrebß/ hat doch keine scheren/ ist röter/ vnd auff dem Rucke auch bey dem kopff rauh/ voller dorn oder spitzē/ vornē hat er zwey grosse Hörner/ welche bey anfang dick/ rauh/ voll Dorn vñ spitze sind/ mit vil gleychen/ ꝛc. Seine augen sind hörnē/ allezeit herauß gestreckt/ welche sich gegē seit bewegen/mit viel starcken spitzen bewahret. Auß der Stirn streckt sich ein anderer starcker grosser spitz: Sein schwantz ist glatt ohne spitz oder Dorn/in welchem sie die grösse stärcke helt/welches die tägliche erfahrnuß offt bezeuget hat. Dañ so er bey dē schwantz ergriffen wirt/so schlägt er so starck ohn nachlassen/biß er sich auß den Händen schwinget/vnd auff den Boden felle. Solche boßheit erschreckt offt den Käuffer mit Wollust der beystehenden/so er der dingen vnbewußt ist. Auß der vrsach muß man jn bey seinen Hörnern begreiffen vnd halten/oder seinen Schwantz zu dem Leib mit gewalt trucken/dann sie sind starck vnd groß/ich hab solcher gesehen/die ein gantzen Tisch mit Leuthen vberflüssig sollen gespeißt haben.

Das Männlin hat ein vnderscheid von dem Weiblin/daß sein der erste Fuß zwyfach ist/ am weiblin einfach/demnach hat das Weiblin vnden am schwantz zwyfache Fäckten/als Fischfäckten die Eyer zu beschirmen/ das Männlin aber kleine einfache/darzu sollen die Weiblin grösser seyn dann die Mäñlin. Zu letzt/hat das Männlin an den hindern Füssen lange spitzige grosse sporen/das Weiblin klein/glatte. Durch den Leib werden zween durchgäng gesehen/ einer das Eingeweyd/ der ander wirt offt voll roter Eyer gesehen/auß der vrsach man sie Corallen nennet/ist zur selben zeit im besten.

Die vorder Krebßschalē deß Kopffs vnd Halß/scheinet innerhalb als ob sie durchlöchert were.

Von Art vnd Natur der Thieren.

Diese gegenwertige Krebß wohnen allein in steinechten/schroffechten/rauhen orthen. Winterszeit suchen sie sonnechte warme Gestad. Sommerszeit aber fahren sie der tieffe nach/ schwimmen mit jrem schwantz hindersich in grosser schnelle/ nit nur in der tieffe nach gewonheit anderer Krebsen/sonder auch in der höhe/gleich den Schlangen oder Aelen. So er ohne forcht ist/so hat er sein Gang fürsich/ läßt seine Hörner bey seit fallen. So er forcht oder gefahr besteht/so scheußt er mit grosser schnelle hindersich/streckt seine Hörner weit/gestracks fürsich.

Diese Thier sind fleischfressig/fressen kleine vnd grosse Fisch/als im nachfolgenden Capitel wirt gehört werden/ ligen deß Jars 5. Monat verborgen/ als auch von den Krebsen ist gehört worden.

In der mehrung der Thieren sind die Authores nit einhellig/dann etliche wöllen/sie mehren sich mit zusamen reibung/oder haltung jhrer schwäntzen. Etliche schreiben/sie mehren sich mit dem Maul/ bekommen jre Eyer vnden am Schwantz/in grosser menge/gleich einem Trauben/die mittelsten sind die grösten/die eussersten die kleinsten/welche in der grösse sind/gleich einem Feigenkornlin/nach 15. Tagen werden es Krebßlin/auß welchen zu zeiten gefangen werden nit grösser dann ein Finger.

Diese Krebß gleich allen andern/verwandlen jre schalen alle Jar zur zeit deß Glentzens/gleich den Schlangen/sie seyn gleich alt oder jung/ auß welcher vrsach sie zu zeiten mit gantz linden/zarten Schalen gefangen werden.

Die Krebß sampt allen Schalfischen/werden zur zeit deß Winters häfftig verletzt/Sommerszeit aber im Glentzen vnd Herbst/ werden sie feißt vnd schwer/ gantz lieblich zu essen/dann jr fleisch gantz lustig ist/weiß vnd süß.

Sie empfinden auch die krafft deß Mons/dann so der Mon wächßt vnd voll ist/so sind sie am besten/gleich allen andern Schalfischen.

Sollen zu viel Jaren kommen/ alt/schwer/vnd groß werden.

Von natürlicher anmuthung vnd Eigenschafft der Thieren.

Sie kempffen mit gewaltiger ordnung/mit außgestreckten Hörnern als Spiessen/gegen einander/vmb die junge/Weyd vnd Weiber/als die Wider vnd Böcke.

Dieser Krebß trägt feindschafft gegen dem Kuttelfisch/so etlich Meerspinnen nennen/

nen/ dann derselbige ohne forcht seiner spitzen vnd Dörnen/ ergreifft jn mit seinen fürgestreckten Armen oder Zotten/ dermassen daß er jn ersteckt vnd vmbbringt/ sein Safft von jm saugt vnd frißt. Er förchtet auch die Murena: etliche schreiben den gegentheil. Dieser Fisch wirt mit dem Aaß gefangen vnd gereitzt.

Von seinem Fleisch.

Dieses fleisch der Krebß/ ist nit ein vnliebliche Speiß/ wirt vnder die köstlichen speiß gerechnet vnd gezehlt: werden mit grosser Arbeyt verdäwet/ speissen doch wol: dienen einem starcken hitzigen Magen/ vnd den Menschen so resse/ dünne/ beissende/ vnnd gesaltzene feuchtigkeiten haben/ bewegen den Menschen zu Vnkeuschheit/ haben ein lustig/ weiß/ rein/ schön/ süß Fleisch/ werden gesotten vnd gebraten: jnen wirt das Maul vnd Arß mit einem büschelin Werck wol verstopfft/ sonst würde das beste Safft von jnen außtrieffen.

Etliche stück der Artzney/ so von diesen Thieren in brauch kommen.

Ein Kindbettherin soll solch Fleisch essen/ spricht Hippocrates/ damit sie desto baß gesäubert werde.

Die Brüh võ den gesottne getruncken/ wirt gelobt für dz gifft deß krauts Dorieny.

Sein dornechte schalen die so bey dem Kopff/ in einem newen Geschirr zu äschen gebrandt/ darvon in altem Wein geben denen so ohne Feber sind/ in Wasser denen so febricitieren/ soll ein fürtreffliche edle Artzney seyn.

Von den Hogerkrebßlin.

Erstlich alles das/ so in gemein von solchen Thieren geschrieben wirt.

Squilla. Hogerkrebß/ Meerkrebßlin ohne Scheren: oder Gernier vnd jres gleichen.

Von jhrer Gestalt vnd mancherley Geschlecht.

GEwisse erkandtnuß der Thieren ist/ daß sie keine Arm vnnd Krebßscher haben/ klein vnd lang sind/ als Würm mit viel Füssen oder Beynen/ wiewol etlicher füß mit kleinen Scherlin begabet sind/ als auß den Figuren hernach wirdt ersehen werden. Oben auff dem Kopff haben sie ein scharpff starck Horn oder spitz/ gleich einer Segen/ fürnemlich die so sonderbarlich Hogerkrebß genennt werden. Die Männlin haben zwey weisse Wertzlin oder flecklin vornen an der Brust/ mit welchem Zeichen sie bekandt werden/ als Zöttlin zusamen gekrümt/ welcher Fleisch roth ist/ rc. Die Weiblin tragen Eyer vnder dem Schwantz gleich den andern Krebsen. An etlichen Orthen kommen sie zu mächtiger grösse. Dieser Krebß werden etliche zu besserm verstandt Hogerkrebß genennt ohne zusatz. Etliche groß Hogerkrebß. Etliche klein Hogerkrebßlin. Etliche Wurmkrebß: Die vrsach wirt an seinem Ort gehört werden.

Von Art vnd Natur der Thieren.

Der Hogerkrebßlin (spricht Elianus) wohnen etliche in Meerpfützen oder Seen/ etliche im Meermieß/ etliche in steinechten rauhen Orthen deß Meers. Diese Thier mehren sich oder empfahen durch zusamenfügung deß Mauls/ verwandlẽ jre Schalen/ als offt gehört/ gleich allen andern Schalfischen. Im Glentzen werdẽ sie schwartz/ spricht Aristoteles/ darnach bekommen sie widerumb jr weisse farb/ ein wenig rotlecht/ so sie gekocht/ so werden sie gantz roth.

Natürliche Anmutung der Thieren.

Diese Krebß werden von einer gattung der Meerschleyen gefressen/ so sonst nicht fleischfressig sind. Item diese Krebß ertödten den Meerwolff/ von welchem sie sonst

h

Der vierdtzehende theil/ von

gefressen wurden / solches soll allein von dem Hogerkrebß ohne zusatz genennet / verstanden werden.

Wie diese Thier gefangen werden.

Diese Krebß werden auch mit etlichem Aaß gefangen unnd gereitzt : so wirdt auch mancherley Aaß andere gattungen und Geschlecht der Fischen zu fahen / von solchen Hogerkrebsen bereytet.

Von jrem Fleisch.

Das Fleisch der Thieren / ist anderer Krebsen oder Schalfischen fleisch in seiner Art und Complexion gantz gleich: allein sagen etliche / es sey viel lieblicher unnd lustiger zu essen / werden von vielen gelobt / von etlichen gescholten. Wie dem seye / so schreiben die Griechen / daß Apitius ein trefflicher Mann / von solcher Krebß wegen in Africam uber Meer geschiffet habe.

Von Artzneyen und nutzbarkeit der Thieren.

Diese Thier sollen nit wenig krafft haben wider das Gifft der Scorpionen : Item geknütscht auffgelegt / sollen Pfeil / Dörn / Spitz / Spreissen / und dergleichen / auß angeborner anziehender krafft / herauß ziehen.

Diese Krebß gestossen mit Schmerwurtzen oder Oxymel (Brionia) getruncken / treibet auß die Würm.

So solche von den Weibern gessen werden / sollen sie ein sonderliche tugenthaffte Krafft haben / sie rüsten und bereyten zu der Empfängnuß.

Von jedem Hogerkrebß in sonderheit.

Erstlich von dem so Hogerkrebß ohne zusatz genennet wirdt.

Squilla gibba. Hogerkrebßlin insonders / Hogergernier / Springkrebßlin / Meergeyß.

Dieser bekompt seinen Namen von dem Hoger / so er mitten auff seinem Schwantz zeiget / sind klein / uber den Kopff habe sie ein starck scharpffes Horn / nach ansehen jhrer grösse / an den Beynen viel kleine Scherlin.

Springkrebßlin von D. Rondeletio fürgestelt.

Von jrer Art / Natur / etc.

Aristoteles schreibt / daß diese Thier vier Monat tragen / werden sonst von allerley Fischen gefressen / mit grosser verletzung : dann sie hefften jr fürgestreckt auffgericht Horn in die Keelen deren so sie fressen unnd ertödten sie / werden von den Fischern als ein Aaß gebraucht.

Oppianus der Poet schreibt lustige Verß von der vorgeschribnen verletzung der kleinen Thieren gegen dem grossen fressigen Fisch / Meerwolff genandt (Lupus) dann ob er gleich von jm verschluckt wirt / so verletzt er jm doch seinen Rachen mit den spitzen deß Horns dermassen / daß sie endtlich beyde sterben müssen.

Sie geberen und bringen für jre Eyer gleich den Meerstöffeln (Locusten) dann sie sind jnen mit der Gestalt gleich / allein daß sie kleiner.

Von jhrem Fleisch.

Diese Krebß werden in Wasser gesotten / auß Essig gessen / oder in öl gebachen: sind ein bequemliche Speise denen so abnemmende / außdorrende Febres haben. Bringen den Gästen viel lust und auffsehen.

Ein

Ein andere Figur deß Springkrebßlins in Italia gemahlet/
solte vielleicht kleiner seyn/und der schwantz nie also gestreckt/
doch mögen es wol zweyerley seyn/ dann deß Rondeletij
Figur hat die Füß all vornen gespalten/die ander
nit also/ wie augenscheinlich.

Von dem grossen Hogerkrebß.

Squilla Crangon ex sententia quorundam, vel Squilla gibba maior. Grosser Gernier.

Diese Conterfeytung ist in D. Rondeletij buch.

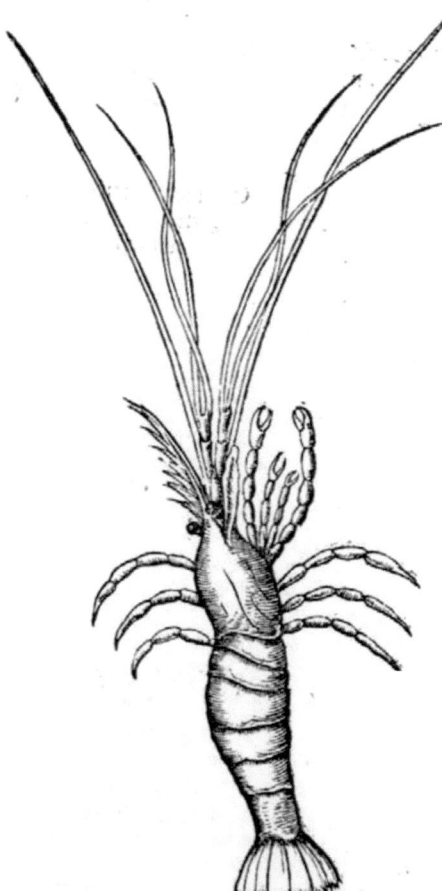

Jese Krebß sind eins Daumes dick vñ halbe schuchs lang/ etliliche solle einer Handt breyt sein/habē ein düñe schalē/zū theil rotlecht/zū theil bleych weiß/ bey seit gelblecht.

Die eussersten theil der fäckten am Schwantz blaw/ die spitzig hart Fäckten so mitten rot. Diese sollen an etlichen orten zu einer spann komen. Seine schalē sind durchscheinend als Horn. So er gekocht/ so wirt er gantz roth.

Von seinem Fleisch.

Dieser hat ein zart/ süß lieblich Fleisch/ eines guten Saffts/ speißt wol/ ist gut den abserbenden magern Leuthen.

ÿ ij

Ein andere Gestalt deß grössern Serniers auß Italia.

Von dem kleinen Hogerkrebß.

Squilla parua. Zwergkrebßlin/ kleiner Hogerkrebß/ süßwasser Hogerkrebß.

Von seiner Gestalt vnd grösse.

Diese Figur hat D. Rondeletius gesetzt.

Ein andere Figur deß Hogerkrebß zu Venedig conterfetet.

DIser bedunckt sich ein sondere gstalt habē/ als auß der Figur so D. Conrad Gesner von Venedig ist zugeschickt wordē/erscheinet/ist doch den vorigen gleich/soll von den Teutschen Zwergkrebßlin genennt werden/dieweil er der kleinest/auch zu keiner zeit grösser wächßt/ist an der grösse wie der klein Finger/lang vnd gelblecht/so er gekocht/wirt er gantz rot.

Von seiner Art/ Natur vnd Eigenschafft.

Diese Zwergkrebßlin wohnen im Meer/ in Meerpfützen oder Seen/ vn̄ auch in süssen wassern/werden in Italia bey Rom herumb in grosser menge gefangen.

Von jhrem Fleisch.

Ein vberauß süß fleisch haben sie/ das hart zu glauben ist/ dermassen/ daß sie von manchen von süsse wegen nit gessen werden. Man röstet oder backet sie/ oder so jhnen
ihre

jre Füß in einer durchlöcherten Pfannen abgebrandt/so werden sie gesotten. Geberen ein gut Geblüt/speissen wol/reitzen den Menschen zu vnkeuschheit/werden gelobt den ausdorrenden Menschen.

Von dem Wurmkrebß.

Cicada, siue Squilla, Mantis.   Ein Wurmkrebß/Ein art
deß Hogerkrebß.

Von seiner Gestalt.

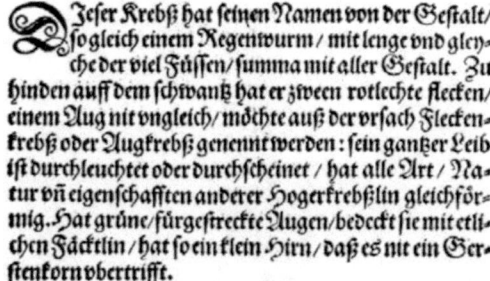

Dieser Krebß hat seinen Namen von der Gestalt/ so gleich einem Regenwurm/mit lenge vnd gleyche der viel Füssen/summa mit aller Gestalt. Zu hinden auff dem schwantz hat er zween rotlechte flecken/ einem Aug nit vngleich/möchte auß der vrsach Fleckenkrebß oder Augkrebß genennt werden: sein gantzer Leib ist durchleuchtet oder durchscheinet/hat alle Art/Natur vñ eigenschafften anderer Hogerkrebßlin gleichförmig. Hat grüne/fürgestreckte Augen/bedeckt sie mit etlichen Fäcktlin/hat so ein klein Hirn/daß es nit ein Gerstenkorn vbertrifft.

Von jrem Fleisch.

Diese Krebß haben ein lind Fleisch/süß vnd lieblich zu essen/welches wol speisset: reitzet auch zu Vnkeuschheit/als von allen Hogerkrebsen ist gehört worden.

Von dem grossen Meerbären.
Auß D. Rondeletij Buch.

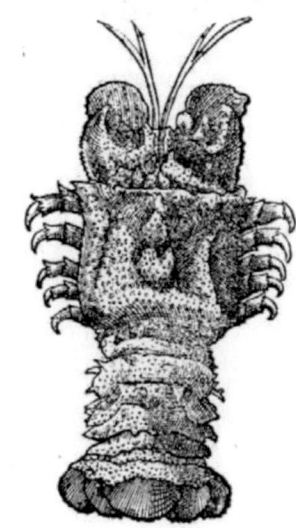

Vrsa maior, Squilla rata quorundam.   Ein grosser Meerbär/
Etliche der breyten Hogerkrebß.
Von seiner Gestalt.

Ein andere contrafactur
von Rom.

Jeser Krebß / welchen et-
liche den breyten Hoger-
krebß nennen / nicht nach
beschreibung der Alten / sonder
auß erdichtung / soll der wahre /
recht / eigentliche Meerbär seyn /
von den Alten beschrieben / auß
der vrsach / daß so er strack ligt /
an der farb vnd Haar eine Bären / dem vierfüssigen jrrdischen
Thier gantz vergleicht. Die gestalt ist Herr D. Gesner auß J-
talia komen / vnd Meerbär genañt worden. Ist an der gestalt
gleich dem grossen Meerkrebß
(Astaco) hievor gesetzt / allein daß
er breyter vnnd dünner ist / ohne
scheren vnd Hörner / an welcher
statt er breyte Lamelẽ hat. Seine schalẽ sind haarecht vñ rauh /
die gstalt seines mauls ist gleich
einem Meerstöffel (Locusta) hat
ein gevierdte Stirn / breyter daß
an keinem Schalfisch gesehen
werde: seine Augen tieff / als ob
sie verborgen seyen: viel Düsse-
lin hat er durch den Rucken / in
welchẽ mitteein wertzlin herauß
gehet / so rot als ein Carfunckel.
Von Art vnd Natur der
Thieren.
Diese Thier mehren sich wie
die Locusten oder Meerstöffel:
leychen Somerszeit / haben jn-
nerliche gestalt der vorgenandten Krebsen gleich: leben in wüsten lettechten Orthen / welches
die erfahrnuß beweißt: dann so sie auß dem Meer gezogen / so sind sie mit Kaat / Wust
vnd Lett beklebt. In Africa werden sie mit grosser menge vnd schwere gefangen.

Von jrem Fleisch.

Dieser Meerbär hat ein lind Fleisch wie der vorbezeichnet groß Meerkrebß.

Von

Von dem kleinen Meerbären.

Camarus, Vrsa minor, Vrseta, Crange Squilla, Squilla Cælata.
Ein kleiner Meerbär/ Ein art der Hogerkrebsen.

Von seiner Gestalt.

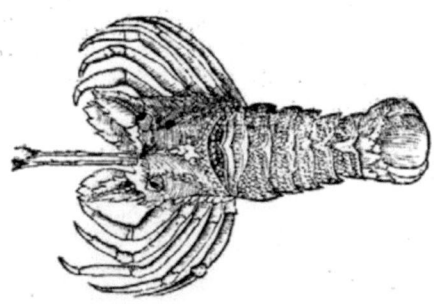

Dieser soll vnder die Geschlecht der Hogerkrebß gezehlet werden/ von Aristotele Crange, genandt/ wiewol der vorbezeichnet groß Hogerkrebß von etlichen Gelehrten/ für Squilla Crange geachtet wirt. Ist dem vorgehenden grossen Meerbären gantz gleich/ allein daß er kleiner vnd seine schalen gantz schön/ von Natur außgegraben vnd außgestochen/ als die Figur anzeiget/ ist an der farb gantz rot/ mit innerlicher schöpffung den Meerstöffeln nie vngleich.

Von jhrem Fleisch.

Dieses fleisch ist gleich andern Schalfischen/ neinlich harter däuwung/ vnd so es von einem starcken Magen verdäuwet wirt/ so speiset es fast wol.

Der 15. theil/ von allerley Muscheln
vnd Schneckfischen/ auch allen denen/ so mit harter steinechter substantz bedeckt sind.

Erstlich alles das so von den Muscheln in gemein geschrieben wirdt.

Concha. Ein grosse Muschel.

Von mancherley Gestalt der Muschelfischen.

Muschel ist ein Wort das sich weit außstrecket zu viel Fischen oder Meerthieren/ als hernach besser der ordnung nach wirdt verstanden werden. Der Muschelfischen haben etliche zween Deckel/ etliche nur ein Deckel oder Schalen. Item der Fischen so harte steinechte Schalen haben/ ist das erste Geschlecht/ welcher fleisch mit einer harten Schalen bedeckt/

y iiij

mögen aber den Kopff herauß strecken nach gefallen/ als dann sind die Schneckfisch.
Das ander geschlecht ist der Muschelfischen/ welcher fleisch in harte Deckel oder schalen gefasset ist/ etlicher in zwo schalen/ etlicher nur in einer/ etliche haben an einem orth
ein harte Muschel/ auff der andern seiten sind sie bloß/ mit welcher sie an den Felsen
kleben/ so jhnen an statt deß andern Deckels sind. Etliche sind von Natur geschaffen/
daß sie beyde Schalen von einander thun/ vn̄ auffsperren mögen: etliche sind gantz vest
zusamen gehefftet. Item etliche der Muscheln tragen Perlin/ etliche keine. Item die
Muschelfisch haben keine Augen/ der Kern oder jr Fleisch wächßt mit dem Mon/ ꝛc.
Item etliche Muscheln sind rot/ etliche grün/ weiß/ blaw/ ꝛc. etliche rauhe/ glatt/ dorn-
echt/ ꝛc. Item etliche lang/ etliche rund/ schmal/ breyt/ zusamen gekrümbt/ tieff/ flach/
dünn/ dick/ haarecht/ ꝛc.

Von Natur vnd Eigenschafft der Thieren.

Die Muschelfisch/ spricht Aristoteles/ wachsen in sandechtem Lett/ vnd sandechten
Orten/ etliche in dünnen/ andere in tieffen/ etliche an harten rauhen orthen/ andere an
sandechten/ etliche wandlen/ andere bleiben stets an einem Orth.

Die Muschelfisch haben keine Köpff/ bedunken sich doch der Speiß nachfahren/
durch etwas Geruchs. Fürtrefflich aber sollen sie begeren den Menschen zu verderben
vnd zu fressen.

Das fleisch der Thieren als vor gehört/ wächßt vnd mehret sich bey zunemmendem
Mon. Sie erwachsen sonst in kurtzer Zeit.

Die Muscheln werden zu zeiten an manchen orten gefangen/ als von etlich glaubwürdigen Leuthen ist geschrieben worden/ daß in etlichen orthen vnd rauhen Gebirgen weit von dem Meer gelegen/ gantz grosse Marmor gesehen werden/ in welchen viel
der Muscheln erscheinen/ nit von Stein/ sonder beniecht/ der substantz der Muscheln
gantz gleich/ der massen/ daß bey langer zeit/ die Stein/ Felsen/ Marmor/ sampt den
Muscheln in ein Leib vnd substantz kommen sind.

Solche Muscheln/ sampt andern Gestalten der Meerthier/ sollen zu zeiten in den
Löchern/ schossen oder hölen der Schroffen deß Gebirgs/ nahe am Meer gelegen/ gefunden werden.

Von natürlicher anmuthung der Thieren.

Aristoteles schreibt von dem Pelecanen/ daß sie die Muschelfisch in den Wassern
herauß graben/ derselbigen viel verschlucken/ vnd so sie genug gesamlet so sollen sie dieselben wider herauß kotzen/ jres fleisch außlesen/ fressen/ die Muschel ligen lassen.

Viel auß den Meerfischen/ fressen das fleisch der Muscheln/ fürnemlich der Kuttelfisch Polypus genandt/ soll ein grosse begierd nach solcher Speiß haben. Mit was Listen er solche bekompt/ ist in der History von Kuttelfischen gehört worden.

Platina schreibt/ daß kein Thier auß allen Wasserthieren soll grössere begierd zum
Menschenfleisch haben/ als die Muschelfisch.

Von nutzbarkeit der Thieren.

Etliche der Muscheln werden gezehlt vnder den Werckzeug der Maler/ als köstliche Geschir zu den Farben.

Die Perlinmuscheln/ sampt etlich andern/ werden von vielen artig poliert/ davon
sie dann einen vberauß schönen glantz vnnd schein bekommen/ darvon hernach mancherley Zierden vnd Geschir bereytet werden.

Von dem Fleisch der Muschelfisch.

Die Brühe von allerley gesottenen Muschelfischen getruncken/ bewegt den Stul-
gang/ wiewol jres Fleisch auß seiner substantz solchen stellet/ soll ein angeneme Speiß
seyn

seyn dem Magen/vnkeuschheit bewegen : denen so die Fallendsucht haben schädlich seyn. Summa so werdē sie von etlichen gantz gescholten vnd verworffen.

Artzneyen von den Muschelfischen.

Das Fleisch der Fischen soll gebraucht werden von denē/so in ein strengen Bauchfluß kommen sind von purgierender Artzney.

Die Muscheln zu äschen gebrandt/die Zän damit gerieben/säubert die Zän/trücknet hässtig. Solche für sich selbs zu Pulver gestossen/ ein Pflaster davon bereytet/ist dienlich denen/so sich mit dem Fewer gebrandt haben.

Von jedem geschlecht der Muschelfischen insonderheit.

Von der Schüpmuschel.

Concha Imbricata. Schüpmuschel/ Ziegelmus, Käneb muschel/ Schamlotmuschel.

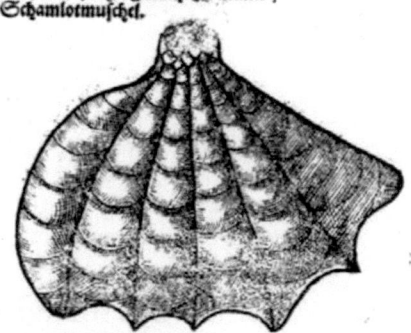

Von jrer Gestalt.

DIeser Muschelfisch krieget sein Namen von der gestalt her/als auß der Figur mag ersehen werden. Ist ein grosse Muschel/vnden weit/vnehen als abgerissen/vest/mit einer hartē schalen/ jnnerhalb gantz weiß : wirt viel gegē Auffgāg/auch hohē meer gefundē.
Von jrem Fleisch.
Sie haben ein vest fleisch/hart zu verdäwen.

Von der ersten Faltmuschel.

Concha Striata. Ein Faltmuschel/ Ein Känelmuschel.

DIese Muschel ist gar nahe rund / bekompt auch seinen Namen von der gestalt: hat zwo Muscheln fast hol/mit hogerechten Rucken: ausser sind sie fältlecht oder gekänelt/jnner gantz glatt vnd weiß/ausser in der circumferentz geseget/als die Jacobsmuscheln. Solcher sind etliche weiß/etliche schwartzlecht/etliche gelblecht.
Von jrem Fleisch.
Dieser Muschelfisch hat ein vest Fleisch/härter däwung.

Von der andern Faltmuscheln.

Concha Striata altera. Die ander Faltmuschel.

Der 15. theil/ von Muscheln

Jese Muschel ist gantz rot der vorigen gleich/ allein daß sie nit einfache strich entzwerch hat/ sondern viel zusamen als ein Band.

Von der dritten vnd langen
Faltmuscheln.

Je dritte Faltmuscheln ist den andern gleich/ allein/ daß sie lenger/ gleich einem Ey gestaltet/ hat ein tieffe schalen/die Känel nit tieff/mit etlichen Linien entzwerch.

Die vierdte Faltmuscheln.

Je vierdte Faltmuschel/ mag man runde Faltmuschel nennen/wiewol die erste auch gar nahe rund ist.

Von der ersten Dornmuscheln.

Concha Echinata prima.   Jgelmuschel/
Dornmuschel.

Von jhrer Gestalt.

Jeser Muschelfisch bekompt seinen Namen von der rauhe oder spitzen: in solcher werden auch Perlin gefundē/ als Plinius schreibt: sollen in dem Fleisch gefunden werden/ ist den vorigen auch den Jacobsmuscheln ähnlich/mit tieffen holen Schalen/gekänelt/ re. auff den Falten streckē sich viel krumme spitzen herauß/ gleich weit von einander gesetzt: so die Dörn abgebrochen/ so erscheinet doch der platz: welches auß der vrsach geschrieben/ daß etliche vermeynmen/ daß alle Känelmuschel spitzen habe/ welche durch bewegnuß/ vnnd werffen deß Meers gebrochen vnd abgeschlissen werden. Ist sonst mit dem fleisch den andern nit vngleich.

Von der andern Dornmuscheln.

Concha

Concha Echinata altera.　Die ander Igelmuschel.

Dieser ist der vorigen gestalt nit vngleich/ist von
Venedig kommen/wiewol solche in dem Meer
so gegen Auffgang der Sonnen gelegen/fun-
den werden. Oben werden sie mit dreyen Gleychen
zusamen gehäfftet/sind beyde schalen gantz einander
gleich/eusserlich vnd innerlich/ist lustig also erschaffen/
daß sich die Fält oder Känel ordentlich an beyden enden auff einander fügen/als die Figur anzeigt.

Von der langen Meermuscheln.

Concha longa.　Lange Muschel.

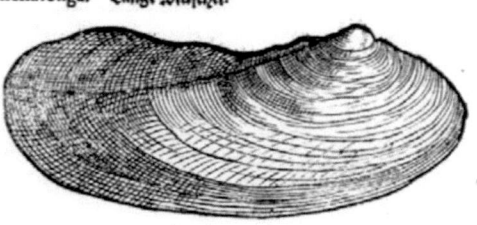

Dieser Muschelfisch hat
zwo lange grosse scha-
len/dick/runtzlecht/mit
vngleichē farben/aussen vmbher rotlecht/mitten weißlecht/
innerhalb glatt vnd weiß/auß
solchē wirt kalck bereytet/auch
auß der äschen Zänschaber
bereytet.

Von der andern langen Meermuscheln.

Concha longa altera.

Dieser Muschelfisch/soll von Plinio lang Muschel genennt werdē/
nach bedeutung seiner spraach/ist
keine auß dē Muscheln lenger vñ schmäler. Hat ein weisse rauhe schalē/mit viel
vngleichen Linien durchzogen/an einem
ort haben sie viel Löcher nach ordnung.

Von der Malermuschel.

Concha pictoris.　Malermuschel.

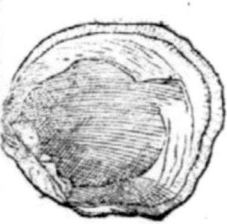

Dieser Muschelfisch wirt von Aristotele beschrieben/
bekompt nit seinen Namen auß der vrsach/daß in
solchen Muscheln die farben der Mahler behalten
oder anbereytet werden/sonder daß von seinen Schalen
oder Muscheln/so dick vnd starck sind/etliche Farben aussen abgeschaben werden. Diese sind innerhalb glatt/aussen
rauhe vnd büchlecht/an der farb wie Zinober oder Oper-
ment/solches wirdt abgeschaben vnd Farben darauß bereytet.

Der 15.theil/ von Muscheln

Von der Corallmuschel.

Concha Corallina.   Corallmuschel.

Dieser Muschelfisch bekompt sein Namen von der farb/ welche sich den roten Corallen vergleicht/ Ist ausserhalb wie ein Jacobsmuschel/ist doch nit gekänelt/ sonder hat allein rauhe strich oder linien/ viel roter bücheln/ inerhalb weiß/ als weiß Marmor. Die schalen dünn/ doch vest vnd starck. Haben ein hart fleisch/eines heßlichen geruchs. Man findt sie selten/ allein nach vngestümem Winde zur zeit der Hundstagen.

Von der grossen Runtzelmuschel.

Concha rugata.   Rumpffmuschel.

Von seiner Gestalt.

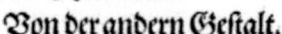

Dise muschel ist groß/mit viel hohen Linie oder strichen entzwerch gezoge/ häfftig gerümpfft/die schalen sind gantz dick/ inerhalb weiß/ silberfarb/ als die Perlinmuschel/ist oben zusame behafft/ als wen man zwee sträl zusame schleußt. In disen sol man Perlin finde.

Von nutzbarkeit.

Diese Muschel werden von jrer dicke wegen in plächlin oder stücklin zerschnitten/auß welchen man Paternoster macht/vnd Zänschaber/alsdann auch von den Perlinmuscheln wirt gehört werden.

Von der andern Gestalt.

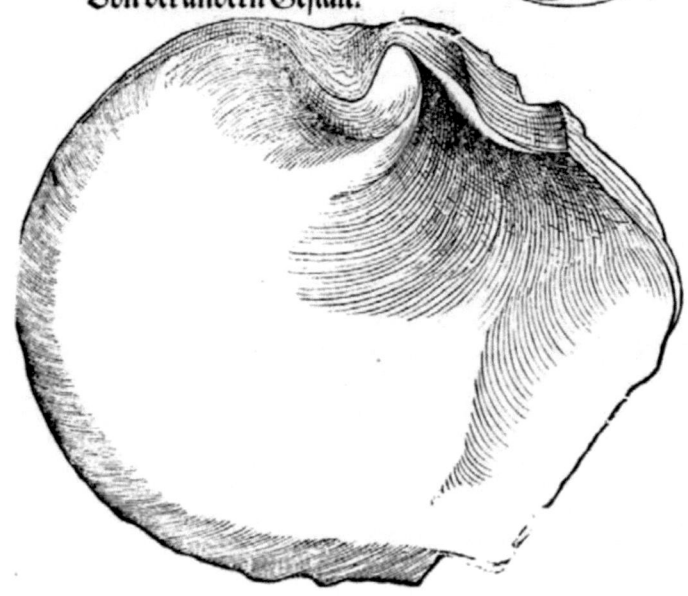

Concha

Concha rugata Venetijs olim Mater Perlarum dicta.

In andere Conterfactur einer schalen der jetztgenandten grossen Runtzelmusche-
len/von etlichen Italiänern Perlinmutter genennet/auß welcher man Paterno-
sterzälin/Zangrübel/vnd andere schöne Arbeyt pflegt zu bereyten.

Von den kleinen Rumpffmuscheln.

Conchula Rugata Rondeletij. Kleine Runtzelmuschel.

Von seiner Gestalt.

Diese hat nit Linien von vnderst biß zuoberst/sonder von
einer seiten an die ander/viel runtzel ohne ordnung/wel-
cher etliche gleich auff mitten enden. Seine schalen sind
flach/mit mancherley farben/nemlich weiß äschenfarb/vñ auff
blaw gezickt: die Lefftzen der schalen sind dick/so starck zusamen
gehefftet/daß sie nit ohne gewalt vnd stärcke/oder ohne brechen
mögen von einander gethan werden/welchs den Ginmuscheln
gar widerig ist. Dieser Muschelfisch saugt Wasser vnd Sand
mit dem Maul/durch ein spalt so sich bey seits erzeiget.

Von der dritten Runtzelmuschel.

Diese Figur ist der obern gleich/soll für ein Geschlecht
oder gantz für die kleine Rinitzelmuschel gehalten werden.

Von der getheilten Muschel.

Concha varia. Gespregelt Muschel/
Mürmuschel.

Von seiner Gestalt.

Diese kriegt seinen Namen auß den farben: dann seine
schalé sind dick/flach/mit viel mancherley farben kleiné
strichlin durchzogen: ist gleich der rauhen Ginmuschel.

Von Natur vnd Art der Muscheln.

Diese Muschelfisch wohnen nit allein im Lett vnd Kaat/eines Schuchs tieff dariñ
verborgen/sind allezeit mit Wust vnd Kaat besudelt: werden von den armen Weibern
mit breyten Messern außgegraben/nahe bey Narbonen: bekompt auch bey jnen von
solchem Kaat den Namen/als wenn man sie Stinckmuscheln nennte.

Von jhrem Fleisch.

Hat ein hartes vestes fleisch/welches nach dem Kaat vnd Wust stinckt/eines versaltzenen Geschmacks/auß der vrsach die gesotten Brühe den Bauchfluß beweget:
werden allein von den Armen gekaufft.

Von der Spitzmuschel.

Concha Rhomboides, vel Musculus Striatus.
Spitzmuschel.

Ieſe Muſchel bekompt auch jhren Namen von
der geſtält: iſt gantz ſchwartz/wirt ſelten gefun-
den/auß der vrſach/daß ſie in dem tieffen Meer
wohnet/hat ein veſt Fleiſch/eines argen geruchs.

Ein ander Muſcheln art/der nechſt obgeſetz-
ten gleich/zu Venedig conterfetet.

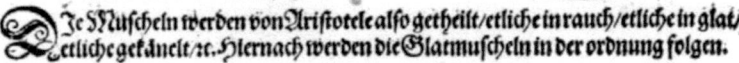

Von den Glatmuſcheln.

Ie Muſcheln werden von Ariſtotele alſo getheilt/etliche in rauch/etliche in glat/
etliche gekänelt/ꝛc. Hiernach werden die Glatmuſcheln in der ordnung folgen.

Von der Milchmuſchel vnd
Schwartzmuſchel.

Concha Galate, Concha nigta.　Milchmuſchel/
Schwartzmuſchel.

Ieſe zweyerley Muſchelfiſch ſind einer geſtalt/
allein haben ſie vnderſcheid an der farb. Dañ die
erſte iſt gätz weiß wie milch/groß/vberauß glat/
etlich ein wenig purpurfarb oder gelblecht. Die andere
gantz ſchwartz auſſer vnnd innerhalb / die erſte hat ein
weiß/veſt/arg Fleiſch/harter däwung/gebiret ein dick
geblüt:die brühe dariñ ſie geſotté/bewegt den ſtulgang.

Die andern haben auch ein ſchwartzlecht Fleiſch/dem öbern in der Complexion
gleich:

Von der Bandmuſchel.

Concha faſciata.　Bandmuſchel.

Ieſe iſt den vorgehenden zweyen gleich/allein dz ſie ein
wenig breyter : hat von einer ſeit zu der andern fünff
band/ein vberauß glatte/harte/ſteinechte ſchalen.

Vnder die ſoll auch ein andere gezehlt werdé/ſolcher an der
geſtalt gantz gleich/hat etwas vnderſcheids/nemlich purpur-
farbe Linien entzwerch von obé biß zu vnderſt. Zu zeité weiſ-
lecht/zu zeiten gelblecht/innerhalb iſt ſie gantz violfarb:hat
ein vberauß glatte dünne ſchalen. Sind mit jrem fleiſch den vorgeſchriebnen gleich.

Von der Dickmuſchel.

Concha craſſa.　Dick oder Steinmuſchel.

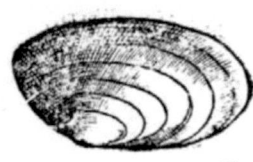

Ieſe ſind den Milchmuſcheln gantz gleich/mit
Geſtalt/Leben/vnd Subſtantz/allein daß ſie
viel dicker ſind/haben etliche Linien entzwerch
gezogen/ſind nichts deſto minder gantz glatt.

Auß

Auß solchen/gebrandt zu äschen/wirt ein köstlich Pulver bereytet zu vielen dingen nützlich. Item es wirdt auch Kalck auß solchen Muscheln gebrandt. Summa so viel vñ mancherley Muschelfisch/etliche groß/etliche klein/hart einer Nuß groß/so wunderbarlich gestaltet/werden durch die Gestad deß Meers gefunden/daß es hart zu glauben/auch mit nichten mögen beschrieben werden.

Von der Perlinmuschel.

Concha mater vnionum.   Perlinmuschel.
Von seiner Gestalt.

Jeses ist die aller schönest Muschel auß allen schalen der Muschelfischen. Wirdt Perlinmuschel genennet auß der vrsach/ daß in solchen viel mehr Meerperlin gefunden werden dann in andern.

Dieses ist ein grosse Muschel/dick/nit mächtig hol/den Jacobsmuscheln gleich/dann an einem orth haben sie ein Ohr/vnnd kleine Löchlin/so nit durchgehen/am andern orth sind sie rund/sonst gantz mit Farb vnd Glantz gleich dem Silber/fürnemlich in dem innern theil/ausserhalb sind sie gelblecht/gantz glatt wie die Perlin. In solchen werden in etlichen Landen die köstlichsten Perlin gefunden/vñ mit Goldt außgewegen. Von solchen wirdt hernach weitläufftiger gehört werden/in dem Capitel von den Perlin.

Von der Ginmuschel erstlich in gemein.

Chama seu Chame.   Ein Ginmuschel/Ein Pfeffermuschel.
Von jrer Gestalt vnd vnderscheid.

Jese Muschelfisch haben jhren Namen von der Natur her/dann auß jhrer Art werden sie allweg ginnend gesehen/dann mit solchem werden sie auß andern erkannt. Solcher sind etliche glatt/etliche rauhe/Item etliche lang/andere rund/als von jeder insonderheit wirdt gehört werden.
Von jrer Natur vnd Eigenschafft.

Ein vielfältig vngleich Geschlecht haben diese Muscheln/haben auch vngleiche sitz/plätz oder orth an welchen sie wohnen. Etliche schweben an dem Gestad/ligen im Sand/etliche verschliessen sich vnder den Wust vnd Kaat/andere in Lett/etliche kleben an den Felsen. Zu Sommerszeit so die Ernde angehet/so werden sie in etlichen orten deß Istrischen Meers gesehen/häuffig daher schwimen/mit ringer beweegnuß/ob sie gleich vor derselbigen Zeit/jhnen selbs ein schwerer Last/sich nicht beweegen möchten. Den beyssen Ostwinde vnd dergleichen starcke Bläst hassen sie/dann sie mögen dieselbigen nicht gedulden. Dargegen empfahen sie ein sondern Wollust/vnd haben ein groß gefallen ob dem stillen Meer/frewen sich eines saufften Luffts/auß der vrsach wo sie in den Löchern verborgen/das Meer ruhen/vnd den blast der saufften Lufft empfinden/so lassen sie sich herauß oben auff die Wasser/erzeigen sich mit auffgesperrten Muschelen oder Schalen/gleich wie die Rosen auß jhren Knöpffen sich gegen der Sonnen auffsperren/empfahen also den saufften Lufft/vnnd strecken ein Schalen vbersich als ein Segel/die ander legen sie vndersich als ein Schiff/also daß sie zu zeiten gesehen werden daher fahren/als ein grosser hauffen Schiff. So jnen dann einn schiff nahet/

ʒ ij

Der 15.theil/ von Muscheln

oder ein Wallfisch oder sonst grosser Meerfisch/ so verschliessen sie sich in die Schalen/ fallen zu grund auß grosser forcht gegenwertiger Gefahr.

Von nutzbarkeit der Thieren.

Diese Muschelfisch sollen mehr in die Speiß komen dann kein andere dergleichen. Die Brühe der gesottenen beweget den Stulgang/ als von etlichen andern Muschelfischen auch gehört ist worden:

Von jeder Ginmuschel
insonderheit.

Von der glatten Ginmuschel.

Chama leuiß.   Glatte Ginmuschel.

Von jrer Gestalt.

Diese Muschel hat glatte schalen/ von dannen sie den Namen bekompt/ sollen vberal weiß seyn/ werden zu zeiten in hohem Meer gefangen einer zwerch-Handt breyt/ vñ sechß zwerch Finger lang/ sämptlich werden von den Jacobsbrüdern auff die Hüt gehäfftet/ werden sonst mit andern Muschelfischen gefangen vnd verkaufft/ haben dünne zerbrechliche Schalen.

Von jrer Natur vnd Art.

Die wärme hassen sie/ auß der vrsach sie auß dem Wasser gezogen ohn verzug ginnen vnd jre Schalen auffsperren/ mögen nit weit lebendig geführt werden/ speyen zeitlich jhres Wassers herauß.

Diese Muschelfisch bewegen sich/ vnnd wändlen jhren weg/ welches mag gesehen werden von denen/ so solche in ander süß Wasser schütten/ damit sie desto lenger bey leben bleiben/ vnd sich nit mit Sand besudlen.

Von jrem Fleisch.

Das fleisch der Thieren ist voll Sand/ auß der vrsach sie wol müssen gewäschen werden/ vnd von dem Sand gereiniget/ sonst weren sie vnnütz. Also gesäubert werden sie zu der Speiß dienlich/ werden von vielen gessen.

Von der rauhen Ginmuschel.

Chama Trachæa.   Rauhe Ginmuschel.

Von jhrer Gestalt.

Diese Muschel ist ausserhalb rauh/ hat viel böglin von einer seiten gegen der ander/ hoch oder tieff vnd starck/ gemeiniglich mit Mieß vberzogen.

Diese haben ein dicke harte schalen/ so doch alle andere Ginmuschel linde vnd zerbrechliche Schalen haben.

Von seiner Natur vnd Eigenschafft.

Diese Muscheln werden auch gemeinglich zu eusserst an den Gestaden im sand gefunden/ dann er entsetzt kein gefahr/ von wegen seiner harten Schalen. Er bewegt sich
wie

wie ein Schneck: dann mit bewegen seiner harten Schalen steigt er auß dem Sand herauff als ein Wurm.

Von jhrem Fleisch.

Sie sollen ein heßlich arg fleisch haben/eines argen Saffts/welches wenig speiset/sey hart vnd versaltzen. Etliche sprechen anderst/sie haben ein fleisch/welches dem Magen der Menschen lieblich vnd dienlich sey.

Von der grossen Ginmuscheln.

Chama Peloris.   Grosse Ginmuschel.

Von jrer Gestalt.

Jese bekomen den Namen von einer spitz eines Bergs in Sicilien gelegen/daselbst die edelsten vnnd grösten gefunden werden oder sonst von wegen jrer grösse. Solche haben auch zwo Muscheln/welche allezeit ginnen/das Thier sey tod oder lebendig ohn alle wärme: sind länglecht vnd glat/weiß purpurfarb/mitten an der Muscheln zusamen gehäfft. Das fleisch innterhalb ist weiß/welches/ob es gleich zusamen gezogen/so mag es doch hart därein beschlossen werden: außgestreckt ist es viel lenger/rund vnd dick/gleich einem männlichen Glied. Zu ende deß einen theils werden zwey Löcher gesehen/eins ist das Maul das ander der Arß.

Von jhrem Fleisch.

Das fleisch der Fischen ist hart/saumpt sich lang in dem Menschen/speiset wol vnd hat viel Nahrung.

Von der süssen Ginmuschel.

Chama Glycymeris.   Süsse Ginmuschel/ Ein art der grossen Ginmuscheln.

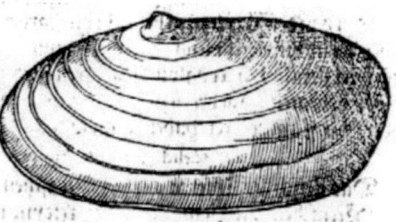

Jese sind auch auß der art der Ginmuscheln/sind süsser vnd minder versaltzen dañ die andern/von dañen sie jhren Namen haben. Diese sind grösser dann die vorigen/haben ein leuglechte Muschel/zimlich hart vnnd dick/gerintzelt/ist doch nit rauhe/weißrot.

Von jrem Fleisch.

Das fleisch der Thieren ist dem fleisch der grossen Ginmuscheln gleich/allein süsser vnd lieblicher.

Von der schwartzen Ginmuschel.

Chama nigra.   Ein schwartze Ginmuschel.

Je soll auch vnder die Geschlecht der Ginmuscheln gezehlt werden/dann sie zu aller zeit ginnet: ist schwartz/hat lange Muscheln/glat/hart vnd dick als Marmorstein-

Der 15.theil/ von Muscheln

Von den Mießmuscheln.

Musculi Myes. Kleine
Mießmuscheln.

Mytuli, Myax, Musculi maiores mares. Die
grösser Mießmuscheln/ Kleine
Schwartzmuscheln.

Von der Gestalt der Thieren.

Jeses sind auch beschlossene Muschelfisch mit zweyen schalen: sie thun sich auff/
vnnd beschliessen sich nach gefallen/ haben glatte schalen/ dünne Lefftzen/ oder
Pörter/sind klein/wiewol Plinius schreibt/es werden in dem Arabischen Meer
gefangen/ welcher Muscheln gar nahe ein Naß fassen: an der Farb sind sie aussen
schwartz/innerhalb bleyfarb/ire Muscheln dick vnd starck.

Von der Art vnd Natur der Thieren.

Diese Thier wachsen in den krautechten Orthen/in dem Wasser deß Meers/ wiewol sie an etlichen sandechten/oder scherblechten Orten entspringen/welche für die är-
gern geachtet werden. Wo einer hafftet/ so entspringt in kurtzem an solchem Orth ein
grosser hauff/nit anderst dann etliche Gewächß/als Knoblauch/Schnittlauch/vnd
dergleichen. Dann so eins an einem Orth behafftet ist/so wachsen allezeit von etwas
Schleim/ Rotz oder Samen zu grund an der Wurtzen junge/ gleich einem Jmmen/
oder Beyenwaben/als dann die Figur der kleinen Mießmuscheln klärlich erzeigt. Sie
haben Löcher/ durch welche sie das Wasser an sich ziehen.

Von jhrem Fleisch.

So diese Muschelfisch gesotten oder sonst gekocht werden/ so wirdt in solchen gesehen ein weiß fleisch/gleich dem weissen von einem Ey: das fleisch der kleinen ist löblicher
vnd besser: der grössern fleisch hat ein versaltznen/heßlichen geschmack. Jre Muscheln
werden von den Malern gebraucht die Farben darinn anzubereyten. Etlicher fleisch
soll reß vnd bitterlecht seyn/den Harn vnnd Bauchfluß bewegen: die grössern haben
ein hart fleisch/harter däwung/geberen ein dick Geblüt/viel Schleims oder Koders:
wo sie gebraten/ so geberen sie ein mercklichen Durst: aber gesotten/vnnd mit Kressig
oder Senff anbereytet/haben sie nit so gar ein heßlichen Geschmack.

Etliche stück der Artzney von solchen Thieren.

Das fleisch der Thieren purgiert/ zu äschen gebrandt/ heilen sie die bißz der Hundt
vnd Menschen mit Honig die schäbigkeit vnd rüsseln: die äschen getruncken/vertreibe
die dunckeln Gesicht/heylet die bresten der Zän vnd bildern/auch Kindsblatern. Jhre
Muscheln werden gebraucht in etliche Wundpflaster.

Von den andern zweyen gestalten der Meermuscheln.

Jese zwo gestalten oder art der Muscheln werden zu Venedig Mießmuscheln
(Musculi) genent/welcher die eine gantz mit Mieß vberzogen ist.

Von

Von den Muscheln so in den Meerpfützen wachsen.

Solche Mießmuscheln werden auch in den Meerpfützen gefunden/ an den Felsen/ Steinen/ oder Holtz/ dann bey solchen wachsen sie denselbigen angehafftet/ haben auch zwo schalen aussen schwartz/ innerhalb bleyfarb/ ein kind gelblecht fleisch/ sind lenger dann die so im Meer gefunden/ welche ein dickere schalen haben/ vnd viel lieblicher sind zu essen.

Von den Muttermuscheln.

Concha Venerea.   Venusmuscheln.
Concha Porcellana.   Muttermuscheln.

Von mancherley Geschlecht vnd Gestalt der Thieren.

Jeses sind gantz schöne Muscheln/ allein von einer schalen/ welche sich zusamen beugt/ als beyde seiten zusamen gewallet. Solcher sind etlich rot/ etlich weiß/ rc. etliche groß/ etliche klein/ andere mitler gestalt. Item etliche gesleckt/ etliche getheilt/ mit streymen gezieret/ andere mit sternlin/ von welchen allen insonderheit soll geschrieben werden.

Wo diese Thier zu finden.

Diese Muscheln werden viel in dem roten Meer/ auch in dem hohen Meer (Oceano) gefunden/ kleben an den Felsen.

Von der grossen roten Muttermuscheln.

Concha Porcellana ruffa maior.   Grosse rote Mutter
oder Venusmuscheln.

Von seiner Gestalt.

Jse muschel vergleicht sich an der gestalt vnd grösse einem gansßen/ etliche grösser / hat ein vberauß glatte schalen/ bey den zanechté lefftzen ist sie weiß vñ flach/ mit welche ort sie an de Felsen vnd andern orten behafftet/ oben der runde Hoger rot/ mit schwartzen flecken/ nit so schön als die folgende so von den sternen den Nam bekomt. Den namen Venusmuschel haben sie bekriegt 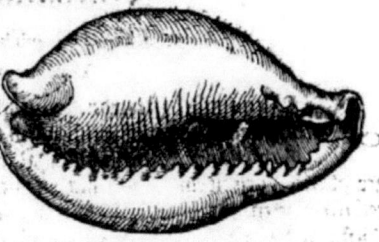 auß einer History. Dann als Periander zu zeiten bottschafft auff dem Meer hat/ etlichen edlen Knaben jr gemächt außzuhawen oder zu verschneide/ da ist solch schiff durch viele genandter Muscheln so sich daran gehenckt/ hinderhalten worden/ auch in aller

Der 15. theil/ von Muscheln

vngestüme deß Lufts/ dermassen daß solche Bottschafft nit ist vollstreckt vnd in das
Werck gebracht worden. Auch sollen sie jren Namen haben von der schöne wegen jrer
Gestalt. Solche sollen auch auff die höhe deß Wassers kommen/ sich mit der außge-
streckten Höle dem Wind zu treiben geben/ als ein Segel eines Schiffs.

Von der kleinen roten Muttermuscheln.

Porcellana ruffa minor. **Kleine rote Muttermuscheln.**

Von jrer Gestalt.

Jese ist länglecht an der Gestalt/ vnd an der grösse
einem Hennen Ey gleich/ der kumpffe theil rot/ welcher an allen andern nachfolgenden weiß ist/ auch
an den Lefftzen bey den Zänen/ die kleinen Känel sind rot/
das hohe aber oder die Grad oder Fält sind weiß. Der
Hoger zu oberst vieler Farben/ mit weissen/ grawen/ bleychen flecken/ durch beyde seiten graw/ zu vnderst rot/ innerhalb weiß.

Von der dritten Muttermuschel.

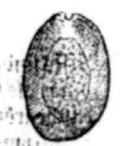

Jese soll auch vnder die Muttermuscheln gezehlet werden/
von wegen der ähnlichen Figur/ Gestalt vnd Natur. Ist in
der grösse eines Eys.

Von der Sternmuscheln.

Jn andere Mutter oder Venusmuschel/ ist wenig kleiner dann die erste
grosse Muttermuschel/ weißblaw/ vorauß auff dem Hoger/ bey seit
weißlecht/ zu vnderst ist sie gantz weiß/ innerhalb blawlecht/ gar nahe
durchscheinet/ dañ die Steinlin durchscheinen/ so mitten schwartz/ rings hervmb rot/ der mehrer theil rund/ einer Linsen grösse/ etliche kleiner/ ohne ord-
nung/ ist die aller schönest auß den Venusmuscheln.

Von dem Mutterstein.

Concha Venerea minima. **Mutterstein.**

Von jhrer Gestalt.

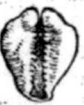

Jse Venusmuscheln werden sonderlich Mutterstein genandt. Ist gantz weiß/ allein daß sie zwo
gelblechte Linien gegen einander hat/ auff dem ho-
ger/ gleich der gestalt eines Eys/ hat ein vnebnen hogerechten Rucken/ innerhalb roth blaw. Bey den zweyen
Gestalten zeiget die eine den Hoger oder Rucken/ die ander den Bauch oder Spalt.

Von nutz vnd brauch aller Muttermuscheln.

Die Venusmuscheln werden fürnemlich von den Indianern geliebet/ welche als
auch andere Nationen vnsers Erdtreichs/ ihre Kleyder damit polieren vnnd schönen/
vorauß

vorauß mit den ersten. Die grossen sägen die Goldschmid in zween theil/ bereyten Löffel darvon. Solche sind auch bräuchlich die Schlüssel daran zu hencken: dann dieweil sie glat/ so nennen sie kein Wuft an sich/ vnd zerreissen die Kleyder nit.

Etliche stück der Artzney von solchen Muscheln.

Diese Muscheln werden vnder etlichen Artzneyen gebraucht/ so bereytet werden zu dem Bauchfluß vnd geschwer der Mutter. Item sie sind auch nütz zu den bresten oder trieffen der Augwinckeln: dann sie trücknen mächtig. Man bereytet auch Artzneyen darvon/ damit man die Zän reibt sie zu säubern vnd weiß zu machen.

Von der Jacobsmuscheln.

Pecten. Ein Jacobsmuschel.

Von der Gestalt der Muscheln/ vnd mancherley Geschlecht.

DEr Jacobsmuscheln sind etliche groß/ etliche klein/ etliche haben zwey Ohren/ etliche nur eins: etliche sind weiß/ etliche rotlecht/ etliche schwartz/ grün/ etliche dornecht vnd rauch.

Dieses erste geschlecht der Jacobsmuscheln/ hat zwo schalen/ eine hol/ mit einem bogechten Rucken: die ander gantz flach vnd eben/ welches der deckel der vorigen Muscheln ist. Sein gestalt ist bekandt/ vnd mag auß beyden vorgesetzten Figuren wol ersehen werden/ mit einem schwartzen Band als ein Senn-adern werden beyde deckel zusamen gehäfft/ in welchen viel fleisch ligt/ mitten deß fleisches ligt etwas gleich dem gelben der Eyer/ in solchen wirt gesehen das Maul vnd Gedärm. Das fleisch ist mit einem dünnen Häutlin vmbgeben von mancherley Farben/ ꝛc. Von Natur sind sie erschaffen daß sie jhre beyde Muscheln auffsperzen/ vnd zusamen ziehen mögen nach gefallen.

Solche Jacobsmuscheln werden bey jedem Meer gefunden in grosser menge/ auch gmeiniglich von den Jacobsbrüdern auff den Hüten in das Teutschlandt getragen/ gantz lustig vnd schön.

Von dem andern Geschlecht der Jacobsmuscheln.

Pecten alter. Das änder Geschlecht der Jacobsmuscheln.
Von seiner Gestalt.

DIeses geschlecht hat vnderscheid von dem vorigen/ wiewol sie einander gantz gleich sind: dann sie sind lenger/ haben grössere Oren/ auch sind beyde schalen oder muscheln gebogen oder hol/ so doch in den vorigen der Deckel flach/ eben/ glat als ein Deller. Demnach hat diese auff den falten keine strichlin oder Linien herab/ als die ersten. Solcher werden auch etliche zu zeiten von den Jacobsbrüdern in das Teutschlandt getragen.

Von dem dritten Geschlecht der Jacobsmuscheln.

Der 15.theil/ von Muſcheln

Peƈtunculus. Jacobsmuſcheln/ Kleine Jacobs
muſcheln.

Von ſeiner Geſtalt.

Dieſe haben den Namen darvon/ daß ſie allezeit klein bleiben.
Die geſtalt mag wol geſehen werden/ ſie haben nur ein Ohr/
beyde Muſcheln hol oder gebogen/ haben Fält: etliche ſind
gantz ſchön/ haben viel ſtrichlin durch die Fält nach der Ordnung
enzwerch/ als auß der gröſſern Figur erſcheint. Solcher haben wir
zu zeiten an dem Geſtad deß Meers mit groſſem luſt viel zuſamen
geleſen/ etliche gantz grün/ etliche gantz roth/ braun/ blaw/ ſchwartz/
ſumma allerley farben.

Von Art vnd Natur der Thieren.

Wiewol Plinius ſolchen Thieren Augen zugeben hat/ ſo iſt es
doch nit zu glauben: dann er ſchreibt/ ſo man gegen einem auffgeſperrten Jacobsmuſcheln ein Finger halte/ ſo erſehe er denſelbigen vnd beſchlieſſe ſich zu handt/ ſo doch ſolches von den Thieren nicht geſehen wirt/ man berüre ſie dann vor/ alsdann beſchlieſſen ſie ſich behend/ vnd klemen zuſamen das ſo in die Schalen geſtoſſen wirdt.

Item ſo hat auch Ariſtoteles geſchrieben/ daß ſolche fliegen/ welches nit anderſt ſoll
verſtanden werden/ dann daß ſie ſich ſo mit groſſer ſchnelle im Waſſer hin vnd wider
bewegen/ mit ſtärcke vnd geräuſch/ als ob ſie fliegen. Sie ſollen auch zu oberſt auff dem
Meer ſchiffen/ als dann von etlichen andern Muſchelfiſchen gehört iſt.

Dieſe Thier leychen nit/ geberen auch nit/ ſonder wachſen von jn ſelber an ſandech-
ten orthen/ erwachſen in groſſer ſchnelle/ in einem Jar als Ariſtoteles ſchreibt.

Die Jacobsmuſcheln ligen zu zeiten verborgen/ ſolches ſollen ſie pflegen zu thun
in groſſer Hitze oder mercklicher Kälte/ dann die vbrige Hitz/ Item die trückne iſt jnen
gantz verhaßt.

Von anmuthung der Thieren.

Ein Geſchlecht der Kuttelfiſch/ Vrtica genandt/ ein Meerneſſel/ verfolget vnd helt
nach ſolchen Muſchelfiſchen/ zerfrißt vnd zernaget ſie.

Von dem Fleiſch der Thieren.

Das fleiſch der Thieren ſoll ein dick arg Geblüt geberen/ den Stulgang vnd Harn
bewegen: wirdt gelobt von etlichen in den Bauchgrimmen/ iſt dienlich denen/ ſo reſſe/
verſaltzene/ beiſſende/ bittere feuchtigkeit im Leib haben. Sonſt werden ſie von etlichen
gepriſen/ als die ſo ein ſüß Fleiſch haben/ lieblich zu eſſen/ ſollen wol ſpeiſen/ nemlich ſo
ſie ſampt jhren Schalen gebraten/ ſind dem Magen angenem vñ reitzen zu vppigkeit.

Artzney.

Geſaltzener Jacobsmuſchelin fleiſch geſtoſſen mit Cederhartz/ widerhelt die außgeraufften jrrig en Haar der Augbrawen/ daß ſie nit mehr wachſen.

Von den Steckmuſcheln.

Pinna. Pinna magna. Ein Steckmuſchel/ Ein
groſſe Steckmuſchel.

Von

Von mancherley Geschlecht vnd Gestalt der Thieren/ sampt jhrer grösse.

Ein andere Gestalt der grossen
Steckmuscheln.

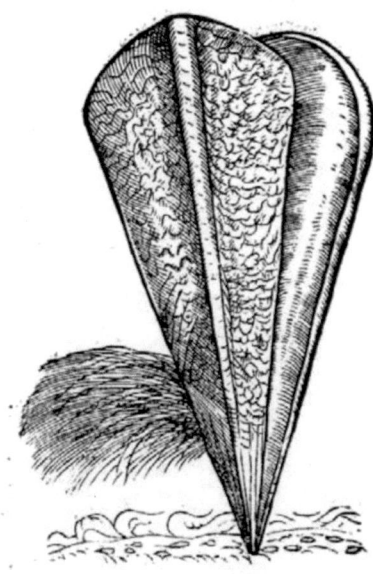
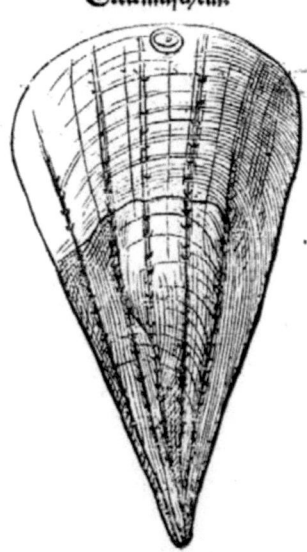

Er Steckmuscheln sind etliche groß/ etliche klein/ diese gegenwertige wirdt die groß Steckmuschel genennt/ ist einer Elen lang/ etliche kürtzer eines Schuchs lang. Hat ein rauhe Muschel/ graw/ Innerhalb weiß silberfarb/ vorauß so sie im Sand gelebt hat/ dann die so im Kaat gesteckt/ ist mehr weiß gelblecht/ minder glantzend. Mit dem spitz stecken sie fünff zwerchfinger tieff in Grund/ das ander breyter theil streckt sich in das Wasser herfür/ an welchem orth sie sich auffthun vnd beschliessen mögen nach gefallen. Werden angehefftet durch ein subtile reine Wollen der dem zu vergleichen sey/ auff Griechisch Byssus genandt. Innerhalb der schalen haben sie viel Fleisch/ in welchem mitten gesehen wirt als ein Ey. Die so bey Affrica gefangen werden sind viel grösser/ dann vnsers theils deß Erdtrichs/ werden nit in jedem Meer gefangen in dem Griechische Meer in mächtiger viele/ so sie doch in dem hohen Meer/ so an vnd ablaufft nimmer gesehen werden.

Von der kleinen Steckmuschel art.

Perna.   Ein art der kleinen Steckmuschel.

Je so von den Fischen geschrieben haben/ sind in der History gegenwerti-ges Thiers zwyspältig/ wie dem seye/ so soll diese Figur ein art der kleinen Steckmuschel gehalten werden/ dann sie auffrecht steckt in dem Sand gleich den andern/ hat auch gleiche Gestalt/ allein daß sie Gräd oder Ripp der lenge nach hat/ soll sich einem schweinen Haumen vergleichen/ von dannen sie bey den Latinern den Namen bekommen. In solcher sollen auch Perlin gefunden werden.

Der 15. theil/ von Muscheln

Von der kleinen Steckmuschel.

Pinna parua.   Kleine Steckmuschel.

Von jrer Gestalt.

Diese Steckmuschel solte billicher Perna genennt werden/ dann sie sich einem schweinen Hammen mehr vergleicht/ dann kein andere/ als erscheinet auß dem eck oder spitzen zu vnderst/ gleich dem knoden oder gleych deß Hammens/ wirt auch angehefft mit Wollen oder Seiden.

Von Art vnd Natur aller Steckmuscheln.

Diese Thier wachsen auß dem boden herauff von jhn selber ohne Eyer oder Leychen/ welches sich beweret auß dem/ so sie von jrem orth außgerissen werden/ so mögen sie nit weiter geleben. Werden angehefftet mit gantz reiner Wollen oder seiden/ damit sie steiffer stehen/ minder von jhrem orth bewegt werden/ solche Wollen dienet auch jnen zu auffsperrung der Muscheln/ in welchen auch Perlin gefunden werden. Auß solcher reinen Matery oder Wollen/ so sich von den Steckmuscheln herauß streckt/ werden auch Kleyder berentet / vnd vnder andere reine Wüpper gezettelt/ ist doch ein andere Art/ dann der köstliche Flachß oder Byssus von welchem in beyden Testamenten geschrieben stehet.

Von natürlicher Anmutung der Thieren.

Hievor ist gehört worden in der History der Krebsen/ daß der mehrertheil in solchen Steckmuscheln kleine Krebßlin gefunden werden/ auch bey lebendigem Thier/ welcher jnen soll von Natur zugeben seyn als ein Hüter oder Wächter/ dann die Steckmuschel zersperzt jre Schalen/ streckt ein kleines fleischlin herfür/ zu solchem schiessen die kleinen Fischlin als zu einer speiß/ so dann eins oder mehr in die Schalen kommen/ so kneupt das Wächterkrebßlin die Muschel/ zu stund beschleußt sie die schalen zu/ darinn die Fisch/ welche dann von beyden gefressen werden.

Von jrem Fleisch.

Die besten Steckmuschel sind die so jung/ zart/ klein/ voll fleischreich/ so in krautechten boden/ stillen orten/ da das süsse Wasser sich vnder das gesaltze mischt/ die so Sommerszeit gefangen werden/ sind besser gesotten dann gebraten.

Von allerley Schneckfischen. Erstlich alles das so von jrer History die alten Scribenten in gemein geschrieben haben ohne vnderscheid:

Cochlea.   Ein Schneck.

Von mancherley Geschlecht vnd Gestalt der Thieren.

Die Schnecken sind menniglichen bekandt/ ein Thier so ohne blut geschaffen ist/ etliche werden genannt jrdische Schnecken/ etliche süß Wasserschnecken/ andere Meerschnecken/ Item Seeschnecken/ von welchen nach der ordnung wirt geschrieben werden. Die Schnecken haben keine Augen/ sonder brauchen an solcher statt jre Ohren/ die Italiäner vergleichen sie den Ochsen/ von wegen jrer Hörner.

Von Art vnd Natur der Thieren.

Diese

Dieſe Thier wachſen vnd ſchwinden nach dem lauff deß Mons/ als dann viel von Muſcheln vnd Schalfiſchen iſt gehört worden. Die Schnecken ſollen ſich auch ver-einigen zu der mehrung/ob ſie gleich ſonſt von Kaat vnd Erden wachſen. Solche meh-rung ſoll gleich ſo wol von dem jrdiſchen als von dem Meerſchnecken verſtanden wer-den: dann ſie offt geſehen werden härtiglich vnd veſt/mit groſſem Geiffer vñ Schleim an einander kleben.

Von nutzbarkeit der Thieren.

Palladius der berhümpte Bawersmañ ſchreibt/daß ſo die ſchalen der Schnecken zu puluer verbrandt/vnd die äſchen in die Ambeyßlöcher geſchütt/dieſelbigen vertrei-be/wiewol etliche ein Gummi/Styrax genandt/darzu brauchen.

Das fleiſch der Schnecken wirt von etlichen gebraucht zu Fiſchaaſſen.

Von dem Fleiſch der Thieren.

Die Schnecken haben ein fleiſch hart zu verdäwen/geberen ein dick Geblüt: ſo ſie doch von einem ſtarcken Magen wol gekocht/ſo ſind ſie deſto löblicher/vnnd ſpeiſen wol.

Etliche ſtück der Artzney von den Schnecken in gemein.

Dieſe nachfolgende Artzneyen/wiewol ſie mehrer theils von den jrdiſchen Schne-cken ſollen verſtanden werden/ſo ſie doch von den Alten nit vnderſcheiden ſind/haben wir ſie auch alſo bleiben laſſen.

Die Schnecken ſampt jhren ſchalen geſtoſſen auffgelegt/trücknet wunderbarlich/dermaſſen/daß ſie auch den Waſſerſüchtigen helffen: ſie fallen nit herab/das Waſſer ſey dann vor herauß: ſind dienſtlich dem Podagra/auch Geſchwulſten ſo von fallen oder ſchlagen kommen.

Das fleiſch der Schnecken als vor geſchrieben/mit Meel oder Mülſtaub/heylt die wunden vnd die zerſchnitnen Nerven: ziehen auch herauß alle ſpitz/Dörn vnd Pfeil.

Die Schnecken werden auch viel gebraucht zu etlichen jnnerlichen Kranckheiten/ſo die Leber/Magen/Lungen/gedärm/nieren/haupt/zän/augen vnd ohren betreffen.

Der ſchleim der Schnecken verhindert das Haar im wachſen/vnd trücknet mäch-tig mit Aloe/Weyrauch vnd Myrrhen gemiſcht/vnder ſolchem ſchleim werden auch gebürlich gemiſcht etliche Puluer ſo das Blut ſtellen.

Das puluer oder äſchen der gebranten Schnecken/oder jrer häuſer/iſt einer mäch-tigen trucknen Natur/behalt auß dem brennen nit wenig hitz vnd ſchärpffe/wirdt ge-braucht das Blut zu ſtellen/der verwundten Schlagadern vnnd Blutſpeyen/Item Brandt/verzehrt die Fell der Augen/ſäubert die Zän/nемlich die äſchen von den ſcha-len/ſumma wirt gelobt zu dem Zäpfflin/geſchwollenen Rachen/roten Schaden/auß-gefallenen Sitz: auß Wein getruncken ſoll auch dem Bauchgrimmen widerſtehen.

Von allen Meerſchnecken in gemein.

Cochlea marina. Ein Meerſchneck.

Von mancherley Geſtalt vnd gröſſe.

Mancherley geſtalten der Meerſchnecken werden hernach erſehen werden: etliche ſollen zu zeiten zu ſolcher gröſſe komen/daß ſie gar nahe ein maß Weins faſſen. Jr fleiſch wirt gantz in dem Hauß beſchloſſen/außgenoſſen der Kopff: haben ein Maul/kurtze/ſcharpffe/dünne/harte Zän: haben fürgeſtreckte Mäuler/als die Fliegen/welches ſich einer Zungen vergleicht.Von jnnerlicher geſtalt ſchreibt Ariſto-teles viel/im Buch von den Theilen der Thieren.

Von Art vnd Natur der Meerſchnecken.

A

Der 15. theil/ von Muscheln

Die Meerschnecken bewegen sich gleich andern/ vereinigen sich durch geylhelt/ haben jre Eyer zur zeit deß Frülings vnd Herbsts.

Von nutzbarkeit der Thieren.

Vor erfindung vnd vrsprung der Trommeten/ sind gebraucht worden zu solchem geschrey die Häuser der Meerschnecken. Sind sonst auch bräuchlich zu der Speiß vnd Nahrung der Menschen.

Von der Art jres Fleisches.

Das fleisch der Meerschnecken soll löblicher seyn dann der jrdischen Schnecken: bewegen den Stulgang/ werden geprisen von etlichen als ein gebürliche Speiß dem Bauchgrimmen/ Colicis.

Etliche stück der Artzney von solchen Thieren.

Zu den auffgespaltne Brüsten/ Bauch/ Hüfft/ etc. soll man ein langen Meerschneckl zu äschen brennen/ stossen/ anbereyten mit Eyerdotter oder Eselsmilch vnd anstreichen.

Im Niderlandt geben etliche auß solchen Häusern zu trincken denen so ein trückner Husten haben/ vorauß den Kindern.

Von dem Oelschnecken.

Cochlea oleariorum.   Oelschneck.

Das Hauß solcher Schnecken fasset zu zeiten vier pfund Wasser: von solcher schreibt Plinius/ dz sie im brauch sey gewesen denen so mit dem öl vmbgehen/ oder außmessen/ damit zu schöpffen.

Von dem Perlinschnecken.

Concha Margaritifera vulgo dicta.
Perlnmuschel.
Von jrer Gestalt.

Dieser Schneck ist dem vorigen gleich/ wirt auß India vnd Persischen Meer gebracht/ gantz glantzend an der farb/ gleich dem Perlin/ wiewol keine Perlin in solche gefunden werden. Solche werden in Gold vn Silber gefaßt zu Trinckgeschirren/ Item zu stücklin geschnitten vnd Paternoster darauß bereytet. Es wöllen etliche daß in solchen nit ein Schneck/ sondern ein Geschlecht der Kutelfischen wohne/ Polypus Nautilus genannt.

Von dem außgestochnen Schnecken.

Cochlea celata cum suo operculo.

Dieser ist gantz vneben vnd rauch/ schön als ob er durch Kunst außgestochen were/ jnnerhalb glat mit einer dicken schalen: wirt mit einem Deckel bedeckt/ der auch dick vnd hart/ auch geschnecket ist. Ist jnnerhalb dem jrdischen Schnecken gleich.
Von jhrem Fleisch.

Hat ein vest fleisch/hart zu verdäwen/gebiret ein versaltzenen Safft/reitzt zu Geyl-
heit/ist löblicher gesotten. So man diese Schalen in Essig beytzt/so wirdt sie der öber-
sten schalen als ein Haut beraubet/gantz schön/vnd glantzet gleich den Perlin. Solcher wirt von etlichen für den Nabelschneck gehalten.

Von dem Igelschneck.

Cochlea Echinophora.　Igelschneck/
Dornschneck.

D Ieser ist voller bücheln oder spitzen/wirt mit einem Deckel
bedeckt/ist gleich den Hornschnecken.

Von dem Kegelschneck.

Cochlea Cylinaröides.　Ein Cylinderschneck/
Kegelschneck.

D Ieser Schneck vergleichet sich einem Kegel/mit mancherley flecken oder puncten besprengt/ist nicht viel dicker dann
ein Finger.

Von dem glatten Stumpffschneck.

Cochlea leuis turbine obtuso.　Ein glatter
Stumpffschneck.

D Ieser ist gantz glatt/welcher sich endet in einen langen wir-
bel/so stumpff ist/wirt mit einem deckel bedeckt/hat ein dickere schalen dann andere/sein fleisch minder vest.

Von einem andern Meerschnecken.

Cochlea depressa.

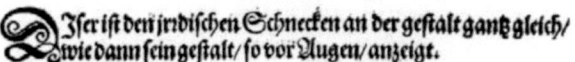

D Ieser ist den jrdischen Schnecken an der gestalt gantz gleich/
wie dann sein gestalt/so vor Augen/anzeigt.

Von dem Meernabel.

Vmbilicus.　Ein Meernabel.

D Ieser bekompt den Namen von seiner Gestalt/so sich einem
Nabel vergleicht. Ist mancherley farben/mit purpurfarben
strichen/sonst an etlichen Orten glantzet als die Perlin. Ist
nichts desto minder gantz glatt/dick/so die Sonn darein glantzet/
so erzeiget er mancherley schöner farben.

Von dem gesprengten Nabel vnd kleinen Nabel.

Der 15.theil/von Muscheln

Vmbilicus varius & paruus. Ein gesprengter Nabel/
Ein kleiner Meernabel.

Dieser ist dem vorigen gleich / auff wunderbarliche
weiß getheilt/mit schönen farben/schwartzen/roten/
weissen Düsseln/gleich allen Corallen. Ist obē breyt/
endet in ein kurtzen Wirbel.

Der ander ist gantz klein/an der grösse gleich einer Erbyß/
zu zeiten grösser/wirt in dem schwimen gefunden/gesprengt
mit roten puncten als Corallen.

Von dem ersten Nabelschneck mit seinem Deckel.

Cochlea vmbilicata. Nabelschneck.

Von seiner Gestalt.

Dieser Schneck wirt zimlich groß/ist gewirbelt mitten wie ein
Nabel. Solcher etliche sind getheilt/etliche schwartzlecht/
etliche als Horn/ etliche find an der gestalt nit vngleich den
jrdischen kleinen Schnecken/ so an den grossen stengeln deß Fen-
chels hauffecht kleben / welche auch wider die Natur der jrdischen
Schnecken einen Nabel haben.

Von dem andern Nabelschneck.

Cochlea vmbilicata alia. Der ander Nabelschneck.

Dieser ist etwas lenglechter mit viel krümen gewirbelt / das
ende deß Nabels mag hart gesehen werden. Ist glat/hörn-
echt/an der substantz gleich einem Klawen.

Von dem dritten geruntzelten Meernabelschneck.

Cochlea rugosa & vmbilicata. Geruntzelter Nabelschneck.

Von jrer Gestalt.

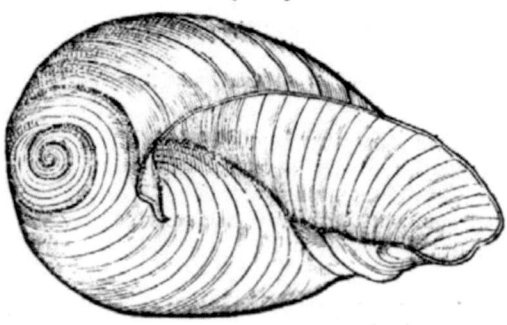

Dieser

Jese Nabelschneck hat viel grosser Runtzel gleich den Falten/entzwerch: ist jnnerhalb weiß/ausser gelblecht/hat ein zerbrechliche schalen. Der Wirbel endet nit in ein spitz: hat ein weit Loch/Etliche so von den Meerthieren geschrieben haben/vermeynen in solchen wohn das dritte geschlecht eines Kuttelfisch/Polypus genañt.

Von den Schnecken so in den Meerpfützen
oder Seen wachsen.

Cochlea stagni Marini. Meerpfützenschneck.

JN den Meerpfützen oder seen werden auch Schnecken gefangen/fürnemlich diese runde vnd gefaltene/welche hie vor Augen stehen: sind schwartzlecht/werden in grösser menge gefange. Mögen auch nach jrer gestalt Seemuscheln genennt werdē/so man in den gesaltznen seen bey dem Meer findt.

Von dem Straubschnecken.
Strombus seu Turbo.   Ein Straubschneck/ Meerschneck.
Von mancherley Geschlecht/ Gestalt vnd vnderscheid der Thieren.

Je Straubschnecken werden genandt die so in länge Wirbel oder spitz sich enden/gleich einer Straubē. Solcher sind etliche groß/etliche mitler grösse/etliche klein/etliche glat/etliche gekröpfft/andere rauhe/ꝛc. von welchen allē hernach insonderheit ordenlich wirt geschrieben werden. Diese Thier vergleichen sich etlicher gestalt den Schnecken. Dann sie mit härtē Schalen bedeckt/erzeigen den Kopff nicht/welcher zu mal in allen von Natur mit einem Deckel bedeckt ist wider den Gewalt vnd verletzung: haben innerhalb ein lind fleisch/welches ohne Arbeyt mag herauß gerissen werden. Es ist auch die innerliche Gestalt in solchen Straubschnecken allen gleich/haben kein vnderscheid darin an der grösse/härte vnd linde/ꝛc. Sie haben an dem Kopff zwey Hörnlin nach grösse deß Leibs/strecken die Köpff herauß vnd herein nach gefallen. Die Straubschnecklin vnserer Seen strecken keine Ohren herfür/in solchen werden Löchlin gesehen als Augen. Item der theil bey dem Maul vnd Magen hat etwas roths als Blut.

Von Art vnd Natur der Thieren.

Diese Thier sollen sich auch bewegen vnd kriechen gleich andern Schnecken/auch einen geyffer oder schleim fallen lassen/als Wachß: wohnen an sandechten Orten vnd Gestaden deß Meers. In den Häusern der leeren Straubschnecken wohnen auch zu zeiten kleine Krebßlin/Bilgerkrebßlin genandt/als an seine orth ist beschriebē worden.

Von nutzbarkeit der Thieren.

Mit solchen Schnecken werden andere Schnecken Purpurz, Purpurschnecken gefangen. Item so haben auch die Alten solche gebraucht an statt der Trommeten.

Von natürlicher Anmutung der Thieren.

Die Straubschnecken/als Elianus schreibt/sollen einen König haben/welchem sie in allen dingen gehorchen. Solcher vbertrifft die anderen weit an grösse vnnd

A iij

schöne. So es jn bedunckt die notthurfft erfordern in die tieffe zu fahren/ so senckt er sich zu erst/ wo aber hinauff zu fahren/ so hebt er erstlich an/ wo sie wandern/ so ist er der erste/ die andern folgen jm glücklich hernach. Welcher solchen König fahen mag/ dem gehet all sein fürnemen glücklich von statt/ auch so einer solchē fahen ersihet/ so wirdt er kecker. Zu Bisantz wirt ein gewisse summa Gelts geben denen so ein solchen fahen.

Von jhrem Fleisch.

Oribasius schreibt/ daß die Straubschnecken habē ein rauh / hart / vest fleisch/ harter däwung/ vnd je grösser/ je ärger vnd härterer däwung sie sind : werden mit senff vnd Essig gessen.

Artzneyen von solchen Thieren.

Die schalen etlicher Straubschnecken brauchen die Weiber zu schönen jhr Angesicht. Item so sie gebrandt/ werden sie gebraucht die Zän damit zu schönen vñ zu reibē.

Sie vermögen auch wider das Gifft Soricēn. Wo sie in Essig gefüllt/ vnd gerochen/ erwecken sie den starcken vnnatürlichen Schlaaff. Sind auch nütz denen so wehtagen vber das Hertz haben.

Dieser Straubschnecken fleisch gestossen/ vnd mit gutem theil gewässertem wein/ Mett/ oder so ein Feber vorhanden mit Wassermett eingeben/ hilfft den Wassersüchtigen.

Von jedem Straubschnecken insonderheit.

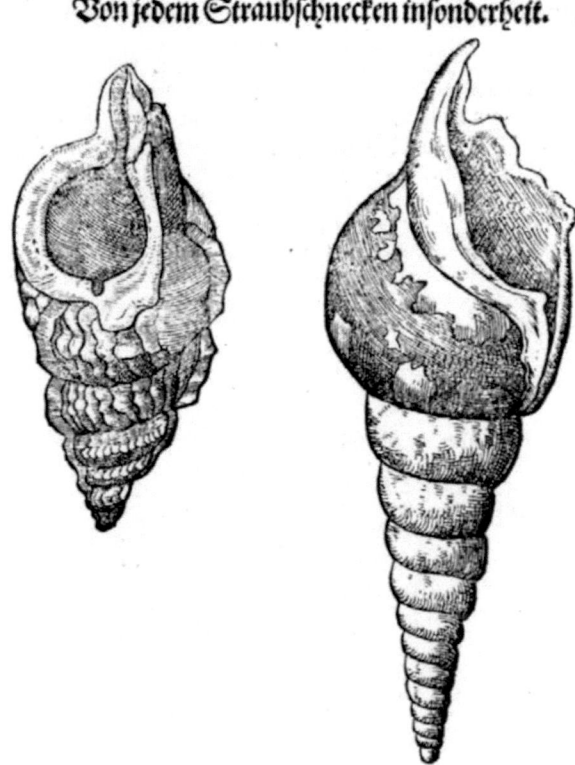

Von dem grossen Straubschnecken.

Turbo, sive Strombus magnus.   Grosser Straubschneck.

Er erste ist der groß oder lange/als die zwo Figuren hie beygesetzt anzeigen. Die lengere hat der weitberhümpt D. Gesner auß Türckey bekommen/ erzeigt solche in seinem Hauß/ hat viel Wirbel/dicke rauhe Lefftzen/ein weisse schalen/mit Linien vnd Düsseln rauch/klebt mit dem offnen Loch oder spalt an den Schrofen/mit auffgestreckten spitzen oder strauben.

Von dem Ohrschnecken.

Turbo auritus.   Ohrschneck/ Straubohr/ ohrechter Straubschneck.

Von seiner Gestalt.

Jeser bekompt den Namen von der gestalt deß endes deß orts/ so sich offen erzeigt gleich einem ohr/ Ist ein gantz schöner Straubschneck/wirt selten gefunden in etlichen Meeren. Ist lustig mit Corallen geziert/ als die Goldtschmid pflegen etliche güldine stäuff zu schmiden.

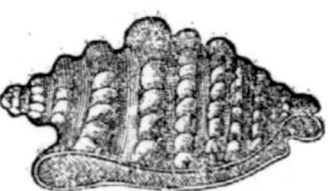

Von dem kleinen Straubschnecken.

Turbo paruus. Turbo tuberosus.   Das erste Geschlecht der kleinen Straubschnecken.

Jese bekommen den lateinischen Namen von den Düsseln oder Bühlen. Solcher sind etliche weiß/ etliche schwartz/ andere getheilt/vergleichen sich mit der grösse einem Finger. In solchen sollen auch die kleinen Bilgerkrebßlin wohnen/ sind etwas lenger. Solcher werden auch etliche auff Erden gefunden/welche vnder die Schnecken gezehlt sollen werden.

Von dem eckechten Straubschnecken.

Turbo Angulatus.   Eckechter Straubschneck.

Jeser vergleicht sich etlicher Gestalt dem Rinckhorn oder Hornschneck. Oben hat er ein langen Schnabel oder Zincken. Ist an der farb gleich dem Marmor/wirdt gebraucht zu den Zänen.

A iij

Der 15. theil/ von Muscheln

Von dem rauhen Straubschnecken.

Turbo Muricatus. Schrofechter Straubschneck/
Rauher Straubschneck.

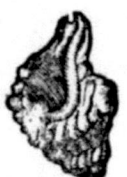

Jeser ist auch ähnlich dem Rinckhorn/oder Hornschnecken/
aber von wegen vieler Kröpffen/ kurtzen Düsseln/ bekompt
er seinen Namen. An den obern seiten ist er etwas dicker/
Innerhalb purpurfarb/ausserhalb weiß/als ob er mit Kalck vberzogen were.

Von dem Straubschnecklin so in den Schwämen wohnen.

De Turbinibus intra spongias viuentibus.

In den Meerschwämen werden
mancherley Thier gefunden/mit
harten schalen bedeckt/als etliche
Muscheln/Rinckhörnlin/vñ straubschnecklin / welcher etliche hie gesetzt
werden. Auß solche die letzte/ so von einer farb Milchstraubschnecklin/oder Milchmu-
scheln/oder Milchschnecklin mag genennt werden/welches nit ein offen Loch oder auß-
gang/sonder mehr ein spält hat/auch keine Wirbel. Solche brauchen die Weiber sonderlich ir Angesicht zu schönen/als vor gehört/werden auch die Zäum/Gürtel/vnnd
Halßband damit zu zieren gebraucht.

Von zweyen andern kleinen Straubschnecken.

Turbo Pentadactylus.
Turbo Tessaradactylus.

Solcher Straubschnecken gedencket
Plinius/ bekommen jhren Namen
von den Spitzen oder Zincken/ sind
rauhe/ lang gewirbelt. Auß solchen sind
etliche weiß / etliche schwartz/ etliche getheilt.

Von den Meerdöpffen.

Trochus. Ein Meerdopff/ Ein dopffechter Strauchschneck.

Von

Von jhrer Gestalt.

Diese bekomen den Namen von jrer Gestalt/so sich vergleicht dem Instrument/mit welchem die Knaben spielen. Etliche sind kurtz/etliche lang/alle glat/vnd an der farb getheilt: die Schalen bedunckt sich zwyfach seyn: die eusser hat minder glantz/die jnner ist Perlinfarb. Solchen Döpffen werden auch hiezu gesetzt etliche andere Gestalten der Straubschnecklin/nach dem sie sich zu handt getragen haben.

Von dem Rinckhorn.

Buccinum.   Ein Hornschneck/Rinckhorn/Pasunschneck.

Von mancherley Geschlecht vnd Gestalt der Thieren.

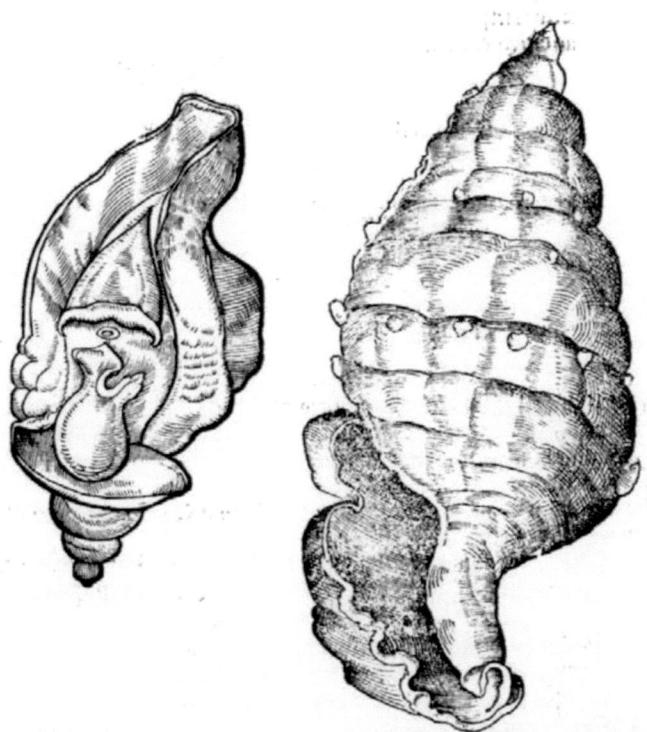

Jese Schnecken haben den Namen von dem brauch her: daß die Alten sollen sie gepflegt habe zu blasen vn brauché an statt der Trometen oder anderer Hornen: sind den Straubschnecken gantz ähnlich/allein dz sie etwas röter oder purpurfarb von jnen geben/als die Purpurschnecken/welches die Straubschnecken nit thun.

Diese zwo erste Figuren geben zu erkennen die gestalt der grossen Rinckhorn. Das eine zeigt den jnnwendigen Leib vnd fleisch/sampt dem Deckel: das ander allein die eusserliche Schalen/welche auch zu dem blasen gebraucht wirt.

Der 15. theil / von Muscheln

Solche Schnecken find innerhalb gantz glatt vnd weiß / auſſen von vielen runden Düſſeln oder Nägeln rauch / nach ſchöner ordnung. Das fleiſch wirt zum theil rot / zum theil braunrot geſehen / innerhalb weiß. Der außgang mit einem Deckel bedeckt vnd beſchloſſen / gleich einem Ey. Die gröſten ſollen in dem Indianiſchen Meer gefunden werden. Die ge----nen in der gröſſe wie ein Ey.

Von den kleinen Rinckhornen.

Buccinum paruum.   Kleine Rinckhorn.

Von jrer Geſtalt.

Deſe zwo Figuren ſind einander gleich / allein die eine viel ſtrich / känel / oder fält hat / auch ein dickere vnd härtere ſchalen.

Von dem dritten Geſchlecht der Rinckhornen.

Buccini parui alterum genus.   Ein ander Geſchlecht der kleinen Rinckhorn.

Von jhrer Geſtalt.

Deſer Schneck iſt der ſchöneſt auß den kleinen Rinckhornen / dem groſſen nit vngleich.

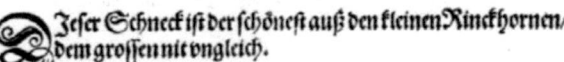

Von Art vnd Natur aller Hornſchnecken.

Ariſtoteles ſchreibt von ſolchen Schnecken / daß ſie jre Eyer zuſamen kuppeln gleich den Imenwaben. Dann ſie ſollen dieſelbigen ſo weiß vnd länglecht auff die ſtein ordenlich an einander hencken / mit jrem Schleim oder Geyſſer alſo artig / daß es hart erſehen oder gemerckt mag werden.

Die Rinckhorn wohnen vnd kleben an Schrofen vnd Felſen / geberen oder leychen ſo ſich der Winter endet.

Solche Thier empfinden auch den gewalt deß Geſtirns: dann ſo der Mon wächſt / ſo ſind ſie gantz vollkomen. Item Sommerszeit ſo nemmen ſie ab vnd ſchwinden.

Von nutzbarkeit der Thieren.

Dieſe Rinckhorn oder Hornſchneck / ſind auch nützlich vnd dienlich die purpurfarb zu ferben / als hernach wirt gehört werden in der Hiſtory deß Purpurſchnecken.

Solche Häuſer ſind vor zeiten gebraucht worden an ſtatt anderer Horn / ein Lermen damit zu blaſen.

Von jrem Fleiſch.

Das fleiſch der Thieren iſt lieblich zu eſſen / dienlich dem Magen / welcher ringdäuwige ſpeiß in ein arge qualitet vnd frembde Natur verendert vnd verderbt. Item denen ſo reiſſe / hitzige / gehlingen flüß vnd feuchtigkeiten haben. Sind ſonſt für ſich ſelbs harter däwung / mit eines lieblichen Saffts: bewegen zu geylheit. Ihr fleiſch wirt auch geprriſen als ein dienſtliche Speiß zu etlichen Kranckheiten: als Bauchgrimmen / bläſtigem Bauch / Hertzwaſſer vnd brennen: Item in hitzigen Augenflüſſen / ꝛc.

Etliche

Etliche stück der Artzney so von solchen Thieren kommen.

Das fleisch der Thieren wirt in der Speiß geben für etliche Gifft der Cicutæ, vnnd Soricnij.

Zu den schmertzen der Oren von hitz lebendige Ruckhorn in öl gesottl/angestriche. Diese Schnecken zu äschen gebrandt / sind dienlich den alten / erharteten / hitzigen Geschwulsten. Itk in öl zertrieben als ein salb/angeschmiert/behalt das fliessend haar. Solche äschen wirt auch gebraucht wider die Grindigkeit vnd Räude/ vnd wider den trucknen Husten der jungen Kinder / so man jnen auß solchen schalen zu trincken gibt: Man bereytet auch Kalck auß solchen Häusern.

Von den Purpurschnecken.

Purpura. Ein Purpurschneck/ Ein Nagelschneck/ Ein Stachelschneck.

Von mancherley Geschlecht vnd Gestalt der Thieren.

Diesen Purpurschneck setzt Ronde-letius in seinem Buch/ mit sampt dem Deckelut.

Diese andere Gestalt hat Doctor Gesner hinzu gesetzt.

 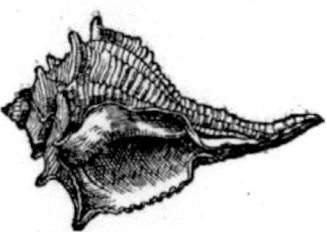

Diesen Purpurschnecken setzt Bellonius/ welcher seitze beyde Gestalten/ nemlich die öber vnd vnder erzeiget.

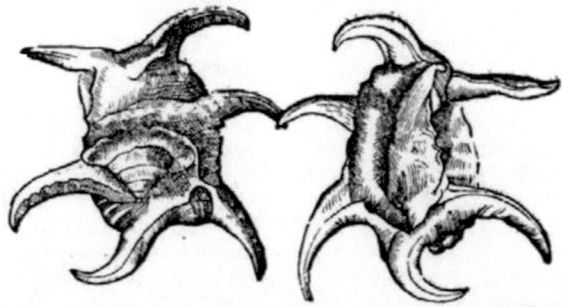

Er Purpurschneck ist das aller edelst Meerthier auß allen so Wirbel haben/an der gestalt gantz ähnlich dem gemeinen Schnecken/an der grösse wie ein Ey/zu zeiten/vñ etlichen orten viel grösser/als bey Sigeo vnd Lecto. Hat ein rumpff-echte schalen/rauch/äschenfarb/auch weiß vnd braun. Item gelblecht vñ grün äschen-farb. Innerhalb gelb/ hat viel krumme Gäng/ vmb die Schalen herumb mit vielen langen Zincken bevestiget nach der ordnung/die ersten klein/die letztl oder mitteisten die gröſten. Hat auch oben ein langen ſpitz vnd ſchnabel/als ein Rörlin/auß gehölt/durch welches ſie ein Zünglin außſtrecken ſollen/ſo hart vnd ſtarck/dz ſie auch anderer Thier ſchalen/ſo jhnen zur Speiß dienlich/mögen durchboren/wiewol ſolchem von etlichen wenig glauben geben wirdt/haben auch einen Kopff vnd auffgeſtreckte Ohren als die Schnecken/welche jnen mit einem Deckel beſchloſſen vnd bedeckt wirt/welcher ſonderlich iſt hiebey geſetzt worden/gar mächtig im brauch der Artzney. Fleiſch haben ſie andern Straubſchnecken ähnlich/in ſolchem ein lieblichen Saftt/einer ſchönen farb/in groſſem werth allezeit gehalten/Purpur damit zu ferben.

Von Art vnd Natur der Thieren.

Die groſſen Purpurſchnecken wohnen gemeiniglich in etlichen tieffen deß Meers/ die kleinen an jedem Geſtad vnd Sand/wachſen in kurtzer zeit in die gröſſe/alſo daß ſie nach der meynung Ariſtotelis bey ein Jar vollkommen werden/wiewol etliche wöllen/jre Jar ſollen gezehlt werdē nach der zähl der Wirbeln. Sie bewegen ſich langſam/ ſchmäcken das Aaß oder Speiß ſo jnē dargeworffen wirt/zu welchem ſie ſich verſamlen ſind fleiſchfräſſig. Freſſen ſonſt auch allerley Schleim vnd Wuſt deß Meers. Zur zeit der Hundstage ligen ſie 30. Tag im Sand verborgen/leychē im anfang deß Glentzen/geiffern Eyer zuſamen/als im vorgehenden Rinckhorn/oder Hornſchneck iſt gehört worden. Wiewol etliche mächtig dariwder ſtreitten/wöllen/ſie wachſen vnd entſpringen auß dem Schleim/vnd faulenden Matery deß Meers.

Die Purpurſchnecken ſo ſie die ſüſſen Waſſer geſoffen haben/ſo ſterben ſie zu hand/ ob ſie gleich 50. Tag auſſerhalb dem Meer leben mögen/vnd ob er halb todt/ſo er wider in das Meer geworffen/ſo erholet er ſich. Soll ſonſt mit ſeinem Leben auff 6. oder 7. Jar kommen/alle Jar ſich mit einem Circkel deß Wirbels mehren.

Von nutzbarkeit der Thieren.

Vor etlicher zeit ſind dieſe Schnecken in groſſer ächtung geweſen/von wegen der köſtlichen ſchönen königlichen Farb/ſo man von jnen gebraucht hat/auß welcher vrſach ſie ſonderbare Fiſcher/vnd gewiſſe art deß fangens/ſo geſchehen iſt durch kleine Körblin oder Reuſen/an lange Seyl gebunden/luſtig darzu bereytet/gehabt haben. Als dann auch nach beſchreibung der Fabel/Herculis Hund ſoll ſolche Farb erfunden haben. Zu vnſern zeiten iſt der brauch der Purpur gantz verblichen/nit allein in vnſern Landen/ſonder auch in allen andern Nationen ſo vber Meer gelegen. Man hört auch nit/daß einer deren/ſo ſolche Länder durchziehen/der Purpur mit einem wort gedencke/welches mächtig zu verwundern kompt/fürnemlich weil ſolche Thier an etlichen orthen hauffecht auß dem Meer herauß geſchleifft werden. Zu der farb ſollen ſie lebendig ſeyn/dann wo ſie geſtorben/ſo verſchwindt die Farb in ſolchen. Die ſo ferben pflegen ſolche ohne verzug lebendig zu tödten vnnd zerknitſchen/demnach zu reinigen vnd wäſchen/vnd das beſte zu der farb/mit Saltz einbeyſen/hernach ſieden vnnd alſo ferben. Die Purpurfarb freiwet ſich deß glantzes der Sonnen/dann an ſolcher erglantzet ſie vber alle maß/mit gantz lieblicher farb. Wie in mächtiger würde ſie geachtet ſey/erſcheinet auß dem/daß ſie auch bey den Königen gar ſelten iſt gefunden/auch allezeit vmb ein groß Gelt gekaufft worden. Item dz die ſo ſolche farb gefälſcht/an dem Leben geſtrafft wurden.

Von jhrem Fleiſch vnd ſeiner Complexion.

Hieoben iſt gehört/daß alles fleiſch der Muſchelfiſch ſey eines verſaltzenen Saffts/ harter däwung/werde nit bald im Magen verderbt/diene ſolchen ſo ein hitzigen Magen/gehlinge reſſe/hitzige feuchte haben/ꝛc. In ſumma wie hievor gehört iſt von dem Rinckhorn. Der Kopff vnd Halß der Purpurſchnecken iſt viel härter/dem Magen nützlicher/das hindertheil aber leichter vnd ringerer däwung.

Etliche

Etliche Artzneyen von solchen Thieren.

Die Purpurschnecken/vnd Hornschnecken/oder Rinckhorn: Item der Straub-schneck hievor beschrieben/haben gleiche krafft inn brauch der Artzney. Derhalben das so von einem geschrieben ist/von dem andern auch mag verstanden werden.

Die kleinen Purpurschnecken genossen/sollen ein wolriechenden Mund machen.

Die äschen von den gebrandten Purpurschalen trucknen artig ohne beissen: dienen den alten offnen schäden: mit Honig den geschweren deß Haupts/rc.

Die Wollen mit der Purpur geferbt/kompt auch in brauch der Artzney/andere stück damit zu empfahen vnd auffzulegen.

Der Deckel der Purpurschnecken ist bey den Alten in grossem brauch gewesen/in viel köstliche Artzney gesetzt worden/von jnen genandt Blattum Bizantium. Solche auß Essig getruncken/sollen das geschwollen Miltz vertrei-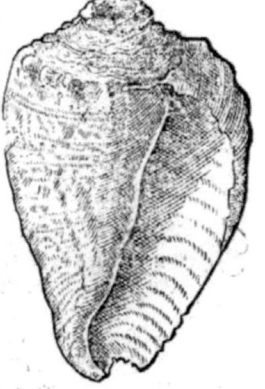ben/vnd geräucht den müterigen Weibern zu hülff kom-men/vnd die Nachgeburt bewegen/einen Geschmack sol-len sie haben als Bibergeyl/ein wenig feißte haben/rie-chen so sie angezündt als Horn.

Item die äschen deß gebrandten Deckels soll die zer-schnittenen Neruadern wider zusamen heylen.

Von einem andern Geschlecht der Pur-
purschnecken/ Conchylium genandt.

Iß ist ein Geschlecht der Purpurschnecken/hat aber keine spitz oder buckel wie die so hievor gesetzt sind. Ist schön vnd köstlich von wegen der farb so davon kompt/wirt etwan für den Purpurschnecken vnd Rinckhorn selbs gesetzt.

Das Deckelin von der nechstgesetzten art
der Purpurschnecken.

Je vier langen Figuren so sich den Klawen der Raubvögel vergleiche/sind deckelin der nechstgesetzten Purpurschnecken art/ die mit-telst aber so etwas breyter/ ist ein deckel deß rechten Purpur-schneckens vnnd Rinckhorns: werden doch von vnsern Apo-teckeren vnder einander ge-braucht.

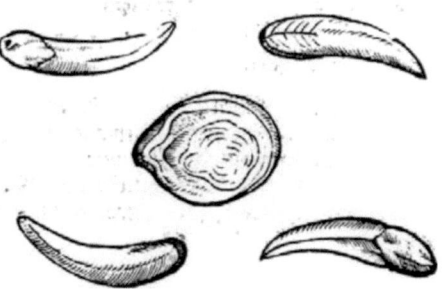

Von den Stächelschnecken.

Murex marmoreus.   Das erste Geschlecht der
Stächelschnecken.

Von jrer Gestalt.

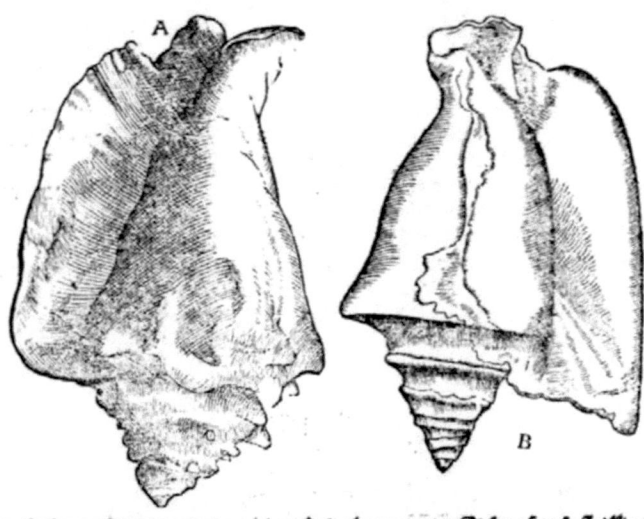

Jese zwo Figuren erzeigen die gestalt obgenannter Schnecken so fleissig/daß sie
keiner weitern beschreibung bedörffen. Den Namen haben sie von den spitzen
oder Negeln/vnd von seiner eusserlichen farb Marmorschneck/ innerhalb ist er
schön/weiß mit Purpur vermischt: hat ein schwere/dicke/starcke vnd weite schalen/ mit
viel spitzen: ist irdischer/kalter/vnd truckner Substantz vnd Krafft. Der so bezeichnet
mit dem A hat Rondeletius in seinem Buch fürgestellt. Der ander bezeichnet mit dem
B ist zu Venedig conterfetet worden.

Von dem andern Geschlecht.

Murex triangularis. **Ein dreyeckechter**
Stachelschneck.

Von seiner Gestalt.

Jeser hat auch seinen Namen von der ge-
stalt/ hat kurtze dicke spitzen von mancherley farben: hat ein zwyfach gemutzet loch/
durch welche man pflegt diesen Schnecken auffzublasen: gibt ein schweres/heßliches/trawriges
Gethön.

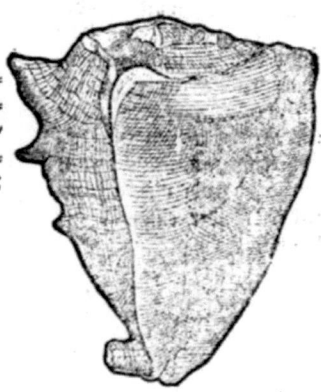

Von

Von dem dritten Geschlecht.

Murex Lacteus. Ein milchfarbe
Straubschneck.

Antz weiß als Milch ist dieser Schneck/so viel die
Gestalt betrifft/ den vorgesetzten gleich/ hat viel
mehr runde Düssel dann spitzen.

Von dem vierdten Geschlecht.

De Murice Coracoide. Das vierdte Geschlecht
der Straubschnecken.

Von seiner Gestalt.

On den krumen spitzen hat diß vierdte geschlecht
sein vnderscheid gezogen. Ist den ersßgesetzten
gantz gleich.

Von Art vnd Natur der Schnecken.

Diese schnecken wachsen in lettechtē orten von schleim
vnd wust/als alle andere so gleicher substantz vñ art sind.
Man findt sie auch an lettechten ortē zum aller meisten.

Von nutzbarkeit der Thieren.

Die Alten haben von diesen Schnecken gleich so wol purpurfarb gezogen/die köstlichen wüllinen Tücher damit gefärbt/als mit der farb von dem Purpurschneckē/doch
so soll diese farb von genandtem Stachelschnecken ein schweren heßlichen Geruch haben. Man hat auch diese Schnecken gebraucht an etlichen Orthen auffzublasen/ an
statt der Trommeten.

Von jhrem Fleisch.

Das fleisch der Thieren wirt sehr in der Speiß gelobt/ als ein dienlich essen/ denen
so ein blöden Magen haben/welcher von solcher Speiß soll gestärckt werden.

Arßney von den Thieren.

Die harten schalen von den Thieren zu äschen gebrandt/sampt dem fleisch/säubert/
trücknet/vnd heylet wunderbarlich.Mit Honig angeschmiert/die schebigkeit/Räude
vnd Schüppen/auch die trieffenden geschwer deß Haupts/säubert die flecken deß An-
gesichts/machet ein glatte schöne Haut/sieben Tag angeschmiert/also daß am achten
das Angesicht mit weissem vom Ey gesäubert werde. Man braucht auch das Puluer
der schalen die Zän damit zu säubern.

Von einer andern Art.

B ij

Der 15. theil/ von Muscheln

Es soll auch ein art seyn der Stachelschnecken oder Purpurschnecken im
Meer nach D. Rondeletij meynung:
Lise aber hievor die beschreibung deß Pur-
purschnecken/ die ich hierzu dienstlich seyn
achte.

Von einer andern Art der Meerschnecken.

Nerita Aristotelis.   Die erste Gestalt genandter Schnecken.

Von jrer Gestalt.

Jeses ist ein runde art der Schnecken/ gleich den Straubschnecken/
allein daß sie nit schmal/lenglecht oder ran ist/ sonder rund. Hie wirdt
allein sein gestalt fürgestellt/dann sein Gehäuß ist weit vñ groß. Wonen vnd wachsen in den spälten vnd löchern der Felsen/vnd erwachsen in kurtzer zeit in jre angeborne grösse/ welche art auch etliche Fisch an jhnen haben.

Von dem andern Geschlecht.

Nerita Æliani.   Ein ander Geschlecht obberührter Schnecken.

Von seiner Gestalt.

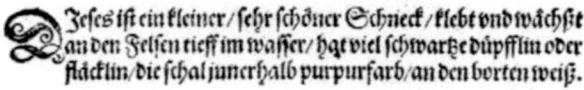

Jeses ist ein kleiner/ sehr schöner Schnieck/ klebt vnd wächßt
an den Felsen tieff im wasser/ hat viel schwartze düpfflin oder
fläcklin/die schal innerhalb purpurfarb/an den borten weiß.

Von der dritten Gestalt.

Nerita Bellonij.

Jese Schnecken haben ein glatt/ rund/ klein Gehäuß/
solche pflegt man hauffecht ob den Felsen zu samlen/ das
Fleisch von jnen zu nemen/ welches so es gesotten/ gibt es
ein rot Gemüß/als ob es gefärbt were.

Die Fischer so solche Schnecken samlen/ müssen sich sehr still
halten/dann sie hören das Geräusch/ fallen zu boden.

Bedeutung der Buchstaben/ damit diese hienach
gesetzte Figur bezeichnet.

Gleich vnder dem A. klebt an den Felsen ein Seeapffel. Nechst
bey dem B. ein kleine äschfarbe Seenessel/ vnd vor dem C. vber
ein Bocksaug/ oder grosse Schalmuschel/ ob dem D. aber ein
vmbkehrte Schalmuschel/ vnd ob dem E. ein kleine Schalmu-
schel oder Bocksaug.

Von

Von den Muschelfischen so allein Schalen haben.

Lepas siue Patella. Ein Schüsselmuschel/ Ein Napffmuschel/ Ein
Schalmuschel/ Ein Bockoaug nach art der
Frantzosen.

Von jhrer Gestalt.

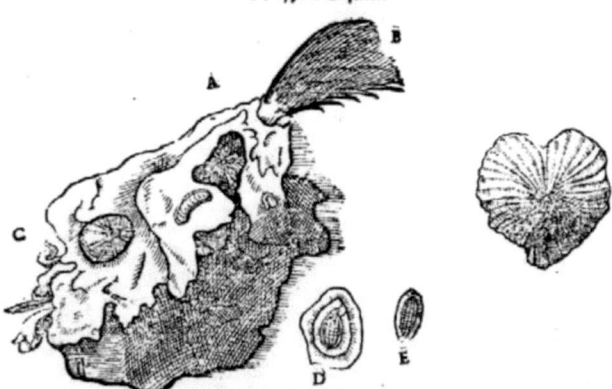

MVschelfisch wöllen wir hie nennen in der gemein allerley Fisch/ so mit harten/
steinechten Schalen bedeckt/vnd nach jrer art bewahret sind/als daū von mancherley art/geschlecht/gestalt/vnd derselbigen vnderscheid/wirdt gehört vnd gesehen werden. Erstlich aber ist zu mercken/daß auß den Muschelfischen etliche von Natur von zweyen schalen zusamen gehefftet/gestaltet sind : Etliche aber an einer seiten
mit einer schalen oder muscheln/ an der andern seiten sind sie ledig vnd bloß/ kleben mit
derselbigen an den Steinen oder Felsen/ welche jnen an statt der andern Schalen seyn
mögen. Solcher art sind diese gegenwertige Lepades von den Griechen genandt / von
den Latinern Patellæ, das ist auff teutsch Schüsselmuschel/daß sie allein an einer seiten
ein tieffe hole Schalen haben/als mit einer Schüssel bedeckt. Nun sind der Gestalten
oben zwo: Eine wie er an dem Felsen behafftet ist/ mit etlichen andern Meerthieren o-
der Gewächsen. Die ander ist die ledig Schal/nemlich der kleinen oder ersten Art der
Schüsselmuschel die zu Venedig abconterfetet worden. Das ort so an diesem Fisch mit
der Muschel oder Schal bedeckt/ist das hindertheil/das so ledig von hartem fleisch/ist
das vordertheil/an welchem örth das Maul vnd außgeführ gesehen wirdt/auch seine
Hörnlin an statt der Augen als der Schnecken. Die schal ist nit gentzlich rund /sonder
vngleich/innerhalb gantz glat/ausserhalb ein wenig rauch/ jauff welchen zu zeiten Mieß
wächst/ist hol vnd hogerecht/bey ende herumb blawlecht vnd geruntzelt. Das eusserst
an der Schalen herumb endet sich in ein fleischecht ende / welches er außspreitet oder
zerläßt/vnd zu jm zeucht nach gefällen/soll auch mit derselbigen kriechen von einem ort
zum andern nach art anderer Schnecken.

Von Art vnd Natur der Muschelfischen.

So man diesen Fisch angreifft/so hefftet er sich so hart an die Felsen/daß sie mit keiner
stärcke mögen abgerissen werden/sondern man muß solche mit Messern vnd Eisen von
den Schofen schelen. Aristoteles schreibt/ daß diese Muscheln sich zu zeiten von den
Felsen ledigen/Nahrung zu suchen/welches doch nit also geseyn mag/dieweil sie allein
deß Meerschaums vnd Wassers geleben:auch wo sie deß Wassers beraubet werden/

alſo/ daß ſolche Orth der Felſen ertrucknen/ muß er endtlich ſteerbn. Die Felſen kleben zu zeiten ſolcher voll/ daß gantze hauffen an einander hangen/ als ein Jmb ſo er gelaſſen hat.

Von jhrem Fleiſch.

Dieſe Schüſſelmuſchel haben ein hart veſt fleiſch/ ſchwerer verdäwung/ vnd wenig Saffts. Man pflegt ſie allein ein wenig zu ſieden/ ſo ſind ſie nit vnlieblich zu eſſen.

Von der wilden Schüſſelmuſchel.

Auris marina ſeu patella fera. Ein Meerohr/ Ein wilde Schüſſelmuſchel.

Wie ſie geſtaltet/ vnd von jhrer Art.

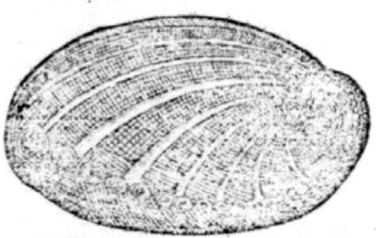

Dieſe art haben ſie gemein/ daß ſie allein mit einer Schalen bedeckt ſind/ die ander ſeiten ledig an die Felſen behafft. So viel die Geſtalt vnd Schöpffung betrifft/ haben ſie vnderſcheid: dann dieſe hat in der Muſchel ein Loch/ durch welches ſein Geführ außgehet: hat auch etliche andere Löcher: Sein Muſchel iſt hol wie ein Schüſſel/ ſilberfarb/ auſſerhalb gehögert vnd gefältelt/ oder mit viel ſtrichen bezieret. An dem einen orth iſt er gekrümt wie ein Schneck/ von welchem orth die Löchlin in der ordnung anheben/ bey anfang klein/ zu ende je lenger je gröſſer. Iſt ein ſchöne Muſchel.

Von der groſſen Schüſſelmuſchel.

Patella maior Bellonij. Ein groſſe Schüſſelmuſchel.

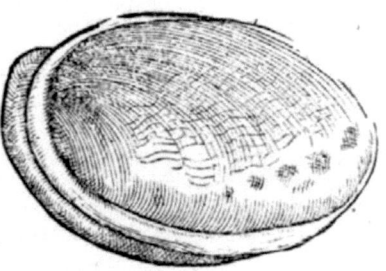

Dieſe groſſe Schüſſelmuſchel wirt viel bey den Goltſchmiden gefunden/ welche ſie zu mancherley ſchöner Arbeyt brauchen.

Von der Oſtermuſchel.

Oſtrea. Oſtermuſchel/ Oeſter/ Steinmuſchel.

Erſtlich von der Meeroſtern.

Oſtrea marina. Meeroſtern.
Von mancherley Geſchlecht der Oſter/ vnd wie die Meeroſtern geſtaltet.

Dieſe

Diese Gestalt setzt D. Rondeletius in seinem Buch.

Diese Ostermuscheln ist zu Venedig conterfetet worden.

Er Ostermuscheln werden hie dreyerley Geschlecht beschrieben / als hernach folget / dann etliche in den gemischten Wassern / etliche in Meerpfützen / etliche allein im lautern Meer gefunden werden / als nemlich die gegenwertigen / welche zu zeiten zimlicher grösse / als eines Schuchs lang gesehen werden. Ihr Muschel ist ausserhalb wüst vnd lettecht / als von viel bläcklin zusamen gepletzt / Innerhalb glatt vnd weiß / sind nit einerley farb / nach eigenschafft der Orthen. Haben ein dicke / harte / steinechte Schalen / etliche sagen / daß die obern theil der Schalen bey Nacht etwas scheins geben.

Von der Pfützostern.

Limnostrea.   Ein Pfützostern oder Seeostern.

Von jhrer Gestalt.

Jese Ostermuscheln werden in den Meerpfützen oder Seen gefunden / welcher Schalen so viel die substantz betrifft / den vorigen gantz ähnlich / doch kleiner ist / ihr fleisch lind / süß vnd gut.

Von der wilden Ostermuscheln.

Ostrea Syluestria.   Durchscheinende Ostermuscheln.

Von jhrer Gestalt.

N etlichen Orthen deß Meers / als an dem Gestad deß Narbonensischen Franckreichs werden Ostermuscheln gefangen / welche von jhnen Scandeber genannt werden / auß vrsach jrer resse / daß sie die Lefftzen deren so sie essen / beissen von jhrer schärpffe. Solche haben ein durchscheinende schalen / an etlichen theilen gelblecht / oder purpurfarb / ausserhalb dick gehaaret / innerhalb glatt / glantzet vnd weiß / hat wenig fleisch / dasselbig versaltzen / bitterlecht vnlieblich. Man ersicht sich in solchen Schalen / als in einem Spiegel.

Von dem vierdten Geſchlecht der Oſtermuſchel.

Spondylus.　Ein Steinoſtern/ Ein Eſelohub.

Wie dieſe geſtaltet..

Dieſe Figur ſetzt Bellonius in ſeinem Buch.　　Dieſe Geſtalt ſtellt Rondeletius für.

Dieſe Oſtermuſcheln kleben vnd hangen an den Steinen/ iſt an der geſtalt gantz ähnlich einer Eſelshub/ auß vrſach ihnen die Welſchen ſolchen Namen geben/ haben zwyfache Schalen/ auſſerhalb rauch/ innerhalb ſehr hol vnd glatt/ wirt an dem obern vnd dicken orth hart zuſamen durch ein Gleych gehefftet.

Von Art vnd Natur aller Oſtermuſcheln.

Jr Art iſt daß ſie ſich beluſtigen der orthen der geſaltznen Waſſern/ ſo andere ſüſſe Flüß vnd Waſſer in ſich empfahen/ wiewol ſie auch an andern Orthen deß Meers gefunden werden / erwachſen an lettechten orthen/ durch fäulung vnd Meerſchaum/ ſo haben auch die Alten ſolche Muſchelfiſch in den Weyern oder gewiſſen Orthen geſpeißt vnnd erzogen als andere Fiſch. So iſt auch zu mercken daß jr Fleiſch wächſt vnd ſchwindt/ nach abnemmung oder wachſen deß Mons/ als dann auch viel anderer Schalfiſchen.

Von natürlicher anmuthung der Thieren.

Der Krebß vnd Meerſtern brauchen wunderbarliche liſt/ das fleiſch der Muſchelfiſchen zu nieſſen. Dann dieweil ſie mit Schalen bedeckt vnd beſchloſſen ſind/ nemmen ſie acht wie bald er den ſpalt ſeiner ſchalen ein wenig auffſperrt/ ſo erfaßt der Krebß ein Steinlin in ſeine ſcheren/ bewegt den in den ſpalt der Oſtermuſchel/ alſo daß er ſich nit weiter beſchlieſſen kan. Der Meerſtern aber ſtreckt den einen ſtriemen oder Arm in den ſpalt/ auff ſolche art vnd liſt mögen dieſe zwey Thier ſolcher Speiß genieſſen.

Etliche Völcker pflegen die ſchalen der Muſchelfiſch zu den Gebäwen zu brauchen.

Von dem Fleiſch ſolcher Fiſch.

Das fleiſch der Muſchelfiſch hat viel vnderſcheid nach eigenſchafft der Orthen. In gemein ſo haben ſie ein verſaltzen Fleiſch/ gebiret ein verſaltzen Geblüt/ iſt hart zu verdäwen/ vngeſund/ vrſachen ein kalt/ arg/ ſchleimig Geblüt/ ob ſie gleichwol nit vnlieblich zu eſſen ſind/ bewegt den Stulgang vnd Harn/ reitzen zu vnkeuſchheit. Die ſo auß den Meerpfützen geſamlet werden/ pflegt man auch rohe zu eſſen.

Von den Steinmuſcheln.

Pholades Conchæ.　Steinmuſcheln/ Mürmuſcheln.

Noch

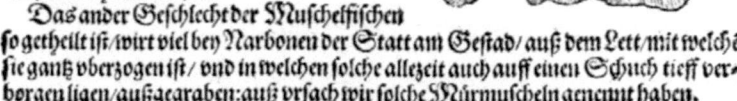

NOch sind zwey andere Geschlecht der
Muschelfischen / auß welchen die ersten
also genaturt sind / daß sie mitten in den
steinen oder Felsen wachsen / in dieselben gentzlich beschlossen sind / allein daß sie kleine Löchlin
durch die stein haben / durch welche sie deß Wassers geleben : haben zwo lange schmale Schalen oder Deckel / auch z? fleisch gleich ähnlich den
Mießmuscheln / wachsen also / vnd behalten die
Gestat der holen Löcher.

Das ander Geschlecht der Muschelfischen
so getheilt ist / wirt viel bey Narbonen der Statt am Gestad / auß dem Lett / mit welche
sie gantz vberzogen ist / vnd in welchen solche allezeit auch auff einen Schuch tieff verborgen ligen / außgegraben : auß vrsach wir solche Mürmuscheln genennt haben.

Von den Tellmuscheln.

Tellinæ prima species.   Tellmuschel.
Das erste Geschlecht von der Tellmuschel.
Von jrer Gestalt.

DER Tellmuscheln werden hie zweyerley Geschlecht beschrieben werden : dann etliche im Meer wachsen / etliche aber allein in süssen Wassern gefunden werden : bekommen alle jren
Namen von den Griechen / auß vrsach daß sie in gantz kurtzer zeit
zu vollkommenheit erwachsen.

Diese erste Gestalt ist deren so in Meerwassern gefunden werden / haben ziemliche
dicke starcke Schalen / glat in dem ende herumb gezeielt / auß vrsach sie gantz satt vnd
vollkommenlich beschliessen / sind glatt / haben ein weisses fleisch.

Diese Muschelfisch ligen im Sand / auß vrsach man solche pflegt in lauterm Wasser wol abzuschwencken : damit das Sand im essen nit vberlegen sey. Dann sie sonst
ein lieblich gut fleisch haben / bringen lust zu essen / bewegen den Stulgang.

Von dem andern Geschlecht.

Tellinarum secunda species, siue Basilica seu fluuiatilis.   Das
ander Geschlecht der Tellmuscheln.
Wo diese Thier zufinden.

IN den enden oder außlauff der Flüssen in das gesaltzene wasser / werden diese Muscheln gefunden / habe ein grössere dünnere Schalen / gelbrot. Mit solchen schalen pflegen die jungen Knabe auffzublasen als ein Trommeten : haben ein süsser fleisch
dann die vorgesetzten.

Von dem dritten Geschlecht.

Tellinarum tertia species.   Das dritte Geschlecht
der Tellmuscheln.
Wie diese gestaltet.

DIeses Geschlecht ist den Tellmuscheln so ähnlich an gestalt vñ art / dz sie billich vnder obgenañte geschlecht soll
gezehlt werde. Ist an der farb weiß / hat ein durchscheinende schale / inerhalb gantz glat /

als aller anderer Muschelfischen gantz dünn. In gemein sind die Tellmuscheln kleine
starcke Müschelin/welche man am Marck pflegt mit einem Napff oder Schüssel auß-
zumessen:haben nach jrer kleine ein sehr gut/angenem/lieblich/gesund Fleisch.

Diese zwo Figuren sind von Venedig komen/ beduncket mich daß sie auch zu der obgenanten Tellmuscheln dienen/ sonderlich die kleiner : die ander wirdt
zu Venedig Peveraza genandt/ das ist/ Pfeffermu-
schelin.

Von der Nagelmuschel.

Solen siue Dactylus mas. Nagelmuschel/ Rohr oder Spül-
muschel Männlin.

Von mancherley Geschlecht der Thieren.

Jese Nagelmuscheln haben
bey den Alten/ auch zu vnser
zeit/ bey den Meerländische
Leuthen mancherley Namé genommen von jrer gestalt:dañ sie sich vergleichen mit der gestalt jhrer langen
rauen oder schmalen/auch gehölten
schalen/einem spül/haffte an Fingern. Solcher werden zweyerley Geschlecht gesehen.
Das erste Männlin/ das ander Weiblin zu vnderscheid/ nit daß sie Männlin vnnd
Weiblin/nach anderer Thieren art haben/ dieweil allerley Muschelfisch/ als oben ge-
hört/ an sandechten Gestaden durch vnd von sich selber erwächst. Das Mäulin oder
erste Geschlecht so hiebey gesetzt/ ist gesetzt von zweyen schalen/ glat vnd dünn/ welche
allein an einem ende/durch ein Band zusamen gehäfftet/sind einer zwerch Handt oder
eines Fingers lang/vnd eines Daumens dick oder breyt/hol als ein Rohr/welche das
eine ende allezeit offen sihet / sie strecken den Kopff herauß/ ziehen denselbigen widervmb herein als ein Schneck/ haben jr fleisch nach der lenge der schalen. Die Schal ist
an der farb blaw mit zwerch gezogenen Linien/ an dem ende/ an welchem er behafft/ist
er etwas dicker/ andere sind sehr dünn.

Von dem andern Geschlecht.

Solen siue Dactylus fœmina. Nagel oder Finger-
muschel Weiblin.

Von seiner Gestalt.

So viel die gestalt betrifft/ist vnder genañten zweyen kein vnder-
scheid/ allein vö farb/geschmack
vnd grösse. Die schal hat keine blawe
strich als die erste/ sonder von einerley
farb/sind kleiner dann die Männlin/haben ein süsser fleisch.

Ein andere Gestalt der Nagelmuschel zu
Venedig conterfetet.

Von

Von Art vnd Natur aller obgenandter Muscheln.

Die Muschelfisch geleben deß Wassers vnd Sands / ligen in demselbigen verhalten / auß vrsach man solche mit eisenen Instrumenten herauß zerrt / von dem Geräusch
vnd Geschrey sollen sie zu grund schliessen. Sie scheinen in den Finsternussen / auch in
dem Mundt deren so solche essen / auch die Tropffen jhres schleims so auff den Boden
fallen.

Von jrem Fleisch.

Je grösser diese Muschel sind / je mehr sie in der Speiß gelobt werden: kommen doch
endtlich allein auff die Tische der Armen / haben ein hartes Fleisch / schwerer verdäwung.

Artzney von den Thieren.

Es wöllen etliche das fleisch der Fisch gesotten / die Brühe getruncken / treiben den
Harn. Jre schalen gepůluert / trücknet sehr wol vnd beißt.

Von der Meereychel.

Balanus Marina. Ein Meereychel.

Von jhrer Gestalt.

Je Gestalt hat diesen Schalfischen auch den Namen
geben / daß sie sich gentzlich den Eycheln vergleichen /
wachsen in den spälten vnd Löchern der Stein oder
Schrofen. Insonderheit dieses erste Geschlecht ist gantz
ähnlich den Eycheln / bey anfang mit der rauhen Hülsen
schwartzgelb / bey ende gantz glatt / von zweyen Schalen zusamen gesetzt / auß jren spältlin gehet als rote Flaumfedern /
kommen an etlichen orthen mit der lenge auff fünff zwerch
Finger / sind gantz angenem / gut vnd lieblich zu essen.

Von dem andern Geschlecht.

Balani secunda species. Das ander Geschlecht
der Meereycheln.

Von jhrer Gestalt.

Jese sind auch den Eycheln gantz gleich / wachsen an
den Schrofen / an etlichen andern Muscheln / auch
spälten der alten Schiffen / sind klein / haben wenig
Fleisch / kommen nit in die Speiß.

Von dem Meerbensel.

Penicillus Marinus. Ein Meerbensel.

Von jhrer Gestalt vnd Art.

Je Gestalt eines Ben-
sels / mit welchen die
Maler pflegen die far-
ben auffzutragen / oder einer
Bürsten/hat diesem seine Namen geben. Dañ es ist ein har-
tes/steinechts oder schalechtes

Rörlin/mit weycher substantz
an einem orth an die Felsen behafftet/ also daß er von dem Wasser vnd Wellen bewegt
wirt. In der Höle wirt fleisch gefunden/getheilt/welches so es sich auß dem Rörlin herfür streckt/zerläßt oder zerthut es sich in solcher gestalt/ als die Figur beweißt.

Von einem andern Meerröhrlin.

Tubulus. Ein Meerröhrlin.

Iß Rörlin nennen gemeiniglich die Apotecker Anta-
le/als ein Meerzan/mag ein Zanmuschel genẽt werden. Ist weiß/gekänelt/rund / sie sind gebogen als ein
Hundszan/gantz hart/als ein stein. In solchen pflegen etliche Würm zu wohnen/als hernach wirt gehört werden.

Von allerley Geschlecht der Meerjgel.

Echinus maior siue Ouarius & esculentus. Das erste
Geschlecht deß Meerjgels.
Von mancherley Geschlecht der Thieren sampt jrer Gestale.

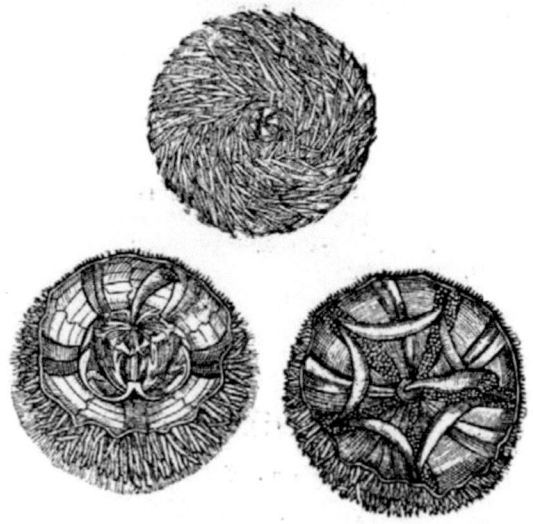

Die

Je Meeröpffel/oder billicher Meerjgel haben jhren Namen von der Gestalt/so sie mit den jrrdischen Igeln haben: dann sie sind mit einer Schalen/voll spitziger Dornen gantz vberdeckt. Solcher werden insonderheit dreyerley Geschlecht hie beschrieben werden. Das erste Geschlecht so hie zu gegen/in welchem Eyer gefunden werden/ist das aller gemeinst: die aller grösten vergleichen sich einem Ey. Jhre farb ist sehr schön so sie leben/der mehrer theil purpurfarb/etliche braun/grün/blaw/rc. Welche schöne farben mit dem todt verschwinden. Sie haben fünff hole Zän/fünff Nägen oder Geweyd/ vnd fünff Eyer/als in den fürgesetzten/auffgeschnittenen offnen Figuren wol mag gesehen werden. An etlichen orthen kommen sie zu zimlicher grösse. Die so ich gesehen/vnd manch mal am Gestad deß Meers auffgelesen hab/vergleichen sich einer welschen Nuß mit jrer grösse. So sie todt/lassen sie die Dörn fallen. Jst ein sehr wunderlich seltzam Meerthier.

Von dem andern Geschlecht
der Meerjgeln.

Echinus Spattagus & Brissus. Das ander Geschlecht der Meerjgeln.

Wie er gestaltet.

Jese ist gestaltet als ein Hertz / minder rund dann der vorgesetzt/hat der Dörn wenig/vnd dieselben klein: hat keine Zän/gelebt deß Wassers/ Sands vnd Letts. Jst innerlich viel anderst gestaltet dann der erste/wirt selten gefangen.

Von dem dritten Geschlecht.

Echinometra. Das dritte Geschlecht der Meerjgell/ Ein Muttersgel.
Von seiner Gestale.

Er gröste auß dem meerjgeln ist diser/mag mit beyden händen hart vmbgriffen werde: hat nit sonderlich grosse dorn/doch grösser dañ dz ander gschlecht innerlich ist er dem ersten gemeine geschlecht gleich gestaltet/außgenommen dz seine Eyer gantz klein sind vñ ohne safft.

Von dem vierdten
Geschlecht.

Echinorum quartum genus. Der kleinest Meerjgel.

Von seiner Gestale.

Jeses vierdte geschlecht der Meerjgeln wirt fürgestellt an dem felsen oder stein klebt: vnder dem Buchstaben A. haben ein kleine schalen: aber lange starcke Dorn nach grösse seines Leibs.

Der 15.theil/ von Muscheln

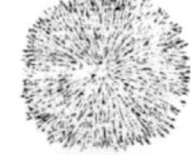

Diese gestalt deß Meerjgels ist zu Venedig conterfetet/
mag zu dem ersten Geschlecht/ oder für das
fünffte gezehlt werden.

Von Art vnd Natur der Thieren.

Die Meerjgel geleben deß Wassers/ Sands vnd deß Letts/ bewegen sich mit jren
Dörnen/ welche sie an statt der Füsse brauchen/ weltzen sich von einem ort an das an-
der/ jre Eyer mehren sich/ werden gantz voll bey vollé Mon/ als dann in andern Schalfischen die krafft deß Mons sich erzeigt. Man sagt von den Thieren/ daß so man einen
lebend zerknitscht/ vnd ein stücklin nach dem andern in das Meer werffe/ sollen sie sich
zusamen fügen vnd widerumb gantz zusamen wachsen.

Von anmuthung der Thieren.

Durch Vngewitter vnd vngestüme deß Meers vnd der Wellen werden diese Thi-
gentlich in die trucknen Gestad herauß geworffen/ welches den Thieren wol bewußt/
so sie Vngewitter vorhanden seyn vermerckend/ welches sie auß angeborner Art wol
erkennen/ so weltzen sie mit jren Dörnen stein auff sich/ mit welchen sie beschweret/ der
vngestüme deß Wassers vnd gewalt der Wellen widerstehen mögen. So die Schiffleuth solches ersehen/ werffen sie die äncker ein/ vnnd hefften das Schiff. Ein art der
Meernesseln pflegt solchen Jgeln nach zu halten.

Von dem Fleisch der Thieren.

Der Meerjgeln kommen etliche in die Speiß/ etliche werden gantz in der Speiß
verworffen. Das erste Geschlecht/ so viel grosse Eyer hat/ gantz gemein an allen orten
deß Meers/ ist sehr gut vnd löblich/ gesund in der Speiß zu essen/ bewegt sänfftiglich
den Harn vnd Stulgang.

Etliche löbliche stück der Artzney/ so von den Thieren in brauch kommen.

Die Schalen der Thieren werden von etlichen gebraucht das Haar zu wachsen:
gepäluert trücknen sehr wol die trieffenden Schäden deß Kopffs/ dasselbige mit Essig
emplasfriert/ vertreibt den Kropff: gleicher Kräfften ist die äschen der gebrandte Scha-
len/ trücknet vnd heylet mächtig.

Diese Thier in der speiß genossen sind dienlich denen so von wütenden Hunden gebissen sind/ treibet mächtig den Harn/ bringet lust zu essen/ vnd bessert den vnlustigen
Magen. Item in Wein zerstossen/ getruncken/ treibet den Harn vnd die Nachgeburt.

Von den Meersternen.

Stellæ prima species.   Das erste Geschlecht der Meersternen.

Von mancherley Gestalt der Meersternen.

Die Meerstern haben nit wenig vnderscheid/ an grösse/ räuhe oder Dörnen/ zahl
der Zincken/ an der farb vnd dergleichen/ als dann von jedem insonderheit wirt
gehört werden. Dieses erste Geschlecht ist ein gantz schöner Meerstern/ welches
Zincken auch auff ein Schuch lang kommen/ sind rauch/ hart/ brüchig/ mitten hat er
den eingang oder Maul/ durch welches er gespeiset wirt/ hat jnnerhalb kein ordenliche
Gestalt. Auß solchen sind etliche äschenfarb/ etliche gelblecht.

Von

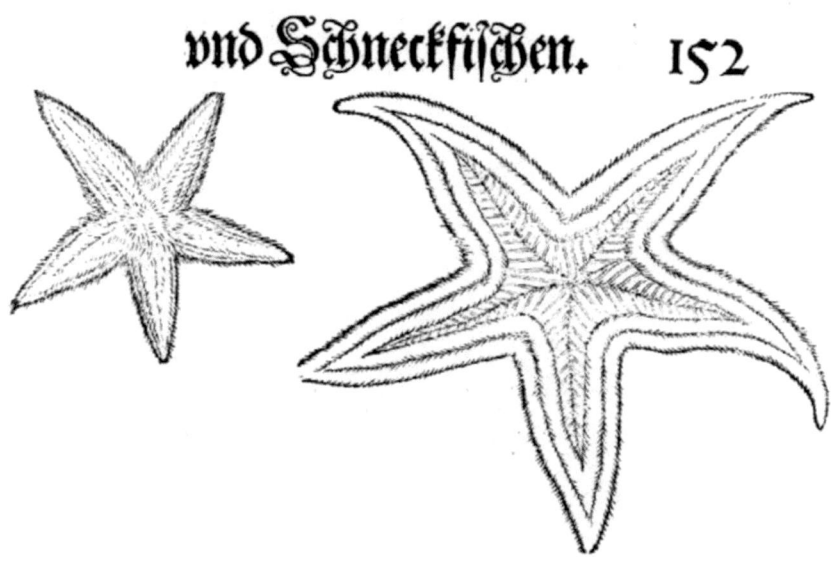

Von dem andern Geschlecht.

Stella pectinata. Ein Strälstern.
Von seiner Gestalt.

Dieser ist auch auß der zahl der grossen Meer-
sternen/ dann seine Zincken auff ein schuch
lang komen/ sind den vorigen gleich/ allein
daß die end der Zincken/ Grad/ Dörn oder Spitzen haben / ordenlich als in einem Strål/ auß
ursach jm solcher Namen gegeben ist / mitten an
welchem orth das Maul/ hat er ein kleines stern-
lin/ wirt selten gefangen.

Von dem dritten Geschlecht.

Stella leuis. Ein glatter Meerstern.

Von jhrer Gestalt.

Die Natur pflegt wunderbarlich zu schertzen in allerley Geschöpffen/ insonderheit in gestalt der Meerthieren/ dann dieser Meerstern ist gantz glat/ hat lange/
runde/ lidweyche streymen/ als Mäußschwentz/ beweglich/ welcher Haut/ so
zimlich hart/ gleich ist einer Schlangenhaut mit schüppen/ gantz lustig anzuschawen/
von wegen der schwartzen und weissen flecken. Mitten hat er fünff runde flecken mit einem Sternlin getheilt/ ist mit seinen langen Armen sehr schnell mit schwimmen.

H ij

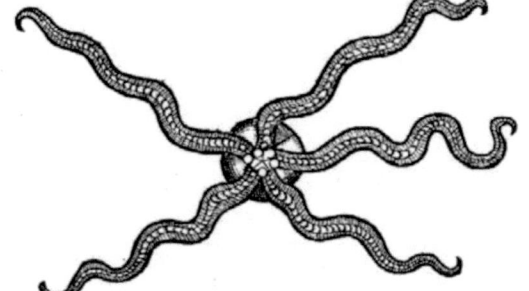

Von dem vierdten Geschlecht.

Stella arborescens.   Baum oder Staudenstern.

Von seiner Gestalt.

In diesem Geschöpff ist Gottes Gewalt vnd Weißheit gröslich zu verwundern/
von wegen der wunderbarlichen gestalt/ so sich außspreitet als ein Baum in seine
äst/ Gesteud oder ander Gewächß/ mitten hat es sein Maul mit viel kleinē Zeu-
lin/ist sonst der gantze Stern schwartzlecht/mit einer dünnen rauhen Haut vberzogen.
Die eussersten äftlin biegen sich alle herein gegen dem Maul oder mitte/ mit welchen er
die Speiß erfaßt/ als mit einem Garn/ dann was er ergreifft/ mag jm nit entlauffen.
Dieser Stern wirt gar selten gefangen/ vnd mit gantzem fleiß behalten/ als ein sonder Spectackel vnd Meerwunder.

Der

Von dem fünfften Geschlecht.

Stella reticulata siue cancellata.　Ein Netze oder
Garnstern.

Von seiner Gestalt.

Dieser ist mit strichen durchzogen als ein Garn
oder Netze/ zwischen welchen viel runder Düsseln sich erzeigen / soll vnder die grossen Meersternen gezehlt werden: dann seine Zincken mit der lenge auff ein Schuch kommen / viel dicker dann andere
Stern. Ist ein mächtig Abentheuwer/ wirdt selten ge-
fangen/ fleissig behalten: hat sein Maul nach art vnd
gestalt der andern Meersternen.

Von dem sechßten Geschlecht.

Stella Echinata.　Igelstern/ Wurmstern.

Wie er gestaltet.

Der Leib deß Sterns ist gantz rund vnnd klein/
hat fünff schmale/ dornechte Zinck als würm/
mit solchem bewegt er sich vnd kreucht als ein
Schlang/ auch auff der trückne/ läst nit nach/ ob jm
gleich seine Arm abgebrochen sind/ welche sich nit desto
minder bewegen / als die zerschrotnen Würme oder
Schwentz der Heydechsen: hat sein Maul nach gestalt
der andern/ frißt kleine Schnecklin vnd Krebßlin: wirt
zwischen den Steinen vnd Felsen gefunden.

Von der Meersonn.

Sol marinus.　Ein Meersonn.

Von jrer Gestalt.

Als die Stern hievor gesetzt / sind genennt worden von
gestalt der sternen/ so die Maler pflegen zu malen: Also mag diese gestalt ein Meersonne genennet werden/
dann seine Zincken wachsen nit von mitte deß Leibs herauß/
sonder von der eussern ende/ gantz kurtz/ spitzig/ glat an einer
seitē. Mitte deß Leibs ist sie als ein Rosen gestalt/ hat sonst
mit anderer gestalt von den andern Meersternen kein vnderscheid. Als man Meersternen/ Meersonnen pfleget zu
fahen/ also wirt auch ein gestalt erzeiget/ welcher Meermon
genannt wirt/ den Meersternen gantz gleich/ rc.

Von der Art vnd Natur aller Meersternen.

Man sagt von diesen Meersternen/ daß sie auff dem Landt/ so das Meer ablaufft/
erstarren/ vnd so das Meer widerumb anlaufft/ sollen sie widerumb lebendig werden.
Sie fressen allerley Schnecken vnd Krebß/ welche so sie in kurtzer zeit auß angeborner
Hitze verzehren vnd kochen sollen/ daß es sich zu verwundern ist. Sie wandlen mit jren
Zincken oder Armen/ als dann vor von etlichen gehört.

Der 15.theil/ von Muſcheln

Von jhrem Fleiſch vnd Artzney.

An etlichen orthen/ an welchen dieſe Meerſtern zu mächtiger gröſſe kommen/ pflegt man jres fleiſch zu eſſen/ welches ſehr zu vnkeuſchheit reitzen ſoll. Sonſt witt der Rauch von jnen/ auch jhr Leib/ gebraucht zu etlichen Kranckheiten/ als der fallenden Sucht/ vnd Mutter der Weiber.

Von etlichen andern Meergewächſen/ ſo leben
ohn alle empfindlichkeit. Holothurium.
Wie ſie geſtaltet.

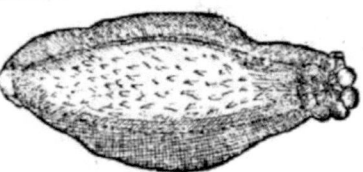

Ieſes ſind Meergewächſz / leben ohne empfindligkeit/ ſind an keiné orth behafftet/ ſonder ligen vnder andern auſzwürfflingé deſz Meers/ wiewol dieſes erſte Geſchlecht ſich zu zeiten mit einem Orth/ ſo ſich einer Roſen vergleichet/ an die Stein häfftet/ beharret doch nit lange zeit.

Von dem andern Geſchlecht.

Holothuriorum ſecunda ſpecies.   Ein ander Geſchlecht der Thieren.

Wie es geſtaltet.

Ieſes wirt auch an gleichen Orten gefunden/ iſt mit leben/ rauhen harté haut dem vorgeſeßten gantz gleich: vornen beduncket es ſich einen Kopff haben/ mitté ein Maul/ hinden zween Füſz/ mit welchen es ſich etlicher geſtalt beweget.

Von der Meerſprützen.

Techia.   Meerſprützen.

Dieſe Geſtalten der Meerſprützen ſetzt Rondeletius/ deren ein mit ſeinem Lederlin bedeckt iſt/ Die ander aber offen/ alſo/ daſz man die Geſtalt deſz Fleiſchs deſz innern Leibs ſehen mag.

Dieſe zwo andern Meerſprützen deren eine gantz/ die ander offen/ ſetzet Bellonius.

Dieſe.

Diese vier folgenden Figuren sind auß Italia kommen/ bedunckeu mich
auch der Meerspruͤtzen art seyn/ oder doch jrer
Natur gar nahe verwandt.

Wie diese gestaltet.

Dieses sind auch vngestalte/ vnempfindliche doch lebliche Meergewaͤchß/ haben
vnderscheid von den ersten/ daß sie nit in dem Gestad schweben/ sondern an den
Steinen/ Felsen/ vnd an etlichen Muscheln behafftet wachsen. Man pflegt solche zu Venedig auß dem Fischmarck zu verkauffen/ dann sie kommen in die Speiß/ haben ein dicke/ rauhe Haut/ als ein Schalen/ in welcher fleisch ligt/ in der gestalt als ein
Magen. So man solche truckt mit der Handt/ so spruͤtzet Wasser herauß durch ein
Loͤchlin/ als auß einer Spruͤtzen oder Brust. Diese empfinden/ so man sie beruͤhrt/
wachsen viel an den Ostermuscheln.

Von dem Meerzagel.

Mentula Marina, Pudendum marinum. Ein Meerscham.

Von mancherley Gestalt der dingen.

Die Gewaͤchß so leben haben/ vnd aber kein gestalt innerlicher theilen/ haben die
Griechen Zoophyta genandt. Etliche sind hievor beschrieben worden. Diß ge-
genwertig das erste Geschlecht der Meerscham/ hat seinen Namen von der ge-
L iiij

ſtalt/ als auch die folgenden/ hat ein harte Haut/ ſo es lebt/ iſt es voll vnd außgeſtreckt/
nach dem todt fällt es zuſamen/ hat zwey Löcher/ durch welche es das Waſſer an ſich
zeucht/ vnd von jm gibt. Etliche ſind grün/ etliche ſchwartzlecht/ etliche gelblecht.

Von dem andern Geſchlecht der Meerſcham.

Pudendi marini altera ſpecies.

Wie dieſer geſtaltet.

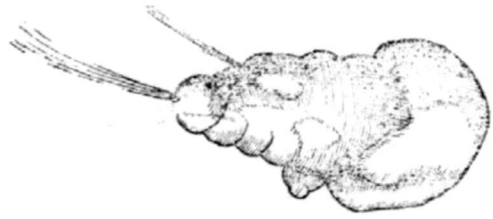

S Ein geſtalt erzeigt ſich hiebey/ allein zu mercken iſt/ daß ſie ein harte ſchalen oder
Haut hat/ dick geruntzelt vnnd durchſcheinend/ hat zwey Löcher von einander/
durch welche er Waſſer herauß ſprützt/ ſo er getruckt wirt.

Von einer andern Meerſcham.

Pudendi marini alia ſpecies.

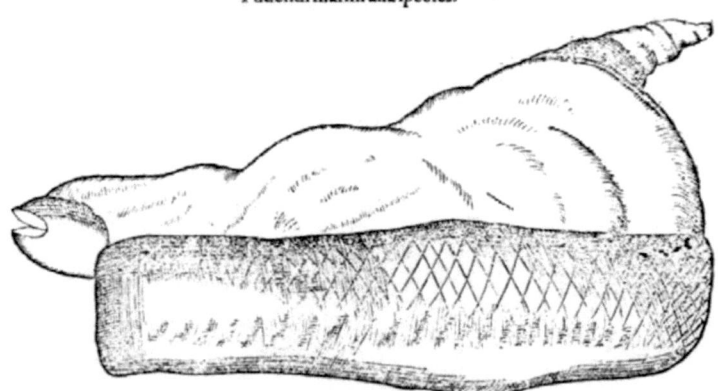

D Jeſes iſt auch ein andere Geſtalt der Meerſcham/ iſt gelbgrün/ der eine ſpitz ſo
niderer/ iſt geſtaltet am ende/ wie der Kopff am männlichen Glied/ auch roth/
wirt ſelten gefangen/ kompt nit in die Speiß.

Von der Meerlungen.

Pulmo marinus, Spongia marina. Ein Meerlungen/
Ein Meerschwamm.

Von seiner Gestalt.

Jse ligen gar nahe an allen Gestaden deß Meers/
von welchem sie außgeworffen werden. Sind
gantz rund/ mit einer harten dicken Haut bedeckt/
grün an der Farb/ welche so man mit dem Fuß tritt/ oder
sonst truckt/ so fleußt Wasser herauß/ vnd so man sie darnach widerumb in das Wasser legt/ so werden sie widervmb voll/ nit anderst dann ein gemeiner Schwam.

Von etlichen Meergewächsen/ so nit Kreuter/
auch nit lebendige Thier/ sondern mittler art sind/
von den Griechen genandt
Zoophyta.

Erstlich von dem Meernegelin.

Eschara. Ein Meernegelin.

Von seiner Gestalt vnd Art.

Jeses Gewächß ist gantz ähnlich an der
Gstalt den gefüllten Negelinblumen/ oder
Hauptselacten/ vö welcher jm die Meerländischen den Namen geben haben. Ist nit einer roten Haut bedeckt/ welche so sie jm abgezo-
gen/ ist die an der Substantz gantz durchlöchert
als ein Sieb: wächst auff den Steinen/ auch
höltzern so lang im Wasser gelegen: wächßt vnden auß dem Stiel als auß einem Würtzelin.

Von einem andern Meergewächß.

Epipetrum. Ein Schwammächtig vnd luck
Meergewächß.
Wie es gestaltet.

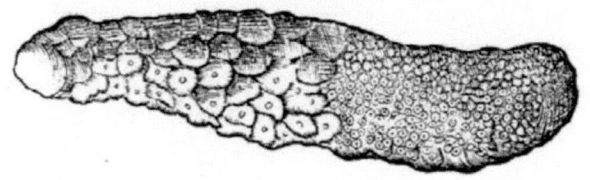

Jeses ist nit vngleich der Meerscham / ist sechß Finger lang / anderhalb breyt / dußlecht / vnd vneben / eins theils schwartzlecht / anders theils rotlecht.

Von dem dritten.

Cucumis marinus.   Meercucumer.

Jt Gestalt / Farb / vnd geschmack / ist dieser den Cucumern gantz gleich.

Von dem vierdten.

Malum insanum marinum.

Je gstalt dises gewächß ist gätz ähnlich der frucht so die teutschē Dollöpffel nennen / möcht ein Art der Meertreubel geachtet werden.

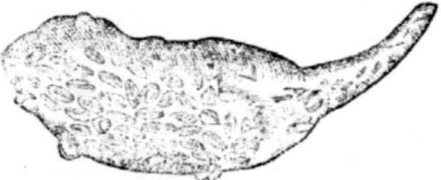

Von dem Meertreubel.

Vua marina.   Ein Meertreubel.
Wie er gestaltet.

Iß ist ein lenglechter vngestalter schwam von einem stiel hangend: an dem eussern theil hat er blumē den Treubelblumen gantz gleich / darzwischen Beer: Die vmb das teutsche Meer wohnen / nessen solch gewächß Haffgufft.

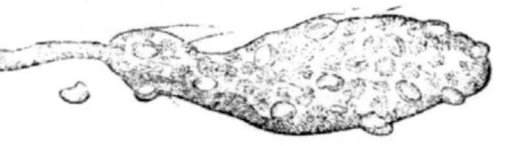

Von der Meerhandt.

Manus marina.   Ein Meerhandt.
Von seiner Gestalt.

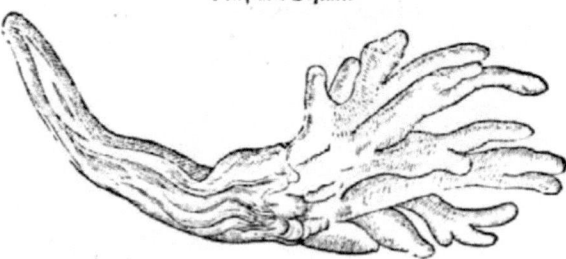

Jeses Gewächß hat auch den Namen bekommen von etlicher Gestalt mit der Handt eines Menschen.

Von

Von der Meerfedern.

Penna Marina.　Ein Meerfeder.

Von solcher Gestalt.

DEr Meerfedern werden hie
zwo gestalt gesetzt/auß welchen die letzte so rotlecht/auß
Jtalien kommen ist/sind gantz ähnlich den Federn von dem Strauß.
Bey Nacht sollen sie scheinen als
ein Stern.

Diese Figur setzt Rondeletius in seinem Buch.

Ein andere Gestalt der Meerfedern auß Jtalia.

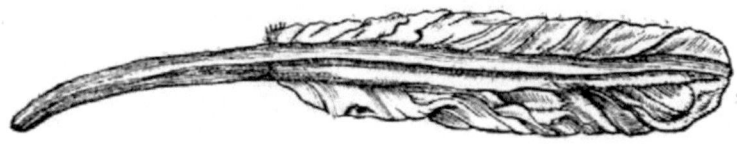

Der 16. theil von etlichen Meergewürmen.

Von dem Meerpferdt.

Hippocampus.　Ein Meerroß/Ein Meerpferdt.

Von seiner Gestalt vnd grösse.

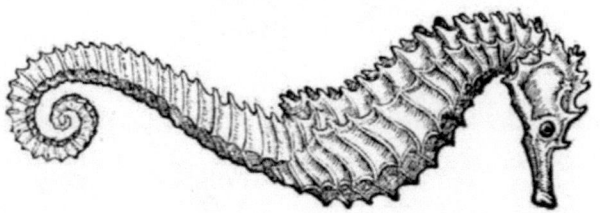

DJe grosse wunderwerck Gottes vnnd geschicklickeit der
Natur/erzeigen sich in viel wunderbarlichen Geschöpffen/insonderheit
in disem gegenwertigen Meerthier oder Fisch/welcher mit Kopff/Halß/
Maul Brust/Halßhaar/so an den schwimmenden allein gesehen wirt/
sich gentzlich einem jrdischen Pferdt vergleicht/außgenommen der hindertheil oder
schwantz/so ein andere gstalt hat/als dann auß der gegenwertigen Figur wol mag ge-

sehen werden / sein leng ist nit gar einer Spann lang / die dicke eines Däumlens oder
grossen Fingers/ an der farb vorauß oben auff dem Rucken braun/ mit weissen punck-
ten / vnden am Bauch weißlecht/ der so vnser etliche zu Mompelier am Gestad deß
Meers gesehen haben/ war bleych/ ohne zweiffel daß er todt was. Keine Fischohren
hat er/ sonder ob den Augen zwey kleine Löchlin. Ist ein sonderlicher schöner/ wunder-
barlicher/ seltzamer Fisch/ wirt auch nit viel von den Fischern gefangen.

Von Art vnd Natur der Thieren.

Diese Wunderfisch fressen allein Kaat vnd leben deß Wassers. Etliche Abenthew-
rer zeigen solche Thier an statt der Basilißcken/ auß der vrsach daß sich sein ende oder
schwantz auff allweg krümmen läßt/ vnd wie er gekrümbt wirdt/ so er stirbt/ in solcher
Gestalt soll er bleiben.

Von seinem Fleisch.

Das fleisch der Thieren kompt nit in die Speiß/ bey keiner Nation/ dañ sein brauch
soll vergifft seyn/ schädliche Kranckheiten bewegen.

Etliche besondere stück der Artzney / so von solchen Thieren in brauch kommen.

Diese Thier angehenckt/ sollen bewegen zu vnkeuschheit. Item gedörrt/ gepůluert/
vnd eingenommen/ soll wunderbarlich helffen/ denen so von wütenden Hunden gebissen sind. Dergleichen auß starckem Essig gestossen/ auff den Biß gelegt.

Dieses Thier zu äschen gebrandt/ mit altem Schmeer vnd Salniter/ oder mit starckem Essig auffgeschmiert/ erfüllt die Kaalköpff/ oder abgeflossen Haar.

Das Puluer der gedörrten Meerpferd genossen/ miltert das Seitenwehe oder den
stich/ vnd in der Speiß genommen/ hilfft denen so den Harn nit verhalten mögen.

Die Gall der Thieren soll ein sonderbare Artzney seyn/ wider die bresten der Augen.

Von dem Meerrauppen.

Eruca Marina.   Ein wunderbarer Haarwurm.

Von seiner Gestalt.

Dieser wunderbahrer
Haarwurm/ soll we-
der Maul noch Augē
haben/ mitten dick/ zu beyden
seiten spitzlecht/ am bauch ist
er geruntzelt/ auff dem Ru-
cken hat er kleine Düsselin/ welche die Fischer Wärtzen nennen/ auß welcher grüne haar
sich herauß strecken/ so er berührt/ so erhebt er sich vnd laufft auff/ ist vergifft.

Von der Meerlauß.

Pediculus Marinus.   Ein Meerlauß.

Wie sie gestaltet.

Dieses

Dieses Thier wirt mit einer dünnen Schalen bedeckt als ein Krebßlin / ist breyt vnnd groß als ein Bonen / nit vngleich einem Roßkeffer : plaget die Fisch sehr vbel / klebt an jnen vnd saugt wie ein Egel : weicht auch nit es hab dann ein Fisch gantz außgesogen.

Von dem Meerfloh.

Pulex marinus.　Ein Meerfloh.

Wie er gestaltet.

Diese närrische gestalt ist auch auß den kleinen Thieren so die Fisch plagen / ist mit dünnen schalen bedeckt / nach Art der Krebsen sehr klein / also daß er nit ohne sondern fleiß vnnd Arbeyt mag erkannt werden.

Von der Meerbrem.

Ostreus vel Asilus marinus.　Ein Meerbrem.

Von jhrer Gestalt / Art vnd Natur.

Diß Thierlin ist auch auß der zahl der Meerplagen / sticht vnd treibet etliche grosse Meerfisch / daß sie sich von noth auff das Landt vnd Gestad herauß werffen / insonderheit die Thunnen / Delphin / auch etliche andere Wallfisch.

Von der Meeregel.

Hirudo marina.　Ein Meeregel.

Von jrer Gestalt vnd Eigenschafft.

Im Meer / Meerpfützen oder Seen werden Egel gesehen / denen so in süssen Wassern gantz gleich : eines Fingers groß / das Maul vnd ende deß Schwantzes hat grüblin von fleisch wie der groß Kuttelfisch / mit welchen sie sich anhefften. Sein Leib nach art der Würmen von viel Ringlin zusamen gesetzt / haben doch ein härtere Haut dañ die vorbeschriebnen Egeln / also daß sie sich nit mögen zusamen ziehen oder krümmen : sondern bewegen allein den Kopff vnd Schwantz. Diese leben im Kaat / Lett vnd stinckenden orthen : dienen nicht zur Speiß / wiewol etliche wüste Fisch solche fressen.

Artzney von den Thieren.

Diese Würm in altem öl gekocht / miltern den schmertzen der Ohren : in Mandel oder Camillenöl / den schmertzen der güldin Adern. In Wein gesotten / sind sie dienlich den Wunden der Neruadern vnd erstarren der Glieder. Gebrandt mit Essig ange-schmiert / erfüllt die Glatzköpff mit Haar.

Von der Meernassel.

Scolopendra marina.　Ein Meernassel.

Von jrer Gestalt.

Je Meernaſſel iſt gleich der jrrdiſchen Naſſel/ welches Würm ſind rothlecht/ mit viel Füſſen/ ſind doch gröſſer vnnd lenger. Die kleiner auß denen iſt gantz rotlecht: die gröſſer ſo auff ein Elenbogen kompt weißlecht.

Von Art vnd Natur der Thieren.

Dieſe Thier wohnen in dem tieffen Meer bey den ſchrofen vnd ſteinen/ an welchen ſie kleben vnd kriechen. Sie brennen wie ein Neſſel ſo ſie angegriffen werden/ſtincken vbel/zerſpringen ſo ſie von einem Menſchen beſpeyet werden.

Von natürlicher liſtigkeit deß Thiero.

Die Meerneſſel ſo ſie ein Angel verſchluckt vnd gefangen/ ſoll ſie all jr Eingeweyd herauß kotzen/ſich gantz alſo vmbkehren/ vnd vom Angel entledigen.

Artzney von den Thieren.

Dieſe Thier in öl geſotten/macht das Haar abfallen: auch die äſchē mit öl gemengt. Dieſe Thier mit Honig emplaſtriert/vertreibet die Kröpff.

Von dem Meerwurm.

Vermis Mycrorynchoteros.   Ein Meerwurm.
Wie er geſtaltet.

Jeſer Meerwurm iſt eines Fingers lang/ deß kleinſten Fingers dick/ mit einem kurtzen kumpffen ſchnäbelin. Etliche haben nur ein Löchlin an ſtatt deß ſchnabels. Iſt auß der Art der Mettlen.

Vermis Macrorynchoteros.
Ein anderer Meerwurm.

Jeſer iſt gröſſer vnd dicker/ kompt auff zwo Elen lang/ eines Daumens dick/ hat ein legern ſchnabel: iſt geſtaltet wie ein lange Wurſt: gelebt im Kaat vñ Lett deß Meers vñ Meerpfütze.

Von dem Meermettel.

Lumbricus marinus.   Ein Meermettel.
Wie er geſtaltet.

Dieſer

Jeser ist an der Gestalt gleich den Würmen so zu zeiten auß dem Gedärm der
jungen Kinder kommen/zweyer Elen lang/wohnt in warmem Sand/läßt sich
zu zeiten gantz in das Meer.

Von einer andern art der Würm.

Vermes in Tubulis delitescentes.

Jese wachsen an den Meersteinen vnd Felsen/ auch auff den alten Muscheln/
in rauhen Röhrlin / welche jnnerhalb gantz glat vnd weiß sind. Sind nit vngleich an gestalt der kleinen Meernassel/ von wegen der Füsse/ hievor vnder den
Muscheln auch beschrieben worden.

D ij

Das ander Buch von den Thieren so

in Wassern wohnen / welches allerley Fisch der
süssen Wassern / Flüssen / oder anderer
Bächen begreifft.

Deß ersten Theils dieses andern Buchs die erste Ordnung / welche allerley kleine Fischlin / so in süssen Wassern gefangen werden / innhaltet.

Von dem Bachbambelin oder Haarleuchlin.

Phoxinus læuis.   Ein glatte Bambelin / Haarleuchlin.

Von Gestalt vnd mancherley Namen deß Fischlins.

DEr Bambelen sind insonderheit zweyerley Geschlecht.
Etliche glatt ohne Schüppen / werden bey vns gemeiniglich allein in dem
fluß Glat gefangen. Andere haben schüppen / als vnsere gemeine Bambelin. Der geschlechten jedes wirt widerumb in zwey getheilt werden.
Das erste Geschlecht der glatten Bambelen welches die Schwaben Pfrillneßen /
ist glatt ohne schüppen / weiß / allein daß es mit schwartzen Puncten besprenget ist / das
ende der vndern Fischsecken ist rotlecht / ist auch auff dem Rucken schwartzlecht ein theil
vmb den andern / ist vnden am Bauch weiß.

Von dem andern Geschlecht der glatten Bachbambelin.

Pisciculus varius ex Phoxinorum genere.

DJeser sol auch billich vnder das gschlecht der glatten Bachbambelen gezehlt werdē. Der Rucken ist
glantzet / goldfarb / der bauch silberfarb / die seiten
purpurfarb / der schwantz so breytlecht / goldfarb / hat ein
glatte haut / mit etlichen flecken oder düpffelin besprengt.

Von dem schüppechten Bambelin.

Phoxinus squamosus maior & minor.   Das groß vnd
klein schüppecht Bambelin.

Wie

Wie sie gestaltet.

Die minder vnd kleiner gestalt/ist vnser gemeinen Bambelen. Dieweil sie nun bekandt/sind sie nicht weiter zu beschreiben: allein zu mercken ist/daß die Bambelen mit mancherley Namen genennt werden nach art vnd brauch frembder Nationen. Dann vmb Straßburg werden sie Milling/Mülling/Orlen/Erling/Hägener/vnd die aller kleinsten Brechling genandt / auch ein anders Geschlecht kleiner bitterer Fisch Riemling.

Butt/Bott/Baut/Bintzbaut/werden die glatten Bambelen genandt.

Die in Meissen vnd Sachsen nennen solche Elderitz / Elritz/Eldrich: Item Pfal/ Osrylls in Beyern.

Von Art/Natur/vnd Eigenschafft der Bambelen.

Die Natur vnnd schöpffung aller kleinen Fischlin ist also geartet / daß sie in gantz kurtzer zeit erwachsen. Das wirt jnen von den Alten zugeschrieben/daß sie gantz klein/ doch voll Rogen allezeit gefangen werden/also/daß sie gar nahe gezweiffelt haben / ob sie von dem ersten vrsprung her mit Rogen erwachsen. Sind vnachtbare kleine Fischlin/die man pflegt gemeiniglich hinzuwerffen.|

Von jhrem Fleisch.

Das fleisch der Fischlin wirt allezeit bitter erfunden/auß vrsach/daß sie klein/doch grosse galle haben. Die grösser schüpecht Bambele vergleicht sich mehr einer Rotten.

Von einem andern Geschlecht der Bambelen.

Epelanus fluuiatilis. Ein Geschlecht der Riemling oder Bambelen.

Von jhrer Gestalt.

Diß ist ein art der kleine Bäbelen/wirt in der Sequana einem fluß in Franckreich gefangen/sol ein sehr köstlicher Fisch seyn/ eines lieblichen Geruchs/welchs jm vñ dem Meerfisch Epperlano insonderheit anerboren ist / kompt selten mit der lenge vber fünff zwerch Finger/vnd eines Daumens breyt/wirt allezeit sehr klein vnd jung/voller Rogen gefangen.

Von der Albulen deren so am Rhein wohnen.

Alburnus Ausonij. Albulen.

Von seiner Gestalt.

Nsere gemeine fisch/so von vns Albulen genennt werden/die Seefisch/sind viel ein andere gattung dañ die gegentwertigem. Am Bodensee wirt er von seinen roten Augen/Rotäuglin genennt/sonst auch

D iij

Der erste theil/ von allerley

Zwibelfischlin/ Weißfischlin/ Blleck/ Biegge/ Schneiderfischlin. Haben dünne/ weiß-
se/ silberfarbe schüppen/ allein der Rucken ein wenig schattecht: kompt mit der leng auff
sechß zwerch Finger/ vnd auff zween zwerch Finger breyt. Ist ein schlechter verworffener Fisch/ auß verachtung man solche vmb den Bodensee Schneiderfischlin nennet.

Von dem Greßling.

Gobio fluuiatilis.   Ein Greßling/ Greß/ Kreß/
Bachkressen.

Von jrer Gestalt.

Ausonius ist der erste gewesen der diese
Greßling beschrieben hat/ ist ein gemei-
ner Fisch bey vns/ weiß von silberfarben
Schüppen / mit schwartzen flecken besprengt.

Von Art vnd Natur der Greßlingen.

Diese Fisch schwimmen scharecht/ fressen
die todten Leib der Menschen/ vnd Roßköpff/ leben vnd wohnen im boden vnd Lett/
man fängt solche in Seen vnd Flüssen. Das gemeine Sprichwort ist/ Ein Kreß ist ein
Todtengräber. Sie werden in grosser menge mit den Stoßbären gefangen. Man findet solche auch im Jenner voller Rogen.

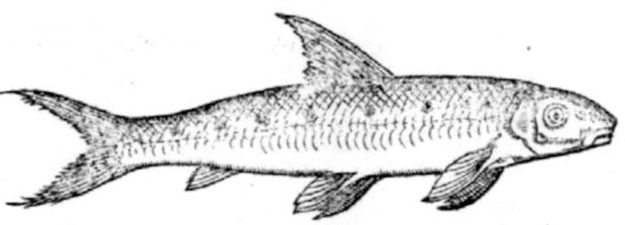

Von jhrem Fleisch.

Das Fleisch der Fischen hat gemeiniglich ein Geschmack nach dem Kaat/ sind vnachtbare Fisch. Im Aprilen vnd Meyens zeit sollen sie zum besten seyn.

Von dem Neunaug.

Diese Figur setzt Rondeletius.

Lampredz minimæ icon.   Ein Neunaug.

Wie diese Thier gestaltet.

Diese

Dieſe andere Geſtalt hat vnſer Maler conterfetet.

Dieſer Fiſch iſt nit vngleich an der geſtalt vnd gröſſe dem gemeinen Blindſchley-cher/iſt auß dem Geſchlecht der Lampreten/von den ſieben Löchern der Fiſch-ohren/vnd den zweyen Augen/wirdt er ein Neunaug genennet. Solcher ſollen zweyerley Geſtalt ſeyn/nemlich das ander von dem Kaat oder Mür/Mürneunaug/in welches ſie verhalten leben/ſchwärtzer dann die erſten/ſollen nit in die Speiß kom-men. Solche Fiſch haben auff dem Kopff ein Loch/als die andern Lampreten. Man ſagt/ſo ein kleiner Neunaug in einem irdinen Geſchir in Waſſer geſotten werde/daß der Hafen zerſpringe. Man fängt ſie viel mit dem Garn mit andern kleinen Fiſchen oder Bambelen. Werden im Hornung vnd Mertzen für andere zeit geprieſen. Etliche loben ſolche von S. Jacobs Tag/biß auff die Faſten. Im Aprilen findt man ſie voller Rogen/ſind nit lieblich zu eſſen/dann ſie haben ein zehe fleiſch/gantz kein Gradt/wer-den viel in der Glatt vnd andern viel Flüſſen gefangen/geleben allein deß ſaugens/als die Blutſauger vnd Egeln.

Von dem Stichling.

Piſciculus aculeatus, Piſciculus pungitiuus, Spinachia, Ein Scharpling / Ein Stachelfiſch.

Ein Stichling!

Von ſeiner Geſtale.

JN den Seen vnd Flüſſen werden kleine Fiſchlin gefun-den/mit ſcharpffen ſpitzen oder Dörnen bewahret/wer-den auß der vrſach Stichling genannt. Solcher ſind zweyerley/die erſten gröſſer/mit drey ſpitzen auff dem Rucken/vnd andern dreyen am Bauch zuſamen gefügt/gleich einem Binetſchfänlin/ſolche ſpitzen ſind gantz ſcharpff vnd veſt/wel-che ſie in der forcht auffrichten vnd ſtreuſſen ſich vor gefahr zu bewahren. Mit jrem Leib vergleichen ſie ſich kleine Egeln/ſind ohne Schüppen. Sol-cher werden zu zeiten in den Seen vnnd Flüſſen ſo in groſſer menge geſehen/daß etliche geachtet haben ſie ein Raub oder Speiß ſeyn anderer Fiſchen. Auch ſo ſolche See oder Pfützen auſtrucknen/werden ſie von den Armen zu hauff geleſen.

Das ander Geſchlecht hat auff dem Rucken ſechß Dorn oder ſpitzen/bey ſeit nur einen/den Einwohnern der Tyber kommen ſolche zu der Speiß. Werden ſonſt auch zu Straßburg/vnd Wittenberg an der Alb geſehen. Das Männlin iſt vnden am Halß ein wenig roth/das Weiblin nit. Man meynt/vorauß die Fiſcher/daß ſolche Fiſchlin von jnen ſelber wachſen/vnd auß ſolchen folgender Jaren andere Fiſch/auß ſolcher vr-ſach darzu bewegt/daß auch in den new bereyteten Seen oder Weyern/ſolche in dem Jar geſehen werden/folgender Jahren andere Fiſch/ob ſie gleich mit keinerley Fiſchen nit beſetzt ſind worden.

Von dem Beißker.

D iiij

Der erste theil/ von allerley

Pœcilias piscis. Ein Peißker/ Ein Beißker/ Meerputten/
Meertreuschen/ Pfulfisch.
Von jhrer Gestalt.

Eißker wirt dieser Fisch genandt von seiner Art/ dieweil er in den Boden/ Gestad vnd Erden hinein gräbt/ in demselbigen sich verschleufft. Sind an der Gestalt gantz ähnlich den Grundeln/ einer spannen lang/ eines fingers dick/ wiewol
auch grössere gefunden werden. Der Rücken ist äschenfarb/ mit viel/ entzwerch schwartzen vnd blawen flecken/ von welchen flecken sie den Namen bey den Griechen haben.
Zu jeder seit ist ein weisse vnd schwartze Linien. Der Bauch ist weiß/ mit gelben flecken
besprengt/ auch darzwischen gantz kleine rote vnd schwartze Düpffelin/ man gräbt sie
auß dem Boden bey den Gestaden/ haben gern Wust vnd Kaat/ also daß sie auch den
Wust der Scheißgruben verzehren. Ist ein gemeiner Beschiß bey den Landstreichern/
welche solche in gläsene Kuttern beschliessen/ also speisen/ vnd an statt der Nattern er-
zeigen/ dann sie sonst auch den kleinen Nattern nicht vngleich/ dann so man solche mit
Brodt vnd etlichem andern ding speiset/ leben sie auff anderhalb Monat/ Sie sollen
ein stimme geben/ nach art etlicher anderer Grabfischen.

Von dem Kaulbarß.

Porcus fluuiatilis, Perca fluuiatilis minor, Cernua fluuiatilis,
Porces/ Kutt/ Kaut/ Kaulbarß/ Kaulpersich/
Goldfisch/ bey Cöln/ Pösch.
Von seiner Gestalt.
Diese Figur ist zu Straßburg conterfetet.

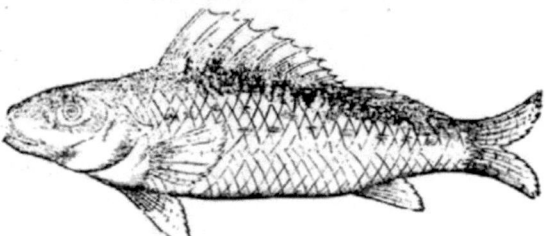

Diese andere Figur so auß Engellandt kommen/ ist etwas
fleissiger gemacht/ dann die erste.

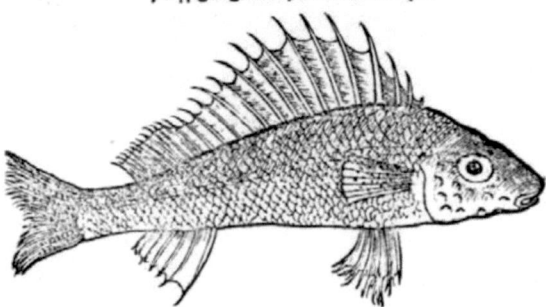

Dieser

Jeser Fisch ist nit vngleich dem Eglin/ fürnemlich dem Meereglin/ hat scharpffe spitzige Fischfeckten auff dem Rucken/ vnd vnden am Bauch/ welche er auffricht so er berührt wirdt sich zu beschirmen/ also/ daß er allweg den verletzt so jhn begreifft/ ist kleiner vnd rinder dann das Eglin. Oben auff dem Rucken ist er braun/ gegen dem Bauch vnden bleychgelb: an dem Kynbacken hat er zwo ordnungen halber Ringlin: das ober halb theil der Augen braun/ das vnder goldfarb: hat am schwantz vnd durch die Feckten schwartze flecken: sitzt gern an sandechten lautern Orthen. Es ist ein anderer kleiner Fisch von den Teutschen Kutt genannt/ eines Fingers lang/ mit gantz kleinen Schüppen/ wie ein grosser Gropp/ doch mit einem kleinern Kopff/ grüner/ gantz löblich in der Speiß/ vorauß deß Glentzen/ vnd so er leycht/ wirdt er gleich seyn vnd zugehören dem jetzt beschriebnen Kaulparß.

Von dem Fleisch der Fischen.

Diese obgeschribene Fisch haben ein sehr löblich fleisch/ gantz gleich dem fleisch der Eglin/ gut/ gesund/ vnd angenem zu essen.

Von dem Schröll.

Von seiner Gestalt vnd Fleisch.

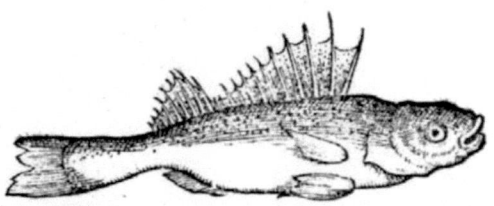

Jeser Fisch soll insonderheit in der Thonaw gefangen werden/ gantz gleich dem Eglin oder obgesetzten/ ist er anderst nit gantz derselbig: soll selten grösser werden daß die gestalt anzeigt: der Rucken oben her ist braun/ die seiten grünlecht/ mit viel braunen puncten besprengt/ auch in der öbern Fisch oder Floßfeckten auff dem Rucken/ welches spitzen weißlecht seyn sollen. Der bauch weiß/ der anfang der feckten bey den Ohren rotlecht. Ist ein sehr guter löblicher Fisch/ auff alle weiß vnd art bereyt.

Von dem Schwaal.

Leucisci, seu Mugilis fluuiatilis species prima.   Ein Schwaal/
Furn/ Nettel/ Rotaug/ Rotäuglin.

Wie diese Fisch gestaltet.

Je Schwaalen sind bey vns bekandte Fisch/ auß vrsach von jrer gestalt nichts zu schreiben ist: allein zu mercken ist/ dz sie bey etlichen orthē nach dem Alter vnd Jaren/ andere vnd andere Namen bekommen: als nemlich zu Lindaw am Bodensee kennen sie solche im ersten Jar Förnfisch/ im andern ein Guit/ im dritten ein Furn. Etliche nennen sie im ersten Jar/ Blieck/ oder Rotäuglin: im andern Jar/ Fürling: demnach Furn oder Schwaal.

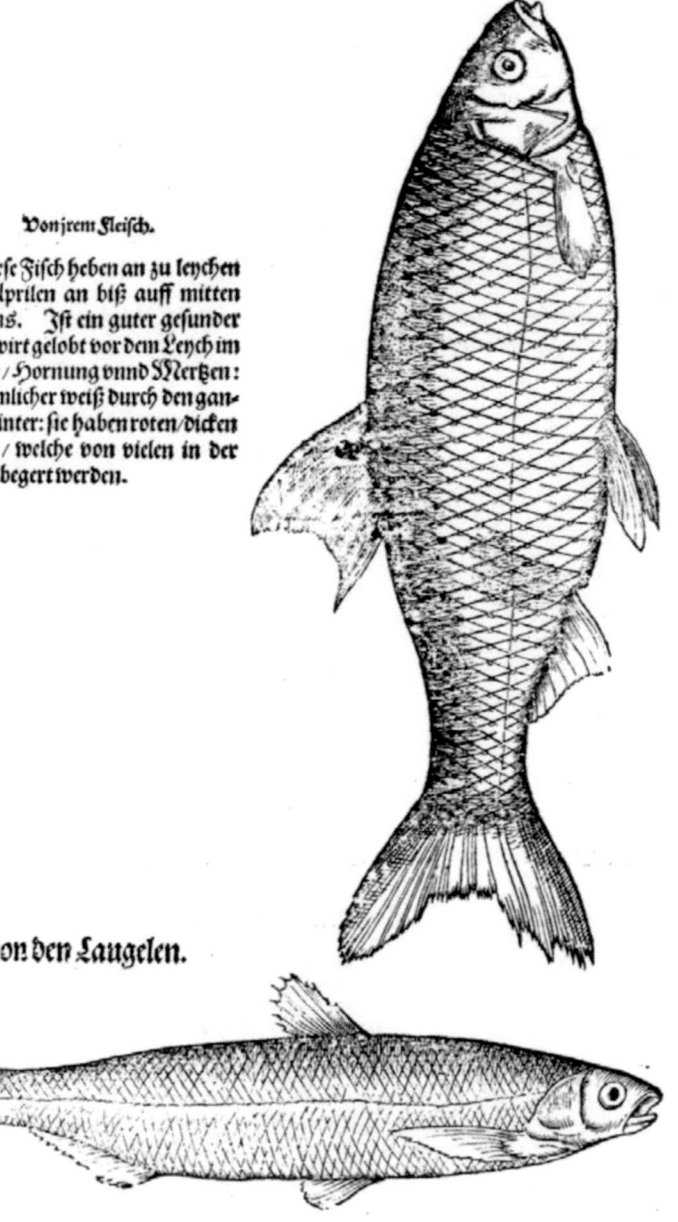

Von jrem Fleisch.

Diese Fisch heben an zu leychen
vom Aprilen an biß auff mitten
Meyens.   Ist ein guter gesunder
Fisch/wirt gelobt vor dem Leych im
Jenner/Hornung vnnd Mertzen:
auch zimlicher weiß durch den gan-
tzen Winter: sie haben roten/dicken
Rogen / welche von vielen in der
Speiß begert werden.

Von den Laugelen.

Leucisci

Leucisci secunda species. Ein Laugelen.

Von mancherley jrer Namen.

Die Langelen sind sehr wol bekandt dem gemeinen Volck/ so solcher gantz schosen voll kauffen vmb ein Creutzer. So sie gantz klein vnd jung mit dicken scharen schwimmen/werden sie Seelen genennt/zu Costantz Zienfische/so sie älter worden Agönen/Agünen/Lagenen. Im Dunersee nennt man sie Blawling.

Von jhrem Fleisch.

Wiewol die Laugelen verachtete Fisch sind von jhrer kleine wegen / so ist es doch nit ein arger Fisch/sondern so sie wol bereytet werden/sind sie lieblich zu essen/insonderheit auff dem Rost gebraten/vnd mit Essig/Saltz/öl/Pfeffer vnd Zimmet puluer besprenget. Zu Biel pflegt man sie frisch auß dem See an den Rauch zu hencken vnd zu dörren/vorhin jhrer Köpffe beraubt.

Von dem Ryßling.

Risela. Ryßling.

Wie sie gestaltet.

Diese Fischlin fängt man in den Bächen oder Reusen/so auß dem Gebirg starck fliessen / kommen selten vber ein Finger lang/auff dem Rucken ist er grünblaw/ an den seiten vnd Bauch weiß/ hat Schüppen/ soll auch etliche flecklin haben/ jnnerhalb hat er ein schwartzes Häutlin/als die Nasen. Soll sonst vnder die guten löblichen Fisch gezehlt werden.

Deß ersten theils die ander ordnung
von den Steinfischen.

Von vnserm gemeinen Groppen.

Cottus siue Gobio fluuiatilis capitatus. Ein Gropp.

Von seiner Gestalt vnd grösse.

Je gemeinen Groppen mit dem groffen Kopff / ſo gar
nahe in allen Bächen vnd Flüſſen gefangen werden/ ſind bey vns gnug-
ſam bekandt. In der Thonaw ſollen die gröſten ſeyn/ etliche ein halben
Schuch lang/ etliche die 4. Lot wegen. Solcher Fiſch werden zweyerley
Geſchlecht in dem Zürcher See gefangen/ wiewol ſolcher vnderſcheid von wenig Leuthen geachtet wirdt. Dann die ſo im See gefangen werden/ ſind kleiner dann die ſo in
der Lindt. Item die Seegroppen ſind weiſſer/ die ſo in der Lindtmat ſchwärtzer. Die
Seegroppē ſind getheilt/ mit mancherley macklen geſleckt/ etliche ſchwartz vber zwerch.
Bey den Fiſchohren haben ſie kleinere ſchärpffere Dörn oder ſpitz/ ſo klein daß ſie hart
mögen geſehen werden/ welche auch die Händ verletzen deren ſo ſie angreiffen/ das mittel deß Augs grünlecht/ mit einem glantz als ein Edelgeſtein/ kommen auß dem See
gantz nit in Fluß/ auch die im Fluß nit in See/ die Seegroppen ſind auch viel ärger an
dem Geſchmack vnd Speiß/ dann die andern.

Von Art vnd Natur der Thieren.

Die Groppen ſo in den Flüſſen vñ ſtarckrinnenden kleinē waſſern wohnen/ pflegen
ſich vnder die Stein zu verſchlieſſen/ ſchieſſen von einem orth an das ander mit ſo ſtarckem gewalt/ daß hart ein anderer Fiſch jnen in ſolcher bewegnuß zu vergleichen iſt. Allerley Speiß freſſen die Groppen/ auch ſie ſich ſelber einer den andern/ der gröſſer den
kleinern/ jr Leych hebt an am Mertzen/ ſtreckt ſich biß auff Oſtern.

Wie die Groppen gefangen werden.

Man pflegt ſie auff mancherley art zu fahen/ mit den Händen/ mit Groppeneiſen/
mit den Garnen ſo man Rötelingarn nennet/ auch zu zeiten mit dē Stoßbären. Bey
der Nacht fängt man ſie ohne Arbeyt bey dē Monſchein/ zu welcher zeit ſie jre ſchlüpff-
lin vnd Stein verlaſſen/ herumb ſchweiffen/ alſo daß nit von nöthen iſt die Stein vmb
zukehren oder zu bewegen. Man pfleget ſie auch zu fahen mit den Reuſſen/ auch mit
bürdlin kleiner Ruthen oder Holtzes zuſamen gebunden auff den grund geſetzt/ in welche ſie ſich verſchlieſſen vnd verſtecken / welche man zu gewiſſer zeit auffhebt/ vnd die
Groppen herauß ſchüttelt.

Von dem Groppenfleiſch.

Die gemeinen Groppen mit den groſſen Köpffen haben ein geſund gut fleiſch/ lieblich vnd luſtig zu eſſen. Wiewol ſie vnder die Steinfiſch eigentlich zu reden nit gezehlt
werden/ von jrer ſchleimigkeit wegen. Doch ſo werden ſie von menniglichen geprieſen/
vorauß die ſo in rinnenden waſſern gefangen. Die Seegroppen behalten wenig lobs/
zur zeit deß Winters ſind ſie am beſten vnd löblichſten/ von Weynachten biß anfangs
Aprilen/ die edelſten ſind die ſo voll Rogen gefangen werden.

Von dem rauhen welſchen Groppen.

Gobius aſper. Ein rauher ſchüppechter Gropp.
Von ſeiner Geſtalt.

Jeſer wirt allein in dem Rodē
gefangen/ zwiſchen Wien vnd
Lyon/ iſt ohn Zän/ an ſtatt derſelbigen rauhe Kynbacken/ Löchlin
vor den Augen/ iſt rotlecht/ mit breyten ſchwartzen flecken vom Rucken
gegen dem Bauch herab/ ſeine Fiſch-
fleckē/ wie in den Groppen.

Von

Von Natur der Thieren vnd jrem Fleisch.

Es ist die sag daß dieser Fisch Goldt fresse/auß der vrsach/daß er allein desselbigen Flusses Sand frißt/vnder welchem zu zeiten goldblätlin vermischt gesehen werden: hat ein tröchner/härter fleisch dann der gemeine Gropp.

Von einem andern Fisch/ so sich solchem rauchen
Groppen vergleicht/ Zindel genandt.

Dieser soll kleine schüppen haben/zeiget auch keine Fischfeckten vnden gegen dem Schwantz/wider die art aller anderer Fisch. Kommen zu zimlicher grösse / die so mittler grösse sind zwölff zwerch Finger lang:an der farb braunrot/mit schwartzen flecken:am bauch ist er äschenfarb/kompt zu zeiten auff ein pfundt oder drey: so ein harten schwantz hat er / daß er hart abgeschroten mag werden : hat ein gantz weisses fleisch/ soll ohne schüppen seyn als ein Aal: wirdt in der Thönaw vnd etlichen andern Flüssen gefangen: hat ein sonderlich köstlich gesund fleisch/ daß er auch den Kindbetherin erlaubt wirt/vnd allein den Reichen zu kauffen kompt.

Von den Grundeln.

Cobitis barbatula. Ein Grundel/ Ein Bartgrundel.

Von mancherley Geschlecht der Thieren.

Ein andere Gestalt der Bartgrundel/ etwas besser vnd fleissiger gemacht dann die kleiner.

Diese Figur setzt Rondeletius.

Der Grundeln so ein gantz gemeiner Fisch von meniglichen bey vns bekandt ist/ sind mancherley Geschlecht. Dann etliche haben bärtlin/von solchen jren Namen/andere an statt derselbigen spitzen oder Dörn. Deren so gebartet sind soll dreyerley seyn/doch zwey bey vns wol bekandt:dañ etliche wohnen in lettechtem linden grund oder boden am Gestad der Seen / werden Moßgrundeln genennt : andere in frischen riñenden kalten Bächen oder Flüssen/Steingrundeln/oder einfältige Grundeln genennet. Sind gemeiniglich einer spannen lang/glat/schlüpfferig vnd gefleckt.

Von Art vnd Natur der Grundeln.

Die Grundelfisch wohnen in lautern Wassern/steinechten Orthen/ deren werden sonderlich viel in der Glat gefangen/ auch in der Thöß / die aller grösten bey Araw in der Aar/werden sonst auch in dem Zürcher see an den Gestaden gefangen/welche mitten deß Meyen zu zeiten gantz voll Rogen gefangen werden : heben an zu leychen nach Ostern/wiewol sie nach etlicher sag alle Monat geberen. Am Gestad deß Sees werden sie mit den Storbären herauß gezogen sampt den Gröppen/von etlich gebraucht an die Kerder oder Angel als ein Fischaaß.

Von dem Fleisch der Thieren.

Das fleisch dieser Fisch behelt den Preiß vnnd Lob in allen dingen: dann es ist lieblich zu essen/ in dem daß sie nit so starck fischeln/matt/gesund/gebiret ein gut Geblüt/ ist ringer däwung/werden in viel kranckheiten der mehrer theil erlaubt/ von der Weynacht biß zu Ostern werden sie zum besten geachtet/ wiewol sie klein/ zu keiner zeit verarget mögen werden. So ist die kunst solche anzubereyten vnd zu kochen auch bekandt.

Der Kopff von den Grundeln soll ein bewehrte Artzney seyn den stein in der Blasen zerbrechen. Wider den Erbgrind/ Grundeln soll man in Meyenancken sieden/ vñ
den Grind damit schmieren.

Von dem Steinbeisser.

Cobitis, Aculeata Dacolithus.   Ein Dorngrundel/ Ein
Steinbeisser/ Steinsmerling.

Von Gestalt der Thieren/ vnd wo sie zu finden.

BAr selten wirt dieser Fisch bey vns ge-
fangen/ bey Straßburg ist er gemein/
die besten in Meissen bey der statt Do-
bel: wirt von Alberto also beschrieben/ nemlich er sey gantz gleich den Grundeln/ an der
farb vnd gestalt/ nit gantz rund/ sondern als zusamen getruckt: bey dem Maul soll er
scharpffe spitzen haben/ mit welchen sie auch verletzen die so sie angreiffen/ ist ein wenig
lenger dann ein Grundel/ gefleckt mit einem spitzen Kopff.

Ein andere Gestalt deß
Steinbeissers/ besser vnd
fleissiger gemacht dann
die erste.

Von Art vnd Natur der Thieren.

In kleinen Flüssen vnd Brunnenwassern sollen sie sonderlich wohnen/ auß welchen
sie auch in die grossen fluß streichen als in die Alb/ hafftet sich mit seinem Maul so starck
an die Stein/ zu zeiten viel hauffecht zusamen: Item an die irdinen Gefäß der Mägde
so sie kauffen so starck/ nit anderst als ob er sauge. Deren solle etliche auch in lettechtem
Grund vnd Kraut wohnen: leychen vor Meyen mit andern Grundeln/ auff zwey
oder drey mal deß Jars: werden gefangen mit engen gestrickten Garnen/ an dem Gestad mit andern Fischen.

Von jhrem Fleisch.

Ein vnachtbare Art der Fisch sind die Steinbeisser/ haben ein zehe/ koderig wüst
fleisch/ viel ärger dann die gemeinen Grundeln. Im Aprilen vnd Meyen werden sie etwas gesünder gehalten/ auch zur zeit vor dem sie streichen vnd vollen Rogen sind.

Von einem andern Fischlin.

Cobites fluuiatilis simpliciter dictus.   Es bedunckt sich dem
Pfellen oder Pfrillen gleich seyn.

Von seiner Art.

DIeser Fisch wohnt in kleinen Bächlin vnd
Flüssen/ eines Fingers groß: am Leib soll
er gelblecht seyn/ mit etlichen schwartzen
Flecken: ein feucht vnd schleimig fleisch haben.

Deß ersten theils die dritte ordnung/
von den Flach oder Breytfischen.

Von dem Karpffen.

Cyprinus, Carpo.   Ein Karp/ Ein Karpff.

Von mancherley Geschlecht vnd Gestalt der Thieren.

EIn Karpff ist auch ein bekandter Fisch in vnsern Landen/ welches beschreibung auch sonder zeichen dabey zu erkennen ist/ ein fleischechten Rachen gleich einer zungen/ welche von den vnsern Karpffenzungen genennt werden/ von manchē insonderheit zu der speiß begert. Solcher werden etliche gschlecht gefundē/ als hernach weiter wirt gehört. Daū im Franckenland werden etliche mit flecken gefangē/ welche zu vnderscheid Spiegelkarpffen genennet/ so sollen auch in der Thonaw schwartz Karpffen gefangen werden.

So viel die innerliche gstalt betrifft/ so hat er ein sondere grosse breyte zunge/ welche von dem obern Rachen herab wáchßt vnd entspringt/ hat gleiche gestalt/ nutz vnd brauch den zungen anderer Thieren. Item in seinem Kopff trägt er ein stein/ Karpfstein genañt/ welcher sein sondern brauch vnd Tugendt hat/ als an seinem orth wirt gehört werden. Auch in seinem schlund hat er dreyeckechte krospeln oder stein hart vnd zähe/ aussen weiß/ jnerhalb gelb. Sie haben auch Zän weit in dem Rachen/ welches vrsach geben hat/ daß sie etliche ohn zän beschrieben haben. Diese Fisch komen zu zeiten zu mächtiger grösse/ so sie in Beyern ein zeitlang erhalten werden. Bey anfang deß Wintermonats werden auch die Milchling voll gefangen.

Von Art vnd Natur der Thieren.

Diese Fisch wohnen in allerley Wassern/ dann es wachsen vnd entspringen deren etliche von jnen selber/ auß Wust vñ Kaat/ ohne samen/ als von etlichen andern Fischen auch geschrieben wirt/ vnd die erfahrung solches erzeigt. Nichts desto minder so meh-

ren sie sich auch durch den Samen vnd Leych / also daß das Männlin die Röglin oder
Eyer nach dem Leych verhütet vnd bewahret.

Zur zeit aber so sie leychen / so fahren sie dem Gestad nach an die wärme / vnd mieß-
echte orth / geberen vnd leychen zu jeder zeit deß Jars / auch im Brachmonat / etliche
schreiben von fünff / etliche von sechß malen.

In etlichen Weyern sollen Karpffen gefangen werden / in welchen kein vnderscheid
deß geschlechts / Röglings oder Milchlings mag gespürt werden. Solche werden ohn
zweiffel die seyn / so von jnen selbs wachsen vnd geschaffen werden.

Zur zeit der trucknen warmen Jahr fallen diese Fisch auch in Kranckheit / dann es
wachsen jnen Düssel vnd Trüsen / die schüppen fallen jnen herab / an etlichen wirdt gespürt gestanden Blut jnner der seiten oder Grädten / welches von wenig Leuthen ge-
scheuhet wirdt / sind doch zu der Speiß vnd Nahrung vngesund. Die in solche Kranckheit fallen / sterben der mehrer theil all.

So die wasser groß werden vñ außlauffen / so sollen diese Fisch auch etliche Kreuter
vnd Graß abweiden.

Zu Michelsfeldt in einem Graben bey dem Schloß / soll ein Karpff auff hundert
Jar kommen seyn.

Von natürlicher anmuthung der Karpffen.

Daß das Männlin die Eyer oder Rogen deß Weiblins bewahre ist gehört. Wel-
ter ist er sonst auch ein listiger Fisch / dann er soll viel der Listen brauchen vnd erdencken /
sich auß dem Garn zu entziehen : Erstlich soll er still ein außschlupff oder Loch suchen /
welches so er nit findt / so würfft er sich vber das Wasser herauß / sich also auß dem Garn
zu schwingen : oder er gräbt vnder dem Garn durch den grund herauß / oder er faßt
ein starckes Kraut mit seinem Maul / damit er dem zug widerstehen möge : zu zeiten erhebt er sich / scheußt mit grossem gewalt mit dem Kopff in den grund hinein / damit das
Garn der Fischer allein seinen Schwantz begreiffe / also hindurch schlüpffe / er würde
auch nit nichten mit dem Angel gefangen.

Item diese Fisch befinden auch den gewalt deß Gestirns / dann jre Hirn schwinden
vnnd wachsen sampt dem Mon / als dann gar nahe alle andere Wasserthier pflegen :
darzu den gewalt vnd Krafft der Hundstage / auch deß Donners / von welchem er gantz
vor forcht entschläfft / vnbeweglich ligt.

Von nutzbarkeit der Karpffen / vnd wie sie gefangen werden.

Der nutz von den Karpffen ist / daß sie in die Speiß kommen / auß der vrsach werden sie von mancher Herrschafft vnd Edelleuthen in kömlichen orten / Weyern / Was-
sergräben / rc. gespeißt / vnd zur mehrung vnnd nützung erhalten / welche hernach verkaufft / ein mercklliche anzahl Gelts bringen.

Man pflegt sie zu fahen gemeiniglich mit Garnen / bären / vnd dergleichen Instrumenten / dann sie lassen sich mit keinem Aaß betriegen als andere Fisch.

Von dem Fleisch der Karpffen.

Die Karpffen haben nit ein arg fleisch / feißt vnd lind / wiewol sie nit vnder die löblichsten gezehlt werden. Minder arg sind sie auß den grossen Seen / so starcke flüß empfahen / dann auß den Pfützen oder Weyern. Löblicher groß / alt / dann noch klein vnd
jung / löblicher der Milchling dann der Rögling. Der Karpffenkopff wirt in der speiß
hoch geachtet von wegen der Zungen. Diese Fisch haben viel schweiß / auß der vrsach
soll solcher mit Wein außgewäschen werden / in welchem man jn sieden will / soll in kalten Wein gelegt werden bey anfang / nit als andere Fisch / so ein lind fleisch haben in
siedendem. So man ein Sultz darvon bereyten will / soll man die Schüppen in ein rein
Tüchlin verbunden zumal sieden / damit sie desto baß gesteche.

Es

Es ist die sag bey vns/ dz bey kurtzer zeit ein Weibsbild habe das weiß gessen so an
Ohren vnden klebt/welches gleich darnach groß geschwollen/ endtlich gestorben ist.
Doch ist wol zu achten daß ein gifftiger Wurm an solchen Ohren geklebt muß seyn.

Etliche stück der Artzney von solchen Fischen.

Die Gall von den Fischen in die Augen gethan/soll alle finstere hinweg nemen.

Sein feißte angeschmiert/ nimpt den hitzigen schmertzen der Neruadern.

Der Karpffenstein ist löblicher von einem lebendigen genommen/ dañ von einē todten oder gesottenen. Zu Puluer gestossen/stellt das Blut: vnd so das Blut von der Nasen auff den gantzen stein fleußt/soll es zu stundt gestehn. Weiter ist er nutz dē grien: im
Mund gehalten/widersteht dem sodt/oder hertzwasser/behût vor dem Bauchgrimmen:
sie werden auch von etlichen am Halß getragen zu etlichen Kranckheiten.

Von einem wunderscheuß-
lichen Karpffen.

Cyprinus rarus & monstrosus.
Wunderkarpff.
Von seiner Gestalt.

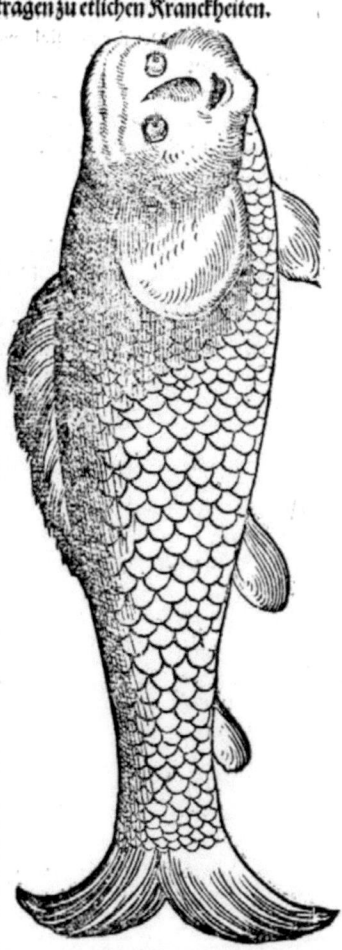

EIn solcher Karpff also gestaltet/sol
im Bodensee gefangen seyn wordē
bey Retz/ in gegenwertigkeit vnnd
beywesen deß Edlen vesten Junckern
Wolffen von Schaumburg/ deß Jars
als man zehlt võ der geburt vnsers Hey-
lands 1554.gar nahe mittē deß Wintermonats. An der farb war es obē schwartz
bey seit braun/ vnden gelb: mit einem gesicht gantz gleich der Menschēgstalt/ gegen der seiten entzwerch gekehrt oder gesetzt: ist von Abentheuwer wegē lange zeit
behalten worden. Soll mit einem Garn
gefangen/an der gestalt einem Karpffen
gantz gleich gewesen seyn.

Es soll auch an einem andern ort/im
Nozerethäner see/ deß 54. Jars einer gefangē seyn/mit einē Kopff gleich dē Delphin mit zweyen zütteln wie ein Barbet.

Vber die alle ist ein wunderseltzamer/
nit von gestalt/sonder von farben gefangen worden/ im Landt deß Hochgebor-
nen Fürsten vnd Herrn Marggraffen
von Brandenburg/ vnd gen Augspurg
Keyser Carolo auff dē Reichßtag zugeschickt wordē/ welcher jn seiner schwester
Marien gschenckt hat. Seine fecktē auff
dem Rucken waren zu eusserst zum theil
goldfarb/zum theil rot/ bey der wurtzen
oder anfang schön blaw : andere fecktē
alle goldfarb/als auch der gröste theil seines kopffs vñ bäuchs/doch mit röte besprengt/

seine Bärtlin oder vier zöttelin rot: sein Rucken grünblaw: seine seiten oben grün/ vnden goldfarb. Summa mit so gantz schönen farben getheilt/ daß sich darob zu verwundern war: hat auch gekocht seine farben behalten. Bey vns sind zu zeiten Karpffen gefangen/ in welchem weder Milchling noch Rogen gefunden worden/ sonder ein Zwyborn befunden/ solcher ist ohne zweiffel der so von jm selber sein vrsprung hat/ ohne vermischung beyderley Geschlecht.

Von dem Dornkarpffen.

Cyprinus clauátus, seu Pigus.　Ein Dornkarpff/ Ein
Steinkarpff.
Von seiner Gestalt/ vnd wo er zu finden.

Iser Karpff wirt allein in de Cumersee oder: Lang see beyde in Jtalien gelegen/ an den wurtzé deß hohen Gebirgs/ so sich in Jtalien außstrecken oder enden/ gefangen/ den gemeinen Karpffen an der gestalt so gleich/ daß sie hart von einander zu scheiden werk / allein daß dem gegenwertigen mitten auß seinen schüppen/ so breyt vnd groß sind/ viel kleiner Dörn oder spitzen außgestreckt sind/ von welchen er gantz rauch/ die Hände denen so jn angreiffen sticht vnd verletzt. An seiner farb ist er graw oder wasserfarb/ mit einem röthlechtem Bauch/ wiewol etliche auß solchen weisse Bäuch haben sollen/ ohne zweiffel von vnderscheid deß Geschlechts. Vnder solche Dornkarpffen sollen auch die gezehlet werden/ so von den Teutschen Erfflen genennet werden.

Von den Brachßmen.

Cyprinus latus siue Brama.　Ein breyter Karpff/ Ein
Brachßmen.
Von mancherley Geschlecht der Thieren/ sampt jhrer Gestale.
Diese Figur setzt Rondeletius.

Jie Brachßmen werden bey vns löbliche Fisch geachtet/ ga: nahe in allen Seen gefangen/ in etliché gantz in grosser zahl. Solcher werden zweyerley geschlecht gesehen. Die ersten haben rauhe düpffelin bey dem kopff durch den Rucken biß zum schwantz/ sind etwas gr össet dann die andern/ werden Steinbrachßmen genennt. Das Geschlecht wirdt insonderheit in dem Greiffensee gefangen. Das ander Geschlecht hat keine rauhe düpffelin oder Dorn / sind die gemeinen Brachßmen so man an allen orten fängt: so sind auch der Geschlecht der Meerbrachßmen mancherley/ als an seinem orth wirt gehört werden.

Ein

Ein andere Gestalt der Brachßmen / fleissig nach denen / so in vnsern Wassern funden werden / abgemacht.

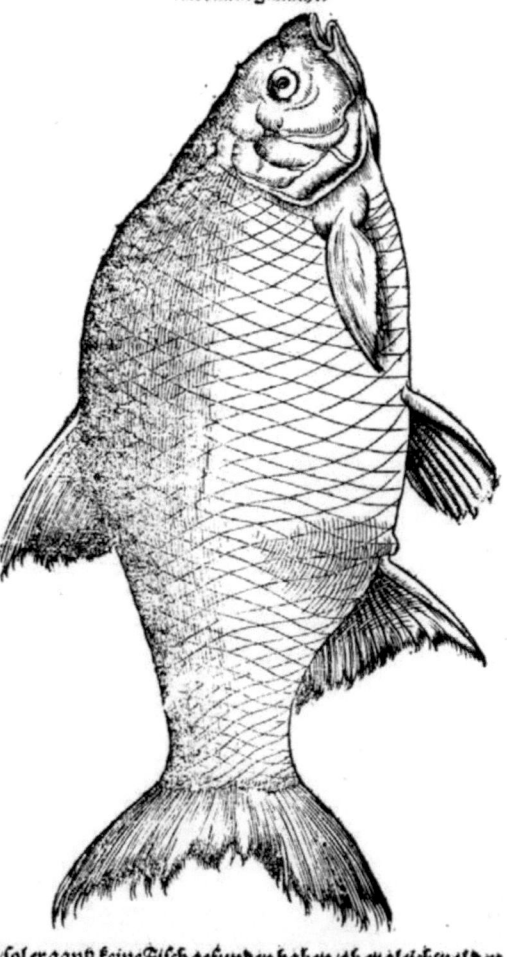

Die gestalt der fisch ist meniglichen bekant / wiewol sie sich den Karpffen vergleichen / allein daß sie breyter vñ nit so dick sind / auß der vrsach sie vnder das geschlecht der Karpffen gezehlt werden.

Von Art vnd Natur der Thieren.

In pfützechten Wasseren vnd Seen / belustigen sich die Brachßmē. In dē Zürchersee werdē sie allein in dem obern theil gefangen bey Stäfen vñ Mänedorff herumb / on zweiffel von wegen deß grunds oder bodens / so weiß vnd lettecht ist / dann solcher grund wirt von jnē begert.

Auß dē Meer sollen zu zeiten solcher Fisch durch den fluß Varuon in einen See / mit so grosser menge in 2. oder dreyen tagē herauff kommen / vñ sich in den see versamlen / dz ein spieß oder Glän zwischen sie gesteckt / auffrecht besteht.

In Poland sol einer viel der Fisch in ein Weyer als ander Setzling geworffen haben / als nun der winter sehr kalt / gantz vberfroren gelegen / er auß begierd der Fisch ein Mahl anzurichten / das Eyß auffschroten vnd den Weyer ledigen ließ / sol er gantz keine Fisch gefunden haben / ob er gleichwol den Boden gantz vnd gar mit grossem fleiß ersucht. Auff den Früling so gefolgt / sollen sie all wider erschienen seyn vnd sich erzeigt haben.

Von natürlicher listigkeit der Thieren.

Die Brachßmen so sie mercken den auffsatz vnnd nachhalten von den Hechten / so schwimmen sie gegen dem Grund vnd Lett zu / bewegen den Lett / betrüben das Wasser hinder jn / damit sie sich vor dem Hecht entschütten mögen.

Von nutzbarkeit der Thieren / vnd wie sie gefangen werden.

Die Fisch bringen grossen nutz zu auffenthaltung der Menschen/ zu der Speiß mächtig begert. Werden mit Garn gefangen/ doch darff man sie nit zu aller zeit/ auch nit alle/ sonder ein gewisse grösse fahen. In den Seen der Sueden/ oder Scandinaueren sollen zu zeiten in einem Zug/ drey oder vier tausent gefangen werden/ mit wunderbarlichen Listen.

Von jhrem Fleisch.

Die Brachßmen werden bey vns in hohem werth geachtet/ dann sie haben nit ein arg fleisch/ sie werden auch von andern Nationen gelobt vnnd gepriesen/ dann sie mögen Fürsten vnnd Herrn dargestellt werden. Bey vns werden sie besser geachtet auß dem Greiffen See dann auß dem Zürcher See/ im Hewmonat werden solche bey vns sonderlich als besser vnd gesünder gelobt. Wiewol sie auch deß Meyens/ vnd andere zeit nit zu schelten sind. Von einer jeden Meerbrachßmen oder Seebremen art/ wirdt an seinen orthen gehört werden.

Von einem andern Geschlecht der Karpffen/ oder Brachßmen.

Charax. Karaß/ Kariß.
Wie er gestaltet.

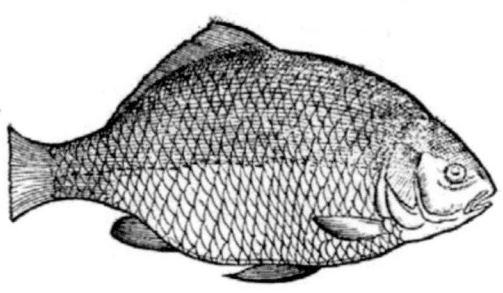

DEm Brachßmē so auch vnder die geschlecht der Karpffen gezehlt wirdt/ ist dieser Fisch sehr gleich/ allein dz er einen runden/ rauchern Rucken hat/ voller spitzen oder Dorn/ auch bey dem schwantz goldfarbe schüppen. In der Elb findt man jetztgenandter Fisch dreyerley geschlecht: Das erste nennen sie klein Karaß/ oder von der farb Gilblichen. Das ander/ halb Karaß/ Karpkaraß/ als ob sie von beyden geschlechten Karpff/ vnd Karaß gemischt seyen/ diese beyde Geschlecht kommen in die Elb auß den Weyern/ Seen/ vnd dergleichen Fischgruben. Das dritte ist dem ersten geschlecht gantz gleich/ allein daß sie grösser/ schön weiß/ vnd silberfarb sind. Solche wachsen vnd entspringen in der Elb.

Von Art vnd Natur der Fischen.

In den Fischeten ist er gantz schädlich/ dann auch ein kleiner Karaß vertreibt vnnd verjagt den aller grösten Karpffen/ welches denselbigen Leuthen wol bewußt/ haben grossen fleiß/ daß keine in die Gruben vnd Weyer geworffen werden.

Von jhrem Fleisch.

Ein sehr gut löblich fleisch sollen diese Fisch haben/ nicht vngleich dem fleisch deß Brachßmens oder Karpffens.

Von dem Orff.

Orfus. Orff/ Vrff/ Erfflin/ Nörffling/ Würffling/ Elfft.

Von

Von den Rottenen.

Rutilus siue Rubellus. Ein Rottden/ Rottel
Rotteln/ Roddon.

Von seiner Gestalt.

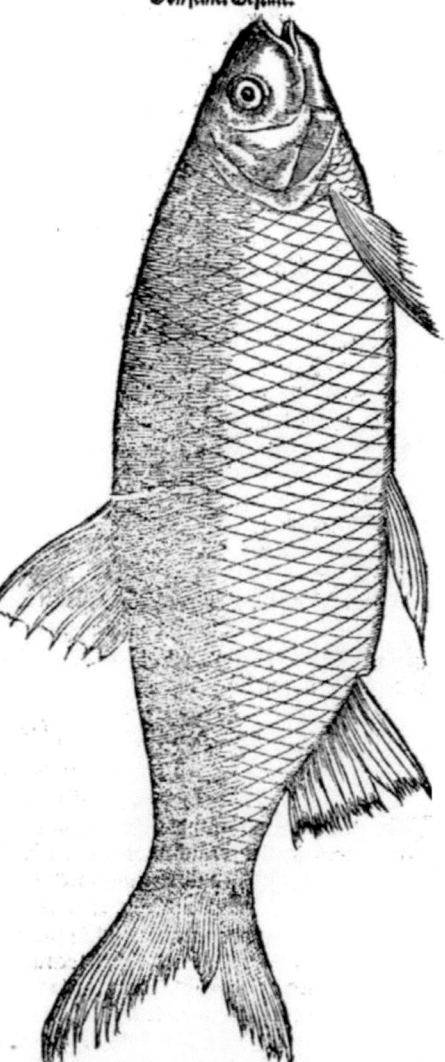

Von seiner Gestalt.

An der gestalt vergleicht er
sich einem Alet/ der Ruck soll
rotlecht seyn/ der bauch weiß-
lecht/ mit grossen breytē schüppen bedeckt: ist minder breyt/
doch dicker dann der Brachßmen: ist auch billich vnder dasselbig geschlecht zu zehlen/ dieweil er ein gewisse zeit deß jars
auß seinen schüppen spitze als
Nägel erzeigt/ wie der Dorn-
brachßmē. Derē solle zweyerley gschlecht seyn/ der eine rotlecht fleisch/ der ander weisses
fleisch haben/ von welchem er
auch Weißfisch genennet wirt.
Sie fressen Mucken vnd flie-
gen/ wirdt in den Seen vnnd
Fischeten oder Weyern gefangen bey Augspurg vnd Nürn-
berg herumb.

Von irem Fleisch.

Ein trefflich gut/ gesund/ angenem fleisch solle dise fisch ha-
bē/ fürnēlich der so ein rotlecht
Fleisch hat / auch mürb oder
matt/ on alle schleimige wust.

Je Rottene oder Rottelin sind bey vns genugsam
bekant/ gantz gemeine schöne Fisch/ werden in dem

Zürcherſee/ Bodenſee gemeiniglich gefangen/ dörffen keiner weitern beſchreibung: allein ſo viel die Farben betrifft: iſt das mittel der Augen der ſtern gantz ſchwartz/ in einem goldfarben Ringlin: ſeine Lefftzen rotlecht: am Schwantz/ Fiſcheckten/ am Bauch/ vnd dem Geführloch gantz rot wie Zinober/ die andern ſind nit ſo gantz roth. Ob den Augen vnd bey den Fiſchohren iſt er goldfarb/ glantzet. Der Rucken braun/ der Bauch bleych: hat ſein fleiſch voll Grädt.

Von Art vnd Natur der Fiſchen.

Dieſe Fiſch werden allein in den ſeen gefangē bey vns/ ſehr leblecht: leicht im Brachmonat. Man pflegt ſie in die Fiſcheten/ oder Weyer zu ſetzen als die Karpffenſetzling. Im Wintermonat werden ſie bey vns gelobt/ bey andern löblichen Teutſchen/ Hornung vnd Mertzens. Ir fleiſch wirt gůt vnd hoch gehalten/ fürnemlich ſo ſie feißt ſind.

Von den Blicken.

Blicca, Ballerus, Pleſtya.   Ein Blick/ Blickling/ Breytelin/
Plecklin/ Meckel.
Wie ſie geſtaltet.

Dieſes iſt ein gātz ähnliche geſtalt der blické. Sind auch bey vns bekandte fiſch auß vrſach ſie wenig Beſchreibung bedörffen: daſ dē Brachſmen ſind ſie ſehr gleich: die hindern Federn mit  dem ſchwantz ſind rotlecht: die obern Floßfedern ſchwartzlecht / iſt von Natur geartet wie der Brachſmen.

Von jhrem Fleiſch.

Ihr fleiſch iſt auch nit arg/ voller Grädt/ wirt in keiner ſonderer achtung gehalten als die vorgeſchriebenen.

Von den Schleyen.

Tinca.   Ein Schleyen.
Wie ſie geſtaltet.

Schleyen ſind gantz bekandte Fiſch/ nit allein bey vns/ ſondern auch bey allen andern Nationen/ auß vrſach wir die beſchreibung gantz vnderlaſſen wöllen/ allein zu mercken iſt/ daß ſie auch Stein im Kopff haben.

Von Art vnd Natur der Schleyen.

Die Schleyen fängt man gemeiniglich in allē Seen/ Weyern/ Pfützen/ Fiſcheten/ auch in den ſtillen/ faulen Flüſſen: daſ ſie haben gern ſtille/ lettechte/ oder kaatechte ort: ſollen doch auch in der Tyber/ vnd in dem Rhein zu zeiten gefangen werden: iſt doch wol zu gedencken/ ſie haben ſich auß andern Orthen jhnen anmůthig in ſolche Waſſer verſchoſſen: ſie geleben allein deß Schleims vnd Kaats als die Ael. So ſie gefangen werden/ geben ſie etliches Geräuſches als ein ſtime mit jhren Ohren. Sie wachſen auch auß dem Leych vnd Rogen/ darzu für ſich ſelbs: dann in den Fiſcheten wachſen ſie ob man ſolche gleichwol nit darein geſetzt hat.

Von

Von etlicher anerborner Freundschafft.

Die Schleyen vnd der
Hecht haben anerborne
freundschafft zusamē/dañ
allerley Fisch pflegen die
Hecht zu fressen/außge-
nomē die Schleyē/ man
fängt sie auch gemeinglich
beyde samhafft/so ist auch
die sag/daß der Hecht verwund seine wunden an dē
leib der Schleyen streiche/
vnd mit dē schleim also die
wunden heyle/davon das
sprichwort koñen ist bey
dē Frießlēdern/die Schleyē
sey ein Artzt aller Fisch.

Von jhrem Fleisch.

Das fleisch der Schleyē
ist sehr arg/vngesund/ei-
nes vnliebliche gschmacks
daß sie möseln oder schmecken nach dē Kaat vñ Lett/
haben ein wüst/schleimig
fleisch/dañ sie an solchē orten allein wohnen/geberen
vñ vrsachen gern das kalt-
wehe/frierē oder feber. Ist
ein speiß deß gemeinē Pö-
fels/wiewol etliche mäuler
solche sehr begeren. Min-
der arg sollen sie seyn/wol
anbereyt mit specereyen/rc.

Artzney von den Schleyen.

Etlich der verfluchtē Ju-
den habē im brauch solche
Fisch dem Ruckgrad nach
auffzuschneide/vñ in hitzi-
gen/brennenden febern/vff
den Pulß der Hände vnd

boden der Füsse zu legen/dann sie erlaben vnd kälten sehr mächtig. Etliche brauchen
sie zu dem schmertzen deß Haupts/vnd Podagra/dergleichen auch zu der Geelsucht/
auff den Nabel oder Leber lebendig gelegt/so eine darauff gestorben/binden sie ein andere darüber/dann die Schleyen werden sehr geel/als ob sie mit Saffran gefärbet
weren.

Die Gall der Fisch wirt gelobt zu den bresten der ohren/flüß/würm vñ dergleichen.

Von dem Eingeweyd oder gefähr der Barben vnd Schleyen/pflegt man die Pferd
zu purgieren.

Der vierdte theil von allerley fischen/

so in Flüssen wohnen in gemein/ohne vnderscheid.

Erstlich von dem Bersich.

Perca fluuiatilis. Ein Bersich/ Ein Rehling/ Ein Eglin.

Von seiner Gestalt.

DIe Eglin so in süssen wassern wohnen sind bey vns / auch gar nahe allen andern Nationen wol bekandt / vergleichen sich mit dem Meeréglin viel mehr mit dem Namen/dann mit Gestalt. Allein zu mercken ist / daß er seinen Namen verendert nach zahl der Jaren oder Alter. Dann so bald sie worden/nach dem Leych/werden sie Heürling genannt: so er grösser worden/doch in dem ersten Jar/Tränlin. Im andern Jar/Eglin. Im dritten Jar/Stichling. Im vierdten vnd weiter werden sie Reeling vnd Bersich genant. Bey vns vmb den Costentzersee erstlich Hürling/ so er grösser worden/Kretzer/Stichling. Im dritten Schaubfisch. Zum letzten Eglin. Bey vns auch allen andern orten werden sie in dem See vnd Flüssen gefangen. Das Männlin oder Milchling/ hat rote seckten/ der Rögling nit/ haben auch stein in jren köpffen welche nit wenig tugendt in der Artzney haben sollen.

Von Art vnd Natur der Eglin.

Die Eglin fressen allerley kleine Fisch/ auch sich selbs vnder einander / leychen Frülings zeit im Mertzen vnd Aprilen in den tieffen/haben ein anerborne Kranckheit an der Leber/ dann hart ein Eglin gefunden wirdt/ welches Leber nit etliche Pfünnlin hab. Man pflegt sie auch in dē Fischeten oder Weyern zubeschliessen mit andern Karpffen.

Von natürlicher anmuthung der Thieren.

Mit scharpffen spitzigen Dörnen vnd seckten ist dieser Fisch bewahret/mit welchen er sich auch beschirmt vñ kämpfft wider die grossen Fisch die Hecht / so sie jnen nachstellen/richt er seine spitzen vnd Dorn auff. Die kleinen Eglin werden von den kleinen Aelen vñ Forellen gefressen. Es ist die sag der Fischer vmb den Genffersee/ daß die Eglin winters zeit/ so sie in ein Garn gezogen/ ein rotes bläterlin zum Maul außhencken/ welches sie mit gewalt bezwingt/ oben in dem Wasser empor zu schwimmen/ vermeynen es geschehe jnen von Zorn.

Nutzbar-

Nutzbarkeit der Thieren.

Die gröste nutzbarkeit von den Eglin ist / daß sie zu der Speiß gebraucht werden.
Bey uns ist es nit zu aller zeit nachgelassen Eglin zu fahen / auch nit anderst dann in bestimpter grösse. Dann die Fischgesatz lauten also: Die Eglin / vorauß klein / soll man
von außgang deß Meyen / biß auff Martinstag nit fahen / oder gestrafft werden / außgenommen die zehen Tag vor S. Margareten tag ist erlaubt die Heurling zu fangen.
Vom außgang deß Meyen biß auff Martini / ist das weite Garn erlaubt Eglin und
Hecht zu fahen. Von mitten Aprilens biß zu ende deß Meyen / welcher kleine halbgewachsene / zweyjärige Eglin fängt / soll gestrafft werden: welcher aber baß erwachsne
Eglin in einer hohen Tracht fahet / soll dieselbigen dem Wasser wider geben. Die garn
mit welchen man die Eglin von Martini biß auff den Christmonat fahet / nennen sie
Landtgarn / und andere kleine Trogeln.

Den Eglintag nennet man den neundten Wintermonats.

Die todten Eglin werden von den Fischern an die Angel gesteckt / äl damit zu fahen.

Von jhrem Fleisch.

Bey den Teutschen werden die Eglin zu einer jeden zeit deß Jahrs gelobt / auß genommen im Mertzen und Aprilen so sie leychen. Bey uns werden die Eglin im Augstmonat insonderheit gepriesen / die Rehling im Meyen.

Das fleisch der Eglin so auß dem Rhein / oder sonst andern frischen lautern Wassern und Seen gefangen / werden für ein gesund löblich Essen geachtet / also / daß man
solche auch den Krancken / Verwundten / und Kindbetterin darstellt : wiewol das ist/
daß sie ein hartlecht fleisch / und etwas schleims haben / ungesünder dann die Escher
oder Seealbulen.

Von dem Alat.

Capito, Cephalus, Squalus.   Ein Alat.

Von seiner Gestalt und grösse.
Diese Figur setzt Rondeletius.

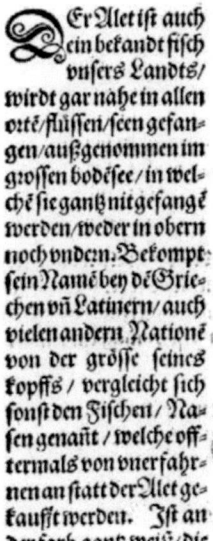

Er Alet ist auch
ein bekandt fisch
unsers Landts /
wirdt gar nahe in allen
orte / flüssen / seen gefangen / außgenommen im
grossen bodesee / in welche sie gantz nit gefange
werden / weder in obern
noch unden. Bekompt
sein Name bey de Griechen und Latinern / auch
vielen andern Natione
von der grösse seines
kopffs / vergleicht sich
sonst den Fischen / Nasen genant / welche offtermals von unerfahrnen an statt der Alet gekaufft werden. Ist an
der farb gantz weiß / die

Diese andere Gestalt setzt Johann Rentman
in seinem Buch.

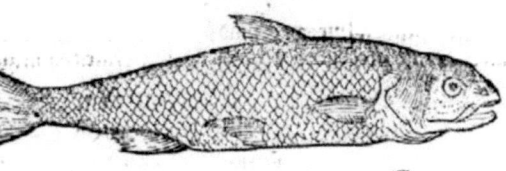

§

Der vierdte theil/ von allerley

feckten rot/zu ende blawlecht/2c. Sol mit seiner grösse vnd lenge auch zu zeiten auff ein Elen kommen: steckt voll kleiner Grädt/vorauß gegen dem schwantz.

Von seiner Art/Natur vnd Eigenschafft.

Dieser Fisch/ als hieoben angezeigt/wohnet in allen flüssen/ bächen/ pfützen/ seen/ außgenommen der Costentzersee. Im Rhein werden die grösten vnd schönsten gefangen. So werden auch Meeralet gefunden/ als gehört wirdt werden. Diese Fisch schwimmen allezeit scharecht/fressen kein fleisch/ auch kein andere Fisch/ sondern allerley Kefer/Mucken/Fliegen/2c. so oben auff schwimmen vnd schweben: welchen er nach herauff scheußt vnd frißt. Sie leychen Meyens zeit/ auch zur zeit der roten Kirsen Amarellen genandt.

Wie sie gefangen werden.

Dise Thier werden mit dem Angel vnd Aaß gefangen/mit Hewschrecken/Fliegen/ Alletmucken/sind schwartze grosse Mucken. Item mit einem stücklin von Ochsenhirn/ seuberlich vmb den Angel gebunden. Man pflegt sie auch mit Beeren vnd der Handt zu fangen.

Von jrem Fleisch.

Der Alet ist bey vns ein vnachtbarer Fisch/ hat ein lind oder blutt fleisch/ nichts desto minder ist er nit vnlieblich zu essen/nemlich so er groß/wol erwachsen/ sein fleisch sein Rogen. Item so wirt er zu aller zeit gelobt/außgenommen mitten deß Sommers/ ist löblicher gebraten dann gesotten/ auß grossen flüssen/ frischen Wassern gesünder dann auß den Seen oder Pfützen. Sie sollen auch auff die Fasten eingesaltzen vnd behalten werden.

Von dem Jentling.

Capito fluuiatilis cæruleus.   Ein Jentling.
Von seiner Gestalt.

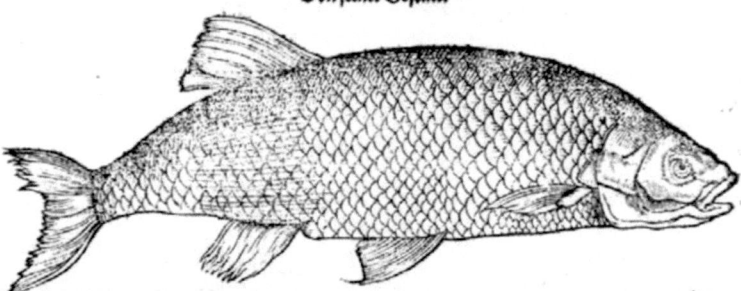

Dieser frembde Fisch/ welcher bey vns Teutschen/ so an der Thonaw wohnend/ gefangen wirt/gehört auch billich zu den Aleten. An seiner farb sol er blaw seyn/ vorauß auff dem Rucken vnd Kopff: der Bauch vnd seiten silberfarb/ die Feckten vnd schwantz gar nahe roth. Die Sachsenkerle nennen jn Jesen : mag ein blawer Süßwasseralet genennt werden.

Von seinem Fleisch.

Sein fleisch sol nit sehr gesund seyn/ dieweil er feißt vnd nit matt ist. Ist doch sonst nit vnlieblich zu essen. Man helt jn höher gebraten dann auff andere Art bereytet:

Von dem Rappe.

Capito fluuiatilis rapax.   Ein Rappe/ Ein Raubalet/ Ein Fraßalet.
Von jrer Gestalt/ vnd wo er gefangen.

Dieſer wirde in
Meiſſen gefan-
gen / welche ihn
Rappe nennen / dieweil
er ſehr raubig vñ freſſig
ſol ſeyn als ein Rapp /
iſt gleich ſo ſchadlich in
den Waſſern als der Hecht. Wirdt in der Elb gefangen / hat zimliche breyte ſchuppen /
dünn vnd durchſichtig / iſt lang / dick / vnd fleiſchecht / welches voll Gradt iſt / fünff mal
lenger dann breyt. Die groſten kommen auff 6. oder 7. pfundt.

Von ſeinem Fleiſch.

Das fleiſch der Fiſch ſol ſehr loblich / geſund vnd gut ſeyn / gebraten vnd geſotten /
auch auff all ander art bereytet.

Von dem Haſelin.

Capito vel ſqualus fluuiatilis minor. Ein Haſelin / Ein Haſtlin /
Heßling / In der Elb / Heßling / zu Straßburg
Schnott / oder Schnattfiſch.

Von irer Geſtalt.

Die Haſeln ſind vberal gleich dem Alet an geſtalt vñ farb / ſind linde Fiſch / welß-
lecht / auff dem Rucken ſchwartzgrün. Die Floßfeckten auff dem Rucken vnnd
der ſchwantz blawlecht / die andern Feckten rotlecht. Die Augen deren ſo in flüſſen gefangen werden / ſollen rotlecht ſeyn. Leychen mitten im Aprilen. Zu Lucern werden vnſere Schwalen Haſelin genennt.

Von ihrem Fleiſch.

Im Meyen vnd Aprilen / auch im Hew- vnd Brachmonat / ſind ſie zimliche geſund
vnd gut zu eſſen. Zu zeiten wachſen Würm in ſolchen / die man Neſtel nennet / als dann
ſollen ſie zu der Speiß arg ſeyn. Winterszeit ſind ſie mager. Die auß friſchen flüſſen
ſind loblicher / dann die ſo in den Seen gefangen werden. Man findt auch zu zeiten im
Wintermonat Rogen in ſolchen Fiſchen.

Von zweyen andern Geſchlechten der Alet
auß den ſüſſen Waſſern.

Mugilum fluuiatilium ſpecies duæ. Siego, & Friton ſiue Friteau.

Wo dieſe Fiſch zu finden.

In etlichen flüſſen Franckreichs / werden auch ſon-
dere geſchlecht der Alet gefangen / als dañ die geſtalt hiebey anzeigen / den groſſeren / ſo
auch auff ein Elenbogē kōpt mit
lenge / nennen ſie in irer ſpraach
Siego. Den kleinern ſo nit vber
ein ſpann kompt / nennen ſie Friton oder Friteau, haben gleiche

art an Natur/Leben/Fleisch vnd seiner Complex. Die kleinen werden eingesaltzen/vnd
an andere orth geführt.

Von der Nasen.

Nasus.   Ein Nasen.
Von jrer Gestalt/ Art vnd Eigenschafft.

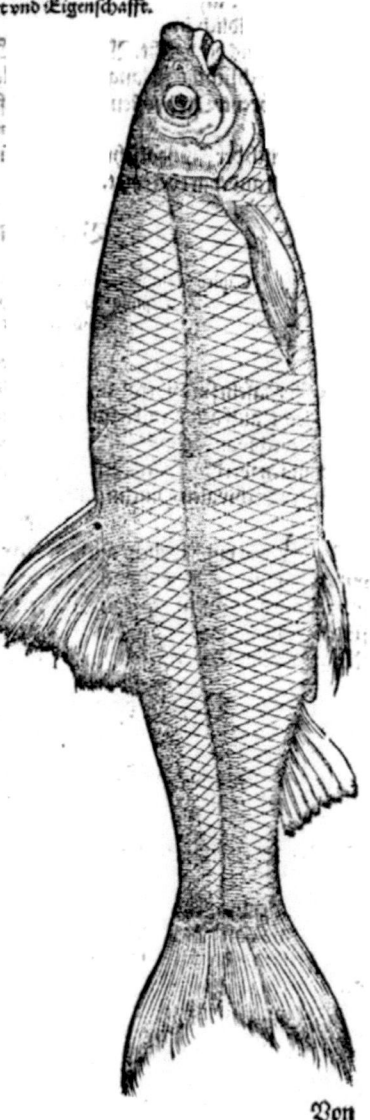

Die Nasen sind bekandte Fisch bey
vns auch andern Teütschen/hat seinen Namen von der gestalt seiner Na-
sen/so stumpff oder kumpff/wirt sonderlich
von Alberto benamset vnd beschrieben/Jst
nit vnähnlich dem Alat. In seinem Bauch
hat er ein sehr schwartzes fell/ von dannen
das Sprichwort kompt/Ein Nasen ist ein
Schreiber.

Von Natur der Thieren.

Die Nasen fressen Wust/Lett vñ Kaat/
werden bey vns in flüssen/vñ kleinen Reusen gefangen/kommen in keinen See/ allein zu anfäg deß außflusses/vorauß Frülingszeit. Werden zu gewisser zeit deß Jars
an etlichen Orthen in mercklicher zahl gefangen.

Von jrem Fleisch.

Bey vns werden sie Frülingszeit ge-
priesen/ dann sollen sie fett werden. Item
deß Wintermonats/ wiewol das ist/ daß
sie wenig zu loben sind/ dann jhr fleisch ist
allezeit lind oder blutt/ga: nahe keines oder
ödes Geruchs/voller Grädt/ vorauß gegen dem schwantz. Werdē lieblicher gebraten dann gesotten. Die besten sind die/so in
dem Rhein gefangen werden.

Von

Von dem Barben.

Barbus, Barbo, Barbulus.   Ein Barben/ Ein Bart
Ein Barbel/ Ein Bärblin.

Von seiner Gestalt/ vnd mancherley Geschlecht.

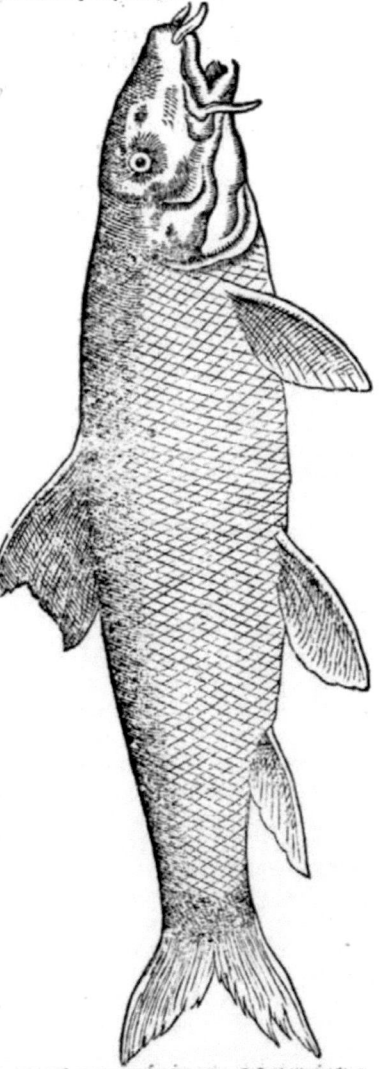

Dieser ist in vnsern Landen ein gantz bekandter Fisch/ist nit noth von seiner gestalt viel zu schreiben. Allein ist zu mercken/daß er keine Zän hat/sonder bey jeder seiten rauhe harte Kynbacken/ als dann auch etliche andere der Schüpfische so in süssen Wassern wohnen. Item daß auch seines Geschlechts ein art im Meer laufft/hat wenig vnderscheid/allein daß er viel weisser vnd schöner.

Von seiner Art vnd Natur.

Diese fisch fressen Mieß/kraut/schnecken/fisch/ verschonen auch jres eignen geschlechts nit/ wohnt gern in holen gestade vnd büheln/gräbt wie ein saw/verschliefft sich in Löcher/ also/daß sie sich zu zeiten in solchen verstecken/vnd sterben sollen.

Dise fisch leychen bey vns anfägs Augstmonats/werden an etliche orten der Thonaw in vnglaublicher miege gefangen : daß sie hassen die kält/werden gäh lahm davon.

Von natürlicher anmuthung der Thieren.

Die Blutsauger setzen sich zu zeiten an die Feckten der Barben/welche sie am grund vnd steinen oder starckem rauß mit gewalt abstreiffen solle. Es ist auch die sag der Fischer/daß solche Thier jre Eyer in wassern verhüten vnd bewahren/damit sie nit von andern Fischen gefressen werden.

Wie diese Fisch gefangen werden.

Etliche schreiben/ daß solche Fisch mit stinckende Aaß oder fleisch gefangen werden : jedoch pflegt man sie zu Straßburg vnd andern orten durch etliche Reussen zu fahen/ in welche die Würm Engerich genannt gebunden werden.

Diese Würm ligen vnder der Erde verborgen/biß auff den Früling werden sie im Meyen in Kefer verwandlet.

Von jhrem Fleisch.

Das fleisch dieser Fisch wirt von etliche wenig gepriesen/ wiewol das ist/daß sie bey vns lobs genug habe/ jedoch soll er ein lind vnd schwanecht fleisch haben. Seine Eyer oder Rogen sind gantz schädlich: dann sie führen den Menschen in gefahr Leibs vnd Lebens mit grosser pein vn schmertzen : nem-

F iij

lich sie bewegen den gantzen Leib mit stärckem treiben oben vnd vnden auß/ mit grosser angst vnd blödigkeit: welches die täglich erfahrung in vielen Leuthen genugsam erzeiget. Auß der vrsach soll sein Rogen wie gemeldt zu stundt hinweg geworffen werden/ damit er nit durch vnwissenheit in die Speiß komme.

Artzney von solchen Thieren.

Etliche Roßärtzt pflegen die Pferd mit solchen Rogen zu purgieren/ welches lettlicher were dann so man sie an den Menschen brauchen wolte.

Von der Trüschen.

Mustela fluuiatilis. Ein Trüsch.
Von mancherley Geschlecht vnd
Gestalt der Thieren.

Je Trüschen sind bey vns gemeine wolbekañte fisch/ als die gar nahe in allen wassern/seé/flüsser gefangē werdē. Allein ist zu mercken/dz viererley gestalt vnser er Trüsché gefangen werden. Die ersten sind die grossen Seetrüschen/ so auß dem grund vnd tieffen gezogen werdē/ welche dann zu mächtiger grösse kommē/ auff zwey oder drey pfund. Andere sind auch Seetrüschen/ schwimmen zu aller öberst in wassern/welche man Wellfisch pflegt zu nemmen. Die andern geschlecht wohnen allein in flüssen/ in welchen sie gefangē werden: auß welchen die eine schwartzlecht/ klein ist: die ander gelblecht/ welcher mã auch zweyerley gestalt finden soll.

Die grossen Seetrüschē haben sehr kleine schüplin: die andern aber haben gar kein schüppen/vergleichen sich mit jhrer bewegnuß schlüpfferigen glattē haut dē Aal. Habē grosse Lebern/ welche man in grosser achtung vnder die bestē speiß achtet vnd zehlt: dann man pflegt jnen an etliche orten die Leber võ auffgeschnitnē bauch außzunemmen/ demnach die wundē widerumb zusame häfften/ vnd dem wasser widerumb zugeben: dañ sie mögen ein lange zeit nacher geleben. Ist auch die sag/ die Leber wachse jnen widerumb/ welches doch nit zu glauben ist. In gemein

Diese gestalt ist nach vnserer Trüschen/ so in vnsern wassern gefangen werden/ abconterfetet.

find fie all fchwartz geflecket/etliche mehr gelblecht/etliche mehr fchwärtz/es hat auch die groffe Seetrüfch gelblecht flecken. Item in dem fluß Nilo wirt ein fonder gefchlecht der Trüfchen gefangen/welches vns vnbekandt vnd fehr frembd nit nöth ift weiter zu befchreiben.

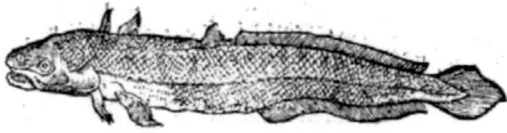

Diefe andere geftalt fetzt Rondeletius in feinem Buch.

Vnfere Trüfchen haben mancherley Namen bey den teutfchen Völckern. Zu Augfpurg nennet man fie Rugget. Die beywohner der Thonaw/Rutte. Am Rhein vnden/Ruffelck/Rufolck. Die Algäwer vnd Schwaben/Rofolck/andere Rup/vnd Raup/Aalrup/Olrupp. Die Niderländer ein Quapp/Judde/Alputt/rc.

Jre Leber ift ein fonderer fchleck/ift fehr feißt/wirt von wärme der Sonnen oder deß Feiwers/in ein öl zerfchmeltzt.

Von Natur vnd Art jetztbefchriebener Fifch.

Die Trüfchen find fehr fräffige Fifch/ift hart ein ander gefchlecht/das nach feiner gröffe vnd geftalt fo groffe andere Fifch verfchlucke/alfo daß man auch zu zeiten in den kleinen Trüfchlin andere kleine Fifchlin findt. Die orth wo fie wohnen ift oben gehört/allein ift zu mercken / daß die groffen Grundtrüfchen in den tieffen wohnen / auch die Fröfch offtermals bey folchen/alfo daß fie zu zeiten auß den 30. Schritten herfür gezogen werden/an welchen Fröfch behafftet hangen/als ob fie folche außfaugen wöllen für ihre Nahrung/welches etlichen vrfach gegeben hat/daß fie vermeynt haben/die Fröfch vnd Trüfchen vermifchen fich in jren gefchlechten/welches doch falfch ift.

Im Bodenfee leychen fie auff den letzten Monat deß Jars/bey vns im Zürcherfee auff das ende deß Jenners/etwan zeitlicher/etwan fpäter nach der zeit hitz vnd kälte.

Es ift die fag/daß diefe Fifch allein auß den Fifchen im alter erblinden.

Von jrer gefchwindigkeit.

Die Teutfchen haben im gemeinen Sprichwort / ein Ruffolck oder Trüfch ift ein Dieb/auß vrfach daß er fehr liftig/andern Fifchen auffätzig feyn foll / dieweil er in den tieffen vnd Löchern wohnet/auch braumlecht/Erdt oder Grundfarb ift/mit welcher farb er das Geficht der andern entfleucht/auff die Fifch fcheußt wie ein Wifelin/oder Katz auff die Mäuß.

Wie fie zu fahen.

Diefe Fifch zu fahen pflegt man lange Schnür zu haben/welche man auff 40. vnd 60. fchritt hinab läßt/mit viel Hacken oder Angel voller Groppen/oder Grundeln angefteckt. Solchen nennet man Trüfchenfchnür/Man fängt fie auch mit dem Rötlingarn/als etliche gefchlecht der Forellen.

Von dem Fleifch der Fifchen.

Von den vnfern werden diefe Fifch im Herbftmonat geprifen. Bey andern im Aprillen vnd Meyen. Die fo auß den flieffenden Waffern vnd flüffen gefangen werden/haben ein kecker/weiffer/gefünder Fleifch. Jr Leber ift ein edler fchleck/alfo daß zu zeiten ein Gräffin Haab vnd Gut/Rent vnd Güldt/Zinß vnd Zehenden vmb folche Lebern verthan vnnd verfchlecket hat. Bey vns lobt man folcher Fifch Lebern von dem Chriftag/das ift vor dem Leych / dann nach dem Leych werden fie arg geachtet / als welchen etlichen jhre Leber voll Würm wachfen/ welches den Fifchen ein anerborne Kranckheit feyn foll.

Der vierdte theil/ von allerley

Artzney von den Thieren.

Das Mäglin der Trüschen/ soll ein herrliche krafft haben/ wider alle Kranckheiten der Mutter der Weiber/ insonderheit sol er im Tranck gegeben die Nachgeburt gewaltiglich treiben/ auch das Bauchgrimmen hinnemmen.

Die Leber pflegt man in einem gläsinen Gefäß/ zu einem warmen Ofen/ oder Sonnen zu hencken/ welches ein schön gelb öl gibt/ gantz nützlich wider die finsterkeit/ flecken vnd fell der Augen.

Von einer andern schönen art der Trüschen.

Von jrer schönen Gestalt.

DIses Geschlecht der Trüschen/ so mit gantz schönen farben bezieret/ als gelb/ saffrangelb/ weiß/ rot/ schwartz/ der stern in Augen schwartz/ das vmbgehend blaw/ sind vor wenig Jarn in dem Königreich Behem gefangen worden/ vnd zu Prag dem König/ von der schönen gestalt wegen behalten worden/ in einem weiten Brunnen. Solcher gestalten eine haben wir hieher gesetzt.

Von der Spitztrüsch.

Barbota. Ein Spitztrüsch/ Ein art der Trüschen so in süssen Wassern gefangen werden.

Von jrer Gestalt.

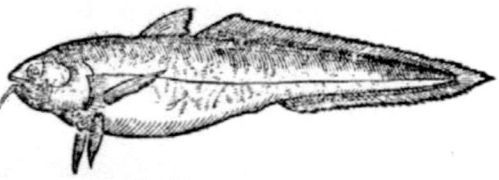

IN etlichen welschen flüssen so nit starck fliessen/ wirdt ein Geschlecht vnd art der Trüsche gefunden/ welche sie Barbota als Barbentrüschen nennen: ist aller gestalt/ farb/ flecken/ rc. der gemeinen Trüschen ähnlich/ allein daß sein Kopff vnd schwantz spitziger sind/ vnd der Bauch grösser.

Von jhrem Fleisch.

Mit Art/ Natur vnd Leben hat er kein vnderscheid von der Trüschen : allein daß sein fleisch schleimiger ist vnd zeher/ vngesünder dann der gemeinen Trüschen. Sie haben auch ein grosse Leber/ köstlich vnd gut.

Von den Grabtrüschen.

Trutta fossilis. Ein Grabtrüschen.

Von jhrer Art.

Ein

Ein ander Geschlecht soll der Trüschen seyn/welches man auß der Erden an etlichen orten herfür gräbt:soll mit goldfarben flecken besprengt seyn. Daß daß man an etlichen orthen fisch auß der Erden herfür grabe/ist ein warhaffte Geschicht/doch gemeiniglich an denen orthen/welche etliche See vnd Wasser durchfliessen/vnd durchtringen mögen. Wiewol das ist/daß in der Landtschafft Paphlagonia auß dem truckenen Boden vnd Erden fisch in der menge herauß graben werden/an welche kein Wasser mögen fliessen/oder sonst versamlen hat mögen. Es ist auch von solchen fischen gehört worden in der History von dem Beyßker.

Von dem Zindel.

Asper Danubij.　　Ein Zindel/Zinde/Zündel/
Zinne/Zingel.

Wo er gefangen werde.

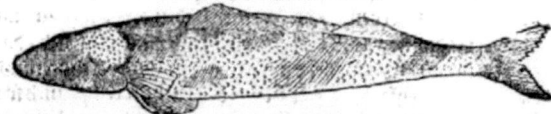

Dieser rauher schüppechter Fisch wirt bey Vlm vnd andern orten in der Thonaw gefangen:kompt gemeiniglich mit der grösse auff ein pfund schwer/zu zeite auch auff drey pfund. Sein farb ist zum theil braunrot/zum theil mit schwartze grossen flecken vnderscheiden. Soll einen so harten schwantz haben/daß er nit ohne arbeyt mag abgeschroten werden.

Von seinem Fleisch.

Vberauß gesunde/gute/löbliche Fisch sollen sie seyn/ also/daß sie alle andere Fisch auß der Thonaw vbertreffen:mag in keinen Weyern vnd Fischeten beschlossen oder behalten werden.

Von den Forellen.

Trutta, Fario.　　Ein Fore/Forhen/Förinen/
Forell/ꝛc.

Von mancherley Geschlecht vnd Gestalt der Fischen.

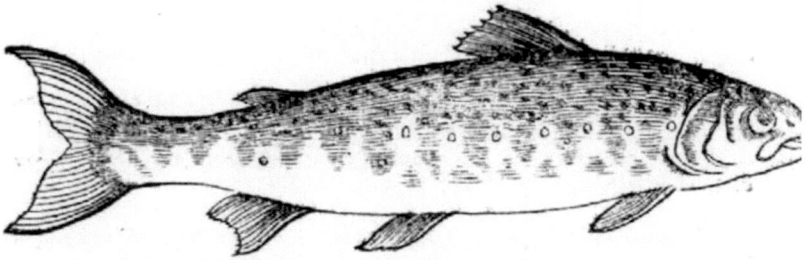

Wiewol das ist/daß die Forellen gantz bekandte gemeine Fisch in vnsern Landen sind: haben sie doch nit kleinen vnderscheid von Geschlecht vnd Gestalt: dann nit allein vnsere kleine Forellen/ sondern auch die Salmen vnd Lachß/vnd etliche andere vnder die Art gehören/wiewol von denselbigen nit an dem orth/sonder in

Der vierdte theil/ von allerley

der ordnung von den Seefiſchen wirt geſchrieben werden/nichts deſto weniger haben auch vnſere gemeine Fören/ſo in Flüſſen wohnen/viel vnderſcheid zu mercken. Dann etliche ſind weiß/etliche gelblecht/etliche ſchwartzlecht/etliche goldtfarb: etliche haben ſchwartze flecken/etliche goldfarbe flecken. Die ſo ſchwartzlecht ſind/auch ſchwartze flecken habeu/werden ſchwartz Fören genennt. Etliche ſind ſchwartzlecht/mit rothen flecken beſprengt/ſolcher fängt man zu Reutlingen in Schwaben/auch in einem Bach im Schwartzwaldt bey S. Blaſi. Etliche haben goldfarbe flecken/werden darvon Goldtforellen genennt: auch etliche allein in den Wälden gefangen/Waldeſören genennt/etliche Lachßforellen/als die ſo mitler art vnder dem Lachß vnd Forellen ſeyen. Bey kurtzer zeit ſoll in teutſchem Landt ein gantz gelber Forellen gefangen ſeyn worden/welches ſehr zu verwundern iſt.

Mit innerlicher geſtalt haben die Forellen wenig vngleichs: allein daß etliche weiſſer fleiſch/andere röthers/viel beſſers vnd löblichers haben/wiewol ſie all zu mal für die geſündeſten Fiſch gehalten werden. Die Forellen haben viel gleichnuß mit den Salmen/nemlich ſo viel die gantze geſtalt betrifft/euſſerlich vnnd innerlich/das rothlecht fleiſch/kleine der ſchüppen/flecken oder puncten/gröſſe/vnd verenderung der Naſen/auch ſo viel den Namen betrifft/inſonderheit mit den Lachßforellen/auch ſo viel die ander art betrifft/daß ſie dem Waſſer gegen ſchieſſen/der gewalt/ſtärcke vnnd geſchwindigkeit der Sprüngen/lieblichkeit vnd geſünde der Speiß/auß vrſach ſich nit zu verwundern iſt/daß etliche vermeynt haben/die Forellen werden in dem Meer in Salmen oder Lachß verwandelt/iſt doch endtlich nit alſo.

In allerley geſchlecht der Fiſchen ſoll der Rögling gröſſer vnd gewaltiger ſeyn/außgenommen bey den Forellen.

Von Art vnd Natur jetzgenandter Fiſchen.

Aller Forellen art iſt/daß ſie gegen dem Waſſer herauff je lenger je höher tringen/wohnen gemeiniglich vnd werden gefangen in kleinen flüſſen/ſtarcken kalten Bächen/ſo von dem hohen Gebirge mit groſſem gewalt herab flieſſen. Ir Speiß iſt etlich Waſſermucken/Rederlin/Waſſerwürm vnd Schnecklin: Item kleine Eglin oder Hürling/inſonderheit die Grundeln vnd Bambelen/ſo Pfellen von den Schwaben genennt werden. Etliche wöllen ſie freſſen auch ſtücklin Goldt/ſo in ſolchem Bergwaſſer vermiſcht iſt.

Der Leych der Forellen iſt vmb S. Gallen Tag/vor ſolcher zeit ſollen ſie etliche Löcher graben.

Von dem Donnerſchlag ſollen die Forellen gantz erſchrecken/erſtarren als vnbeweglich/alſo daß ſie zur ſelben zeit ohn alle Arbeyt mit den Händen zu fangen ſind.

Wie dieſe Fiſch zu fangen.

Ir nutzbarkeit iſt zu löblicher Speiß vnd Nahrung/werden auff viel art gefangen. Mit dem Aaß oder Angel/mit dem Garn/vnd inſonderheit artig vnnd frey mit den Händen: dann ſie laſſen ſich antaſten vnnd ſtreichlen ſo lang biß ſie ohne Arbeyt bey dem Kopff mögen ergriffen werden.

Von dem Fleiſch der Forellen.

Die Forellen werden einhellig größlich geprieſen bey allen Nationen/zu jeder zeit deß Jars/inſonderheit im Aprilen vnd Meyen. Sommerszeit ſollen ſie roth fleiſch haben/Winterszeit weiß. Die in friſchen ſtarcken Waſſern gefangen/ſind die geſündeſten. Summa/die beſten Fiſch auß den ſüſſen Waſſern ſind die Fören/alſo/daß ſie auch in allerley Kranckheit erlaubt werden. Die Seeforellen ſind feißter/lieblicher vnd beſſer zu eſſen/aber nit ſo geſund als die Bachforellen. Man pflegt ſie auch einzuſaltzen.

Artzney

Artzney von den Thieren.

Zu den Feigwartzen/ spält vnd breſten deß Sitzes/ ſoll gebraucht werden vnd auff-
gelegt/ ein Schwämlin voll feißt oder Schmaltz der Fiſchen. Soll ein mächtig Expe-
riment ſeyn.

Von dem Huch.

Tructa piſcinaria.　Ein Hůch/ Huch.

Von ſeiner Geſtalt.

DJſer iſt mit geſtalt/ Fiſchfeckten/ vñ ſlecken gantz ähnlich den Forellen. Die auß
Meiſſen nennen ſie Teichfören. Man pflegt ſie in die Fiſcheten oder Weyer zu
ſetzen/ wiewol ſie gantz ſträſſig ſeyn ſollen. Ir fleiſch ſol nit ſo gut vnd löblich ſeyn
als der bekandten Forellen.

Von dem Aſcher.

Thymallus, Vmbra.　Ein Aſch/ Eſcher/ Iſer.

Von ſeiner Geſtalt/ vnd wo er gefangen.

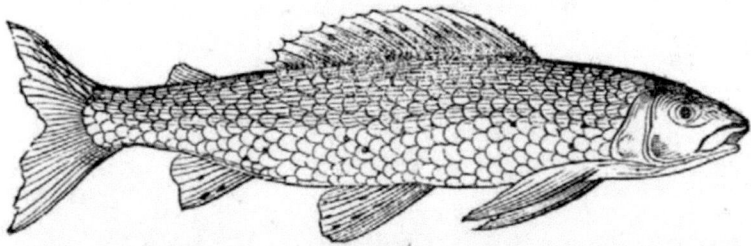

DJe Eſcher werden nit in allen Waſſern gefangen. Dann im Rhein fängt man
ſolcher gantz wenig/ in andern flüſſen ſo auß den Gebirgē flieſſen bräuchlicher.
Die Griechen haben jm ſeinen Namen geben von dem ſüſſen Geruch/ dann er
ſoll ſchmecken/ vorauß in Italien/ wie das Kraut Thymus. Er hat auch ſonſt ein ſüſ-
ſern geruch dañ andere fiſch. Sein geſtalt iſt bekandt/ auß vrſach er nit viel zu beſchreiben iſt/ dieweil er gar nahe in allen Landen gefangen wirt/ allein iſt zu mercken/ daß ein
Italiäner von dem Fiſch geſchrieben hat/ er ſoll kein Gallen haben/ welches doch endtlich nit alſo iſt/ dañ vnſere haben ein goldgelbe Gallen. Die Fiſch haben auch viel feiße
oder ſchmaltz am Eingeweyd/ welches zur Artzney ſehr dienſtlich iſt.

Von Art vnd Natur der Eſcher.

Die äscher wohnen in frisch/starcken/
steinechten wassern vñ Reusen/so sehr kalt
auß dem hohen Gebirg fliessen/wiewol dz
ist/daß sie sich auch in grossen flüssen/deß-
gleichen in die see herab fliessen/als Gens-
fer/Bodensee vnd Zürchersee/sind geachtet mit Leben/vnd anderer Natur als die
Forelle/vnder welches geschlecht sie billich
sollen gezehlt werden. Es haben etliche der
Alten geschrieben/daß diese Fisch Goldt
fressen/welches sich doch bedunckt in solcher gestalt zu versiehē seyn/daß sie fressen
das Goldt auß dē Beutel/vnnützer Leu-
the/so jr Goldt/Haab vnd Gut mit solchē
köstlichen Fischen verschlecken. Wiewol
das ist/daß die Bergwasser/in welchen sie
gemeiniglich wohnen/mehrtheil Goldt
tragen/möchten also die stücklin von jnen
gefressen werden: wirt doch in jren Mägen
nichts anderst gefunden/dann etliche Re-
fer/Würm/auch etliche kleine Fischlin.

Von annmuthung der Thieren.

In dem Bodensee ist ein Geschlecht der
Enten oder Daucherten/mit langē Halß/
schwartzen Füssen/welche auß dem daß sie
insonderheit die äscher fressen/von jhnen
äschenten genennt werden.

Wie diese Fisch gefangen werden.

Etliche der Alten haben geschrieben/die
äscher werden nit anderst gefangen dann
mit einem Floh an die Angel gesteckt/man
müßte subtil mit vmbgehē. Bey vns werden sie mit dem Angel/Garn vnd Aaß gefangē. Am Angel ist das beste Aaß Neunaugen. Etliche Fischer pflegen die Angel
anzubereyten künstlich mit seiden/etlichen
federn der Vögel/ec. Mit dem Polangel
darff man solche bey vns nit fangen.

Von dem Fleisch der Fischen.

Die äschen haben ein sehr gut/gesund/
löblich fleisch/lieblich zuessen/mag auß allen süssen Wasserfischen zum aller nechst

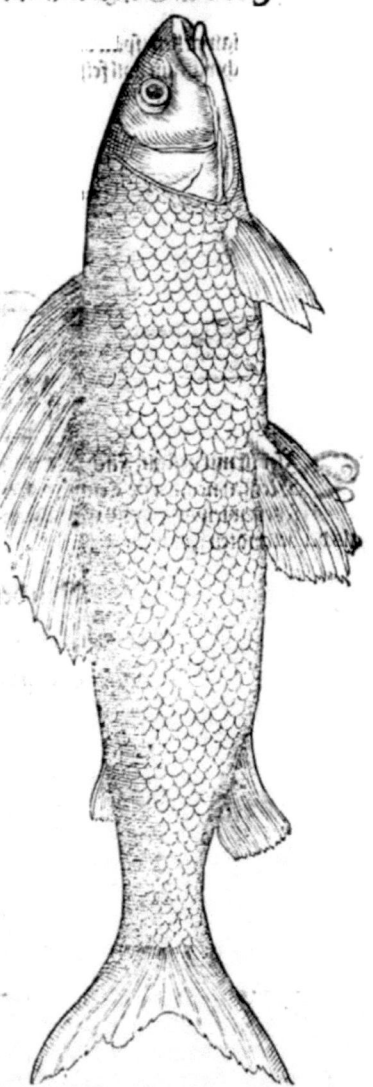

gebraucht werden/an statt der Steinfisch auß dem Meer. Nach denen die gemeinen
Albulen: zum dritten die Forellen. Sind gesund zu jeder zeit deß Jars. Von seiner güte vnd köstlichkeit wegen ist das Sprichwort kommen: Der Esch ist ein Rheingraff.

Etliche stück der Artzney/so von den Fischen in brauch kommen.

Das fürnembste stück so von den Fischen in den brauch der Artzney kompt/ist sein
schmaltz oder feißte/zu allerley gebrechen der Augen/röte/flecken/fell/dunckele nagel/ec.
Auch

auch zu allerley gebrechen der Ohren/als würm/wust/dösen/flüß/ꝛc. Demnach wirdt
das äschenschmaltz auch bereytet als ein sondere Artzney zu allem Brandt/ es sey von
Fewer oder Wasser.

Von dem Omber.

Von seiner Gestalt/ vnd wo er zu finden.

Je farb deß Fi-
sches ist schat-
techt/ oder dun-
ckelbraun / kompt auff
ein schuch lág/ ist gleich
dē äschen oder Forellen/
hat klein gesteckte schüp
pen/ hat einen lengern Kopff/ kleiner Maul dann die Forellen: frißt Wasser/ Grund/
Schleim vnd Sand. Belustiget sich lauteres Wassers: wohnet in den Bergwassern/
wirt vmb Leon vnd in Lottringen viel gefangen.

Von jhrem Fleisch.

Ein trucken weiß fleisch sollen sie haben/ gleich dem fleisch der kleinen Forellen.

Von dem Hecht.

Lucius.   Ein Hecht.

Von mancherley Geschlecht der Thieren vnd jrer grösse.

AVß den Fischen/ so menniglichen in vnsern Landen bekandt sind/ ist der Hecht ein
gantz gemeiner vnd breuchlicher Fisch/ auff Latein Lucius genannt/ auß der vrsach
nichts von seiner gestalt hie gemeldet wirt. Zu mercken ist/ daß man etliche vnderscheid bey vnsern Fischern befinde die Hecht betreffend : dann die so in Seen bey vnd
vmb die Rohr wohnen/ werden Rohrhecht genáñt: andere so in den tieffen/ Seehecht:
Item etliche von der zeit Mertzenhecht: vnd nach Ostern von der grösse/ grosse Hecht:
Item Grundhecht. Bey Straßburg nennen sie die jungen Hechthürling.

Die Fisch werden gar nahe in allen süssen Wassern oder Seen gefunden/ fürnemlich schöne/ grosse in der Eydgnosschafft in etlichen Seen/ in welchen sie in mächtiger
grösse gefangen werden. Auß dem fluß Oder sollen gantze Fuder geführt werden. Im
Jar als man zehlt 1544. ist zu Straßburg ein Hecht gefangen worden/ welcher sechß
vnd zwentzig schwerer pfund sol gewogen haben/ ein pfund 32. Lot/ sein Leber 27. Loth.

Die Hecht tragen in jhren Köpffen weisse Stein/ gleich einem Crystallen/ sie seyen
gleich jung oder alt.

Von Art vnd Natur der Thieren.

Ein vberauß fråssiger Fisch ist der Hecht: dann er frißt alles so er bekommen mag/
verschonet auch seines Geschlechts nit: dann ein Hecht frißt den andern: Item so verschluckt auch ein Hecht ein andern Fisch gleicher grösse/ also daß er den Kopff am ersten
verschluckt biß auff das halbe theil deß Fisches/ vnd so er jn nit gäntz hinein schlucken
kan/ so låßt er den halben oder dritten theil herauß/ biß daß er den ersten theil verdåwt/
demnach verschluckt er den vberigen theil gar.

Zu zeiten hat es sich begeben/ daß einer ein Mäulthier in den Rotten getrieben hat

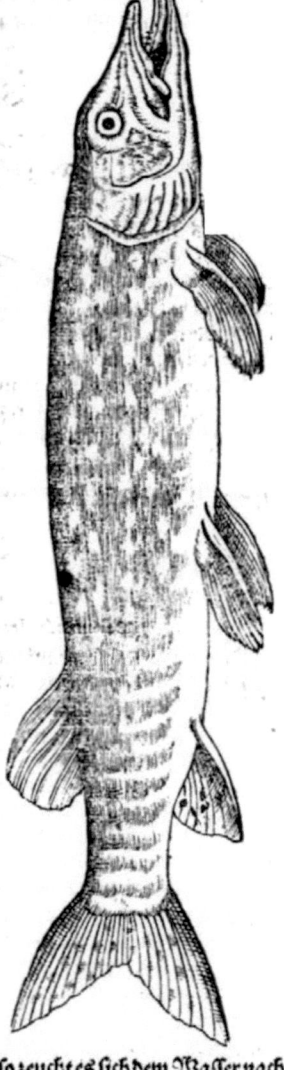

zu trincken: als nun das Maulthier oder Maulesel
getruncken/ hat ein Hecht jm sein vnder Lefftzen er-
bissen/ also daß das Maulthier erschrocke von dem
Wasser geflohen/ den Hecht an der Lefftzen herauß
gezogen vñ abgeschüttelt hat/ welcher vom Maul-
treiber lebendig gefangen vñ heym getzagē worden.

Item so werden auch viel malen junge Gänß in
den Bäuchen dieser Fisch gefunden: dann auch die
jungen Katzen vnd Hund so in solche Wasser/ see/
Weyer oder Pfützen geworffen/ werden von den
Hechten gefressen: so ist bey vns auch ein Plassentē
oder Delphin in dem bauch eines Hechts gesehen vñ
gefunden worden. Zu zeiten soll auch ein Hecht einer Magd den Fuß erwüscht haben/ welche in dem
wasser jhre Füß gewäschen: er verschonet auch den
gifftigen Thieren nit/ als den Dachsen/ Bufones ge-
nārint. Er helt auch den Fischen so starck nach/ daß
er zu zeiten/ so er von dem boden in das wasser oben
herauff scheußt/ in die Schifflin der Fischer fällt.

Die Eglin/ als die sag ist/ so er nit ohn verletzung
gantz verschlucken mag/ vorauß die grossen/ erfasset ers erstlich in sein Maul entzwerch/ trägt sie also
ein weil/ so lang er sie erbeisse vnd tödte/ als dann so
verschluckt er dieselbigen/ auß welcher vrsach er billich den Namen soll haben/ welchen jhm der gemeine spruch gibt/ Ein Hecht ist ein Rauber.

Diß ist ein wunderwerck so bey den Britaniern
vnd Engelländern beschehen soll: nemlich/ so sie die
Hecht lebendig verkauffen wöllen oder feyl haben/
so schneiden sie jnen jre bäuch auff drey zwerch Fin-
ger/ trucken das feißt herauß/ vnd erzeigen also die
werth der Fischen: welche so sie nit verkaufft werdē:
so butzen oder häfften sie die Wunden zu/ vnd werffen sie wider in jhre Wassergruben oder Weyer/ in
welchen sie auch Schleyen haben/ an welche so sie
sich reiben oder streiffen/ soll jné vom Schleim derselben die wunden wider zuwachsen vnd heylen.

Die Hecht wachsen auß dem Leych der Eyer/
vñ ohne Eyer von jné selber/ als auch die Schleyen/
dann an orten/ in welche man der Fisch keinen geworffen hat/ werden sie gefangen/ als in etlichen
Seen vnd Weyern. So das Weiblin leychen wil/ so zeucht es sich dem Wasser nach/
hernach zu dem vrsprung/ weit von dem gewohnten orth/ damit die Jungen nit den
Alten ein Raub werden. Bey vns leychen sie im Aprilen/ beharren biß auff zweē
Monat.

Die Hecht stößt auch ein pestilentzische schädliche Kranckheit an/ dann bey den seiten wachsen jhnen düsseln zimlicher grösse/ von welchen sie sterben/ vnd so sie in einem
Weyer zusamen verschlossen sind/ so sterben sie all zu mal.

Von

Von natürlicher anmuthung der Thieren.

Von der Tyranney der Hecht ist hieoben gehört worden/ gegen den Schleyen vnd Eglin/als etliche Fischer sagen/sollen sie nit wenig anmuthung habẽ. Albertus schreibet/daß vnsere gemeine Krebß auch das fleisch der Hecht zu zeiten zernagen.

Von nutzbarkeit der Thieren/ vnd wie sie zu fahen.

Ein gemeiner Fisch/ so viel gefangen wirt zur speiß/auffenthaltung vñ nahrung der Menschen/ist der Hecht. Ist doch nit zu jeder zeit zu fahen nachgelassen. Dañ bey vns vmb den Zürchersee hat es bestimpte straaff darauff gesetzt/welcher einen Hecht fängt der nit 16. zwerch Finger an der lenge ist. Item von mitten Aprilens biß auff ende deß Meyen so sie leychen/sind sie gantz verbannen/weder mit Netz/ Garn/ noch Beeren zu fahen. Vor zeiten ist es bey grosser Peen Leibs vnd Lebens verboten gewesen/ Hecht mit dem Rohrzeug oder anderer Rüstung/kleiner dañ nachgelassen zu fahen/nemlich so einer den gefangenen Hecht so zu klein/nit wider ins Wasser geworffen hette. Man pflegt sie sonst zu fahen mit Garnen/Schnüren/an welchen scharpffe spitzen oder Angel gehäfftet/mit welchen sie die Hecht so stehen/erfassen/rc. Etliche stecken Groppen an die Angel. In Engellandt pflegen sie solche zu fahen mit Fröschen vnd Blicken an die Angel gesteckt.Etliche brauchen auch ein sonder anbereytet Aaß.

Von jhrem fleisch.

Das fleisch der Hecht wirdt nicht sönderlich in mächtiger wirde gehalten/ auch bey vns/wiewol grosser vnderscheid an jrer güte gespüret wirdt/ so kompt von sondern orten/Landen/Wasser vñ Zeit.Dann der Welschen Hecht sind gantz vnlieblich zu essen/ als etliche von vns Teutschen zu Mompelier mit grossem verdruß haben erfahren.Vn etlichen andern orthen sind sie nit gentzlich zu schelten/als die auß dem Rhein kommen bey Basel/ Straßburg. Es werden auch die jungen auß dem Rhein sehr aepriesen. Im Heumonat vnd October sind sie zum besten. Von vnsern werden die Hecht gesunde/liebliche Fisch geachtet/ dann man pflegt sie auch in etlichen scharpffen Kranckheiten vnnd Gebrechen zu essen/ werden auch den Kindbettherin erlaubt. Wie die Köch solche Fisch auff mancherley art pflegen zu bereyten/ ist von kürtze wegen vnderlassen worden.

Etliche stück der Artzney/ so von den Hechten herfliessen.

Das Hertz von einem lebendigen Hecht/verschlucken etliche wider die Feber.

Die Gall der Hechten wirt von etlichen in die speiß genommen/gesunden Leib zu bewahren/ etliche fressen der Gallen drey wider die Feber/ ist sonst ein sehr gebräuchliche Artzney zun fellen der Augen/ dunckle der Gesicht vnd dergleichen bresten der Augen.

Seine Kynbeyn/ die Beyn auß dem Kopff/sonderlich die Kynbacken/ zu äschen gebrandt/oder gedörrt vnd zu Puluer gestossen/wirt gelobt zu alten schäden/ bresten deß Sitzes/oder Arß/das Gliedwasser zu stellen/auß Wein getruncken wider das Grien vnd Stein der Blasen/ zu dem weissen wehe der Weiber/ stich in der seiten/die Nachgeburt außzutreiben.

Die Eyer der Hecht haben etwas krafft/ den Durchlauff vnd Vnwillen zu bewegen/gleich den Eyern der Barben/ auß vrsach sie hingeworffen werden. Etliche geben solche Eyer den Krancken an statt einer Purgatz.

Der Biß der Hechten ist zimlich schädlich/ soll nit ohne Arbeyt heylen/ als dann die erfahrung bezeuget.

Von dem Ring so zu zeiten in einem Hecht
ist gefunden worden.

G ij

IM Jahr gezehlt 447. ist in einem See bey Heylbrunn einer Keyserlichen Reichßstatt / ein Hecht gefangen worden/ vnd jhm vnder der Haut der Fischohren gefunden worden ein Ring von Ertz in solcher Gestalt/ mit solcher Griechischer Geschrifft: welche Schrifft bedeutet daß durch den Keyser Friderich de andern/ dieser Fisch erstlich in genanten See sey geworffen worden/ deß Jahrs gezehlt 1230. auß welchem man wol abzehlen mag/ daß dieser Fisch 267. Jar alt gewesen/ wirt ohn zweiffel vor dem er mit dem Ring bezeichnet worden/ auch ein zeitlang gelebt haben.

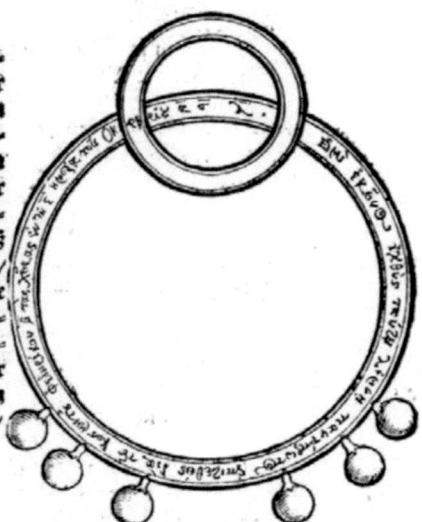

Von dem Schill.

Lucio perca.   Ein Schill/ Schiln/ Nagmaul.

Wo dieser Fisch gefangen werde.

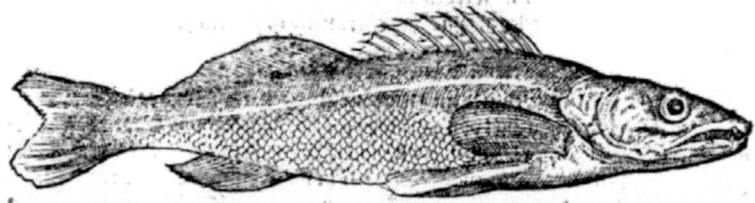

DJeser gegenwertiger/ frembder/ teutscher Fisch/ ist mit dem Kopff gleich einem Hecht/ vnd mit dem andern Leib vnd Gestalt einem Eglin. Wirt in etlichen orthen vnd nit allen gefangen/ als in der Thonaw vnd Amersee in Beyern. Soll mit der lenge auff ein Elen kommen/ oder drey Schuch/ gantz frässig vnd schädlich andern Fischen. Ist sehr feißt/ hat ein zehe Fleisch/ gantz weiß/ auch gesotten/ nit lieblich zu essen. Von dem Rucken oben herab/ hat er schwartze flecken/ als das Eglin.

Von dem Schied.

Schied dictus piscis. Mystoceron.

Wo er zu finden.

In

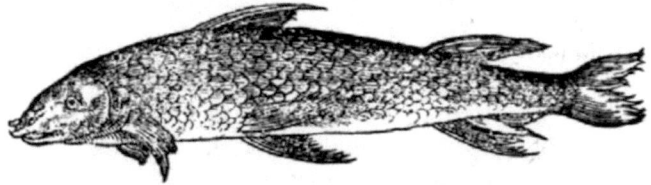

IN Beyern werden diese Fisch gefangen/ ist den vorgesetzten allen vngleich: dann er hat grosse schüppen / vorne an dem obern Maul zwey zöttelin als bärtlin oder hörnlin. Solte billich Hornfisch oder Knebelfisch geneist werden/ dieweil er so ein schönen Knebelbart hat.

Von dem Houzinck.

Sphyræna fluuiatilis.   Ein Spitznaß.

Wie er gestaltet/ vnd wo er gefangen werde.

ZVAntorff soll die se gestalt der fische viel gefangen wer- dē/ haben dz Obermaul oder Nasen/ spitzig/ läg/ lind vnd schwartz.

Von dem Schalfisch.

Ostracion Nili.   Ein Schalfisch.

Von seinem Orth vnd Gestalt.

EIn sonderbare Art der fi- schen sind dise gegenwer- tige / welche von Natur mit einer harten schale bedeckt werden / welche schale von den Abenthewern vnnd Tyriacs- krämern hin vnd wider getra- gen vnd erzeigt wirt/ bleibt lange Jar. Hat Fischflecktennach art anderer Fisch / weisse Augen / ein kleines Maul. Der Fisch ist an der farb weiß als Milch / doch ein wenig bleych : kompt zu zeiten mit der lenge auff ein Schuch : wirdt insonderheit in dem fluß Nilo/ so Africam durchlaufft/ gefangen.

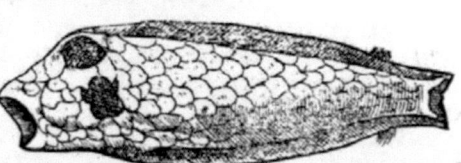

Von einem andern Schälfisch.

Ostracion Americæ.   Ein Schalfisch auß dem new er- fundenen Landt America.

Von seiner Gestalt.

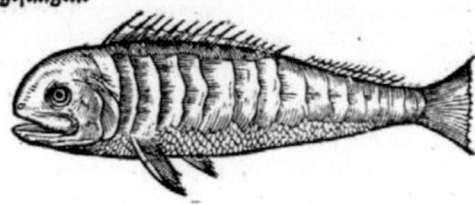

Der vierdte theil/ von allerley

Deſer Fiſch ſoll gentzlich alſo geſtaltet ſeyn wie er hiehen geſetzt iſt. Iſt mit einer Schalen bedeckt vnd gewapnet/ nit gröſſer dann der gemeine Hering: hat ein groſſen ſcheuſzlichen Grind:wirt von den Einwohnern derſelbigen Landen geſ-
ſen/welche jn in jrer ſpraach nennen Tamouhata: ſoll Zän haben/welche der Maler vn-
derlaſſen hat.

Von einer art der Saluten oder Welſen.

Glanis.   Ein art der Welſen/ Wellern oder
Schaiden.

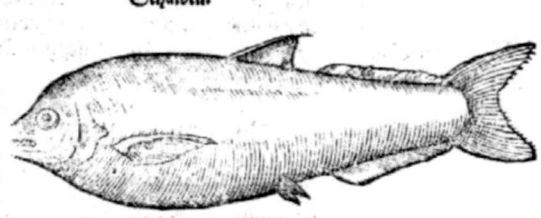

VOn dieſer geſtalt
der fiſch wirt noch
ſehr gezweiffelt/
ob ers ſey/oder wie er ſol
genennt werden. Endt-
lich davon zu redẽ/ſo iſt
Glanis ein kleine Art
der welſen oder: Salut/
vnſern landẽ vnbekant.

Von dem Aal.

Anguilla.   Ein Aal.

Von jrer Geſtalt vnd Geſchlecht.

DEr Aal iſt ein bekandt Thier dem gantzen teutſchen Landt/ auch allen andern Landen/ſo iſt auch ſein Geſtalt für Augen geſtellt/ auß der vrſach nit viel darvon zu ſchreiben. Allein iſt das zu mercken/daß jres Geſchlechts etwas vnder-
ſcheids hat/vñ in die weiſſen vnd ſchwartzen getheilt wirt. Item daß ſie in etlichen flüſſen nit gefunden werden/ dann in dem fluß Thonaw wirt keiner gefangen/mögen auch
wo ſie in ſolchen geworffen werden nit geleben/ſonder ſterben zu handt. Es ſollen auch
in dem Lauſanerſee vnd den flüſſen ſo in ſolchen fallen/ wenig der genandten Fiſch gefangen werden von einem Biſchoff Guilielmus genannt/mit beſchwerung oder fluch
vertrieben/als die ſag iſt.

In das Widerſpiel werden in etlichen Seen der Italiäniſchen Gegend/vnd andern
flüſſen deß Franckreichs/zu etlicher zeit ſo die Waſſer betrübt/viel tauſend zuſamen in
Kugeln gewelkt/vnd gehauffet/mit den Netzen vnd Reuſen herauß gezogen. Sie werden auch in vnſern Seen deß Schweitzerlandts oder Eydgnoſſchafft in guter viele gefangen vnd an andere orth vnd namhaffte Stätt geführet.

An jrer innerlichen geſtalt iſt das zu mercken/ daß ſie kleine Fiſchohren haben/ mit
einem Häutlin bedeckt vnnd beſchloſſen/ durch welches ein kleiner ſpalt gehet/zu erfri-
ſchung ſolcher Thieren/vrſachet daß ſie gar zeitlich in trüben Waſſern erſteckt werdẽ/
dargegen ein gute zeit ohne Waſſer im Lufft leben mögen.

Die in Flandria ſollen auch zweyerley Geſchlecht dieſer Fiſche bekennen: Das er-
ſie nennen ſie in jrer ſpraach Palynck/iſt vns ein Aal:ſoll in dem grund der flüſſen woh-
nen/an der farb braunlecht.

Das ander Geſchlecht iſt kleiner/verworffen/nennen es einfältig ein Aal/ iſt vns
vnbekandt/ freiwet ſich deß faulen ſtinckenden fleiſches/ oder ſchelmen/ iſt vnden am
Bauch getheilt/ gar nahe gelblecht.

Von

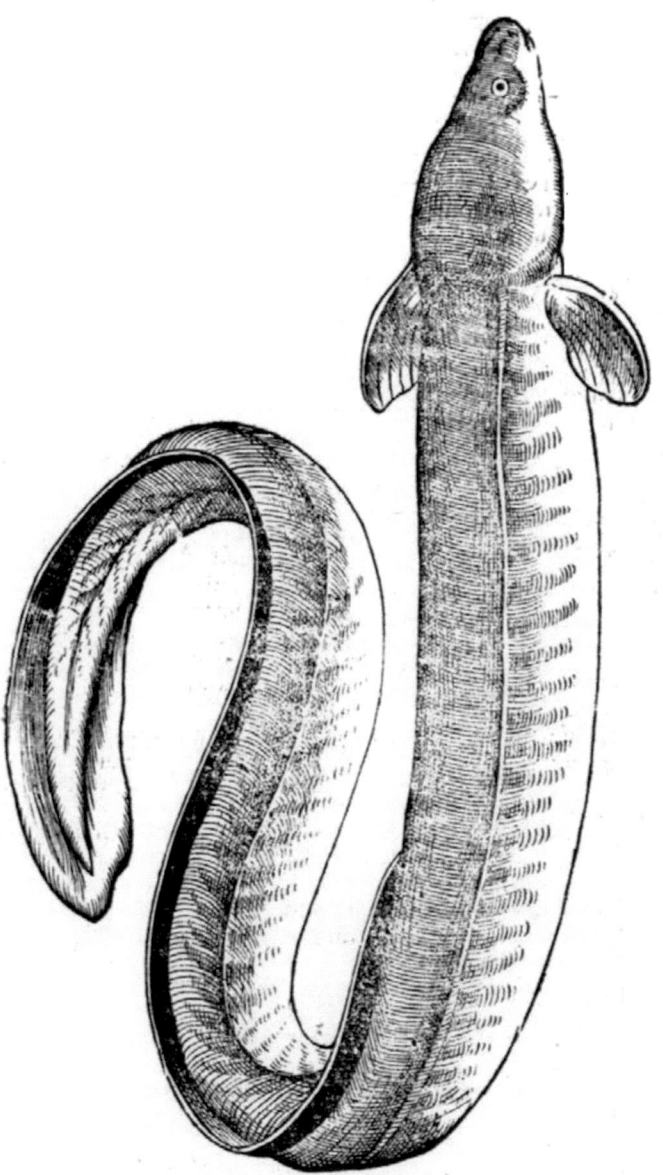

Der vierdte theil/von allerley

Von Art vnd Natur der Thieren.

Die Ael wohnen in gesaltznen vnd süssen Wassern/doch so sollen sie auß den flüssen in das Meer komen/allein wöllen sie lauter/klare/frische örter vnd Wasser haben/dan als vor gehört/von faulem trübem Wasser werden sie zu stundt ersteckt. Bey Nacht weyden sie sich/bey Tag verschlieffen sie sich in die Löcher deß grunds/gleich den scher= mäusen/fressen zerrissene theil der Fisch/Würm/Frösch/Item Kreuter vnd Wurtzen/ vnd als Albertus schreibt/sollen sie zu zeiten in das Feldt vnd truckne herauß streichen/ mit Zisererbsen oder Erbß besäet. Wiewol sie durch die äschen/oder truckne Sand nit kriechen mögen. Item diese Fisch wohnen allein von andern Fischen/haben ein starcke bewegung vnd schlüpfferige art. Dann als die sag ist/wo er das eusserst seines schwan= tzes durch ein Loch bringen möge/durch solches ziehe er seinen Leib hernach/vn je stär= cker man jn erfasset oder greifft/je härter man jn behalten mag.

Die Hochgelehrten/so von dem herkomen vnd vrsprung dieser Thier geschribe ha= ben/bringen dreyerley Gestalt herein. Die erste auß schleim̃ ger feuchte der Erden/sol= len also von jn selbs erwachsen/gleich etlichen andern Wasserthieren. Die ander/nem= lich sie reiben sich mit jr̃ bäuchen zusamen/oder jre Bäuch an den sand/von welche ein schleim herab falle/als dan̄ in die gstalt solcher Thier verwandelt werde/habe auch kein vnderscheid jres gschlechts Männlins vn Weiblins. Die dritte mehrung oder schöpf= fung sol geschehen nach der Art vn Natur anderer fisch/nemlich durch die Eyer/auch dz solche von den Alten lebendig geboren werden/dann also sollen etliche in dem teutschen Landt gefangen vnd gesehen worden seyn/welche in jrem Bauch viel der jungen sollen gehabt haben/in der grösse eines Fadens/vnd als die Alten getödt/sollen derselbigen ein grosse zahl herauß krochen seyn. Es sagen auch vnsere Fischer solches für ein gantze warheit/daß solche Thier lebendige junge geberen/zu jeder zeit deß Jars/welcher etli= che gar hart zu drey zwerch Finger kommen mit jrer lenge.

Es solle auch gewißlich nach der warheit die Männlin ein vnderscheid habe von den weiblin/nemlich mit dicke/grösse/vnd kürtze deß Haupts/so an Männlin gesehen wirt.

Im Mintzersee sollen zu zeiten Kugeln herauß gezogen werden von viel tausend zu= samen gehauffet oder gehenckt.

Diese Thier mögen mit jrem Leben zu viel Jaren komen/dann Aristoteles schreibt von 7. oder 8. Jaren. So ist auch einer von einem gelehrten Mann biß auff 15. Jar in einem Weyer behalten worden. Sie leben auch lang gleich ausserhalb dem Wasser/ vorauß so sie an külen/graßechten/schattechten orthen behalten werden/vnd zu der be= wegnuß nit verhindert/dann so sie von der Soñen auff der Erden beschienen werden/ sollen sie in kurtzem sterben. Item ob sie gleich jhrer Haut beraubt vnd außgezogen/so leben vnd bewegen sie sich ohne vnderlaß/auch so sie gleich zu stücken gehawen werden. Von dem Donner werden sie auß der tieffe in die höhe bewegt/zur selben zeit ohne Ar= beyt mit Garn herauß gezogen.

Im Jar nach der Geburt vnsers HErrn Jesu Christi/als man zehlt 1125. ist ein vberauß kalter Winter gewesen/vnd viel Schnee/also daß in den Weyern vnd ande= ren orten mit Fischen besetzt/die fisch vnder dem Eiß erstickten/vñ die Ael auß hassung der kälte auff den boden herauß schlichen/sich in die Heuschoche bey der nähe verschlof= fen/wiewol sie auch in solchen von wegen der kälte vnd mangel deß Wassers gestorben seyn sollen. Solches ist in die Chronick oder Jarzeitbücher zu Augspurg zu einer Ge= dächtnuß verzeichnet worden.

Von natürlicher anmuethung der Thieren.

An etlichen orten sollen die Ael heymisch gemacht werde vnd von Natur seyn/also daß sie speiß vnd Nahrung empfahen auß den händen der Menschen. Es sol auch der
Aal

Aal ein haſſz gegen der Schlangen haben. Die Ael ſollen von etlichen geſchlechten der Vögel gefreſſen werden/ als von denen ſo bey den Latinern Ardeæ ſtellares vnd Morſices genennt werden. Item der Phalacrocoral als die Engelländer ſagen/ verſchluckt ſolche Fiſch gantz/ welcher ohne verzug hindurch fährt gleich lebendig/ wirt zu ſtundt wider verſchluckt/ ſolches offt biß auff neun malen/ ſo lang biß er müd gemacht/ in dem Vogel erſterben müß.

Von nutzbarkeit der Thieren.

Die gröſte nutzbarkeit der Thieren iſt/ daß ſie zu der Speiß geſucht werden/ werden gefangen mit Garn/ Reuſen/ Angel/ Aaß/ꝛc. Ein ſondere art ſolche Fiſch zu fahen beſchreibt Oppianus vnd Elianus/ ſo geſchicht mit einem feiſten Hünerdarm/ welchen man an die orth ſolcher Fiſch in das Waſſer läßt/ vnd ſo er von jnen mit dem Maul erfaßt/ ſo erfüllt der Fiſcher durch ein Rörlin das ende deß Darms auſſerhalb dem waſſer mit ſtarckem plaſt/ ſo lang biß der gantze Darm der lenge nach/ auch der Fiſch durch ſeinen ſchlund/ gantz gefüllt vnd erſteckt ſind/ werden dannenhin herauß gezogen.

Die Zigeiner/ ein ſchwartz heßlich Volck/ ſo zu zeitë in vnſem Lande vmbſchweifft/ ſollen die Ael den Pferden durch den Affter hinein laſſen/ damit ſie von ſolchen auffgeblaſen/ deſto feiſter ſcheinen/ vnd durch beleſtigung ſo der Aal an den Gedärmen bewegt/ gantz geyl vnd muthig erſcheinen/ ſolche deſto thewrer verkauffen.

Mit den Riemen von den Aelhäuten ſind zu zeiten die jungen Dieb geſtrichen worden. Bey vns geben ſolche Riemen von Häuten der Ael gute Spülriemen/ den Weibern zü ſpülen. Weiter werden auch die lebendigen ſtarcken Ael bey vns gebraucht zu dem verſeſſenen oder verſtopfften Teichlin mit Kaat vnd Wuſt/ dann ſolche entledigen vnd durchtringen ſie/ gewinnen dem Waſſer oder Brunnen ſeinen lauff.

Von dem Fleiſch der Thieren.

Von der Complexion vnd Art deß fleiſches der Thieren ſind die Scribenten nit einhellig: dann etliche geben es löblich vnd geſund/ etliche ſchädlich vnd vngeſund zu aller zeit. Wie dem allem/ ſo iſt es gantz lieblich zu eſſen/ vnd in der warheit ſo gebiret es ein ſchleimig rotzig Geblüt/ ſind alſo zu ſcheuhen denen ſo auß ſolcher vrſach vnd Materia etlichen Kranckheiten vnderworffen ſind/ als Podagra/ꝛc.

Nun ſind vielerley art vñ gebrauch ſolche anzubereytë/ wie ſie dañ die Köch der Fürſten im brauch haben/ ſind nit allzu erzehlë/ ſonder der Küchenmeiſterey heym zu ſetzen. Jedoch ſo ſollen ſie artig außgezogen/ der Kopff vnd ſchwantz abgeſchnitten/ außgenommen/ zu ſtücken getheilt/ vnd nach gemeinem brauch geſotten oder gebraten/ vnd mit gutem Gewürtz beſprengt werden.

Au etlichen orten deß Franckreichs/ als Aegemort/ Item dem See am Geſtad deß Meers gelegen der lenge nach/ biß gen Frontinian zu werden ſchöne groſſe Ael gefangen/ gröſſer dañ ein Arm/ in dem Meerſaltz lebendig erſteckt/ vnd dennach außgenommen/ vnd alſo zu der Speiß bereytet/ werden von menniglichen mit luſt genoſſen.

Etliche ſtück der Artzney/ ſo von ſolchen Thieren in brauch kommen.

Den erſteckten Pferden laſſen etliche der Roſßärtzt Ael durch das Maul hinein/ durch ſie zu fahren vnd zu purgieren: von den Zigeinern iſt oben auch etwas geſchrieben worden.

Wein in welchem zween Ael erſteckt oder ertränckt/ getruncken/ bringt ein haſſz vnd abſcheuhen vom weintrincken.

Diſtilliert Waſſer von jrem fleiſch wirt geben den abnemmenden.

Sein Blut mit rotem Wein warm zu trincken geben/ zur zeit deß gröſten grimmens oder ſchmertzens/ ſoll ein bewerte Artzney ſeyn zu dem Bauchgrimmen.

Die obſchwimmende feiſte von den geſottenen Aelen auffgefaßt/ angeſchmiert/ ſol die Kaalköpff mit Haar bezieren.

Item sein feißte mit Gänßschmaltz/Rautensafft/Wermut/Grundrebsafft/vnd Hundszungensafft gemengt vnd als ein Salb gebert/ist dienstlich zu allen Wunden.

Item sein feißte mit Haußwurtzsafft gemengt/ein Tropffen in die Oren getreysft/mit einem warmen Tüchlin verstopffet/vnd ein schnitten warm weisses Brodts darauffgelegt/soll das verlohren Gehör wider bringen.

Item ein Aal/welchem der schwantz abgeschroten/in einem verglästen irdinen geschirr gesotten/vor wol gestossen/vnd mit der feißte vñ safft so sich zu boden setzt/schmier die geschwollenen Goldadern/oder den sitz so schmertzen hat.

Deß ersten theils von den Fischen/ so
in süssen Wassern leben/die fünffte Ordnung/so begreifft
die Fisch so sich auß dem Meer in die Flüß vnd süssen
Wasser herauff lassen.

Erstlich von der Alsen.

Alausa Clupea vel Thryssa.   Ein Alse/Else/Aelse/Wint/
leußfisch/Laußfisch. Bey Straßburg
Meynfisch/Verich.
Von seiner Gestalt.

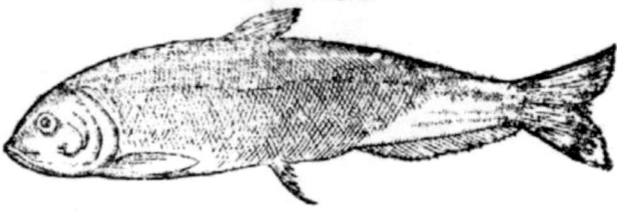

Ein andere Gestalt deß obgedachten Fisches / oder dem Fisch so Zyge genandt gar nahe gleich.

HIevor sind beschrieben worden die Fisch so in den Flüssen wohnen ohne vnderscheid in gemein. Weiter wöllen wir der Ordnung nach setzen die Fisch/ so auß dem Meer in die süssen Wasser vnd flüß sich herauff lassen/ auß welchen die ersten sind die Fisch so von den Teutschen Alsen genennet werden: welche sonst nach der zeit ires Alters den Namen verwandlen bey etlichen Nationen. Kommen an etlichen orten auff ein Elen lang/oder zu der grösse einer grossen Barben/haben viel kleiner Grädt/mit welchen sie verletzen die so sie essen. Werden in viel flüssen gefangen: dann sie auch zu zeiten biß auff Basel dem Rhein nach herauff streichen. Der Ziegfisch ist auch gleicher Art vnd eines Geschlechts/auß vrsach wir sein Gestalt zu dem andern gesetzt haben.

Dieser

Dieser Fisch ist einem Hering nit vngleich/hat doch vnderscheid an Gestalt/infonderheit etliche flecken rund/schwartz an der seiten vnd Rucken/auch ein rauche scharpffe Linien vnden am Bauch.

Von Art vnd Natur der Fischen.

Diese Fisch sind die ersten auß der zahl deren so von dem Meer in die süssen Wasser herauff streichen: dann im Meer/von wegen deß gesaltzenen Wassers/sind sie mager/gar nit lieblich zu essen/ In den süssen Wassern bessern sie sich mächtig/werden feißt/vnd gantz gut zu der Speiß. So bald dieser Fisch auß dem Wasser gezogen/sol er sterben nach Art der Hering.

Von natürlicher anmuthung der Thieren.

Dieser Fisch ob er gleichwol klein/soll er doch einen gantz grossen Fisch Attilus genandt/so in dem fluß Pado Italiänischen Landts/gefangen wirt/welcher auff 1000. pfund kompt/wunderbarlich vmbbringen vnd tödten/ in dem daß er ein Ader in seinem Rachen/welche er auß sonderer anmuthung begert/auffbeißt.

Es ist auch gentzlich die warheit/daß diese Fisch ob dem Donner sehr erstarren/welches jnen vrsach gibt/ daß sie allein Frülingszeit in die flüß der süssen Wasser herauff tringen. So bald aber der Sommer einfellt/ so schwimmen sie widerumb dem tieffen Meer zu.

Ein sonderbare anmuthung sollen sie ob dem Gethön/gelaut der Glocken oder schellen haben/welches den Fischern wol bewußt/so sie diese Alsen mit dem Garn zu fahen begeren/so lassen sie vor dem Garn her/ ein krumb hochgebogen Holtz schweben/ an welches Schellen gehäfftet. So sie dann das gelaut der Schellen erhören/schwimen sie herzu/vnd dem Gethön so lang nach/ biß solcher Fischen gantze hauffen zu grund gezogen werden.

Von jrem Fleisch.

Im Meyen behalten die Fisch den preiß/ist ein sehr löblicher/köstlicher Fisch/allein daß er mit so viel Grädten den essenden verhaßt. Sollen auß eigner art durstige vnnd schläfferige Leut machen/die besten werden in den Flüssen der süssen wasser gefangen/dann die so auß dem Meer kommen/helt man in kleiner achtung.

Von der Meernasen.

Capito Anadromus.   Ein Elbnasen/Ein Meernasen/
Ein Zert.

Von seiner Gestalt.

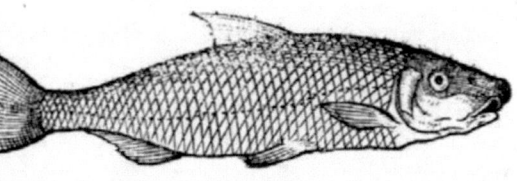

Dieser fisch sol vnder die geschlecht der Alet gezehlet werden/von wegen d3 er dem Alet vñ vnserer gemeine Nasen gätz gleich allein ist diese Elb oder Meernasé mehr weißlecht/darzu wohnet vnserer allein in den flüssen/dieser aber kompt von dem Meer herauff in die Elb. Vnsere gemeine Nasen ist ein vnachtbarer/schlechter verworffener fisch/so wirt diese Elbnasen vnder die edlen gezehlt/vorauß gebraten.

Der Zertfisch so von den Teutschen genañt ist ein länglechter Fisch/glantzet als silber/hat kleine schüppen/einen braunlechten Rucken/die secktlin bey den ohren vñ bauch rotlecht. Ein Linien hat er von den Ohren biß auff den schwantz/von braunfarben puncten oder flecken. Hat schöne grosse weisse Augen/ein grosse stumpffe Nasen/ein lindes Maul ohne Zän/die Zän hat er lenglecht/innerhalb anfangs deß Schlauchs. Die grösten so von den Fischern gefangen werden sind zweypfündig.

Von seiner Art.

Durch das gantze Jar streichen sie auß dem Meer in die Elb/insonderheit vmb die Pfingsten/zu welcher zeit er leycht/auch zum besten geachtet wirt/voller Rogen/gebiret/erwächst/vnd wirt sehr feißt in der Elb. Frißt allerley kleine Fischlin/so nicht viel Grädt haben/auch andere Würm/Keser/Mucken vnd dergleichen.

Von dem Schmelt.

Eperlanus. Ein Schmelt.

Wo diese Fisch gefangen.

Jese frembde Fisch komen auch in die Flüß herauff auß dem Meer. Werde in dē fluß Sequana gefangē/sind gātz weiß/durchscheinend/ohn schüppen/in seinem Kopff hat er zween weisse runde Stein/welche von wegen daß er durchscheinend ist leichtlich mögen ersehen werden. Hat ein lind/zart/matt fleisch/welches gantz wol schmäckt/wie das Biönlin/frißt allerley Gewürm vnd Kefer. Ein anderer Eperlanus ist/so allein in den flüssen wohnet/an seinem Orth beschrieben worden.

Von dem ersten Geschlecht der Lampreten.

Lampreta. Ein Lampreten/Lampred/Lempfrid/Lampheryn/ Lamprey/Lamperey/grosse Neunaug.

Wie sie gestaltet.

Je Lampreten sind an jrer gestalt gātz gleich einem Meeraal oder Muraal/lang vnnd schlüpfferig/habē jren Namen bey dē Latinern von dem daß sie mit jrem Maul an den Felsen behafft stehen/als ob sie daran saugen. Haben ein rund außgehölt Maul/als die Neunaug oder Blutsauger/darin gelbe Zän. Sein farb der haut ist schwartzlecht/mit bleychen eckechten flecken besprengt/hat ein zehe fleisch/wirdt doch nit außgezogen wie der Aal. Sein Maul beschleust er/wie man ein seckel zusamen zeucht/mit welchem er an den steinen hafftet vn sauget/vnd dasselbig so starck/daß er nit ohne Arbeyt mag abgerissen werden/als wann man ein Schrepffhörnlin abzeucht. Zu vörderst auff dem Kopff/zwischē beyden Augē hat er ein weißlechten fleck/darbey ein Löchlin durch welches er den Lufft vn wasser zeucht/welches vrsachet/dz er allein oben auff dem Wasser schwimen muß/dan sonst wirdt er leichtlich ersteckt. Zu beyden seiten hat er an jeder 7. Löchlin/inerhalb derselbigen seine Fischohren/in seinem Maul vn Rachen hat er viel ordnungē der Zän. Hat so viel die zierlich gstalt betrifft ein grüne kleine Leber/hat kein

Zungen

Zungen/runde tieffe Augen: hat kein Gallen/beweget sich vnd schwimmet nit mit den
Fecckten/sondern mit den krümmen deß Leibs als der Aal.

Wie die Lampreten genaturt vnd geartet seyen.

Die grösser Lampreten so hievor gesetzt/kompt auß dem Meer in die flüß/vnd süssen Wasser: deß Frülingszeit streichen sie herauff zu leychen: vnd nach dem Hornung
fahren sie mit dem Leych oder jungen widerumb herab. Erwachsen sonst auch von dem
schleim deß Bodens: sie geleben deß Wassers vnd schleims: sollen nicht lang nach der
Geburt abnemmen vnd sterben/mit jrem Leben allein auff zwey Jar kommen/ist sonst
ein leblicher Fisch/bewegt sich ob er gleich schon zu stücken gehawen.

Von natürlicher anmuthung der Thieren.

Die Lampreten sollen die Salmen/so sie auß dem Meer herauff streichen/beleyten
in dem daß sie an jnen hangen mit jrem Maul. Anfang deß Meyen sollen sie zum besten seyn: nach derselbigen zeit durch viel bewegnuß abnemmen vnd sterben/etliche ehe
sie geberen oder leychen. Ob sie schon leychen ein hauffen kleiner Eyer/so verschwindet
doch der Leych sampt den vberliebnen allen. Dann nach dem verloffnen Meyen werden weder junge noch alte weiter gefangen. Zu Straßburg fängt man solche mit dem
Wurffgarn/auch mit den Reusen in den tieffen: So fangen solche auch zu zeiten die
Schiffleuth mit den Händen/an den Schiffen kleben.

Von dem Fleisch der Lampreten.

Die Lampreten sind Frülingszeit gantz gut vnnd löblich/auch je grösser je besser.
Zu Rom in der Tyber fängt man die grösten vmb schönsten Lampreten. Es haben
auch die Römer solche in hoher achtung gehabt/vnd mit grossem Gelt gekaufft/von
welchem Platina viel schreibt. Sehr angenem vnd lieblich sind sie zu essen: geberen
doch ein dickes vnd schleimiges Geblüt/auß vrsach man sie mit gutem Wein vnd Gewürtz bereyten soll.

Von dem andern Geschlecht der Lampreten.

Genus Lampretæ alterum.　Ein Bärlin/ Berlin/
Berling.　Bey den Niderländern/
Pricke.

Wie sie gestaltet.

Dieses ist ein sonder geschlecht der Lampreten/kompt nit vber eins Fingers dick/
gebiret oder leycht auff dem ende deß Aprilen vnd den andern Lampreten oder
kleinen Neunaugen. Zur selben zeit sollen sie nit gut seyn/darnach weiter nicht
gefunden werden biß auff Adolphi Tag/ als nach derselbigen zeit fängt man sie wi-
derumb/sind darnach sehr löblich biß auff S. Michels Tag: werden mit der Reusen gefangen an den tieffsten orthen deß Rheins/soll kein Speiß oder Wust in jnen gefunden werden/auch gantz kein Gall/auß vrsach man sie pflegt allein ein wenig auff-
zuschneiden/damit man jren schweiß empfahen/ vnd mit dem fleisch sieden möge/ au-

H

Der fünffte theil/von fischen so den

Von dem Salmen.

Salmo. Ein Salm.

Von gestalt vnd orthen der Fischen.

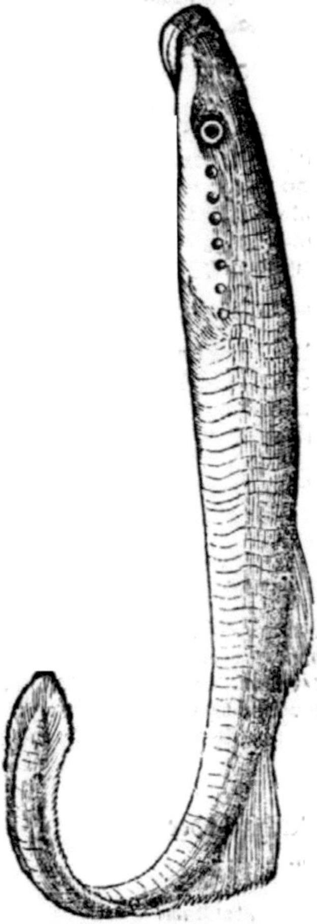

derst sollen sie zehe werden. Man pfleget auch solche einzusaltzen als die Sal-
men/ darvon ein Tracht bereyten/ ein
Prickenpfeffer genañt. Ein spruchwort
hat man/ Ein Berlin ist deß Leimpfinds
Bruder.

Er Salm ist bey den Griechen gantz
vnbekañt gewesen/ ist ein fisch der Teut-
schen/ vnnd deren so bey dem teutschen
Meer herumb wohnen/ dann allein auß dem
Oceano solche Fisch entspringen. Sein Gestalt ist den Teutschen genugsam bekañt/ auß
vrsach wenig davon wirt geschrieben werden.
Allein zu mercken ist/ daß sie jren Namen ver-
enderts

Ein Lachß.

endern nach dem Jar/Zeit oder Alter.
Daß im Früling vnd durch dē Sommer biß auff S. Jacobs Tag/werden
sie Salmen genēt. Darnach bekommen sie den Namen Lachß/zu welcher
zeit sie auch einen krumē schnabel am
vndern Kynbacken haben/auch gantz
schön mit flecken besprengt sind. Dem
Mänlin soll der vnder Kynbacken viel
mehr gekrümt werden/dañ dem Rög-
ling/werden allein in dē flüssen gefan-
gē/so sich in das teutsche Meer/Ocea-
num außgiessen/zu zeitē in mächtiger
grösse/dz etliche vber 36.pfund schwer
komen sind/seine fecktē sind feißt von
fleisch/ist innerlich also gestalt/daß er
zween schleuch oder weg von dē Maul
durch den Rachen herab hat/der eine in
den Magen/den andern nit weit/mit
einem dünnen weissen Fell beschlossen/
also daß einer achten möchte/diese fisch
weren der art daß sie jre Speiß widervmb ruminierten oder däweten/nach
der Natur etlicher vierfüssigen Thier/
hat viel Zän auch auff der Zungē welche kurtz vnd breyt ist.

Von Natur vñ eigenschafft der Salmen.

Von der Eigenschafft der Salmen
sind die so von den Fischen geschrieben
haben nit einhellig. Daß etliche schreiben die Salmen geberen allein in dem
Meer/kommen darnach so sie erwachsen in die flüß der süsse wasser. Andere
aber/dz nemlich die Salmen so sie auß
dem Meer herauff kommen/Leychen
gegen dem Winter in den flüssen vund
süssen wassern/in welchem sie ein wenig erwachsen/fahren demnach dem
Meer zu/in welchen sie zu vollkomner
grösse der Salmen komen/hernach gegen dem Glentzen in die süssen Wasser
herauff streichen/welche Opinion von
dē alten erfahrnē fischern auch der täg-
lichen erfahrung bestettiget wirt/daß
der Sälmlin werden bey vns viel ge-
fangē.Nach der Weynacht oder Christ
tag/das ist nach dem ende deß Wolff-
monats sihet man keine mehr. Nach solcher meynung hetten die Salmen zweyerley

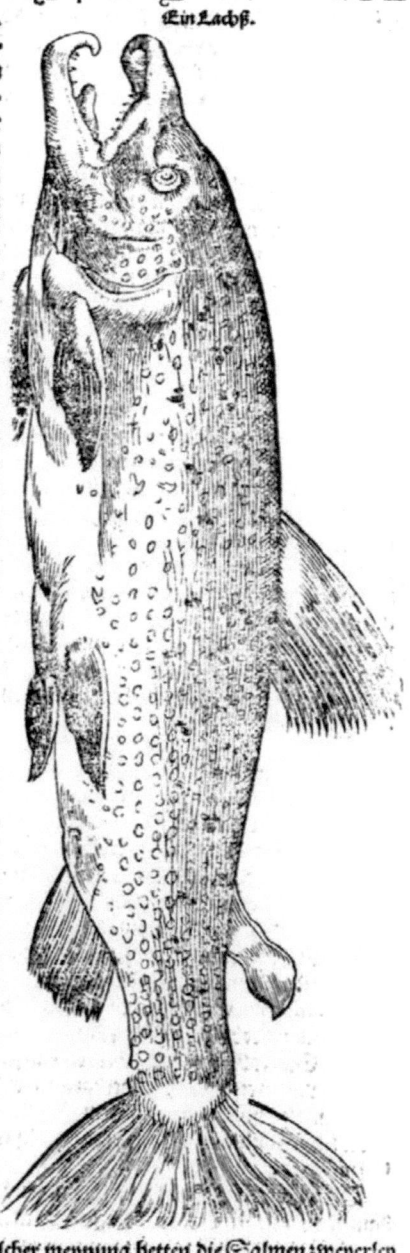

H ij

art. Erstlich daß sie in den flüssen leychen/vnd die Jugend in das Meer streicht/daselbst erwächßt. Zum andern daß er widerumb auß dem Meer so er zu rechter grösse komen/ in die flüß herauff streicht zu leychen vnnd zu geberen/ zu welcher zeit sie gantz zu der Speiß vntauglich/mager vnd biß auff die Haut verzehrt seyn sollen.

In dem streichen vnd herauff fahren dem Wasser entgegen/sollen sie sehr schnell vn mit dem sprung gewaltig seyn/ also daß er sich auch vber die Felsen/ Weer vnnd Höhe schwingen mag dem Wasser entgegen/ allein den Lauffen so vnder der löblichen Statt Schaffhausen ligt/mag er nit vbersteigen/an welchem orth viel der Fisch gesamlet vnd gefangen werden. Sie kommen auch nit allein in die grossen Flüß/sondern auch in die kleinen Bäche herauff/als der Limagt nach durch den Zürchersee/ weiter widerumb in die Linde biß gen Glariß herauff/ auch bey vns in die Tößfluß/ so begierig sind sie je lenger je mehr den Brunnen vnd vrsprung der süssen Wasser nachzustreichen. Dann allein in den kleinen flüssen begeren sie insonderheit zu leychen/in welchē sie an den san= dechten Gestaden Gruben in die Gestad herein artig vnd wunderbarlich machen sol= len/ vnd dieselbigen mit Steinen erbawen vnd zu bewahren/ damit daß jre Eyer oder Rogen so sie darein legen/von gewalt deß Wassers nit zerstrewet werde/ vnd ob gleich wol die flüß sehr gefallen/die Gruben trucken ligen/ sollen doch die Eyer nit verderben sondern so das Wasser zunimpt/widerumb befeuchtiget/erwachsen. Nach der Som= wende deß Sommers sollen sie zu leychen anheben/dasselbig biß zu ende deß Jars vnd Winter treiben. Die Eyer aber erst gegen dem Früling in lebendige Fisch vnd Selm= ling erwachsen/welche nit lang in den flüssen bleiben/in das Meer herab streichen/her= nach erwachsen widerumb herauff. Also nach der zeit in dem Früling/ nach eintretten deß Mertzens streichen die Salmen herauff/ gegen dem Herbst Lachß genandt/ ley= chen sie/durch den Winter ligt der Rogen in der Gruben. Frülingszeit wirt der Sa= men zu jungen Selmling/ nach dem Sommer streichen sie gegen dem Meer/ werden Salmen : also würde zu einer erschöpffung eines Salmens erfordert zwey Jahr/ Oder nach dem der Samen lebendig worden/ ein gantzes Jar zu vollkommenheit ei= nes Salmens.

Von natürlicher anmuthung der Salmen.

Die Salmen werdē gar mächtig gepeiniget von dem Blutsauger oder Eglin/wel= ches jnen insonderheit beschehen soll im Neyen/Brach= vnd Hewmonat/setzen sich au jre schwäntz/auch in den Rachen/Maul/Schlauch vnd die Gedärm herab/von wel= chen sie so schmertzlich gepeiniget/ daß sie sich vber das Wasser 3. 4. zu zeiten 7. oder 8. schuch herauff springen/ auch an das Gestad herauß/ zu zeiten von Fischern also be= griffen werden/vnd so man sie nit zeitlich findt vnd zu todt schlägt/so sterben sie von sol= chem schmertzen/ also daß sie zu zeiten faul vnd stinckend am Gestad funden werden. Etliche wöllen sie thun solche sprüng auß natürlicher Listigkeit/ dem Fang zu entflie= hen/dann sie zum allermeisten also für das Wasser herauff springen/ so die Fischer in den Schifflin mit Garn sie vmbziehen wöllen. Andere rechnen es der Geylheit zu die= weil sie genandte Monat gantz feißt/voll vnd starck seyn/ so ist doch das gewiß daß sie von den Egeln also gepeiniget werden/daß sie zu zeiten von schmertzen sterben.

Die Lampreten sollen sonderbare gemeinschafft haben mit den Salmen/ welche sie in dem Leych beleyten/mit jhrem Maul vnd Fügen an jhnen behafft auch die stren= ge der flüssen vnd lauffen vbersteigen/ welches sonst ohne hülff der Salmen nit besche= hen möchte.

Die Fischer sagen daß der Störfisch ein Leitmann oder Führer der Salmen sey/ dann wo er gesehen/verhoffen sie ein grossen fang der Salmen zu thun.

Wie man diese Fisch pflegt zu fangen.

Auff

Auff mancherley Art pfleget man diese Fisch in dem streichen zu fahen / welche gar nahe alle uns Teutschen wol bekandt sind. Man fängt sie mit dem Salmengarn / Spreitgarn / auch mit besondern Garnen an bereyteten orthen / so man Wag nennet / solche hat man viel zwischen Basel und Lauffenberg. Man durchschlägt sie auch mit einem eisinen Hacken / und sticht sie mit sonderbaren Instrumenten. Auch ist ein sondere art / nemlich in dem daß man einen Rögling an ein Seyl geb unden im wasser schweben läßt : welchen die andern von statt zu treiben begeren / als dann zeucht der Fischer den angebundenen sänfftiglich an das Landt / und durchsticht den andern nachfolgenden mit einem Geren.

Von dem Fleisch der Salmen.

Die Salmen sind ohn alle Widerred zum besten im Meyen / außgang deß Aprilen und Brachmonats : auch die zum löblichsten so an mitteln orthen gefangen werden / nemlich nit zu nechst bey dem Meer / auch nit zu öberst in den kleinen Flüssen. Jr fleisch ist rotlecht / feißt / gantz lieblich zu essen / von dannen der Spruch kompt / Ein Salm ist ein Her : nichts desto minder so geberen sie ein zehe schleimig Geblüt. Gegen dē Winter / so sie dem Leych nahen / und Lachß genennet werden / sind sie nit sonderlich lieblich zu essen / harter verdäwung / eines argen Saffts : solche werden in Engellandt nit gessen dann allein von den Armen / dann man helt sie als pfinnige Schwein. Es ist auch von den Königen der Schotten verbotten worde / daß niemand seines Reichs Herbstzeit Salmen fange / dem Leych zu verschonen / auch dieweil sie sonst zu der Speiß untauglich sind. Man pflegt solche Fisch auch einzusaltzen / und viel Thonnen in andere Landt zu fertigen. An etlichen orthen henckt man Riemen von den Lachsen oder Salmen an Rauch / so lang daß sie ertruckuen. Man hat viel Art der bereytungen / welche die Küchenmeisterey insonderheit betreffen.

Von dem Selmling.

Salar, siue Salmo paruus.   Ein Selmling.

Von jrer Art und Gestalt.

Jeses ist die Gestalt der jungen Salmen oder Selmling / welche mit aller Gestalt den Forellen so gleich sind / daß sie nit ohne sondern fleiß mögen erkennet werden / sind doch den erfahrnen leichtlich zu erkennen / in der History von den Forellen beschrieben. Die Selmling enthalten sich nit über ein Jar im Rhein oder andern Wassern / streichen vor dem Jar dem Meer zu / in welchem sie zu Salmen erwachsen in kurtzer zeit.

Von jhrem Fleisch.

Die Selmling sind zu aller zeit gut und löblich / insonderheit aber im Aprilen und Meyenszeit.

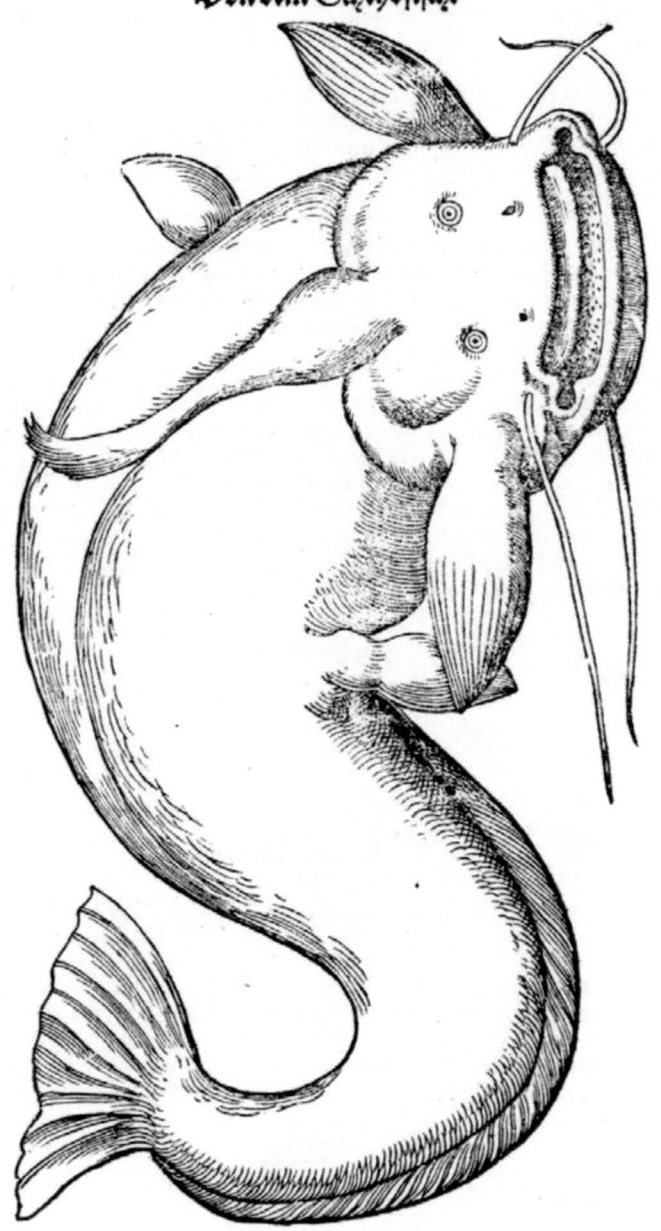

Sylurı

Sylurus. Ein Scheydfisch/ Salut/ Waller/ Wäller/ Wälline/ Welß/ Wilß.

Von der scheußlichen Gestalt/ vnd mercklichen grösse der Fischen.

Iß scheußliche Thier möcht ein teutscher Wallfisch genennet werden. Iß lange zeit bey allen Gelehrten vnbekandt gewesen/ dañ er allein in etlichen Seen vnd flüssen deß teutschen Landts gefangen wirdt. Iß ein sehr scheußlicher/ grosser/ schädlicher Fisch/ kompt auff sieben oder acht Elen lang/ etwan die anderhalb Centner wigen. So sie jung/ sind sie schwartzlecht mit weissen flecken/ so sie aber alt vnd groß werden/ sollen sie weißlecht/ mit schwartzen flecken besprengt seyn. Hat ein scheußlich weit Maul vnd schlauch/ grossen Kopff/ keine Zän/ sondern allein rauhe Kynbacken/ ist an der gantzen Gestalt nit vngleich einer Trüschen/ so grosse ding kleinen zu verglei-chen sind/ hat keine schüppen/ sondern ein glatte schlüpfferige Haut/ die ander Gestalt mag auß der Bildnuß so bey anfang gesetzt wol abgenommen werden.

Von Art vnd Natur der Fischen.

Ob der gestalt deß Thiers ist wol abzunemmen sein tyrannische/ grimmige vnd frä-sige art. Also daß zu zeiten in eines Magen ein Menschenkopff vndrechte Handt mit zweyen güldinen Ringen sind gefunden worden/ dañ sie fressen allerley das sie bekom-men mögen/ Gänß/ Enten/ verschonen auch dem Viehe nit/ so man es zur Weth oder wäschen/ oder sonst zu träncken führt/ also daß sie auch zu zeiten die Pferd zu grund zie-hen vnd ersäuffen/ verschonet dem Menschen gar nit wo er jn kriegen mag.

Zu dem fang vnd jagen braucht er seine obern vnnd vndern Knebel/ mit welchen er vmbwickelt/ faßt vnd zu dem Maul treibt/ was er mit dem Maul erfaßt/ zeucht er al-les zu grund/ frißt allerley Fisch so er bey nechst bekommen mag/ wohnet gern an let-techten/ wüsten orthen/ Wassern vnd Seen.

Von seiner anmuthung.

Aelianus schreibt/ daß in Egypten in einem See Bupastus genandt/ jetztgenañte Fisch heymisch gemacht/ gespeißt mit Brodt vnd erhalten werden.

Von jhrem Fleisch.

Der jungen Fisch fleisch soll gut vnd lieblich zu essen seyn / auch auff die Tisch der Reichen kommen/ Der alten aber vnnd grossen Thier soll heßlich zu essen seyn/ wirdt doch das theil gegen dem schwantz das beste geachtet/ sollen ein helle stimme vrsachen/ den Stulgang bewegen.

Artzney von dem Fisch.

Das eingesaltzen fleisch von dem Fisch auffgeschmiert/ soll Dorn/ Pfeil/ re. dergle-ichen außziehen/ vnd die vmbfressenden schäden dämmen. Die Brühe der Sultzen da-von in Cristier eingeschütt den roten schaden vnd Hüfftwehe vertreiben. Zu den obern dingen soll auch die äschen von der gebrandten Köpff dienstlich seyn.

Von dem Salut oder Scheyd so in etlichen Seen der Eydgnoschafft gefangen werden.

Sylurus qui in lacubus Bertensium Heluetiorum capitur.

Wie er gestaltet.

H iiij

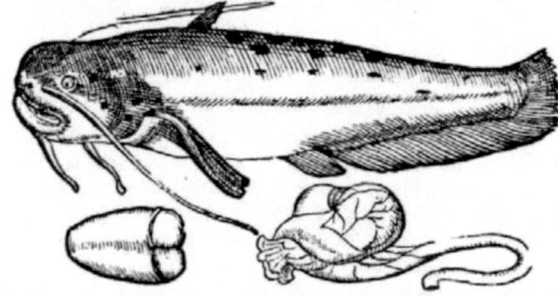

Iese Art oder Gestalt vorgenandter Fischen wirt im Murter/vnd Newenburgersee gefangen/ welcher dann sonst ein schleimigen vnd lettechten Boden hat/ auß solchen ist vor wenig Jaren einer gefangen worden in Murtersee/8.schuch lang/daselbst an einem Hauß abconterfetet. Sein farb als der vorgesetzten schwartzlecht vorauß vmb den Kopff/die beyden seiten äschenfarb/durch den Rucken vnd Kopff mit schwartzen flecken besprengt. Am obern Maul hat er zwey lange Horn/am vndern vier/der gantze Bauch ist weiß. Ist sonst nit anderer Gestalt/Art/Natur/dem erstgesetzten gantz gleich.

Von dem dritten Geschlecht.

Solch Geschlecht jetztgenandter Fischen wirt zu Straßburg bey einem Burger in einer Fischeten oder Weyer als ein Wundergestalt der Fischen behalten/welche als ein ander vnd sonder Geschlecht läßt ansehen/ ist doch endtlich eben der vorigen Art/ dann der schwantz bedunckt sich abgeschlissen seyn/ auch die Fecken von wegen enge deß orths/auch die Hörnlin deß Mauls kurtz/ noch nit wol erwachsen zur zeit als er abgemalet worden/ dann solche Hörnlin/spitzen oder züttelin/jnen alle Jar abfallen vnd wider wachsen.

Von dem Stör.

Acipenser, Aquipenser, Sturio. **Ein Stör/**
Ein Stier/ Ein Stierlin.

Von mancherley Geschlecht der Thieren/ jrer Gestalt vnd grösse.

Ieses sind rauhe/scharpffe/wolgewapnete Fisch/den Delphinen nit vngleich/ außgenommen die räuche vnd schärpffe/ auß vrsach sie von etlichen fälschlich Delphin sind geachtet worden. Solche Fisch wohnen im Meer vnd in süssen Wassern/kömen doch auß dem Meer in die flüß herauff/in welchen sie grösser gefangen

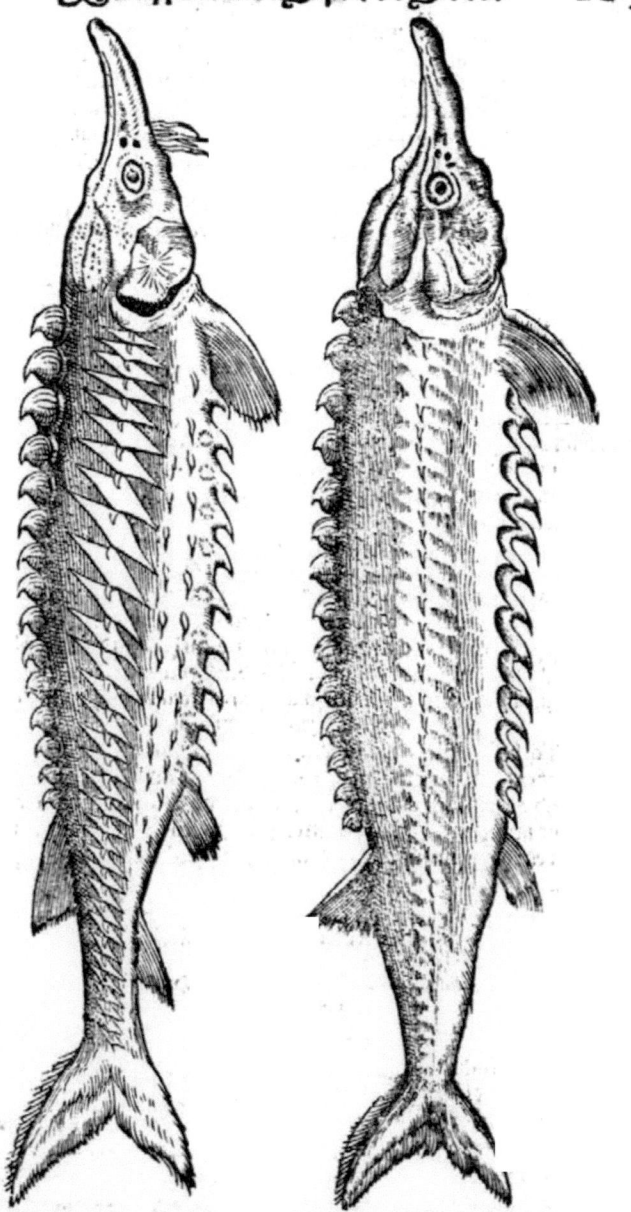

gen werden dann im Meer. Dann vem König Francisco soll zu zeiten einer 18. schuch
lang gezeigt worden seyn/ so sind sie auch 14. Schuch lang zu Antorff gesehen worden/

soll auch zu zeiten einer 180. Pfundt gewogen haben : wiewol die so ich auß dem Meer gezogen gesehen hab/nit grösser waren dann auff zwo spañen. So viel sein gestalt antrifft/so ist er rund/garnahe dreyeckecht/ohne Gebeyn/außgenommen im Kopff wirt gantz fett/sein feißte gelb/ein gantz grosse süsse Leber/hat einen gantz kleinen Rachen/ohne Zän/mehr dienstlich zu saugen dann zu käwen: hat keine Schüppen/an statt ein rauhe Haut/hat an seinem Leib drey ordnung der Nägel oder Hacken : ist ein gantz schöner seltzamer Fisch.

Von Art und Natur der Thieren.

Diese Fisch als vor gehört/wohnen im Meer/streichen auß demselbigen in die grossen flüß herauff/biß auff fünff oder sechß Tagreysen.

Zu Wittenberg wirdt er auch in der Elb gefangen/und zu Wien in der Thonaw/auch im Rhein/auch zu zeiten zu Straßburg. In der Wolg und Ock/in den flüssen der Moscowitter sind solche überflüssig.

Den kleinen Fischlin soll er nachhalten/auß welchen er durch das saugen sein Nahrung ziehen soll/wiewol etliche wöllen sie fressen auch den reinen Sand un ander Kaat: geiebt gantz kleiner Speiß/auch deß purlautern schönen Luffts oder Winds/auß welchem der spruch kommen ist. Er lebt deß Luffts wie der Stör. So er in Milch gelegt/so soll er auch lang leben/als wann er im Wasser wer.

Mit seinem Leib soll er grosse schwere Läst bewegen/auch offtermals die schweren Blöcher gar nahe zerspalten.

Von natürlicher anmuthung der Thieren.

Der Zieg oder Goldfisch genañt soll allezeit zu mal in diesem in den fluß Elb herauff fahren/auch zu mal gefangen werden. Itt so soll auch dieser fisch der Salmen oder Lachsen/so auß deß Meer in die flüß herauff reysen/Hauptmañ oder Führer seyn: dann so er von den Fischern gesehen wirt/so soll er ein grossen hauffen der Lachß bedeuten.

Den Fisch Huso auff Latein genandt/Item den Crocodill sol er bekriegen/in der gestalt/daß er jnen jre Bäuch mit seinen scharpffen Hacken auffreißt und zerzert.

Von dem Fleisch der Thieren.

Diese Fisch haben ein fürtrefflich/gut/löblichs/angenemes/gesundes fleisch/ist in hoher wirde bey den Alten gewesen/dermassen daß sie auch durch gekrönte dienst mit Kräntzen und Trommeten sind fürgetragen worden. Die kleinen und die so im Meer wohnen/sind in minderer achtung dann die so in grossen flüssen schwer unnd groß gefangen werden: hat so ein süsse Leber/daß die Köch solche mit seiner Gallen zu berei-ben pflegen.

Von allerley art der Hausen.

Antaceus Borystenis.   Ein art der Hausen auß
dem Fluß Neper.

Von seiner Gestalt.

Rosse merckliche fisch sind alle diese Geschlecht der Hausen/der art daß sie auß de Meer in etliche süsse wasser u.ñ flüß herauffkommen: Sein gestalt ist wol auß der fürgesetzten Figur abzunemen. Sie beduncket mich erdichtet seyn.

Vau

Von dem andern Geschlecht.

Exos, ſiue Ichthiocolla. Ein andere art der Hauſen.
Von ſeiner groſſen Geſtalt.

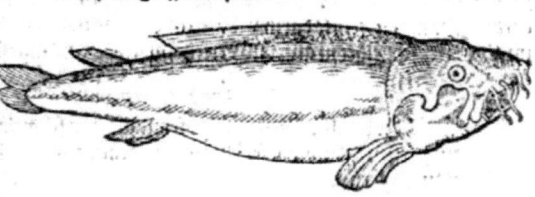

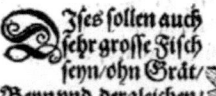

Iſes ſollen auch ſehr groſſe Fiſch ſeyn/ ohn Grät/ Beyn vnd dergleichen/ auch ohne ſchüppé/ hat ein groſſen breyté kopff/ vnd weit Maul/ von dé obern Kynbacken vier züttelin/ kleine Augen/ hat ein zehe/ ſüß/ ſind fleiſch voll Leims/ auß welcher vrſach er ſehr kömlich iſt einzuſaltzen/ dann von dem Saltz beſſert er ſich/ wirt rot/ als das fleiſch der Salmen/ wirt alſo gen Rom vnd andere orth gefertiget.

Auß dem bauch deß Fiſches wirt Leim geſotten/ viel im brauch damit zu leimen/ allerley Papier/ Perment/ auch Holtz vnd dergleichen/ iſt auch breuchlich in der Artzney.

Von der rechten wahren Geſtalt der Hauſen.

Huſo. Ein Hauſen.
Wie er geſtaltet/ vnd an welchen enden er gefangen werde.

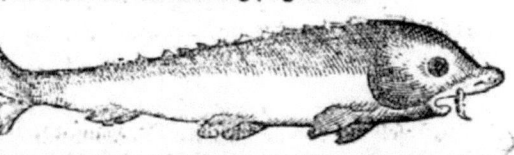

Iſt iſt ein gründliche cöterfactur deß Hauſen der Teutſchen/ ein ſchöner wolgeſtalter Fiſch. Ihr art iſt daß ſie gantz kein Beyn oder Grädt haben außgenommen in dem Kopff/ an ſtatt der Beyn hat er Kroſpeln/ Altenwachß/ zehe durch den Leib vñ Rucken/ hat auch keine ſchüppen/ gantz glatt/ kompt auß dem Meer der Thonaw nach herauff/ in welcher er gefangen wirt/ in ſolcher gröſſe daß er mit Roſſen oder Pferden muß auß dem Waſſer gezogen werden. Sein Eingeweyd/ welche er ſehr groß/ viel vñ feiſt hat/ werden Hauſenknopff genañt/ wirt allein gefangen/ ſo er wandert/ von dem Herbſt biß auff den Jenner/ zwiſchen Wien vnd Preßburg/ vnd etlichen andern orthen. Zu Wien in Oeſterreich verkaufft man ſolcher zu zeiten/ vnd der mehrertheil 5 0. oder 7 0. auch auff die hundert Hauſen/ welche man gemeiniglich pflegt gantz zu verkauffen. Bey dem außfluß der Thonaw in das Meer wirt der Fiſchen ein groſſe menge gefangen/ eingeſaltzen vnd an andere orth geſchickt. Dieſer Fiſch kompt mit ſeiner gröſſe oder lenge auff 2 4. Schuch / oder nach dem Gewicht auff 4. Centner.

Von Art vnd Natur der Fiſchen.

Der mehrertheil Fiſch ſo der art ſind dz ſie auß dem Meer in die ſüſſen waſſer ſtreichen zu gewiſſer zeit/ ſind löbliche gute Fiſch/ ſolcher art ſind auch die Hauſen. Dann nit allein in den Thieren deß Luffts oder dem Gevögel das geſehen wirt/ daß etliche zu gewiſſer zeit wandlen auß einem orth/ Landſchafft an das ander/ vnd andere zeit nic t geſehen werden/ ſondern auch in den Waſſerthieren ſolches geſchicht. Sie freuwen vnnd beluſtigen ſich ob letlechtem/ feiſtem Grund/ ſchwimmen ſchrecht/ vnnd folgen nach dem Getbön der Trommeten/ zu welchem ſie ſich nähen vnd geſäuigen wer.

soll auch zu zeiten einer 186. Pfundt gewogen haben : wiewol die so ich auß dem Meer
gezogen gesehen hab/nit grösser waren dann auff zwo spannen. So viel sein gestalt an=
trifft/so ist er rund/gar nahe dreyeckecht/ohne Gebeyn/außgenommen im Kopff/wirt
gantz fett/sein feißte gelb/ein gantz grosse süsse Leber/hat einen gantz kleinen Rachen/
ohne Zän/mehr dienstlich zu saugen dann zu käwen : hat keine Schüppen/an statt ein
rauhe Haut / hat an seinem Leib drey ordnung der Nägel oder Hacken : ist ein gantz
schöner seltzamer Fisch.

Von Art vnd Natur der Thieren.

Diese Fisch als vor gehört/wohnen im Meer/streichen auß demselbigen in die gros=
sen fluß herauff/biß auff fünff oder sechß Tagreysen.

Zu Wittenberg wirdt er auch in der Elb gefangen / vnd zu Wien in der Thonaw/
auch im Rhein/auch zu zeiten zu Straßburg. In der Wolg vnd Ock/in den flüssen der
Moscowitter sind solche vberflüssig.

Den kleinen Fischlin soll er nachhalten/auß welchen er durch das saugen sein Nah=
rung ziehen soll/wiewol etliche wöllen sie fressen auch den reinen Sand vn ander Kaat:
geiebt gantz kleiner Speiß/auch deß purlautern schönen Luffts oder Winds/auß wel=
chem der spruch kommen ist. Er lebt deß Luffts wie der Stör. So er in Milch gelegt/so
soll er auch lang leben/als wann er im Wasser wer.

Mit seinem Leib soll er grosse schwere Läst bewegen/ auch offtermals die schweren
Blöcher gar nahe zerspalten.

Von natürlicher anmuthung der Thieren.

Der Zieg oder Goldfisch genant soll allezeit zu mal mit diesem in den fluß Elb her=
auff fahren/auch zu mal gefangen werden. Itē so soll auch dieser fisch der Salmen oder
Lachsen so auß dē Meer in die flüß herauff reysen/Hauptmañ oder Führer seyn:dann
so er von den Fischern gesehen wirt/so soll er ein grossen hauffen der Lachß bedeuten.

Den Fisch Huso auff Latein genandt/Item den Crocodill sol er bekriegen/in der ge=
stalt/daß er jnen jre Bäuch mit seinen scharpffen Hacken auffreißt vnd zerzerrt.

Von dem Fleisch der Thieren.

Diese Fisch haben ein für trefflich/gut/löblichs/ angenemes/gesundes fleisch/ist in
hoher wirde bey den Alten gewesen/ dermassen daß sie auch durch gekrönte dienst mit
Kräntzen vnd Trommeten sind fürgetragen worden. Die kleinen vnd die so im Meer
wohnen/sind in minderer achtung dann die so in grossen flüssen schwer vnnd groß ge=
fangen werden : hat so ein süsse Leber/ daß die Köch solche mit seiner Gallen zu berei=
ben pflegen.

Von allerley art der Hausen.

Antaceus Borystenis.   Ein art der Hausen auß
dem Fluß Neper.

Von seiner Gestalt.

GRosse mereckliche
fisch sind alle die=
se Geschlecht der
Hausen/ der art daß sie
auß dē Meer in etliche
süsse wasser u. flüß he=
rauff kommen. Sein ge=
stalt ist wol auß der jürgesetzten Figur abzunemen. Sie beduncket mich erdichtet seyn.

Von

wirt in Italia in dem fluß Po/ vnd in Franckreich in dem Rotten gefangen/ hat einen kürtzern schnabel/ dickern Kopff dann der Stör/ vnd hat sein fleisch einen wildlechten Geschmack.

Von dem grossen Stör.

Attilus Padi.   Ein grosse Art der Haufen oder Stören.

Von seiner Gestalt/ grösse/ art/ natur vnd orth.

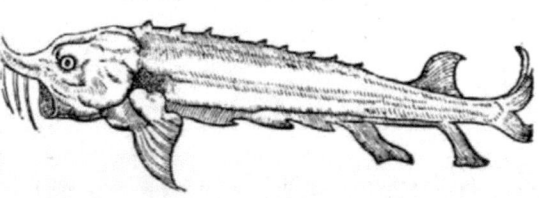

Dieses ist ein sonderbarer Fisch auß dé Po/ so dé Italiänische tract durchfleußt: von welché Plinius geschrieben hat/ dz er auff die taused pfund komme: mit gantze Rinderzügen auß dem fluß gezogen werde. Ist gantz/ so viel die Gestalt betrifft/ gleich dem Stör/ von welchem hievor geschrieben ist worden/ was vnderscheids sie habé mag wol auß der Gestalt ersehen werden: allein ist an diesem Fisch zu mercken/ daß er mit der zeit vnd alter seine Waffen/ schilt oder spitzen so er auff dem Rucken vnd Bauch trägt/ fallen läßt/ gantz glatt wirdt/ welche der Stör allezeit behelt: auch hat der Stör ein vest/ keck/ weiß/ lustig/ gesund/ lieblich fleisch/ dieser aber ein blutt/ lind/ fleisch/ nit sonder lieblich zu essen. Einen sehr grossen Kopff vnd schlauch hat er/ soll auch auß dem Meer in vorgenandten fluß kommen/ wiewol etliche wöllen/ er erwachse vnd bleibe in demselbigen. Sie suchen Orth vnd Tieffen die viel Fisch haben/ insonderheit Winterszeit/ in welche andere Fisch von Kälte getrieben werden/ ist sehr fräßig/ wirt viel in mächtiger grösse in solchem fluß gefangen/ vnd mit grossem gewalt herauß gezogen.

Deß andern Buchß von den fischen/ so in süssen Wassern wohnen/ die ander Ordnung/ welche fünff Theil begreifft.

Der erste theil dieser andern Ordnung/ welcher allerley Seefisch innhelt.

Erstlich von dem Adelfisch.

Lauaretus.   Ein edle Albulen/ Ein Adelfisch.

Von seiner Gestalt vnd wo er gefangen werde.

Diese art der Albulen ist das aller edelste/ beste vnnd köstlichste Geschlecht/ auß welcher vrsach sie vmb den Bodensee/ Adelfisch genennet werden: etliche nennen sie weisse Blawling. Sein gestalt ist wol bekandt: dann der andern Albulen ist er nit vngleich/ oder dem Hering/ gantz weiß vnnd silberfarb/ außgenommen der Rucken/ welcher blauwlecht

z

seyn soll: hat ganp keine
Zän. So er jung ist/
wirdt er zu Costanp ein
Sandgägfisch genant:
in der löblichen Statt
Zürch ein Plipling.
    Von jrer Art.
    Die Adelfisch oder
edlen Albulen sind ge-
wohnlich nicht so tieff/
auch näher dé Gestad zu wohnen dann die rechten Blawling/vnd so sie mit dem Garn
vmbfangen/sollen sie sich zu öberst in das Wasser herauff lassen/wider die art anderer
Blawling. Deß Herbstzeit sollen sie leychen.
    Von jhrem Fleisch.
    Das edelste fleisch auß allem Geschlecht der Albulen haben diese/ von welchem sie
den Namen bekommen Edel ist weiß/matt/süß/lieblich vnd angenem zu essen/gesund/
vrsachet vnd gebiret ein löblich Geblüt : sind auch viel köstlicher zu kauffen dann andere Albulen.

Von dem Blawling.

Albula Cærulea, Bezola.   Ein Blawling/ Bratfisch/ Flecken/
    Feechen/Blawfelcken/Balhenen/Baal/Alböck/
    Renchen/Gangfisch.
    Von jrer Gestalt.

DJe gestalt der Felchen wöllen wir hie nit beschreiben/ dieweil solche zuich vnsern
    Landen wol bekandt/vnd mit Augen lebendig mögen gesehen werden. Allein ist
    zu mercken/ daß sie jhren Namen endern nach dem Orth vnd den Landen/nach
dem Alter/ auch nach der art der Wasser. Allerley kleine Albulen werden zu Zürch
Migling genandt/zu Thun im Berner Gebiet Buchfisch/bey den Pündern Stüben.
Im Lucernersee leychen die Balhen oder Blawling vmb S. Catharinen Tag/ derfelbig Leych erwächst erst biß in Heymonat deß folgenden Jars zu eines Fingers grösse
vmb S. Johanns Tag nemlich/werden dann Nachtfisch genandt/ daß sie bey Nacht
gefangen werden. Dannenhin vber ein Jar edel Spipling/weiter Edelfisch: demnach
ein halbgewachsene Balhen/zu lept ein Balhen. Zu Costanp vmb den Bodensee haben sie ein andern vnderscheid der Namen. Im ersten Jahr nennet man sie Seelen/zu
Lindaw Mydelfisch. Im andern Jar Stüben/im dritten Jar Baalen/Balhen/ oder
Gangfisch/Watfisch/im vierdten Renchen zu Lindaw: im fünfften Halbfisch/zu lept
ganpe Felchen oder Blawling. Die Gangfisch zeucht man auff drey Geschlecht/nem-
lich Sandgauchfisch die man Adelfelchen nennet. Grün Gangfisch/ auß welchen die
Blawfelchen sind. Die dritten weiß Gangfisch/welche jren Namen nit endern sollen/
auch zu der andern grösse nit kommen.   Vnd vnsere Blawling zur zeit so sie den Hür-
lingen oder kleinen Eglin nachstreichen/ als der Weyd auß dem obern See in den vn-
dern/werden davon Weydfisch genandt.
    Von jrer Art vnd Natur.
    Sie fressen insonderheit mit grosser begierd den Rogen oder Eyer anderer Fischen/
dann solcher findt man viel in jhren Bäuchen/derhalben sie vnder den Fischen schädlicher sind dann die Heecht. Allerley Albulen so bald sie auß dem Wasser gezogen sterben
sie/jr Leych ist vmb S. Martins Tag oder später. Man fängt sie mit tieffen Garnen
vom Aprilen an biß auff daß ende deß Herbstmonats.

Von jhrem Fleisch.

Im Brachmonat helt man sie zum höchsten/wiewol sie zu aller zeit gelobt werden/auch in dem Leych/auff alle Art bereytet/gesotten/gebraten vnd gebachen/gebraten helt man sie zum besten/dann also behelt man sie ein zeitlang/so sie sonst ohn verzug faulen. Man pfleget sie auch einzusaltzen/in andere orth vñ weite Landt zu fertigē. Sie werdē auch am Rauch gedörrt/werden also allerley Fürsten vnd Herren fürgetragen.

Von einer andern art der Albuley.

Albulæ Lacustris species alia. Farra vel Ferra. Ein art der weissen Gangfisch.

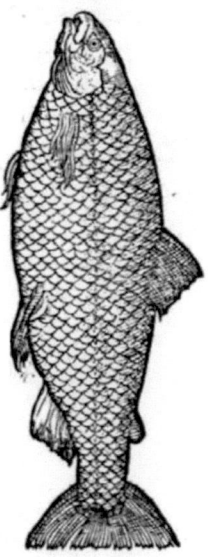

Woc _ gen.

Jese Art soll in dem Genfferfee gefangen werden/einer Elen lang/ist gantz gleich dem Adelfisch oder edlen Albulen/hat ein weiß/süß/lieblich/vnd gesund Fleisch.

Von der Albulen.

Àlbula parua.   Ein Albulen/
Weißgangfisch.

Wie sie gestaltet.

Es sind die gemeinen wolbekandten Albulen/welche den Blawling gantz gleich sind/ also daß etliche vermeynt kein anderer underscheid seyn/ dañ allein so viel das alter betrifft/ dz nemlich so die Albulen über 3. Jar komme/ dannenhin Blawling geneinet werde.

Die alten Fischer widersprechen solches/ hat underscheid von dem Blawling/ daß er weisser ist: ob gleichwol das eusserst ende aller Feckten auch dem schwantz schwartzlecht ist. Der Rucken ist graw/ zu etlichen orthen mit wenig purpur und blawem gemischt. Zwischen dem Kopff und dem Rucken erscheinet ein grünes orth als ein Edelgestein/ werden in dem öbern Zürcher-see gemeiniglich und viel gefangen/ leychen auch in demselbigen. Nach dem Leych kommen sie in den undern See/ werden auch in etlichen anderen Seen gefangen.

Von irem Fleisch.

Die Albulen haben den preiß im Augst- uñ Herbstmonat/ zur selbigen zeit sind sie kecker uñ lieblicher zu essen.

Hernach leychen sie/ werden blutt/ und gehet ir fuß t in den Leych.

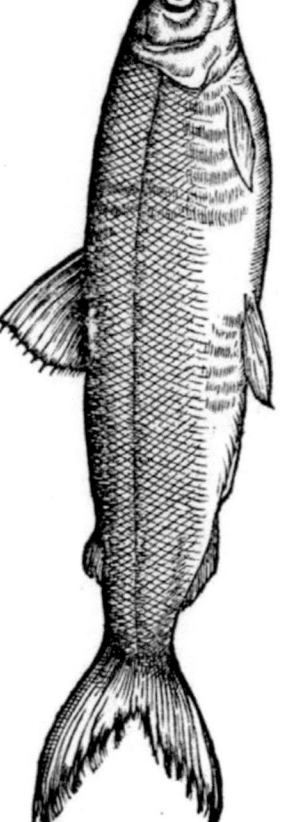

Von dem Hägelin.

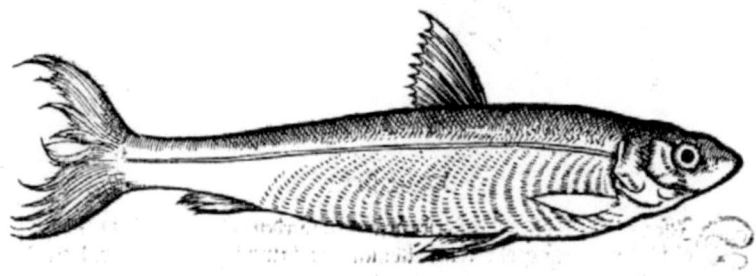

Albula

Albula minima. Ein Hägelin/ Hägling.

Von seiner Gestalt.

Die Hägelin sollen auch vnder die Geschlecht der Albulen gezehlt werden: dann sie sind gantz gleich den vorgesetzten Albulen/ ist doch allezeit kleiner/ vnnd an dem Kopff vnder grün/ hat ein spitzig länglecht Maul/ feine Zän. Ist sonst wol bekandt.

Von Art vnd Natur der Fischen.

Im Hewmonat ist der Leych der Fischen / werden allein bey Nacht gefangen mit Garn/ auff 40. oder 50. Schritt ins Wasser gelassen. So der Himmel glantzet sollen sie sich tieff herab lassen/ so er gewülcket/ lassen sie sich herauff/ werdē gantz hauffecht mit grossen scharen gefangen/ nit an allen enden deß Sees/ sondern zum meisten ob Wädischweil.

Von jrem Fleisch.

Diese Fisch werden insonderheit durch den Wolffmonat vnd folgende zween Monat hernach gepriesen. So bald sie gefangen vnd auß dem Wasser gezogen/ so sterben sie. Gebraten sind sie zum besten so sie noch heyß: auß vrsach man sie nach vnd nach pflegt zu braten/ damit sie warm vnd heyß mögen gessen werden. Man pflegt sie auch am Rauch zu dörren/ werden also von menniglichen gelobt.

Von dem Angelin.

Angelin der schöneste Fisch auß den Albulen / wirt in der Bielersee zu zeiten gefangen/ gantz weiß wie der Schnee.

Von der Gardtförinen.

Carpio Benaci. Ein art der Grundförinen auß dem Gardtsee.
Wie er gestaltet.

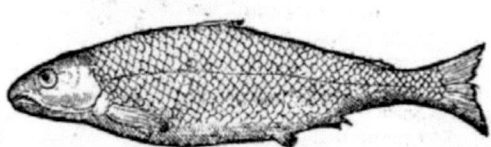

Dieses ist gentzlich ein Art der Grundtförinen mit gstalt/ farb/ flecken/ schüppen/ art vñ fleisch: wirt nit sonderlich groß köpt nit vber ein schuch lang. Sein Rucken ist schwartzlecht/ die seiten goldfarb/ der Bauch weiß/ durch den Leib mit roten vnd schwartzen flecken besprenge: hat allein ein lenger Maul vnnd grössern Bauch dann die Förinen. In vnd auff seinem Kopff trägt er ein Gradt oder spitz/ welcher sehr schädlich vnd vergifft seyn soll so etwar damit verletzt wirt: wirdt allein in aller tieffe deß Sees gefangen mit einem tieffen Garn / welches man in das Wasser hinab läßt/ in solcher gestalt. Dennach ziehen jrer zween den vndern theil c.d. herauff/ also daß er sich dem andern theil a.b. vergleicht. Dennach ziehen jhrer vier das gantze Garn herauff/ also daß es der breyte nach gar eben auffgezogen vñ außgestreckt wirt: zu zeiten leer/ zu zeiten mit wenig Fischen: auß vrsach sie so thewer sind.

Von jhrem Fleisch.

Ein sonder löblich/ gut/ gesund/ lieblich fleisch sollen sie haben nach art der Förinen/ rot an der farb/ vnd schleckerhafftig. Etliche sollen sie in gesaltzenem wasser sieden/ dennach in öl zu bachen/ nach art der verfluchten Juden. Man pflegt sie auch den Krancken vnd verwundten darzustellen. So man sie wol bacht/ vnd in Lorbeerbletter oder andere Bletter eingewickelt/vnd ein wenig mit Specerey besprengt/vnd mit Essig begossen/mögen sie ein Monat lang behalten werden: in solcher gestalt pflegt man sie in die nechsten Stätt vnd orth herumb feyl zu tragen.

Von der Grundförinen.

Trutta magna, vel Lacustris, Trutta Salmonata. Ein Grundförin/ Ein Seeförin.

Von jrer Gestalt.

Mit aller Gestalt/ Farb/ flecken/ fleisch/ art vnd Natur sind diese Fisch dem Salmen gantz gleich/ also/ daß sie Seesalmen möchten geneñt werdē/ welche zu mercklicher grösse komen/ in etlichen orten zu zeiten auff ein Centner. Bey Sitten in Wallis werden sie in dem Rotten zu zeiten gefangen die 30. Pfund getrogen haben/ vier oder fünffthalb Schuch/sollen sich auß dem See dem wasser nach herauff lassen. In dem Zürchersee fängt man solche gemeiniglich die auff 20. Pfundt wiegen. Im Genffersee viel grösser. Durch die seiten haben sie viel schwartzer fleckē/ auch an der Floßfeckten auff dem Rucken/ dañ die andern sind weißlecht/ die farb deß Kopffs schwartzblaw gemischt/ der Rucken zum theil graw/ schwartz/ blauw vnnd grünlecht. Die Grundförin so sie sich in die flüß herauff lassen sol jr ober Kynbacken/ maul/ oder schnabel krumb vbersich wachsen als in dem Lachß/ werden zur selben zeit Vnlancken genennt.

Von jrer Art vnd Natur.

Der Grundförin sollen etliche im Grund vnd boden deß wassers wohnē so viel Lett hat/ an welchen orten sie sehr feißt/ vnd wolgeschmack werden sollen. Andere sollen zu öberst in den wassern wohnen/ der Mucken geleben/ minder feißt vnd köstlich seyn.

Die Grundförin sollen sich auß den Seen in die flüß herauff lassen/ als vor

gehört/ zu gewisser zeit/ als dem anfang Heiwmonats/ vnd vmb S. Jacobstag leychen oder geberen. Auß dem Genffersee sollen sie sich im Glentze herauff lassen/ zu welcher zeit sie auch vmb Sitten gefangē werden. In vnsern Landen lassen sie sich zu anderer zeit/ auch nit so gantz weit herauff: daß in dem Bodensee so sie leychen wöllen/ streichē sie in den einfluß deß Rheins/ nach dem Leych läßt sie sich widerumb herab/ leycht der mehrtheil daselbst mitte Augstmonats.

Von

Von jrem Fleisch.

Ein vberauß löblich/gut/gesund fleisch haben diese Fisch/ also daß sie gar nahe alle andere Fisch vbertreffen/ doch werden sie insonderheit durch den Sommer geprisen/so jr fleisch rötlecht ist/welche farb sie Winterszeit vnd in dem Leych verlieren. Auch werden die höher gehalten so auß den tieffen gezogen sind/ dann die so zu öberst in den wassern. Man pflegt sie auff manche art zu bereyten/ so dann der Küchenmeisterey zugehört/ doch bedincken sie sich lieblicher zu essen seyn/ so sie erkaltet.

Von dem Rötelin.

Vmbla minór. Ein Rötelin/ Ein Rottelen/ Pitzling
Von jrer Gestalt.

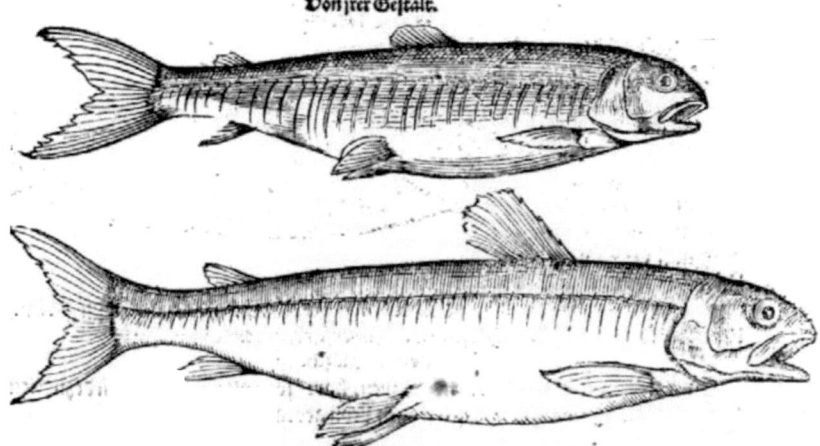

Diese art der Fisch wirt insonderheit viel auß dem Genfersee gezogen/ wiewol sie auch in andern/ als Lucernersee/ Zürcher/ vnd Bodensee gefangen wirdt/ aber gar selten/ ist auß der art der Forellen/ haben vnderscheid mit dem fleisch/ linde flecken/ welcher sie keine haben/ auch daß sie Stein in dem Kopfftragen/ wider die Art anderer Forellen. Bey vns werden andere Fisch Rottenen genennet/ an seinem Orth beschrieben. Diese Fisch kommen mit der grösse nit vber ein Schuch/ zu zeiten auff fünff Spannen lang/ haben ein auffgeblasenen Bauch. Der gantze Rucken mit dem halben theil der seiten/auch der schwantz ist rothlecht/der ander vnd vnder theil der seiten ist weißlecht/ der Bauch gantz weiß/ seine Feckten sind zum theil weiß/ zum theil gelblecht/ haben scharpffe Zän in dem Maul/ auch auff der Zungen/ das Männlin ist mehr rotlecht/ der Rögling mehr weißlecht/auch oben bey dem Kopff vnd Rucken mehr grünlecht.

Von jrer Art.

Diese Rötelin leychen vmb vnd nach S. Gallen Tag biß vber den Jenner/ tragen grossen harten Rogen/ nach ansehen jrer grösse/etliche sagen von denē Fischen/als von andern Forellē/dz sie etliche stücklin goldt fressen/ist doch auff andere gstalt zu verstehē. Die Seetrüschen sollen insonderheit dē Leych dieser kleinen Rötelen nachstellen. Die kleinen vñ grossen Rötelin/so bald sie gefangen vñ auß dē wasser gezogen/so sterbē sie.

J iiij

Der erste theil/von

Von jrem Fleisch.

Ein gut/ köstlich/ gesund fleisch haben diese Fisch/ nit vngleich dem fleisch anderer Forellen/ist doch linder/matt/vnd lieblich zu essen. Wirt bey vns im Wintermonat insonderheit gelobt/auch bey anfang deß Christmonats/zu welcher zeit sie viel gutes keckes Rogens haben. Vmb S. Gallen Tag so sie leychen/werden sie vntüglich geachtet/auch nach dem der Jenner sich verloffen hat. So man sie bereytet/wirfft man sie in süttigen Wein/damit jr fleisch keck vnd vest werde.

Von dem grossen Rötelin.

Vmbla maior siue Salmo Lemanni lacus.   Ein grosse Rötelin.

Wo er gefangen.

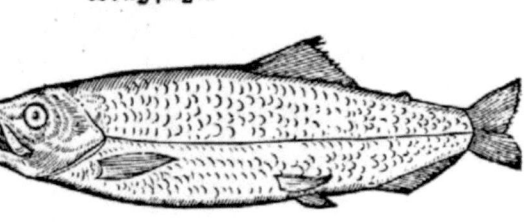

Dieser fisch wirdt insonderheit vil im Gifferssee gefangen/auch im Lucernersee. Im Zürch vnnd Bodensee werdē sie nit gesehen / hat ein groß Maul voll grosser zän/ auch auff der Zungen. Ist mit eusserlicher vnd jnnerlicher Gestalt den grund Forellen oder Salmen gantz gleich/ der Kopff ist blawlecht/die deckel der Ohrwangen sind weiß silberfarb/am ende Goldfarb.

Von jrem Fleisch.

Ein gut keck gesund fleisch sollen sie haben/ hart/ so er alt worden. Wirdt zu zeiten zweyer Elen lang/von dem Gensfersee gen Leon gebracht.

Von dem grösten Rötelin.

Vmbla maxima vel Salmo alter Lemanni lacu
Die aller grösten Rötelin.
Von seiner Gestalt.

Dieser ist dem vorgesetzten gantz gleich / hat doch etliche vnderscheid/daß dieser hat sein Vndermaul vbersich gekrümt/ als der Lachß/am Kynbacken sind viel Linien/ der Rucken ist blauwschwartz / der Bauch goldfarb/wirdt viel grösser dann der vorgesetzte.

Von seinem Fleisch.

Ein hart trucken fleisch sollen sie haben/ der Kopff wirt das beste geachtet/ wirt bereytet als die Forellen.

Von

Von einer art der Dornbrachßmen.

Cyprinus clauatus, Pic vel Pigo. Ein Dornbrachßmen
auß dem Kumersee.

Von seiner Gestalt.

Em gemeinen Karpffen ist dieser Dornkarpff mit eusserlicher vnnd jnnerlicher
Gestalt so gleich/ daß er hart mag erkannt werden. Allein insonderheit an diesem zu mercken ist / daß er auff seinen breyten schüppen spitzen oder Dörn hat/
auß gestreckt/mit welchen er sticht oder pickt/wirt allein in dem Kumersee gefangen: ist
an der farb graw/mit einem rotlechten Bauch/etliche haben weisse Bäuch/ist mit Art/
Natur/Leben/Fleisch/Gesundheit/ dem gemeinen Karpffen gantz gleich. Jm Aprilen
vnd Meyen sollen sie den preiß behalten/ zu welcher zeit sie Dörn oder spitzen haben
sollen/ eines halben zwerch Fingers lang. Es werden auch in vnsern Landen in dem
Greiffensee Dorn oder Steinbrachßmen gefangen/ welche auff dem Rucken vnnd
Kopff Dörn vnd spitzen haben.

Von der welschen Agunen.

Agonus.   Welsche Agunen.

Von jrer Gestalt.

Iese fisch werden
in etliche seen deß
Italiänisch vnd
welschen Lands gefan-
gen/ sind zu zeiten zehen
finger lang/ vnd etwas
weiter dañ zween breyt/
haben weisse silberfarbe schüppen/ vnden am Bauch ein rauhe Linien oder strich als
ein Heringart: werden in den Seen so feißt/daß so sie auff dem Rost gebraten werden/
so treifft schmaltz oder feißte herab: wirt in keinem teutschen See gefangen.

Von einer andern frembden Agunen.

Chalcis altera Rondeletij.   Ein Heringart in süssen Seen.

Ieser Fisch ist auch auß der art der welschen Agunen oder Laugelen/ weiß vnd
silberfarb von schüppen/ welche leichtlich abreissen/ sind gantz ähnlich den Hering oder Sarden.

Der erste theil/von

Von einem andern frembden Fisch.

Liparis Lacustris Bellonij. Ein Griechische Aguner/
Alsen/ oder Hering.

Wo er gefangen werde.

Dieser Fisch wirt
in etliche Seen
deß Lands Ma-
cedonie oder Griechen-
lands gefangen/ gantz
gleich den Sarden/ al-
lein dz sie grösser bäuch
haben : mit dem Kopff
ist er gestaltet wie ein Hering/ hat allein an der vndern Lefftzen etliche Zän : die Haut
vnd schüppen silberfarb/ welche durch angreiffen abfallen/ hat auch vnden durch den
Bauch ein rauhe scharpffe Linien/ welche die Fischer auffschneiden/ damit die feuchtigkeit so darinn außfliesse/ demnach saltzen sie dieselbigen/ vnnd hässten sie an Bintzen
durch die Augen/ verkauffen sie also.

Von der Natur der Fischen.

Die Art der Fischen ist/ daß sie auch von milter hitz vnd wärme gar nahe gantz zer-
schmeltzen/ von welchem sie den Namen bekommen. Sie belustigen sich ob dem gethön
der Schellen/ Glocken/ Gesang vnd dergleichen Getümel/ zu welchem sie sich nahen/
vnd also mit dem Garn vmbzogen/ vnd gegen dem Landt gejagt werden.

Von jrem Fleisch.

Sie sollen nit ein arg Fleisch haben: dann man pflegt sie auch an andere orth vnnd
Laaßr zu fertigen. Im Glentzen fängt man sie hauffecht/ zu welcher zeit sie zum besten
seyn sollen.

Von einem andern vnbekandten Fisch.

Piscis incognitus ex tabula Oceani Europæi ab Olae
Magno edita.

Dieser Fisch wirt von Olao gesetzt/ soll in etlichen Seen bey den Moscowitern gefangen werden/ weit gegen Mitternacht.

Der

Der Thieren ſo in ſüſſen Waſſern
wohnen/ der andern Ordnung/ der ander Theil.
Begreifft die ſo mit ſchalen bedeckt ſind.

Von dem ſüſſen Waſſerkrab.

Cancer fluuiatilis. Ein ſüß Waſſerkrab/ Flußkrab/
Waſſerkrab.

Von ſeiner Geſtalt/ vnd wo er zu finden.

DEr Waſſerkrab iſt gantz gleich dem Meerkrab/ ſoll doch
ein dünnere vnd glattere ſchalen haben nit ſo gantz rund/ nit viel gröſſer
vnd dicker dann ein Hünerey/ ſeine Arm dicker/ ſtärcker vnd räucher dañ
deß Meerkrabs/ꝛc. Sein ſchwantz vnden an den Leib gelegt/ werden vnderſcheiden nach geſtalt deß ſchwantzes/ welcher am Weiblin breyter/ gleich einem
Schilt/ am Männlin ſchmäler/ jre farb ſchwartzrot.

Dieſe ſüſſe Waſſerkraben/ werden weder in Teutſch noch Welſchlandt gefangen/
noch geſehen/ in der Inſel Creta/ Item in Italien zu Rom werden ſolcher viel gefangen/
werden daſelbſt verkaufft in der Faſten an Schnür gebunden oder gehäfftet/ damit ſie
nit mit jren ſtarcken Scheren einer den andern verletze. Aelianus ſchreibt daß ſolche
Kraben auch in Africa in dem fluß Nilo werden gefangen.

Von der Art/ Natur vnd Eigenſchafft der Thieren.

Dieſe Thier mögen auff truckném Landt ohne Waſſer vnd im Waſſer leben. Daß
ſie kriechen weit von den Waſſern/ alſo daß ſie 8. Tag lang/ zu zeiten ein Monat auſſer
dem Waſſer leben. Auß der vrſach ſchreibt Dioſcorides/ daß ſich der Biber mit Kraben ſatt freſſe/ welcher an den Geſtaden der Flüſſe pflegt zu wohnen.

Die Kraben ſo in dem fluß Nilo wohnen/ ſind vorbewußt der zeit deß vberlauffens
deſſelbigen fluſſes/ dann zu derſelbigen zeit ſollen ſie jre Eyer weiter hinauff auſſer an
das Geſtad tragen/ an orth/ welche der Fluß nit erreychen noch zukommen mag.

Ein mächtigen haſſz ſollen ſie gegen einander tragen in jrem Geſchlecht/ ſo viel zuſamen in Waſſern beſchloſſen werden/ ſo zerzerten/ zerreiſſen vnd freſſen ſie einander/ daſz endtlich nit mehr dann einer vberbleibt. Etliche ſchreiben 10. Kraben mit einer Hand voll Baſilienkraut zerſtoſſen/an ein ort gelegt an welchem Scorpion wohnen/ ſollen alle Scorpion zu ſolchem verſamlet werden.

Von nutzbarkeit der Thieren.

Die Kraben ſollen ein ſonderliche Krafft haben wider die Kraut oder Regenwürm/ ſo die Bäum vnd andere Gewächſz verderben/ mitten in dem Garten auffgehenckt/ oder an viel orth deſz Bodens gebunden. Oder zehen Kraben in ein Hafen mit Waſſer gethan/ acht oder zehen Tag an der Sonnen gebeyſzt/ demnach allezeit am achten Tag die Gewächſz damit begoſſen/ſo lang biſz ſie erwachſen/ ſoll wunderbarlich ſeyn. Sie ſind auch nutzbarlich den flüſſen/ dann ſie eröffnen die Brunnadern/ vnd verzehren oder verderben die Blutſauger.

Von jhrem Fleiſch.

Der ſüſz Waſſerkrebſz iſt hart zu verdäwen/ ſpeiſzt wol/ gibt dem Leib viel Nahrung/ befeuchtigen den Leib/ auſz der vrſach lobt ſie Auicennas denen ſo auſzdorrende Febres haben. Werden auch gleich rohe geſſen/ ſollen alſo gantz wol geſchmackt ſeyn/ kommen ſonſt auch an die Tiſch der Cardinälen vnd Fürſten. Sind im beſten zur zeit deſz Sommers/ſo ſie ſich gejünget haben/ auch vollkomener ſo der Mon voll iſt/ dann bey newem Mon.

Etliche ſtück der Artzney/ ſo von dem ſüſſen Waſſerkraben in brauch kommen.

Die fürnembſte/ gröſte Tugendt/ ſo die Waſſerkraben haben/iſt wider alles Gifft/ vnd aller gifftigen ſchädlichen Thieren ſtich vñ biſſz/beſonder geſtoſſen vnd auſz Milch getruncken/ auch ſonſt auff allerley weg gebraucht/eingenommen/vnd auſſen auff den breſten gelegt.

Demnach wirt ſolcher Thieren fleiſch auch gelobt den Lungenſüchtigen/ abnemmenden/ꝛc. Item Blutſpeyenden/in Milch geſtoſſen/oder ſonſt geſotten/vnnd ſampt der Brühe genoſſen.

Die Brühe von den geſottenen Kraben/beweget den Stulgang vnd Harn.

Der Safft von den Kraben mit Honig genoſſen/iſt nutz den Waſſerſüchtigen.

Item die Kraben in wein ertränckt/den Wein getruncken/dienet der flüſſigen Mutter der Weiber.

Der ſüſz Waſſerkrab geſtoſſen vnd auſzwendig auffgelegt/zeucht auſz ſpitzen/dorn/ Pfeil vnd dergleichen.

Zu äſchen gebrandt/mit Honig emplaſtriert/vertreibet die Kröpff.

Die Kraben zerſtoſſen/in Waſſer geſotten/vnd gegurgelt/iſt mächtig dienſtlich zu der Bräune.

Die äſchen von den gebrandten Thieren wirdt gleicher weiſz gelobt/zu allem Gifft/ gifftige ſchädliche biſſz vnd ſtich/ eingenommen vnd ſonſt emplaſtriert. Mit Syrup vom Oelmagen eingenommen wider das Blutſpeyen: wirdt auch ſonſt in viel groſſe edle ſtück der Artzney gebraucht.

Item er wirdt auch gebraucht zu dem Brandt/ es ſey von Fewer oder Waſſer/ſoll auch die Haar wider herfür bringen/mit Bärenſchmaltz/ öl vnd wachſz als ein Salb/ zu den ſchrunden im Sitz vnd Füſſen. Item mit Kerngertenöl zu dem Krebſz.

Von

Von dem Fluß oder ſüſſen Waſſerkrebß:

Aſtacus fluuiatilis. Flußkrebß/ Gemeiner Süß-
waſſerkrebß.

Von ſeiner Geſtalt vnd mancherley Geſchlecht der Thieren.

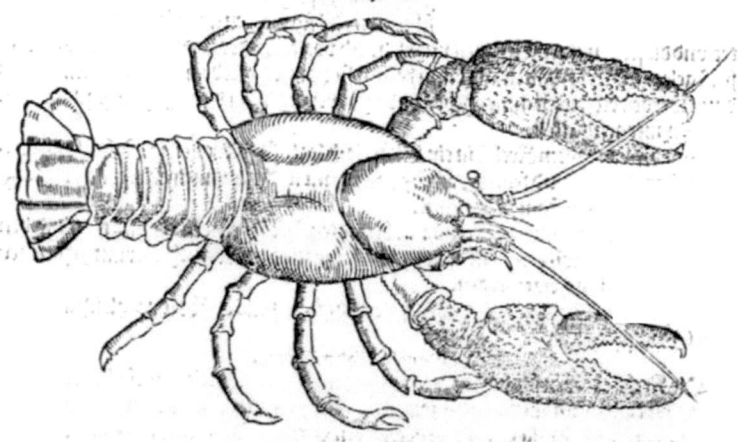

Der ſüß Waſſerkrebſen/ ſo bey vns wol bekandt/ in groſſer menge gefangen/
den/ ſind bey vns zweyerley Geſchlecht. Die erſten nennet man Edelkrebß/ ſind
gröſſer vnd ſchwärtzer: die andern Steinkrebß/ oder Tülkrebß von den Löchern
vnd Tülen in den kleinen ſteinechten Bächen/ ſind kleiner/ vnden weiſſer/ oben ſchwärtzer: ſo ſie gekocht/ ſo werden ſie nit gantz roth/ ſondern bleiben zum theil weiſßlecht. Jn
den Köpffen der Krebß werden zween Stein gefunden/ ſo man Krebßſtein neñet/ werden zu etlichen Kranckheiten in der Artzney gebraucht. Jn etlichen groſſen erwachſenen
alten Krebſen ſollen ſie auch bey dem erſten gleich bey der Krebßſcher gefunden werden. Die Männlin haben bey anfang deß Schwantzes vnden lange/ außgeſtreckte
züttelin/ welche die Weiblin nit haben: Item ein ründern/ dickern ſchwantz/ die Weiblin ein dünnern vnd breytern.

Von ſeiner Art/ Natur vnd annmuthung.

Etliche ſprechen/ daß der Krebß zwo Naturen an jm hab/ zu Nacht laſſe er ſich auf
das trucken Landt herauß/ freſſe Graß vnd Kreuter/ ꝛc. Sind ſonſt von jrer art gantz
fleiſchfräſſig/ ſchieſſen den Fiſchen nach in die Reuſen/ vnd ſo man fleiſch an ein Sch—
boden bindt/ oder ſonſt in das Waſſer legt/ ſo verſamlen ſie ſich alle zu hauff/ kleben
vnd nagen ob ſolchem: halten auch den Fröſchen nach/ vnd ſo er mit Milch geträncke
wirt/ ſoll er lange zeit ohne Waſſer leben. Etliche wöllen die Krebß ligen Winters zeit
verborgen/ Sommerszeit laſſen ſie ſich in das Waſſer herauß. Etliche ſagen ſie kriechen dem Geſtad nach/ werden ſonſt von dem Winterfroſt verletzt. Sie verwandlen jre Schalen/ mehren ſich gleich andern Krebſen/ ſchlieſſen jre Eyer vnd Raat durch
ein Loch herauß/ tragen ſolche lang vnden am ſchwantz/ daß auch zu zeiten ſolche in gar
kleine Krebßlin verwandelt/ an dem ſchwantz deß Krebß geſehen werden.

Cardanus ſchreibt/ daß in dem theil Jndie ſo gegen Nidergang gelegen auch jndi-
ſche Krebß/ ſo in der Erden wohnen geſehen werden.

K

Der ander theil / von

In den Krebsen werden zu zeiten weisse Riemlin gefunden / vnsere nennen es Nestel / werden alsdann in der Speiß verworffen.

Die Specht sollen auch den Krebsen nachhalten / vnnd ist die sag / daß ein Atzel so ein Krebß auff ein Baum getragen / welcher jr mit der Scher den Halß begriffen / soll erwürgt worden seyn.

Kunst diese Thier zu fangen.

Stinckend fleisch / Leber / oder geschunden Frösch werden an gespalten steckl gehäfftet / vnd die stecken einer Elen weit vngefehrlich von einander an die Orth / Bäch / vnd flüß gelegt so Krebß halten / alsdann komen sie hauffecht zu dem Aaß / hangen an / als dann werden die stecken auffgehebt / vnd ohne verzug in ein vndergehebt Fischerbären oder Feymer geschüttelt.

Wo einer ein todten Krebß in ein Scherloch legt / so soll derselbig Scher solch orth von gestanck wegen vnd feindschafft verlassen / nit wider kommen biß der Krebß gantz verfaulet / vnd der gestanck verrochen.

So einer ein lebendigen Krebß mit brandten Wein besudelt oder legt / vnnd den Wein anzündt / so wirt er zu stund roth: mag also zur einer Abenthewer mit gesottenen Krebsen lebendig gezeigt werden.

Diese Thier erfahren auch die Krafft der Influentz / als deß Mons / gleich allen andern Schalfischen.

Von dem fleisch der Thieren.

Die Krebß werden sonderlich gelobt im Mertzen vnd Aprilen / mehr bey wachsendem Mon dann bey abnemendem: sollen hart verdäwt werden / feuchter vnd kalter natur seyn / ein gleichförmig Geblüt geberen / den Schlaaff mächtig vrsachen / sonst wol speisen. Bey vns wirt das fleisch der Scheren vnd schwäntz sonderlich gelobt / als das Verßlin oder Reimen jnnhelt : In scheris & caudis, mande geharneschte Fisch.

Viel vnd mancherley bereytung / weiß vnd form zu kochen / so die Küchenmeisterey antreffen / hab ich mit willen hie vnderlassen / mögen auß den Büchern solcher Kunst erlesen werden.

Etliche stück der Artzney / so von solchen Thieren in brauch kommen.

Das fleisch der Krebß: Item das außgebrandt wasser von den gestossenen Krebsen wirt gelobt denen so abnemen / schwinden / mägern / den Mager haben vnd mißlenge / eingenommen / vnd außwendig gebraucht.

Von 50. gestossenen Krebsen / das außgetruckte Safft / mit so viel Schelkrautwasser / oder safft gemischt / solche in 4. Truncken getruncken / Morgens vnd Abends / darnach ein Schweißbad bereytet von dem genanten Kraut / sol fast gut vnd nützlich seyn.

In ein Mörser ein lebendiger Krebß gestossen / daran Wein gegossen / vber Nacht stehen lassen / Morgens gesihen / das lauter oben abgenomen / darein gethan Eppich / Peterlin / oder Fenchelsamen / ist gut für das Grien.

Ein Schweinsalb / Lebendige Krebß mit einer Kalbßleber wol gestossen / vnnd Baumöl / Leröl / jedes ein halb pfund / damit ein Salb bereytet : werden auch gebrauchet Dorn / spitzen / rc. auß zu ziehen.

Zu altem Hauptwehe / ein gekochten Krebß wol gestossen mit Violöl gemischt / vnd in die Nasen gethan / daran zu schmäcken. Alexander Benedictus.

Die Bräune zu vertreiben sollen sie ein Meisterstück beweren / bereytet auff mancherley form / welcher etliche folgen.

1. Ein lebendigen Krebß mit Essig gestossen / vnd außgetruckt / die Zung sol etlich wol geschabt vnd gesäubert seyn / demnach dieselbig mit obgeschribnem Wasser gewäschen vnd gegurgelt.

2. Den Krebß soll man erstlich bey dem kopff vñ schwantz außnemen: demnach jn mit wasser wol stossen vnd außtrucken / damit gurgeln.   3. Zehen

3. Zehen Krebß lebendig gestossen/daran gegossen Endiuien/Rooß/vñ rot Korn-
blumenwasser/außgetruckt/mit solchem sol die Zung gewäschen vnd gegurgelt werde:
vnd ein wenig getrüncken/nach dem allem die Zung mit vngesaltzenē Speck besudlen/
nach einer stund oder halben/was für schleim daran gesessen/abfegen/vnd die Zung
wider mit vorgenandtem Wasser wäschen/soll ein Meisterstück seyn.

Die Krebßstein gepüluert vnd getruncken/sollen das Hertz stärcken/die Zän damit
gerieben/machet sie weiß.

Mit gedörter Hefen von weissem Wein gemischt/heylet die holen Löcher deß mäñ-
lichen Glieds/werden gebraucht in etlichen Artzneyen so zu dem Grien/Bauchgrim-
men/vnd weissen Weiberfluß bereytet werden.

Die Krebßeyer werden gebraucht wider den gifftigen bißz der Schlangen.

Die Krebßschalen gestossen/mit Rosenöl anbereytet/die gesaltzene Räude der Kinder damit berieben/heylet. Etliche brennen sie in jrdinen Geschirren zu äschen/berey-
ten ein köstlich/kräfftig/trucken Puluer.

Deß andern theils von den Thieren/
so in süssen Wassern wohnen/ die dritte Ordnung.

Von dem süssen Wasserschneck.

Cochlea fluuiatilis.   Süß Wasserschneck.

Von seiner Gestalt.

Leine Schnecklin werden
auch in den flüssen/Bächlin/vnd
an dem Gestad etlicher Seen ge-
funden/an der gestalt nit vngleich
den jrdischen Schnecken/etliche mit langen spitzigen wirbeln gleich den Straubschne-
cken/etliche rauch mit spitzen. Die so bey vns an den Seen gefunden werden/habē
mancherley gestalt vnd farb/etliche sind ründer/der spitz deß wirbels breytlecht/als ob
ein Nabel daselbst were/an der grösse gleich denē Schnecklin/so an etlichen Kraut oder
Gesträud kleben/solcher sind etliche weiß/etliche gelblecht/etliche gefleckt. Innerhalb
sind sie alle weiß. Item so ist auch ein ander Geschlecht/gantz nider als zusamen ge-
truckt/als ein zusamen gekrümbte Trommeten. Etliche sind lenglecht/weiß oder bleych
an der farb/gleicher den Straubschnecken/von welchen hernach wirt gehört werdē.
Die grösten sind bey drey zwerch Finger lang.

Es werden auch Mießmuscheln in vnsern Seen gefunden/weiß/klein/etliche graw
so grösser sind/beyde zart vñ zerbrechlich. Item ein ander Geschlecht mit zweyen Mu-
scheln/in der grösse einer Bonen/mit einem Hoger/als in etlichen Sinmuscheln.

In dem fluß Nilo sollen solche Wasserschnecken gantz groß gefunden werden.

Von jrem Fleisch.

Diese Wasserschnecklin kommen nit in die speiß/dañ sie haben ein heßlichen geruch.

Artzney von solchen Thieren.

Diese Schnecklin in der speiß genommen sollen den viertägigen Ritten verjagen/
auß der vrsach sie von etlichen eingesaltzen behalten werden/damit sie dieselbigen im
Tranck eingeben: auff solche weiß auch für das Gifft der Scorpionen eingegeben vnd
auffgelegt/also mit Saltz eingebeytzt behalten/auß Wein eingeben/sollen den Menschen reitzen zu Geylheit.

Der dritte theil/ von

Von den jrdischen Schnecken.

Cochlea terrestris, Limax.   Grundschneck/ Schneck.

Von mancherley Gestalt/ Geschlecht vnd grösse der Thieren.

Er jrdischen Schnecken sind etliche mit schalen bedeckt/solche sind etliche groß/
andere klein. Etliche werden ohne schalen gesehen in jedem Geschlecht in vngleicher grösse/farb vnd gestalt. Wiewol solche nicht vnder die Wasserthier gezehlt
sollen werden/von wegen aber der gleichförmigkeit der Gestalt vnd Natur/dieweil sie
auch sonst zu keinem andern Geschlecht der Thieren kömlich möchten gezehlet werden/
haben wir sie an diesem orth nit ohne vrsach/wie gehört ist/wöllen beschreiben. Wöllen
erstlich die gemeinen grossen Schnecken/so in die speiß kommen/vnd menniglichen bekandt für vns nemmen. Demnach von andern vnd jedem insonderheit handlen. Etliche schreiben/die Schnecken haben keine Augen/sondern an statt derselbigen außgestreckte Ohren. Andere wöllen die schwartzen büßlin oder pünctlin am ende der Ohren
seyen jnen von Natur geben an statt der Augen/Wie dem sey/so ist kein wissenheit hie-
bey/allein werden in dem ende der ohren harte sandechte steinlin gemerckt/als die tägliche erfahrung beweißt. Die Schnecken sie seyen groß oder klein haben Zän/dann sie
zernagen das Rebwerck/Kraut/stengel/ɾc. zu zeiten mit grossem schaden.

Von Art vnd Natur der Thieren.

Die Schnecken wachsen auß dem faulen schleim der Erden vnd Kreuter / dann
solcher schleim erhartet in ein schalen in welcher sie wohnen/ so er seiner schalen beraubt wirdt/ so stirbt er/ Wiewol sie bey anfang deß Augstmonats auß jhren schalen
schliessen sollen/ vnnd mit neuwen angethan werden. Sie geleben deß Tauws/
fressen auch mancherley Gesträud vnd Gewächß/ als in Franckreich/ in welchem sie
mit grosser begierd gantz hauffecht den stengeln der Goldwurtz oder Kropffwurtz A-
phodeli/vnd Fenchel nachhalten/als wir zu vnsernzeiten gar manches mal gesehen haben / solches sind aber kleine Schnecken. So die Schnecken mit saltz besprenget
wer-

werden/so fliessen sie gar nahe gantz zu Wasser.

Die Schnecken ligen Winterszeit verborgen in der Erden/mit einem Deckel vberzogen/wiewol ein sonderlich Geschlecht davon den Namen bekompt/als hernach wirt gehört werden. Item daß etliche allezeit verborgen ligen/auß den Löchern der Erden nimmer herfür kriechen. Sie ligen auch Sommerszeit verborgen/lassen sich gemeiniglich sehen wandlen bey warmen Regen.

Sie pletzen auch einander/geberen weisse Eyer/in der grösse eines Karpffenaugs/ob welchen sie zu zeiten gefunden werden hocken vnd außbrüten.

Von natürlicher annuthung der Thieren.

Die Schnecken erkennen die Wachteln vnd Reyger als ire Feinde/fliehen dieselbigen/auß der vrsach/wo sich solche Vögel weyden/werden keine Schnecken gesehen. Dargegen die Schnecken auff Latein Ariones genandt/betriegen solche ihre Feind listiglich:dann wo sie solche herzu/oder herumb fliegen mercken/so kriechen sie auß ihren schalen/weyden sich ohne gefahr. Die Vögel aber fliegen zu den schalen/ergreiffen sie/welche so sie leer funden/lassen sie dieselbigen fallen/fliegen darvon. Die Schnecken aber wol geweydet vnd gesettiget/kriechen wider in ire Schalen.

Die Heydechsen sind die grösten feinde der Schnecken. Die Affen haben ein grosse forcht vnd abschewen ob den Schnecken:dann so man zu jnen oder vmb sie her Schnecken legt/so förchten sie jnen so sehr daß sie sich zusamen ziehen/von forcht zittern/sich bescheissen vnnd besehen. Solche natürliche Feindschafft ist zwischen jhm vnd dem Schnecken.

Von nutzbarkeit der Schnecken.

Auß solchen Thieren hat man nutzbarkeit vnd schaden. Die nutzbarkeit ist/daß sie in die speiß vnd Artzney komen: dann von der speiß wegen sind bey den alten Römern besondere orth darzu bereytet/mit wasser vmbgeben gewesen gleich den Inseln/damit sie nit herauß kriechen möchten: haben sie auch mit etlicher Matery oder Aaß gespeißt.

Die Schnecken zernagen die Reben/vnd viel andere Gewächß/welche zu vertreiben soll man Ruß daran sprengen.

Auß den Schnecken im Meyen oder October zusamen gelesen/wirt ein Wasser gebrandt/dienstlich zu härten: dann so man glüend Eisen in solchem ablöscht/soll es so hart werden als Stahl.

Von jhrem Fleisch.

Der Schnecken fleisch ist vngleich: dann die so auff oder an Gebirgen zusamen gelesen werden sind viel lieblicher vnd besser:dann die so bey nidern orthen/Kaat/pfützen/vnd wassern/welche der mehrertheil möseln: Item die so wolgeschmackte Kreuter abfressen/als kleinen Tosten/Fenchel/Poley/Müntz/grossen Tosten/Peterlin vnd dergleichen/haben ein wolriechend wolgeschmack fleisch. Die Italiäner haben solche in gemeiner Speiß : man führt sie jhnen auch zu vber die Alpen: dann sie behalten sie in Kellern vber Winter/damit sie jnen zur zeit der Fasten zur Speiß kommen. Sie werden auch von etlichen den vnsern in die Speiß genommen.

Jr fleisch ist vest vnd harter verdäwung : so es dann wol verdäwt ist worden/so gibt es dem Leib ein gute nahrung.

Mancherley stück der Artzney/so von solchen Thieren gebraucht werden.

Die Schnecken kommen in viel vnd mancherley Artzney so aussen deß Leibs/vnd innerhalb den Leib gebraucht werden:welcher wir etliche zu dienst der Chyrurgen auff das kürtzest beschreiben wöllen.

Die Schnecken für sich selbs/oder mit Ochsengallen/oder Honig gemischt auff die gifftigen pestilentzischen Blatern gelegt/zeucht sie vnd thut sie auff.

Die Schnecken stellen das Blut/heylen zu allerley Geschwer oder Schäden/hey-

K iij

len die Wunden/vorauß der Nerven/alte Gewächß/ vnd kröpffeln der Näſen vnnd der
Ohren:werden auch als ein heymlich ſtück gelobt zu den hitzigē Geſchweren der ſchin-
beyn vnd Füſſe:zu den Kröpffen/riſeln deß Angeſichts zu vertreiben:geel Haar zu ma-
chen/ſo man ſie mit ſaltz beſprengt/ſo geben ſie ein ſälblin.

Die ſchnecken in Waſſer geſotten/ ſo es erkaltet ſo ſchwimmet empor ein feißte/ nütz
zu allerley röte/flüß vnd ſchmertzen der augen. Item ſie ſampt den ſchalen geſtoſſen/ſampt
einem Ey/auff die gantze ſtirn geſtrichen geſtellt allerley flüß der Augen.

Die Schnecken auß jren ſchalen genommen/kochen etliche mit Gerſten/ geben die
Brühe den huſtenden/den Außwurff zu bewegen:werden auch geprieſen zu dem blutſpeyen vnd breſten der Lungen/zu dem auffgeblaſenen Nabel. Item der entzündten hitzigen Leber/geſtoſſen auß rotem Wein/warm gegebē/werden auſſen auffgelegt auff
das erhartet Miltz.

Friſche ſchnecken gekocht/ in der ſpeiß genoſſen/ſollen wunderbarlich dem Bauchgrimmen widerſtehen/vnd dem Grien.

Item die ſchnecken mit jren ſchalen geſtoſſen auff den groſſen geſchwollenen Bauch
der waſſerſüchtigen emplaſtriert/ ſol das waſſer mächtig herauß ziehen vnd trücknen:
Sie werden auch gebraucht gar nahe zu allerley gebrechen der Mutter der Weiber.

Ein bewehrte Artzney zu der Fiſtel. Es werde ein jrdiner Hafen gefüllet mit friſchen Schnecken ohne Waſſer/vnd werde vber ein Fewer geſetzt wol bedeckt/ ſo erhebt
ſich ein ſchaum/welcher zuſamen geleſen vnd getrücknet/tödtet die Fiſteln.

Item der Geyffer oder ſchleim an die Augbrawen geſtrichen/ widerbringt die vn-
richtigen in jre ordnung.
Von dem Beynlin der Schnecken.
Die ſändlin ſo man findet in jren Hörnern/ oder ein ſtücklin von ſeinem Beynlin/
ſo man am Rucken findet in die Löcher der Zän mit Wachß beſchloſſen/nimpt hin den
ſchmertzen/auch angehenckt/machet die Kinder ohne ſchmertzen zanen.

Der ſtein ſo die Schnecken in dem Kopff tragen/ angehenckt/ am Leib getragen
nimpt die gegenwertigen ſchmertzen deß Haupts/vnd verhindert den künfftigen.
Von dem Schneckwaſſer.
Das außgebrandt Waſſer von dem Schnecken/Morgens nüchtern auff 6. Vntz
getruncken/ſoll ein bewerte Artzney ſeyn/ die ſchwache Leber zu ſtärcken/vnnd den ab-
nemmenden/außdorrenden.

Auß den Schnecken werden viel waſſer gebrandt das Angeſicht damit zu ſchönen/
welche wir von kürtze wegen/von viele der zugeſetzten ſtück vnderlaſſen.
Von der ledigen Schalen.
Die ledigen ſchalen ſo man allenthalben vngefehr findet zu Puluer geſtoſſen/ werden geben im Tranck der grienigen. Item für ſich ſelbs/ oder mit Creutzwurtz/ wirt geben den Schweinen ſo die Peſt vnder ſolche kompt. Item in die ſchrunden der Händen
vnd Füſſen geſprengt/heylet ſie.
Von der äſchen der gebrandten Thier/ erſtlich ſampt jrem Fleiſch/
endtlich allein von den ſchalen.
Die äſchē mit honig angeſchmiert/nimpt hin das kratze/ſchebigkeit/vñ argeräude.

Item ſolche äſchen ſtellt das Blut/ heylet die offnen ſchäden vñ breſten deß haupts:
mit Hirtzhorn gebrandt/demnach mit weiſſem vom Ey an die Stirn emplaſtriert/ſtel-
let die flüß der Augen/ vnd den Bruch ſampt Weyrauch gemiſcht. Item ohne zuſatz
angeſprengt/vertreibt die Feigwartzen.

So das Puluer von den gebrandten ſchalen in Weiberharn geworffen wirdt/ ſo
ſchwanger ſind/tragen ſie ein Knäblin/ ſo fällt es zu grund: tragen ſie ein Mägdlin/ ſo
ſchwimmet es oben auff.

Von

Von mancherley Art/ Gestalt vnd gattungen der Schnecken.

Der vnderscheid der Schnecken wirdt zu zeiten genommen von der grösse/ darvon etliche groß/etliche klein/ zu zeiten von der gestalt/ länge vnd breyte. Item von der farb/ dann etliche sind weiß/ schwartzgraw/ roth/ getheilt. Von der schalen/ so etliche geschalet/ etliche bloß oder ohne schalen genießt werden. Weiter von den Landen/ dann etliche gemein/ anheimisch/ etliche frembd. Item von der nahrung/ dann etliche belustigen sich sonderbarer Gewächsen/ als Feigen/ Lorbeerbäum/ Gold oder Kropffwurtz/ Distel/ Fenchel/ rc. Itē etliche bedunckē sich allzeit hauffecht seyn/ andere allein oder mit minderer viele. Weiter von dem Leben/ oder Orthen in welchen sie leben/ dann etliche als Cauaticæ vnd Pomaticæ bekommen den Namen/ daß sie allezeit in den Löchern bleiben/ nimmer herfür kriechen/ andere kriechen herfür/ als in nidere Gesträud/ etliche auff die Bäum. Zu letzt von speiß der Menschen/ dann etliche werden von den Menschen gessen/ als die so vor beschrieben/ etliche werden verworffen/ als die kleinen vnd die so ohne schalen sind. Wiewol in Africa ein Geschlecht der ledigen Schnecken von menniglichen mit lust gessen wirdt. Es werden auch insonderheit desselbigen Landts Schnecken gepriesen/ vnd in viel stück der Artzney zu mancherley Gebrechen gebraucht.

Die wilden Schnecken so die Gesträud vnd Bäum ersteigen/ gestossen vnd auffgelegt/ sollen Dorn/ spitzen/ Pfeil herauß ziehen. Es werden auch andere kleine/ breyte oder lange Schnecklin gefunden allenthalben/ in sonderbarem brauch der Artzney.

Von ledigen Schnecken.

Cochlea nuda, Cochlea nuda & ruffa.　Lediger Schneck/ Wegschneck/ Roter Wegschneck.

Von mancherley Geschlecht der Thieren/ vnd jrer Natur.

Er blossen Schnecken sind etliche groß/ als der gegenwertige/ welche zu zeiten roth/ zu zeiten schwartz gesehen werden/ etliche dargegen klein/ welche hauffecht den Gewächsen nachhalten/ vnd die Gärten verderben. Es sind auch in Africa etliche ohne schalen/ wie vor gehört/ so gessen werden. Vnsere kommen nit in die speiß/ wohnen gemeiniglich an feißten/ wasserrechten orté/ streichen bey Nacht auff die weyd/ tragen in jrem Kopff ein stein/ doch nit alle.

Etliche stück der Artzney/ so von ledigen Schnecken in brauch kommen.

Die blossen oder Wegschnecken so in Gärten gefunden werden/ zu äschen gebrañt/ mit Honig den Rachen bestrichen/ dienet zu der Bräune vnd geschwulst deß Rachens/ auff solche weiß wirt auch bereytet der süsse Wasserkrab.

Den blossen Schnecken/ soll zugethan werden etwas Puluers von Weyrauch/ vñ weissem von Eyern/ damit die Geschwer oder Geschwulst der Gemächt/ als Wassergeschwulst der Kinder/ bestrichen/ daß es anklebe/ daß die Kinder ligen oder im Beth behalten werden/ vertreibt alle vnzierd.

Die äschen ohne zusatz heylet alle bresten der Füsse/ es wirt auch ein Wasser davon gebrandt/ damit die Weiber jr Angesicht oder Gestalt schönen.

Das Puluer von dem gedörten Wegschnecken stelt wunderbarlich das Glidwasser angesprengt.

R iij

Der dritte theil/ von

So ein Glied schwindet/ etliche solcher Schnecken/ sol man in ein wolbedeckt Geschirr einsaltzen: demnach darzu gethan ein maß Loröl/ 10. Loth Brandtwein wol gemischt/ sol angeschmiert werden.

Von Deckelschnecken.

Ein sonderbar Geschlecht der Schnecken wirt von etlichen beschrieben/ welche allezeit verborgen ligen sollen/ mit einem harten Deckel bedeckt seyn. Sollen sonderlich gefunden vnd außgegraben werden/ auß den Alpen nechst bey dem Meer gelegen/ für alle andere Schnecken in der speiß gepriesen/ als dem Magen nützlich/ dienstlich vnd gut gelobt werden. Wie dem sey/ so sind nicht wenig der Gelehrten/ die solche von vnsern gemeinen Schnecken mit keinem vnderscheid theilen/ welche gleich auch Winterszeit mit einem weissen Deckel bedeckt/ von wegen der grimmigen Kälte verborgen ligen. Doch wirdt einem jeden sein acht vnd meynung frey vnd ledig gelassen.

Von der kleinen Muscheln der süssen Wasser.

Musculus aquæ dulcis. Kleine Mießmuscheln so in süssen Wassern gefunden.

Von jrer Gestalt.

Vielmehr seltzamer vñ wunderbarlicher Muschelfisch werden im Meer geboren/ dann in süssen wassern: vrsach ist die Art vnnd Natur der gesaltzenen wasser. Nichts desto minder so werden auch in süssen Wassern als Seen/ Pfützen vnnd Weyern solche kleine Müschelin gesehen/ haben zwo schalen/ gantz dünn vnd zart/ aussen schwartzlecht/ gleich als von vielen schifern oder stücken zusamen gesetzt/ rauchlecht. Sind innerhalb glatt schwartzblaw.

Von jrem Fleisch.

Sie haben ein hart fleisch/ mit grosser Arbeyt zu verdäwen/ eines argen saffts/ auß welcher vrsach die so solcher zu viel essen/ fallen in kalte wehe/ Febres genandt.

Von der langen süssen Wassermuschel.

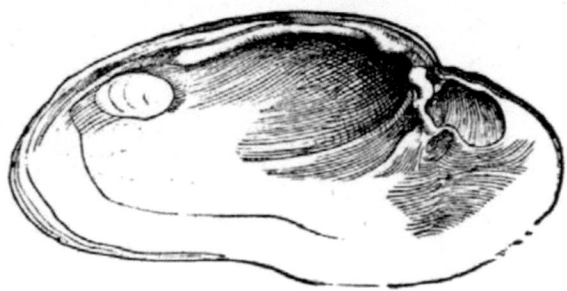

Concha

Concha longa dulcium aquarum. Lange süsse Wassermuschel.

Ein Geschlecht der Langmuscheln wirdt auch in den süssen Wassern gefunden/ welcher schalen eine hie abconterfetet ist: ausserhalb rauch vnd schlüpfferig/ innerhalb glatt vnd weiß als die Perlinmuscheln/ in solchen sollen auch kleine Perlin gefunden werden.

Der vierdte theil der andern ordnung von dem Gewürm.

Erstlich von dem Wasserkalb.

Vermis Aquaticus, Vitulus Aquaticus, Seta Aquatica,
Ein Wasserkalb.

Von seinem schädlichen Gifft.

DAs Wasserkalb ist bey vns bekandt/ wirt in faulen Brunenwassern gefunden/ bedunckt sich daher genennt seyn/ daß solche viel vnd manches mal von den Kälbern gesoffen werden/ von welchen sie nach vnd nach abnemmen vnd sterben. Sie wachsen auch auff dem Kraut: sie vergleichen sich gentzlich einem weissen Roßhaar: bedunckten sich auch ein Roßhaar seyn/ wo sie sich nit bewegten: sind hart/ also daß sie nit mögen zerknütscht werden. So sie von einem Menschen gesoffen werden/ so nimpt er ab vnd stirbt. Artzney ist/ Tausendgüldenkraut in Wein gesotten vnd gesoffen/ darauff sich wol erbrechen. Sie bewegen sich wunderbarlich/ vnnd flechten sich in viel Zweiffelstrick. Etliche haben vermeynt sie wachsen auß dem Roßhaar/ welches in solchen Wassern gelegt/ beweglichkeit vnd Leben an sich nemmen soll. Ist doch endtlich nit zu glauben.

Von dem Kärder.

Phryganium. Ein Kärderlin.

DIß ist ein Wurm oder Kefer so in den süssen Wassern gefunden/ wirdt viel gebraucht zu dem Aaß der Fisch an die Angel gesteckt/ stecken in ihren Häußlin/ werden mächtig von den Förtnen begert zu jrer Speiß.

Von dem Süßwasserwäglin.

Libella fluuiatilis. Ein sondere art der Kerder/ Ein Wagkerderlin.

DIeses ist ein kleines Thierlin in den Wassern/ gleich gestaltet dem Fisch Zygena oder Meerwaag/ von welchem vnder den Meerfischen ist geschrieben worden.

Von den Gytzen.

Der vierdte theil/ von

Tinea Aquatica. Ein Gytzen/ Gyppfen/ Stabpfen/ Meſchen/ Mäſchen/ Waſſerſchaben.

Wie ſie geſtaltet.

Dieſe Thierlin ſind vnſern Leuten wol bekandt/ werden nit in allen Bruñen gefunden/ ſonder allein in guten/ ſehr kalten bruñen. Sind vberauß kleine würmlin oder Keferlin/ weißlecht an farb/ welche dieweil ſie ſich zuſamen krümmen/ ſcheinen ſie gantz klein: haben viel füß durch den gantzen bauch: mögen ſich auſſerhalb dem waſſer nit bewegen oder wandlen/im waſſer bewegē ſie ſich/ lauffen/nit auffrecht/ ſonder auff ein ſeiten gehelt: wandlen auch hinderſich. Ein langlecht ſchwäntzlin endet ſich in ein ſpitzen/hat kleine weiſſe Augen/mit einem kleinen pünctlin. So ſie mit dem Waſſer geſoffen werden/ bringen ſie den Menſchen auch in die gefahr deß todts/ alſo daß ſich der Bauch erhebt vnd geſchwilt. Sie ſollen auch etliche Kröpff vrſachen.

Von dem Glyßling.

Cantharis vel Pygolampis. Waſſerkeferlin/ Glpßling.

Von jrer Geſtalt.

Dieſes ſind die ſchwartzen Thierlin/ ſo oben auff dem Waſſer hin vnnd wider mit groſſer ſchnelle wandlen. Sind gleich einer Wänteln/ haben kleine Fecktlin/ laſſen ſich auch in das Waſſer hinein/ in welchen ſo ſie ſchnell ſchieſſen nach jrer gewonheit/gleiſſen ſie als Keckſilber. Erheben ſich auch vber das Waſſer vnd fliegen.

Von der Waſſergrillen.

Cicada fluuiatilis. Ein Waſſergrillen.

Von jhrer Geſtalt.

In den Bächlin werden etliche Thierlin geſehen/ den jridiſchen Grillen nit vngleich/von welchē ſieden Name Baumgrillen bekommen.

Von der Waſſermuheyme.

Squilla fluuiatilis.
Wie es geſtaltet.

Dieſes Thierlin wirt mit einer dünnen ſchalen bedeckt: der Schwantz endet ſich in zwey lange ſpitzlin/ als in zween faden:iſt gantz ähnlich mit der geſtalt den Hogerkrebßlin ſo im Meer gefangen werden. Möcht auch ein Waſſergrill genennt werden.

Von der Eglen.

Hirudo

Hirudo. Ein Eglin/ Ein Blutſauger.

Von mancherley Geſchlecht der Thieren.

DEr Egel oder Blutſauger ſo viel von den ärtzten gebraucht werden/ ſind man-
cherley/ ſo vnderſcheid haben an farb/geſtalt/vnd gröſſe.

Die meiſten ſo bey vns/ſind gantz ſchwartz oder braun/flach/klein. Anders
ſind gröſſer/ſchwartzgrün/mit gelblechten oder rotlechten ſtrichen der lenge nach/mit
ſchwartzen puncten oder flecken vnderſcheiden/dieſe ſind den ärtzten die bräuchlichſten.
Zu Venedig ſollen etliche auch grün geſehen werden/ mit ſchwartzen flecken/ wie die
Heydechßlin/ſo ſollen auch etliche rot ſeyn. Die groſſen Blutſauger werden bey vns
Roſſzegeln genennet/ welcher neun auch ein Pferdt zu todt ſaugen ſöllen/ vnd als die
ſag iſt/ ſo ſollen ſie gleich das Blut hinden von jnen geben. In reinen/flieſſenden waſſern werden auch weiſſe kleine Egeln gefunden/ſolche hencken ſich zu zeiten an die fiſch/
werden mit jnen gefangen.

In der Lebern der Ochſen vnd Schaaff/ werden zu zeiten ſondere Geſchlecht der
Egel gefunden/ſo gewachſen ſind auß füllung ſolcher orthen/ſind weiſſe Würm/eines
Gieychslang/ vnd haiben zwerch Fingers breyt/in etliche bälglin beſchloſſen/ gantz
dünn/wachſen an keinem orth dann in der Leber/lebendig vnd beweglich/geſchicht den
Thieren von faulem geſoffenem Waſſer/ vnd von einem gewiſſen gefreſſenen Kraut
Hirudinaria genandt/ von den Frantzoſen/ l'herbe Duue/ſolche Lebern pflegen vnſere
Metzger hinzuwerffen/als vnnütz oder ſchädlich.

In einem fluß Mauritaniæ/ſollen etliche Egeln wachſen biß auff ſieben Elen lang/
mit einer durchlöcherten Keelen/ durch welches Loch ſie den Lufft ziehen als Strabo
ſchreibt: So ſollen ander Egeln gantz klein ſeyn gar nahe vnſichtbar.

Der groſſen Egeln Maul iſt mehr ſpitzig vnd ſcharpff/ der kleinen mehr rund vnnd
ſtumpff/ aller durchlöchert mit einem kleinen Löchlin/ haben alle ſchwartze flecken/ ei-
dern ſich an andern farben wie oben gemeldt.

Von Art vnd Natur der Thieren.

Die Egel wohnen gern in faulen ſtinckenden Waſſern vnd Pfützen/vorauß in denen ſo an den Geſtaden eines Sees gelegen ſind/Die ſchwartzen in faulen ſtinckenden
Waſſergräben/Die kleinen weiſſen/in lautern/flieſſenden/Brunnenwaſſern. Jre ſpeiß
iſt Blut/wo ſie ſolches ankommen mögen/von dem ſie bey etlichen Nationen den Namen haben Blutſauger/dann ein ſolche begierd haben ſie vber das Blut/daß ſo ſie an-
gehafftet/ die ſüſſigkeit deß Bluts erfahren haben/ daß ſie mit keinem gewalt mögen
abgeriſſen werden/ſondern je mehr man ſie zeucht/je mehr ſie anhafften/ alſo daß man
ſie mitten zwey zerreißt. Mit jhrem ſaugen machen ſie ein dreyeckecht Wündlin/ vnnd
jre bewegnuß iſt nit anderſt dann der andern Würm/ doch mit ſolchem vnderſcheid/ dz
ſie allein mit dem Kopff vnd ſchwantz anhafftet/nit mit dem andern Leib/alſo gebogen
ſich hernach ſchwingt/ tringt auch ſo durch kleine Löchlin/ daß er auch durch ein dünn
leinin Tuch herauß ſchleufft.

Dieſe Thier haben gern warm/ darin ſie erſcheinen nit/ das Waſſer ſey darin von
der Sonnen erwärmt. Im anfang deß Meyen heben ſie an bey vns ſich zu erzeigen/
fürnemlich vmb den Mittag. Zur zeit deß Herbſts verſchlieſſen ſie ſich widerumb/
werden Winterszeit von niemands geſehen. Etliche behalten ſie in etlichen Geſchir-
ren waſſers zu dem brauch/wo man jr zur Artzney bedörffte.

Von natürlicher annmuthung gegen etlichen Thieren.

Der Crocodil/ dieweil er im Waſſer lebt/ ſo ſteckt jhm alltzeit ſein Rachen volles
Egeln/weil er nun auß dem waſſer ſich auff die trückne gelaſſen/ſo ſperrt er ſein Rachen
auff gegen der Sonnen vnd wärme/als dann iſt ein Vogel Trochilus genandt/welcher

so er das ersicht/ so schleufft er ihm in seinen Rachen/ frißt ihm die Eglin alle herauß/ von dem der Crocodil beluſtiget/läſt den Vogel frey ledig auß dem Rachen in den Lufft fliegen vngeſchädiget.

Die Nachteul ſoll auch den Eglin häſſig ſeyn. Item ein art der Groppen ſoll die Eglin zu ſeiner Speiß brauchen/ als Auſonius ſchreibt.

Der Welßfiſch pflegt vor vnd vmb die Hundſtag in den Löchern der Felſen ſich zu verſchlieſſen/wo er nit von den Egeln gereitzt/gepeiniget vnd herauß getrieben wirt.

Von nutzbarkeit der Thieren.

Die Eglin ſo man ſie auff einer Glut brennet bey den Wentelen/ſo ſoll der Dampff oder Rauch die Wentelen vertreiben vnd tödten. Zu gleicher geſtalt ſollen auch die gebrandten Wenteln die Blutſauger tödten/wirdt zu einer Artzney geſchrieben denen ſo die Blutſauger im Tranck geſoffen haben.

Noch iſt die gröſte nutzbarkeit/ daß man ſolche Thier in der Artzney braucht/ Blut herauß zu ſaugen an ſtatt deß laſſens oder ſchrepffens/ nemlich an denen orthen/ an welchen man weder laſſen noch ſchrepffen kan oder mag/ auß der vrſach wollen wir der ordnung nach/den brauch/ ſo viel die genandten Thier antrifft/ordenlich erzehlen/ erſt= lich ein vnderricht in gemein.

Ein gemeiner vnderricht von dem gebrauch der Egeln.

Daß die Egeln von etlichen behalten werden zum brauch iſt vor gehört. Zuvor ſol= len ſie ein Tag oder mehr beſchloſſen werden/ohne eſſen/allein daß man jnen ein wenig Blut darwerffe/ dann alſo werden ſie hungerig/ ſetzen gern an/ vnnd verlieren jhres Giffts. Die orth an welche man ſie häfften wil/ ſollen zuvor wol gerieben vnd gekratzt werden/ auch mit Blut beſtrichen/ vnd die Egeln zuvor in lawem Waſſer gewäſchen/ den ſchleim abgerieben mit einem Schwam/vñ als dañ anſetzen. So man ſie an Hän= den oder Füſſen brauchen wil/ ſo ſollen ſie in Waſſer geworffen werden/ vnd alsdann ſolche Glieder darein gehalten/ ſo ſitzen ſie von jhnen ſelbſt an. So ſie voll/vnd man wolte daß ſie weiter ſaugen/ ſo ſoll man jhre Schwäntz zu ende mit einer Scheren ab= ſchneiden/ dann ſo das Blut hinden von jnen laufft/ ſo hören ſie nicht auff zu ſaugen/ man ſprenge den Saltz oder äſchen an den platz. So ſie abgefallen/ ſoll man auff den Platz ſtarcke Ventoſen oder Schrepffhörnlin ſetzen/ oder ſonſt mit warmem dampff/ Item mit warmem Waſſer durch ein Schwam die orth wärmen. Wo aber die Orth hernach wolten rinnen/ ſo brauche man Blutſtellungen/ oder Band an Schenckeln vnd Händen. Zu wiſſen iſt/ daß ſolche Eglin allein ziehen das Blut ſo vnder der Haut ligt/nit von der tieffe/wiewol ſie hernach auch zu der Lebern vnd Miltz/vñ etlichen an= dern Geſchwulſten gebraucht werden.

Von außerleſung der Egeln.

Auß den Egeln ſollen etliche nit ohne Gifft ſeyn/ auß vrſach ſolche nit all ohne vr= theil zu gebrauchen. Die Alten haben viel davon geſchribé/nit noth hie alles zu erzeh= len. Bey vns werden die groſſen außerwehlt/ ſo ſchwartzgrün ſind/ mit roten ſtrichen/ der lenge nach vnd ſchwartzen flecken/dañ ſie ſaugen ſtarck ohne Arbeyt.

Von der vorbereytung.

Die Egel ſollen von der anſetzung in ſüſſem Waſſer ein Tag gehalten werden/ oder in einem Hafen mit ſaltz beſprengt/ daß ſie jhr Giffte ſo ſie von Krotten oder Schlan= gen geſogen haben herauß kotzen. Demnach wirt der Schleim mit einem Schwam von jnen gerieben/wider wol gewäſchen vnd angeſetzt.

Daß ſie anhafften.

Daß ſie ohne Arbeyt anhafften/ſoll man das ort mit blut oder milch begieſſen: oder

mit

mit einer Nadel ein Löchlin stechen/ daß sich das Blut erzeige/ auff welches so man sie setzt/ so hafften sie ohne verzug.

Die Egeln abzufellen.

Daß sie fallen nach willen/ so spreng zu jren Mäulern saltz oder äschen/ Item Aloes/ oder das beste so man sie mit Essig begeußt: dann mit gewalt soll man solche nit abreissen/ damit jre Köpff nit in der Haut bleiben stecken / welches schädliche Kranckheiten vnd grossen schmertzen möchte vrsachen. Sie fallen auch von jnen selber so sie voll oder satt worden. Vnsere Egeln haben wenig Gifft/ mögen ohn gefahr an allen orthen gebraucht werden.

Als auff ein zeit ein Weib der Egeln zwentzig an ein Schenckel gesetzt hette/ so lang daran gelassen biß sie von fülle abfielen/ als vnwissend der Kunst/ mit Saltz oder Essig solche abzufellen/ vnd als auch nach dem abfallen das Blut mächtig herauß floß/ ist sie in grosse Blödigkeit/ Ohnmacht vnd Gefahr gefallen/ wiewol sie mächtige hülff am Schenckel hernach darvon befunden hat.

An welchen orthen die Egel mögen angesetzt werden.

Die Egel mögen an allen orthen angesetzt werden/ auch den grossen Adern/ an statt deß lassens/ an Händen/ Füssen/ Knoden/ hinder den Ohren/ Stirn/ Haupt/ Rucken: Etliche wöllen man soll sie allein auff die Adern setzen : Andere haben kein vnderscheid wo sie sitzen.

An welchen orthen deß Leibs die Egel nutzbarlich angesetzt werden/ von dem Kopff biß auff die Füß.

Die Egeln werden nützlich angesetzt zu den bissen der wütenden Hundt/ oder anderer gifftigen Thieren. Item vmb den kalten Brandt/ vmb die orth so schwartz worden/ vor durch alle schwärtze tieff vnd wol gepickt mit der Fleden. Sie sind auch gut zu aller Räude/ röthe vnd schüppigkeit. Zu allen kranckheiten deß Haupts/ als flüß/ schmertz/ Taubsucht/ vnd vnsinnigen Leuthen/ꝛc. werden solche Egel hinden an Kopff vnd hinder die Ohren gesetzt. Zu den trieffenden Augen soll man sie an die Stirn setzen. Denen so die Leber geschwollen vnd erhartet/ sol man sie auff die Leber setzen/ vnd den wassersüchtigen auff alle Geschwulst.

So das miltz schwach oder kranck ist/ so sol man sie auff die Region deß miltzes setzẽ.

Den melancholischen/ schwermüthigen/ trawrigen Leuthen sollen sie an die güldin Adern/ durch ein Rohr/ oder sonst mit der Handt gesetzt werden/ ist ein sehr bequemliche hülffliche Artzney.

Den Weibern jre Blumen zu bringen/ Item den Podagrischen soll man sie bey den Knoden setzen/ꝛc.

Artzney wider die Egeln so im Tranck gesoffen/ sich angehenckt an Rachen/ Magen/ ꝛc.

Die solche Egeln gesoffen/ befinden etwas saugens in jhrem Magen/ oder andern orthen/ speyen wässerecht Blut herauß/ vnd so die Egeln voll/ so verhelt es jhnen den weg daß sie nit schlucken mögen. Die beste Artzney ist/ starcker wolgesaltzener Essig ein guter theil nach vnd nach hinab geschluckt/ oder sonst gesaltzen Wasser. Item Schuchmacherschwärtz/ oder Hysop/ oder Senff auß Essig : vnnd so er sich weit vnden angehenckt hat/ ist auch bequemlich ein starcke Purgatz.

Itẽ vber das viel Knoblauch gessen ist ein bewerte Artzney : auch Zwibel/ Schnittlauch vnd Senffkraut.

So er aber oben im Rachen angehenckt/ so soll der Kranck in ein warm Wasserbad sitzen biß vber den Halß/ vnd in seinem Maul kalt Wasser halten/ dasselbige viel endern/ dann also läßt sich die Egel auß der wärme in das kalte Wasser.

So aber solche Egel in die Naßlöcher zu öberst sich angehenckt hetten/sol man brauchen die ding so den Kopff reinigen vnd niessen machen. Oder man soll Wentelnreiben vnd in die Naßlöcher thun.

So ein ander Thier/Rind/Rossz/Schaaff/ꝛc. der Thieren eines gesoffen hette/so schütte jm ein Rauten auß warmem Essig: oder beräuch jm sein Nasen mit Wenteln.

Etliche stück der Artzney/so von den Egeln in brauch kommen.

Daß die außgeraufften Haar der Augbrawen oder anderer theil nit wider wachsen/so brenne etliche Egeln in einem newen jrdinen Hafen zu äschen oder puluer/vnd streiche dieselbig mit Essig an das orth/das du der Haar beraubet hast/also werden sie nit weiter wachsen.

Das Haar schwartz zu ferben/ein theil Blutsauger oder Egeln/in zwey theilen Essig oder schwartzroten Weins auff viertzig Tag gebeißt/demnach gestossen vnnd das Haar damit bestrichen/doch sol man das Maul voll öls halten/so lang das Haar ertrückne: dann sonst würde es auch die Zän schwärtzen.

Deß andern theils deß andern buchß
von den Thieren der süssen Wassern/
Die fünffte Ordnung.

Von der Wassermauß.

Mus aquatilis quadrupes.   Wassermauß/oder Wasserratz

DIese Wassermauß ist gantz gleich/vnd hat viel gemeins mit vnserer grossen Mauß so Ratz genandt wirt: allein daß die Weiblin drey Löcher vnder dem schwantz haben/dardurch sie den Wüst vnd Vnrath deß Leibs außwerffen/vnd dienet das eine dem Seych/das ander dem Kaat/das dritte der Geburt. Durchschwimmet grosse Wasser/frißt Kraut: vnnd so sie zu zeiten jhr gewöhnlich orth endern/fressen sie allerley Frücht wie andere Mäuß.

Von

Von dem Waſſerochſʒ.

Hippopotamus. Ein Waſſeroſʒ/ Ein Waſſerochſʒ/
Ein Waſſerſchwein.
Von ſeiner Geſtalt/ gröſſe vnd wo er zu finden.

Ein andere Geſtalt eines Waſſerroſſes / von einem Pfenning in
Italia geſchlagen oder gemüntʒt abconterfetet.

DEr groß fluß Nilus deß theils der Erden Africa genandt/ gebirt viel der groſſen
ſcheußlichen Wunderthieren als Crocodil/ vnnd gegenwertige von den Griechen Hippopotamus genandt/ auff Teutſch Waſſerpferd/ wirt ſonſt gemeiniglich genandt ein Waſſerochſʒ/ Waſſerſchwein/ nach etlicher anderer Spraachen bedeutung. Dieſe Thier ſollen an jrer Geſtalt/ gröſſe/ Halßhaar/ ſtimm oder wichlen nit
vngleich ſeyn den Pferden/ wiewol jre gröſſe vngleich geſehen wirdt/ nach den Jahren/
Landſchafft vnd Leben/ als auch bey allen andern Thieren geſpüret wirt/ etliche komen
nit zu der gröſſe eines Eſels/ als nemlich die ſo jung gefangen werden/ vnd erzogen/ alſo
daß ſie deß Waſſers gentʒlich mangeln müſſen.

Der mehrertheil ſeiner geſtalt mag auß den Figuren erſehen werden/ allein zu mercken iſt/ daß ſeine Füß oder Klauwen in zwey geſpalten ſind/ vnd der gantʒe Leib feißt
vnd rund als ein wolgemeſtet Schwein/ ſein Haut auch gleich einer Schweinßhaut/
mit Farb vnd Haar. Sein Rachen oder Schlund ſo weit vnd groß/ daß man jhnen
groſſe ſtück oder Kugeln/ gröſſer dann ein Menſchenkopff ohne Arbeyt darein werffen
mag. Seine zän gleich den Roßzänen/ mit geſtalt/ ſtärck/ lenge/ dieſelbigen ſtumpff ohn
alle ſchärpffe. Hat groſſe Augen als Rindsaugen/ ein frey ledige Zungen/ ein kurtʒen/
dicken/ runden ſchwantʒ/ wie ein Saw oder Schiltkrott an der Geſtalt. Auch ſeine
Füß gleich den Schweinsfüſſen/ wenig geſpalten. Wiewol etliche ſagen/ der ſo zu
Conſtantinopel gezeigt werde/ hab Füß wie die Schiltkrotten an der geſtalt/ oder wie

L ij

der Crocodil. Sein Haut so starck vnd dick/daß man Spieß darauß rüstet/Item daß kein Geschütz oder Pfeil dardurch tringen mag.

Seine Zän als gehört sind groß/stumpff/weit außgestreckt/auß solchen hat man vor zeiten etliche Bildnussen geschnitzt von seltzamkeit wegen.

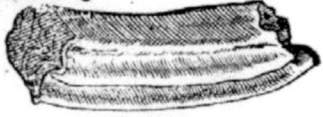

Dieweil nun hie von etlichen Zänen der Wasserpferd gemeldt/sol auch nit außbleiben die gestalt eines Zans/so in einem fluß Thöß genaint gefunden ist worden/vñ von dem gelehrten Herrn/Herr Christian Wirt dẽ weit-berhümpten D. Conrad Gesner geschenckt worden ist. Dergleichen sollen auch etliche im Solodorner Gebiet gefunden worden seyn von einem Bawmañ/gleicher gestalt sollen auch sonst von etlichen gezeigt werden. Dieser Zan wiewol er bey der wurtzel nit gantz/wiegt er doch vier Lot. Die Zän werdẽ von etlichen geachtet Risen oder Gigantenzän gewesen seyn/so sie doch an jrer gestalt den Menschenzänen sich nit vergleichen. Ob dieser oder dergleichen Zän/Menschenzän oder von Wasserrossen/oder sonst etlichen grausamen Thieren gewesen seyen/lassen wir hie bleiben.

Gantz kurtze Beyn haben diese Thier/hart einer spannen hoch von dem boden/bedunckẽ sich an der gestalt mehr vergleichen den Bären.

In den zweyen theilen der Erden/Asia vnd Africa werden diese Thier allein gefunden/Nemlich in Egypten vnd India/in den zweyen grossen flüssen Nilo vnnd Indo/von dannen sie auch an etliche orth vnsers theils deß bodens gebracht worden sind/als gen Rom vnd Constantinopel/an welchem ort sie auff jetzige zeit sollen zu ein Schawspiel vmb ein kleines Gelt gezeigt werden.

Gründliche beschreibung der Wasserpferd/Wasser-schwein/oder sonst dergleichen Thieren/auß etlichen newen Scribenten der newen Welt.

Wiewol die rechte warhaffte beschreibung der Thieren hievor gesetzt worden ist/dieweil aber nach eigenschafft der Lande/Orten/als Aethiopia/Egypten/India/solche vnd andere Thier sich etlicher gestalt enderen/so wöllen wir hienach zwo beschreibungen setzen/deren so solche Landt durchwandelt haben.

In dem fluß Gambra der new erfundenen Welt oder Erden/sollen Fisch wohnen/gleich einem Meerkalb/außgenommen sein Haupt/so sich einem Roßkopff vergleichet/an der grösse wie ein Kuh/allein daß er kürtzere oder nidere Beyn hat/mit gespaltenen Klawen. In seinem Maul bey seit hat er an jedem orth ein langen/fürgestreckten Zan/vber zwo spannen lang/wie ein Eber. Solches beschreibt Aloysius Cadamusius/in der beschreibung seiner fahrt oder schiffung/so er gethan hat in etliche frembde vnbekandte Landt.

Die ander beschreibung auß den Geschichten einer schiffung eines Hamburgers/geschehen auff das 49. Jar.

Ein Insel (spricht er) ligt in der new erfundenen Welt/Meersenbick genandt/dem König auß Portugal vnderworffen/nit weit von Arabia gelegen gegen Auffgang/deß Glaubens Mahomets. Daselbst am gestad deß Meers werden gesehen Fisch an der gestalt wie Pferdt/mit kurtzen Beynen/gefleckt/mit gantz kurtzen Haaren. Wohnen daselbst bey den Gestäuden/Wälden/oder Höltzern der Gestad/an den Seekanten/wo Büsche sind/solche stellen den Menschen nach/welche sie fressen. Auß vrsach die Einwohner solche Gestäud abschrotten/damit sie sich nit darein verschliessen mögen/welcher sie von weitem ersihet/der entfleucht ohne Arbeyt.

Sigismun-

Sigiſmundus Liber Baro in der beſchreibung der Möſcowitter/ bey dem außfluß deß fluſſes Petzore/ ſollen mancherley ſcheußliche Waſſer oder Meerthier ſeyn. Vnder andern eines in der gröſſe eines Rinds/ welches die Beywohner Mors nennen. Solches ſoll kurtze Beyn haben wie ein Biber/ mit einer höhern vnd breytern Bruſt/ oben von dem obern Kynbacken zween lange außgeſtreckte Zän. Solche ſteigen ſcharecht von ruhe vñ mehrung wegen auff die Gebirg auſſer dem Meer. An welchen orten vor vnd ehe ſie ſich zu ſchlaffen begeben/ ſo ſetzen ſie einen Wächter auß jnen als die Kranch/ welcher Wächter ſo er entſchlaffen/ oder ſonſt von den Jägern ertödtet worden iſt/ ſo fängt man dann die andern ohne Arbeyt. So aber der Wächter mit bruñen oder mucken zeichen gibt/ zur ſtund erwachet die gantze Herd/ erfaßt ein jedes mit den hindern Füſſen jre Zän/ vnd wallen mit groſſer vngeſtüme/ als auff einem Schlitten herab in das Meer/ in welchem ſie auch zu zeiten auff den Eyß ſich ollen zu ruhen pflegen. Solchen Thieren halten die Jäger nach von wegen jrer Zän/ welche ſie brauchen zierliche heffte darvon zu bereyten. Solche Thier beduncken ſich vergleichen denen ſo vnder den Wallfiſchen beſchriben ſind worden/ Roßmarin genañt. Hat ſonſt viel vergleichung mit dem Waſſerpferd oder Waſſerſchwein.

Von Art vnd Natur der Waſſerpferde.

Die Waſſerpferd wohnen eins theils im Waſſer/ eins theils auff der Erden/ dann ſie mögen nit ohne Waſſer ſeyn/ müſſen auch den Athem gezogen haben. Sie geberen auff der Erden an der trückne/ erziehens auch daſelbſt: vergleichen ſich jres Lebens halben dem Otter vnd Crocodil: wiewol der ſo zu Conſtantinopel gezeigt wirdt/ fürter in das waſſer nimmer kommen iſt. Sie freſſen allerley ſpeiß vnd frücht/ ſollen ein ſtimme haben wie ein Pferd/ gantz fruchtbar ſeyn als die alle Jar geberen. Dieſes Thier bedunckt ſich vntüglich ſeyn zu ſchwimmen.

Von natürlicher anmuthung der Thieren/ vnd wie ſie geſittet.

Wiewol das Waſſerpferd ein dölpiſch närriſch Thier von vielen geachtet wirdt/ ſo ſoll doch etliche ſondere witz in jm ſtecken/ in der geſtalt/ daß das Blutlaſſen von jm her erdacht vnd erfunden worden ſeyn ſoll.

Dann ſo er ſich zu viel gemäſt/ zu voll gefreſſen hat/ ſo wandelt er an die ort/ an welchen man newlich groſſe ſtarcke Waſſerrohr abgeſchrotten hat/ tritt mit ſeinẽ Klawen an die ſpitz ſo lang biß jm das vberig Blut herauß geloffen/ vnd er der völle entlediget worden iſt: die Wunden beklebt er mit Lett.

Mit was Liſten er die ſaaten der Beywohner abweide/ wirt ſehr luſtig beſchrieben/ nemlich ſo erſicht er jm etlich ein Blat von zeitiger ſaat/ als dann wandlen ſie gegen der ſaat/ mit gekehrtem Leib/ hinderſich: vnd ſo ſie ſich voll gefreſſen/ ſo kehren ſie wider dem Waſſer zu ein andern weg/ auch mit gleichem Gang/ das iſt hinderſich/ das geſchicht auß der vrſach/ daß die Jäger dem weg nachhalten von der ſaat gegen dem waſſer/ vnd ſo ſie koñen zu denen Tritten ſo er auß der Saat gehend gemacht hat/ ſo ſtreichen ſie der Saat zu/ vermeynen ſie ſeyn daſelbſt herein gangen von wegen der Tritte ſo gegen der Saat gewendet. Alſo entfliehen ſie dem Auffſatz der Jäger oder Bawren ſo jnen nachhalten von deß empfangenen ſchadens wegen.

Etliche der Alten haben geſchrieben/ daß dieſe Thier gantz grauſam vnd ſchädlich ſeyen/ verderben viel Menſchen/ kehrẽ viel der Schiff zu grund/ mit wunderbarem Liſt vnd mächtiger ſtärcke. So doch etliche geſehen werden gantz milt/ heymiſch vnd heymlich gemacht/ als dann das ſol ſeyn ſo zu Conſtantinopel gezeigt wirt.

Ein vnkeuſch ſchädlich arg Thier ſol diß Waſſerpferd ſeyn. Dann ſo bald es geboren/ ſo ſol das Mänlin dem ältern Mänlin auffſetzig vnd tödtlich feind ſeyn/ nit nachlaſſen ſo lang biß es ſtärcker worden/ den Vatter ertödtet hat/ auß der vrſach daß er ſich mit der Mutter nach willen vermiſchen möge.

L iij

Der fünffte theil/von den Thieren

Wie diese Thier zu fangen/ vnd von jrer nutzbarkeit.

Diese Thier sollen durch kein ander List gefangen werden dann durch eiserne Garn/ mit Kunst darzu bereytet. Item so er gefangen / mag er allein mit eisenen Kolben getödtet werden/von wegen der dicke jrer Haut/so mit nichten mag durchstochen werden. Sollen sonst auch durch etliche Gruben gefangen werden.

Solche Thier sind erstlich zu Rom gezeigt wordē/als Keyser Augustus triumphirt von wegen daß er Cleopatram bekrieget hat. Zu vnserer zeit wirt einer zu Constantinopel im Pallast Constantini vmb kleines Gelt gezeiget/welchem so man ein Kappißhaupt oder grosse Kürbsen darstreckt/ so soll er sein Rachen so mercklich außsperren/ dz es sich zu verwundern ist/dz der Hüter solche speiß in jre Rachen als in ein sack würffe.

Sein Haut wirt zu vielen dingen gebraucht/ dann von solcher bereytet man spieß/ pfeil/schilt/ic. dann sie sol so hart seyn/ daß sie mit nichten mag durchschossen werden.

Seine Zän geben häffte/auß welchen auch zu zeiten Bildnussen geschnitzt werden. Sein Blut ist im brauch bey den Malern zu den Farben.

Von seinem Fleisch.

Sein fleisch ist sehr hart/schwerlich zu verdäiwen/kompt nit in die Speiß/ als auch all sein Eingeweyd.

Etliche stück der Artzney/ so von solchen Thieren in brauch kommen.

Die äschen der gebrandten Haut/ erfüllet das abgeflossen Haar/ nimpt hin die flecken der Augen vnd deß gantzen Leibs.

Sein feißte angeschmiert verjagt die kalten Feber : seine Zän nemen hin das Zanwehe. Seine Hoden gedört vnd getruncken/ sind gut wider den bißz der schlangen ein quintlin auß Wasser getruncken.

Von der Wasserschlangen.

Hydrus, serpens palustris.   Wasserschlang/ Wassernater.

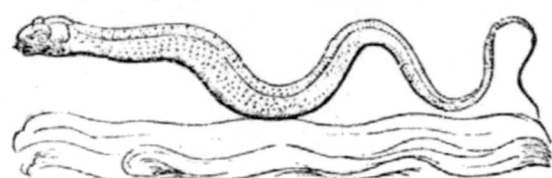

Die Wasserschlangen haben viel vnd mancherley farben/ als da sind grün/geel/ weiß/äschenfarb/ damit sie dann von den jrdischen vnderscheiden werden. Zu einer mercklichen lenge kommen sie. Ihre bißz sind gantz schädlich vnd vergifft. Ja vnsern Landen werden sie auch in warmen Wassern bey den Bädern funden.

Von einer andern gestalt der Wasserschlangen.

Hydrus

Hydrus vel serpens torquatus. Hecknater/ Ringelnater.

Iß Geschlecht der Natern wirt bey vns viel gleich so wol auff dem Erdtrich als im wasser funden. Sind mehrertheils äschenfarb/ kommen zu einer mächtigen lenge/ werdē aber nit so gar dick/ als bey vns die schwartzē Natern oder Schlaygen. Ist ein schädlich böß Thier/ auch allen andern Thieren/. Ist begierig der Milch/ darumb sie dann zu zeiten den Kühen an jre Eutter komen/ vnd dieselbigen saugen/ also daß jnen das Blut folget.

Von einer andern grausamen Wasserschlangen.

Hydra monstrosa. Siebenköpffige Schlang.

Iese scheußliche Wasserschlang/ so sieben Köpff hat/ soll auß der Türckey gen Venedig gebracht worden seyn/ vnd da öffentlich gezeigt im 1530. Jahr. Vnnd nachmalen dem König auß Franckreich zugeschickt/ vnd auff die 6000. Ducaten geschetzt. Aber es bedunckt die verständigen der Natur/ kein natürlicher/ sondern ein erdichter Cörper seyn.

In dieser Ordnung werden auch etliche andere Wasserthier begriffen/ als nemlich der Biber/ Otter/ Crocodil/ allerley Frösch vnnd Krotten. Dieweil aber dieselbigen droben im Buch der vierfüssigen Thieren/ genugsam beschrieben sind/ hab ich sie hie weiter nit wöllen anziehen: Darumb welcher derēn beschreibung begeren würde/ findet sie in obangezeigtem Buch.

ENDE.